JOURNAL

I

1953 – 1973

DU MÊME AUTEUR

LES VITAMINES DU VINAIGRE, Éditions Fasquelle, 1958.
LES YEUX OUVERTS, entretiens avec Marguerite Yourcenar, Éditions du Centurion, 1980.
ALBERT ET CAROLINE, Grasset-Jeunesse, 1986.

Adaptations

ZOO STORY, Edward Albee, Éditions Laffont, 1965.
DELICATE BALANCE, Edward Albee, Éditions Laffont, 1967.
LE TRAIN DE L'AUBE NE S'ARRÊTE PLUS ICI, Tennessee Williams, Éditions Laffont, 1972.
LE PARADIS SUR TERRE, Tennessee Williams, Éditions Laffont, 1972.
BUTLEY, Simon Gray, Gallimard, 1974.
EQUUS, Peter Schaffer, Gallimard, 1977.
WINGS, Arthur Kopit, Gallimard, 1979.
BONSOIR MAMAN ('Night Mother), Marsha Norman, Éditions Papiers, 1987.

MATTHIEU GALEY

JOURNAL

I

1953 – 1973

BERNARD GRASSET
PARIS

Matthieu Galey, fils du cinéaste Louis-Émile Galey, naquit à Paris le 9 août 1934. Il commença ses études au lycée Buffon, les poursuivit en Italie, à Rome, au lycée Chateaubriand, puis, de retour en France, au lycée Henri-IV, à la faculté des lettres et à l'Institut d'études politiques.

Il était encore étudiant quand il fit ses débuts d'écrivain aux Cahiers des Saisons et quand il publia un recueil de nouvelles, les Vitamines du vinaigre, en 1958. Dès l'année suivante, il devint chroniqueur littéraire à l'hebdomadaire Arts. En 1962, il entra au comité de lecture des Éditions Grasset. Après la disparition de l'hebdomadaire Arts, en 1967, il passa à l'Express. Parallèlement il entreprit une carrière de critique dramatique : aux Nouvelles littéraires et au journal Combat, puis à l'Express. Passionné par le théâtre, il adapta pour la scène française (à partir de 1965) plusieurs pièces anglaises et américaines – notamment d'Edward Albee et Tennessee Williams – dont certaines obtinrent un grand succès. Il publia aussi, en 1980, de mémorables entretiens avec Marguerite Yourcenar, sous le titre les Yeux ouverts.

Aux approches de la cinquantaine, sa santé se détériora. Il était atteint par un mal peu connu et encore incurable, la sclérose latérale amyotrophique. Il lutta courageusement plusieurs années, avant de mourir le 23 février 1986.

Il nous a laissé un journal qu'il avait commencé de tenir avant ses vingt ans. Quand il se sut condamné, il entreprit un travail de mise au point de son texte, corrigeant ici, supprimant là quelques passages. Nous publions intégralement les pages relatives aux années 1953-1964 qu'il avait revues lui-même. Dans une note testamentaire, il a chargé un ami d'établir l'édition pour les années 1964 à 1986.

Ce premier tome va de 1953 à 1973. Le second ira donc de 1973 à 1986. Dans les dernières années, Matthieu Galey rédigeait ses notes en sachant qu'elles seraient publiées : là aussi nous en donnerons une édition intégrale.

Tous droits de traduction, de reproduction et d'adaptation
réservés pour tous pays.

© 1987, Éditions Grasset & Fasquelle.

1953

5 janvier

Revenu d'Illiers depuis deux jours déjà, sans avoir pu effacer de mon esprit le spectacle de cette Beauce enneigée, immense et déserte. Avec P. nous couchons à l'hôtel de l'Image, en face de l'église. Sur la table, bien sûr, des madeleines, attention de la propriétaire, la charmante Mme Lamée. Pendant le déjeuner, nous entendons la serveuse qui parle au téléphone : « Allô, Marcel? C'est Gilberte... » M. Larcher, qui n'a pas rajeuni depuis ma dernière visite, quand il déclamait d'une voix chevrotante la page des « chères petites aubépines », dans le sentier du Pré-Catelan, est en train de soudoyer une vieille demoiselle, petite-fille de tante Léonie, dans l'espoir qu'elle achètera la maison, qui est à vendre. Ah, si j'avais de l'argent! Il paraît que c'est une personne un peu folle. Mme Lamée nous raconte qu'elle avait dépavé sa cour, pendant la guerre, et bêché le sol avec une fourchette afin d'y planter des pommes de terre; mais elle les rentrait chaque soir dans sa cuisine pour les préserver du gel.

Sous la neige, le fameux Pré-Catelan n'est guère proustien, et « le plus beau paysage de plaine », qu'on voit du passage à niveau, tient de la steppe autant que du Perche. Il y gagne cependant une profondeur insoupçonnable au printemps. Jamais je n'aurais imaginé si russes ces horizons aimables. Content d'être rentré, malgré tout. Vanité de ce pèlerinage, comme si l'on pouvait retrouver sur place ce qui survivait dans le souvenir émerveillé d'un gosse devenu homme!

Proust est-il jamais retourné à Combray? Et moi je suis déjà trop vieux pour « sentir » tout cela comme il a pu le vivre lui-même. Je me demande si cette quête n'est pas novice, au fond, substituant à l'imaginaire du romancier la platitude des cartes postales.

JOURNAL

8 janvier

Icare était un fou, mais nous volons.

12 janvier

Dimanche à la campagne, chez P.A.B. Jolie maison, avec une rivière au fond du jardin. Toujours la neige, qui rend irréel ce décor. Dans un concours d'énormités vraies, chacun y va de son histoire. Un blond aux yeux tendres qui n'avait pas ouvert la bouche déclare d'un ton détaché qu'il lui est arrivé de faire l'amour dans un confessionnal. Ça ne doit pas être commode, et ça m'intrigue : il a l'air si réservé, si timide, ce garçon-là. Pendant le dîner j'ai une longue conversation avec lui. Il s'appelle Philippe Tesson, et s'apprête à passer prochainement sa thèse de doctorat en philosophie : « De l'influence de Nietzsche et de Hegel sur la pédagogie »... Il se dit lesenniste, ce qui me remplit d'étonnement; je n'en avais jamais rencontré, et je me demande s'il n'est pas l'unique exemplaire de cette race inconnue. Mais à la réflexion, pourquoi pas?... Il prétend qu'on n'a fait aucun progrès en psychologie depuis Guillaume, et que l'existentialisme n'a rien apporté de neuf dans ce domaine. « A la Sorbonne, dit-il avec dégoût, on ne fait que de la philosophie générale. » Aussi va-t-il se tourner vers la politique.

Plutôt réactionnaire, me semble-t-il, et pas très disert, pour un psychologue; il me faut lui arracher les mots. A son avis, la psychologie est une maladie éphémère; on redevient « intellectuellement normal » ensuite. Il prétend n'avoir pas de complexes; du moins, il les cache bien. Il a le regard naïf et myope des savants, le regard droit et bleu des Francs. Il affecte de ne voir de problèmes nulle part, à l'abri de ses certitudes. J'ai tout de même l'impression qu'il déguise en sérénité un certain conformisme, enfoui. Mais ouvert, sans préjugés. Il est reposant, admirable. Et charmeur.

15 janvier

J'ai ma période Anatole France. Quand je prends ses livres, à la bibliothèque municipale, je plaide ma cause pour qu'on m'en prête plusieurs, en affirmant que personne ne le lit plus. « Mais si, monsieur », dit la dame indignée, qui me montre la liste des bouquins sortis. Elle se laisse tout de même attendrir; j'emporte *Crainquebille* et *la Révolte des anges*. Merveilleuse invention que ces anges athées... Il n'empêche que je suis le seul à aimer France

1953

parmi mes amis, à l'exception de Pierre Joxe, qui goûte « un plaisir algébrique » à ce style pur comme une équation.
Exemple : « Crainquebille, accablé par ce dédain magnanime, demeura longtemps stupide et muet, les pieds dans l'eau. » Tout y est. Raisons psychiques de son attitude : « accablé par ce dédain ». Localisé dans la durée : « demeura longtemps » (auquel « stupide » et « muet » ajoutent la notion de silence, troisième dimension). Et enfin : « les pieds dans l'eau », brusque retour au réel, comme une douche froide.

18 janvier

Dire que Lamartine a pu devenir célèbre avec un nom pareil!

21 janvier

Messe anniversaire de la mort de Louis XVI, à Saint-Germain-l'Auxerrois. Spectacle comique et gratuit. J'imaginais bien toutes ces moustaches blanches, ces barbiches, et les perruques des douairières, mais je ne voyais pas leurs tenues si râpées, si modestes. Certains couples, presque misérables, venaient manifestement d'un manoir aussi délabré que leur vêture. De rares jolies jeunes femmes élégantes représentaient néanmoins ce qui reste de la haute aristocratie. J'aperçois le frère du petit Rohan-Chabot, et le vieux duc de Doudeauville, notre voisin rue de Babylone, tiré à quatre épingles, guêtré, canne et cronstadt à la main, flanqué d'une octogénaire extravagante.
Elle est fardée à la mode du Grand Siècle, avec de la poudre blanche et des taches de rouge, vives comme des blessures, sur chacune de ses pommettes. Elle porte une cape de velours noir sans âge, ornée d'un col de chinchilla, et un amas de chiffons sur la tête, genre nid-de-pie, en guise de chapeau. On murmure autour de moi qu'il s'agit de « la princesse ». Princesse de quoi? De Chaillot, peut-être.
Je rencontre là mon copain de G., fervent pendant la messe, et divers godelureaux de ma génération à qui je n'aurais pas cru ce vice caché, le royalisme. J'ai vu, de mes yeux vu, des dames pleurer, partagées entre la pitié, l'émotion, même, et un petit chatouillis robespierriste me titille. A la sortie, un vieillard me serre la main. Pour qui m'a-t-il pris? Quelqu'un de la famille?

Chèque sans provision, choc sans prévision.

JOURNAL

23 janvier

On ne pense pas assez qu'il y a aussi un clair de terre sur la lune.

28 janvier

Réception chez les Izard, avec Boris Vian. Je l'écoute parler : fascinant. Son grand front très bombé irradie l'intelligence. Ses yeux immenses vous boivent, vous caressent. Il ressemble au duc d'Édimbourg, qu'on imagine mal allant cracher sur nos tombes. Seules ses lèvres charnues, dont la commissure forme presque un angle droit, révèlent quelque chose de satanique en lui. Je ne sais quel compliment je lui fais en partant, l'alcool aidant, mais je le vois piquer un fard comme une jeune fille. Le dernier des êtres chez qui j'aurais prévu cette réaction virginale.

31 janvier

Aymar vient me voir, avec *Axel* dans son sac. Je n'ai jamais lu de Villiers de L'Isle-Adam, lacune à combler.
« Pourquoi lis-tu Villiers ?
– Parce que j'en suis à la page 238 de la *Littérature* de Lalou. »
L'autodidacte de *la Nausée*? Non, un esprit systématique.

1er février

En traversant la cour du lycée, quelqu'un se détache d'un groupe et m'aborde poliment : « N'étiez-vous pas à la messe de Louis XVI?
– Oui.
– Alors, me chuchote-t-il en souriant, vous êtes des nôtres ? »

Dans démagogie, il y a magot.

De l'orgueil. Descartes, dans les *Méditations* : « Il faut nécessairement conclure de cela seul que j'existe... que l'existence de Dieu est très évidemment démontrée. »

1953

5 février

J'ai un nouveau répétiteur de philosophie. Un singe affligé d'une calvitie précoce. La conformation de sa mâchoire prognathe doit lui interdire la prononciation du nom « Spinoza ».

7 février

Élan de générosité pour les sinistrés de Hollande. A la Cité universitaire, Paul me dit que la caisse déposée par ses soins le matin avait été remplie six fois dès quatre heures de l'après-midi. Je n'ai donné que cent francs; je deviens de plus en plus ladre. A ce propos, ma petite sœur rase tout le monde pour qu'on lui donne de l'argent : on fait des collectes à l'école. Elle en obtient de sa tante, mais ma mère ne veut rien savoir; elle lui propose de le gagner : dix francs par seau de charbon. « Comment, dit Geneviève, attraper froid dans l'escalier pour les Hollandais, ah ben zut, alors! » Si on ne lui donne rien, on la lèse. Il faut qu'elle « paraisse », comme sa grand-mère. La société l'emporte sur le reste.
Son étonnante conscience, aussi, jusque dans les détails. Je la surprends en train de répéter devant la glace les grimaces qu'elle veut faire pour manifester à sa mère son mécontentement.

9 février

Hier, à l'aube, au bois de Vincennes, préparation militaire. Les conscrits en rond autour d'un moniteur ventru : un cercle de fées avec leur Mélusine en survêtement, se détachant sur cette forêt mystérieuse et muette. Au tir, je ne découvre qu'à la cinquième cartouche, la dernière, qu'il existe un viseur : un seul trou dans la cible. Par hasard.

14 février

Assisté à une représentation de *Godot*. D'abord, jusqu'à l'entracte, je suis très surpris du bien qu'on en dit. Mais au baisser du rideau, je trouve que le public n'est pas assez chaleureux... La seconde partie donne tout son relief à l'ensemble, quoique le personnage de Pozzo me gêne un peu par son côté caricatural. C'est un faux frère intellectuel, et l'interprétation de Roger Blin m'arrête parfois, je ne sais pourquoi. Quant à Didi et Gogo, il n'est pas un spectateur qui ne se sente leur prochain, qui n'ait un jour

JOURNAL

traîné comme eux sa « chaude-pisse d'existence » dans cette « merde-cluse » de vie, et n'ait eu envie de se jeter dans la Durance ou ailleurs. Leur manière de se jouer la comédie, combien de fois l'ai-je employée, moi et mon double (car Gogo et Didi sont un seul et même personnage). Sans cesse, les deux compères s'élèvent brusquement du réel à l'abstrait; à propos de souliers, par exemple, Didi propose à Gogo de les essayer, et celui-ci répond d'un air désabusé : « J'ai tout essayé. »

Le souvenir de cette pièce me trotte dans la tête, preuve de sa force. Cela dit, je ne suis pas certain que l'auteur soit tout à fait conscient de ce sens du quotidien que ses créatures manifestent : il est d'abord un fabuleux « récepteur », et un poète. Avec notre complicité, parce que nous attendions tous Godot sans le savoir. Le coup de génie de Beckett, c'est d'avoir donné un patronyme à l'infini, l'espérance, la certitude, le désir, la terreur, l'éternité, l'enfer, la vie, l'absolu, le mythe...

19 février

Mauriac : pousse le jésuitisme jusqu'à écrire un livre sur Pascal.

Ma mémoire fonctionne curieusement. J'ai tout d'abord un souvenir confus mais complet d'un fait récent. Puis je m'en forme une sorte de résumé, un peu arrangé, dans l'intention de le noter. Et c'est ensuite ce résumé qui se grave dans ma mémoire, effaçant mon souvenir premier. Je serais curieux de savoir s'il en est ainsi pour tout le monde. Je crains que ce ne soit une déformation, née de l'intérêt trop grand que j'attache à ma petite personne. Non content de composer mon attitude, je compose aussi mon histoire, comme un romancier. J'en arrive à me demander parfois si je ne suis pas un personnage de fiction imaginé par un certain Matthieu Galey, qui m'est inconnu.

On nous explique au lycée un phénomène physique récemment découvert : l'adhérence moléculaire. Deux lames de verre aux faces polies ne peuvent plus être séparées, les atomes s'étant interpénétrés. Plus étonnant que la désintégration. Plus poétique aussi : la nature connaîtrait-elle le baiser?

Promenade aux Tuileries. Je croise le fou, qui s'y rend chaque jour, écartant sur son passage, du bout de son soulier, les feuilles mortes et les brindilles. Quoique jeune, il est tout courbé, à force de scruter le sol. Il a l'air malheureux et le regard noir. Je vais finir par lui ressembler si je continue à me rendre si souvent aux Tuileries.

1953

Du Mardi gras, il ne reste que deux ou trois mousquetaires moustachus et emplumés, qui courent sur des coursiers imaginaires, avec leurs jambes de dix ans. Le gravier (je vais aussi tête baissée, comme le fou) est encore tout étoilé de confetti. On a l'impression de marcher sur le ciel.

Société, toujours. Mon pauvre frère se fait enguirlander parce qu'on l'a surpris en train de serrer la main du valet de chambre des voisins, « en livrée ». Esprit de caste, encore, esprit communiste, déjà! « Il faudrait, dit ma mère, que ce valet de chambre fût ton ami personnel. » Avec l'éducation que nous avons reçue, je conçois que Laurent ait du mal à comprendre ces nuances...

23 février

Journal intime de Benjamin Constant. La figure de Goethe qui s'en dégage est inattendue : un potentat de village. Célèbre dans l'Europe entière, mais connu seulement à Weimar. Quelque chose comme Giono à Manosque, où les habitants du bourg, m'a raconté mon père, qui est allé lui rendre visite en 1942, le saluaient au passage d'un « Bonjour, maître », avec l'accent.

Fin prophète, Constant écrit aussi, en 1805, que « le mouvement de Chateaubriand » n'a aucun avenir.

A l'hôpital. Au contrôle, une veuve antique.
« Le nom de votre mari.
– Duval, Eugène.
– Le nom de votre père.
– Antoine, Robert.
– Le nom de votre mère.
– Quand elle était fille? Oh, je ne me rappelle plus...
– Votre date de naissance? »
Silence.
« Votre âge, la p'tite mère! »
A la fin, la vieille, rabougrie, se redresse et hurle : « C'est-y permis d'humilier une femme comme ça! »
Du Tchekhov.

5 mars

Arlequin serviteur de deux maîtres, par le Piccolo Teatro di Milano. Symphonie de couleurs, quiproquos moliéresques, et un admirable Arlequin. Je note en passant cette expression qui veut dire « Je cherche à me marier » : « *Cerco da collocare.* » Littérale-

ment : « Je cherche à qui parler. » Toute l'Italie dans cette formule.
Salle chic : Mauriac, Achard, etc., dont je garde une image frappante : Marie-Laure de Noailles au bras d'Oscar Dominguez. On aurait dit Louis XIV se promenant avec l'homme de Cro-Magnon.

Une lettre de Pierre Joxe, qui est à Moscou depuis deux mois. Lui qui voulait nous inscrire à France-URSS quand nous étions à Henri-IV, le voilà sur place, fils de l'ambassadeur... « Imagine l'autre face de la lune », écrit-il. Staline est mourant. Il va pouvoir assister à des événements passionnants, aussi bien populaires (deuils, cérémonies, etc.) que politiques (guerre civile possible). Mais je ne crois pas que la mort d'un homme suffise à désorganiser un pays comme la Russie. Nous craignons tous, cependant, une guerre plus proche. Comment savoir, Staline vivant, si elle n'aurait pas éclaté de la même façon, et à la même date ?
Cela me rappelle une de nos beuveries de l'année dernière. Nous avions passé deux heures sur le balcon du café Procope, à dépenser notre semaine en gin-fizz ; il refaisait le monde. Il me reprochait mon indifférence à la politique, avec sa véhémence habituelle : « Puisqu'il faut en baver, autant que ce soit pour une cause juste !... » Soit, mais de là à m'inscrire au PC, il y a de la marge : leurs méthodes ne me plaisent pas, et la perspective de tout recommencer à zéro me démoralise. Je prolongerais bien un peu l'injustice présente avant d'installer le communisme, trop vertueux à mon goût, et déjà si peu semblable à ce qu'il se voulait. Pour le moment, le capitalisme ne me gêne guère. Inutile de changer ; mes petits-enfants se débrouilleront.
Pierre est toujours très entier dans ses passions, et puis, hop ! ça change. L'été passé, il voulait se lancer dans les mathématiques. Enivré d'École normale, il se construisait déjà un avenir idéal et laborieux. Deux mois plus tard, je le rencontre chez Lipp : il prenait des notes sur un recueil de poèmes et nous sommes allés voir les Pitoëff au Théâtre de Poche, dans *Oncle Vania*. Il n'y avait plus de mathématiques à l'horizon.

6 mars

Djougatchivili a passé l'arme à gauche. Il est mort au bon moment.

1953

9 mars

Samedi, tous les drapeaux étaient en berne, à côté des affiches de Paix et Liberté représentant le « petit père du peuple », la faucille entre les dents.

12 mars

Plusieurs soirées, ces jours-ci, dont une en frac (celui de mon père, deux fois trop grand) et un dîner aux chandelles. Cela m'amuse et ça m'ennuie. Je danse comme une savate, je suis trop petit, et les seules filles jolies me traitent en gosse. Je me console ailleurs, après. J'ai une âme sœur ces temps-ci. Je l'aime de tout mon corps.

L'humour de ma mère. Hier, elle parlait d'une « grande méconnue » : Mme Bernard Palissy. Et de Mauriac elle dit aujourd'hui : « cette vipère de bénitier ».

Bien travaillé, ces jours-ci. J'écris, difficilement et mal, mais beaucoup. J'écris, c'est le principal.

J'ai sur de nombreux auteurs l'avantage de n'avoir pas publié mes œuvres de jeunesse. Cette situation privilégiée me permet de rester jusqu'à nouvel ordre mon plus fidèle admirateur.

Vendredi 13. Allons, bon!

Fait un rêve orgiaque extraordinaire. Tout ce luxe pour une simple pollution nocturne.

Paix aux hommes de bonne volupté. Que sont les dithyrambiques ratiocinations de mon « singe » à côté d'une minute de contact épidermique ? Quel est donc cet animal qui prétend être parce qu'il pense ? Je bande donc je suis, il n'y a point d'autre certitude. Néanmoins, je médite longtemps sa leçon d'hier : nous n'avons pas inventé le nombre ; il existait. Nous nous sommes contentés de le découvrir, et la magie des nombres fait partie de la magie du monde, comme le reste.

Malade, je dois payer l'hôpital : vendu mes *Mémoires d'outre-tombe*. C'est un livre que j'ai lu trop jeune pour l'avoir bien goûté, mais il y a trop peu de temps pour que j'aie envie de le relire. Résultat : je le bazarde. Avec un petit serrement de cœur. Tout petit. Dès que l'objet de mes regrets n'est plus à la portée de mes sens (cela vaut aussi pour les personnes, hélas!) je l'oublie, et ma peine avec.

JOURNAL

18 mars

Six Personnages en quête d'auteur, toujours par le Piccolo. Le père est superbe, mais la fille m'a paru trop « théâtreuse ». Dans cette algèbre, on se demande ce qu'il y a d'italien. Seuls les *« ma che, ma che »* du directeur, accompagnés d'un geste typique, les doigts réunis en faisceau, rappellent l'origine sicilienne de Pirandello. La démonstration est très belle, mais *Henri IV* ou *Chacun sa vérité* m'ont plus touché que cette dissertation dramatique.

Pourquoi dit-on « lever un lièvre » et « poser un lapin »?

Sartre : « Être libre c'est choisir ! » Or choisir c'est renoncer. Donc être libre, c'est renoncer. Sophisme, peut-être, mais troublant.

Bossuet : « Il ne faut pas permettre à l'homme de se mépriser tout entier, de peur que, croyant avec les impies que notre vie n'est qu'un jeu où règne le hasard, il ne marche sans règle et sans conduite, au gré de ses aveugles désirs. »
Le mépris et le désir, couple inséparable chez les chrétiens.

Histoire de le comparer à Bossuet – et surtout de me faire une idée de ce que peut être l'éloquence religieuse – j'assiste au sermon de Carême du R.P. Riquet, à Notre-Dame. Jésuite. Très jésuite, mais tellement séduisant. Il s'agit du salut, et j'admire la facilité avec laquelle les ecclésiastiques jouent des Écritures. Ils utilisent le moindre détail de l'histoire sainte pour établir des rapports imprévisibles, ingénieux, entre les événements les plus étrangers, comme des romanciers qui s'inspireraient de leur premier chapitre pour aider leur inspiration défaillante dans les derniers. Ainsi Riquet prétend que Bethsabée n'a été ravie par David que pour assurer la naissance, plusieurs siècles plus tard, de la Vierge, et partant du Christ. O Providence! Prudent, « moderne », il n'ose pas affirmer que hors de l'Église il n'est point de salut, mais il tente de démontrer qu'elle y est nécessaire. Peu convaincant. Ce qui me frappe, outre la faiblesse de l'argument, c'est ce besoin, contemporain, de se défendre à tout moment, d'affirmer l'indispensable existence de l'Église, de toujours réfuter des accusations, en misant avec l'énergie du désespoir sur les hommes de demain.

Bien plus touchante m'a semblé, à moi, dans une période d'un bel envol, et dans cette cathédrale, l'évocation des générations précédentes qui ont prié, qui « sont » l'Église, qui vivent en nous, et dont l'action ne saurait jamais disparaître. Avec de grands gestes de surplis, sa figure intelligente d'homme d'affaires dressée vers les voûtes, il déclare « espérer » éperdument le salut pour tous les hommes. Je crois pourtant qu'il vaut mieux compter sur les prières de nos ancêtres que sur les nôtres.

1953

Soins terminés.

Encouragé par mon grand désir que tout cela soit fini, j'ai résisté à peu près aux tortures des médecins, qui raclaient mes plaies avec une joie sadique; j'en avais conscience par leurs gestes mêmes, répercutés, transmis en moi par de longues ondes de douleur.

Dans le métro, mes élancements sont tels que je manque par deux fois de m'évanouir. Jamais naturel, au plus profond de mes souffrances, je continue à jouer la comédie. Une dame veut me secourir, mais je prends un air magnanime et résigné pour lui répondre que je me débrouillerai bien tout seul. Peut-être ce petit jeu me soulage-t-il, qui sait? Et sur mon banc, je me demandais quelle faute j'étais en train d'expier. Ai-je connu jamais une heure de plaisir qui justifiât pareil châtiment? J'espère que c'est une punition anticipée.

1er avril. La Colombe

Cinq Australiennes me tombent du ciel, je les héberge. Elles ne s'étonnent de rien, sauf de trouver une baignoire dans la salle de bains. On a dû leur faire une description apocalyptique des conditions sanitaires chez les Européens, leurs ancêtres. Néanmoins, quand je leur dis que la maison a près de sept cents ans, elles éclatent de rire comme si c'était une plaisanterie.

Yvonne me raconte qu'à l'enterrement d'un de nos grands-oncles, cet hiver, le donneur de sang qui l'avait assisté pendant sa maladie est venu serrer la main de tante Léonie – j'en ai une, moi aussi – en lui disant, avec une tristesse non feinte : « C'est un peu de mon sang qui s'en va. »

Tolstoï, tous les soirs. Reposant comme un paysage familier à la tombée de la nuit. Superbe, la scène où le frère de Natacha charge et manque de tuer un dragon français. Pourquoi la tristesse en demi-teinte de ce monde me remplit-elle d'une joie si forte?

19 avril

Noces d'or de mes grands-parents B. Foultitude de gens que je ne connais guère. J'arrive assez tard et Mimi me prend à son bras, avec sollicitude, moi l'enfant quasi bâtard, le sang-mêlé, le demi-goy dans cette bonne société juive. Elle me présente cérémonieusement à de vieilles personnes, pour qui je suis, bien sûr, « le fils de Marcelle ». Dîner joyeux, ensuite, avec une bande de cousins : le sentiment, chaleureux, d'appartenir à une tribu. L'un d'eux, Guy W., six ans, dont le père a une écurie de courses, déclare, très sérieux : « Je gagne quelquefois, mais c'est de la chance ; je ne connais pas encore assez bien les chevaux. »

21 avril

Amoureux. Malheureux.
Il est des jours où l'on a envie de se demander pardon.

4 mai

Aventure. Peter X., juif, blond, rhodésien, et qui ressemble à un dessin de Cocteau. « Accident » délicieux dans ma vie d'inquiétudes et de tourments. Nonchalant, charmeur comme un créole, il semble dépaysé, sans serviteurs ni chiens. Mais il a le goût de l'amour et ses dix-huit ans vivent l'instant avec une espèce de sagesse, de naturel indifférent qui me sont inconnus.
« Je dépense mes soirées », dirait Barbey d'Aurevilly...

7 mai

Une pièce d'Adamov, *Tous contre tous*. Beaucoup de vide. Un problème pas résolu. Je ne suis pas sûr que ce soit du théâtre.

18 mai

La chasteté me ronge. Mais je n'ai pas la force d'y remédier. C'est trop de temps perdu pour si peu – et si court, surtout.
Appris deux pages de Pascal. J'en suis à : « Enfin qu'est-ce que l'homme dans la nature ? » Je suis de plus en plus convaincu qu'il faut apprendre avant de comprendre. Se donner, et ne savoir qu'ensuite pourquoi. Jouir, et n'aimer qu'après.

22 mai

Hier, à midi, cérémonie cocasse en l'honneur de Proust, rue Hamelin. On dévoile une plaque sur la maison où il est mort, il y a juste trente ans. Sous le soleil, en pleine rue, ces fauteuils de velours rouge, genre sacristie, ont quelque chose de surréaliste, de même que cette chaire, surgie des pavés. Long visage taillé à la serpe, Lacretelle vient murmurer un discours filandreux, couvert

1953

par les coups de hachoir du boucher d'en face. Parterre de crânes – celui de Fernand Gregh brille superbement – et de légions d'honneur sur canapé. Mondor, la duchesse de La Rochefoucauld, bien entendu, et le clan Mauriac, père et fils, François, orthoptère dégarni, et Claude, noir maure, tout timide, là-haut, derrière ses lunettes, entourent Mme Mante, qui écoute, les yeux baissés, comme si elle priait saint Marcel, son oncle. A moins qu'elle ne dorme, car Gérard Bauër, avec son souffle de voix, n'est pas un tribun. Le bon M. Larcher, présent bien sûr, arbore pour la circonstance une somptueuse lavallière noire à pois blancs. La seule émue, sincèrement, me paraît être Céleste Albaret, flanquée de son époux, qui n'a pas l'air d'apprécier le petit vedettariat dont elle jouit. De temps à autre, pour attirer l'attention, il grommelle : « C'est moi que je suis le chauffeur. » Après quoi, M. Cornu, le ministre des Beaux-Arts, actionne une ficelle qui commande un mécanisme compliqué, et le chiffon révèle un petit carré de marbre blanc, gravé en lettres d'or, comme on en voit sur les tombes modestes : « A NOTRE PÈRE », ou « REGRETS ÉTERNELS ». Malgré la solennité de cette cérémonie, le geste a quelque chose d'un concierge tirant le cordon.

A propos de Proust, j'ai rencontré l'autre jour Paul Lorentz, quinquagénaire sémillant qui a l'air plus jeune que moi, ce qui ne l'empêche pas de faire en ma présence un complexe de Mathusalem : « Avant la guerre, l'autre guerre », soupire-t-il, avec un sourire désabusé...

25 mai

Déjeuner avec Pierre Joxe et Jacques G. Tranquille et calme. Assez drôle. Ils travaillent tous les deux d'arrache-pied ; cela me donne du courage.

Le soir, vers minuit, je vais au Flore et converse avec John Ashbery, qui me raconte diverses histoires dans son français poussif et doux que j'adore écouter. Il rit sans cesse de tout, et me remonte le moral que j'avais bas. « *We are a muddy crew* », dit-il en guise de conclusion. Mais aujourd'hui, je ne fais pas partie de cet équipage-là. Je ne veux plus entendre parler (pour combien de temps ?) de Saint-Germain-des-Prés, où j'ai gâché ma semaine, en pure perte.

Résolution : rester chaste jusqu'au bac. Ou n'avoir que des aventures rapides et sans importance. Ne plus y aller. Travailler. Vaincre le sort avec ses propres armes : il ne veut pas me donner ma pâture, eh bien je ferai la grève de la faim. Nous verrons bien qui cédera.

JOURNAL

30 mai

Dans un café, place de la Contrescarpe, après trois heures de vaine attente à l'hôpital; je crois que j'ai encore quelque chose qui ne va pas. Devant moi, au bar, un grand garçon, qui ressemble étonnamment à Murat, me contemple de ses beaux yeux bleus bovins.
Il pleut sur les quatre arbres de la place, gardes du corps d'un édicule, ornement sublime et discret du lieu. Il pleut sur la verrière du café des Sports, en face. Les ruisseaux, soudain grossis, dévalent la rue Mouffetard. Il pleut. Il pleut aussi dans mon cœur. Je le sens doucement humide. Il est spongieux d'ennui. De dégoût. Pourtant je suis bien, ici. J'ai mis un disque américain dans le juke-box, et me baignent des flots d'harmonie. Maintenant, c'est une histoire de coquelicot qui parle de la lumière de l'été. Où est-elle? Comment croire au soleil quand il pleut? Murat vient de disparaître. A sa place, un haut tabouret de cuir. Comment croire qu'il a existé? Cet ennui béat me rend stupide et doucement quiet. Comment croire que je suis malade? C'est désespérant et merveilleux de vivre ainsi le présent, et rien que lui. Désespérant parce que rien n'est sûr : il n'y a pas de futur. Merveilleux parce que je peux me prendre pour un génie, un roi. Personne ne peut me prouver le contraire. Il y a de cela un instant déjà. Et peut-être l'ai-je été, l'espace d'une seconde.
Je suis heureux. Je suis malheureux. Autant d'expressions dépourvues de sens : je suis, tout simplement. Plus tard, il se peut que je juge, par comparaison, que j'étais heureux ou malheureux. A présent, je me contente d'être. Et pas parce que je pense. Parce que je me laisse couler, comme cette pluie.

31 mai

Je n'ai rien du tout. C'était bien la peine.

1er juin

Dans la librairie de Bernard D. – après la fermeture, bien sûr –, le gang du Français : Charon, Hirsch, Le Poulain et leur cour, dont Iskander, Hulot et quelques autres.
Tout au long de la soirée, Hirsch répond au nom charmant de Raymonde Bouton, tandis que Jacques Iskander, modiste de son état, joue le rôle de Virginie Chassieux, travailleuse dans la lunette. Pas très fin quand on l'écrit, mais drôle sur le moment. Une espèce d'hystérie nous fait rire jusqu'à quatre heures du matin. Rien ne reste de tout cela qu'un souvenir d' « avoir ri », et,

pour moi, l'image de Charon, la tête en avant, l'air abattu, comme s'il attendait la carotte qu'appellent ses dents de rongeur. Et puis, une fois de plus me frappe l'œil trouble de Le Poulain, louchant par-dessus la mêlée. Je le revois, il y a quelques semaines, au même endroit, avec les mêmes, pratiquement, plus Doelnitz et quelques autres, armé de sa ceinture qu'il faisait claquer comme un fouet, prétendant exiger que tout le monde se mette à plat ventre et s'accouple dans une « orgie romaine ». Lamentable parodie, d'une tristesse poignante. Au moment où je m'en allais, j'ai aperçu dans la pénombre le pauvre K. abîmé de volupté, l'air d'un collégien mal portant avec son petit caleçon tricoté, en coton blanc, s'agitant sur un gros garçon, parmi les chaussures et les pantalons épars.

2 juin

Se méfier de la vérité : elle est vraie pour tout le monde.

3 juin

Hier, couronnement d'Elisabeth II. La France entière est royaliste et les gens s'agglutinent devant les vitrines où les télévisions fonctionnent toute la matinée. Beaucoup de bruit, et de bruit cher, pour épater le monde – les Américains, surtout –, mais je comprends mieux, à voir ce faste de près, en direct, que chaque sujet soit persuadé que son roi est le plus grand roi de la terre.
Le sacré de cette anachronique cérémonie passe même à l'écran.

Tolstoï, dans *Guerre et Paix* : « Il n'y a pas de grand homme pour son valet de chambre, parce que le valet de chambre a sa conception à lui du grand homme. »

4 juin

Chez Tolstoï, toujours : l'inconstance des sentiments, très slave. Ses personnages passent de la peine à la joie, sans transition, et la brièveté des chapitres, déjà cinématographique, souligne ce caractère un peu exotique, si attirant pour nous. Natacha, typiquement russe ; un Occidental ne saurait l'imaginer si vraie dans sa versatilité. Aucune envie dans l'admiration que j'ai pour Tolstoï ; son génie vient d'ailleurs, on s'incline. Devant *la Princesse de Clèves*, je m'agenouille, mais c'est du désir sublimé ; je ne me consolerai jamais de n'être pas Mme de La Fayette.

JOURNAL

16 juin

Langage. Sur la copie de mon voisin, ce matin, je lis cette phrase : « Après un examen plus poussé, on voit que l'homme n'a pas des règles, mais " ses " règles. »

Autre phrase, de mon professeur de philosophie, auvergnat : « A l'horichon du chavoir che dreche, inechpugnable, la chitadelle de la finalité. » Chuperbe !

17 juin

Lu, tout l'après-midi, les *Œuvres* de Théophile de Viau, que j'ai trouvées sur les quais, dans une « nouvelle édition imprimée par les soins de M. de Scudéry », quelques années après sa mort. On y trouve une lettre à Guez de Balzac qui ferait aujourd'hui saisir le livre, pour diffamation : « On dit que vous êtes un estrange masle, je l'entends au rebours, et je ne m'étonne pas si vos estes si mal-disant contre les dames. Vous sçavez que depuis quatorze ans de nostre connaissance, je n'ai point eu d'autre maladie que l'horreur des vostres ; mes deportements ne laissent point en mon corps quelques marques d'indisposition honteuse non plus que vos outrages en ma réputation, et après une très exacte recherche de ma vie, il se trouvera que mon adventure la plus ignominieuse est la fréquentation de Balzac. »

Il est vrai que celui-ci l'avait publiquement accusé de sodomie, et l'on ne badinait pas avec la chose au XVIIe siècle. Vrai ou faux ? En tout cas le parallèle avec Wilde s'impose : *la Maison de Sylvie* fut écrit en prison, comme *De profundis*. Mais là où Oscar retrouve son âme, Théophile tâche de s'évader par un curieux érotisme bucolique :

> *Quelle couleur peut plaire mieux*
> *Que celle qui contraint les cieux*
> *De faire l'amour à la terre.*

Et ailleurs :

> *Les ondes qui leur font l'amour*
> *Se refrisent sur leurs épaules*
> *Et font danser tout à l'entour*
> *L'ombre des roseaux et des saules.*

Amusant aussi, bien qu'il s'en prenne « aux imposteurs / qui sous des robes de docteurs / ont des âmes de sodomites », de le voir ensuite écrire des *Remerciements à Corydon*... Aujourd'hui, cela passerait pour un aveu.

1953

28 juin. *La Colombe*

Ici depuis deux jours. Temps idéal. Les collines, devant ma fenêtre, s'estompent sous le soleil, merveille de paix. Mais il suffit d'un visage surgi de ma mémoire pour les effacer d'un coup et me rendre la nostalgie de l'amour, de la ville et de ses tentations. Désolant d'être si peu doué pour la pureté.

Je m'en rends mieux compte en face de l'abbé Blin, qui vient nous dire la messe sur la terrasse. Il est charmant, intelligent, compréhensif je suppose, malgré son scoutisme, cet état d'esprit curieux qui cache le pire des dogmatismes sous des dehors bon enfant. Il a beau y mettre du sien, je ne me sens pas à l'aise devant lui, comme si je parlais à un habitant de Mars. Non seulement ma carence mystique m'éloigne de lui, mais sa chasteté aussi l'éloigne de moi. Fossé trop large pour qu'une croix suffise à le franchir.

Il est vrai que je ne suis guère préparé à la religion qu'il enseigne. J'attends une grâce hypothétique; il prêche, lui, l'éducation de la foi. Il met en pratique chez les enfants le répugnant pari de Pascal. Mithridatiser ainsi les mystères me semble inadmissible. La foi par l'accoutumance. Croire, parce qu'on se met à genoux, en attendant que ça vienne! Trop loin pour moi du chemin de Damas...

L'abbé Blin dirige un séminaire. Il s'occupe également du collège de jeunes filles pour lesquelles il dit la messe ici, ce matin. Il les suit dans la mesure de ses moyens après leur départ. Ainsi l'une d'elles est aujourd'hui danseuse, sous la surveillance d'un jésuite. Je m'en étonne. Il réplique, désabusé : « Oh, vous savez, ils sont partout! » Pendant qu'il célébrait l'office sur la table de la salle à manger, transformée en autel grâce aux trois nappes rituelles, sa longue figure, encadrée par les bougeoirs du salon, reflétait manifestement la présence de Dieu en lui. Les jeunes filles ont chanté, puis elles ont prié pour leurs maîtresses, et pour nous, leurs hôtes. Je ne sais pourquoi cela m'a fait plaisir, mais je comprends un peu les seigneurs qui se faisaient dire la messe et verser l'encens à domicile. La seule preuve matérielle de la réalité de la foi, c'est ce murmure à plusieurs voix, qui vous porte vers le ciel comme un courant d'air chaud.

L'abbé Blin est curé à Neuvy-sur-Barangeon. Ami de Julien Gracq, dont le village est voisin. Il le dit d'un furieux orgueil, et d'une grande intelligence. Jamais il n'ouvre la bouche, paraît-il, et sa mère est neurasthénique.

2 juillet. La Colombe

On ne lit guère de journaux, dans cette maison, si ce n'est le sacro-saint *Figaro* du matin. Je m'en trouve très bien et me plonge dans les *Illustrations* d'avant 14. On y parle de la Corée, déjà, en 1906. Elle vient d'être conquise par le Japon, et l'auteur de l'article affirme tranquillement que « cette presqu'île est rayée de la carte du monde à jamais ».

En 1910, à l'occasion des quatre-vingts ans de François-Joseph, on se réjouit que sa descendance soit assurée par un prince intelligent, etc., l'archiduc François-Ferdinand, et grâce à la politique « conciliante et pacifique de l'Europe », le vieux souverain n'aura pas l'occasion de se montrer hostile envers la France, « qu'il a toujours aimée dans le fond de son cœur ».

Pour ce qui est des potins mondains, on retrouve bien des vivants, un peu décatis maintenant : Rosemonde Gérard, Maurice Rostand, Herriot, Mistinguett, Fernand Gregh, Cécile Sorel, Dussane... Quant aux auteurs joués par les célébrités du moment (Antoine, Lugné-Poe, de Max, Coquelin, etc.), quel déchet! A l'exception de Renard et de Rostand, cette « Belle Époque » ne semble produire que des oubliés : Claretie, Theuriet, Lavedan. Il ne reste plus d'eux qu'une barbe collective s'étalant sur un bureau en faux Louis XIII. De ces destins glorieux qui donnent le frisson. Mieux vaut n'être personne.

7 juillet

Il pleut. Spleen humide. Je ne sais pourquoi, je pense à mes amours avec M., il y a deux ans. Certaines images – un coin de la chambre, la rue Sainte-Anne au crépuscule, les toits d'en face, le petit balcon, les livres dans le placard, la propriétaire insupportable – me reviennent. Pourquoi celles-là seulement? Il me semble que pour M. comme pour moi, cette semaine fut un bonheur dont nous n'avons pas, depuis, retrouvé l'équivalent.

15 juillet

Beaucoup de choses, cette semaine.
D'abord le bachot, passé. Enfin.
Dîner avec Joxe. Nous allons ensuite à l'Arlequin, où nous formons l'essentiel du public, une fois de plus.
Week-end chez les Izard. Une flopée de gens comme d'habitude, dont Bernard Lefort, un chanteur qui fait l'important, et Pierre Guérin, toujours un peu ridicule, précieux, collant, mais riche en petites histoires. Malgré nos ruses, il parvint à nous rejoindre, Mati et moi, alors que nous allions tranquillement faire du bateau. Il se prélassait sur la barque, odalisque poilue, glapissant et médisant, tandis que je ramais comme un esclave. Il y avait des vagues sur la Seine, et je voyais, à rythme égal, la longue échine de Mati monter et descendre derrière Guérin; un pied dans l'eau, il

traçait un court sillage en sifflotant. Ce sont de telles secondes insignifiantes qui font la vie heureuse. Mati, je ne le connaissais pas. Tout de suite, sa réserve anglo-saxonne, cette espèce d'élégance à la Gainsborough, à la Van Dyck me séduisent : un peu raide, interminable, souriant. En fait, il est pur juif allemand, élevé en Israël, où son père avait émigré avant la guerre. Mais il pourait être aussi bien suédois, new-yorkais, australien. D'ailleurs c'est en anglais qu'il s'exprime le plus facilement, avec un fort accent américain, bien qu'il n'ait jamais mis les pieds aux États-Unis : tout appris au cinéma. Ce n'est pas un intellectuel; ça repose. Et je suis admiratif et décontenancé devant sa prodigieuse adresse à dessiner. Il fait devant nous, en un rien de temps, un portrait de Catherine Izard au trait, ravissant. Avec, dans les lignes, les sinuosités, quelque chose de la langueur orientale qui est en lui : Ingres poussé dans le désert.

Nous rentrons à Paris ensemble – c'était la veille du 14 juillet – et nous allons danser sur la place Saint-Germain-des-Prés avec des filles idiotes, dans une épaisse odeur de sueur et d'aisselles. Je rentre à l'aube, ravi d'avoir un ami de plus, je crois.

17 juillet

Chez une marchande de drapeaux, mignonne sexagénaire qui vit « en chambre », quelque part aux environs des Ternes. Je lui achète des bannières à piquer sur les gâteaux, pour orner le buffet du mariage de Monique, ma cousine. « Pensez, dit la dame, comme la politique a de l'importance, dans notre métier ! Ces drapeaux égyptiens; j'en ai tout un stock ! Ils viennent de proclamer la république : ça ne vaudra plus rien la semaine prochaine. C'était pareil en 48 pour le drapeau italien; l'écusson était imprimé ! Avec la couronne ! Un désastre. Voyez-vous, un désastre !... »

Comme quoi les marchands de drapeaux sont tous conservateurs.

22 juillet. Jouy-en-Josas

Cérémonie au temple – Monique épouse un Hollandais luthérien – froide, digne, sans l'ombre d'un sentiment religieux dans l'assistance. A l'exception des beaux-parents, tout le monde est juif ou presque. Pendant le lunch qui suit, à la maison, long aparté cocasse de Mme Martin, couturière de la gentry locale, avec la baronne de Gunzburg, ce qu'on fait de plus chic dans notre parenté. Sans connaître leurs identités respectives, elles fraterni-

JOURNAL

sent par les intestins : « J'ai un anus artificiel », déclare Mme Martin, qui se sent à la pointe du progrès chirurgical. Mimi arrive en vitesse pour tenir le crachoir à la baronne, tandis qu'on éloigne les entrailles plébéiennes à l'aide d'une coupe de champagne brandie de loin; la Faculté l'autorise.
    Je fais un brin de conversation avec Martine W., autre cousine à galette. Passe Claudine, six ans, qui demande : « C'est ta fiancée? » Rires de circonstance. Et Claudine, voyant qu'elle a fait fausse route, enchaîne derechef : « C'est ta bonne? »
    Ici même, en 38 ou 39, je me revois dans une réception toute pareille, en l'honneur de je ne sais plus qui. A l'époque j'avais dans les quatre ans, mais la scène m'est présente à la mémoire comme un tableau : un Manet retouché par Dufy. Les grands acacias devant la maison à pans de bois, style Deauville, ces robes claires qui passaient, détachées sur un fond de vallons vert pomme, image d'une prospérité sereine, cossue. Pour moi : l'avant-guerre.

24 juillet

    Revu Mati. Il pense que la peinture « ce n'est pas sérieux ».
    Ensuite, chez l'encadreur de la rue du Dragon, pour y porter le beau dessin que Mati m'a donné. Un jovial qui se tape sur la poitrine en riant.
    « J'ai soixante-quatorze ans, et j'en fais cinquante! Ah, que voulez-vous, on est comme on est! Nous, on était quatre frères qui sommes allés à la guerre, la première, la vraie. C'est moi qui ai trinqué – six blessures aux cuisses, un éclat dans le bras, trois vertèbres cassées, et à Douaumont, trois semaines avant l'armistice! Mais c'est moi le mieux conservé. L'aîné a du diabète, moi je suis le cadet, le troisième a des étouffements dus aux gaz, et le dernier, qui n'était pas exposé, il est devenu neurasthénique, cher monsieur. Chaque fois que je le vois, je lui tape sur le ventre, et il me dit : " Allons, allons!" comme si je lui manquais de respect. Remarquez-le, je n'ai jamais vu un médecin! Les chirurgiens, oui, ça me connaît. Mais les médecins!... Peuh! des charlatans... »
    Il est peintre, aussi, mais il pense, lui, que « c'est sérieux ». Il a refusé son chef-d'œuvre, *la Cour du Dragon*, au musée Carnavalet : on ne lui en offrait que cent mille francs; il en voulait cinquante mille de plus. Le soleil pénètre dans sa boutique. Il le regarde en face, d'égal à égal.

2 août. Venise

    Au couchant, les clochetons des « Frari », que j'aperçois de ma chambre, ont l'air d'un gâteau de mariage en nougatine. Quelques

1953

rayons sur la cour. Seules, dans l'ombre, les colonnes d'un petit temple en ruine ont l'air d'avoir froid. Une voix chante des romances qui se perdent en sanglots joyeux. Une main pince les cordes d'une guitare. Des vêtements noirs et rouges pendent à une fenêtre, et entre mes deux socquettes qui sèchent, je vois une petite fille en blanc qui tourne autour du palmier chauve d'en face. On entend des pas dans la ruelle invisible. La douceur des sons, de la lumière, de l'air est la preuve que le bonheur est peut-être possible, ce soir. Il est vrai que je suis encore amoureux, bien entendu. Soudain, toutes les cloches ensemble sonnent sept heures. Des gosses à nouveau se disputent et jacassent. Le cœur de la vie, un moment arrêté dans l'attente d'une réponse mystérieuse, recommence à battre. A se battre...

6 août

Chamailleries avec l' « enfant » qui m'occupe ces jours-ci. Sa sensualité est végétale, sans l'ombre d'un vice ni même d'une pensée. Comment lui expliquer que je ne peux l'aimer comme il m'aime, avec ses grands beaux yeux vides?

10 août

Dans ma vingtième année depuis hier. Fait l'amour toute la nuit pour fêter l'événement. Avec un inconnu. L' « enfant » commence à me lasser, mais je ne veux rien briser, pour le peu de temps qui me reste à le prendre en impatience.

11 août

Vie de bâton de chaise, surtout avec Mme Rose, énigmatique personne d'un âge incertain, qui se nourrit de champagne et distribue facilement les billets de mille lires. Rentré tard avec Arvedo. Amour en silence, dans une profonde tendresse. Ce matin, au retour, je retrouve la Venise du premier jour, en train de s'étirer. Le même calme, la même douceur des teintes, les quelques passants engourdis de sommeil, et cette grande solitude au cœur d'une ville fantôme.

L'après-midi, promenade en barque sur la lagune, avec l' « enfant », son copain sarde, et le soleil. En chœur, ils chantent des ritournelles vibrantes et gaies, qui se perdent au fond de l'horizon.

Exposition Lorenzo Lotto. Demeuré une heure en contemplation, ou plutôt en communion avec *l'Annonciation*. Ce visage stupide de la Vierge, cette résignation au déshonneur des filles mères, ces rouges froids, ces bleus tranchants, ces lumières : un Vermeer latin.

28 août. Jouy-en-Josas

Rentré à Paris depuis deux jours, dans un train bondé, le premier qui roulait après cette grève générale interminable. Voyagé debout, avec faim et sommeil. J'ai dû emprunter dix francs pour prendre le métro. Mais cela m'aura valu deux semaines de vacances supplémentaires, aux crochets de l'extravagante Contessina et de Filippo, son neveu.

A moi la vie de palace pendant ces quinze jours! Puisque je n'avais plus un radis, on n'allait tout de même pas me laisser crever de faim à la porte du Danieli. J'ai suivi le train sans scrupules, avec le chien et le neveu, aussi long que sa tante est large et dodue.

Un personnage de roman, la Contessina. Sanglée, dès le matin, dans un corset impitoyable, la poitrine offerte, le chef surmonté d'un édifice de cheveux blonds en forme de coupole, serré par un bijou, et toujours montée sur pilotis, même en costume de plage au bord de l'Adriatique. Mais un très lumineux regard vert tendre, un œil d'enfant sous le fard épais, beaucoup de bonté vraie, et un appétit superbe pour les pâtisseries, les beaux garçons, les bagues énormes, les robes sans fausse modestie, camélias noirs brodés sur fond d'or, ou bayadères jaune et violet.

Emploi du temps réglé comme l'étiquette à l'espagnole. Le matin vers midi, quand la signora descendait de ses appartements, *motoscafo* pour le Lido, bains de soleil avec lunettes de star, à l'ombre d'une vaste cabine de toile, et goûter sur la terrasse mauresque de l'Excelsior. Retour à Venise, promenade rituelle au Florian sur le coup de sept heures, avec des tenues à laisser bouche bée le touriste, dîner au Danieli accompagné des courbettes d'usage, et dernier verre au Harry's Bar, toutes voiles dehors.

Avant le coucher, station obligatoire au salon, où le violoniste faisait taire l'orchestre, de son archet levé, et s'approchait de la Contessina pour lui grincer à l'oreille une mélodie de sa composition.

Une reine de théâtre à sa façon, forçant sur le toc et les attitudes, afin de cacher sous ses franfreluches la bonne fille toute simple qu'elle est. Adorable maman gâteau pour page désargenté...

Seul mystère que je n'ai pas réussi à percer : Filippo, complice, serait-il son fils, qu'elle fait passer pour un neveu, histoire de se rajeunir?

1953

30 août. Jouy-en-Josas

Conversation avec mon grand-père, B. Il me raconte son voyage aux Etats-Unis en 1927, ses rencontres avec Claudel, alors en poste à New York, et son déjeuner chez Rockefeller, qui récitait le bénédicité avant de se mettre à table. Il parle aussi d'Hollywood, le Hollywood du cinéma muet, paradis perdu. Il est vrai que Pat est sourd depuis trente ans. Mais je note aussi en passant son total non-sens des couleurs : un homme qui voit les choses en architecte, noir et blanc. Mimi, tendrement bossue, évoque sa jeunesse, et se félicite de la vie qu'elle a menée, à ma grande surprise. Les épreuves de l'Occupation semblent déjà toutes effacées dans son souvenir.

Elle a de charmantes attentions. Pat s'est endormi à son bureau, dans le salon. Elle lui laisse un petit billet : « Je suis allée me coucher. A bientôt. »

Visite à Pierre Joxe, qui passe l'été dans la maison de ses grands-parents, aux Metz. Je connaissais bien ce joli pavillon des gardes, à l'angle d'un petit chemin qui descend à pic vers la Bièvre, mais je n'y étais jamais entré. Le bureau de Daniel Halévy est un capharnaüm vieillot, sympathique avec une belle vue sur la vallée. Les rayonnages sont remplis de cartons où il a rangé les lettres de ses amis célèbres. Curieuse impression de voir ainsi emprisonnés par ordre alphabétique ou chronologique ces moments du passé. Dans cinquante ans, mon cabinet de travail sera-t-il ainsi tapissé de souvenirs en boîtes? Pierre me montre un mot de Proust, qui accompagnait sans doute un envoi de fleurs. Très cuistre, il réussit à parler de lui dans une lettre de trois lignes. L'année dernière, j'aurais tremblé de tenir entre mes doigts cet autographe un peu déchiré, avec les deux trous de l'épingle qui l'attachait au bouquet. Maintenant, tout juste une petite émotion; on ne gagne guère à trop bien connaître ses amis... même littéraires. Au hasard j'ouvre d'autres cartons. Beaucoup de noms illustres, mais piètre contenu. « Nous parlerons avant la séance... Croyez-moi, cher ami, votre bien dévoué... Je vous remercie de votre aimable invitation », etc. Si ce n'était pas signé, qui se douterait que ce sont des lettres de Bergson, de Claudel ou de Valéry? Je trouve qu'il y a quelque chose d'inhumain à exposer ainsi sa vie sur des planches. Par exemple : « Mort de mon frère Elie, 1937 ». Comme un petit cercueil parmi d'autres. Ce n'est plus une bibliothèque, c'est un columbarium. D'ailleurs, tout semble prêt ici pour une publication posthume, quelque temps après une mort qui redonnera du lustre au vieux monsieur, ami de Proust et de Péguy, grand découvreur des *Cahiers verts*, et membre de l'Institut. Est-ce assez pour partir content? Je me le demande. Sa

JOURNAL

grande ambition, méritée mais non satisfaite, un fauteuil à l'Académie, comme son papa, Ludovic, et son beau-frère, Jean-Louis Vaudoyer. Soixante ans de louables efforts au service de la littérature et de l'histoire n'ont pas suffi, et il n'y a plus guère de chances, à présent. Est-ce défi, désordre ou pieuse vénération ? L'épée de l'ancêtre traîne justement sur le fourneau de la cuisine. A l'examiner de près, il est évident que cette arme est impropre au suicide comme à l'assassinat. Voilà pourquoi, sans doute, Georges Lecomte, Henry Bordeaux ou Claude Farrère sont encore de ce monde...

2 septembre. Jouy-en-Josas

Mimi sort des petits gâteaux d'une boîte en fer-blanc. Mimi sort tout d'une boîte en fer-blanc. Mimi a dû sortir elle-même un jour d'une boîte en fer-blanc, comme un génie de son flacon.

Visite interminable de Mlle B., veuve inconsolée de Mlle L., morte l'an dernier, qui portait veston, cheveux courts et cravate avec une grande dignité. L'une était professeur de piano, l'autre de dessin. Jamais personne ici n'a trouvé ce ménage étrange, et les « meilleures familles » leur ont envoyé leurs filles, depuis deux générations. Mais on les a toujours appelées les demoiselles L., sans malice.

9 septembre. Jouy-en-Josas

Notes pour comprendre le siècle. Très bien menés, ces raisonnements qui justifient, expliquent, posent comme inévitable et juste l'avènement du fascisme, né selon Drieu des ruines du rationalisme XIXe, mais son suicide ne leur en sert pas moins de signature, comme un grand trait rouge barrant le texte d'un « Faux ! » monumental.

12 septembre. Jouy-en-Josas

Dîner avec Pierre. Essayons pendant deux heures de définir « la Nation ». Y arrivons très mal.

J'étudie la France, dont je n'avais aucune idée précise. Ça m'a l'air d'un pays charmant.

Un calembour de papa : « Dansons et Hallali ».

1953

18 septembre

Lu dans un journal que le ministre X... allait en Nouvelle-Calédonie pour y commémorer le centième anniversaire de la « présence » française. Belle trouvaille que cet euphémisme ! Il n'y a jamais eu de conquête des Gaules par Jules César; ce n'était que la « présence » romaine.

De la vie Serge Merlin dit que c'est une suite de soustractions. Il s'est aperçu qu'il ne pouvait pas être Gérard Philipe, puis qu'il ne pouvait pas être Pierre Vaneck, etc. Jusqu'au jour où il s'apercevra qu'il ne peut être que lui-même. « Seulement, ajoute-t-il avec son sourire de mime triste, c'est une opération qui dure vingt ans. »

La vie d'artiste, enfer du décor.

Ce qui m'empêche de croire en Dieu, c'est que je peux le remercier de toute mon âme d'avoir accompli des actes qu'il réprouve.

Le 19

Pierre : il vient prendre chez moi des bains de doute, quand il se sent trop confiant en lui-même. L'effet n'excède jamais quelques heures. Bien entendu, il ne fume plus, car il est à la veille d'un examen. Quel jean-foutre ! Nous allons déranger Henri Kh... qui travaille sa médecine dans une chambre de bonne claire et fraîche, avec un balcon, des montagnes de dossiers, un crâne posé sur la table, une chaise défoncée, le lit avachi. Une atmosphère saine et recueillie qui fait plaisir à voir.

Bénévole : qui veut bien et ne veut rien.

24 septembre

Ce que j'écris en ce moment : c'était à l'origine un drame passionnel, avant-hier une tragédie politique, hier un lever de rideau, aujourd'hui un opéra-comique. Demain ? Il y a tout de même de quoi être épuisé par mes « pensements », comme dit Rabelais, que je potasse tous les soirs avec passion.

Lu du Bossuet; je ne sais jouer d'aucun autre instrument.

JOURNAL

1ᵉʳ octobre

Dans *la Décade de l'illusion*, fœtus du *Sabbat*, je note cette formule de Sachs : « le sombre désespoir d'être jeune ». On n'y pense pas assez souvent, à mon avis.

2 octobre

Déjeuner avec Pierre L., conservateur à Versailles. Il exalte un métier qu'il semble adorer, et m'en raconte les à-côtés comiques. Ainsi, lorsque ses confrères s'appellent au téléphone, cela donne à peu près : « Allô, Nestor ? Tu es chez Mme Adélaïde ? – Non, je suis chez la reine... » Il prétend être un des rares contemporains capables de comprendre Saint-Simon : « J'ai l'impression d'avoir connu tous ses personnages, comme si c'étaient les amis de mes parents... »

Affreuse tristesse, ces deux jours. Pis que jamais. Et rien, rien à faire pour m'en débarrasser. Désir d'oublier, mais d'oublier quoi ? Quelque chose comme le bonheur des autres... De la jalousie et de la rage. Il me faudrait une femme ou au moins un amour pour ne plus penser à moi, et rien qu'à moi, toujours.

Prévert : en prose, en vers, et contre tout.

3 octobre

Sur l'esplanade des Invalides, tous les badauds de Paris se passionnent pour le monstre Jonas qui pue le formol sous une tente de cirque. Entendu un camelot, impatient d'écouler sa marchandise, qui hurlait, furieux : « Ça va voir la baleine, mais on a des oursins dans la poche ! »

4 octobre

Mon père, aujourd'hui, entame son demi-siècle. Je parle de lui avec les O. J'essaie de leur expliquer mon attitude envers un homme que j'aime, que j'admire, et qui tient pourtant si peu de place dans ma vie, en apparence, parce qu'il est impossible de lui disputer la vedette à la maison. Il ne le supporterait pas plus de moi que d'un autre.

Je ne pousse pas mon analyse au-delà de ce constat, mais je sais qu'il me devine trop différent de lui pour souhaiter une intimité plus grande. Par nonchalance et par timidité, craignant de découvrir en moi des choses qui le révolteraient. Plutôt que d'avoir à sévir ou à discuter, il préfère conserver l'idée ancienne qu'il s'est formée d'un petit garçon travailleur et bien gentil. Elle apaise sa conscience, et la solution, somme toute, est assez sage.

Lui seul aurait peut-être pu me tirer d'où je suis, mais il est à peine un père; plutôt un célibataire marié par hasard. Et moi je ne suis qu'un enfant ordinaire. Nous suivons des chemins différents, l'un et l'autre livrés à nos désirs. Il souhaite la paix, je m'accommode du silence : qui de nous deux est le plus lâche?

L'abbé Rivière, curé en Ariège et ami des écrivains, a fait peindre son église à la fresque, avec des phrases tirées de *l'Annonce* ou de *la Jeune Fille Violaine*. Lors de la visite annuelle de l'évêque, un des petits garçons du catéchisme, invité à citer le nom d'un saint, lui a répondu : « Saint Paul Claudel ». Déjà!

5 octobre

Lu de l'Aragon (*les Yeux d'Elsa*). Classique, classique, classique. Et splendide!

6 octobre

Des barbes et des béquilles, le tout attaché avec de vieilles légions d'honneur, se traînant pour s'asseoir en rond, face à trois têtes de coings qui débitaient l'éloge de défunts immortellement inconnus. Tel est le spectacle désolant qu'offrait à mes yeux neufs cette séance de l'Académie française. J'en sors déprimé.

Le paradis : écouter jusqu'à la fin des temps le dernier mouvement de la suite en *si*, joué sur une flûte séraphique devant le paysage crépusculaire d'une Italie céleste.

7 octobre. Jouy-en-Josas

Suzanne, la jeune femme du jardinier, me dit qu'elle écrivait une lettre par jour à son futur pendant les trois ans qu'elle l'a « fréquenté » : « Il y en avait un plein sac de pommes de terre, quand on les a brûlées. » Un sac d'amour de pommes de lettres, un sac de lettres de pommes d'amour, un sac de terre d'amour de pommes...

JOURNAL

Le 12

Journée de soleil à Morsang, chez les I. avec Madeleine, Mati, et les Chauvelot. Lui, de race bovine, avec un rien de Claudel jeune dans l'allure, est une force de la nature. Une manière de phénomène qui a su prévoir et capter la mode : avec Boubal et Nico, il est un des rois de Saint-Germain-des-Prés, à trente ans à peine. Il ne semble pas mécontent de sa réussite, et cela se comprend. Kessel, que je regardais l'autre soir, avec sa tête rentrée dans les épaules et son menton-cou démesuré, genre bison des cavernes, a dû ressembler jadis à cet homme-là.

Entré à Sciences-Po. Heureux, en somme. A l'oral, un des « examinés » croyait que Péguy était un auteur du Moyen Age. A cause de Jeanne d'Arc, bien sûr. Le prof, un type assez pince-sans-rire, avec de larges sourcils noirs, avait l'air de beaucoup s'amuser. A un autre, qui planchait sur le grand Friedrich, il a demandé : « Vous n'avez jamais entendu parler des rapports entre Nietzsche et Wagner? – Oh non, monsieur! » a dit le candidat, rouge d'indignation. Cet examen de culture générale n'est pas du luxe! Mais je n'ai pas été si brillant moi-même. Il m'a posé des questions sur Proust. « Qu'avez-vous lu? – Tout. » Il a froncé sa broussaille, et ne m'a pas cru. « Quels étaient les auteurs favoris de la grand-mère du narrateur? » J'ai bien trouvé George Sand et Mme de Sévigné, mais impossible de me rappeler la comtesse de Boigne. « Il ne faut pas se vanter, jeune homme! » J'aurais voulu rentrer sous terre.

Le 15

J'ai deux aventures en ce moment, la nouvelle n'ayant pas encore chassé l'ancienne. Je sais mal dire adieu.

Le 17

Maman, qui doit se douter un peu de mes liaisons dangereuses, me dit sentencieusement avec beaucoup de conditionnels que mon père serait très peiné si je devenais pédéraste. Si cela ne blessait que lui!

Commencé un roman idiot pour gagner de l'argent.

1953

Dimanche 20

Rendez-vous avec Mati, sous la *Joconde*. Il vient accompagné d'un de ses amis autrichiens, Ernst Fuchs, pour lequel il professe une admiration soumise. C'est un grand type noiraud, hirsute, un peu sale, avec un nez très long et des joues très creuses, ombrées de poils roussâtres. Un juif du XIXe siècle, auquel il ne manquerait que les papillotes. Nous parcourons les galeries du Louvre, tandis qu'il enseigne – en allemand – certains trucs des maîtres : par exemple le *Saint Bonaventure* de Zurbarán, peint sur fond noir, afin de donner à la chair blanche du mort ces reflets d'une si étonnante profondeur. Puis il tombe en quasi-pâmoison devant les Van Eyck et les Memling. Nous revenons jusqu'à la *Victoire* de Samothrace, en contournant le gigantesque salon des Rubens par un petit couloir où Fuchs marche sur la pointe des pieds. Il se retourne vers nous et dit dans son sabir, en désignant les énormes naïades : « Ne pas faites de bruit, vous feriez s'éveiller tout cette monstrerie ! »

Nous achetons des victuailles et prenons l'autobus jusqu'à Charenton ; il habite une masure, dans la zone. Il y a quelques pieds de patates enfouis dans les herbes folles du jardinet, et de hautes marguerites blanches qui poussent à côté d'une treille dont les raisins – même en octobre – verts, acides et rouillés, semblent condamnés à ne jamais mûrir. Sa femme, une petite Américaine toute ronde, potelée, jolie, même sous les marques de la misère, menues rides cernant les yeux, nous attendait pour préparer le déjeuner. Enfin, nous allons dans la chambre-atelier, où se trouve un chevalet, entre un lit miteux et une presse laissée par le précédent locataire.

Le tableau sur lequel il travaille en ce moment est une sorte de Janus féminin, vêtu d'un ample pourpoint Renaissance aux mille plis. C'est peint et dessiné avec une infinie perfection, et je me suis demandé tout le temps de ma visite – d'autant que Mati et lui bavardaient en allemand – si je ne m'étais pas égaré chez Cranach ou Dürer. Il montre un par un ses chefs-d'œuvre, tous très torturés, bondés de personnages allégoriques aux allures démoniaques. Un élève de Bosch, en plein XXe siècle, peignant des miniatures. Tout cela très inquiétant, lunaire ; la dimension réduite des toiles accuse le caractère vermineux de ces grouillements, au reste admirables. D'ailleurs Fuchs lui-même retourne avec soin chaque tableau contre le mur, comme on se tairait après un aveu. Quand il ne peint pas, la tête recouverte d'un tissu noir, à la façon des photographes de jadis, s'éclairant là-dessous d'une lampe électrique, il prépare lui-même ses couleurs selon les recettes de Rembrandt, ou lit Kierkegaard.

JOURNAL

Au Flore, un admirateur de Marguerite Yourcenar palpait avec amour un morceau de marbre provenant de la villa Adriana. Le culte d'Antinoüs ne m'émeut pas plus que cela, mais ce marbre avait une couleur de chair saisissante, avec une veine bleutée qui donnait la parfaite illusion du vrai.

Le 21

Levé dès potron-minet pour forniquer avec le petit L., dont la mère est marchande des quatre-saisons; il faut profiter de son absence. Plaisir qui ne serait tout à fait du bonheur que s'il y avait amour là-dedans. Dommage; il m'aurait plu de lui donner cette frimousse-là.

Le 22

Toujours avec le petit, *l'Alouette* d'Anouilh, meilleure pièce que j'aie vue depuis longtemps. La tirade de l'inquisiteur, réquisitoire contre l'homme, est un beau morceau de théâtre. Suzanne Flon, comédienne magnifique, mais c'est Michel Bouquet, en Charles VII, qui m'enthousiasme, couard, futile et merveilleux.
Devant nous, l'Aga Khan, avec ses oreilles immenses et toutes velues. Ensuite, jusqu'à trois heures du matin, nous buvons des punchs au lait à la Rhumerie Martiniquaise, trouvant des solutions définitives aux problèmes métaphysiques les plus ardus. Un peu pédant, L. se fait moqueur et doux à la fois. Son regard bleu, ses mains minuscules, son sourire sont d'un gosse, angelot pervers. Il me raconte sur Prévert une anecdote jolie. Celui-ci rencontre à Vence un aveugle qui mendie.
« Ça marche?
– Oh non! Ces salauds, ils passent, mais mon chapeau reste vide.
– Écoute, permets-moi de retourner ta pancarte, et je te garantis la fortune. »
Quelques jours plus tard, Prévert revient et demande des nouvelles.
« Formidable. Je me fais trois chapeaux par jour. »
Au verseau d'« Aveugle sans pension », Jacquot avait écrit simplement :
« Le printemps va venir, je ne le verrai pas. »

Roland Tual, au téléphone. Il prétend m'avoir vu sur la tour Eiffel il y a trois ans, moi qui n'y ai jamais mis les pieds. En revanche, il ne se souvient plus du tout qu'il m'a emmené au Louvre quand j'étais gosse, m'ouvrant l'esprit à des tas de choses avec un brio qui m'éblouissait. Espoir déçu du surréalisme, il n'en conserve pas moins de la fantaisie dans l'expression. Ainsi, parlant de ses jumeaux, qui ont dix ans – mon âge quand il me promenait au musée –, il dit drôlement qu' « ils ont une allure d'ambassadeurs chinois d'avant 1912 »...

1er novembre

Depuis quelques jours, je travaille chez Grasset, épluchant le dossier de presse de Radiguet. Dans le bureau où je suis, Henri Poulaille, employé dans la maison, déchiffre des manuscrits avec une loupe; on ne doit pas en publier lourd rue des Saints-Pères. Il y a également une secrétaire tout à fait inactive, qui lit le journal à haute voix du matin au soir. Il règne néanmoins dans cette pièce un climat propice à l'étude. J'en sors las, mais léger comme si je m'étais lessivé le cerveau.

7 novembre

A Sciences-Po, j'ai pour maître de conférences l'examinateur goguenard qui m'a fait passer le concours d'entrée. C'est un normalien tombé dans la finance, qui porte un nom digne de Labiche : M. Pompidou. Très dilettante, il n'a pas l'air de nous prendre au sérieux, une cigarette au coin du sourire. Mais c'est un pragmatique, avec de bonnes recettes : « Ne vous noyez pas dans vos notes, dit-il d'une voix graillonnante, le plan d'un exposé doit tenir sur une carte de visite. N'oubliez jamais que vous êtes ici pour apprendre à parler clairement de ce que vous ne connaissez pas. »

30 novembre

Dimanche après-midi radieux. Avec Mati, nous allons voir les cires du Fayoum au Louvre. Puis nous revenons à Saint-Germain, où nos économies conjuguées nous permettent l'achat de cafés-crème. Joxe se joint à nous, empêtré dans ses complications sentimentales. Pourquoi jouer les hommes à nos âges? Comment peut-on envisager de se marier à dix-neuf ans?

A soixante-dix ans, ma grand-mère G. découvre la peinture. Elle court les galeries et s'y trouve parfois seule. L'autre jour, tandis qu'elle contemplait des toiles abstraites qui ne lui disaient pas grand-chose, la directrice du lieu lui présente l'artiste. S'avance un long jeune homme auquel Mamé, prise de court, déclare :

JOURNAL

« C'est très beau, monsieur. Cela ne ressemble vraiment à rien. »
Sa nouvelle passion l'amène à se lier avec une voisine, mère du peintre Goerg. Désargentée, celle-ci a dû louer une partie de son hôtel à des gens « ordinaires ».
Les rencontrant dans l'escalier, elle demande à l'un d'eux où il va, pour être aimable. Et l'autre de lui répondre : « Je vais p-i-deux-s-é »...

2 décembre

Superbe article de Mauriac, pour enterrer Bernstein. Suant de méchanceté. Il en profite pour filer un coup de griffe anticipé à Jean Anouilh, dans le cas, probable, où celui-ci disparaîtrait après lui.

6 décembre

Markova danse *Giselle*. Toute la salle est venue la voir par curiosité, à cause de son grand âge. On contemple une fleur fanée, on s'émerveille de ses prouesses comme on se serait extasié devant un automate du XVIIIe qui fonctionnerait encore. Mais qui d'autre aurait obtenu cette qualité du silence quand le cygne s'est laissé mourir ?

11 décembre

Aux actualités, une scène muette, éloquente et comique : l'arrivée d'Eisenhower aux Bermudes. Laniel lui serre la main, expliquant, par signes, qu'il ne parle pas un mot d'anglais. Le général américain fait alors un grand geste des bras qui signifie : « Moi non plus ! » Mauvais présage !

21 décembre

Aux Concerts Colonne, Ciccolini interprète un concerto de Franck. Triomphe. Il ne joue pas du piano, il cogne et caresse, comme on fait l'amour. Mais pas de demi-mesures.
Ensuite, *Été et Fumées*, avec Silvia Monfort et sa belle voix râpeuse, qui me donne des frissons.

1953

23 décembre

Toujours pas de président. Les crieurs de journaux hurlent : « Les huit jours de Versailles ! » comme ils annonceraient « les Vingt-Quatre heures du Mans » ou « les six jours du Vel'd'Hiv ». La République survit à ces comédies.

25 décembre

Réveillon morne, hier, à Morsang. A la messe, comme toujours célébrée par le père Daniélou, un petit garçon du village, dix-douze ans, furieux de communier, regagne sa place en mâchant son hostie, l'air féroce d'un chrétien qui mangerait du lion.

30 décembre

Au cours de ma rituelle balade, après dîner, je tombe sur J. de R., un ami de mes parents qui habite le quartier. Petit bonhomme, l'œil en vrille, la cinquantaine en brosse, assez maniéré, genre volubile mondain. Je ne me fais aucune illusion sur son amabilité soudaine, mais je le suis tout de même dans son rez-de-chaussée, une jolie « garçonnière » d'avant-guerre, un peu défraîchie maintenant ; l'expérience m'amuse et, sous prétexte de boire « un beurre de cacao », je sais ce qui m'attend. Toutefois, sa danse du scalp dépasse mon espérance : une scène de boulevard.
Mon verre à la main, j'écoute ce moulin à paroles étourdissant. Par le biais de la politique (allusion à un ministre qui a de « mauvaises mœurs »), puis de la littérature (il me raconte *Fabrizio Lupo*), il en arrive au « sujet ». C'est le moment de m'offrir un second « beurre », que je refuse. Il s'est levé, néanmoins, et se plaint que « je ne sois pas gentil »... Je réponds que je suis très gentil, mais que je n'ai plus soif. Profitant de ce qu'il est debout, il vient derrière le fauteuil et me met les mains sur les épaules en murmurant : « Oui, tout à fait charmant. Beaucoup trop charmant... » A moi de me lever et de lui glisser entre les doigts.
Pour sauver l'honneur, il ne lui reste plus qu'à noyer le poisson dans un torrent de snobisme. Tous les prétextes sont bons. Sa superbe bibliothèque, d'abord. Il y prend des volumes, me les montre un par un ; ils lui viennent de sa grand-mère de Ceci, de son ancêtre de Cela, « guillotiné à la Révolution », bien entendu. « Celui-ci, c'est ma vieille tante Mathilde qui me l'a donné l'autre jour ; le seul qui subsiste des dix mille volumes de mon grand-père maternel. » Le tout accompagné de soupirs négligents ; *« sic transit »...*

JOURNAL

Puis il passe aux tableaux (de famille, comme il se doit). Leur histoire, leur beauté, leur piquant. Nouveau biais (il n'a pas renoncé) : « Voyez ce petit, là, comme il est curieux ! Un affreux coquin, ce satyre ! Il vient de mettre à mal cette nymphe, à gauche, puis cette autre qui se lave dans le ruisseau, et voilà qu'il s'attaque à une troisième ! Un peu polisson, mais adorable, vous ne trouvez pas ? »

Il s'est encore approché ; je me réfugie derrière un guéridon, couvert de cartes de vœux posées sur la tranche comme des menus dans un restaurant. Nouveau prétexte pour un numéro de voltige : « Regardez celle-ci ! Peinte à la main par ma délicieuse cousine de Saint-Cucufa. Une horreur ! L'ambassadeur d'Allemagne. Très classique. La duchesse douairière de Fezenzac, rien de particulier. Besteigui ; il les fait faire par son secrétaire ! Et les Rothschild, ça c'est le bouquet : une photo de leurs chevaux ! Et la légende, écoutez-moi ça : " Guy de Rothschild et son écurie vous souhaitent une heureuse année ! " Incroyable, la muflerie des gens ! Mais je vais leur répondre, moi ! Jean de R. et son chenil vous remercient de vos bons vœux !... » Il se redresse de toute sa petite taille, très mousquetaire : l'honneur des Brossarbourg. La revue de détail terminée, il s'assied au piano, esquisse quelques arpèges. Poliment, je le complimente, et j'ajoute, pédant, qu'il « est fait pour jouer Chopin comme Mme de Cambremer ». En bon proustien, il saisit la balle au bond. Revers impeccable : « Laquelle ? La vieille baronne ou sa bru, née Legrandin ? »

Subrepticement, je glisse vers le vestibule. Il joue son va-tout : une confidence sur son jeune ami américain, qui est en voyage. Plus de masques ni d'allusions : cartes sur table. Entre complices. « Il fait de cette maison un capharnaüm ! D'ailleurs, vous voyez, je laisse les tiroirs vides exprès. Il réussit à semer le désordre partout. Devinez ce que j'ai trouvé, l'autre jour ? Il faut venir du Nouveau Monde pour inventer ça ! Des *bubbles fort the bath! Bubbles for the bath!*... Et je passe sur les fixe-chaussettes " électriques ", les shampooings aux vitamines, les céréales sans nombre... »

Un esclave de la passion, le pauvre homme.

« Un dernier petit beurre de cacao ? »

31

Dans un « journal », on ne peut pas se souhaiter la bonne année. Seulement se retourner sur la précédente. J'y ai beaucoup appris. Mais la passion sera, une fois de plus, pour l'an prochain, à moins d'un miracle dans les deux heures.

1954

2 janvier

Le miracle ne s'est pas produit...

7 janvier

Rodogune, avec Mati et son amie Judith. Royale, Feuillère y est, orientale et sophistiquée, mais le dialogue m'a paru aussi admirable qu'est insensé le scénario.

Hongroise et comédienne, Judith prétend « sentir » ses rôles; elle ne peut prévoir ce qu'elle va faire avant d'entrer en scène. L'anti-Feuillère! Elle trouve qu'en France il y a beaucoup de comédiens et peu d'acteurs. Outre l'accent, plein de charme, elle a de grands yeux noirs perçants dans un visage pointu, félin. Pas jolie, mais on ne la voudrait pas autrement qu'elle n'est. Elle arrive de Budapest via les États-Unis, et parle de la Libération avec un petit sourire sarcastique; elle a failli être violée par les soldats russes et garde trois dents cassées en souvenir de l'aventure. Très slave, elle vous adore subitement pour vous oublier aussitôt. D'ailleurs, elle aime tout le monde, sauf les chats. Parce qu'ils lui ressemblent.

8 janvier

Conseil de révision. Plus proche de l'étal d'un charcutier que du gymnase grec, cette réunion. Mes contemporains ne sont pas plus laids que d'autres – l'un d'eux ressemblait même à un Kouros, fortes cuisses, taille mince, nez droit – mais le troupeau ne flatte guère la plastique. De face et de profil, ces poils, ces appendices sont du plus mauvais effet. L'homme n'est beau que seul.

JOURNAL

10 janvier

Après mon cours de judo, vers dix heures, je m'installe dans un café, au coin de la rue Vivienne et de la rue des Petits-Champs. Je viens de prendre une douche, je me sens bien dans ma peau. Je lis un journal – je fais semblant – assis devant ma tasse. J'attends qu'il soit enfin onze heures.
Va-t-il me recevoir? Sera-t-il chez lui? Au fond, je ne m'inquiète pas trop. Onze heures moins le quart. J'ai honte de m'incruster si longtemps pour soixante-cinq francs, comme un invité indélicat. Il faut que je m'en aille. Onze heures moins dix. J'enfourche mon Solex, et je prends la rue de Beaujolais. Puis, ma bécane à la main, je traverse le jardin du Palais-Royal, recouvert d'un léger voile de neige. Je marche lentement sous la galerie : ne nous énervons pas... Me voilà rue de Montpensier, n° 36. Il y a de la lumière derrière les rideaux rouges. Il doit être là. Je monte à l'entresol. Une petite porte, je sonne. Le cœur me bat tout de même un peu.
La gouvernante entrouvre à peine :
« Monsieur ? Il est malade. Il ne voit personne.
– Mais il m'avait demandé de passer un matin... »
Petit scrupule. Elle me demande mon nom. Puis j'entends un grognement qui vient du fond de l'appartement. La porte s'ouvre enfin.
« Entrez. Monsieur Cocteau va tout de même vous recevoir. »
Me voilà dans une petite pièce, à droite de l'entrée. Un divan couvert de velours rouge. Des photographies sur les murs blancs. Un dessin de Picasso. Une fenêtre basse, en demi-cercle, qui donne sur le jardin. Juste le temps d'enlever mon manteau : il entre, en pyjama, un vieux peignoir de bain blanc sur le dos.
« Bonjour mon vieux! »
Il me tend sa longue main, tout en os. Ma timidité s'envole.
« Oui, c'est vrai, je suis malade à crever. »
Mais vaillant, disert, intarissable. Je regarde sa tête de duchesse douairière, avec un nez busqué, des cheveux presque blancs, dressés en diadème autour de son front, très ridé. Cou maigrelet, pupilles cernées de clair, il y a déjà du vieillard en lui, bien que la voix sèche reste jeune, presque adolescente.
Il se laisse tomber sur le divan, jouant l'épuisé.
« Que voulez-vous, dans cette ville on n'a pas le droit d'être malade! Ces journalistes, vous n'imaginez pas ce qu'ils me font endurer! Ils ont inventé un personnage qui m'est totalement étranger, mais il faut que je lui ressemble, coûte que coûte. Tenez, par exemple, ils ont décidé que je présenterais un spectacle en l'honneur de Diaghilev. Eh bien, je l'ai appris par les affiches!

1954

Mais je n'irai pas! Ça non, je n'irai pas! Ils me tuent! Vous, ce n'est pas pareil, c'est intéressant, votre histoire, c'est littéraire. Mais qu'est-ce que vous voulez me demander? Tout ce que vous voudrez, je vous le dirai, sauf les dates. Je m'embrouille toujours dans les dates... Écoutez, mon vieux, le mieux c'est de m'envoyer un questionnaire : je vous consacre l'autre dimanche. Celui-ci, ce n'est pas possible. Je pars pour Milly pendant le week-end : il faut que j'écrive trois articles et que je fasse un dessin. Ah j'y crèverai! Mon malheur, c'est que je ne sais pas refuser. Ils viennent ici, je dis non, mais ils me racontent qu'ils ont mis sous presse, que si je n'écris pas c'est la ruine, alors je me laisse fléchir. C'est le chantage perpétuel, vous comprenez. Aujourd'hui, il n'y a que l'actualité qui compte : le journal! La génération du journal! Tenez, vous direz ça : du temps de Radiguet, l'actualité ne comptait pas pour nous. On ne s'occupait pas de politique. Si on m'avait demandé quelles étaient les gloires françaises de l'époque, j'aurais dit Picasso, Modigliani, Stravinski. Maintenant, je n'oserais plus. On me traiterait de vendu à l'étranger! D'ailleurs on interprète toujours mal ce que je fais, et tout ce que je dis. Si je vais quelque part, il faudrait que j'aille partout. L'autre matin, un journaliste est passé. Geneviève lui a dit que j'étais malade et lui répond : " Ce n'est pas possible, je l'ai vu hier. " C'est incroyable! Ou alors ils inventent. Ils ont raconté que j'avais passé le réveillon à Monte-Carlo : je n'ai pas bougé d'ici. Leur bêtise est inimaginable. Il y en a un qui m'a demandé ce que je préparais. Je lui ai répondu : " Rien ". Et le lendemain je lis dans le journal : " Jean Cocteau n'a rien à faire. " Le drame, c'est que je suis trop bon, mais je hais les prétentieux qui se font prier. C'est pour ça que je ne veux pas les renvoyer paître. Seulement je n'ai jamais eu de secrétaire, comme Montherlant et les autres, moi, je suis forcé de tout faire moi-même, et ça m'épuise... C'est comme ce prix Apollinaire! Je ne voulais pas y aller. On m'a dit : " Jean, tu es un salaud, c'est pour un jeune! " Mais à quoi cela peut-il servir de faire vendre quelques exemplaires de plus à un des quinze mille poétaillons qui publient chez Seghers? Ils font de l'Eluard, à quoi ça rime? Eluard était une force, il avait une source à lui, du Vittel, de l'Évian, tout ce que vous voudrez. Mais avec de l'eau du robinet, ça ne peut rien donner! Il y en a même qui croient me copier, mais ils ne peuvent pas : je change tout le temps. Moi aussi, j'ai un cru, mais je mets plus ou moins d'eau dans mon vin. Ça les déroute. C'est ça, voyez-vous mon vieux, que Radiguet nous a appris. Nous étions, Jacob, Apollinaire et moi, dans la bibliothèque de son père. Nous étions ses classiques, ses raseurs. Il venait pour nous contredire, pas pour nous contrefaire. Il avait appris, quand il nous lisait dans une barque, sur la Seine, du côté de Saint-Maur, à contredire l'aigu, pas le mou! Vous comprenez ce que je veux dire? Pour lui, l'Académie, c'était très bien. Nous, on n'avait jamais vu ça : on était encore en plein dadaïsme. On n'y avait jamais pensé. Il nous a montré qu'on pouvait retrouver la pureté sans scandale. Sans lui, je n'aurais jamais écrit *Plain-chant*, ni *le Secret professionnel*, ni surtout *Thomas l'imposteur*. Raymond, c'était comme mon fils ! A partir de quinze ans, il était tout le temps fourré à la maison. C'était une exception radicale. Il avait horreur de la jeunesse. Il détestait Dorian Gray et son esthétique ; nous l'avons abandonnée après lui ; il ne rêvait que d'avoir cinquante ans, et il les avait ! C'était une machine qui tournait trop vite. Et à côté de ça tous les désirs de son âge, il buvait, il fumait... »

Cocteau se lève soudain. Moi aussi, prêt à m'en aller. Il me fait un signe de la main : il faut nous taire et parler bas ; il y a quelqu'un dans le vestibule. Encore un persécuteur ! Nous restons debout, et de temps en temps, il me touche le bras, il ne veut pas qu'il y ait de distance entre nous. Il m'offre une gauloise, je tire des allumettes de ma poche et nous allume.

« Raymond pratiquait l'ordre dans le désordre. A Arcachon, quand il s'est mis à ranger ses affaires, il avait pressenti la mort. Il voulait que tout soit en ordre. Aujourd'hui, ça m'aurait terrifié, mais à ce moment-là nous étions trop jeunes pour nous rendre compte. Auric et moi, on se demandait ce qu'il lui prenait. Mais enfin, qu'est-ce qu'il a ?... Nous pensions qu'il préparait un voyage. Un grand voyage. Partir pour la mort ou pour l'Amérique, ça se vaut... »

En refermant la porte sur moi, Geneviève me dit : « Vous avez eu de la chance ! Il ne reçoit pas tout le monde ! »

Il m'a semblé qu'elle désapprouvait l'exception.

17 janvier

Mode. – Devant chez Haguenauer, une dame tire son mari par la manche : « Regarde comme c'est joli », dit-elle en s'extasiant devant une petite table 1900. Et le mari : « Je t'ai entendu dire pendant trente ans que c'était horrible. Il n'y a aucune raison que ça ait changé ! »

20 janvier

Dans un bar, à Montparnasse. « Tu comprends, dit une respectueuse à sa copine, cette Mme Coty, elle nous représente mal ! »

1954

La fameuse soirée Diaghilev, j'y suis allé par curiosité, finalement. C'est Lifar qui la présentait, dans un surprenant charabia slavo-cocasse. Jean-Pierre Andreani, superbe *Spectre de la rose*. Puis Lifar lui-même prenant les poses plastiques de *l'Après-midi d'un faune*. Très triste à voir. Aux saluts, il haletait comme un vieux chien; on lui aurait lancé un sucre.

Le 1er février

A Pacra, avec Mati. Nous allons écouter Gilbert Bécaud, qui a du charme et du tempérament. Peut-être bien du talent aussi. Retour depuis la Bastille, à pied, dans la neige. Un silence!...
Hier, déjeuner chez les parents de mon camarade E. de L., à Versailles. La place d'Armes par moins quinze : pis que la Sibérie. Je découvre des nobliaux si province qu'on les verrait mieux à Angoulême ou à Poitiers. Esprit de caste préservé avec une bonne conscience parfaite. Dans les ordres, comme il se doit, le frère de la comtesse est présent au repas. Supérieur des eudistes, il va partir pour l'Amérique. Faire des conférences ? « Non, visiter nos " maisons " »...
Le salon est meublé en Louis XVI, bien sûr, faux et vrai mélangés. Portraits d'ancêtres, authentiques mais très laids. De beaux Piranèse. Des couronnes et des blasons partout, sur la vaisselle, les couverts, le linge de table. Chacun se vouvoie et le tablier de la bonne est aussi amidonné que le reste de la famille.

16 février

Malade depuis quinze jours : j'ai eu la jaunisse. La barbe que je me suis laissé pousser me donne des allures d'apôtre cireux. Très faible encore, je passe mon temps à lire, j'épluche Cocteau, je dévore Marcel Aymé, je prends un plaisir (coupable) à Pierre Benoit, que Radiguet donnait comme le modèle de ce qu'il ne faut pas écrire. Mais j'ai aussi relu *le Bal*, avec une admiration intacte. Je m'attaque maintenant à Tite-Live, dont l'impiété me stupéfie. Au lycée, on nous montrait toujours les Latins comme des moralistes solennels, ou des correspondants de guerre. Parfois polémistes comme Cicéron, ce qui est déjà plus humain. Jamais je n'aurais cru que Tite-Live pût mettre en doute l'existence de la Louve romaine, et d'une façon très irrespectueuse. Il laisse entendre que c'était une prostituée – « *vulgata corpore* » – dont « la Louve » était le surnom. Remus et Romulus recueillis par la Goulue... Cela dit, je le trouve un peu radical-bêta, comme on les aimait au temps du petit père Combes. Il mécon-

naît tout à fait les grands mythes, sans quoi les peuples n'auraient point d'histoire.
Mati vient me voir. Nous parlons deux grandes heures et il mange la moitié d'un pot de confiture d'oranges. Impossible de dire de quoi nous avons causé : nous sommes deux amis.

23 février

Sorti pour la première fois depuis trois semaines. Une splendide journée de printemps, déjà. Je fais le tour des Invalides, comme souvent. Tous les garçons me semblent beaux, tous les visages avenants et joyeux. Un enfant, sur mon passage, crie : « Quinze pour moi ! » Je ne la garderai pas longtemps, cette barbe. Le jeunot bien sage, déférent envers les vieux messieurs qui ont connu Radiguet, ne saurait être ce moine rébarbatif. Manque de noblesse oblige !

2 mars

Aime-toi, le ciel t'aimera.

8 mars

Chez Brâncusi, impasse Ronsin, près de la rue de Vaugirard, dans son grand atelier délabré. Superbe : on dirait Socrate, mais avec des petits yeux slaves qui lui donnent l'air madré. Tolstoï, en plus rustique. Il est coiffé d'un chapeau de toile comme en portent les gosses sur les plages, d'un blanc pisseux. Une sorte de gilet sans manches, une épaisse chemise à carreaux, un vieux pantalon, le tout soutenu par un gourdin, une branche dont il a curieusement sculpté la poignée. Sans un mot, il me conduit à une sorte de bat-flanc, garni de coussins rouges, fanés. Puis il parle de ses trois jours en Corse avec Radiguet, il y a trente ans. Je le regarde intensément, mais je sens néanmoins derrière moi la présence de ses œuvres, immenses et bizarres. Elles pèsent. Il n'y a pas d'autre ouverture que la verrière, dans cet atelier ; on est réellement « ailleurs ». Un énorme bloc de pierre cylindrique sert de table. Dessus, un paquet de cigarettes turques, seul témoin du monde que j'ai laissé dehors.
Après le récit de son voyage impromptu avec Radiguet, cueilli en smoking à la sortie d'un bal, alors qu'il prenait un verre au Jockey (« Viens, Brancusi, on va faire un tour en Corse ! »), il me parle de Satie, qu'il aimait beaucoup. Il a même hérité de lui un camion de livres : les brochures de son frère, obscur ingénieur,

1954

mais Brancusi n'a jamais su pourquoi il les lui avait léguées. Dernière plaisanterie de ce farceur, peut-être ?

De la musique, j'oriente naturellement la conversation vers la sculpture. Il se lève alors avec une majestueuse lenteur, et fait quelques pas, courbé sur sa canne. Très vieux, soudain – d'ailleurs il doit approcher des quatre-vingts ans. Il grimace de douleur; sa sciatique le travaille. Mais il se redresse pour me montrer un aigle de marbre, avec un bec recourbé, à peine stylisé : une merveille. A côté se trouve une sorte de suppositoire, d'une forme bâtarde. Et dans le fond de l'atelier trône un moulage de la fameuse fusée qui figure au musée d'Art moderne sous le titre de *l'Oiseau*. « J'ai mis dix ans, dit-il, pour arriver de ceci (*l'Aigle*) à cela *(l'Oiseau)*. » Je songe un instant au héros du *Chef-d'œuvre inconnu*, moi qui préfère d'instinct l'ébauche au volatile obus, mais il est si sûr de sa réussite que je ne sais plus très bien quoi penser. Il soulève ensuite une couverture et dévoile une sorte de canard en inox doré, posé sur un plateau d'argent. « Voici Léda. » Il appuie sur un bouton, et l'ensemble se met à tourner lentement, comme un présentoir de bijoutier.

« Voyez-vous, on peut regarder ça toute la vie. C'est un poème sans fin. »

Il doit avoir raison. Tout près, dans la même matière, *le Poisson* : un ménisque parfait. Il lui a fallu cinq ans pour atteindre à cette forme épurée.

« J'en suis venu à penser que l'art est un radeau. L'épave à laquelle on peut se raccrocher lorsque tout le reste a sombré. J'ai vu, en 26, à New York, une femme à genoux, qui pleurait devant mon *Oiseau*. »

Oui, c'est moi qui me trompe, sans doute; il y a tant de conviction ingénue dans son regard.

D'ailleurs, c'est un mystique, un tantinet visionnaire. Il me raconte la chute des anges comme s'il y avait assisté. D'après lui, les habitants de l'Atlantide étaient doués de toutes les perfections, mais les Sémites sont arrivés et les ont flattés. Ils ont appris l'orgueil, et ce fut la chute. L'Égypte était une colonie de cette Atlantide, du temps où le Nil coulait dans le Sahara; c'est pourquoi elle demeure la dernière des terres sacrées. Elle est néanmoins promise à la chute elle aussi, car les communistes, puis les Chinois viendront anéantir ce qui survit de ces splendeurs disparues... « Les hommes d'aujourd'hui ne pensent qu'à boire, à manger, à dormir et à faire l'amour. » Message transmis ! Drôle de l'entendre détailler ces fariboles, avec son petit accent roumain, mais dans une langue très châtiée. Il conclut ces révélations en me recommandant d'être « circonspect ». Derrière l'artiste un peu oublié, est-ce un mage ou un fou qui se cache ? Le silence, la qualité de silence qui règne ici a quelque chose d'irréel. Il s'en faudrait d'un rien qu'on ne se laisse gagner par le feuilleton. Soyons circonspect !

JOURNAL

9 mars

Splendide et martiniquais. César. Premier Noir. Pour parler de lui, j'ai envie de pasticher Montherlant, dans *le Songe*, quand il se gargarise d'anatomie : « Son droit antérieur se cambrait délicieusement, tandis que le tenseur du *fascia lata* l'accompagnait en une courbe sublime, rival du couturier, jeté en travers de la cuisse comme un baudrier sur une belle poitrine. » Remplacez ces mots barbares par des termes de boucherie et vous aurez tout un étal... Cela dit, le bel animal m'a procuré des moments délicieux ; ayons la reconnaissance du sexe. Naturellement, il se prétendait métis, en dépit des apparences : « J'ai du sang blanc dans le tempérament.
– Mais qui l'était dans ta famille?
– Oh, c'est tout près! Le grand-père de ma mère. D'ailleurs je m'appelle César. »
Que répondre?
Il se voyait blanc, il me plaisait qu'il fût noir : contents l'un et l'autre.

10 mars

Tout à l'heure, dans un obscur institut du boulevard Raspail, j'ai volé *l'Homme révolté*. J'étais seul, le livre me tentait, abandonné sur un rayon de bibliothèque. Un bouquin cher, dont j'avais envie depuis longtemps. La lâcheté d'un geste trop facile m'arrêtait, plus que le vol en soi. J'hésitais. Soudain je m'aperçois que c'est un service de presse, à moitié coupé ; on ne l'a même pas lu jusqu'au bout! Un signe : ce livre délaissé n'attendait que moi. Aucun remords ensuite. La morale, c'est un portefeuille. Peu d'argent, elle est inutile ; beaucoup d'argent, il la faut solide ; trop d'argent, elle se déchire.

Infarctus : mon grand-père est sans doute perdu. Ma peine est réelle, mais j'aime le tragique, l'inhabituel. Ce qui m'émeut dans un enterrement, ce n'est pas la mort, c'est le catafalque.

11 mars

Déjeuner avec Joxe, qui repart pour Moscou travailler, jusqu'en mai. Il ne sait de quelle manière annoncer la chose à sa petite amie : « Je suis comme un acteur sur le point d'entrer en scène ; j'ai le trac. »
Hier à Solex, je manque de renverser un vieux monsieur qui

traversait le quai Conti sans regarder. Il ne s'est aperçu de rien, et continue tranquillement son chemin. Je m'arrête, furieux, sur le point de l'engueuler : c'est le prince de Broglie, sortant de l'Académie. Avec sa ptôse, pas étonnant qu'il ne m'ait pas vu. Mais j'en ai des sueurs froides a posteriori. Tuer un illustre savant, beau début dans la vie!

14 mars

Contre toute attente, la santé de mon grand-père s'améliore. Curieuse impression de culpabilité envers lui, comme si on lui cachait la gravité de son état. Inconscient – ou sceptique sur l'efficacité des médicaments; après tout, il est pharmacien! – il se révèle un malade récalcitrant. Ma grand-mère est obligée de recourir à des ruses enfantines pour lui faire ingurgiter les remèdes qu'il vend depuis quarante ans. Elle dissimule les cachets dans la compote; il l'avale de bonne grâce mais crache les pilules en disant : « Tiens! des noyaux... »

18 mars

Concordance des temps. Le présent n'est qu'un futur antérieur; on ne saurait le reconnaître sans étudier le passé, qui participe à son impératif.

1er avril

Visite à André Salmon, rue Notre-Dame-des-Champs. Une tête de Habsbourg espagnol, lèvres minces et menton en galoche, avec des cheveux d'étoupe sur le haut du crâne, couleur poussière. Deux yeux ronds, tout ronds, très sombres. Fort aimable, il répond inlassablement à mes questions, dans un flot de paroles presque ininterrompu.

C'est lui, le premier, qui a « découvert » Radiguet, quand il était secrétaire de rédaction au journal de Léon Bailby. Le gosse venait apporter les dessins humoristiques de son père. Il est à l'origine de la rencontre avec Max Jacob, qui lui-même a présenté Raymond à Cocteau. Un Cocteau que Salmon n'a pas l'air de porter dans son cœur. Il le trouve « enveloppant, doucereux » et pense qu'il a fait du mal à Radiguet. *Le Diable au corps*, seul ce garçon-là pouvait l'écrire, alors que *le Bal*, c'est l'ouvrage de n'importe quel bon élève de Cocteau. » Il ne l'a plus beaucoup vu pendant sa période « mondaine », mais dès les premières semaines il avait constaté la prodigieuse rapidité de sa transformation. « Il vivait une autre vie, c'était un autre, et moi j'avais des visites de Marthe, qui ne s'appelait pas Marthe, évidemment; elle croyait que j'avais de l'influence sur ce météore... »

Salmon, ami de tous les grands peintres de sa génération : le salon s'en ressent. Une grande bibliothèque, une lourde table bourgeoise, solide, mais sur les murs une infinité de petits tableaux. « Des cadeaux », dit-il. Pas de chefs-d'œuvre, sauf un sublime dessin à la plume de Picasso, minuscule et ravissant : deux garçonnets, datés de 1905.

Plantureuse blonde en robe de chambre rouge, Mme Salmon entre un instant pour prendre le téléphone. Matinée calme et ensoleillée. Pas de bruit dans ce quartier de couvents; tout ici respire le bonheur, la quiétude. Paternel et bienveillant, Salmon a l'air d'un grand-père encore vert, qui ne déteste pas les générations nouvelles. Je comprends Radiguet. Chez lui, comme chez Cocteau ou Brancusi, cette offrande d'eux-mêmes, cette bonne volonté à se laisser questionner! Ils s'abandonnent sur leur siège, comme une femme qui attend un baiser. Des vamps du passé, des courtisanes de leurs souvenirs, anxieuses de savoir si elles vont plaire, une fois encore...

7 avril

Dans le calme de ma nouvelle chambre, sous les toits. Carénée en « réservoir d'avion », comme disait Joxe l'autre jour, elle m'oblige à me recroqueviller sur moi-même; on dirait que mes pensées sont réfléchies par ce plafond mansardé. J'y travaille bien. Du moins quand mon esprit ne divague pas trop, tout occupé qu'il est d'Ab, depuis quelque temps. Une espèce d'amitié amoureuse, chaste, presque délivrée de la matière. Je me sens raphaélique, comme si sa blondeur américaine avait déteint sur moi.

11 avril

Lu hier le « Bloc-notes » de Mauriac, publié désormais dans *l'Express*, excellent journal, décidément. J'aime cette morsure de chaque phrase. Quel appétit pour déchirer!

Visite de K., venu me raconter ses infortunes sentimentales. Quel onguent ai-je donc pour attirer les confidences, comme le papier tue-mouches les insectes? Ensuite, nous parlons de Pierre Joxe, de son avenir, sans parvenir à une conclusion. Son problème sera de se faire lui-même une place au soleil. Avec son père ambassadeur, c'est à la fois trop commode et plus difficile.

Le soir, je vais écouter Suzy Solidor, qui m'a beaucoup remué. Sa voix de pierre, son beau sourire calme, ce corps long et solide :

une caryatide qui chanterait face à la mer, quelque part en Bretagne.

13 avril

Promenade lointaine, cet après-midi, pour rencontrer M. Grill, qui habite Maisons-Alfort. Il m'attendait dans son jardin malingre et caillouteux, comme tous les jardins de banlieue. Son petit-fils jouait à côté de nous, tranquillement. Ses cheveux grisonnent. Il n'est pas très grand, et une rosette improbable se détache sur sa vieille veste en tweed. Il porte un nœud papillon large et sombre, comme j'en porterai lorsque j'aurai son âge. Derrière ses lunettes, son œil droit est légèrement en froid avec le gauche. Il a une pointe d'accent méridional. Il parle de rôôôman, comme Guth.

Sur Radiguet, il a peu de chose à m'apprendre que Salmon ne m'ait déjà dites, puisqu'ils occupaient le même bureau. En revanche, il ne tarit pas de conseils, pompeusement énoncés.

« Vous entrez dans la carrière des lettres, jeune homme! Méfiez-vous! D'abord, ne vous laissez pas berner par les éditeurs. Dans la joie, ne signez pas de contrats sans les lire. Gallimard est un pingre. Grasset un fou! Ah! Flammarion, voilà une maison!... Ensuite, dépêchez-vous. N'attendez pas quarante ans pour écrire; on vous dirait que vous n'avez pas d'avenir. Et puis, lorsque vous aurez publié un livre, ne vous en tenez pas là! C'est un métier où il faut travailler... »

Satisfait, il me désigne les six rayons de bibliothèque où trône son œuvre. Il y a de tout, des rôôômans policiers, des essais.

« Voilà ce que je montre aux jeunes qui croient que c'est arrivé quand ils ont gagné un prix, et qu'ils vont pouvoir en vivre. Ah! oui, ça se mérite! Mais il faut dire que c'est un métier bien agréable. »

Pour lui, c'est un « métier ». Un métier qui ne s'apprend pas, mais un métier. Il doit avoir raison.

Lorsque nous sortons, le petit-fils est toujours à jouer sur sa trottinette qui ne roule pas. Aucune importance, du reste, car il veut être grenadier dans l'armée anglaise. Il me donne des estocades avec une branche qui lui sert de sabre. Il a de jolis yeux bleus. Il doit avoir dans les six ans. Coiffé du feutre de son grand-père, il a l'air d'un cow-boy miniature. Soudain, il me traite de « petit voyou », en toute amitié. Et le pauvre M. Grill ne sait plus où se fourrer. Il dit : « Veux-tu! veux-tu! » Cela fait un drôle de petit bruit. Puis l'enfant me prend la main, gentiment, et nous nous sourions.

Tous les deux m'accompagnent jusqu'à la porte du jardin. La Marne dort sous le pont qu'on aperçoit de la rue. Tout est rose. Je

JOURNAL

marche allégrement, et je suis très heureux dix minutes. Ensuite, j'ai pris l'autobus; la vie s'est remise à rouler...

16 avril (Vendredi saint). La Colombe

J'ai installé ma table devant la cheminée de la tour; je regarde le feu. Près de moi, posé, l'insigne de ma puissance : les pincettes. Temps d'hiver, ici : campagne à vif, terre nue, arbres sans feuilles. On a l'impression de surprendre la nature à son réveil, avant qu'elle ait eu le temps de s'habiller.

J'ai retrouvé le craquement familier des marches entre la cuisine et la salle à manger, le bruit traînard de la porte, dans la « grande pièce » qu'on n'a jamais appelée salon, Dieu sait pourquoi. Tout à l'heure, lorsque j'aurai replacé le grattoir sur le seuil de la cuisine, le miracle se reproduira : je serai chez moi, comme si je n'avais jamais quitté cette maison.

Je travaille sans ardeur; je n'ai envie que de rêver. A ce point de vue, la campagne ne me vaut rien. Si je m'applique à une tâche, le paysage m'attire et m'en distrait; si je m'abandonne à penser, mes idées s'enfuient par la fenêtre vers cet horizon inhabituel, trop vaste, et qui ne les contient plus. Il ne me reste qu'un vague à l'âme heureux...

(Plus tard, après dîner.)
Plus de flamme franche; la pièce s'éclaire du rougeoiement des braises. Climat propice au trouble. Je le sens, non pas qui monte, mais qui va monter en moi. J'ai emporté pour passer le temps un vieux tome de la Bible : c'est l'Ecclésiaste et le Cantique des Cantiques... Je ne peux que reprendre à mon compte les lamentations amoureuses dont il est plein. Je suis assis en tailleur devant le feu, mais c'est moi qui me consume.

17 avril

« Bloc-notes » de la semaine dernière, en date du 5 avril. Une menue notation charmante qui donne le ton à toute une journée. « Retour par la route. Nous traversons les premiers villages à l'heure des petits garçons encapuchonnés sous la pluie, ils ont leur figure soucieuse d'avant la classe. »

Lisant ici le *Journal* du même Mauriac (1914-1923), je trouve une image presque semblable, à quarante ans d'écart : « Dans ce village lorrain où je rêve, la semaine sainte rend les cloches muettes et des petits garçons, à l'heure de l'angélus, passent sous mes fenêtres en faisant tourner des crécelles. »

1954

Il n'a pas tort d'écrire en avant-propos que les dés sont jetés à vingt ans. Sauf pour les tricheurs, bien entendu.

Le 23

> *Depuis qu'on se connaît, je ne sais si tu m'aimes*
> *Et nous nous promenons, bras dessous, sans façon.*
> *Je ne sais pas très bien, en vérité, moi-même*
> *Si je ne t'aime pas, simplement, en garçon.*

Le 26 avril

Rêve. – Un enfant en bas âge est malade à la maison. Un frère, vraisemblablement, bien que ce ne soit pas Laurent. Si malade, qu'on a déjà commandé les tentures pour l'enterrement. Elles sont installées devant la porte et les gens viennent présenter leurs condoléances. Mais l'enfant n'étant pas encore mort, notre aimable voisine du rez-de-chaussée les canalise dans son salon, en attendant. Moi, dans l'escalier, je tends le cou pour voir sans être vu les arrivants. Soudain voici René Pleven qui s'engage dans l'escalier, sans écouter la voisine. Je me précipite pour parer au désastre, en lui donnant du monsieur le ministre long comme le bras. Je lui demande de patienter et grimpe à la chambre du petit. Mon père est à son chevet, hargneux. Je le préviens que Pleven est en bas et qu'il faut faire quelque chose, sinon le ministre va s'apercevoir que l'enfant n'est pas mort.
Mais mon père, méprisant, me jette sa phrase favorite : « M'en fous! Je ne reconnais pas ce régime! »
Je me réveille dans de beaux draps!

Le 28 avril

Kessel, enfin rencontré, après de multiples coups de téléphone. Il est souriant et gigantesque. Presque incongru parmi les bibelots de cet élégant salon de la rue Quentin-Bauchart. Et encore plus impressionnant dans la pièce minuscule où il me reçoit, perché sur une haute chaise qui double au moins sa taille. Il a des yeux laiteux, mais vifs, avec la prunelle très sombre. Tout autour des poches, et à l'œil droit de petites cicatrices claires. On dirait qu'il est fardé. Cheveux en broussaille, gris, frisés, couronnant une tête énorme, traversée parfois d'un grand bon sourire de moujik aux dents écartées. C'est un homme éclairé de l'intérieur. Pour être un peu intime avec lui, on aimerait habiter son estomac, être le Jonas de cette baleine. C'est une cathédrale ambulante, assise sur ce siège

comme Notre-Dame sur la Cité. Je me fais l'impression d'un touriste qui n'oserait pas franchir le porche.
C'est le cas, du reste. Mais j'apprends tout de même que, sur la fin de sa vie, les six derniers mois, Radiguet échappait à Cocteau, et renâclait à écrire *le Bal*. De là son installation à l'hôtel Foyot, d'autant plus nécessaire qu'il était alors l'amant de Bronja, rencontrée un soir au Bullier. L'homosexualité s'estompait.
Intimidé, je suis resté assez sec devant ce mastodonte. Il m'aura considéré comment un petit crétin arriviste; tant pis! Et puis c'est peut-être vrai!

Le 29 avril

En revenant de la Mazarine, ma bibliothèque d'élection, je m'arrête au Flore. S'y trouve Jean Genet, vêtu en planteur pastel, pantalon blanc, pull-over bleu ciel, veste rose.
Une tête ronde, avec « des os dans la gueule », comme il dit. J'admire le courage qu'il a de ses opinions, une manière si naturelle de partir en balade, sa verge sur l'épaule, et en alexandrins! Dommage qu'il soit indirectement responsable de toute la pornographie miteuse dont nos romans sont pleins. Ses imitateurs n'ont pas sa forme, ni sa foi. Accoudé au bastingage de l'escalier, Pierre Prévert regarde passer les clients, chapeau mou de feutre noir, mi-gangster, mi-anar, l'œil lointain, exorbité, bleuâtre.

1ᵉʳ mai

Hier soir, avec Ab., première représentation des ballets de Martha Graham. En bon Américain, il boit avidement ce modernisme 1925, qu'il considère comme le fin du fin de la pointe de l'avant-garde. Moi, j'y trouverais plutôt le charme d'une rétrospective cubiste, avec même un certain parfum romantique. Mais le symbolisme de cette chorégraphie – mettons de cette pantomime – me paraît navrant de naïveté. Le Puritanisme y apparaît en personne! Pourquoi pas la Constitution, la République, l'Esprit de profit? Je ne peux m'empêcher de penser aux fresques de mairie où l'on voit « le Commerce couronnant l'Industrie ». Le plus classique des pas de trois m'en dit plus que cette confiture de gestes.
Après le spectacle, nous grimpons dans les coulisses du théâtre des Champs-Élysées – très belles – pour saluer l'artiste. Du fond de la salle, et sans jumelles, je n'imaginais pas cette momie. Les ruines d'un visage sous un plâtras de fard qui souligne les rides de mille petites pliures sèches, claires sur fond ocre. D'immenses faux cils bleu marine lui déforment complètement les paupières supé-

rieures : un crocodile efféminé. Je baise en vitesse une main de squelette, et je m'enfuis épouvanté, les compliments d'usage noués dans la gorge.
Nous passons le reste de la soirée à discuter. Ab. aime la tour Eiffel et Puvis de Chavannes; nous ne nous entendrons jamais. Nous étions d'accord sur un point, toutefois : l'homme doit être la mesure de l'art. Mais il trouve les monuments de Paris à la taille des Lilliputiens, et moi les gratte-ciel bâtis pour les habitants de Brobdingnac. A croire que l'Homme n'existe pas!

7 mai

Jean Hugo, qui habite le Midi, me reçoit chez une amie, rue de Chanaleilles. L'homme va sur la soixantaine; il est immense, avec des cheveux blancs taillés en brosse qui font un gazon fin sur sa grosse tête en poire, ornée d'un tarin phénoménal. Yeux clairs, globuleux, et une bouche de marquise, dessinée, sensuelle, minuscule, curieux bijou au bas de cette physionomie plutôt rude. Il tient de son grand-père la stature jupitérienne et la politesse un peu affectée dont parle Maurois dans *Olympio*. Sur les murs, plusieurs de ses tableautins dans le goût naïf de Bauchant. Surprenante disproportion entre le peintre et ces miniatures colorées. Comment ces grosses mains grassouillettes ont-elles pu diriger si délicatement un pinceau?
Cet éléphant bonhomme discourt avec gentillesse, très disert. Il m'en apprend beaucoup sur les amours de Radiguet. A la fin de sa vie, trois femmes ont compté : Bronja Perlmutter – toujours accompagnée de sa sœur, modèle de Man Ray –, mais aussi « une petite Anglaise », dont Cocteau était particulièrement jaloux, et une certaine Mme de Warkowska (« Il traversait le Bœuf pour lui dire bonsoir ») que mon interlocuteur, très « vieille France », qualifie de « courtisane », avec un brin de paillardise mêlé au dédain. D'ailleurs, au hasard des souvenirs surgissent des petites piques, inattendues chez ce placide. Quand il cite Auric, « que nous considérions alors comme le génie de notre bande et respections comme tel », pas difficile de deviner que telle n'est plus son opinion, justement. Il y a chez lui du grand seigneur : en dépit de sa coiffure, on le verrait bien sous une perruque Louis XIV, ou drapé dans un grand péplum neigneux de sénateur, qui lui conviendrait mieux que ce costume à carreaux étriqué.
Drôle, aussi, sa façon de citer Valentine, sa première femme : le ton désabusé que l'on prend pour évoquer les gens qui vous ont diverti jadis, dans une autre vie...

Diên Biên Phu est tombé ce matin, tandis qu'en Suisse discutent les diplomates. Conséquences incalculables. Cette victoire communiste fait penser à d'autres catastrophes. Dira-t-on plus tard « un Genève » comme on dit « un Munich »? Certes, la chute est chevaleresque, mais c'est une chute.

8 mai

Des Tuileries où je me promenais tout à l'heure, on voyait flotter sous l'Arc de Triomphe un immense drapeau commémorant « la victoire » du 8 mai! Dans son article de ce matin, Raymond Aron écrit qu'on devrait laisser le gouvernement mariner dans son jus, au lieu de le renverser comme on ne va pas manquer de le faire. Il réparerait lui-même le gâchis. Et si M. Laniel avait quelque chose dans son gros ventre, il aurait un beau discours à prononcer ce soir pour retourner l'opinion en sa faveur. Vain conditionnel! Demain, moi j'irai voir de Gaulle : il annonce qu'il remontera seul les Champs-Élysées pour saluer le Soldat inconnu. Beau spectacle, grand. Mais il faut dire que l'ironie de l'histoire le sert sur un plateau.

Dans *le Figaro*, au bas de la page consacrée à la bataille de Diên Biên Phu, voici ce qu'on peut lire ce matin : « En raison des événements d'Indochine, plusieurs réceptions et cocktails, prévus pour aujourd'hui, sont reportés à une date ultérieure. Cette décision a été prise notamment par la vicomtesse I. de Nanteuil, la comtesse d'Astorg, la baronne d'Ussel, Mme de Sampigny, la baronne de Benoist, la baronne de Lassus Saint-Genies. »
Ce qu'on appelle l'esprit de Castries, sans doute!... De quoi s'inscrire au parti communiste illico.

9 mai

A l'Étoile, avec Michel Beaugency. Une foule énorme, enthousiaste, je dois le dire, et poussant l'inconscience – ou l'indécence – jusqu'à lever les bras en V. De Gaulle parti, les anciens combattants descendent les Champs-Élysées, brisant les barrages de police, cassant tout et criant : « De Gaulle au pouvoir! »
Ensuite, passé chez mes grands-parents, où se trouvait un vieux barbichu de leurs amis, qui parlait des « Sermons de Montesquieu ».
« De qui? demande mon grand-père, un peu dur d'oreille.
– De Montesquieu », répète l'autre.
Et ma grand-mère d'enchaîner : « Mais oui, tu sais bien, de Montesquieu! »
Je ne les ai pas lues, mais les « Oraisons persanes », ce doit être hilarant!

1954

10 mai

Méditant les événements d'hier, je me rends compte soudain que l'État n'est rien d'autre qu'un cordon de police. Si les manifestants avaient franchi tous les barrages, suivis des quelque vingt mille personnes qui se trouvaient là, qu'auraient-ils trouvé devant eux? Rien. Absolument rien. De toute façon, après les Thermopyles du 7 mai, l'État ne saurait tarder à changer de figure. Adieu, triste Laniel! Moralement, son successeur aura les yeux plus bridés, les pommettes plus saillantes... A moins qu'il n'ait réellement la peau jaune, justifiant les prédictions du vieux Brancusi.

Anéanti par la chaleur qui commence, je ne pense qu'à mes examens proches. Depuis sept semaines je vis dans la chasteté complète, quoi qu'il m'en coûte : le temps que je perdrais à chercher un objet pour m'assouvir m'en prendrait plus que d'y rêver par moments dans la journée, et quelquefois la nuit. « Un journal où l'on pourrait tout dire », écrit Julien Green dans le sien, avec un soupir, sans doute. Eh bien, qu'y gagnerait-on? Voici ce que le souci de tout dire me fait écrire : n'eût-il pas été plus sage que je me tusse?

14 mai

Un marchand de journaux, boulevard Saint-Germain : « Spéciale *France-Soir*! Grande bagarre au Palais-Bourbon! Dix-huit morts et cinq cents blessés! Grande bagarre à coups de balai! Toute la famille en bonne santé! Tremblement de terre du gouvernement! Maurice Thorez prend le pouvoir avec sa femme! Spéciale *France-Soir*! » Je rigole. En passant devant moi, il ajoute, d'un ton lugubre : « Faut pas rire, mon p'tit gars. C'est les malheurs de la France! Demandez *France-Soir*, dernière spéciale! » Puis il a disparu au coin du Flore.

20 mai

Peint sur le mur d'une maison, rue des Saints-Pères : « Cloue à jamais la joie au front de ta demeure. » Quel affreux supplice!

Ce matin, l'appel à l'examen de Sciences-Po.
« Le Charretier! »
Personne ne se lève.
« Le Charretier de Sédouy! »
Un grand type se dresse, morgueux et triomphant. Ah! mais!...

JOURNAL

23 mai

Corps à corps, enfin. Délectable, « corps accord » des commencements.

28

Déjà des incertitudes.
Lu tout d'une traite le petit et délicieux roman de Mlle Sagan, *Bonjour tristesse*. D'énormes qualités, mais attendons la suite : il faut qu'elle écrive son *Bal* avant de voir en elle un nouveau Radiguet. Avec M., à un cocktail très snob au Westminster : c'est l'écrivain britannique Derek Patmore qui reçoit, le neveu de Coventry. Très « somerset-maughamien », avec blazer et cravate de collège, impeccable jusque dans sa courtoisie, un rien distante. La vedette de la soirée, qu'on exhibe comme un vestige préhistorique sorti du Muséum, est Mme Sachs, la mère de Maurice. Remariée à un Anglais, d'après ce que j'ai cru comprendre, c'est une petite boulotte enturbannée, avec une tête de reître par là-dessous : le portrait de son fils en vieux chien...

3 juin

Rendez-vous avec Françoise Sagan, aux Deux Magots, cet après-midi. Va-t-elle me décevoir?
D'abord, j'ai failli aborder une jeune fille qui n'était pas elle. Timide, j'hésitais, quand elle est arrivée; c'est elle qui m'a identifié. Petite et brune, avec des yeux ronds, sombres, elle fait à peine ses dix-huit ans. Pas de poudre, un peu de rouge à lèvres, des cheveux fous, en frange sur le front. Moins dure et pointue que son livre, mais elle y ressemble par sa grâce et son sérieux d'enfant. Voix sèche, rapide : elle parle presque « illisible ». Tout le contraire de sa langue, si fraîche et si claire.
Elle se dit ulcérée de tout le bruit qu'on fait autour de son nom et trouve la gent littéraire « assommante et abrutie » – à l'exception des auteurs véritables : Sartre, par exemple, dont l'intelligence l'a conquise tout de suite; Camus, à la rigueur (« Mais vous savez, je suis bonne »), ainsi que Véraldi et surtout Abellio.
Ses classiques? Proust, pour elle la base de toute psychologie, et Benjamin Constant; elle révère *Adolphe*. Son bouquin, elle y a pensé trois mois, mais un seul lui a suffi pour l'écrire, après l'avoir « vu », un certain jour miraculeux. Elle prétend qu'elle abandonnerait toute ambition littéraire pour un grand amour partagé. Elle n'en a connu qu'un seul, à seize ans : un beau garçon bête qui ne

1954

s'intéressait pas à elle. « Maintenant, j'en rougis. » Cela dit, elle m'a l'air d'attendre son prochain « grand amour » sans passion ; c'est une lymphatique, avec la tête sur les épaules. Très intelligente, elle devrait bien se débrouiller dans la vie, l'air de ne pas y toucher.
Somme toute, elle ne m'a point déçu.

6 juin

Lu les souvenirs d'Henry Muller, le petit Muller de chez Grasset, ou, comme disait Fargue, « le petit Musset de chez Graller ». Assez drôle et joliment écrit. Il m'amuse de mieux connaître la vie quotidienne dans cette maison que j'ai fréquentée l'an dernier. Les mêmes gens semblent y être aux mêmes places, et les vétustes locaux n'ont pas changé. Grasset, que je n'ai vu qu'une fois, avec sa mèche de dictateur, semble égal à sa légende. Mais tout de même, ce doit être triste, cette vie de larbin de la littérature !

7 juin

Gérard Bauer, à la radio, parlant de Françoise Sagan (toujours elle !), conclut, réprobateur : « Voici une jeune fille qui peut sortir sans sa bonne ! »

15 juin

Dans l'autobus, j'écoute un damoiseau de mon âge qui fait la cour à une jeune personne, élève de seconde.
LUI. – Qu'est-ce que vous étudiez, en classe ? La Fontaine ?
ELLE. – Non : Racine.
LUI. – Ah ! Racine !... Et quoi en particulier ?
ELLE. – *Andromaque*. J'adore ça. D'ailleurs on l'apprend par cœur. Tu sais, la grande scène entre Hermione et Pyrrhus ?
Le damoiseau ne sait pas du tout.
ELLE. – Mais si, voyons, la grande scène ! Quand elle lui dit : « Tu es un dégoûtant, cruel ! »

Mati me tape d'un peu d'argent. « C'est terrible, en ce moment, tu sais ! Tout le monde est fauché ! J'ai demandé à quatre personnes ; pas une qui avait un sou... »

JOURNAL

Le 18 juin

Ce bougre de Mendès n'a pas mal calculé son coup (presque d'État). Un luxe, cette date-là! Je suis rentré pour écouter son message radiodiffusé. Il n'a pas une voix à enthousiasmer les foules. C'est même de là, je crois, que vient toute sa popularité. Pas séduisant, il inspire confiance. Heureux de voir que la France se réveille, quoiqu'un peu tard : Mendès lui fera une bonne paix pour une mauvaise guerre. Il dit qu'il travaille pour nous, puisqu'il évoque « nos enfants ». Il est le premier qui fasse mine de le tenter. Une chose m'attriste, cependant : c'est une défaite pour le parlementarisme. Il n'y a qu'un héros qui puisse nous sortir du pétrin. C'est déjà une perversion de la démocratie, sinon un petit pas vers une monarchie qui n'ose pas dire son nom. Et pendant ce temps-là, l'illustre Laniel sombre dans la banqueroute de son frère...

L'Express pavoise; Mendès est son grand homme; ce journal est dans toutes les mains ce soir.

Rencontré G.W., jeune comédien de Berlin-Est, tout auréolé de son mystère politique d'au-delà du rideau de fer.

27 juin

Retour à Paris, après plusieurs jours autour de Paris : Fontainebleau, Versailles, etc. Curieuse impression à me coucher seul pour la première fois depuis une semaine. Et ce pyjama! Triste comme un bonnet de coton...

30 juin

Parti. Sinistre gare du Nord! Voilà dix jours que je m'étais oublié. Avouerai-je que je me retrouve avec un certain plaisir? Comme dans un vieil appartement que j'aurais quitté quelque temps : je rouvre mes fenêtres sur la vie, je retrouve mon paysage familier, je balaie, j'époussette : je me réinstalle pour un nouveau séjour en moi-même.

3 juillet

Avec ma cousine Marie-Claire, que j'aime bien, nous allons voir notre grand-oncle Henri, dans sa maison « coloniale » de Bou-

1954

logne, tout en bois, si exotique au bord de la Seine. Quatre-vingt-trois ans, sec et longiligne, modèle Bernadotte, sourd comme un mur sans oreilles, il nous fait l'effet d'un objet de musée, une sorte de fossile conservé à la vie parmi les œuvres d'art dont sa demeure est pleine. Surtout des Bonnard immenses qui ornent le salon, vibrants, radieux paysages de Provence qui donnent le sentiment de survoler des collines ensoleillées. A son âge, cet inventeur – qui fut un des premiers hommes à voler, avec Santos-Dumont – vient de déposer un brevet de remorque déjà commercialisé. La dernière fois que je l'avais vu, il calculait des intégrales en guise d'apéritif. Maintenant, c'est à la reliure qu'il s'intéresse. Il nous expose la méthode qu'il a mise au point : elle lui permet de ne pas débrocher les livres. Il en prend deux au hasard dans sa bibliothèque, un Tristan Bernard – dédicacé à Natanson, je le note en passant – et une originale de Claudel. A ses yeux de relieur, Bernard est nettement supérieur à Claudel, car la ficelle en est de meilleure qualité. Quand la forme d'un livre l'emporte sur le contenu, belle leçon de modestie! Assez indifférent à la présence des nombreux invités, dont le brouhaha lui est imperceptible, il nous fait les honneurs de sa collection : « Tu vois, celui-là, c'est le premier que j'ai acheté : trois cents francs! » Il nous montre aussi ses propres aquarelles, très classiquement impressionnistes; les dieux ont leurs faiblesses. Puis il se rassied devant un grand bouquet de fleurs, sur un guéridon. Il médite, l'esprit toujours en éveil : « Ce que je n'arrive pas à comprendre, c'est qu'on puisse juxtaposer toutes les couleurs, dans la nature, sans que jamais ce soit laid! Tiens, regarde ce vieux rose, là, et cette fleur garance! Comme c'est beau! Impossible de peindre ça! »

Joxe est rentré de Russie, je déjeune chez lui, avec sa mère, visage « pomme de reinette en fin de saison ».

A propos de mère, hier, en revenant de Saint-Germain-en-Laye, où je suis allé faire des recherches pour papa, un couple, dans le train, me fascine; un jeune homme, assez beau, un peu balourd, et une femme encore jeune, avec « des restes » : sa maman. Assis sur des banquettes opposées, ils sont manifestement amoureux l'un de l'autre et se regardent en souriant – elle surtout –, et souvent se frôlent. Survient le contrôleur. Ils sortent de concert leurs porte-cartes et chacun a la photo de l'autre, à laquelle ils jettent un furtif et profond coup d'œil. Cet accord!

En descendant à Saint-Lazare, il lui pose la main sur l'épaule, épris et protecteur; elle lui sourit toujours. Puis ils se perdent dans la foule, vaguement gênés par l'insistance de mon regard.

JOURNAL

6 juillet. La Colombe

Rien n'a changé. La *Vie de Jésus* (de Renan) est toujours sur la table où je l'ai laissé. Religieusement épousseté, à cause du titre. Ce calme inhabituel me désoriente. A la campagne, pas besoin de lutter avec la vie; on ne sait plus quoi faire de soi. Et puis je me trouve soudain au Moyen Age, sans transition. Ces champs, ces chemins, ces fermes n'ont pas changé non plus; je crois vivre un rêve, dérangeant.

8 juillet

Mme Berroyer, vieille paysanne qui ressemble à une vénus préhistorique, les mamelles sur le ventre (elle ignore bien sûr les « garde-seins », comme dit mon grand-père), désigne un pré, du bout de sa canne.

« Voyez-vous, mossieu Matthieu, ma p'tite chieubbe, c'est là que j' l'ai élevée. C'était du temps où qu'on travaillait par ensemble avec le voisin. »

10 juillet

MA GRAND-MÈRE. – Que fais-tu en ce moment? Un roman, ou quelque chose de sérieux?
MOI. – Euh... (Je n'ose pas répondre : un roman)... une histoire...
MA GRAND-MÈRE. – Alors, ça ne m'intéresse pas.

15 juillet

Pour me reposer de mes « plumées » – « j'écris à petites plumées », disait Balzac –, je lis *l'Agneau*, de Mauriac, le soir, dans le salon désert. Mal éclairé, avec ces meubles rococo 1880, ce canapé à grandes fleurs rouges, ces acajous, l'obscurité tout autour de moi, et ces lampes à pétrole qui luisent de tout leur cuivre, inquiétantes comme des yeux de chat dans la nuit, je retrouve tout à fait l'atmosphère de Larjuzon. Si je lève les yeux de mon livre, je suis dans le décor, sous le regard des choses.

16

Dans les champs fraîchement fauchés, trois coquelicots : trois gouttes de sang après s'être fait la barbe.

1954

1er août

Hier, dans son discours au bey de Tunis, Mendès France, dit P.M.F., a employé une expression biblique : « Que la terre tunisienne soit un asile pour les colons, pour leurs fils et les fils de leurs fils. » Est-ce une réminiscence de sa culture juive qui le fait ainsi parler comme les prophètes, ou la sage prudence d'un homme politique, conscient que les traités ne durent guère plus de trois générations ?

7 août

Retour à Paris. Joxe vient déjeuner. Il raconte que son grand-père Halévy, fort âgé, se promène maintenant avec une canne blanche, bien qu'il ne soit pas aveugle : par précaution. Allant au Louvre revoir quelques sculptures qu'il aime, un gardien lui glisse à l'oreille : « Vous avez le droit de caresser, monsieur ! »

9 août

Audiberti : « Un écrivain se relit, mais comment se lirait-il ? » Tout le paradoxe de l'écriture en une phrase.

Longue conversation avec Michel sur G. L'amour, c'est comme la douleur ; ça soulage d'en parler. Une douleur qui est tout de même le plus beau des cadeaux pour mes vingt ans, fêtés aujourd'hui.

20 août. Jouy-en-Josas

Vie de bâton de chaise, depuis une semaine, avec diverses personnes. Scrupules à cause de G., mais ma faiblesse l'a emporté. Comment résister ? Aucun endroit n'est plus propice à l'examen de conscience que cette maison, à l'austérité assez protestante. Ma chambre a tout – c'est-à-dire rien – d'une cellule. Les murs nus me renvoient mes remords ; disons mes regrets... L'amour donne à ma vie une couleur si nouvelle que je ne me reconnais plus. Sérénité toute neuve, préjudiciable au travail ; mon esprit est trop occupé de G. pour laisser place à tout autre personnage, fût-il imaginaire. Je vis dans un demi-sommeil heureux, comme au matin.

JOURNAL

25 août. Jouy

Chez le coiffeur.
« Pourriez-vous me couper les cheveux sans employer la tondeuse?
– Ah! non, monsieur! Ce que vous demandez là, c'est de l'art. Moi, monsieur, au prix que je vous prends, je ne peux faire que mon métier. »
Il porte perruque « parce que, vous comprenez bien, monsieur, qu'un coiffeur sans cheveux c'est ridicule! ».
Son travail terminé, il m'époussette, me regarde dans le miroir et déclare : « Avec cette barbe, monsieur, vous me rappelez un soldat " gréco-romain " *(sic)*... »

8 septembre. Jouy

Ma petite cousine Danielle a le sens de l'image poétique. Regardant la lune, flanquée d'une petite étoile, ce soir, elle dit : « Tiens! Une mouche! »
La poésie, c'est l'enfant de la littérature. Le roman en est l'adulte, le philosophe, l'ancêtre, et la critique, la vieille fille.

12. Paris

Hier soir – non, avant-hier soir – j'ai relu mon roman. Je dois me rendre à l'évidence : c'est très mauvais.

30 septembre. La Colombe

Ma grand-mère veut marcher avec son temps; elle trouve que Racine fait « démodé »...

Montherlant m'énerve, mais il a de belles formules. Par exemple : « L'espérance, c'est la volonté des faibles »; « la tristesse, grimace de la douleur ».
Autre mot : « Admirer pour pouvoir aimer. » Et le désir, qu'en fait-il? Ce « Romain » oublie qu'on peut aimer des gens méprisables, il suffit qu'ils soient beaux.
L'envers des grands sentiments : comme on pleure, on se mouche.

1954

3 octobre

Depuis plusieurs jours, je savoure *la Vie de Samuel Johnson*. Mais sur la fin, j'avais hâte qu'il mourût. Il commençait à m'ennuyer : il devenait excentrique, ratiocineur et de mauvais poil. Maintenant qu'il est mort, je sens que je vais le regretter.

20 octobre

Concert Cortot : les quarante-huit études et préludes de Chopin. Bizarre sentiment, voisin d'une gêne, malgré l'art du pianiste : comment une musique si jeune peut-elle naître de ces vieux doigts ?

4 novembre

Le nain Pieral. Un monsieur obséquieux lui déverse des tonnes de compliments sur son rôle dans *les Visiteurs du soir*. « Ah ! vous étiez inoubliable, l'âme du film... C'est votre part de gloire. »
L'autre l'écoute, méprisant, et répond : « Vous savez, la gloire, c'est une tartine de merde dont on mange une bouchée. » Plus tard, quelqu'un lui demande le nom d'une personne qui vient de s'en aller. « Oh ! moi, je ne sais jamais les noms. J' suis comme de Gaulle quand il passe une revue. »

21 décembre

Enfin à Berlin, après vingt-quatre heures de voyage, dont seize dans les wagons cadenassés du train militaire français qui traverse au pas les landes de Brandebourg, brunes et sèches comme du tapis-brosse. Autre monde, encore très en ruine, que cette ville glaciale où fument les petites voitures des marchands de brochettes. L'interminable Kurfurstendamm n'est qu'une façade taillée dans des quartiers calcinés, des terrains vagues, des chantiers.
G. m'a trouvé une « Pension », installée dans un immense appartement 1880, vestige décati des splendeurs wilhelminiennes. Des pâtisseries partout, un couloir de cent mètres. Au bout : ma chambre, où m'attend une couette plumeuse et douillette.

23

L'Est. Encore plus sinistre et ruiné, à l'exception du monument de saindoux qu'est la Stalinallee. G. me la fait visiter avec une certaine fierté moqueuse. Plus de statue, mise à bas lors des émeutes de l'an dernier, mais la présence du « petit père » transparaît dans l'architecture. Au restaurant, chapeautées, des rentières de l'Ouest se gobergent : le deutsche Mark, ici, vaut de l'or. Il paraît que les épouses des officiers français viennent aussi faire des razzias dans les boutiques d'alimentation, raflant à bas prix (pour elles) tout ce qu'elles trouvent. Il n'y a pourtant pas grand-chose à vendre, sauf en cette période de Noël. Nous bavardons avec un vieux type, ancien des Brigades internationales. Communiste avant la guerre et prisonnier en URSS pendant, il ne l'est plus aujourd'hui, semble-t-il, bien qu'il s'exprime avec prudence sur ce sujet.

Frau Baumgardt, la propriétaire de G., qui lui sous-loue une chambre, ressemble à n'importe quelle grand-mère de province. Traversant le cataclysme, elle est restée dans son logement intact, élevant son petit-fils, orphelin de guerre ; elle réside à l'Est « parce que c'est comme ça », fataliste et fatiguée. Les petits malins, tolérés par le régime, vivent là, mais gagnent leur croûte « de l'autre côté ». Avec le change au noir, ils sont à leur aise facilement. Soir et matin, par le métro, c'est un constant trafic : devises et valises, dans les deux sens.

Bien que ce soit interdit, en principe, dormi à l'Est plusieurs fois, chez Frau Baumgardt. La chaleur du poêle en faïence, la musique douce à la radio toute la nuit, et puis G...

31

A partir de maintenant, il faudra présenter un *Ausweis* pour acheter à l'Est ; finie la belle vie des profiteurs occidentaux. Pour moi elle continue ; le bonheur est sans ticket.

1955

24 janvier

M. G., éditeur d'un essai de La Varende sur Saint-Simon, va le trouver dans l'un de ses châteaux normands pour lui demander un texte de présentation. Il s'entend répondre, sidéré : « Je n'écris pas pour les petites gens salariés ! »

30 janvier

Vive
Bourguiba
De Gaulle à Moscou

                              Vive la CED
                   Pierre George sera pendu
                        Tous les chemins
                            mènent à Rome

Vive Juin
                                                  Vive les Noirs
                                                  Vive les 18 Mois
Le fascisme vaincra. On tuera tous les cocos   Signé : Gal X.
                                     Cocus
                                     Cochons
             Vive le ROI   cornichons
                         (toi-même !) ↗
Avant d'aller à SP
apprends à chier dans   Le char de l'État
le trou !!!   navigue sur un volcan (René Pleven)
                     (quelle littérature !) ↗

Inscriptions
illisibles à   Dessins obscènes   ← (arrivisme
demi effacées   pratique)

Femmes nues   ↑
avec inscriptions   Affolés sexuels !
descriptives   ↗ C'est l'âge qui le veut !!!

JOURNAL

Des calligrammes ? Non : la porte des W-C de l'École des sciences politiques (côté pile).

Port-Royal. Un style costumé. On sent que Montherlant se gargarise à employer le mot « étonné » dans le sens classique de « frappé de la foudre », ou l'adjectif « extraordinaire » (« Ne soyez pas extraordinaire ») comme un synonyme de « déplacé », « sans retenue ». Plus que Pascal, Racine est partout présent dans la pièce, bien que son nom ne soit jamais prononcé. Toutes ces nonnes se tordent dans les affres de Phèdre, même si leur passion n'est pas de ce monde. Du reste, sœur Agnès de Saint-Jean ne s'écrie-t-elle pas soudain : « Que ce voile me serre » ?

3 février

Le scepticisme : un contrepoison qui finirait par vous tuer.

4 février

Décidé de reprendre à zéro le roman que j'ai abandonné il y a un mois et demi. Pour retrouver mon enfance, je mange une orange avec sa peau, comme je le faisais quand j'étais gosse. Mais, la plume à la main, tout s'envole.

Piaf à Bobino. Il faudrait un mot pour définir ce qui sort d'elle. Des « changlots » ?

5 février

Ce matin, vers quatre heures, Mendès France est tombé, abattu par la haine de ses collègues. « Nous sommes en 1788 », avait-il dit avant son investiture. Où en sommes-nous, maintenant ? Au 9 Thermidor, déjà ! Et après ? Que faire de ce nouveau gouvernement, plus impopulaire qu'il n'en fut jamais, avant même d'être formé !

Je suis admirable ; je passe la soirée à chercher un titre, alors que je n'ai pas commencé à écrire ce livre. J'achète la peau de l'ours avant de l'avoir tué...

L'âge n'existe que par rapport aux autres. Un homme qui vivrait dans un désert mourrait peut-être de vieillesse, mais il n'aurais jamais été vieux.

1955

16 février

Basin est un de mes camarades, à l'École. Haïtien, il compte bien prendre le pouvoir chez lui, un jour ou l'autre, par tous les moyens. C'est un pays où les crimes passionnels ne sont pas punis; alors les crimes politiques... Son programme : une sorte de dictature éclairée. Passant par l'élection? « Oui, et je serai élu. Mais quand je le serai, ce sera jusqu'à la mort. » (Sous-entendu : des autres, cela va de soi.)

18 février

Hier, à la Sécurité sociale. J'attends très longtemps, à côté d'un Nord-Africain. Il m'explique d'abord qu'il sort de l'hôpital : il a reçu un coup de couteau! Une bagarre « avec des Arabes » – car lui est kabyle et tient à ce qu'on ne confonde pas. Il a fait toutes les dernières campagnes (Indochine, Corée, etc.) et porte aux « trois couleurs » un respect sans conditions. Ensuite, nous parlons de l'Algérie : « Peuh! tu comprends, s'il y a une guerre là-bas, moi je ne me battrai pas. Il n'y a que les caïds qui se battront. Ils ont des belles bagnoles et des tas de femmes, tandis que moi, ça va faire six mois que je ne m'en suis pas payé. Obligé de me branler avec la main, tu trouves ça juste, toi? »

Le soir, après avoir écouté les meuglements de Bécaud à l'Olympia, je vais regarder Coty sortir de la Comédie-Française, où avait lieu la générale de *l'Annonce faite à Marie*. Le premier à surgir, parmi les plantes vertes et les gardes républicains, c'est Mauriac, l'œil hagard, tirant sa femme par le bras, comme hors de lui-même...

En début de soirée, je me trouve, dans le métro, derrière J.-C. C., perdu de vue depuis sept ou huit ans; c'était mon meilleur copain, au lycée Buffon. Le voilà déguisé en élève de Navale; j'ai envie de rire, mais pris d'une inexplicable timidité, je ne lui parle pas. Je me fais l'impression du type qui a mal tourné. Et puis que lui dire, après tant d'années? Je l'aimais bien, en tant que souvenir; sa présence matérielle me paralyse. Lorsque arrive le métro, il monte en première; j'y vois comme un symbole. Mais il descend à la même station que moi, et je manque de lui marcher sur les pieds en quittant mon wagon (de seconde). Saisi d'une vraie panique, je prends mes jambes à mon cou et m'envole dans les escaliers de la Madeleine, poursuivi par le Passé, en manteau bleu galonné d'or...

JOURNAL

19 février

Bernard Buffet : du Greco à angles droits.

20 février

Mauriac, encore, à Gaveau, cette fois. Les yeux fermés, il écoute ces deux concertos de Mozart. Ses longs doigts se promènent comme des serpents familiers sur son crâne. Son cou de pintade émerge d'un col de fourrure ; on dirait un animal préhistorique, à mi-chemin du reptile et de l'oiseau.

Edgar Faure désigné comme président du Conseil. Tout le monde s'y attendait ; les trois précédents n'étaient là que pour la frime. Ce jeu de massacre fait songer aux matchs de catch, toujours préparés d'avance.

23 février

Claudel vient de rendre l'âme, quelques jours après l'apothéose de *l'Annonce*. Selon les journaux, ses dernières paroles auraient été : « Qu'on me laisse mourir tranquille. Je me rends très bien compte. Je n'ai pas peur. »
Il y a trois ans, presque jour pour jour, c'était le tour de Gide, peu de temps après la première des *Caves du Vatican*. Cette Comédie-Française est dangereuse aux illustres vieillards.
Ci-gît le romantisme :

CHATEAUBRIAND-CLAUDEL
AMBASSADEUR DE FRANCE
1766-1955

26 février

Il neige de gros flocons d'étoupe. Rue de Sèvres, un grand nègre se promène en panama, vision surréaliste.

Qui veut comprendre les étranges théories conjugales de Proudhon n'a qu'à regarder le portrait de sa femme, par Courbet.

Les phrases stupides : « Il est homme de lettres jusqu'au bout des ongles. » Comment faire autrement ?

1955

9 mars

Relu, pour la énième fois, *la Princesse de Clèves*. Le seul roman que j'emporterais sur une île déserte. Je l'apprendrais par cœur...

10 mars

Macbeth, chez Vilar. La voix de Casarès a le charme insolite d'un instrument désaccordé. Mais tout de même désaccordé!

15 mars

MAUX D'ENFANTS

Les enfants jouent au fond du jardin
à se crever les yeux en silence
pour ne pas réveiller le gardien,
du reste aveugle et qui ne craint rien;
une fille folle se balance,
sous un pommier, au fond du jardin.

Maman ici, papa au bureau,
les grandes personnes sont si bêtes
qu'elles n'ont pas levé le chapeau
que je me suis posé sur la tête
pour cacher mes yeux morts vus d'en haut;
Maman dort là, papa au bureau.

Nul ne voit les ombres du matin:
au moment seulement où l'on pense
que les enfants n'ont qu'un lendemain
ils ont déjà passé l'espérance
et bu leur âme au creux de leurs mains,
car les parents vont dans l'ignorance,
piétinant les ombres du matin.

Le 16

Petite ruse. Papa dit qu'il travaille, mais j'ai sa bouteille d'encre sur mon bureau depuis huit jours...

JOURNAL

Le 20

Hier, mariage de Marie-Claire I. Un bel époux en redingote grise, une somptueuse robe de Balmain, cent mètres carrés de petits fours et champagne sous une tente dressée dans le jardin, et deux mille têtes célèbres qui font tourner la mienne.

25 mars

Les « tasses », chapelles de l'abjection. Il me faut en parler pour être honnête; j'y vais, moi aussi, de temps à autre. Toutes les classes de la société s'y côtoient, mais on y trouve également des êtres indéfinissables, incolores, ni beaux ni laids, et qu'on ne voit nulle part ailleurs, comme s'ils n'en sortaient jamais, confondus, aux petites heures de l'aube, avec la grisaille de l'ardoise mouillée.

Il est vrai qu'en y pénétrant on s'y transforme aussitôt en quelqu'un d'autre, un anonyme inconnu – même de soi – et tremblant. Nauséeux plaisir de cette métamorphose : on se sent naître à une vie tout le jour contenue par les règles de la morale; on s'abandonne à l'instinct soudain resurgi. On s'oublierait presque tout à fait si la peur ne vous tiraillait.

Car c'est une volupté coupable, avivée par l'inquiétude. Par l'angoisse, même, à quoi se mêle le dégoût, au point que c'est en détournant la tête, après un bref coup d'œil quêteur, qu'on tend la main vers l'alvéole voisin. Qui verrait les visages à cet instant n'y lirait qu'une étrange indifférence; la tête fait semblant d'ignorer les ignobles agissements du bras.

Mais la force du désir l'emporte sur la crainte, l'émotion, la honte, le trac, et rien ne pourrait empêcher les habitués de se rencontrer là, furtivement, pour ne plus se revoir ensuite. Ignorer son complice, c'est s'innocenter tout en péchant. Si parfois l'un ou l'autre se risque à suivre le compagnon de hasard, cela ne va guère plus loin : faire d'un témoin à charge un ami pour toujours, comment y songer? Et quand s'éclipsent ces ombres, lestées ou déçues, un agent de police qui fait benoîtement les cent pas dans le coin leur procure un ultime frisson, épice de ce repas secret.

29 mars

En ce moment, des poèmes, des poèmes, des poèmes... Mais pourquoi? Je me fais l'effet d'un possédé.

1955

8 avril

Seul à Paris, j'ai mené ces jours-ci ce qu'on appelle « joyeuse vie » avec diverses personnes. Délicieux et sinistre. Contrairement à ce qu'écrit Maurice Pons dans ses *Virginales,* joli petit livre, il n'est pas « naturel » à mon avis que « la joie des sens s'accompagne d'une vive passion du cœur ».

14 avril

Le sadisme, aristocratie de la perversité.

15 avril

L'amour est un combat. Ne pas dire nous, mais moi, à tour de rôle.

17 avril

Étudiant la civilisation chinoise, je m'effraie de mon ignorance. J'ai l'intention de dresser un immense tableau de la littérature mondiale. J'y laisserai en blanc tout ce que je ne connais pas. Peut-être la contemplation de ces déserts m'incitera-t-elle à me cultiver un peu plus?

23 avril

Rester résolument maladroit, tant qu'on n'est pas sûr d'atteindre au-delà de l'adresse. Le « truc » ne doit être qu'un tremplin : surtout ne pas s'asseoir dessus. Et reculer si l'on ne peut pas sauter.

24 avril

Mon premier petit garçon... mais je crois que je ne le toucherai pas. La rue, éternelle entremetteuse!

27 avril

Beaucoup de travail, ces temps-ci. Lénine, Lénine... Pour me changer les idées, je lis *l'Ordre.* Habile, dosé, mais sans génie.

JOURNAL

Le 4 mai

Le petit garçon est venu hier et m'a pris d'assaut. Sa tendresse m'a beaucoup ému, et m'oblige à ouvrir les yeux sur le monde artificiel qui est le mien. Ni la tendresse ni la spontanéité n'y sont admises.
Malheureusement, je ne l'aime pas, ce petit garçon...

6 mai

Maurice Druon. Superbe, solaire, heureux, et portant beau. A trente-sept ans, voici un homme qui a su tirer profit de sa timbale Goncourt. Un contrat mirifique lui assure huit cent mille francs par mois, contre un certain nombre de feuilletons historiques annuels. Il fait travailler trois nègres, deux secrétaires et un valet de chambre : c'est un bienfaiteur de l'humanité.

Joli cuir de la belle Barbara : « C'est un véritable dilemme wagnérien. »

7 mai

Demain, dixième anniversaire du 8 mai. Sommes-nous le 11 novembre 1928? Voilà qui laisserait encore onze ans de paix...

11 mai

Influence de la littérature? Non. Il ne l'a certainement pas lu, puisque sa culture, de son propre aveu, se résume à des morceaux choisis, où Camus ne figurait pas encore. Simple coïncidence alors? Non plus. L'absurde existe, voilà tout! Ce jeune Gérard Dupriez, que l'on juge pour avoir tué père et mère à coups de hachette, semble avoir agi sans motif « raisonnable », tel Meursault. On a convoqué des médecins, des psychiatres, des spécialistes, qui sont bien forcés de conclure que Dupriez est sain d'esprit.
Lui reste muet devant ces torrents d'explications. A ses yeux, rien de plus simple, « cela ne s'explique pas ». C'est « l'Étranger »...

1955

15 mai

Ce matin, visite en groupe chez Mendès France. Il était tôt, et tout l'appartement, cossu, bourgeois – juste en dessous de celui de mes grands-parents B. –, sentait le café du petit déjeuner. On nous fait entrer dans la salle à manger, très nue, avec une table ronde et des murs blancs. Il arrive, trapu, assez replet. En lui ce qui frappe le plus, ce sont les yeux; ils sourient, comme complices, presque roublards, démentis par une bouche sans lèvres. Teint blafard, barbe bleue, cheveux lisses et noirs.

Il s'assied d'une fesse sur la table, écoute ce qu'on lui dit; rien ne se lit sur sa physionomie. De temps à autre, cependant, une remarque, plutôt caustique, lâchée d'une voix profonde, assez âpre. Le timbre en est inattendu, mélodieux; il y a du violoncelle là-dedans. Improvisateur moyen, mais ses phrases sont concises et claires : il recherche des mots neufs, qui touchent au but.

Impression générale : rien n'est laissé au hasard; on l'imagine très bien champion d'échecs. Malgré le regard amusé, un rien sceptique, il inspire la confiance, et même la force. Gestes étroits et arrondis; on ne voit pas ce pondéré s'engager à la légère; mais ses reparties sont immédiates et la vivacité de ses mimiques trahit l'homme de décision, une fois qu'elle est prise. C'est un politique : il sait se hâter calmement.

Sa légende n'a plus l'air de l'étonner. Il boit les éloges avec autant de naturel que son fameux verre de lait. Il va avoir du mal à s'en passer, d'autant qu'il paraît très confiant en lui-même : le pouvoir est dû à sa vertu, on ne peut que le lui rendre, passé la péripétie qui le lui a retiré. C'est un optimiste, en somme, car il semble avoir aussi confiance en nous. Par là péchera son système, je le crains. Je lui demande sur quelles forces il compte s'appuyer pour revenir aux affaires, et s'y maintenir : « Sur le sens civique des Français », dit-il. Un chimérique.

19

Hier soir, au Flore, une prétendue comtesse, énorme ribaude au rire gras, insulte les consommateurs dont la tête ne lui revient pas. L'un d'entre eux (c'était une assistance choisie!) réplique : « Va donc, hé, mangeuse d'hommes! » Alors, soudain romaine, la voilà qui hurle : « Aux murènes! Qu'on le jette aux murènes! Aux murènes... »

JOURNAL

PORTRAIT

Je suis d'une nature sentimentale
Mais un peu désinvolte :
Voilà pourquoi j'arrache tous les pétales
Aux fleurs que je récolte.

20 mai

Ma sœur fait partie d'une association catholique, baptisée « Les Croisés ». Jeudi prochain, ils visitent la mosquée...

Dans l'autobus. Une dame furibonde monte en disant : « Cela fait trois quarts d'heure que j'attends ! » Le receveur, suave : « Quelle patience, madame ! »

26 mai

Lettre d'amour : billet de banque du cœur.

30 mai

Du mal à éconduire le petit garçon, qui ne veut pas comprendre. A bout d'arguments, il me dit, désarmant : « Et puis, tu sais, j'ai lu de l'Anatole France, comme tu me l'avais recommandé. »

2 juin

Terminé *les Aventures de Jérôme Bardini*. Le « Kid », surtout, me ravit. La tendresse pointe sous les jolies phrases et envahit tout. Ne pas s'arrêter à la préciosité : chez Giraudoux, c'est le papier de soie qui enveloppe l'intelligence.

3 juin

Michel Beaugency me rapporte le jugement de Jacques Brenner sur mes poèmes : « C'est du Max Jacob dégénéré. » Vexé ? Flatté ? Je m'interroge...

1955

4 juin

Au café, avec Michel et Brenner : un rond à lunettes, placide, narquois, et qui fume la pipe. Il doit être de bon conseil; on dirait un juge en civil, ou un confesseur. Il dit, avec raison, que les écrivains de mon âge ont un défaut : ils veulent prouver quelque chose. C'est le moment où l'on reconstruit le monde; on tient à faire part de cette découverte. Rien de plus nocif aux romans, d'après lui.

8 juin

Un grand amour : beaucoup de petits oublis.

Brenner encore, dans sa petite chambre haut perchée, rue Bernard-Palissy, au-dessus des Éditions de Minuit. C'est un ancien bordel, réquisitionné en 45; dans chaque bureau, il n'y a pas si longtemps, on forniquait. Bonne enseigne pour un éditeur; les écrivains sont des putes à leur façon. Chez Brenner, ça défile sans arrêt. Jaccottet, d'abord, long jeune homme suisse qui traduit Musil, rêveur, romantique, puis Robbe-Grillet, qui a toujours l'air de se foutre du monde, le sourire en coin et l'œil frisé. Comment le prendre au sérieux ?

12 juin

A la radio, jouée par Julius Katchen, une sonate de Ned Rorem. Jamais entendu un morceau qui ressemblât davantage à son auteur : cette transparence qu'on trouve dans son regard bleu, cette grâce un peu mièvre, et par là-dessous, une force vraie. Entre Schumann et Debussy, avec des désaccords précieux qui sonnent comme des larmes.
Officiellement, Ned Rorem ne me connaît pas; moi non plus. C'est entre nous une sympathie tacite, qui se passe de paroles et de présentation. L'autre soir, dans un bar, nous nous sommes contemplés deux heures durant. Avec, pour moi, un étrange plaisir tandis qu'il chavirait peu à peu dans les vapeurs de l'alcool...

Le 16 juin

Pierre Joxe et sa nouvelle amie viennent me voir. Je reste émerveillé par la beauté de cette jeune fille, brune, vivante, un peu folle. Quant à Pierre, il me semble que nous ne nous sommes jamais quittés.

Le 23 juin

Les communistes : si sectaires qu'ils vous donnent le sentiment qu'on a raison d'avoir tort.

Le 26 juin

Demain, G. arrive.

3 juillet. Palma de Majorque

Deux jours épuisants dans une Barcelone grouillante et morte. Sur le pont, ce matin, le soleil rouge sang. Puis Palma, avec ses maisons bien époussetées, sa cathédrale ajourée comme une pièce montée. Trop chaud pour continuer...

9 juillet. Deya

Je suis dans « ma » maison; elle est toute petite, nulle duègne ne la garde. Trois pièces : une grande cuisine au rez-de-chaussée, avec un âtre immense où l'on peut tenir debout. A l'étage, deux chambres : l'une avec un grand lit, deux fauteuils de paille, une table et un dessin de Mati sur le mur; l'autre vide. Quelques rayons de soleil passent à travers les volets clos. Il fait frais, et j'écoute le silence bruissant des feuilles. Il est quatre heures. J'ai travaillé jusqu'à maintenant, et je vais aller retrouver G. à la plage, par un sentier caillouteux qui serpente à travers l'oliveraie. Le ciel et le fond de mon cœur sont bleu pastel.

11 juillet. Deya

Ne rien écrire ces jours-ci. Ne pas risquer d'abîmer la pulpe de mes souvenirs futurs. Le bonheur ne se débite pas en tranches.

8 août. La Colombe

« " Je n'approuve que ceux qui cherchent en gémissant ", dit Pascal.

1955

- Certes.
- Mais la découverte n'appelle-t-elle que des lamentations?
- Je le crains.
- Alors, à quoi bon chercher?
- Parce que c'est précisément la grandeur de l'homme que cette quête.
- Pourtant il n'y gagne que la désolation. La démarche est absurde.
- En effet, c'est absurde, comme l'est notre sort. Mais n'en gémissez pas, vous allez justifier Pascal... »

Chez Mlle Pinguet, libraire-confiseur à Argenton, acheté cet après-midi un livre de Mauriac, étiqueté douze francs en 1931. Elle n'a pas voulu changer le prix!...

9 août. La Colombe

Désormais, je suis majeur, paraît-il.

10 août. La Colombe

Laissé ma fenêtre ouverte ce soir; il pleut. Mais elle est si fine et si lente, cette pluie! On dirait qu'elle tombe à petits pas. Violemment éclairée par ma lampe, la vigne vierge se détache sur le rouge des rideaux. Et puis, en fond, le noir profond des nuits de campagne. Ainsi, admirable aux moments les plus quotidiens, la vie vaut-elle le soin qu'on prend à la vivre.

Le 13 août. La Colombe

Bien que le ciel fût sombre, j'ai bravé l'orage, avec un imperméable et un vieux chapeau gris empruntés à mon grand-père. Divine promenade dans les chemins creux. L'odeur de l'herbe humide! La terre était bien un peu « amitieuse », comme on dit par ici quand elle vous colle aux semelles, mais les ruisselets tout neufs avaient une jolie musique. Partout, les limaces me regardaient du bout des cornes, leur ventre dessiné sur le dos.

14 août. La Colombe

Très pieuse, tante M. a de curieux raccourcis : « Ce jour est à marquer d'une croix blanche! » dit-elle.

JOURNAL

18 août. La Colombe

Thomas Mann est mort il y a quatre jours. Ses dernières paroles : « Où sont mes lunettes ? », cocasse réplique du « *Mehr Licht* » de Goethe. Il serait drôle d'écrire des variations sur ce thème, montrant pourquoi c'est ridicule, merveilleux, profond, stupide, sublime...

23 août. Paris

Anéanti par la chaleur; on n'est pas toujours responsable du temps qu'on perd!
Première variation, ce matin, sur la phrase de Mann : dans le *Figaro*, signée Gaxotte...

7 septembre. Jouy-en-Josas

La Vie amoureuse des Gaules : un ramassis de ragots à la sauce Louis XIV; mais que cette concierge avait un beau langage! Joxe me prête le cardinal de Retz; ce sera autre chose que Rabutin (anagramme « nabruti »!).

Mimi, parlant de la cuisinière, dont le mari est fort malade : « Cette pauvre Adèle! Elle a toujours peur qu'il reste dans la main! »

12 septembre. Jouy-en-Josas

Michel Beaugency, à Paris, l'autre soir, retour d'Angleterre, tout habillé de neuf, en tweed pois cassés. Il est préoccupé de son avenir, menacé qu'il est de se voir embrigadé pour défendre l'Algérie. Ayant l'âge et les conditions requises, il attend sa convocation d'un jour à l'autre. Le lendemain, notre ami commun Claude Volter me rend visite. Il me parle d'une voyante prétendument extra-lucide et extra-ordinaire, qui lui aurait prédit la mort d'un proche « aux confins de l'Orient ». Mais Volter est si menteur que je ne m'inquiète pas trop pour Michel. L'Orient n'ayant rien de commun avec l'Afrique du Nord, j'incline à penser que Volter a tout inventé, avec ses très vagues notions géographiques... Il était vêtu d'une chemise de soie blanche imprimée de palmes grises, d'un effet tout à fait comique.
« Comment as-tu le culot de porter des choses pareilles?
– On a bien le culot de les vendre! »

1955

Beaucoup lu, ces jours-ci, quand je ne prépare pas mon maudit examen : du Valéry, des *Contes* de Gogol, *le Square* de Marguerite Duras (merveilleux!), la revue de Brenner, *Minuit* (admirable), et puis, à petites doses, comme une liqueur, les *Mémoires* de Retz. Laissé tomber *Absalon, Absalon*; ça m'ennuie.

14 septembre. Jouy

MYTHOLOGIE

Circé	De Corcyre
Sirènes	En Nausicaa
Cyclope	Trois fois six
Six mille mètres	Dix-huit ans
de la reine	d'Odyssée
Pénélope	d'Ulysse
De Charybde	
En Scylla	

23 septembre

« Est-il intelligent?
– Assez pour n'en être pas sûr. »

25 septembre

Mati arrive de Saint-Tropez. Beau, nonchalant, heureux, bronzé, toujours enthousiaste de quelqu'un ou de quelque chose. Aimé de tous et de toutes, amant d'une femme superbe et riche – avec laquelle il s'apprête à passer quinze jours dans un palais vénitien –, il aurait mauvaise grâce à bouder son bonheur. D'autant qu'un Américain millionnaire lui octroie son royal mécénat (sans aucune obligation) et le loge dans sa propriété pour y peindre à loisir. Comblé d'argent, il avoue en riant qu'il a « claqué » cinquante mille francs depuis deux jours. On dirait que les difficultés ordinaires s'effacent devant sa joie de vivre : il marche sur la crête d'une chance insolente avec la sûreté d'un vieil équilibriste. « Je me suis marié avec la peinture, dit-il, mais elle me laisse beaucoup de liberté. » D'autres massacrent leur art pour jouir de la vie, ou sacrifient au contraire leur existence à la création; lui joue sur les deux tableaux, fichu de gagner partout! Veine contagieuse; j'en suis ravi comme si tout cela m'était arrivé à moi-même. Il est vrai que le ciel, ce soir, était d'un rose mystérieux à vous rendre fou d'indulgence.

JOURNAL

29 septembre

Publié pour la première fois. Un petit choc, mais je ne sais pas s'il était de surprise ou d'émotion ; on ne m'avait pas prévenu.

30

Dans une lettre, tombée d'un vieux dossier, Véraldi me disait : « Quant à être courageux, vous verrez par la pratique qu'il se développe une parfaite indifférence qui ôte jusqu'à l'impression d'avoir besoin de courage. » Je trouve une pensée analogue chez Montherlant, qui l'attribue à M. Dandillot (*Pitié pour les femmes*) : « Voyez-vous, monsieur Costals, dans la vie, il ne faut pas être courageux, c'est inutile. Moi, cependant, je suis obligé de continuer. Il faut tenir jusqu'au bout. »
Oui, le courage... Oh ! j'en ai, et peut-être pas encore aussi « indifférent » qu'il le faudrait ; j'aimerais qu'il servît à quelque chose, à quelqu'un. Je me demande parfois dans les bras de qui je mourrai...

4 octobre

Une lettre de Mme Duras, « bien qu'elle ne réponde pas aux gens » (ce « gens » vous a tout de même un petit côté méprisant !). Pour définir ses intentions, elle dit : « Ce que j'essaye, voyez-vous, je le crois, c'est de fixer l'obscurité même, d'en saisir, quoi, le négatif. Mais c'est bien difficile. » Prudente, modeste, elle conclut néanmoins que « le lecteur a toujours raison ». Pas du tout « écrivain », dans le ton : sympathique, en somme.

14 octobre

Burlesque séjour à Royaumont, où Brenner avait imaginé de réunir les collaborateurs de ses *Saisons,* pour « penser l'avenir »...
Michel Breitman vient me chercher en voiture, vers deux heures ; nous devons passer prendre Dhôtel, qui habite Coulommiers. Bavardage pendant le trajet : il joue avec un peu d'affectation son rôle d'« hauteur » tout frais, mais il est sympathique, astucieux, très à l'aise.
Chez les Dhôtel : une maison qui ne paie pas de mine, typiquement « province ». On nous reçoit dans une salle à manger non moins typique, avec table et buffet. Les chiens hurlent dans la

1955

cour. André Dhôtel est presque chauve, besicles sur le bout du nez, dents de rongeur gâtées. La soixantaine, malingre, rigolard, un brin voûté, il a quelque chose de Voltaire. Mais un Voltaire candide qui se serait déguisé en petit fonctionnaire, costume gris sans âge, chapeau mou cabossé. Charme de gosse sous les rides du déjà vieil homme. Attendrissant comme sa Suzette, qui emporte pour leur fils, à Paris, un panier d'œufs du jour.

Nous sommes les premiers arrivés à l'abbaye déserte. Du gothique bien peigné, posé sur des pelouses impeccables – et interdites par des pancartes vertes, comme dans les squares. Le directeur, qui nous accueille, n'est autre que Bera, vieille connaissance; il régentait l'Institut français d'Édimbourg, il y a six ans. Avec Joxe, pendant les deux mois qu'a duré cet «échange» Henri-IV-Watson's College, nous passions le plus clair de notre temps à dévorer la bibliothèque de l'établissement. Jamais autant lu qu'à cette époque-là.

Bera, donc, nous attribue des cellules sur le cloître, en attendant les autres, qui arrivent pendant le dîner, faisant une entrée bruyante, plutôt mal vue de la direction. Car M. et Mme Bera président (Madame est pianiste, connue sous le nom de Nadia Tagrine), véritable couple royal entouré de sa cour de familiers, dont un mystérieux sosie d'Anatole France, sinologue disert et chenu qu'on révère en illustre ancêtre. Parmi les arrivants, Marcel Schneider tranche comme une vedette de revue: on dirait qu'il traverse des flots de plumes imaginaires, un sourire de star illuminant sa face précieuse et réjouie. Derrière lui s'avance la troupe, une bonne dizaine, dont Robbe-Grillet, l'air d'un voyageur de commerce en parfumerie – mais suffisant –; Lindon, deux boutons de bottine emmanchés d'un long nez; Kern, rond, massif, assez Goering en civil; André Frédérique, tarin écrasé de boxeur; Cariguel, lame de couteau sur une silhouette de collégien; Bisiaux, Brenner, d'autres, et les femmes de certains de ces messieurs. Plus tard surgit enfin Perdriel, humant le vent, tout sourire, genre Tintin play-boy, suivi d'un essaim de jeunes personnes...

Après le dîner, tout le monde se retrouve dans le noble salon du lieu. Exposé très ennuyeux de Kern, puis Brenner donne la parole aux assistants. Grand silence, bien entendu. Enfin quelqu'un évoque la revue *84*, qui a précédé celle-ci. Sans malice, je demande de quoi elle est morte, ce qui suscite une épouvantable zizanie. Avalanche de mea-culpa, dont il ressort que *les Saisons* doit être une revue «qui attirera le grand public». Dhôtel pouffe dans son coin: «Je raconterai mes chasses à l'ours dans le Grand Nord!»

Très maître d'école, Bera en profite pour nous faire un cours sur l'art et la manière de lancer une publication. Personne n'écoute plus. Orangeade, puis on se disperse dans la nuit. Quelques soiffards décident d'aller boire un verre à Chantilly. Cariguel et moi, nous les suivons dans sa Studebaker, mais nous voilà vite perdus parmi les champs de betteraves. Non sans peine, nous retrouvons le chemin de l'abbaye. Longue conversation avec lui – en voiture, puis dans sa cellule. Bizarre garçon, habillé n'importe comment, à l'américaine, très étudiant tout fou, derrière ses lunettes. Visage ingrat, intéressant. De son roman *S*, il dit que l'écrire était « une question de vie ou de mort », pour s'en débarrasser. Mais à présent il s'arrêterait aussi bien d'écrire s'il découvrait quelque chose de plus passionnant à faire.

Quand je rentre me coucher, vers les deux heures, Breitman, qui partage ma chambre, est au lit, une photo de son âme sœur sur la table de nuit. Nous parlons encore un moment.

Au matin – on ne sert le petit déjeuner qu'entre huit heures trente et neuf heures trente, on n'est pas là pour flemmarder! – j'attrape au vol un bol de café au lait, mais Schneider se voit retirer sa tasse au moment de la boire, « parce qu'il est l'heure ». Fureur dudit Marcel. Lui qui a « besoin d'un baquet de thé » pour se réveiller, il ne décolère plus de la matinée. Les sarcasmes pleuvent sur les couvents en général et « cette banlieue nord » en particulier, « froide à vous donner la mort ».

C'est au sortir du réfectoire qu'on nous apprend le drame : les joyeux fêtards, rentrant à l'aube, ont retiré trois des pancartes qui défendent la solitude du propriétaire, M. Gouin, mécène et fabricant de locomotives. Plus de « Chemin privé » barrant les allées d'accès au château de Monsieur! Tout le monde soupçonne tout le monde, tandis que Brenner se fait passer un savon par le proviseur – pardon, par Bera. Est-ce la bande à Perdriel et ses jeunes filles en fleurs qui ont fait le coup? La narine frémissante, il a bien l'air farceur... Mais la concierge accuserait plutôt le « petit vieux », autrement dit notre doux Dhôtel, ravi d'être traité pour une fois comme un cancre chahuteur, le cher homme. Marcel Schneider, à son avis, serait son complice. L'ire de celui-ci atteint aussitôt des sommets comiques, mais toujours littéraires : « Regardez-la, cette monstresse! C'est la Frochard! Je vous dis, la Frochard! »

Finalement, vers onze heures, on retrouvera les pancartes dans le coffre de Frédérique, expert en canulars, mais c'est Bisiaux qui les y a cachées à son retour, simple plaisanterie d'ivrogne. « La Frochard » n'a plus qu'à décommander le garde champêtre, tandis que notre réunion s'achève dans la rigolade générale. Ce qu'on appelle un « séminaire », paraît-il.

23 octobre

Michel Beaugency. Il vient de rentrer chez lui, le crâne fracassé dans un accident : quinze jours d'hôpital (mais il échappe au rappel en Algérie). Sa logeuse me prie de lui dire que « le marquis

1955

des Archanges » passera prendre de ses nouvelles. Cher M. d'Arcangues, passé d'un mot dans le bataillon des séraphins!

27 octobre

BREITMAN (à Dhôtel). – X. a pour vous une admiration sans bornes!
DHÔTEL (à Breitman). – X. ? Tiens, tiens!... (*Un temps.*) Vous ne trouvez pas qu'il a l'air un peu dérangé?

Novembre

A l'affiche d'un cinéma : « *Le Beau Danube bleu.* Film en couleurs. »

Le 20

Hier, vers minuit et demi, je prends le dernier métro. Un seul voyageur dans mon wagon, en tenue de soirée, lui aussi : « Vous venez de chez les H., n'est-ce pas? »
C'est un petit jeune homme de dix-huit ans, agréable. Nous parlons.
« Vous vous êtes amusé? dit-il.
– Mouais... Et vous?
– Moi? Pas du tout!
– Vous êtes un ami de François?
– Non!... Moi, je suis une " relation de famille ". Vous savez, dans ces bals, ce sont toujours des relations de famille. Nous sommes tous de la même " famille ", cette sale famille dont on ne peut pas sortir! »
Un silence, puis il souligne, pauvre petit sémite découragé : « Moi qui n'aime que les blondes! »

Fini *Voyage au bout de la nuit.* Je suinte de tristesse; l'humanité entière me dégoûte et moi-même avec, mais quel bouquin! Ce qui m'étonne le plus, cachées parmi les points de suspension, c'est d'y trouver soudain des envolées à la Chateaubriand, pleines, compactes, comme des gemmes dans une gangue d'argot.

22 novembre

Spectacle Ionesco (*la Leçon* et *les Chaises*). Plus d'acteurs en scène que de public dans la minuscule salle de la Huchette. Un génie selon Brenner, un minus à en croire Jean-Jacques Gautier. Ce que j'aime chez lui : une certaine façon de pendre les lieux

communs par les pieds. « Pour un coup de maître, c'est un coup d'essai », par exemple. Simple jeu de mots, mais le monde aussitôt marche sur la tête. L'absurde règne et je ris.
Après, rencontré Breitman avec S. De très beaux yeux verts. Bien trop beaux pour les garder à soi tout seul.

26 novembre

Dans l'autobus. Une dame très convenable tend son ticket d'une main gantée. « Saint-Germain-des-Prés? » demande le receveur. « Oh! non, fait la dame, scandalisée, je vais au Bon Marché!... »

30 novembre

Exposition Gide, chez Doucet. Outre des passionnants manuscrits, dont ceux du *Journal,* aux formats si divers, une collection de photographies, disposées chronologiquement. Un vrai documentaire! D'abord l'enfant aux yeux sournois, puis le jeune homme, dont le regard est devenu pénétrant, incisif, avec un rien de romantisme. Au temps des *Cahiers d'André Walter,* les lèvres sont charnues, sensuelles. Ensuite, elles s'amincissent jusqu'à disparaître vers l'extrême fin de sa vie, tandis que les yeux, peu à peu réduits à des meurtrières inquiétantes, s'éclairent d'un lumignon chaque fois plus pâle, où transparaissent toujours une âme en éveil, et un petit feu, disons... oui, malsain.

2 décembre

Au Catalan, avec Mati. Merveilleux dialogue de sanglots entre les deux chanteurs de flamenco, si vrais, si peu frelatés; l'un d'eux, Pedro de Linares, était encore ouvrier d'usine il y a quelques mois, je me souviens. Mati me fait visiter son appartement, sous les toits, rue des Saints-Pères : le rêve. « Il faut suivre ses instincts », dit-il. (Dans son français bizarre il emploie une expression à lui, fort heureuse : « ses volontés physiques ».) « Le reste suit », prétend-il...

14 décembre. Bruxelles

Il pleut. J'ai suivi l'exemple de Gide : je me suis acheté un petit carnet commode, que je peux glisser dans ma poche. Il disait qu'un journal doit pouvoir s'écrire dans le train; j'essaie de l'imiter. Mais je me ressens encore de ma cuite horrible, dimanche

1955

dernier : un jour de lit, deux litres d'eau de Vichy et divers désagréments. On ne m'y reprendra plus aux traîtrises du punch. Étrange expérience de totale amnésie : je me souviens du visage un peu diabolique de Boris Vian, parlant d'Anouilh, et puis plus rien... Vian – avant mon éclipse – m'avait une fois encore fasciné. C'est un faux nonchalant qui travaille à la chaîne. Il en est à sa sixième activité professionnelle : ingénieur, romancier, traducteur, parolier, trompettiste : à présent, il chante. Il a écrit *J'irai cracher sur vos tombes* en douze jours, et traduit les *Mémoires* de Bradley en dix-neuf. Ironique dans ses manières et le ton qu'il prend, il est en réalité très attentif. Un doux. Presque un sentimental, soigneusement dissimulé.

15 décembre. La Haye

J'habite chez Jan de L. La façade de sa maison (du XVIIe) est en briques patinées; quand je sors, je claque la porte d'un tableau de Vermeer. Du reste, on s'étonnerait à peine de croiser Descartes dans cette rue, qui bute sur un canal, et se prolonge par un petit pont en dos d'âne. Au Mauritshuis, choc à l'estomac devant la *Vue de Delft*. La *Femme au turban* est si connue qu'on a l'impression d'être marié avec elle depuis toujours, tandis que Delft, merveille dorée, on n'en finirait pas de la découvrir. Et pas seulement le « petit mur »... Noté aussi un extraordinaire portrait de jeune femme, par Bruyn le Vieux : quelque chose d'italien qui percerait sous la Hollande. Enfin, *la Leçon d'anatomie*, bien sûr. Mais pas d'émotion comme devant *Saül et David*, avec sa longue figure pointue, intrigante, qu'on dit le portrait de Spinoza.

Baguenaudé dans les rues marchandes, décorées pour Noël de girandoles et d'arcs de triomphe. Étroites, ces rues, bourrées de gens pressés, chapeautés, braves. Dans le snack-bar, un entassement de ménagères. Drôle d'effet! Les nôtres n'en sont pas encore là.

Sentiment de liberté, à parcourir cette ville inconnue, où je ne comprends pas un mot de ce qu'on dit. Solitude sublimée du voyage.

16 décembre. Delft

Dans un petit café, sur la place du Marché. A l'hôtel de ville, juste en face, un mariage : quatre fiacres, avec des cochers en livrée rouge et bleu. C'est la rigolade générale. Ils sont bien restés trois minutes à l'intérieur et les voici qui repartent. Le cocher de la mariée a noué un chrysanthème blanc à son fouet. Cette cavalcade ajoute à mon dépaysement dans l'espace et le temps. On reconstruit la vieille église; entre construire et reconstruire, quelle différence? Je pourrais être une de ces silhouettes qui donnent l'échelle dans les gravures anciennes.

Promenade idéale, par ce petit froid sec, le long des canaux, entre les arbres nus et les façades ornées, découpées, cannelées, pomponnées. Des miniatures pour grandes personnes. Ensuite à la Neuekirke. Pauvre Guillaume d'Orange, qui repose là-dedans. Un froid! Toutes génuflexions faites, ce hall de gare n'est pas un bon endroit pour prier.

17 décembre. Rotterdam

Dieu merci, il y a le musée Boymans! Et parmi les innombrables Rembrandt par lui-même, cet autoportrait sans pareil. Noirs, les yeux, illuminant un visage disgracieux, décoré d'un gros nez en pied de marmite, avec cependant des lèvres rondes, belles. Un Rembrandt jeune, presque un adolescent, cheveux bruns et bouclés sur les épaules, la chemise entrouverte, laissant voir quelques poils. Un peu boudeur, on le devine appliqué devant sa glace; s'il ne peignait pas *son* portrait, il tirerait la langue...

La ville est une décevante horreur. Terrain vierge en 45, les urbanistes auraient pu s'en donner à cœur joie! Hélas, rien que des gratte-ciel plantés au petit bonheur, tous plus laids les uns que les autres. De l'énorme, jamais du grandiose. De l'inhumain, sans même la démesure.

18 décembre. Amsterdam

Après une nuit épuisante dans les boîtes locales, promenade sur la Rembrandtsplein, vers deux heures du matin. Des gigolos et des putains en pagaille. Toutes les cinq minutes, une rixe attire les badauds dans l'un ou l'autre coin de cette petite place, plutôt « province », avec un square désuet en son milieu.

Ce matin, classique balade le long des canaux, avec les filles en vitrine, les marins en vadrouille. Beaucoup de monde, et les gens ne prêtent pas la moindre attention à ces manèges. Ville bourgeoise, Amsterdam ferme les yeux sur ses vices.

22 décembre. La Haye

Neuf heures. Je vais bientôt quitter ce joli endroit, sa quiétude, assez ennuyeuse, avouons-le. Fait le touriste, tous ces derniers jours : le Rijksmuseum, incontournable, et la maison de Rembrandt, pleine de superbes rabbins, empanachés comme des vedettes de revue. Leyde, aussi, mais je n'ai vu que l'avenue de la gare et un petit bar, ayant rencontré quelqu'un dans le train...

1955

24 décembre. Hambourg

Hier après-midi, le Kröller-Muller. Je ne savais pas, en descendant du car, que le musée Van Gogh était à trois kilomètres de la porte d'entrée. Six kilomètres aller retour, dans les bois, et la visite au pas de chasseur! Ensuite, encore une soirée agitée avant mon départ d'Amsterdam. Les Pays-Bas m'érotisent. Moins de chance ici, où l'on m'a déjà posé un lapin. Mais la perspective de retrouver G. à Berlin, dans deux jours, me console de ne pas lui être infidèle...
 Une vraie ville, Hambourg, quoique sinistre, aujourd'hui. Le réveillon est des plus tristes en Allemagne, quand on n'est pas « en famille ». Tout est fermé, y compris les restaurants; je me contente d'une saucisse tiède achetée dans la rue.
 Ma seule distraction : la rencontre de deux Français devant le guichet de la poste restante. Un brun, de Belleville, superbe de vulgarité, accompagné d'un blond plus charmant, gêné par le « cinéma » de son copain. Moi, il m'amuse, au contraire. Hâbleur, grand baiseur devant l'Éternel (à l'en croire), réactionnaire, antisémite (donc anti-Mendès), envieux de l'argent des autres, mais respectueux des « arrivés ». Larbin dans un palace, il évoque les grands de ce monde de pair à compagnon! « Je les connais, dit-il, d'un air entendu, je les ai servis... » Nous discutons politique. Il est nationaliste au pire sens du terme, xénophobe par principe, et rêvant d'une France gouvernée par Poujade et Pinay. Après quoi nous avons craché en chœur sur toutes les sales pédales qui pullulent dans le coin. Faut bien rigoler un peu! Entre hommes!

29 décembre. Berlin-Est

En avion pour la première fois. Pas d'impression; je me demande simplement comment il existe d'autres moyens de locomotion... En attendant G., Frau Baumgardt, jacassante (mais en allemand), me raconte sa vie. Avec mes vingt-huit leçons d'Assimil, je n'en saisis qu'un dixième. Un peu artificielle, excitée par une nuit blanche de plus, la veille, dans un bistrot de Hambourg (très drôle, en compagnie des travelos du Carrousel qui m'avaient adopté, et soûlé, ravis de dénicher un petit compatriote « sympa »), mon impatience s'apaise quand il arrive enfin, doux, blond, romantique plus que jamais.

 Staline, Staline partout resurgi. Police, contrôles, tracasseries, mais aussi délices inconnues de l'insécurité; c'est un grand jeu « pour de vrai », qui ne me fait pas peur, tant il paraît irréel.

1956

2 janvier

Soirée au Berliner Ensemble... ensemble. Ensuite, G. m'emmène au Cercle des artistes, où le mime Marceau parade, très vedette en voyage. L'impression, assez voluptueuse, d'appartenir à une coterie de privilégiés, au cœur de cette ville sans joie. Maîtres d'hôtel en veste blanche, petites tables, calme cossu : qui se croirait à Berlin-Est ?

3 janvier

D'après ce que je comprends, à la lecture des journaux allemands, élections *zersplitterung* en doulce France. Rien à tirer de ce pays! Et quarante-quatre députés poujadistes, graines de fascisme qui nous manquaient...

4 janvier

Hier, dure (mais agréable) journée. A présent, je me gorge d'œufs crus...

Rêve. – Je suis intime de la famille royale d'Angleterre. Plus précisément du duc d'Édimbourg, brave homme bon vivant, me semble-t-il, tandis que son épouse, couronne en tête, reste fort distante avec moi. J'assiste à leur déjeuner, dans une sorte de loge de concierge, où l'on vient les regarder pendant le repas. Mais on attend la reine mère, qui arrive enfin. En s'asseyant, elle laisse tomber sa serviette et se baisse pour la ramasser. Sa robe craque.

JOURNAL

La voici nue, soudain, dans une position inattendue. Je détourne pudiquement le regard de cette obscène vision, en me répétant : « Mais c'est le cul d'une reine ! C'est le cul d'une reine ! »

Minuit et demi. Les œufs crus étaient nécessaires : rencontre inespérée du blond rayonnant dont j'avais fait la connaissance il y a deux jours. L'eau coule encore du robinet qu'il a ouvert et j'ai au doigt une bague en fer-blanc qu'il a oubliée. La lui rendrai-je jamais ? Il ignore jusqu'à mon nom... Les passants, meilleurs souvenirs de la vie. J'en ai ainsi quatre ou cinq que je conserve précieusement dans un coin de ma mémoire, pour les exhumer, les soirs sans.

En ce moment, je suis beau, je le sais, je le vois. L'amour et le plaisir d'être en compagnie de G. (et de quelques autres...) ne sont pas étrangers à cet éphémère embellissement. Clé du bonheur : vivre comme un célibataire, mais à deux.

9 janvier

A nouveau retrouvé mon blond « souvenir » de l'autre jour. Appris cette fois qu'il s'appelait Faust. Presque un symbole.

10 janvier. Dans le train, pendant une halte

Départ sans histoires. Pas de phrases : quelques mots, de pauvres sourires et des serrements de main. Des serments de main. C'est une tristesse d'après bonheur, une douce tristesse bien trempée...

18 janvier

Travail constant, véritable combat avec ma machine à écrire.

Ma mère broie du noir, ces temps-ci : « Si je meurs pendant que tu es parti, je t'autorise à ne pas revenir en France pour ça ! » Que répondre ? Crainte de paraître indifférent, crainte de prendre cela au sérieux : malaise. *La mort des autres*, quand ils en parlent, jette toujours un froid, comme si cette mort-là avait plus de réalité que la vôtre ; la sienne, qui ne la voit lointaine ?

1956

Démocraties populaires. – Une dame demande : « Pourquoi dit-on tantôt Bucarest, tantôt Budapest ? »

Sunday 25 th. in a café, around place Voltaire

Il est cinq heures et demie.
J'échoue ici après une nuit d'amour et un long moment caché dans une armoire, comme au théâtre. J'attends le premier métro. Je suis fatigué, délicieusement. Tout à l'heure, j'allais déambulant, par la force des choses, dans le quartier de la Roquette.

Au coin d'une petite rue, je me suis trouvé en face de la prison du même nom, forme brumeuse à peine dessinée dans la nuit. Un vague réverbère faisait briller des tessons de bouteille à la crête des murs, entre deux tours. Elseneur en plein Paris...

Tout en marchant, d'humeur poétique, décidément, je mâchonnais un vers de Baudelaire, un des rares que je sache par cœur : « Les débauchés rentraient, brisés par leurs travaux. » Trouvaille que ce « travaux ». L'esclavage du « débauché » devenu plus quotidien qu'un harassant métier !

Maintenant, je fume une gauloise en écrivant, devant mon « grand crème ». Toutes ces voix – pourquoi y a-t-il tant de monde à cette heure-ci *? – forment un fond joyeux. J'aimerais que cet instant ne finît jamais... Seulement il faut que je rende ce crayon à bille ; la caissière n'a pas confiance.

* Ils attendent le premier métro comme toi, pauvre pomme !

26 janvier

Inexcusable existence dissolue, cette semaine. Pour m'absoudre, je lis la *Correspondance* de Tolstoï. A mon âge – Dieu, qu'il était séduisant, l'animal ! – il menait une vie de patachon, lui aussi. Et puis, il n'a écrit *Guerre et Paix* qu'aux environs de la quarantaine...

27 janvier

Écrire. – J'aime surtout voir ma plume courir sur le papier, d'une fuite pressée par on ne sait quelle peur du temps, de la mort, sans doute. La vie, un jour, tarira : plus d'encre dans ma bouteille.

JOURNAL

28 janvier

Mariage d'Olivier L. qui fut mon Grand Meaulnes, il n'y a pas si longtemps. Cette cérémonie au temple de l'Oratoire, plus froid que la plus froide église, sans musique, sans fleurs, sans décorum, c'est la levée du corps de ma jeunesse. Olivier me prend à part, pendant la réception qui suit, et dit, en me serrant la main : « Tu sais, je n'ai rien oublié. » Oublié quoi ? Point d'équivoque ni de cadavre entre nous. C'était notre adolescence qu'il avait l'impression de trahir : il enterrait sa vie de petit garçon.

1er février

L'événement du jour : le suicide de Roland Alexandre. On s'interroge. Il avait « tout pour être heureux », disent les gens. Je gage qu'il se trouvera demain des personnes bien informées pour chuchoter de mystérieuses raisons. A moi, il me suffit qu'il reste dans mon souvenir l'incarnation parfaite de Lafcadio, habitant à jamais les « caves du Vatican ». Des raisons ? Et si c'était un « acte gratuit », après tout ?

Croisé Julien Green, cet après-midi, rue de Varenne, sanglé dans un petit pardessus marron, tout couperosé de froid, le nez rouge, rouge ! Peut-on imaginer les grands hommes avec le nez rouge ?

3 février

Chez la libraire du lycée.
« Je voudrais *Hamlet*, madame.
– En traduction ?
– Non, non, en français ! »

Les commentaires sur la mort d'Alexandre tombent dru. Hostiles le plus souvent : comme si on les avait tous trahis ; la beauté devrait faire le bonheur. Eût-il été laid qu'on l'aurait à peine commenté, ce suicide.

8 février

Dhôtel. Depuis qu'il est l'auteur le plus vendu de l'année, il roule carrosse, lâche l'enseignement et songe à s'offrir une maison de campagne ! Toujours aussi modeste, cependant, comme amusé par l'aventure, il n'a rien modifié dans sa vêture, costume fatigué, cheveux gras, mais le socle est flambant neuf : une paire de souliers gris souris, magnifiques, tape-à-l'œil, dignes d'un rastaquouère pour bal du samedi soir ! Paulhan dit de lui qu'« il est notre Dickens ». « Mais nul ne sait ce que Paulhan pense de Dickens », précise Brenner.

Herbart, époux de « la mère de la fille de Gide », avec laquelle il ne vit point, du reste, préférant les jeunes gens. Regard d'un bleu doux superbe, lunettes d'écaille, chevelure argentée, beau visage long de quinquagénaire distingué. Il parle d'une voix faible, assez coupante, avec de temps en temps de suaves inflexions appuyées, comme en italique. Pourrait être ambassadeur, grand médecin ou membre du Jockey ; rien d'un aventurier un peu gigolo, ex-membre du Komintern, et tirant sur le bambou, paraît-il. Le bras dans le plâtre : il a dégringolé les marches du métro. Presque évanoui, sur le moment, il lui restait juste assez de conscience pour entendre une dame lui demander s'il était blessé. Après quoi, rassurée, elle lui a fauché son briquet en or, qui était tombé deux marches plus bas.

Tout cela conté à dents serrées, ton persifleur et mondain, le papillon impeccable. Pour faire jeune – à cause de moi, peut-être – Herbart sème ses propos de gros mots : « La salope m'aurait laissé crever ! » Élégances déguisées, qui deviennent précieuses dans son bec de bel oiseau : une pie croquant des perles.

10 février

Le Triomphe de l'amour. Vilar, Hermocrate délicieux, et Casarès inattendue, charmeuse Léonide. La pièce en est déséquilibrée : ce sont les « ridicules » qui deviennent attachants, mais qu'importe la vraisemblance ? Chez Marivaux, on la laisse au vestiaire pour endosser de jolies parures, plus vraies que la vérité.

15 février

Longue soirée avec Mati, de boîte en boîte, à la recherche d'un bon guitariste introuvable. Chemin faisant, il évoque le phalanstère dont il rêve – il appelle cela un kibboutz, bien entendu –, où il réunirait ses amis pour y mener une vie dévouée par moitié aux arts et à l'agriculture. Même dans un paradis comme Deya, je doute que ce soit idyllique autant qu'il se l'imagine ; les jolies dames lui manqueraient vite. Se confiant, après quelques rhums blancs, il me dit : « Moi, en amour, je suis une vraie bête, un bouc. Je n'aime pas les " raffinesses "... »

JOURNAL

24 février

Dîner des *Saisons*, dans un petit restaurant de l'île Saint-Louis. Autour de Brenner, très maître de maison, la plupart des joyeux drilles de Royaumont, Kern, Bisiaux, Perdriel, Cariguel, Schneider, encore excité par le bal costumé des Noailles (thème : les artistes du XIXe), où il a paru travesti en Erckmann-Chatrian, « parce qu'il est alsacien et fantastique ». Un nouveau (pour moi) : Bernard Frank, romain, puissant, épais, frisé. Une sorte de Murat. « Oui, dit-il, mais à mon âge, il était déjà maréchal ! » Il vient de terminer un essai sur Drieu, personnage qui le fascine ; il y étudie ce qu'il appelle la « panoplie littéraire » de l'époque. Une parole pressée, bafouillante, assez incertaine, mais la pensée lucide, d'une intelligente férocité.

28 février

Il y a cinq minutes – je suis à la bibliothèque de la rue Saint-Guillaume – j'ai aperçu Françoise Sagan, frigorifiée, la pauvre, assise à la terrasse d'un café avec des gens qui devaient l'ennuyer : elle m'a jeté un regard vague et désespéré. Lu son second roman. Jolie variation sentimentale sur un thème fluet. Coup pour rien : ne prouve pas qu'elle est nulle pour ceux qui l'attendaient au tournant ; n'établit pas davantage qu'elle est un génie, comme ses amis le laissent entendre.

4 mars

Expo Nicolas de Staël. Un peintre, évident, qu'on ne peut rattacher à aucune école. Quelque chose de Poliakov cependant, et une parenté de pâte, de patte, avec Soutine. Mais la manière est tout à lui d'écraser les vermillons et les noirs à même la toile, comme un coléreux beurrant sa tartine. Miracle : ce magma « est » l'esprit d'une ville, l'âme d'un paysage...

19 mars

Vierge : synonyme de jeune fille dans l'Antiquité.

21 mars. Quatre heures du matin

R... Je m'étais promis de ne plus noter de cochonneries dans ce journal ; je n'écris plus que leurs initiales. Me voici vanné avec

1956

délices, tête légère et pensée claire. Dommage qu'il faille dormir!

23 mars. Six heures du matin

La série! C'est le printemps... Ed., cette fois. Parle de lui-même à la troisième personne. : « Ed. est un chic type, tu sais! » Beau langage, sur trois octaves, de l'argot le plus pur au style à subjonctifs de Mme de La Fayette. Tout cela glané en maison de correction, et dans ses vagabondages divers : le trottoir mène au salon par la chambre à coucher.

27 mars

Soirée avec Mati et Willy Chahine, petit juif russe qui loge en ce moment chez lui, visage de Greco, habité d'un génie souffreteux. Mati gratte sa guitare; Willy rêve; je bois du whisky, en extase devant une femme (peinte), long regard perdu sur la mer, auprès de qui chante un grand nègre, coiffé d'un chapeau de soleil. Mélancolique, le chat Lafleur me contemple de ses yeux gris et ronds.

31 mars

L'humour de ma grand-mère B. : pour le dîner du Vendredi saint, elle fait servir du mulet. Ses pudeurs : elle trouve que le cadran de la pendule est taché de « hachures » de mouches.
Chez mes autres grands-parents, le comique est plus balzacien. Mamé déclare qu'elle ne veut pas être enterrée dans le même caveau que sa belle-mère, parce que celle-ci avait épousé en secondes noces (il repose près d'elle) un homme pour qui Mamé « n'avait pas d'estime »! Où va s'ensevelir l'amour-propre!

1er avril (le lendemain matin)

M... Une initiale de plus, qui ne me dira rien d'ici vingt ans. Dommage! Elle méritait sa majuscule.

4 avril

Tenté d'expliquer à Laurent la différence entre un homme instruit et un homme cultivé : chemise propre et chemise repassée.

JOURNAL

A ses yeux de quatorze ans, le symbole de la culture c'est Proust, Dieu sait pourquoi.

« Qu'est-ce que tu veux, je m'en fiche d'être un Proust, c'est les voitures qui m'intéressent! »

« Un Proust »! On dit bien une racine.

5 avril

Je commence avec le poète Jacques Berne une correspondance, dans le genre XVIIIe compassé. Cela m'amuse beaucoup. Voici mon autoportrait, à mi-chemin du pastiche et de la réalité :

« L' " amitié par correspondance " que vous me proposez est un exercice de tout repos, qui ne nécessite guère de sacrifices. Nous devrions la mener à bien aisément : on est toujours aimable dans une lettre : il est si facile de n'y dessiner que son bon profil! Mieux vaudrait, sans doute, que nous ne nous vissions jamais; ce serait, poussée à l'absurde, la perfection d'une " amitié par correspondance "... Autant vous dire tout de suite que je suis menteur et mythomane à mes heures; que je suis paresseux, un peu avare, très triste; que j'ai de la vivacité d'esprit, sans assez de conscience pour être profond; que je n'aime pas le monde que pour ce qu'il m'apporte, et moi-même que par une excessive indulgence; que je me montre léger, oublieux, parfois méchant, mais moins qu'on veut bien le croire; que je suis capable malgré cela de quelques sentiments sincères, de quelques passions, et de quelques vices ancrés, quoique peu nombreux... »

8 avril

Je travaille, dans ma chambre. Une belle lumière dorée colore tout d'irréel. Poussé par l'enthousiasme de Bernard Frank, je lis *Gilles*. Noté : « Vivre, c'est se compromettre. » Hélas! Sans dire, comme Berne, que je vis « dans la mesure où j'écris », mon trouble est grand chaque fois qu'on me demande : « Vous écrivez? » Toujours évasif, comme si j'avais honte de ce vice. « Se compromettre »? Sans hésitation, quand je serai content des textes que je griffonne. Un beau vice n'en est plus un. Sur un autre plan, du reste, c'est ce qui me permet de vivre, à peu près tranquille, mes amours pécheresses.

9 avril

« Tiens, vous avez l'air fatigué! » Je le sais bien. Et j'ai même ce soir, sous les yeux, deux rides qui n'y étaient pas hier. Plus j'irai dans la vie, plus j'aurai « l'air fatigué »... Mais les belles joues

1956

roses des bien-portants ne sont pas une garantie. La Mort aime qu'on s'habitue à elle, qu'on l'accueille, qu'on lui fasse une place; elle cajole en défigurant. Les jeunes qui la méprisent, elle les tue. La mort n'est qu'une vengeance de la Mort. Comme le Démon, comme le Mal. Elle aime qu'on l'aime.

Le 14

Je relis ce que j'écrivais le 9. En vérité, j'ai tort de fantasmer sur la mort, vengeance de la Mort. Elle est aussi amour de la Mort. Il est des êtres qu'Elle aime, et ceux-là aussi, Elle les exécute. Son seul moyen d'expression, la pauvre! Et pauvres de nous! M'aime-t-Elle? Je lui fais des chatteries, je lui raconte mes histoires, je la caresse. Tous ces enfantillages ne précèdent-ils pas des sentiments plus sérieux? Jamais assez forts pour la rejoindre chez elle, mais elle pourrait s'éprendre...

Continué *Gilles*. De la chair ferme, drue, croustillante et fraîche. Mais peu d'os.

23 avril

Conférence, en américain, à l'ancien hôtel Pereire, rue du Faubourg-Saint-Honoré, somptueux, silencieux. Une heure (perdue) à entendre gloser sur les subtiles nuances de prononciation entre Ohio et Iowa... Irai-je aux États-Unis? Je rentre, par les Champs-Élysées et les Invalides; au soleil couchant, les feuilles tendres se font transparentes, et l'air est sucré comme du caramel. Où trouver pareilles délices dans une ville qui les mesure moins? Oui, ce soir, un moment de joie parfaite, sans rien de plus que le conscient plaisir de vivre.

Le Bonheur de Barbezieux. Un subtil rejet se mêle au charme de Chardonne, dans sa cantilène du bon vieux temps. En l'exaltant si lumineusement, il condamne le nôtre, qui ne connaît plus la sérénité souveraine du travail accompli, les classes inamovibles, la plénitude bourgeoise, l'humilité rayonnante des sages. Faut-il regretter de n'être pas né au siècle dernier? Mon « plaisir de vivre » n'aura pas duré trois heures...

24 avril

Devant la petite porte verte de Gallimard, rue Sébastien-Bottin, j'aperçois Jean Schlumberger, l'ami de Gide et de Martin du Gard,

JOURNAL

l'air d'un vieux moineau à plumes blanches. Il discute avec deux autres messieurs d'âge.
EUX. – Saint-Germain-des-Prés, quelle faune! C'est curieux comme tous ces jeunes gens sont silencieux!
SCHLUMBERGER. – Oui, au fond, ils sont malheureux.
Qu'en sait-il?
Rencontré ensuite Brenner aux Deux Magots. Lui, qui connaît bien Saint-Germain, n'y vit point, contrairement aux apparences : il vit « en littérature », pays à part, minuscule principauté sans frontières connues. Soit, mais à condition que les citoyens en soient les Malraux, les Sartre de la génération prochaine. Comment les dénicher sans se tromper? Pour l'instant, je retiendrais bien Frank parmi ces « grands » futurs.

3 mai

Réunion bouffonne, aux Jeunesses littéraires de France, dans une petite salle des sociétés savantes à peu près vide. Il s'agit de « lancer » les *Saisons*; ce sera dur! Vedettes : Dhôtel, Curtis, Obaldia.
LE PRÉSENTATEUR. – Mesdames et messieurs, nous avons la chance et l'honneur de compter parmi nous ce soir deux écrivains connus...
(Sourire entendu de Curtis. Petit salut de Dhôtel. Grimaces des autres.)
LE PRÉSENTATEUR. – Nous allons d'abord leur demander comment ils écrivent leurs livres. Monsieur Dhôtel?
DHÔTEL. – Avec un porte-plume.
LE PRÉSENTATEUR. – Mais encore?
DHÔTEL. – Je suis mon idée. *(Pensif.)* Quand on a une idée, il faut la suivre. *(Un temps.)* On n'en a pas tellement...

13 mai

Nuits de printemps. Mais tous ces corps défilent en figurants; ils n'auront jamais la vedette. L'amour m'a rendu myope; je ne sais plus aimer que de loin.

14 mai

Au soir d'une journée d'études harassante, j'ouvre *Bella,* au hasard. Je tombe sur le chapitre des veuves et belles-sœurs Rebendard, que je lis à voix haute, délectable mélodie. Je me

1956

repais, je m'enivre, et je laisse même échapper des petits râles de plaisir entre les phrases. Moi qui suis au lit un amant si muet. Où va se nicher l'impudeur!

17 mai

Rendez-vous aux Éditions Fasquelle, rue de Grenelle. Le vieil Eugène est mort, et les lieux – anciennes écuries de Pauline Borghèse, paraît-il – sont dans un état de délabrement inimaginable; les toits s'effondrent, les invendus gisent sous les gravats. Posées à même le sol, des piles de bouquins poussiéreux encombrent le magasin, qui a encore bon air, avec ses comptoirs en chêne et un balcon qui en fait le tour, à mi-étage, genre bibliothèque de château. Zola, le grand homme de la maison et sa seule source de revenus, n'y serait pas dépaysé, cinquante ans après sa mort : c'est un décor pour Belle au bois dormant de l'ère industrielle.
Dans ce gruyère en ruine, François Michel s'est aménagé son trou, petit homme gris et volubile qui pourrait cacher du diabolique sous sa politesse de chanoine mondain. Tout miel, il m'offre ses services pour le futur, après avoir lu ma petite nouvelle dans *les Saisons*. Je crois surtout qu'il voulait voir la tête que j'avais, mais je ne suis pas certain qu'elle lui ait plu : trop jésuite pour qu'on s'y fie, à ses sourires.
Passé ensuite chez Brenner, qui occupe une cellule voisine en haut d'un petit escalier branlant. Drôle de couvent, oublié du monde en plein Paris.

Hier, à Saint-Guillaume, oral de droit international. Je joue (fort bien) la comédie du laborieux épuisé par ses veilles. Mme Bastid, la tant redoutée, prend en pitié ma mauvaise mine (naturelle ; il faut que cela serve !), artistiquement soulignée par un vieux costume beige caca et des lunettes un peu teintées qui me creusent les cernes. Comment ne pas mettre la moyenne à une si méritante nullité, sans doute issue d'une famille modeste qui a tout misé sur elle ?

22 mai

Conduit ma sœur à la foire des Invalides. Nous montons sur le grand huit, nous jouons à la boule, à la pêche au trésor, à la loterie. Mais, stupidement, je m'oppose à ce qu'elle choisisse un poisson rouge comme prix, préférant, pauvre matérialiste, un vilain bol de faïence. Je lui ai gâché tout son plaisir, et nous revenons boudeurs l'un et l'autre. Peut-on être aussi bête ?

JOURNAL

Hier au soir, tard, j'ai passé un long moment avec Jean-Louis Curtis, rencontré dans un bar de nuit plutôt sordide, plein de braillards éméchés. Drôle d'endroit pour une conversation « littéraire », mais le cadre y ajoutait le charme du bizarre. Et puis l'ambiance était propre à décadenasser un peu ce Méridional froid, qui pourrait être protestant. Il parle donc, plus facilement que je ne l'aurais cru. C'est Giraudoux, le premier, qui l'a encouragé à écrire, quand il était encore en philo. Il lui avait envoyé un petit conte sur Alceste. Auparavant, il avait rédigé un roman, dont le thème rappelait *Fils de personne* avant la lettre. Pour lui, transposer ses propres passions n'est pas un obstacle, « puisqu'un romancier doit se mettre dans tous ses personnages » et atteindre au général. Du coup, il condamne les sujets « particuliers » (*l'Immoraliste* et *Corydon,* par exemple), tout en reconnaissant qu'à l'époque Gide avait raison de défendre des mœurs aujourd'hui admises. Bien plus grand créateur, Proust ne s'est guère soucié de transposition; de là les innombrables invraisemblances qu'on rencontre dans *la Prisonnière* ou *A l'ombre des jeunes filles.*

Il parle posément – le prof est toujours là derrière – avec un esprit de synthèse qui me fait envie. Assez pince-sans-rire, portant un masque de goguenardise glacée. Un vernis, plutôt, qui pourrait craquer s'il se laissait aller au désespoir caché dans ce cœur sec. Sec en apparence. Mais comment savoir? Écrire est sa cuirasse.

27 mai

Lorsque l'histoire et la géographie me sortent par les yeux, je lis *Églantine,* divin repos. L'ayant rencontré là, je cherche dans mon dictionnaire (de 1820) le sens du mot « succube ». Je trouve : « Cauchemar avec pollution »! L'hypocrisie du XIXe...

5 juin

Petit voyage en Bourgogne avec les 0. Jolie soirée champêtre et musicale chez les Pierlot, potiers à Ratilly. Pour une bouchée de pain, ils ont acheté cette forteresse qu'ils rebâtissent eux-mêmes, à la petite semaine. Comme je les envie, si francs, si purs, et châtelains!

Ensuite, visite de Saint-Fargeau, autre château, somptueux, celui-là, quoique aussi décati. On dirait que tout est en l'état depuis la Grande Mademoiselle, et le gardien se plaint qu'il pleuve dans les chambres. Mais le parc immense est superbe, et cette caserne rose à clochetons bleus impose sa royauté campagnarde.

1956

Vézelay, hier soir, avec trois mille cinq cents personnes, venues assister au premier spectacle son et lumière. Impossible de résister à l'enthousiasme quand les portes du narthex, puis celles de la nef, s'ouvrent sur le christ en majesté et la basilique illuminée. Même athée, la gloire de Dieu vous pénètre; on partirait pour la croisade illico...
Parmi nous, le ministre Mitterrand, qui est député du coin. Un beau brun, avec une lèvre lourde, sensuelle. Sa jeunesse d'allure tranche sur les officiels ventripotents qu'on rencontre d'ordinaire à ce genre de cérémonies.

6 juin

Voici douze ans que les Américains ont débarqué sur la côte normande; rien que des entrefilets dans les canards. Voici quatorze ans que j'ai (moi-même) renoncé à Satan, ses pompes et ses œuvres, dans une petite chapelle de Saint-François-Xavier. Ma foi était sincère, mais qu'en reste-t-il? Il ne suffit pas de renoncer au Démon; il faut aussi qu'il renonce à vous.

12 juin

Nacht und Nebel, hallucinant documentaire; j'ai du mal à en détacher mon esprit. J'essaie d'y réfléchir, comme si la réflexion pouvait s'appliquer à l'horreur. Surtout ne pas en rendre le peuple allemand responsable. Quelques bourreaux, seulement, mais qui vivent encore, sans doute... L'avenir n'est supportable que si l'on n'y pense pas. Plutôt la lâcheté de l'oubli que la bêtise de haïr.

20 juin

Dans le métro, une poinçonneuse, chafouine, ingrate, hurle à sa copine du quai d'en face : « Quand j'étais à Volontaires, je n'avais pas la vie drôle : on abusait tout le temps de moi ! »

22 juin

M. est autodidacte. Il charge les œuvres illustres comme un conscrit monterait au feu, sans avoir fait ses classes. Cocasse héroïsme qui le conduit à déclarer, en toute ingénuité : « J'ai découvert dans Pascal une pensée admirable : " Si le nez de Cléopâtre "... »
Les grands esprits se rencontrent. Les petits aussi.

JOURNAL

Bossuet avait une épouse morganatique, Mme de Mauléon. Seul un homme assouvi pouvait parler du péché avec ce majestueux mépris. Plus chaste, Fénelon n'était pas si serein.

28 juin

Dans le *Journal* de Green : « A Anvers, promenade au zoo. Profonde tristesse de voir ces animaux enfermés. » Tête du bon Julien si l'on avait ouvert les cages!

2 juillet

Avec mon père, longue dispute (qui tourne presque à l'aigre) sur le point de savoir si *la Nausée* relève du roman ou du récit! Il faut être français pour s'enflammer à ces nuances byzantines. L'orage passé, nous parlons de culture, de ses trous, anecdotes à l'appui. Un jour qu'il l'accompagnait dans une tournée en province, Bergery et papa traversent Vouvray. Au passage, le brillant député voit une enseigne : Auberge de l'Illustre Gaudissart. « Ça, c'est admirable, dit-il, en se tapant sur les cuisses, quelque gloire locale, sans doute!... »

10 juillet

Diplômé. Fidèle à mon vœu, j'ai brûlé un cierge de cinquante francs à saint Vladimir le Grand.

18 juillet

En les épluchant, me vient cette pensée profonde : contrairement au haricot vert, le roman se doit d'avoir un fil.

22. Jouy-en-Josas

Ma grand-mère B. s'est entichée de l'abbé Pierre.
« Il faut bien faire quelque chose pour ces pauvres gens! Ils sont passés, l'autre jour, je leur ai donné ma sorbetière. »

3 août. Argenton

Ma grand-mère G. est une manière de gendarme; ce travers s'accuse avec le temps. Elle aime l'ordre et nous tyrannise pour

1956

qu'on le respecte; partout elle nous suit, armée d'une balayette : son sceptre. Elle époussette, elle torchonne, elle plumeaute : revue en détail chaque matin, en tenue de combat, turban serré, pantalon de pyjama noir et peignoir fleuri. Elle veut que ça brille, coûte que coûte. L'orgueil du labeur accompli la soutient, et la bonne conscience de la ménagère irréprochable. Spartiate pour elle-même, sans pitié pour les autres, les bonnes ont la vie dure, avec elle. Dès l'aube elle les suit, les houspille, mais brique et frotte à l'unisson, pour l'exemple. Ménage faisant, elle creuse entre elles et sa famille un gouffre social, sincèrement persuadée d'appartenir à une autre essence. Elle ne dit jamais mon fils ou ma petite-fille, mais « monsieur Pierre », « mademoiselle Geneviève »; pour un peu elle se nommerait elle-même à la troisième personne. Des siens, elle vante les vertus avec des superlatifs automatiques : je parle anglais, mais je le parle « couramment »; ma tante, qui sait coudre, « travaille comme une fée ». Patriotisme tribal, aveugle, exclusif, insensible à l'expérience comme à la contradiction : celui qui pourrait ébranler ses certitudes n'est pas encore né. Parce qu'elle seule sait ce qu'est l'humilité, la douceur, la charité, l'indulgence (avec moi, exclusivement), elle ira au paradis (des bourgeois, bien entendu). Dieu n'a qu'à se faire une raison : elle *est* la vérité, une fois pour toutes.

4 août

Au retour de la ville, nous croisons la voisine.
« Alors, il paraît que Marcel se marie!
– On en parle.
– On en parle seulement? Vous n'êtes pas sûre?
– Oh, ben, vous savez...
– Et ce serait pour quand?
– P'têt ben samedi prochain... »
Pour en savoir plus, on cuisine la petite servante qui vient aider pendant les vacances. Qui donc est la future?
« Une grande fille! Elle a déjà un gosse de sept ans... »
Nous voilà refroidis, puis médusés quand elle ajoute :
« Il paraît qu'elle en a eu un autre, mais elle l'a donné à manger aux cochons. »

7 août

Comme chaque été, le drame couve entre ma grand-mère et l' « intérimaire » que mes tantes lui imposent pendant les vacances. Elle cherche l'expression la plus virulente qu'elle puisse trouver pour traduire son exaspération : « Cette Pierrette... elle me

JOURNAL

" casse les pieds "! » Formule si étrange dans sa bouche qu'elle ajoute, perfidie suprême : « Comme vous dites, vous autres!... »

Mot d'enfant. – Thérèse, six ans : « Comme le temps passe! Il y a six mois c'était le Jour de l'An, et dans une semaine ce sera mon anniversaire! »

21 août. Paris

Soirée quai Voltaire, chez le critique Leibowitz, pour entendre Charles Holland, ténor « léger », qui doit néanmoins nous chanter les grands airs d'*Otello*. Il est suivi de sa femme, rousse et gracieuse Américaine bien en chair, de son fils, ravissant négrillon, blond aux yeux bleus, et de son « maestro », un bigleux cacochyme, qui enseigne le chant à toute la Scala depuis un demi-siècle. Le prétexte du récital est de prouver au monde que ce ténor « léger » est en réalité un ténor « dramatique » méconnu. Incapable d'en décider, mais je constate que les vitres de l'appartement vibrent à se fêler : est-ce bon signe? Dans le vestibule, Holland me prend à témoin de sa puissance vocale, comme si j'étais un expert. Je dis : « Oui, oui, bien sûr. » En vérité, je me souviendrai surtout de cet Otello, réellement noir, pour une fois, qui faisait les yeux doux à son vieux singe italien, l'appelant « *Desdemona! Desdemona!* » avec toutes les apparences de la plus vive passion...

22 août. Genève

Depuis trois jours ici; je m'ennuie déjà. Me voici dans un café, place Bourg-de-Four : le cœur de la vieille ville, mais elle est si propre, si déserte qu'on la dirait morte, oubliée de la Genève moderne, du lac, des palaces. Ma voisine, américaine, je présume, apprend le français avec un Allemand. Plus loin, une longue fille aux mains de fileuse me regarde, vaguement intéressée. Elle a l'air triste, comme la Suisse.

26 août. Culoz (entre deux trains)

Déjeuner au restaurant, face à l'église. Des cheminots, des vacanciers modestes, l'électricien du bled, un couple de passage. La patronne s'appelle Gina. Les événements du jour : Maurice s'est fait happer par un sabot, il est à l'hôpital; la femme de Jules a levé le pied. Et on en parle, on en parle... On me demande même mon avis; je suis ravi. Mon repas : une platée de fayots infâmes, un bout de carne et des raisins verts qui ne valent pas les quatre

1956

cents francs qu'on en veut. Je bois maintenant un café filtre près de la gare. L'équipe de foot ennemie débarque pour le match de cet après-midi. Il pleuvra mais qu'importe! La vie est douce et c'est dimanche...

29 août. Turin

Ici, tout est façade : les palais, les gens, les vêtements. Sous la *figura*, la misère. Cette grande ville jaune, quadrillée comme un cahier, n'a aucune grâce latine. Seul le paysage résiste au toc. Du haut de Superga, le panorama excuse Turin d'être si plate dans son uniforme au cordeau.

Un détail, plus italien, m'amuse : à l'hôtel, on est prié de tirer la chaîne « *adagio* ». De la musique après toutes choses! Et j'habite le « deuxième plan », escalier « sinistre ».

31 août. Brescia

Mon but : retrouver S., dont j'ignorais l'adresse; je lui ai toujours écrit poste restante. Pas vu depuis Venise, mais nous nous plaisions bien... Hier soir, impossible de rien tenter : la ville entière s'entassait dans les cafés pour regarder un match à la télévision. Étonnant décor de ces rues mortes, sur fond de hurlements. Ce matin, je me rends au Municipio, et j'invente une histoire de carnet perdu pour dépister mon beau *fruttivendola*. Dans une petite rue, sa maison, et une grosse *mamma* de roman, tout en haut d'un escalier, qui me renvoie au marché. Il est là, place des Loggias, en plein travail. Sans lever les yeux, il me pèse une livre de poires, puis il reste bouche bée en me reconnaissant, sans oser parler : ses clientes se seraient posé des questions. La *fama*! Mais il se trompe de dix lires quand il me rend la monnaie, subtile façon de communiquer en secret. Trois minutes plus tard, le voici qui me rejoint sous les arcades, peut-être plus surpris qu'heureux... Doit-on revenir sur le passé?

1er septembre

Le romantisme de ces retrouvailles, l'égarement de son regard auront suffi à justifier ce voyage, décevant par la suite. S. était un joli souvenir, mais je le découvre au naturel : un autre. Le vrai, sans doute. Il n'a pas inventé la poudre, le gentil *maschio* à l'italienne qu'il est devenu, et nous ne pourrions pas nous accorder longtemps. Bien qu'il se fasse de plus en plus ardent à mesure que je refroidis, il ne me reste qu'à repartir en vitesse, avec de bonnes paroles, et un rien de regret, tout de même.

JOURNAL

6 Septembre. A Zurich, ville médiévale repeinte au Ripolin

Plaisir d'avoir soudain quelque argent : je n'ai aucune peine à séduire – moi ou mon portefeuille? – les dix-neuf ans et l'air fanfaron de Peter, loufiat à ses moments perdus. Il affecte le cynisme, ce robuste Helvète, il joue les durs, même, ce qui ne l'empêche pas de fondre en larmes hier au soir, « parce qu'il s'était fait des illusions... ». Je reste insensible à ce « déshabillage »; j'ai trop cru naguère aux promesses non tenues pour m'attendrir sur les sentimentales « illusions » des plus jeunes (en admettant que ce ne soit pas du guignol). Peter est de nature à se consoler sans peine, et je le regarde renifler avec une jouissance obscure, comme s'il s'agissait d'une revanche à prendre.

Plus tard, dans un cabaret miteux du Limmatquai, où P. m'a traîné. Une chanteuse simili-espagnole meugle une rengaine. Des lumières, des gens; un décor de cinéma, avec des colonnes en trompe-l'œil clouées sur un ciel de carton. Douceur de cette roue libre; la vie vaut la peine qu'on prend à la perdre, parfois.

16 septembre. Paris

Dans un journal, cette annonce cocasse : « Mme Carmen, voyante extra-lucide à vision colorée. »

28 septembre. Amsterdam

Une semaine que je me promène en Hollande, sous un ciel d'Italie. Rien n'y ressemble à ce que j'ai vu en décembre. Traditionnelle visite à Vollendam, pourri par les touristes. Puis Rotterdam, à l'exposition Rembrandt, où l'on découvre qu'une bonne part des chefs-d'œuvre viennent du Louvre. Au retour, ici, je tombe sur Étienne, dans un café de Leidseplein. On ne s'était qu'entrevus jusque-là, lors de ses passages à Paris. Russe d'origine, avec des fantaisies de coquette, mais beau à tomber. Vais-je encore faire des bêtises?

7 octobre. Paris

Froid. Froid partout dans cette maison qui ne sera pas chauffée avant le 15, par économie.

Vague à l'âme et lassitude morale. Ma faiblesse me dégoûte, après ces quatre jours passés près d'Étienne, à qui je n'ai pas su résister. Pauvre Étienne, si parfait et si malheureux devant sa

1956

glace : il souffre la perpétuelle anxiété de n'être plus aussi resplendissant demain qu'hier. Sa terreur des rides, du monde. Son horreur du travail, plus instinct que paresse : pour lui, on ne peut être admiré que dans l'inaction totale, dans une immobilité de statue. La fable de Pygmalion à l'envers : c'est un vivant qui se veut de marbre. Mais du marbre « slave », adorant le drame. Quelle autre solution que la fuite, encore une fois?

Hier soir, fait la connaissance de Robert Kanters, un ami de Jean-Louis Curtis. Bedaine et cheveux noirs frisés – dont une mèche se dresse en vrille sur le haut de la tête –, ses gros yeux marron, globuleux, son rire finaud, un rien paysan, lui donnent un faux air de « bon gros » : Sancho Pança flamand. Il parle d'abondance, il raconte bien, il en installe, à l'abri derrière une ironie vacharde. Il voit juste, cependant, et formule avec brio ses pensées, avec préciosité parfois, avec de l'esprit, toujours. Il sait beaucoup, se nourrissant des livres des autres, que son heureuse intelligence digère sans difficulté. Un parasite? Mais qu'il est plaisant!

16 octobre

Déjeuner avec Brenner, Paul Sérant et Solange Fasquelle. Sérant, le regard bleu, franc, plus candide que perçant. Un timide sympathique, dont les opinions droitières et radicales compensent une gentillesse originelle qui le paralyse.

Solange Fasquelle, blonde, lymphatique, avec une voix traînante qui flâne aristocratiquement sur les syllabes. Une certaine affectation un tantinet snobinarde, amusée, mais jamais stupide. Grandie dans le sérail de la littérature et du Gotha, assurances confortables pour juger du monde avec une tranquille désinvolture.

Nous parlons de Blondin, dont j'aime les livres et qui me séduit a priori. Il boit beaucoup, paraît-il, renâcle à écrire, se fout de tout, et tartine dans *l'Équipe*... Autant de traits qui m'attirent. Nous verrons à connaître ce monsieur-là.

22 octobre

Joxe à la maison. Je n'avais jamais remarqué combien ses sourcils sont épais; ils lui barrent entièrement le front, comme ceux des taureaux. Lui aussi veut écrire! Il en est encore au stade où l'on y met toute son âme, où l'on pleure à ses propres histoires... Peut-être a-t-il raison de vouloir cette sincérité, mais il faut du génie pour ne pas y perdre son esprit critique. Par prudence, je me réfugie dans la caricature, seul moyen de m'en sortir. Le précipice de l'aveu lucide, ce sera pour plus tard, quand je ne risquerai plus le vertige.

Que ces problèmes sont petits, à côté du soulèvement polonais! A présent, on peut entrevoir une route nouvelle vers le socialisme. La seule imaginable pour nous autres : elle apaiserait notre mauvaise conscience de « capitalistes », tout en ménageant nos susceptibles vanités, nos habitudes, notre manque de foi.

Kanters, pourtant « littéraire » jusqu'au bout du stylo, me dit, imperturbable : « Le roman de Gary? Oui, excellent. Tout le monde pense qu'il aura le " Gon "... »

25 octobre

Belles phrases. – « Ces collèges où la fleur de la bourgeoisie vient user ses fonds de culotte. »

28 octobre

Après-midi tranquille à Morsang, chez les Izard. Promenade dans les immenses allées du bois, aux couleurs de rêve. De la fraîcheur, et le délice de la goûter.
De retour à Paris, je viens de monter dans ma chambre, laissant ma mère à ses travaux, mon père aux siens. Je me sens infiniment seul, incapable de communiquer avec ceux qui me sont pourtant les plus proches. Ils croient me connaître, je pense les deviner, et les uns comme les autres une pudeur naïve, coriace, nous prévient d'en parler. Je suis seul avec mon désir de leur confier mes pensées les plus insignifiantes. Je voudrais qu'ils ne me confondent point avec l'automate presque muet qui habite leur appartement. Mais comment traduire cet élan? Ils me comprendraient mal. Ou pis : de travers.

1er novembre. Quatre heures du matin

Pierre a passé la nuit d'hier à l'Assemblée. Il y avait beaucoup de monde, bien sûr, et l'huissier en chef, sur le coup de onze heures et demie, est venu dire à ceux qui attendaient qu'ils feraient mieux d'aller se coucher, qu'il n'y avait aucune place à espérer. Il a même ajouté : « Qu'est-ce que ça peut vous faire? » Réponse d'un titi : « Comment, qu'est-ce que ça peut me faire!

1956

Demain si Guy Mollet me file un fusil entre les pattes, ça me fera pas quelque chose, non? »

Ce soir, c'est le calme plat; à peine quelques groupes un peu plus denses que d'ordinaire devant les kiosques. Inconscience ou sagesse? Nous allons réveiller le père Joxe, qui nous assure qu'il n'y aura pas de mobilisation aujourd'hui, mais il ne la considère pas comme impossible pour les jours suivants!... Bah! Avec étonnement, nous envisageons l'éventualité sans trouble. Un détachement inexplicable, une manière d'allégresse désabusée. Est-ce parce que Nasser est antipathique? Est-ce, au contraire, parce que la cause d'Israël emporte la sympathie? A moins que ce ne soit tout simplement l'attrait de l'épopée qui dort en chacun? L'Égypte lointaine et légendaire réveille de vagues souvenirs napoléoniens (ou pharaoniques) auxquels on ne peut pas être insensible. Mauvaise cause coloniale, l'Algérie n'enflammait personne : trop proche, trop injuste, trop prosaïque. Mais avec un peu de panache, qui ne ferait-on marcher?

4 novembre. Amsterdam

Et tandis que le monde croule, que Budapest brûle, que l'Égypte est à feu et à sang, me voici devant ma fenêtre, à regarder le calme paysage d'un *gracht*... Des arbres immenses montent leurs branches presque nues jusqu'à mon troisième étage, et de l'autre côté du canal verdâtre, toutes ces maisons de poupée à l'échelle humaine, étroites, ornées, roses sous un ciel gris d'orage. Des passants, à cheval sur ces bizarres bécanes qui ressemblent à des squelettes de Rossinante, ajoutent encore à l'irréel du décor.

9 novembre

Toujours devant ma fenêtre. De nuit, cette fois, avec reflets dans l'eau, quelques fenêtres éclairées, un grand calme. En vérité, je ne suis pas souvent là pour contempler le spectacle; il fait si froid dans cette petite chambre-boyau – étroite comme la vitre, avec un lit pliant qu'on rabat sur le mur – que j'évite d'y rester le soir. Juste le temps de me glisser entre la glace des draps.

Je suis assez désespéré, parce qu'Et., aussi ravissant qu'il soit, me rend la vie et le travail impossibles. Il lui faut occuper chacun de mes instants...

15 novembre

Tout est humide en ce pays! Le papier gondole, dans la Venise du Nord, chaque vêtement respire une vague odeur de chien

JOURNAL

mouillé... Et ce froid qui vous saisit par-derrière, vous enveloppe, vous suce le peu de courage qui vous reste! Mais les journées sont douces et dorées, faisant oublier la traîtresse froidure des nuits.

Je continue à me poser la question : qu'est-ce que je fais ici? La présence d'un splendide animal à l'étage en dessous n'est pas une réponse, car mon plaisir est gâché par une sourde colère. Mon inconséquence me navre. Chaque matin, chaque minute, je me demande quel respect humain stupide m'a retenu d'aller passer ces deux mois à Berlin. Ah! tu as voulu boire à toutes les sources! Crève sans soif!

Achète dans un « antiquariat » *la Comédie de Charleroi*. Le livre était ainsi répertorié sur sa fiche :

Nom de l'auteur : LA ROCHELLE
Prénom : DRIEU

17 novembre

> *Amsterdam d'eau et de gris sous la pluie*
> *avec les doigts mécaniques des grues*
> *dressés vers le ciel mort ville sans rues*
> *long baiser d'une aile de mouette enfuie*
> *sur les canaux rêveurs d'horizons bleus*
> *ponts de Venise enlisés dans les pôles*
> *et façades épaule contre épaule*
> *qui s'étayent en un rose brumeux...*

20

Un oiseau coasse; un autre lui répond, puis deux, puis dix. Ce concert lugubre enchante mes nuits. Une heure et demie du matin. Le froid sec; un ciel pur et glacé comme un regard de Nordique; la lune presque pleine, auréolée de son halo. Un calme de crime, mais la vie se passe, et point de crime.

21

Dans Pascal, cette phrase, qui s'applique tout à fait aux révoltés hongrois morts pour la liberté : « ... Quand l'univers l'écraserait, l'homme serait encore plus noble que ce qui le tue, puisqu'il sait qu'il meurt; et l'avantage que l'univers a sur lui, l'univers n'en sait rien... » Les soldats soviétiques savent-ils pourquoi ils tuent?

1956

26

Entre nous, la corde était tendue à se rompre. J'ai cru trancher. Mais Et., infatigable, tricote sans cesse des épissures...

27

Mme, ou plutôt « Mevrow » M. est ma logeuse. La soixantaine sonnée, sa jeunesse est étonnante, qui excuse l'abus de fards. Seul un dentier complet dépare de sa perfection industrielle une physionomie avenante. Comble de coquetterie : elle ne se teint pas les cheveux, qui sont gris et blanc.
A première vue, on la prendrait pour une femme de mauvaise vie retirée des affaires. Mais non! Brave et romantique, elle est aussi esclave de ses sens que ses locataires : à toute heure, elle reçoit son amant de trente-cinq ans, qui l'honore sauvagement. Elle sort de ses bras les yeux rouges de fatigue, échevelée, bouffie; ce rôle n'est plus de son âge. Le plus clair de ses loyers passe en bibis. Elle s'en achète plus d'un par semaine, toujours du même type, format pot de fleurs. Veuve depuis quelques années déjà, elle sirote ses après-midi dans les salons de thé, en compagnie d'autres veuves, et heureuses de l'être. Elles s'y racontent leurs tardives aventures...
Mevrow M. est d'un naturel joyeux, et son rire d'oiseau, cascadeur, ébranle la maison jusqu'à ma chambrette. Certains matins pourtant, je la croise en miteux déshabillé, portant sur son dos le poids du monde et celui des années. Est-ce par un miracle d'artifice, ou de volonté, qu'elle paraît si jeune quand elle sort l'après-midi? Seraient-elles deux sœurs, dont la cadette séquestre son aînée?

28 novembre

Rompu. Cette fois, Et. ne pourra plus rabouter les morceaux.

3 décembre

La vie comme elle aurait dû l'être depuis le début, avec une paire d'agréables compagnons qui se moquent bien des comédies sentimentales. Ils sont danseurs, bons garçons, divertissants, et je ne leur demande pas davantage. Ce qui ne les empêche pas d'être singuliers, attachants l'un et l'autre. Marino, joli têtard, est un Espagnol aux yeux bleus. Il a quelque chose d'un personnage de *cartoon* américain, une sorte de Lil'Abner en caoutchouc. Hans Van Manen, serait plutôt du genre ouistiti, avec un corps de petit dieu grec. Il est virtuose en grimaces, et sa fantaisie surréaliste me ravit, désinvolte, captivante. Le soir, après le spectacle, ils me nourrissent de nouilles et de sandwichs. Presque une famille.

Vexé, Et. s'est volatilisé. Je ne le rencontre même plus dans l'escalier.

4 décembre

Assis au club que je fréquente chaque soir. Tout à fait isolé parmi ce monde; le hollandais n'est décidément pas ma langue. A peine minuit; j'attends l'âme sœur. Elle peut se présenter d'un moment à l'autre, pour peu que j'y prenne garde. Drôle de jeu, où l'essentiel du plaisir est dans l'attente. Avec des rites bizarres, ici. Genièvre et valse anglaise obligatoires. Puis viennent les slows, sur les succès de la saison : *Ché sera, sera*, et *O-o-only you*, leit motiv de mon séjour, auxquels s'ajoute l'inévitable bluette locale sur le Jordaan, le Montmartre du lieu. Musique à part, on dirait un bal en province, au début du siècle, convenable, compassé, avec invitation, ronds de jambe, doigt de cour, tremblement. Mais les oies blanches sont des jars.

7 décembre

Jours heureux et sans histoire, comme je les avais imaginés.

15 décembre. Hambourg

Une année, c'est peu de chose pour ceux qui s'aiment. Le mois de décembre 55 me paraît tout proche; G. ne m'a jamais quitté et je l'ai retrouvé tel quel, pendant ce week-end. J'écris, la fenêtre ouverte, un garage noirâtre en face de moi. Plus loin, le sinistre décor de joie de la Reperbahn. Que l'Allemagne semble lourde, besogneuse, à côté de ma petite Hollande, moins grevée de cauchemars, de ruines, de rancœurs. Par ici, le gris, la suie du labeur souillent tout. Vivre à ne rien faire! Ces gens-là ne sont pas civilisés; ils travaillent trop.

17 décembre. Amsterdam

Hongrie oblige : l'abus de rhapsodies et autres violons tsiganes soulève le cœur. Si la France était envahie, toutes les radios du

1956

monde diffuseraient-elles à longueur de journée *la Vie en rose* ou des valses musettes?

19 décembre

Mon existence quotidienne s'est enfin organisée comme si j'habitais cette ville depuis toujours. Cellule de prison, ma petite chambre était insupportable. Cellule de moine (je fais l'amour ailleurs), elle n'est qu'austère, et plaisante. Le matin – tard – je vais prendre une douche à l'établissement de bains, longue, bouillante à étouffer : une renaissance. Je rentre en faisant mon marché, réduit, faute de vocabulaire, à du pain en tranches, du fromage, de la salade. Chaque fois, je croise un ou deux garçons qui me saluent, car je les vois le soir, ailleurs. Petits signes inimitables, onctueux et complices... Au retour, je me rôtis des toasts de fortune sur un radiateur parabolique, puis j'écris jusqu'au soir, que la nuit prolonge de rencontres, si faciles en ces lieux. C'est le bonheur, cette vie-là.

Images bataves. – Les amoureux qui s'enlacent sans descendre de bicyclette, idylles de centaures sur pneumatiques.

21 décembre

Moment d'équilibre parfait, ce matin, seul dans le Vondelpark. Frais sorti de mes ablutions, reposé, content, je me suis promené avec un plaisir sans ombre, ne songeant qu'à mes nouvelles, léger comme je ne l'avais pas été depuis longtemps. Je poussais du bout de mon soulier un caillou, sans y penser. Après cinquante mètres de ce petit jeu, je le ramasse et le glisse dans ma poche. Faute d'arrêter le temps, comme je le voudrais, j'en suis réduit à ce médiocre expédient : garder sur moi, concentré de bonheur, un caillou de joie.

31 décembre

Bonne année? Un semestre d'errances et de liberté pour une douzaine de petites histoires, le bilan littéraire est plutôt mince. C'est pourtant mieux que l'an dernier; j'aperçois mes limites, mes possibilités. Je saurai peut-être éviter enfin les impasses où j'ai toujours perdu le plus clair de mon temps jusqu'ici.
Quant à ces deux mois hollandais, ils m'ont gavé de plaisirs; je

n'aurai plus à les rêver. Un peu de mélancolie, bien sûr, à quitter le placard du Leidsegracht, les reflets du canal sur mon plafond la nuit, ce froid, les passants de mes soirs et l'inénarrable Et., mais je pars juste au moment où j'allais m'en lasser, avec un beau souvenir tout rond à caresser dans ma mémoire, les jours tristes.

1957

6 janvier. Paris

Très fatigué depuis mon retour. J'ai suivi chaque soir les réunions dans le quartier, pour l'élection partielle du 13. Pas une qui ne dégénère en bagarre entre l'extrême droite et les communistes. De l'intérêt, de l'amusement, du dégoût.
Chez les Joxe. Tout le monde verse des larmes de crocodile parce que la petite Mallet-Joris, belle-sœur de Pierre, n'a pas décroché le Femina. Comme si elle avait raté son entrée à Polytechnique, après avoir bien bachoté. Mais la littérature, qui s'en soucie?...

9 janvier

Curtis, au Flore, terminant un pastiche de Proust : « Il faut que je m'arrête, je commence à avoir de l'asthme! »

27 janvier

Voté, au second tour, sans espoir.
Ensuite, concert Münchinger, à Gaveau : *l'Art de la fugue*. Le violoniste tirait de son instrument des sons si fruités qu'il rendait sensuelles ces divines mathématiques. Les derniers contrepoints ont des harmonies étranges, comme si Bach, à l'approche de la mort, s'était pris à rêver d'un autre monde, plus près de la science-fiction que du paradis.

JOURNAL

31 janvier

Hier soir, invité par raccroc chez Mme H., avenue Montaigne. Beaucoup de gens intéressants, parmi lesquels je choisis Jean Wahl, Roger Caillois et le jeune Jean d'Ormesson, dont j'avais lu, par chance, le roman.

Jean Wahl tient de la pintade et du perroquet déplumé, avec des mèches grises et longues, poussiéreuses, le sourire d'une oreille à l'autre, des yeux grossis par ses lunettes de myope, un nez façon bec et le cou maigre, tanné, rose tendre. Ajoutons qu'il mesure un mètre cinquante, et que son pantalon – celui du dimanche, pourtant – tombe en catastrophe sur d'énormes croquenots. Un gnome rigolard et touchant avec un soupçon de Léautaud dans la silhouette.

Tout ce qu'il dit est ironique, s'il juge son interlocuteur idiot – et cela se voit –, ou profond / s'il l'estime. Jamais indifférent, toutefois, dans l'un et l'autre cas. Son thème de réflexion habituel : le temps chez Descartes. Hier, je pique au vol : « Le *possible*, un mot dont on se sert, mais auquel il vaut mieux ne pas penser. »

Tandis que d'autres messieurs moins austères parlent d'un film intitulé *Folies-Bergère*, où Zizi Jeanmaire montre ses jambes, Jean Wahl s'approche, tel un hibou qu'on réveille : « Il faut voir quoi? Qui? Zizi? »... Un Martien au music-hall!

Jean d'Ormesson, trente ans et des poussières, pas grand non plus, le nez fort, la figure longue, la voix sèche, un peu pointue, mais des yeux bleu ciel d'une caressante beauté. De la classe, et même un rien de morgue sous la gentillesse, qui veut séduire à tout prix, pour le plaisir d'être aimé. De l'intelligence et une culture inépuisable, qu'il n'exploite pas encore tout à fait bien : il pourrait être plus brillant. Bien qu'il affecte de brocarder son oncle, l'ambassadeur, on sent qu'il reste de la famille, et ne la renie point. Son petit rire bref, hennissant, est une défense, comme s'il tenait toujours à se moquer de lui-même. Mais il a de l'ambition, beaucoup d'ambition, sur un fond de sincérité presque ingénue. Singulier mélange, avec le charme en plus.

Enfin Caillois, qui est de taille monumentale, lui. Congestionné, fort épais de corps, mais le nez aquilin, et l'œil fixe, perçant. Il développe de spécieuses théories paradoxales que Jean Wahl écoute avec ébahissement. Il croit au jeu chez les animaux, et construit là-dessus un raisonnement ludique. Niant la finalité dans la nature, il cite le cas des papillons-caméléons qui se transforment en feuilles pour tromper leurs ennemis, les oiseaux. « Pourquoi se cacheraient-ils des oiseaux, qui voient si mal? Ces pauvres insectes n'y gagnent qu'une chose : être pris pour des feuilles, et mangés par les vaches!... »

1957

Savant fumiste, il bafouille des reparties inattendues et la Genèse, selon lui, prend une drôle d'allure : « Au début était la pomme. Puis Adam, qui ne s'intéressait pas aux fruits; puis Ève, qui n'aimait que les groseilles... Dieu était bien ennuyé; il ne pouvait tout de même pas conseiller à ses créatures de croquer la pomme! Mais, sans péché, l'édifice se serait écroulé : plus de Noé, plus de déluge, plus de David, plus de Jésus, plus de Saint-Barthélemy, plus de Renan, plus de Sorbonne, plus de Jean Wahl... C'est le Diable qui l'a tiré d'affaire en lui soufflant d'interdire la pomme à Ève... »

Plus sérieux; c'est aussi Caillois qui a révélé Borges en France : « Un monstre, à moitié aveugle, toutes les dents pourries, les mains tremblantes, mais c'est une sorte de génie ésotérique. »

26 février

Avec ma mère, coiffée d'un invraisemblable chapeau fleuri tout pailleté, incongru sous cette pluie torrentielle, mariage de Jean-Luc J.

Baisemains, félicitations, petits fours, l'habituel ghetto du 16e se pavane au complet. Mais c'est la séculaire Mme D., grand-mère du nouvel époux, qui sera la star du lunch. Tassée sur son fauteuil, dans un petit salon, la momie propose un sourire flambant neuf, le chef surmonté d'un galurin noir immense, un boa autour des épaules, et vous contemple de ses yeux d'insecte embusqués derrières des loupes. Le nez touche presque le menton, qu'elle soutient d'une mimine décharnée, tordue par les rhumatismes. La fée Carabosse à la noce de son petit-fils, contente comme tout, volubile, et grand air. De loin, nous restons un moment à observer le fossile et ma mère me confiera plus tard : « En la regardant, je me disais : Tiens! on a oublié de me prévenir qu'elle était morte!... »

Ce qui m'amuse toujours, dans les mariages, ce sont les enterrements en perspective.

5 mars

Je m'abrutis à réviser *l'Histoire de France* que signera Maurois. Quelle bouffonnerie ce dut être que la conversion d'Henri IV, faisant des objections doctrinales aux évêques! Et son entrée à Saint-Denis, tout de lin blanc vêtu. Ajouté quelques plaisanteries au texte. Par exemple : « Sous la Terreur, la Convention tremblait de tous ses membres. »

JOURNAL

7 mars

« Si Dieu me prête vie.
– Ne la lui rends pas ! »

12 mars

Par un temps d'été, voyage à Chartres et à Combray avec J.-C. H., qui vient de passer trente mois dans le désert avec « ses hommes », tirailleurs tunisiens pour la plupart. Indigestion de bleu vitrail et de pierre blonde, histoire de le réacclimater à la mère patrie. Ensuite, le Pré-Catelan – le jardin de Swann –, décor à la Watteau sous la lune pleine, fantômes d'arbres au bord d'une rivière de poupée, et nous deux sur un banc, rêveurs et godiches, comme s'il nous eût fallu jouer quelque marivaudage en ce parc proustien. Ce que nous fîmes, néanmoins, en dépit du ridicule.

La maison de tante Léonie, que je n'avais pas revue depuis trois ans – je manque d'imagination dans mes promenades sentimentales –, s'orne à présent d'une plaque en marbre et « le plus beau paysage de plaine », cette fois-ci, croule de lumière jusqu'au fin fond du Perche. Une visite à Tansonville, plus *Grand Meaulnes* que *Du côté de chez Swann,* puis un long coup d'œil à l'église d'Illiers, seul joyau de cette vilaine petite ville endormie, célèbre par hasard, et qui ne le mérite guère. Pour un premier rôle, elle n'a vraiment pas le physique de l'emploi.

21 mars

Mati, retour des Indes, le teint rouge brique et plus maigre que jamais. Il rapporte des toiles pleines de cithares, avec des vaches bossues qui rêvent. Brâncusi est mort, sans que je l'aie su. Dommage ! J'aurais bien aimé accompagner le vieux mage. Et Fuchs, lui, serait entré dans un couvent catholique de Jérusalem, après avoir eu des visions. Ça bouge, le monde !

3 avril

Ayant placé ma fortune amoureuse à l'étranger, je tire pas mal de traites, ces temps-ci, sûr de ne point écorner un capital inaccessible... Je suis un affreux capitaliste du cœur.

1957

6 avril

Déjeuner Brenner, avec Alexis Curvers. Délicieux personnage, émouvant de naïveté. C'est un petit prof de Liège, qui porte petite moustache rousse, petit costume de tweed, petit papillon, et petit gilet sur naissante petite bedaine. Comme tout Belge qui se respecte, il est au courant des moindres nouveautés parisiennes – que nous ignorons – mais il ne nous en reproche pas moins notre « frivolité ». Dépourvu d'humour, il prend au sérieux son métier, la littérature... et ses œuvres. Il les prend même à cœur, au point, nous dit-il, d'avoir fondu en larmes quand Peuchmaurd lui annonça que *Tempo di Roma* venait d'obtenir le prix... Et le voilà qui pleure à nouveau en le racontant : « Excusez-moi, je suis ridicule ! Mais j'ai pensé : Ah ! si mon pauvre père me voyait !... Ah ! c'est trop bête !... »

Ah ! le brave homme ! Rasséréné, disert et même intarissable, sirotant cafés et pousse-café, Curvers s'installe ensuite au soleil, à la terrasse des Deux Magots. Il connaît beaucoup de choses, beaucoup de gens ; il en parle avec une modestie légèrement exagérée, peut-être. Et une culture aux rebonds inattendus. Ainsi nous fait-il remarquer l'absence d'animaux dans l'œuvre de Proust, qu'il met en parallèle avec le peu d'actes de bonté qu'on y trouve, si ce n'est le geste d'Oriane envers sa cousine Gallardon, à la soirée de la reine de Naples. De là, il enchaîne sur la vertu, à laquelle il croit avec une ferveur que Proust n'eût point partagée...

Puis arrivent coup sur coup Michel Breitman, un peu éméché d'avoir banqueté avec Béatrix Beck, suivi d'un hideux personnage à tête de chien, hâbleur et vindicatif, qui porte le nom bizarre de Jean-Edern Hallier. On lève le camp ; le charme est rompu.

7 avril

L'Exil et le Royaume. Il y a chez Camus comme une rage d'être honnête : cette frénésie se traduit bien dans *le Renégat*, où il jouit de prendre sur lui tous les péchés du monde. Un bon bain d'abjection, pour se retrouver ensuite le plus propre et le plus pur des hommes...

10 avril

Hier soir, visite d'Élisabeth II, les rives de la Seine illuminées, toutes fenêtres ouvertes, parées de drapeaux de visages. Les ponts noirs de monde, comme les quais, et l'apparition était assez émouvante de cette lointaine poupée blanche : une reine de santons qui se promenait lentement sur le fleuve, dans sa cage de verre, en faisant des gestes de son bras minuscule.

C'est avec une telle richesse de figuration que j'imagine les journées révolutionnaires et, si j'en juge par mes jambes, les Parisiens devaient avoir des courbatures, le soir du 14 juillet; il eût été facile de les mater le 15!...

11 avril

De ronds petits yeux noirs, vifs, l'air ingénu et un vrai fonds d'innocence, peut-être. Éric Jourdan n'en est pas moins le plus aimable des mythomanes. Tout ce qu'il affirme est si invraisemblable qu'on s'en amuse. Au reste, il se contredit lui-même, sans vergogne, avec l'insouciance de qui n'en est pas à une craque près. Et les contrats valsent! Et les propositions mirobolantes des éditeurs! Et l'éclair du génie qui le traverse! Et la terre entière qu'il connaît, qu'il méprise, qui lui fait des courbettes, et qu'il juge au hasard du moment, selon le cœur qu'il s'invente, car il ment avec sincérité. Mais comment sait-il aussi tant de choses réelles? A force de mentir, sans doute...

14 avril

De grandes photos de Françoise Sagan dans les journaux du soir : elle vient de s'écraser contre un arbre aux environs de Fontainebleau. Bernard Frank était de cette joyeuse partie de campagne. Très bon pour la légende de mourir jeune, le plus jeune possible, et son goût de la vitesse laisse deviner qu'elle était consciente de cette « vocation ». Mais je parle d'elle à l'imparfait; la radio assure qu'elle vit encore, et qu'on pense la sauver... Quant à Frank, l'accident ne suffirait pas encore à le sauver de l'oubli. C'est un homme qui fait, qui fera parler de lui de son vivant. Plus témoin que romancier – *les Rats* le prouve –, il a besoin d'être là longtemps, et d'en ricaner.

Encore une journée vide. Perdue? Gagnée? Voici une plaisante époque dont je me souviendrai, en m'avouant tout bas, très bas, avec un rien de honte et de mélancolie : « J'étais heureux, ma foi! » Et vite je tournerai les pages de ce cahier, pour ne pas éveiller en moi le remords d'avoir ainsi perdu (ou gagné?) mon temps... Du reste, je lis du Jouhandeau, ce qui m'absout.

1957

17 avril. Argenton

Assis dans l'herbe, sous la terrasse. Mes chemins ont survécu à l'hiver, mais les fleurs des arbres fruitiers n'ont pas résisté au gel de la semaine dernière. Voici l'essentiel des nouvelles. Sept heures; la douceur du soir, rythmée par le lointain battoir des lavandières au bord de la Creuse. Sur fond d'oiseaux pépiant, un hibou s'éveille et ulule, tel un « viveur » des villes qui aurait dormi tout l'après-midi. Je froisse une feuille morte entre mes doigts, doux crissement. Le bonheur est à disposition; il suffit d'écouter le chant du monde.

24 avril

La voisine, enrhumée : « Je ne vous ferai guère la conversation ce soir, je ne suis pas bien " avantageuse". »

25 avril. Paris

Le journal parle aujourd'hui du « chemin de fer de Sodome ». Ligne mal famée? Biblique loufoquerie? Non : réalité en Israël.

29 avril

Kanters et Curtis, comme deux joyeux mousquetaires en goguette. Le second, retour d'Amérique, est ivre d'admiration pour un chanteur nommé Elvis Presley, qui a, dit-il, « des orgasmes de la cuisse » quand il est en scène.

13 mai

Robert, émigré hongrois, décharné, profil d'aigle, regard tragique, avec un accent fracassant, irrésistible, et le charme de son malheur. Il me décrit la scandaleuse indifférence où il se débat; l'émotion occidentale n'aura duré qu'un moment... Robert a laissé son fils à Budapest, sa femme à Vienne; son frère est à Oslo, l'autre à Melbourne, et sa sœur fait des ménages à Paris. Il y a seulement six moix, cette famille vivait tranquille en Hongrie... Quant à son beau-frère « un peu communiste », avoue Robert, il a été tué par une balle perdue pendant la révolution, juste retour des choses. Deux ans déporté en Sibérie, Robert n'a pas voulu risquer de s'y retrouver à nouveau. De là son courage, et sa philosophie, d'une étonnante sérénité : celle d'un homme qui n'a plus la tentation de croire à l'espérance. Je le console.

18 mai

Chez ma grand-mère B., avec sa nièce Violette, qui est donc ma tante à la mode de Bretagne, bien qu'il n'entre guère de sang celte dans nos veines... La brune jeune fille, peinte par Odilon Redon, son fin profil enfoui dans un bouquet de fleurs des champs, est devenue cette longue chèvre grise et digne qui s'ennuie avec distinction dans les villes d'eaux ou les grands hôtels de la côte normande. Mimi, elle nous parle de son adolescence à Saint-James, vers la fin du siècle, de ses promenades en victoria dans le bois de Boulogne, et de l'ignorance où l'on tenait alors les jeunes gens des réalités de l'existence. « A dix-sept ans, Paul Hirsch disait que la preuve de l'existence de Dieu, c'était qu'on ne pouvait pas avoir d'enfant sans se marier. »

Chez les Joxe, avec Pierre et son frère. Discussion sans fin sur le distinguo qu'il faut faire entre beylistes et stendhaliens... J'aime la quiétude de cette « maison de famille » – ils l'habitent depuis sa construction, sous Henri IV – aussi bien que l'incapacité de Pierre à y créer une « zone d'ombre » à lui où il cacherait un peu la pureté de son cœur.

28 mai

Étienne, toujours aussi beau et insupportable. Nous nous promenons une heure au Luxembourg, dans le soleil, évoquant nos ombres d'Amsterdam avec une calme distance. Nous en rions même de bon cœur, puisque le cœur n'y est plus.

1ᵉʳ juin

Très en retard chez Marcel Schneider, rue du Turenne, après l'avoir en vain cherché dans la maison voisine, à la bibliothèque franco-yiddish ! Un appartement ravissant, avec moult bibelots, fanfreluches, tableaux, photographies, et des bouquins sur toutes les parois, bien sûr. Marcel a quelque chose d'un échassier de salon, avec une drôle de tête hilare, colorée, qu'auréole une tignasse un rien dégarnie, comme immatérielle. Tiré à quatre épingles, ce dandy a le geste vif, aérien, les mains qui volent, et son visage est un kaléidoscope d'expressions, de l'éclat de rire outré à l'accablement le plus douloureux. Il joue gros, comme s'il tournait un film muet, mais il parle d'abondance, avec intelligence et cocasserie, mine de science, d'anecdotes, de portraits. L'idéal convive.

Avec nous, Milorad, élégant jeune homme, précieux, qui vient de publier son premier roman, Alain Ollivier, discret, bronzé, bon genre, et Brenner, accompagné de sa pipe. Nous allons dîner place des Vosges ; la conversation, naturellement, roule sur la littérature moderne qui est, selon Schneider, « tout à fait semblable à celle du XIXe siècle ». Donc pour une élite, et il ne s'étonne point de ne jamais dépasser les quinze cents lecteurs. « Les autres ne savent pas lire », dit-il, et le voilà qui soupire, au bord du sanglot...

Professeur de seconde au lycée Charlemagne (il fut jadis celui de Brenner à Rouen, et plus tard, plus tard, celui du petit P. qui m'avait raconté naguère sa théâtrale entrée en classe, un jour qu'il avait assisté à un accident de la circulation : « Soutenez, mes filles, votre reine qui meurt »...), il reçoit volontiers ses anciens élèves « en copain » ; ils le tutoient et l'appellent Marcel. Au retour, nous en trouvons deux sur le palier. Dix-sept, dix-huit ans : un titi gouailleur et un beau Breton, qui se dit musicien, répondant au typique prénom de Yan. Marcel slalome parmi les sujets scabreux en professionnel de la communication. Brenner et moi restons cois, à nous rincer l'œil.

9 juin

Olivier de Magny, grand dégingandé à la face triste, un peu blême. Huile chez Julliard, et thuriféraire de Robbe-Grillet, c'est un véritable « intellectuel de gauche » : sur ses cartes de visite – celles de papa-maman – il a discrètement rayé « Cte et Ctesse »... D'une politesse exquise, au demeurant, avec le désir d'être aimable, et même cordial, malgré une voix dans le masque très aristocratique. Rien à faire ; on est comme on naît.

21 juin

Rendez-vous avec Druon, rue de Grenelle, en face de l'hôtel de Fürstenberg. Un valet en tenue m'accueille dans une antichambre désertique : « Qui dois-je annoncer ? » Du fond de l'appartement parvient la basse mélodieuse du maître : « Faites-le entrer dans le salon. J'arrive ! » Le salon, tout aussi vaste, n'a pour mobilier qu'une longue table de bois sombre et une espèce de cathèdre de style, en simili-Renaissance. « C'était le siège de Pic de La Mirandole », me dit Maurice, avec une feinte désinvolture. « Assieds-toi. » Je pose un quart de fesse sur l'objet prétendument historique, et j'attends la représentation. Elle ne tarde pas, le téléphone y jouant un rôle primordial. Entre un appel de son éditeur anglais, les confidences interminables d'une comtesse italienne – « une emmerderesse », me chuchote-t-il, en couvrant l'appareil de sa main gauche –, les questions d'un journaliste de la radio et le rituel coup de fil chez Del Duca pour savoir où en sont les ventes aujourd'hui, j'ai vite compris que sa vie était un enfer, qu'il n'avait jamais une minute à lui, qu'il lui faudrait trois secrétaires au lieu d'une, et deux usines à la place de son « atelier ». D'où il ressort qu'il a besoin d'un nègre supplémentaire en ma personne, afin de « jeter les bases » de son *Alexandre le Grand*, fils bâtard de la reine de Macédoine, conçu à la faveur des mystères de Samothrace. La thèse n'est pas certaine, mais il la choisit par principe : ainsi Alexandre devient-il une préfiguration du Christ... et de lui-même, dont M. Druon de Reignac ne fut que le père nourricier. D'ailleurs, il le faut, par contrat, car Robert Merle et Maurice se sont partagé le monde ; au premier les femmes illustres, au second les bâtards. Mais il y a déjà du tirage à propos de Théodora, qui fut l'une et l'autre...

Pour discuter affaires, nous passons dans la pièce voisine, où trône un portrait d'Alexandre Dumas, précurseur et modèle. Sur un coffre, une rapière de théâtre. « L'épée de François Ier à Pavie », dit Druon imperturbable. Il est généreux et je suis très gêné ; nous sommes d'accord en cinq minutes. Puis il me raccompagne jusqu'au palier, et je lui donne du maître, comme on m'a recommandé de le faire.

« Oh, je t'en prie, pas de ça entre nous !
– Mais si, pourquoi pas ?
– Ça me vieillit... »

15 juillet

Hier soir, rev'nant d'la r'vue, un « para » ivre mort m'aborde à Sèvres-Babylone.

« Dis donc, mon gars, où c'est-y la gare Montparnasse ?
– Très facile, tu tournes à droite dans la rue de Rennes.
– La rue de Rennes ? C'est à combien d'ici ?
– Trois, quatre rues, tu verras bien, c'est écrit.
– Ouais, mais moi j'sais pas lire, mon gars ! »

15 août

Depuis un mois, plongé que je suis dans Weigall et Quinte-Curce du matin au soir, Alexandre m'occupe, comme un pays conquis de plus. Amusante, cette affabulation sur l'histoire. Tout le contraire de ce qu'on m'enseigne à la Sorbonne. Et je ne propose qu'un brouillon ! Le maître y a encore assaisonné la chose à sa façon...

1957

27 août

Minuit. Je sors de Babylone en compagnie d'Alexandre. Épuisant voyage!

Hier, Maurice me convoque dans son palais vide. Il tourne autour du pot cinq minutes, puis, à brûle-pourpoint : « Aimes-tu Zola?
– Non, pas beaucoup...
– Dommage! Je dois faire le " discours de Médan ", cette année... »
Un petit temps.
– « ... D'habitude, on choisit un académicien, mais...
– Ça ne saurait tarder! Ils ont pris un peu d'avance... »
Sourire complice.
« Bon, eh bien tant pis! Si tu n'aimes pas Zola, je vais demander à Pierre de Lacretelle. Il doit connaître par cœur *les Rougon-Macquart*, c'est de son temps... »
Pierre ou Paul, peu importe, mais il est exclu qu'il l'écrive lui-même, le discours. J'admire les grands hommes qui savent déléguer leurs pouvoirs.

Le soir, pour me désalexandriser, une partie de la nuit dans les bars, avec Jean-Claude Pascal, qui boit comme une éponge avec beaucoup de dignité.

4 septembre

Affligé d'hôtes insupportables dont j'ignorais, jusqu'à ce matin, le joli nom égyptien : des sarcoptes. Autrement dit : j'ai la gale. En sortant de la Mazarine, où je passe le plus clair de mes jours, je tombe sur un bouquin à la couverture suggestive : *Théodora, du lupanar au trône*. Je l'achète pour l'offrir à mon mécène, et la petite vieille qui le vend, une dame très comme il faut, me dit : « C'est assez cochon, vous verrez! Vous en serez content! »

22 septembre. Argenton

Un peu de repos, après avoir mené une vie de fou ces dernières semaines. Druon voulait son « ours » achevé, et Mlle Charles-Roux des idées de conte de Noël pour *Vogue* (qu'elle prononce « Vaugue », mêlant snobisme et dérision). Un peu institutrice d'aspect – lunettes, cheveux tirés, chignon, mais avec un uniforme signé Chanel ou Cardin –, elle règne sur ce couvent du chic en mère abbesse : autoritaire autant que charitable. Lorsque Maurice vient la chercher place du Palais-Bourbon, pour l'accompagner à quelque réception, elle se féminise miraculeusement. Il est superbe, solaire, elle est sombre, frémissante, séductrice : un couple de roman.

De ma chambre, j'entends Marcel, notre voisin, qui rentre ses vaches. D'une voix rustique, berrichonne en diable, il hurle des paroles de menuet : « Allez, Marquise, allez !... »

30 septembre. Saint-Tropez

Je dépense mes gages : Nîmes, petite Rome, Cannes, petite Sodome où tout est à vendre, choses, maisons, habitants, et maintenant Saint-Tropez, petit port. Car il l'est redevenu, du jour au lendemain. Sénéquier attend le chaland rare, le bailli de Suffren s'ennuie sur son socle, et je me gorge de soleil sur des plages nues. De ma fenêtre, à l'hôtel de la Tour, je vois le fanal rouge qui clignote au bout de la jetée : le bonheur...

7 octobre. Paris

Et voilà ! A peine m'étais-je installé dans cette petite chambre idéale qu'il me fut impossible de regarder la mer. Une douleur intolérable – et je ne parle pas de la piqûre de cortisone qu'on m'a faite dans la cornée ! Cela s'appelle une iritis. « Joli nom de fleur », remarque Maurice, pour me consoler. Borgne et galeux : jolies vacances !

10 octobre

Alfred Kern, tout frais auteur du *Clown*. Large, rond, la lèvre épaisse, il ressemble de plus en plus à Louis XVI : mais un Louis XVI à lunettes, avec de gros yeux derrière, comme des poissons dans leur bocal. Père de famille et prof de lycée rassurant, il ne s'en offre pas moins le luxe des battements de cœur, des faiblesses et des langueurs, transformé en Traviata parce qu'il a des chances au Goncourt...

« Voyez-vous, me dit-il, au bord de la crise de nerfs, je veux surtout de l'argent, pour partir en Suisse écrire un livre en face de la Jungfrau. C'est l'argent que je veux, rien que l'argent !

– Mais la gloire...

– Oh ! la gloire, je l'ai ! C'est l'argent qu'il me faut ! L'argent ! L'argent !... »

1957

14 octobre

Demain, Fasquelle me convoque : sans doute me dira-t-il qu'on refuse mon manuscrit, malgré les efforts de Brenner pour faire avaler mes *Vitamines*. Craignant d'avoir l'air idiot par la suite, j'ai tu à tout le monde cette entrevue, quoi qu'il en coûte à ma vanité. Motus et bouche cousue. Pour vivre heureux, vivons cachetés.

15 octobre

Je parais au printemps! J'ai grandi de vingt centimètres depuis ce matin...

16 octobre

L' « avant-garde ». Robbe-grilletiste, butorien, sarrautard, simonique, il faut être l'un ou l'autre absolument, si l'on veut la considération de certains. Je refuse de m'inscrire à ce parti unique de l'avenir, qui sait trop où il va. La littérature ne se conçoit qu'aveugle et hasardeuse.

Olivier de Magny, rencontré tout à l'heure, confesse incidemment sa foi trafiquée : « Oui, c'est bien ennuyeux, *le Vent* de Claude Simon, mais j'y crois. Je crois que Balzac, Stendhal et tous les grands étaient aussi ennuyeux à leur parution. »

Ennuyeux, Rubempré, Vautrin, Fabrice et la Sanseverina! De qui se moque-t-on?

1ᵉʳ novembre

Chez les Fasquelle, à déjeuner, Schneider fait son numéro sur Lise Deharme, qui vient de publier un « libelle ».

« Ce monstre d'égocentrisme, de haine, d'orgueil, cette sorcière! Quand on pense qu'elle a deux enfants et que la dédicace de son livre est : " A Médor, mon fils unique "! Si encore elle avait écrit " le seul fils qui m'ait donné satisfaction ", mais rayer le sien des humains pour un chien! Au zoo, les marâtres!... »

Le tendre cœur de Marcel se fût fendu s'il s'était trouvé avec moi l'autre jour, dans un café de Montmartre où j'avais accompagné des copains américains. Pour meubler la conversation, je leur demande de quoi ils vivent.

« J'ai une bourse Fullbright.

– Et vous?

JOURNAL

— Moi je n'ai qu'une bourse du gouvernement français, malheureusement. » Cela ne fait pas lourd.
Le troisième se tait.
« *And you, Billy, what kind of grant do you have?* »
Billy plante dans le mien son beau regard bleu d'archange, et dit, candide :
« *Me? I have a dead mother...* »

2 novembre

J'écris en écoutant le *Requiem* de Mozart, sublime décor de sons qui élève jusqu'au firmament ses colonnades baroques. On enterre un monde, ce soir : pour la première fois, l'homme s'échappe et notre civilisation va en prendre un grand coup dans ses « espaces infinis », désormais offerts à toutes les curiosités. Le Spoutnik, enfant de Marx et d'Einstein, est la sournoise revanche de l'esprit sémite sur l'obscurantisme chrétien ; ce cadeau empoisonné va déloger le petit Jésus de son ciel.
A se demander si les pogroms et tant d'autres massacres odieux (bien avant les camps de la mort) n'étaient pas d'obscures tentatives d'amputation chirurgicale ; l'humanité aurait voulu se débarrasser sans le savoir d'un mortel cancer. Car cette sortie, qui n'est qu'un début, finira par un cataclysme dont les seuls survivants – j'en mettrais ma main au feu, et je ne risque pas grand-chose – seront une poignée de pauvres juifs transis, réfugiés dans les Andes ou au fin fond de l'Oklahoma...
Antisémite, moi ? Non : je crois au peuple élu, voilà tout. Et je sais que Dieu n'est pas bon.

11 novembre

Il est une heure du matin (nous sommes donc le 12). En montant me coucher j'ai ouvert *David*, que j'avais commencé il y a quelques jours sans passion. Impossible de m'en arracher avant la fin, englué par cet univers de trouble et de féerie. Je n'avais jamais compris la vénération respectueuse de mes amis pour Dhôtel ; je la comprends mieux à présent : celle qu'on peut ressentir pour un magicien, pour un être en contact direct avec le surnaturel. A moins que Dhôtel ne soit un saint ? Saint André Dhôtel, Prix Femina, priez pour nous.

12 novembre

Contrat signé. Incroyable ! Mais cela ne me fait déjà plus aucun effet... Dommage !

1957

14 novembre

L'une des « Madames » de la rive gauche vient de disparaître : Mme Alice, patronne de la Reine Blanche. Tout en elle était souverain. Elle avait le port de tête, la silhouette, le double menton de la Grande Catherine et ses boucles blanches, échafaudées sur plusieurs étages, avec un soin sinueux, rappelaient les coiffures « à la frégate » de Marie-Antoinette ; n'y manquaient que le navire et les plumes. Dans cette face où s'alliaient si parfaitement la couronne de France et celle de Russie luisait un regard bleu acier, réfugié dans de perçants boutons de bottine.

Pour les manières, elle tenait plutôt de Mme Geoffrin. Elle savait couper net, d'un « Ça va » sans réplique, les propos trop verts, les balbutiements d'un ivrogne, les récriminations de quelque gigolo mal embouché. Et trônant à la caisse, buvant sec – ses bajoues couperosées en témoignaient –, Mme Alice n'avait pas son pareil pour confectionner des sandwichs au jambon colossaux et campagnards, comme on en tartine encore dans les fermes.

Reine de la nuit profonde, elle était célèbre dans le monde entier. Combien d'Américains du Nord et du Sud murmurent en secret ce simple nom quand ils veulent évoquer leur Paris perdu ! Mais Mme Alice n'est plus là...

L'autre « Madame » est moins célèbre, et c'est dommage : il s'agit de Mme Blanche, impératrice du Bar Bac. Mme Blanche est noire, de poil et de faux cils. Elle ressemble à la *Parisienne* de Cnossos, avec vingt ans de plus. Mais l'œil en amande, souligné de khôl, les lèvres peintes généreusement, le regard fixe des gallinacés, l'accroche-cœur de jais, semblable aux guiches d'Annabella dans *la Châtelaine du Liban*, tout y est. Elégante et coquette, Mme Blanche n'a pas d'âge. Elle se serre la taille à exploser, revêt des ensembles de couleurs voyantes, et jamais ne justifie son candide prénom, surtout quand elle parle... Proserpine lui conviendrait mieux, elle qui accueille les petites heures de l'aube, l'enfer des fins de beuverie, avec ses escouades de soiffards sans lit, sans le sou, sans avenir. Impassible déesse, Mme Blanche leur verse le Léthé de ses bières, l'œil terrible, la pupille absente, vivante image de l'éternité.

17 novembre

A la caserne de Reuilly, un homme d'un certain âge décline ses nom et prénoms :
« Goldmann, Alfred, Théophile, Zeus.
– Comment vous dites ? " Ceusses " ? C'est pas un nom, c'est un pronom, dit l'adjudant, pédant et ravi.

JOURNAL

– Mais non, c'est un prénom, Zeus!
– Bon! Si tu veux! Alors comment ça s'écrit?
– Avec un Z.
– Avec un Z!... *(Gros soupir:)* Ah! ces étrangers... »

20 novembre

Très tard dans la nuit, Blondin. Trente-huit ans, et l'air d'un grand enfant mité, avec ses boucles un peu rares, ses traits plus fripés que marqués, une manière d'innocence fragile, fêlée. Ce soir, à son douzième demi, il a l'œil vague, cela va sans dire. Mais le calembour jaillit de lui, dans une demi-conscience. Comme je commande un crème, il complète aussitôt: « Un crème parfait! »
Je ris. On parle. Conversation de pochards hachée de longs silences vaseux, de hoquets, de « mon pote » convaincus et de lourdes claques dans le dos, quand ce n'est pas moi qui le retiens lorsqu'il oscille trop large. Un habitué du bar lui conseille d'aller se coucher, puisqu'il n'habite pas loin.
« Ah! oui, mais là c'est chez ma mère, c'est pas chez moi. Chez moi, c'est à Champerret chez la femme que j'aime. L'ennui, c'est qu'elle m'a fichu à la porte il y a quinze jours, parce que je suis odieux. Odieux...
– Odieux? C'est vrai?
– Oh ça oui! Mais maintenant, c'est fini, mon pote, c'est fini, tu comprends: je vais me buter.
– Pas ce soir!
– Non! Dès que ma mère sera morte. Je me bute, comme mon père. Chez nous, c'est classique: on se bute de père en fils. Hop! La soupe de fèves, et puis ça y est!
– Tu iras en enfer...
– Oh, l'enfer.. Tu connais l'*Orfeo* de Monteverdi? Eh bien c'est comme ça, l'enfer, un vrai paradis. Du reste, moi j'irai au paradis.
– Mais tu as encore des choses à faire, des livres à écrire...
– Bah! ce n'est pas la peine. Je n'écrirai plus jamais rien. Je suis le plus grand escroc de ma génération. Il y a des années que je vis sur un livre, un seul bouquin. J'en ai pondu trois, quatre, mais il n'y en a qu'un qui compte. La plus grande farce du siècle... tu sais bien... l'histoire d'un professeur qui efface le traité de Westphalie... oh! je ne me rappelle plus comment ça s'appelle... »
Un long silence. Je n'ose pas lui souffler: « *Les Enfants du Bon Dieu.* » A quoi bon?
« Maintenant, j' pourrais écrire *les Mémoires d'un amant*, mais elle n' m'aime plus. Parce que je suis odieux.. Ah! l'amour!... Quel âge as-tu?
– Vingt-trois ans.

1957

– Vingt-trois ans! Moi, j'étais en Allemagne, à vingt-trois ans. J'attendais de rentrer, en bramant. J'étais fiancé avec une femme honnête...
– Qu'est-ce que c'est, une femme honnête?
– Une femme honnête, c'est une femme qui attend! »
Soudain, ses yeux marron retrouvent leur vivacité. Il a un petit sourire en coin, un sourire de gosse qui donne envie de le protéger, de l'embrasser sur le front.
« C'est rare, les femmes honnêtes. Celle-là m'a donné deux enfants. Ils me prennent pour un pôv' con! J' voudrais qu' mes enfants ne m' prennent pas pour un pôv' con! Mais y a plus d'espoir... Une autre bière, s'il te plaît, Popaul! Et toi, qu'est-ce que tu bois, mon pote? »

22 novembre

Maurice Schumann : « C'est au monde qui se réclame de Marx que s'appliquent l'analyse et le réquisitoire marxistes. » Et après? L'éternelle mauvaise conscience des « capitalistes » qui les pousse à critiquer le communisme avec ses propres arguments! A-t-on jamais convaincu un sourd qu'il entendait en lui parlant par gestes?

29 novembre

Dîner avec Brenner. La moindre des choses, après la peine qu'il s'est donnée. Pendant tout le repas, généreusement arrosé, il me parle de Dadelsen, un étrange colosse alsacien (je ne l'ai vu qu'une fois) qui vient de mourir et laisse une œuvre poétique « immense », dit Jacques. S'enflammant peu à peu, il commence à déclamer des vers qui paraîtront dans le prochain numéro des *Saisons*, et tout le restaurant, soudain, se retourne et l'écoute. Sympathique, mais je ne savais plus où me fourrer...
Ensuite, nous montons chez les Kern; le malheureux Alfred n'en a pas encore fini avec le calvaire du candidat. Plus guère de chances pour le Goncourt – son *Clown* est écrasé par la concurrence de Butor et de Vailland –, mais j'admire le tact avec lequel Brenner le console, tout en laissant une petite porte ouverte au miracle.
Adieu, la Jungfrau?

30 novembre

Cinoche avec Mati, de passage entre la Hollande et Barcelone. Assis à côté de Casarès et Camus. Après le film, ils s'en vont à pied; le Prix Nobel n'a pas de voiture. Ça me plaît.

JOURNAL

1er décembre

Britannicus, au Vieux-Colombier, avec Jamois, hiératique vieille dame, Emmanuelle Riva, touchante, le bel Hubert Noël et Daniel Ivernel, Néron sournois, mordant, petit garçon gâté devant sa mère, insolent avec les autres, dominateur, irrésolu, vindicatif, envieux, presque fou, déjà : le « monstre naissant » que voulait Racine.

Je vais saluer Hubert dans sa loge, au bout d'un crasseux couloir sans fin. Entre Ivernel, qui se frotte les mains : « Les impôts rentrent », dit-il. Puis : « Je n'en peux plus : ce rôle me tue. Mais d'ici quelques jours, ça ira mieux. On va commencer à " respirer " le texte. »

5 décembre

Chez Philippe Desbœuf, mon camarade d'Henri-IV qui ressemble à Dullin jeune. (Pas un cadeau, quand on veut être acteur.) Ses parents sont tous deux professeurs de dessin : appartement bohème, sympathique, aux murs couverts de toiles, bien entendu.

Comme j'allais partir, rentre le père. Rapin typique, avec des cheveux blancs dans le cou, un chapeau à large bord, et l'inévitable costume de velours côtelé. Manque plus qu'une lavallière... Il désigne les œuvres de sa fille, qui suit l'exemple familial, l'index majestueux : « Voyez-la, celle-là, elle peint comme Cézanne, mais croyez-vous qu'elle s'en doute ! »...

Pour me raccompagner, il troque son feutre contre un chapeau de sa femme, qu'il aime à coiffer lorsqu'il est à la maison. Un bibi blanc, aux allures de casquette. Je le complimente sur sa bonne mine sous ce couvre-chef. Il est ravi :

« Oui, je devrais envoyer mon autoportrait aux Indépendants. J'aurais sûrement le grand prix ! »

Puis il me salue d'un geste large, très Grand Siècle, et en profite pour se passer prestement la main sur la paupière gauche.

« Surtout quand j'ôte mon œil de verre ! Ce contraste noir et blanc !... »

19 décembre. Combloux

Voici dix jours que j'ai quitté Paris. Genève, Berne, Zurich, Rapperswill, Lucerne, Soleure et retour à Genève, où je me suis offert un superbe chapeau vert, un peu tyrolien : ma rituelle semaine hivernale avec G.

Combloux, à présent, pour m'y garer des bacilles gourmands.

1957

Un caravansérail d'étudiants, dont je craignais, à tort, les promiscuités. Tous ces jeunes (dix-huit, dix-neuf ans; ma verte vieillesse en est flattée) retrouvent ici l'insouciance du collège, sans les devoirs à faire. Mais la vie n'en est pas moins réglée, sous la férule débonnaire d'une régente surnommée « Tante Marie ». Brave personne, sous ses airs de gendarme, elle est la « grand-mère Courage » du chalet. Originaire d'Alexandrie, où son papa dirigeait les postes du khédive, elle a mené l'existence aventureuse des baroudeurs coloniaux avant d'échouer au fin fond des Hautes-Alpes. Singulière mixture de préjugés vieillots et de la rude bohème des camps, elle relève le tout d'un rocailleux accent levantin qui donne à ses récits le piment de l'exotisme. Un personnage romanesque!

Le plus agréable moment est le petit déjeuner, que prolongent des bavardages filandreux et passionnés : ceux de cet âge. Devant nous, une colline sous la neige, des sapins, et le Mont-Blanc comme au cinéma; qui lui résisterait? Dans ce décor immaculé, les rêves noirs changent de couleur, l'imagination gèle; la pureté partout. Très mauvais pour l'inquiétude nécessaire à l'écriture.

25 décembre

Avec le petit Dzyck (désespérément sioniste bien que j'essaie de le convertir aux bienfaits de l'assimilation), longue promenade à Megève, d'où nous sommes revenus à pied dans la nuit étoilée. En descendant du mont d'Arbois, j'ai cherché, et retrouvé, la maisonnette que nous habitions en 1938, avec Henri Jeanson et sa jambe cassée. Naturellement, j'avais gardé de cette époque un souvenir idyllique; à quatre ans je filais sur les bosses, gnome de caoutchouc monté sur bois. Hélas en ruine ou presque, c'est maintenant une minable bicoque à flanc de coteau, platement baptisée *Le Givre*. Volets clos, planches pourries, balustrades brèche-dents, elle a l'air d'attendre. Et même d'avoir un peu perdu patience, la pauvre...

27 décembre

Ici, ça va, ça vient sans cesse. Certains visages, déjà disparus, m'ont frappé à l'arrivée. Jean, par exemple, traits fins, profonds yeux bleus, large bouche aux lèvres sensuelles. Un échalas, perdu dans son chandail informe, romantique adolescent. Et puis un Breton, dit « le Primitif » – Pierre de son prénom, mais on l'avait oublié –, autre dégingandé, avec la grâce d'un chiot trop vite poussé, qui ne sait quoi faire de ses grosses pattes. On lisait dans

JOURNAL

ses yeux la joie, la peine, la mélancolie, comme le temps sur un baromètre. La pureté faite garçon.

Aujourd'hui, c'est avec un « nouveau » que je nourris ma soirée : l'Afghan Saïd. Regard mongol, nez droit des Aryens, teint vert pâle, il incarne son pays carrefour, à cheval sur le Moyen Age et les temps modernes. Descendant d'une « race de rois » – dépossédée par l'actuelle dynastie –, il ne voit d'autre avenir pour les siens qu'une dictature éclairée, capable de les amener peu à peu à la démocratie. Dans son esprit, le dictateur s'appelle Saïd, bien sûr, nouvel Atatürk... Athée, quoique élève dans la religion musulmane, il raisonne en Occidental. Qu'en restera-t-il, quand il sera ministre?... Mais « Tante Marie », notre chère adjudante, va bientôt passer l'inspection : il faut éteindre...

29 décembre

Curieux, tout de même, que Dzyck et moi, partant de données identiques, arrivions à des conclusions contradictoires. Pour moi, l'expérience nazie aurait dû prouver que l'assimilation est le seul moyen d'éradiquer la calamité raciste : si tout le monde est un peu juif, comment être antisémite? Dzyck, lui, estime que le martyre a donné aux israélites le droit de « relever la tête » et de se proclamer juifs avec orgueil. Bien sûr, mais de cet orgueil je sais bien qu'un jour ou l'autre vont renaître la haine, l'horreur, et tout recommencera...

30 décembre

En guise d'étrennes, je me suis offert *Littérature*, que je déguste avec fureur; cet odieux Giraudoux exprime, mieux que je ne saurai jamais le faire, mes plus intimes sensations. Une pareille volupté à lire, nul ne me la procure si ce n'est, parfois, l'autre Limousin : Jouhandeau. Guéret-Bellac, voici l'axe de mes joies littéraires. Qui d'autre me prépare des frissons nouveaux, entre Saint-Sulpice-Laurière et La Souterraine?

1958

6 janvier

Élu, pour la première fois de ma vie! Oh! c'est modeste, et même contesté par certains, mais ne m'en voici pas moins le « culturel » du chalet, fonction mal définie qu'a occupée naguère l'écrivain Nourissier, me dit-on.

9 janvier

Surprises de lecture. Dans *Marie Dubois*, cette phrase : « Ses souliers informes lui remontaient à la gorge. »

13 janvier

Le rire, le rire énorme qui aurait saisi les familiers du Régent si on leur avait dit qu'on jugerait leur temps à travers le témoignage de ce *busy body* remueur de vent qu'était pour tout le monde M. le duc de Saint-Simon.

21 janvier. Paris

Cette nuit, rentrant à pied, je me sens durci par je ne sais quelle force maligne; mon regard est d'acier, mes muscles sont tendus et je me fais peur rien qu'à me voir passer dans les glaces des boulangeries...

JOURNAL

31 janvier

Dans sa chambre de bonne, guère plus large qu'une boîte à chaussures, Christian Ayoub n'hésite pas à donner un cocktail « mondain » comme s'il habitait encore son palais d'Alexandrie. Une vingtaine de personnes, qui débordent sur le palier, grignotent des petits fours et papotent. Les aristocrates exilés pendant la Révolution, ou les Russes blancs, dans les années folles, devaient se réunir ainsi, avec ce beau mépris des contingences. Ayoub se peint tout entier, ermite et frivole coûte que coûte, lorsqu'il dit : « Moi, je ne prétends connaître une ville que si j'en " pige " les moindres potins. » Et ça y va, les commérages, les jacassements, tandis que passent des voisins étonnés, charriant leurs sacs à provisions fleuris de poireaux pour la soupe...

4 février

Le Roi Jean, ou quand Shakespeare collabore avec Dumas. Vingt-cinq spectateurs, en ce lointain théâtre de Ménilmontant dont Rétoré voudrait faire un nouveau TNP. Alerte, stylisée, la mise en scène n'est pas bête, et l'homme sans illusions : « Il me faudra dix ans pour conquérir un public. »
Un bel acteur : Jean-Jacques Bernard, et le toujours gentil Joffo.

5 février

Déjeuner en tête à tête avec Maurice, dans sa petite salle à manger de l'entresol, servi par le valet italien. Une simple omelette, mais anoblie d'une truffe; nous en tranchons de fines lamelles avec une râpe en argent. Paternel, Druon me donne des conseils pour « réussir ». Rien de plus simple : il suffit de suivre son exemple sans dévier, en s'astreignant au labeur à heures fixes. « Et rappelle-toi bien : jamais d'actrice dans ta vie! Elles vous font coucher trop tard. » (Dommage! rien de plus théâtral que son lit à baldaquin!)... Je pense au rayonnant Druon désargenté de mes quatorze ans, quand il habitait notre appartement de Rome. Très « fils du roi », il jouait les Henri de Régnier, avec une malle-cabine et des chapeaux en taupé relevés à la mousquetaire; il souhaitait la gloire plus que les tirages. Est-ce le même?

1958

11 février

Écrire *âmitié* pour y retrouver l'âme, et *vânité*, pour en débusquer l'âne.

21 février

Brenner : « Moi, dans la rue, je suis toujours étonné qu'on ne me saute pas à la gorge ; dans un café qu'un malabar ne vienne pas me casser la gueule. A chaque fois, je me dis : " Tiens, ce sera pour la prochaine ! " »
Il le remarque en tétant sa pipe, placide, insoupçonnable angoissé !

22 février

Jean Lagrolet, dont j'ai beaucoup aimé *les Vainqueurs du jaloux*. On dirait un paysan costaud, avec des petites dents usées qui lui font un sourire timide. Cheveux noirs, drus, en brosse, teint hâlé ; rien du romancier type. Dieu sait pourquoi, je le croyais professeur ; il sursaute : « Moi ? Mais je ne fais rien ! Après les Sciences politiques, j'avais bien envisagé d'être conseiller d'État, mais ça m'a passé très vite. Je respecte la tradition. Tout gosse, j'avais demandé à mon grand-père : " Grand-Papa, que faisiez-vous quand vous étiez jeune ? – Rien, mon enfant. – Et votre papa ? – Rien non plus, mon enfant. Je ne me souviens pas qu'on ait jamais travaillé dans la famille. " »
Heureux XIXe siècle ! Heureux Lagrolet ? Moins sûr. Il en a comme une gêne dont il feint de s'amuser : « Pour le " prière d'insérer ", j'ai dû m'inventer quelque chose. De nos jours, un rentier, cela paraît louche. »

10 mars. Londres

Seule émotion jusqu'ici : revoir le portrait de Mme Moitessier à la National Gallery. Toujours aussi « comestible » ; on en mangerait. Et l'étonnant tableau moderne qu'est son reflet dans le miroir : un Picasso !

11 mars

A Piccadilly, je me fais enlever par « Princess », joli petit nègre des Bermudes avec des yeux rieurs, chaussé de lunettes en écaille pour avoir l'air sérieux. Princess vit dans un cagibi sans fenêtre, au diable. Il fallait qu'il me plût fort pour le suivre là-dedans : un bat-flanc entre deux cloisons de planches. Si minces, je m'en aperçois vite, que les voisins participent à nos ébats malgré eux, malgré moi : Princess, de nature expansive, commente le match en termes dithyrambiques, ponctués de stridents « Jésus-Christ! ». A l'aube, je disparais comme un voleur; le « reporter » vient enfin de sombrer dans le sommeil des cœurs purs. Je suis tout honteux d'être qui je suis, si loin de la merveille qu'auront imaginée nos « chers auditeurs ».

Une sensation d'absurde et d'impuissance que j'éprouve toujours dans le métro de Londres. Tandis que je descends les escaliers mécaniques, emporté par le courant, d'autres les montent, en sens inverse. Impossible de jamais se rejoindre. Dieu serait-il le moteur de ces escaliers maudits?

Encore le métro. J'y observe un marin dont les dix doigts sont tatoués : I-L-O-V-E sur la main gauche et N-A-N-C-Y sur la droite.

12 mars

A la Tate, toute la famille Wertheimer, peinte par Sargent. Des toiles immenses, noirâtres, qui peuplent une salle entière, comme si le musée leur servait de nécropole. On se sent vaguement intimidé. Pour un peu, on chuchoterait.

13 mars. Paris

Reçu enfin *ma* lettre de Chardonne! « Impossible d'adapter les pages que j'ai lues... au jeune homme qu'il me faut bien admettre. » A peine s'il ne me soupçonne pas de m'être fait aider par une grande personne... Déjà, l'autre jour, en me voyant pour la première fois, il trahissait comme une déception à m'avoir pris au sérieux : « Mais je vous croyais un homme mûr! »

18 mars

Cet après-midi, chez Harcourt, le photographe. On me fait attendre assez longtemps, dans un grand salon surdoré. Soudain, précédée d'un assistant qui marche avec l'obséquieuse raideur des majordomes, apparaît une extravagante princesse des *Mille et Une Nuits*, version Quat'zarts. Elle s'est introduite en force dans une robe au généreux décolleté, si étroite qu'on n'a pu la boutonner dans le dos; elle suit son page avec majesté, serrant de sa main

1958

gauche un manchon de fourrure, insigne de réussite. Ses cheveux, teints au brou de noix, lui tombent sur les épaules, et des bijoux de théâtre, diadème compris, la parent des pieds à la tête, comme une sainte vierge de procession. Lèvres peintes d'un carmin violent, paupières charbonneuses sur un œil de braise, le visage est en ruine, passé à l'ocre : voici Mme Elise Jouhandeau, partant poser pour la postérité. Chez Harcourt, le photographe, cet après-midi...

28 mars

Élevé dans une famille juive, du reste peu pratiquante, mon grand-père B. ignorait tout de la religion catholique. A l'âge de sept ans, il écrivit sous la dictée : « Le petit singe en batiste »...

7 avril

Égérie (joli nom!), la jeune femme grecque d'Alain J., m'apprend que dans sa langue la « corvée de chiottes » se dit « travail de Pénélope ».

19 avril

Soirée très proustienne, chez Bernard Minoret, en l'honneur d'Olivier de Magny. Rue de Lille, dans un vieil hôtel, l'appartement, bas de plafond, est feutré, « cosy » à souhait. Décor idéal pour les dandys anglo-saxons ou les antiques précieux qui se trouvent là, photographiés mentalement par l'impitoyable Philippe Jullian, à l'abri derrière ses besicles de magister.

Le plus insolite est sans doute Angus Heriot, esthète comme on n'en fait plus depuis Oscar Wilde. Même à Londres, où trouve-t-il un tailleur pour lui confectionner ces redingotes cintrées à rayures, ces pantalons étroits, presque à sous-pieds? D'autant plus étrange qu'Angus, la quarantaine, le teint rose semé de taches de rousseur, la prunelle pervenche, le sourire engageant, est un bel homme, qui n'a rien de ridicule dans l'allure, et même assez juvénile pour son âge. Donc un choix, voulu par cet érudit fin de siècle, qui prodigue sa culture dans un français châtié aux inflexions tout oxfordiennes.

Avec Jacques de Ricaumont, sémillant sous un doigt de poudre, l'autre curiosité est sans doute André Germain. Petit vieillard à la perruque de travers (sa raie sur le milieu n'est jamais dans l'axe), très entouré parce qu'il est très riche, très médisant (d'une voix de crécelle) et parce-qu'il-a-connu-Proust, ce qui le nimbe d'une

JOURNAL

auréole sacro-sainte; on vous le présente comme une relique dont le seul contact pourrait peut-être donner du génie...
Et puis le romancier Coccioli, volubile, agité, suant, soufflant, gros bébé rougeaud traînant après lui la réputation soufrée de son *Fabrizio Lupo*. Un désir éperdu de séduire l'anime, pour le plaisir. Mais à la façon d'un bonimenteur des boulevards qui voudrait fourguer sa camelote à tout prix. Assez drôle, en vérité; on dirait qu'il joue un rôle, à salon fermé.

22 avril

Dans *le Ouallou*, extravagante piécette d'Audiberti, où son délire verbal n'a pas le temps de s'essouffler, cette réplique dite par Dufilho : « Dans la famille, on est tous cousins de père en fils. »
En seconde partie, *Mademoiselle Julie*, excellemment interprétée par Éléonore Hirt, sèche autant qu'ardente, et Michel Piccoli, beau, veule, sensuel, superbe. L'adaptation est de Boris Vian; il définit ainsi la pièce, dans son avant-propos : « C'est le drame de l'instinct sexuel qui se prend les pieds, si l'on peut dire, dans la toile d'araignée des conventions. » Si l'on peut dire... Avec Mati, qui m'accompagne, Boris parle anglais – très bien –, puis, au détour d'une phrase, un « merde » sonore lui échappe, brutal retour au naturel...

27 avril

La Paix du dimanche, avec Vaneck, possédé par son rôle. Curieuse atmosphère, lourde, quotidienne, grinçante; la fleur bleue y pousse, malgré tout. Du Tchekhov mélangé de Tennessee Williams, cet Osborne. Le sujet, très prenant, offre matière à commentaires sans fin. La seule soirée de cette année qui fait naître en moi quelque enthousiasme.

29 avril

L'amour, toujours l'amour; le thème s'émousse. Pourquoi cette abominable guerre d'Algérie n'a-t-elle pas révélé un grand poète? Un Vigny, un Hugo, un Apollinaire... La guerre est la seule inspiration romantique à se moderniser sans cesse. Il suffirait d'y aller, d'inventer une métrique un peu neuve, et d'en revenir...

1958

30 avril (pendant un concert)

Non, l'enfer n'est pas « les autres »; c'est « la durée ». Même la fugue en *sol* mineur de Bach deviendrait un supplice, s'il fallait l'entendre *ad vitam aeternam*, comme le mariage tue l'amour. L'enfer, c'est la durée des autres.

1er mai

Il ne ferait pas de mal à une mouche; c'est trop petit.

5 mai

Dans l'autobus, je me trouve assis en face d'Oppenheimer, reconnaissable à ses yeux clairs et son visage d'enfant ridé, surmonté d'un invraisemblable couvre-chef, entre le stetson de cow-boy et le chapeau de pluie chiffonné. Personne ne l'a reconnu, et j'ai comme un vertige à penser que de cet homme aura dépendu le sort de centaines de milliers d'autres, le mien compris. J'admire la placidité du conducteur, qui manie son volant, tranquille, bovin, ignorant celui qu'il transporte.

7 mai

Milorad (que je vois souvent, ces temps-ci : avec sa componction naturelle, il me sert de conscience et de pousse-au-labeur) me traîne à une conférence d'André Berne-Joffroy sur « Valéry et les philosophes ».

Distingué, genre diplomate à parapluie, avec un superbe dentier qui détache et double distinctement toutes les dentales, l'orateur est un tantinet soporifique. Même le cher vieux Wahl, qui préside la séance, ne réussit pas à dominer ses bâillements. L'assistance est tellement triée – Magny, Saillet, Butor et quelques autres têtes pensantes – que cela ne fait pas grand monde. Au premier rang, de noir vêtue et chapeautée, Mme Valéry elle-même dodeline du chef, puis s'endort.

9 mai

Hier soir, en allant voir le (très beau) film de Bergman, *Sommarlek*, j'ai frôlé le suicide, à la station Invalides. Soudain le rail m'attirait, sans raison, et j'ai compris comment on pouvait mourir, se laisser mourir, comme ça, par lassitude. « Par indifférence », disait Brenner, l'autre jour, justifiant le suicide d'André Frédérique, le bon vivant, le boute-en-train, le rigolo... d'apparence. Je devais avoir l'air si bizarre qu'un voyageur, sur le quai d'en face, me fixait avec une espèce de fascination épouvantée. Sa rame est arrivée. Il a disparu. Le lendemain, s'il avait lu dans le journal qu'un jeune homme s'était jeté sous le métro, il aurait su que c'était moi.

14 mai

Pour une fois, j'avais découché. Dîner place du Tertre, puis *a great ball* nocturne, en compagnie d'un Texan de passage. C'est dans l'autobus, en lisant les énormes manchettes des canards sur l'épaule des voisins, que j'ai appris la chose. Peut-être allons-nous enfin nous réveiller – moi surtout – de notre apathie désabusée pour combattre le vilain monstre fasciste à tête de Massu. Mais dans ce Paris pluvieux, c'est le calme plat, pour l'instant. Il est vrai qu'Alger paraît si loin du 7e arrondissement! Détail : ces péripéties nationales ne vont pas servir mon petit coup d'État personnel. Publier une frivole œuvrette le 14 juillet 89, ou peu s'en faut, c'est bien ma veine!

16 mai.

Passé aux Éditions Fasquelle. Le quartier toujours calme, malgré les sirènes de police plus nombreuses que d'habitude. Vu Brenner, Dhôtel et François Michel, qui affectent une sérénité de mandarins, dédaignant ces vains soubresauts. Hors du monde (et du temps), le brave Dhôtel hoche la tête et dit, sentencieux : « Ça m'a l'air plus sérieux que Boulanger. »
Encore une chance qu'il fasse un temps épouvantable! Plus efficace contre les mouvements populaires que vingt régiments de CRS.

20 mai

L'histoire se fout du monde. J'attends le jour où quelque rédacteur distrait va écrire : « Le général de Gaulle est rentré hier à Cauchy-la-Tour », ou bien : « Le maréchal Pétain, natif de Colombey-les-Deux-Églises... »

1958

21 mai

Conférence de Sartre, rue de Rennes, sur « la dialectique et l'idéologie » (sous-entendue « marxiste »). J'en saisis quelques bribes, humblement. Le public – on s'écrase – est très jeune, recueilli comme à la messe. De mon coin, au fond de la salle, j'aperçois le maître de profil. Il fait beaucoup de petits gestes ronds avec son bras droit, l'index pointé; on dirait un montage : le *Saint Jean-Baptiste* de Vinci, à qui l'on aurait flanqué un costume cravate, et cette gueule célèbre. A ses côtés, toujours le charmant et poussiéreux Jean Wahl. Il est de toutes les fêtes!

24 mai

Un comité de salut public en Corse; on se sent partagé entre la consternation et le fou rire.

1er juin

Soirée Fasquelle, peuplée de notre ménagerie habituelle, malgré ces temps troublés. Bavardage avec la minuscule Mme Ionesco, que tout le monde prend à tort pour une Japonaise : Roumaine pur jus (accent compris), fruit de quelque mystérieuse résurgence tartaro-mongole, via les Huns. Elle m'apprend que son Eugène collectionne les crayons, les gommes, les règles, les plumiers, « dont il a dû être privé dans son enfance ». En ce moment, sa récréation favorite consiste à « jouer aux têtes » : avec ses amis, ils s'échangent celles des gens qu'ils n'aiment pas, et vice versa. Un jeu inépuisable...
Résolument, la maîtresse de maison se déclare « pour Massu », et la conversation ne manque pas de rouler sur la politique en fin de soirée, comme partout depuis une quinzaine; on écoute même le communiqué, dans un religieux silence. Puis Schneider, mis en verve par ces événements, qui lui en rappellent d'autres, raconte sa vie rouennaise, à la veille de la guerre et au début de l'Occupation, quand il était le tout jeune professeur d'un Brenner adolescent. Il évoque en particulier la rue des Charrettes – la rue chaude, détruite par les bombardements – et une certaine Paulette, fille d'instituteur, devenue tenancière de bar « parce qu'elle avait le bistrot dans le sang ». Paulette brûlait pour Marcel d'une platonique passion, et Marcel se rendait chez Paulette pour écouter la radio de Londres. Ne voulant point le compromettre – car l'établissement était plutôt mal fréquenté –, Paulette présentait Marcel à ses clients sous le pseudonyme (bien trouvé) de « Mon-

sieur Chouchou »... Fort grosse, Paulette, un jour, fut arrêtée par la Gestapo. A son retour, elle en avait contre la barbarie allemande : « Pensez-donc, ils m'ont gardée toute la nuit, et ils ne m'ont même pas permis de délacer ma gaine ! »

Marcel narre à l'ancienne, dans une langue précise, précieuse, avec des « dit-elle », « raconta-t-elle », « prétendit-elle » qui me ravissent.

Nous rentrons sous la pluie, lui, Brenner et moi, marchant d'un bon pas dans ce Paris fiévreux, où les automobilistes cornent à tue-tête « tut-tut, tut-tut-tut », ce qui signifie, paraît-il : « De Gaulle, au pouvoir ! » Sentiment d'irréalité. On traverse les révolutions, les villes en révolution, comme on passerait un lac en barque. Qui se douterait des courants profonds qui l'agitent ? En surface, rien que des remous, quelques énergumènes excités, des klaxons...

Reçu ma première commande de *Vitamines du vinaigre* : d'une société viticole de Bordeaux !

4 juin. Dix-huit heures quarante-cinq

J'écoute la retransmission des cérémonies d'Alger ; cela me soulève le cœur de dégoût, et malgré moi une espèce d'émotion, sinon d'enthousiasme me saisit : on vit enfin quelque chose. Tous ces imbéciles vibrent aux marches militaires, et hurlent : « Soustelle, Soustelle, Soustelle ! » Il suffit de les entendre pour comprendre que notre pauvre république est morte sous les coups des parachutistes. De Gaulle m'est plus sympathique, mais pourra-t-il tenir tête à ce raz de marée ? Comment résister moi-même à cet élan, ce grondement qui vous prend aux tripes ?

Ce sont pourtant ces hommes-là qui ont empêché, par leur intransigeance aveugle, ce que de Gaulle aura encore bien du mal à réaliser aujourd'hui : une communauté franco-algérienne dans l'indépendance mutuelle. A les entendre gueuler, on voit clairement qu'ils sont encore loin de l'admettre.

Et pendant ce temps-là, les parachutistes ont les bras pleins de jeunes filles, évanouies de chaleur et d'émoi ! Qu'ont-ils fait de leurs mitraillettes ?

« Algérie française ! Algérie française ! » Des hurlements ! Qu'est-ce que ça veut dire ? Pourquoi pas France algérienne ? Et ce crétin de reporter qui se déclare « émotionné » ! Le nationalisme est la plus sombre des bêtises.

Mais voici de Gaulle. Glapissements de la foule. Applaudissements. LE voilà, à pied. Ah ! le culte de la personnalité, ça y va ! et *la Marseillaise* qui suit, comme il se doit.

Il avance vers le Forum. (Triste nom, triste souvenir. Se prennent-ils pour des Romains, ces pygmées ?)

1958

Le Général fait un geste des bras. Une croix de Lorraine est apparue dans le ciel. Il entre au gouvernement général, accompagné de Massu, Salan, et l'inévitable Soustelle.
Maintenant ils sont au balcon, Sid Cara, Salan, Soustelle, etc. Salan parle : « Notre récompense nous a été donnée... Dix millions de Français, unis jusqu'au bout de leur âme... Vive le général de Gaulle! Vive l'Algérie française! »
La foule hurle : « Soustelle! Soustelle! » Son tour de parler, d'un ton ampoulé, très éloquence parlementaire. La voix posée d'un professeur.
« L'Algérie fidèle a voulu demeurer à jamais française... » (*On hurle « De Gaulle! » dans la foule.*) Soustelle continue : « Dix millions dans l'égalité et la fraternité... (*Liberté, où es-tu?*)... Un immense frémissement... Celui qui symbolise la rénovation, le général de Gaulle, est ici... Élan unanime de confiance et de fidélité, de foi et de discipline... En criant avec moi : " Vive la République! Vive l'Algérie française! Vive de Gaulle! " »
Le général surgit, les bras levés, puis se les croise sur la poitrine. Il attend. Enfin, il parle : « Je vous ai compris! (*Hurlements.*) Je sais ce qui s'est passé ici. (*Hurlements.*) Je vois ce que vous avez voulu faire... que la route... est celle de la rénovation et de la fraternité... (*Hurlements.*)... Rénovation *à tous égards*... (*Ça se corse!*)... mais... vous avez voulu qu'elle commence par une institution, et c'est pourquoi me voilà!... (*Hurlements.*)... Et je dis la fraternité parce que vous offrez ce spectacle magnifique d'hommes qui, d'un bord à l'autre... communient dans la même ardeur et se tiennent par la main... (*Hurlements.*)... De tout cela je prends acte au nom de la France. (*Hurlements.*) Et je déclare... que la France considère que dans toute l'Algérie il n'y a qu'une seule catégorie d'habitants, que des Français à part entière, avec les mêmes droits et les mêmes devoirs. Cela signifie qu'il faut ouvrir... (*Silence*)... des voies qui étaient fermées devant beaucoup. Il faut donner les moyens de vivre à ceux qui ne les avaient pas... Il faut reconnaître la dignité de ceux à qui on la contestait... Il faut assurer une patrie à ceux qui pouvaient douter d'en avoir une... l'armée, l'armée française... (*la voix se brise*)... cohérente, ardente, sous les ordres de ses chefs, l'armée, éprouvée... blablabla... Compréhension et pacification, l'armée a été ici le ferment, le témoin et le garant du mouvement qui s'y est développé. Elle a su endiguer le torrent pour en capter l'énergie. Je lui rends hommage *(Bravos)* je compte sur elle pour aujourd'hui et pour demain. Français à part entière dans un collège unique, nous allons le montrer dans trois mois. (*Moins de bravos, et la voix du Général s'enroue.*) Leurs suffrages compteront autant que ceux des autres... Avec ces représentants élus, nous verrons comment faire le reste... Ah! puissent-ils participer en masse, tous ceux... et ceux-là qui, par désespoir, ont cru devoir mener un combat dont

JOURNAL

je reconnais, moi, qu'il est courageux. Moi, de Gaulle, à ceux-là j'ouvre la porte de la réconciliation... Jamais... je n'ai mieux senti combien c'est beau, combien c'est grand, combien c'est généreux, la France! Vive la République! Vive la France! (*Hurlements.*) »

Il quitte le balcon, mais la foule continue de réclamer : « Soustelle, Soustelle! » Ont-ils compris? Habile, cette phrase sur les rebelles. Elle a une autre allure que les invectives des colons. Qui d'autre, en effet, aurait pu, aurait osé la prononcer? Mais n'est-ce qu'une phrase, ou une intention véritable? Un espoir...

13 juin

Ma grand-mère B., au téléphone, me remercie de lui avoir envoyé mon bouquin : « Je crois que tu pourrais faire mieux », dit-elle, incapable de feindre.

Cette ingénue franchise me ravit. Preuve d'estime, en somme, malgré sa formulation. Nous tâcherons de « faire mieux »...

De Gaulle, à la radio : « La IVe République était.... » Voici qu'elle a donc vécu.

15 juin

Un « verre » chez Claude Cariguel, rue du Dragon, au fond d'une cour : un appartement ultra-moderne, meuble Knoll, avec mobile au plafond, bibliothèque en fer, lampadaires bizarroïdes, murs bariolés, salle de bains laquée noir et cuisine à faire rêver une lectrice de *Marie-Claire*. L'idéal « mode », impeccable et aseptisé.

J'y trouve un Claude en ruine, l'œil cerné, le teint cireux, la joue plus creuse que jamais; il a joué au poker de neuf heures du soir à ce matin onze heures. D'un pas chancelant, il me fait visiter les lieux, entrouvre les placards, et j'aperçois au passage une multitude de robes : Barbe-bleue ou Casanova, ce fêtard?

Maniaque, en tout cas. Le ménage est méticuleusement fait, l'ordre règne. Il le faut, car cette garçonnière est un piège à filles. Laquelle résisterait à cette radio en sourdine, à ces éclairages tamisés, à ce confort moelleux, à ces drinks sans nombre?... Tout en se rasant, il médite à voix haute ses projets pour le soir. Je constate que l'élue du jour aura droit à la mise en scène habituelle : sortant avec moi, il laisse le décor « en l'état » et ferme le compteur. « Comme ça, dit-il, ce sera prêt du premier coup. » En avant pour la musique douce et les lumignons coquins! « Tu penses, je l'invite à dîner, faut que je la baise! »

Il me trouve plutôt godiche, évidemment. A son retour d'Amérique, il compte me « donner des conseils » : comment devenir un parfait goujat...

17 juin

Dîné avec Dominique Aron, reine des bals en ma jeunesse; elle a grossi. Et avec une jeune fille de la tribu Schlumberger, qui descend de Charlemagne par les femmes. Quand même, j'vois du beau monde!

24 juin

Deux histoires de Jacques Brenner.
Son père étant mort, André Frédérique se retrouve seul avec un copain, après l'enterrement. Compatissant, le copain l'invite à déjeuner, puis lui propose d'aller au cinéma pour se changer les idées. « D'accord, dit Frédérique, mais pas un film en couleurs; n'oublie pas que je suis en deuil! »
Et cette autre, qu'il affirme authentique. Sur une affiche, à Rouen, il aurait lu : « M. Lucien Baroux se produira en matinée au cinéma Normandy, et se reproduira en soirée. »

26 juin

Chez Solange, avec un certain Jean-Paul Weber et Blondin. Vers la fin du déjeuner, déjà pas mal bu, Antoine se lance dans des tirades inspirées sur le sport, poétiques quand il parle de l'érotisme, lyriques lorsqu'il en vient à évoquer les bouleversements actuels : « Ah! on se sent toute la France humiliée! On est Mollet sous les tomates, Louis XVI à l'échafaud... »
A bord de sa belle auto, le M. Weber s'offre à nous ramener rive gauche, car il pleut des cordes. Blondin en profite pour se déchaîner. Au hasard de sa fantaisie, le véhicule devient un navire de course, l'arche de Noé, un canot à moteur, un hors-bord, un cuirassé... Chemin faisant, il abreuve d'injures le malheureux pilote, accusé de conduire comme une savate et d'avoir acheté une chignole pourrie d'un mauvais goût répugnant. D'ailleurs c'en est trop, il va plonger à la baille, il ne peut pas rester une minute de plus dans ce rafiot en perdition... Nous avons toutes les peines du monde à l'empêcher de sauter en marche, au beau milieu de la place de la Concorde, déserte sous le déluge.
En arrivant, non sans mal, du côté de chez Gallimard, but du voyage, Blondin se met à jouer la grande scène des *Vignes du Seigneur*. Pris d'un amour fou pour celui qu'il traînait plus bas

JOURNAL

que terre dix minutes avant, il refuse obstinément de le quitter. J'essaie, en vain, de le faire descendre de voiture. Blondin s'accroche à la portière et m'envoie des coups en vache dans les tibias. Je l'abandonne à son sort. Dieu sait comment l'aventure se sera terminée pour Weber tout ébaubi, et bien embarrassé de sa conquête.

Au moment où la voiture démarre, atterrit à mes pieds, froissée en boule, l'invitation d'Antoine au cocktail qu'il a jetée par la fenêtre, comme un ultime crachat.

C'est ainsi que j'ai fait mon entrée rue de l'Université, sous un glorieux nom d'ivrogne.

1er juillet

A la Sorbonne, on m'interroge sur Mahomet. Le professeur, qui passe pour une terreur, a le cynisme drôle : « Vous ne savez pas grand-chose, mais vous êtes astucieux. J'entends tellement de bêtises, ça me change! Je vous mets douze. » Le tarif de l'astuce.

4 juillet

Expo Dunoyer de Segonzac. La série des boxeurs, admirable. L'artiste est devant la porte, l'air d'un vieux hobereau massif et bourru, avec un bon regard. Si peu l'allure d'un peintre.

7 juillet

L'*Alexandre* de Druon. Il a gardé beaucoup plus que je ne l'aurais cru de mon travail, avec une prédilection pour les scènes un peu « enjolivées » par mes soins. Après tout, je me suis contenté d'appliquer ses directives : j'ai « pris parti dans l'hypothèse ». L'ensemble est vivant, romanesque; il sait y faire. Un petit penchant coupable pour la grandiloquence « à l'antique », mais enfin...

9 juillet

Cocasse formule de Frédéric II (dans une lettre à Voltaire sur Mme du Châtelet) : « J'avoue que les charmes de son esprit m'ont fait oublier sa matière. »

1958

11 juillet

D'après un journaliste de *l'Aurore* qui vient de me téléphoner, j'aurais obtenu le prix de la Nouvelle, par cinq voix contre quatre. Odette Joyeux m'avait bien dit qu'elle me défendrait, mais je pensais qu'elle serait seule à le faire. J'attendrai les informations de six heures pour y croire.

17 juillet

Cette gloriolette m'amuse beaucoup; me voilà « reine d'un jour ». Interview à la télévision, sur le coup de midi. Moins impressionné que je ne l'aurais cru; n'ayant aucune imagination (hors littérature), je ne *vois* pas les spectateurs qui me regardent dans leur salle à manger : rien que le gros œil mort d'une caméra. Je l'oublie et parle comme si j'étais seul avec Parinaud.

Après moi passe une longue fille noiraude, qui chante à l'Écluse. Une voix plaintive, étrange, poétique, sans rapport avec son physique ingrat. Elle n'a pas de nom; on l'appelle Barbara. Elle s'accompagne elle-même sur un piano blanc, et son couplet parle de collégiens en promenade, de leurs casquettes à boutons dorés. Joli, l'air me trotte dans la tête.

Cet après-midi, cocktail au soleil couchant, dans le petit jardin de la rue de Grenelle; on y voit, scellée dans le mur comme une gargouille, la trogne de Zola, qui vous observe d'un air grognon. Pas mal de monde pour l'époque, dont les jurés, bien sûr. L'un d'eux, l'air d'un oiseau assez sympathique, est Robert Mallet, l'homme des entretiens avec Gide et Léautaud. « Je n'ai pas voté pour vous, me dit-il d'emblée. Avec ce talent malin, je suis sûr que vous ferez très bien votre chemin tout seul. Vous n'aviez pas besoin de nous... » Maligne aussi, la pirouette! Il ajoute, moins tartufe, cette fois : « Mettez un peu plus de tendresse dans vos textes, la raillerie, ça revient toujours. »

La soirée s'achève chez Jean-Claude Darnal, avec Brenner et les Fasquelle. J'y apprends que mon sort s'est décidé au cours d'un déjeuner chez Fabre-Luce, où Déon aurait promis sa voix... Mais ils ne savent pas qu'il s'est aussi réglé à Rome, chez mes parents, il y a dix ans.

Pour occuper Odette Joyeux, vedette d'un film produit par mon père (où figuraient également toute la tribu Poliakoff et Gaby Morlay, jalouse d'Odette au point de la surnommer Joyette Odieux), papa m'avait prié de jouer avec elle au ping-pong, et de perdre... Elle était si peu douée que ce n'était pas commode. Deux lustres plus tard, la voici qui me renvoie la balle. Enfin!

JOURNAL

21 juillet

Je ne vois jamais venir l'été sans appréhension; c'est la saison des mauvais coups. Je range mes papiers avec un curieux sentiment d'inutilité, si tout doit être détruit demain. Mais je vis, je vis! Emmagasinons des joies avant l'anéantissement; tout plaisir est gagné sur le temps. Grâce à Dieu, Khrouchtchev, Eisenhower, Macmillan, de Gaulle, Nehru sont des hommes comme les autres, unique espoir de salut. Cela dit, j'ai l'impression d'être seul à m'en soucier. Si j'en parle, tout le monde rigole.

Reçu du bon Curvers deux pages de corrections grammaticales, enguirlandées de compliments. Aurais-je eu la moyenne en français dans sa classe? De toute façon, il n'est d'écrivain que redoublant. Avec un examen de passage obligatoire à chaque nouveau livre.

22 juillet

Dîné avec Christian Ayoub. Agréable. Rien à en dire de plus et c'est tant mieux; l'amitié n'a pas d'histoire. Mais au café passe un autre Égyptien de ses amis et aussitôt, dans leur conversation, se mettent à voltiger des Zulphicar, des Zadoc, des Zogheb, des Abner, fleurs exotiques des mondanités à l'orientale, plutôt fanées depuis la fuite de Farouk. A propos de « royalties », l'ami en profite pour pleurer « la mort atroce de ce pauvre Abdulillah » (d'Irak), massacré à Bagdad il y a quelques jours. Le voilà soudain revendiqué comme un intime, puisqu'il ne parlera plus, le « pauvre Abdulillah »... Du bon usage des révolutions par les snobs en exil!

25 juillet, Argenton

MA GRAND-MÈRE G. – Dans ton prochain livre, tu vas continuer à te moquer du monde?
TANTE CHARLOTTE. – Je ne savais pas qu'il avait l'esprit chansonnier.
TANTE LÉONIE. – Qu'il s'occupe donc des gens de Paris!

4 août

Voyage en Auvergne avec les O. Une ventrée de basiliques romanes et de forteresses. Souvenir émerveillé du château de

1958

Cordès, qui se visite en musique, de l'église d'Orcival, et surtout de Notre-Dame de Conques, si blonde, si belle, au flanc de sa gorge abrupte, que je sors un prie-Dieu sur le parvis et m'assieds devant le porche un long moment, comme on regarderait un tableau dans une salle de musée.

A Saint-Nectaire, nous déambulons le dimanche matin dans l'église, sur la pointe des pieds. Pas assez discrètement, toutefois, pour échapper à la vigilance du prêtre qui officie. Lorsque nous passons à sa hauteur, sur le bas-côté, il siffle entre ses dents, du coin de la bouche, comme un personnage de dessin animé : « On ne visite pas l'église... *Dominus vobiscum...* pendant les offices... *Amen...* »

11 août

Si Dieu me prête vie... Ne jamais oublier que c'est un prêt. Tâcher de la lui rendre. Et sans rechigner.

22 août. Paris

On ravale notre façade. Le peintre vient d'appliquer une première couche : « Je nourris le mur », dit-il. Ce qu'on appelle la restauration des monuments?

4 septembre

Premier « conseil des ministres », sous la présidence de Maurice – et le patronage pictural d'Alexandre Dumas –, mais « l'atelier » se réduit à Pierre de Lacretelle et moi... L'élégante secrétaire, qui prend tout en note, donne une allure de sérieux à cette conférence, où l'histoire passe un quart d'heure chahuté. Puits de science, le vieux Lacretelle chuinte précieusement entre ses chicots. Adorable, du reste, quand il ne se perd pas en digressions interminables où surgissent tout un tas de célébrités littéraires, qu'il affecte d'appeler par leur prénom, bien qu'il ne les fréquente plus guère à présent. Aux environs des années vingt, jeune, riche et beau, il fut un dandy à la mode, trop cigale pour prévoir son hiver, le cher homme.

En petit comité, le maître s'en donne à cœur joie, ménageant ses effets : « Il faudra que Bouville soit en Avignon l'été 1327.
– Pourquoi? »

Il prend son temps, cligne de l'œil, éclate de rire, et laisse enfin tomber sa trouvaille : « Parce que c'est l'année où Laure a rencontré Pétrarque. »

JOURNAL

J'ai parfois un sursaut de sorbonnard devant les « libertés » de Maurice, mais l'amusement l'emporte. Et puis, il a une telle santé, une telle joie de vivre, généreuse, qu'on ne résiste pas longtemps à son sourire de gosse farceur. Après tout, c'est du roman; pourquoi se priver?

Cet après-midi, encore un discours de Malraux en velours frappé, qui parle, avec son emphase odéonesque, de la « vieille voix sans visage » de la République. Image de poète, aussi belle et absurde que la « bouche d'ombre ». Hugo pas mort!

12 septembre

Cette V^e sera la République de la peur : votez OUI, pour barrer la route aux communistes, aux colonels, à la jeunesse, à Dieu sait quoi... Eh bien, NON!

19 septembre

Un moment chez Brenner, à son bureau de la rue de Grenelle. Passe Richard Maruel, jeune Polonais naturalisé français, qui enseigne l'anglais à Tunis. Sa définition de l'avenir qui nous attend me paraît juste : « un franquisme de luxe ».

20 septembre

Dans *Carrefour*, journal de droite, mon premier éreintement. Malheureusement signé Pascal Pia, homme estimable et ami de Max Jacob. Excellente leçon pour l'enfant gâté que je suis, même si je la trouve un peu outrée dans l'injustice.

22 septembre

Gagné cent mille francs dans un concours de slogans. J'en avais envoyé une dizaine; ils ont choisi le plus creux : « Votez aujourd'hui la France de demain. » Le plus jésuite, aussi, car je vote « Non », préférant que la France de demain ne soit *pas* celle du Général; mais les gaullistes y liront au contraire un encouragement et une approbation. Tout le monde est content. Sauf moi, car je n'ai obtenu que le troisième prix. Les cinq cent mille francs du gros lot m'auraient permis d'acheter le petit secrétaire que je convoite depuis longtemps, et puis ceci, et puis cela... Désarmants,

1958

les gens comme moi! Mais qu'y puis-je? Je suis incapable d'être heureux sans restrictions. Si je n'en vois point, j'en invente.

24 septembre

Pour célébrer l'événement, j'ai tout de même organisé un dîner avec Christian Ayoub, qui va repartir pour l'Égypte, Milorad, Jean-Jacques Kihm, John Ashbery, le grand lymphatique sympathique, et quelques autres. Beaucoup de vin mais peu d'idées. Ensuite, très tard, je rencontre Et. Déjà deux ans! On dirait que rien ne nous a séparés, et que le temps s'arrête sur lui : toujours beau comme une statue. Un matin, il va tomber en poussière, Dorian Gray des polders.

Druon le magnifique me propose 5 p. 100 de ses droits d'auteur. Vu le travail qui m'attend, je pourrais dire aussi bien que je lui abandonne 95 p. 100 des miens...

27 septembre

La Hobereaute. Entre le mammouth et le bison pelé, l'auteur est assis devant moi, et s'applaudit frénétiquement. A-t-il raison? Il a voulu faire son *Diable et le Bon Dieu.* C'est moins construit, mais plus ailé; un cerf-volant d'inventions qui flotte au vent du verbe. *Credo quia absurdum,* la métaphysique d'Audiberti est ici sans réplique : « Dieu et Dieu font quatre », dit ce saint Jacques de la calembredaine. Hénaurme et survolté, Le Poulain se joue de l'extravagance en seigneur de la caricature. Épatant!

A l'entracte, Brenner me présente à Jean Schlumberger, la surdité faite homme, mais le regard vif sous une paupière tombante que retiennent les cils. Octogénaire alerte, guilleret, qui continue de grimper ses cinq étages sans ascenseur, c'est le dernier mousquetaire vivant de la grande équipe NRF (avec le père Gallimard). Il parle de la publication de ses *Œuvres complètes* en gentleman posé : « Je suis un polygraphe », dit-il. Avec un fond d'honnête satisfaction qui ressemble à l'orgueil du travail bien fait chez un artisan.

28 septembre

Été voter, par cette délicieuse matinée; le soleil est gaulliste. Dans l'isoloir, un tas de « NON » rageusement froissés par les électeurs bien-pensants. Vu Marie-Thérèse, la concierge du petit lycée, que j'aperçois à chaque élection. Elle me connaît depuis le

JOURNAL

jardin d'enfants... « Je vous attendais, me dit-elle. Toujours pas marié ? C'est bien, ça ! » Sibylline Marie-Thérèse...

Deux heures du matin. Soirée chez Raymond P., en compagnie de Roland Barthes, de la bande à Minoret, et du séduisant Noël Lee. On parle plus politique, hélas, que littérature ou musique. Il est question de 80 p. 100. Désespérant !

29 septembre

80 p. 100 de « OUI » en effet. L'incroyable est vrai.

1ᵉʳ octobre

Boubal, patron du Flore, parle de son établissement. Pour lui, la légende se réduit à une bonne affaire.

« Tu te rends compte, dit-il, avec son indéracinable accent de Marvejols, rocailleux à souhait, depuis dix ans qu'on parle de nous dans les journaux, il y en aurait pour au moins cinquante millions de publicité !... »

Apparaît Herbart, sans monocle, mais avec un papillon émeraude, assorti à ses yeux, le teint hâlé, les cheveux de neige : le plus beau des vieux beaux. Brillant, volubile, mordant, il descend du premier étage, où il s'est isolé un moment. Les mauvaises langues prétendent qu'il se pique dans les toilettes. Et après ?

« Payez-moi un verre ! » me dit-il, abrupt, lui qui roule Cadillac, ces temps-ci, à moi qui n'ai qu'un parapluie pour tout véhicule. Il s'assied à notre table et se met à disserter inexplicablement sur les Pygmées, ces Pygmées que Gide avait refusé d'aller voir, avec horreur, lors de son voyage en Afrique.

« Ah, dit Herbart, ils sont affreux, ces Pygmées ! Hauts comme ça ! Un ventre en ballon, une tête énorme, des jambes si grêles ! Et des seins plats, qui pendent comme des sacs en matière plastique. »

Perplexe, Boubal le contemple, de son œil kalmouk. Les Pygmées, est-ce bon pour le Flore ?

24 octobre

Chez Pierre Guérin, dans ses mansardes de luxe, rue des Belles-Feuilles, tout en haut d'un immeuble qui lui appartient et le fait vivre. Aujourd'hui, on y joue « En attendant Marie-Laure ». Il est coutumier de cette pêche au lancer, avec un appât mondain qui souvent se décommande à la dernière minute. Viendra, viendra

1958

pas? C'est l'habituel suspense. Quand j'arrive, une demi-douzaine de personnes très excitées ne se tiennent plus d'impatience. Quarante-cinq fois, en trois quarts d'heure, elles prononcent le prénom révéré, à chaque détour de phrase, comme on touche du bois.

Alors qu'une morne désolation commence à ravager le moral des troupes, et que la tête de cocker pelé du maître de maison s'allonge de minute en minute, ELLE sonne enfin, désinvolte, pimpante, satisfaite d'avoir mené son hôte à l'acmé de la tension. Elle le prend comme le tribut d'un vassal de peu, qu'elle honore par pur caprice.

La bouclette mauve, le visage en lame de couteau prolongé d'un corps étrange, buste de jeune fille posé sur un ventre d'éternelle parturiente (depuis au moins dix ans), elle parle du nez, planant d'un mot à l'autre avec un altière nonchalance. Ce qui ne l'empêche pas d'être drôle, intelligente, originale, infiniment supérieure à ses courtisans extasiés, qu'elle torture et manœuvre en diva perverse. Avec moi, qu'elle connaît à peine, Mme de Noailles est toute séduction; je suis « une nouveauté ». Elle me met dans sa poche en un clin d'œil.

Vais-je me joindre au bêlant troupeau?

27 octobre

Clichés. – Pourquoi les lanternes sont-elles sourdes et les hôtels borgnes?

3 novembre

Dans le Michelet que Druon m'a prêté pour ma documentation, cette note en marge sur l'amant de Laure : « Ridicule Pétrarque, toujours à la recherche d'une grande idée et d'un grand homme. Une espèce de Malraux. »

7 novembre

Coccioli présente son nouveau livre, *Manuel le Mexicain*. Beaucoup de monde chez Plon, y compris le héros du roman lui-même, produit comme une plante rare, et qui se laisse complaisamment admirer, photographier... Fort beau, du reste, ce souriant Aztèque, mais le propre d'un personnage de fiction n'est-il pas d'échapper au réel?

JOURNAL

15 novembre

Les *Vitamines* m'a valu la sympathie de Chazot. Il m'invite à dîner chez Lipp avec Jean-Louis Bory, frétillant, minuscule, volubile, délicieux. Il est professeur à Henri-IV ; j'y fus élève trop tôt !... Avec surprise, je m'aperçois que le lien entre Chazot et Bory – bizarre assemblage de la régate stricte et du col roulé je-m'en-foutiste – n'est pas une obscure franc-maçonnerie de hasard, mais leur admiration commune pour Mauriac ; ils le voient souvent, et parlent de lui comme d'un bon-papa complice au fou rire féroce.

23 novembre

Mendès France est battu.
Il faut de ces hontes pour désespérer du suffrage universel. Ne jamais, jamais faire de politique ! La démocratie ne devrait s'exercer que pour les grandes options – par référendum – ou pour les élections présidentielles à l'américaine, qui me paraissent la solution la plus intelligente. Cet échec n'est qu'un incident de parcours, et Mendès mérite mieux qu'un simple siège de député, mais tout de même... Une fois de plus, le courage ne paie pas. A court terme.
Il y a ainsi des jours où l'on a envie de voter communiste. Et comme je suis lâche de ne pas l'oser !

27 novembre

Par Chazot, toujours aussi serviable, appel de Jean Le Marchand, qui me demande une chronique sur le Goncourt, pour *Arts*. J'ai un brin de trac, mais cela m'amuse. Le Marchand ? La voix graillonnante d'un homme qui a beaucoup fumé, une sorte d'indulgence enfouie sous les dehors ironiques d'un nounours pansu, fin, cultivé. De la tendresse derrière son cynisme. Une passion pour les îles, les pommes de terre, Mauriac et Bernanos.

10 décembre

Tous ces gens qui prétendent savoir « pourquoi ils écrivent », Frank, Nimier, le jeune Sollers, etc. Savent-ils aussi pourquoi ils font l'amour ?

1958

14 décembre

Miguel del Castillo, que j'ai voulu connaître, parce que j'aimais *Tanguy* et *la Guitare*. Je vais le chercher pour dîner rue de Bruxelles, dans un appartement douillet, avec moquette et valet de chambre. Il a néanmoins l'air d'un enfant frileux, fiévreux, pâle sous sa noire tignasse, plus réfugié que locataire. Un regard de velours et des manières, au bon comme au mauvais sens du terme. Mais il est vibrant, sincère dans sa mythomanie, et généreux de ses sentiments : le cœur sur la plume. La littérature, pour lui, ne peut être qu'une « tranche de vie » (ce qui n'interdit pas de l' « arranger » − et d'y croire, sans doute). A-t-il réellement été reçu au bachot avec la mention « Très bien »? Pourquoi pas? Seulement le dit-on, quand c'est vrai? Étrange, aussi, ce besoin de me confier si vite, si tôt, qu'il a voulu se supprimer l'an dernier, « par fatigue », ou cette affectation à être un « élu de la souffrance », par principe. « S'il y a une autre guerre, dit-il, je serai parmi les suspects », comme si cela lui revenait de droit. Il dramatise, noircit, sans même s'en rendre compte, installé à demeure dans le tragique, avec une délectation masochiste, un rien satisfaite. Bluffeur? Mais avec tant de candeur, de sincérité dans ses forfanteries, qu'on a envie de protéger ce frêle hâbleur, tendu, ardent, attendrissant.

17 décembre

Petit voyage dans le Bordelais, pour ces Maudits Rois. La Réole, dont il ne reste pas grand-chose. Une fois de plus, il faudra tout inventer...

31 décembre

Bilan : je m'enlise.

1959

5 janvier

Rêve. – « Monsieur Perrichon tyrolien. »
A bord d'un téléphérique rococo, très 1900, et fort large – il me semble avoir déjà emprunté ce bizarre véhicule –, je circule dans les rues d'une ville (comme si j'étais en tramway), avant de m'élever enfin dans les airs. Des petites filles partagent avec moi cette nacelle. L'une d'elles parle de ma sœur, mais je n'ose pas me faire connaître, par timidité. Après un long voyage, nous voici de nouveau sur des rails, traversant une station de sports d'hiver dont les chalets sont remplacés par d'élégants hôtels particuliers. Au terme de la promenade, notre débarquement à la gare est périlleux, car on doit descendre du téléphérique en utilisant une manière d'échelle de corde. Lorsque j'ai enfin mis pied à terre, je m'aperçois que je suis en Autriche, mais à quoi? Je ne connais pas ce pays...

6 janvier

Déjeuner avec Druon, très « grand frère », qui me renouvelle ses conseils et ses interdits. Outre les comédiennes, je dois me méfier des femmes « créatrices », celles qui exercent ce que Valéry appelait, dit-il, « les professions délirantes ». Au dessert, nous chantons à deux voix les louanges de *la Semaine sainte*. Maurice trouve que c'est « de l'unanimisme réussi ». Pour moi, c'est surtout le premier chef-d'œuvre romanesque écrit par un communiste français depuis la guerre. La preuve, unique hélas! qu'on peut avoir sa carte et un génie souverain, libre jusqu'à l'insolence absolue.

JOURNAL

9 janvier

Rêve. – Je joue une pièce de Ionesco. Absurde, évidemment.

19 janvier

La duchesse de La Rochefoucauld. Roide, roussâtre et royale, elle trône sur un canapé dans le salon de sa fille Solange. Chacun se relaie auprès d'elle pour les cinq minutes de cour réglementaires. A moi, elle m'explique la raison de son vote contre *le Repos du guerrier*, « malgré le talent », précise-t-elle : « Songez, monsieur, que les gens achètent le prix Femina sans même savoir ce dont il s'agit. On ne pouvait pas couronner le livre de Mme Rochefort; c'était répandre le vice au sein des familles... »
Ionesco fait une apparition tardive, en vedette américaine. Très incertain à cette heure, il en profite pour me faucher mon portefeuille en partant. Ce qui me vaut un coup de téléphone contrit ce matin, et un paquet demain. J'aurais préféré une petite lettre et plus de portefeuille.

24 janvier

Il est des soirs – ce soir – où l'on se dit qu'une belle nuit d'amour excuse une vie entière.

25 janvier

Rêve. – J'essaie d'enseigner un et un font deux à un charmant petit singe. Il comprend bien un et un, et répète un et un, un et un... Mais comment lui faire comprendre un *plus* un? Je n'y ai pas réussi. Réveil découragé.

27 janvier

Rompu, à l'amiable, mon contrat avec Maurice. Nous parlons deux bonnes heures. Ses recettes d'adieu : écrire dans *Marie-Claire*, faire des romans, toujours des romans, admirer Tolstoï...
A propos de la « négritude », Druon me raconte une histoire jolie, qu'il attribue à X. Celui-ci convoque un de ses « collaborateurs » : « Je suis ennuyé, je n'ai pas d'idée, et il me faut absolument publier quelque chose à la rentrée. N'auriez-vous pas

un bon sujet à me vendre? » Puis X. invite à déjeuner un autre de ses obligés : « Cher ami, j'ai une excellente idée, mais le manque de temps, mes affaires, un travail en cours... » Deux rendez-vous : cent mille exemplaires.

29 janvier

Snobisme. – Ce matin, très tôt, coup de fil de la vieille Émily. De sa voix rauque de chien enrhumé (avec un arrière-fond viennois) elle me sonde au bout de trois phrases : « On vous verra chez les Gramont jeudi? – Non madame, je ne les connais pas. – Ah bon... A bientôt, cher ami. » Fini! Rayé! Je ne connais pas les Gramont...

La princesse de Bavière, hier : « On m'a dit tant de mal de vous que j'avais envie de vous connaître. »

2 février

Réception à la Casa du Portugal, pour les soixante-quinze ans de Chardonne. Magnifique vieillard, grand, un peu voûté. Un beau visage, entre Chevalier et Eisenhower, avec la noblesse en plus. Il part, son chapeau à l'envers, le rebord baissé sur la nuque comme les marins-pêcheurs, superbe. « Vous vous souviendrez de ce que je vous ai dit? » La voix est profonde, lente, légèrement poseuse.

A mon arrivée, il me désigne du doigt et dit : « Vous, je vous reconnais. Et c'est rare », ajoute-t-il.

Puis, plus tard : « La vie littéraire est longue, longue, me disait Jaloux. Je vous transmets cette vérité. Et c'est Bartet, lorsqu'elle était vieille, qui me disait aussi : " Quand on sait jouer, il faut quitter la scène. " Eh bien, pour un écrivain, il faut écrire, au contraire. Pas trop. Des articles, tant que vous voudrez. Mais les livres enterrent les idées. On ne peut plus revenir dessus. Il suffit d'un livre par phase de la vie.

– Et combien de phases y a-t-il?

– Oh! Trois, quatre. Si on me demandait d'écrire un roman aujourd'hui, je refuserais. Ce n'est pas de ma phase. »

« Ah! la droite... Je suis de droite parce qu'elle est généreuse... Tenez, nous, nous disons de *la Semaine sainte* que c'est un grand livre. Peu nous importe qu'Aragon soit communiste ou pas... Mais Barrès, c'est très surfait, je n'hésite pas à l'affirmer. Un homme qui est né la plume à la main, ce n'est pas un écrivain. »

Puis, à Christiane Rochefort : « On ne peut pas dire au premier livre que vous êtes un grand écrivain, bien qu'il y ait de fortes chances. On ne sait même pas si Mauriac est un grand écrivain.

JOURNAL

Peut-être l'est-il ? Il ne restera pas, mais enfin... c'est un grand tout de même. Et Morand, autre méconnu ! Tout le tragique qui se cache sous cette légèreté... »

8 février

Après le dîner, chez Brenner, avec les Kern. On attend Ionesco. Il aurait dû venir la veille, mais il avait trop bu, paraît-il. Il surgit enfin et sort de sa poche quelques « histoires rubéfiantes », ainsi nommées « parce qu'elles font rougir tellement elles sont bêtes ». Il nous les lit, attend l'effet, et s'esclaffe à son tour : « C'est stupide, n'est-ce pas ? » Il a une tête de clown avec un crâne pointu, chauve, et des ailes de pigeon noires au-dessus des oreilles. Les yeux bleus, un gros nez, une lippe épaisse. Quand il rit, son visage devient franchement fratellinesque, puis reprend soudain son expression désolée d'amuseur triste, sans transition.

Menu, il donne toujours l'impression de trottiner et se promène en ce moment avec une canne à pommeau sculpté : un chien d'ivoire, qui lui ressemble. A l'arrivée, il est crispé, attentif à ne pas boire. Au premier verre de vodka, il se détend et devient celui que j'attendais. Il part en guerre contre Sartre qu'il poursuit d'une inimitié violente, puis dérive de Barthes en Dort, qui sont « à tuer », jusqu'à la politique et l'Algérie.

« Quand j'étais petit, j'allais à l'école communale de la rue Blomet ; il y avait des Arabes qui me faisaient une peur bleue. Ce que je déteste le plus au monde, ce sont les terroristes. Moi, je tuerais tous les terroristes, dit-il dans un grand éclat de rire. Les Algériens sont aussi tortionnaires que les autres. Ceux qu'il faut supprimer, ce sont toujours les révolutionnaires, la plaie de l'humanité. »

Il avise l'œil effaré de Kern, se tait brusquement, et lance : « Oui, je suis affreusement réactionnaire ! »

L'alcool aidant, il s'anime, il s'excite, comme un enfant. Il veut aller aux Halles illico, pour manger une soupe à l'oignon. Pour un peu, il trépignerait. Les Kern se défilent, et nous restons tous les trois. Debout dans l'entrée, Ionesco contemple sa photographie, car Brenner collectionne les portraits d'écrivains qu'il admire. « On dirait Einstein », dit-il. Un temps, avant d'ajouter : « Moins les mathématiques. » Sur ce, il prend son vieux chapeau, sa canne à tête de chien, et nous partons pour le Royal Saint-Germain, l'ayant convaincu, non sans mal, que c'est tout de même moins loin de la rue Guisarde que le Pied de Cochon.

Là-bas, Eugène donne dans la confidence et brosse de sa vie un effarant tableau. A l'en croire (Brenner n'y croit pas trop), il ne dort que trois heures par nuit ; il lui faut se doper pour écrire ses pièces ; sa famille l'épuise, car sa femme le gronde, et sa fille de

1959

quatorze ans travaille mal au lycée. « Je lui ai fait sa dissertation, l'autre jour. Sujet : " Le dialogue de l'eau et du feu ". J'ai eu quatre sur vingt, avec l'appréciation : " puéril ". En vérité, ajoute Ionesco, je n'ai jamais dépassé douze ans. (*Soupir.*) Je voudrais bien avoir quinze ans! Toujours eu quelqu'un pour me gêner, mes grands-parents, ma mère, le service militaire, et puis ma femme. Je n'ai connu qu'un an de liberté dans ma vie. De temps en temps, je me sauve en Angleterre ou en Hollande, trois petites semaines. Je bois comme je veux, je baise des dames. Quand je reviens, je suis content, ravi de retrouver la maison. Mais au bout d'un mois, j'en ai encore assez... Ma vie est un enfer. Je suis obligé de mentir, comme un gosse. Tout à l'heure, je vais rentrer, et Maman (*Rodica!*) me dira : " Tu pues l'alcool. " Ma vie est infernale... infernale... infernale... »

Pochard et touchant. Et puis c'est Ionesco!

11 février

A propos d'Émily, qui m'a invité, bien que je ne connaisse pas les Gramont. Son portrait, par Vuillard, est l'ornement du salon. Mais comment savoir si c'est vraiment le sien? On y voit une jeune femme de trois quarts, devant une fenêtre, et qui regarde au-dehors... Deux solutions : c'est le portrait de n'importe qui, acheté dans une vente, ou Émily jeune était si laide que Vuillard l'aura peinte de dos, pour ne pas lui faire de peine.

13 février

Nuits agitées. Je vis au petit jour le jour.

21 février

« Aux innocents les mains pleines. » Mais « la fortune sourit aux audacieux ». Qui croire?

6 mars

Réunion du nouvel état-major des *Saisons*, chez Brenner. Breitman papillonne, Milorad se tait, Schneider joue les Récamier sur un divan. Et Bernard Frank, l'air sarcastique, lance des jeux de mots en ricanant. C'est lui, néanmoins, qui mène la danse, gros bébé noiraud que Brenner approuve avec la mansuétude de l'admiration. Il décrète en autocrate, par oukases : Sagan, oui, mais Christiane Rochefort, non; Aragon, pas question : il est communiste; Queneau, peut-être, on verra; Ionesco, à la rigueur, et Camus, du bout des lèvres, mais évitons Jouhandeau pour un premier numéro... De temps à autre, il bafouille une drôlerie gamine, toujours juste dans sa méchanceté, intelligente, et subtilement fausse parce qu'il juge tout en termes de cuisine littéraire, plus intéressé par la recette que par le plat. Il est vrai que la Littérature (avec majuscule), ça n'existe que dans les livres.

13 mars

Et puis, chacun la sienne. Aux mardis de la rue de Rennes, c'était celle de Robbe-Grillet et consorts. Thème de la réunion : « L'école du regard », bien entendu. A la table, le pape et son secrétaire d'État Butor, le geste arrondi et la voix perchée, mais éloquent. Pour ne rien dire que des bêtises, développées avec l'intelligence acrobatique d'un professeur. Parle aussi Duvignaud, l'air mauvais, mal nourri. Dans la salle, toute la clique (la claque?) : Sollers, Simon, Pinget, Magny, et une foule de curieux, dont l'étonnant Memmi, tel un conteur arabe parmi les mandarins.

Lettre à Christian Ayoub. – «... Nos sommes donc allés, Brenner et moi, voir le maître dans sa maison de La Frette, qui domine la Seine, aux environs d'Herblay. Vue admirable; fleuve silencieux; beau temps brumeux. Il nous attend sur sa terrasse, vêtu d'une cape verte de garde forestier et d'un feutre brun, dont le bord est relevé comme les coiffures à plumet des *bersaglieri*. Sa voix est le plus étonnant en lui. Profonde, majestueuse; il parle un peu comme Coty, avec cependant l'intelligence qui manque à ce pauvre homme. D'abord un numéro sur la maison. Il nous raconte qu'elle lui a coûté des fortunes – il y a trente ans – et qu'il avait intenté un procès aux architectes. Son avocat était Léon Blum, qui plaide sur le thème : un pauvre poète qui veut se retirer à la campagne est grugé par ces gougnafiers d'architectes. La partie adverse explique que le " pauvre poète " est un éditeur (Stock) qui vit de la sueur des pauvres auteurs exploités... etc. Pauvre Chardonne fut en plus condamné aux dépens!... Ensuite nous pénétrons à l'intérieur de la maison, où nous attend Camille Belguise, sa femme. Charmante. Elle le rudoie un peu, mais on sent qu'elle est partagée entre l'agacement et l'admiration. *Vivre à Madère*... mais l'on nous sert du porto et du punch. Il boit pas mal et s'enflamme vite, comme le vieil amadou. Bientôt il est lancé sur l'Allemagne, où il fit un mémorable voyage en 1941, en compagnie de Drieu, de Jouhandeau, de Derain, de Fernandez, etc. Il prétend que " tous les prisonniers étaient revenus germanophiles! "... mais qu'ils avaient été obligés de le cacher à leur retour! (Bien sûr, je déforme, car je ne suis pas sténographe.) " Ah, s'écrie-t-il, Jouhandeau, en voilà un qui avait compris le sens du mot collaboration; il forniquait! "... Puis nous revenons à la littérature. Ses passions du moment : La Bruyère, Anatole France – Barrès, c'est très surfait!... Et Flaubert! *Salammbô*, quelle œuvre admirable! On en lit une page, et puis l'on referme, émerveillé. Mais sa grande préoccupation, c'est la sortie de son prochain livre, qui est dans le genre de *Matinales*. " Je ne résiste que mollement à vous en lire quelques extraits ", mais il finit par nous dire : " Voici les deux plus belles pages de la littérature française. " Elles sont de lui, naturellement. Et quand il a fini : " C'est bien, hein? " Beaucoup de naïveté dans cette interrogation à la fois humble et orgueilleuse. Sa femme écoute, ravie. Il lit bien. (" On m'a toujours dit que j'aurais fait un grand acteur! ") " Mais je suis assommant, dit-il soudain. Quand j'avais votre âge, j'avais horreur de ces lectures! " Ensuite il donne des louanges à transmettre à Bernard Frank, ce Saint-Simon sans Louis XIV, comme prétend un de ses amis. Il parle également de Nimier, avec lequel il est brouillé – pour quinze jours, précise-t-il. Le temps passe vite et la Seine coule toujours. Il est bientôt huit heures et le temps de partir. Après avoir vainement demandé à sa femme de nous garder à dîner, il ajoute, comme excuse : " Que voulez-vous, elle est vieille! Quel âge as-tu? Soixante-quinze, quatre-vingts? " Imaginez notre gêne!... Impossible de le faire taire. Les adieux n'en finissent plus. Il doit s'ennuyer là-bas, tout seul. Il repart sur la jeunesse, sur l'amour, tous les amours, celui qu'il a eu pour sa femme, et celui des gens comme Jouhandeau, qu'il traite drôlement d' " écrevisse poilue " (il l'a vu nu au cours de ce voyage en Allemagne). Un grand homme, dans tout ce que ce terme comporte de risible et de glorieusement admirable. Depuis, j'ai déjà reçu deux lettres de lui. La première commence ainsi : " Je me suis réveillé cette nuit à minuit dix. Réveillé comme si on frappait à la porte, par une idée qui venait de vous. Vous avez dit... ", etc. Vous voyez! Je réveille les grands hommes! J'en suis très fier! Mais il est maintenant bien plus de minuit et il faut que je me couche... »

11 avril

Un verre avec Roland Barthes et Gérald Messadié. Curieux visage que celui de Barthes. Une tête d'oiseau qui s'empâte vers le bas : le profil de Louis XVI. L'œil bleu, le sourire convexe, les dents belles. Avec un air de mollesse dans toute sa personne qui ne vient pas des traits mais du regard, placide, passif, posé, en accord avec le ton un peu affecté de sa parole. Nous flirtons un moment (que ces « progressistes » ne le sont guère en matière de badineries : du précieux, du fleuri, chantourné jusqu'au ridicule), puis, soudain, j'ai envie de m'en aller, il faut que je m'en aille ; toutes ces têtes se ressemblent, et je sais les idées qu'elles ont derrière.

13 avril

Autre verre, avec Barthes seul. Pour lui, il n'y a qu'un ressort au talent, c'est l'agressivité. Je n'aime pas me battre.

23 avril

Jouhandeau. Un feutre vert posé bien droit, serré dans un strict costume gris anthracite, chemise blanche, nœud papillon grenat, pochette assortie, il débarque au Crystal, où Curtis et moi l'attendions. Au doigt, une grosse opale. Impeccable, on dirait un vieil Anglais. Seul le regard, un peu voilé derrière ses lunettes, où brillent de fines incrustations dorées, a une lueur surprenante, une petite veilleuse où brûle de la malice. Les mains sont soignées et les ongles taillés en pointe, comme c'était l'usage, autrefois, chez les instituteurs.

Du reste, je retrouve en lui de ma tante Léonie, institutrice à Dun-le-Palleteau, et limousine également. Même propreté maniaque, même sourire étroit, même odeur. C'est cette odeur qui m'a frappé au premier instant : cinquante ans d'eau de Cologne qui imprègnent la peau, avec un fond de savonnette et quelque chose de momifié.

Mon arrière-grand-mère dégageait le même parfum doucereux. Pour moi, l'odeur de la mort : elle fut la première personne dont la disparition m'ait frappé. J'ai porté son deuil avec délectation ; j'enviais depuis si longtemps ceux de mes camarades qui avaient eu la « chance » de perdre un proche ! On devenait si intéressant avec un brassard de crêpe, ou un ruban noir au revers. Il doit y avoir aussi une once de poudre de riz dans la composition de ce parfum. Oui, j'en suis sûr, tante Léonie ne se farde point, mais elle met de la poudre, ou un talc très fin. Si j'avais embrassé Jouhandeau en le quittant, ce qu'a fait Curtis – oh, un chaste baiser ! le garçon du Crystal a dû se dire : « Tiens, ce doit être son tonton » –, j'aurais sûrement retrouvé cette peau veloutée de vieille dame digne.

Brenner arrive le dernier, et nous partons aussitôt pour le Berlioz, où le maître a retenu la table ; il y a ses habitudes, et en fait venir ses plats quand il reçoit. D'autorité, il choisit le menu : salade niçoise, châteaubriant, et un bordeaux léger. Il a l'air tout réjoui de dîner, et passe une petite langue rose de gourmandise sur ses lèvres minces, minces, que dépare à peine son bec-de-lièvre discret. De temps en temps, il l'effleure de son index gauche. Un geste léger, comme on chasserait une mouche.

Commence alors l'enchantement. « C'est Schéhérazade », dit Curtis. Il y a de cela. Il parle d'une voix douce, sans tonalité. Il chuchote, il se confesse, il insinue. Et il s'exprime comme il écrit, avec une précision, une correction admirables. Parfois, il s'embarque dans une période un peu longue, s'embrouille, sourit, s'arrête – une rature mentale, ce petit silence –, puis repart dans le droit-fil des petites phrases courtes dont il a le secret. A mesure que les mots sortent de sa bouche, on pourrait les ponctuer, sans hésitation : virgule, virgule, point-virgule, point...

La grande affaire du jour, c'est la télévision. On vient de le filmer sous tous les angles depuis quarante-huit heures. Et pas une seule fois Carya n'a eu droit aux feux des sunlights... « Elle avait revêtu sa robe d'impératrice, avec traîne et falbalas! Ouiche, Madame est restée sur sa faim... J'avais prévu sa colère; j'ai insisté. Ils n'ont rien voulu entendre. Céline, elle aussi, fut victime de cet ostracisme : vous imaginez la scène le lendemain! Nous avons failli divorcer. Ah, la tigresse! »

Il nous raconte ensuite *les Argonautes*, qui va bientôt paraître. Son regard s'allume à évoquer le beau Mario, héros du livre, et Curtis le pousse à en dire plus long, mais il reste discret, tout en sculptant dans l'air, de ses mains si propres, les formes de son rêves capriote.

« Maintenant, tout cela m'est égal; je suis " déterminé " : le sexe n'existe plus pour moi, et je n'y faillirai pas. Carya, qui n'en est pas là, le sent bien; elle en est baba! »

Brenner le lance sur Chardonne et leur fameux voyage en Allemagne. « Ah! dit Jouhandeau – (l' " écrevisse poilue "!) – quel souvenir! J'ai dû partager la chambre de Chardonne, un soir. Une horreur! Songez qu'il ne porte pas de pyjama, il dort avec sa chemise de jour. Ce spectacle! Ces pans... il avait l'air si misérable! Et repoussant. Du reste, je n'ai pas fermé l'œil de la nuit. Des jambes grêles qui sortaient de là-dessous... Pouah! »

Carya, qui revient une fois de plus sur le tapis, nous mène à Paulhan, qu'elle déteste. Lui l'aime et le révère, ce qui ne l'empêche pas d'en tracer un portrait à l'acide. « Rendez-vous compte, lorsque j'habitais boulevard de Grenelle, il m'a perdu de réputation. Pourtant, il n'est pas suspect, le pauvre. Un jour, je lui donne rendez-vous dans le petit restaurant où je prenais mes repas. Il arrive avec une badine, en roulant des hanches d'une telle manière que je n'ai pas pu y retourner, moi qui avais dans le quartier un profil sans tache! »

C'était cependant une époque où il n'était pas « déterminé ». Au reste, bien qu'il ait soixante et onze ans passés, sa « détermination » est récente. Au Crystal, où nous buvons le coup de l'étrier, il raconte, avec goulutise, une aventure galante, place Vendôme, il n'y a pas dix ans. Sur le toit de l'immeuble, où il était allé contempler le panorama, il fut « la proie » d'un jeune Canadien enthousiaste, qui le serra de près contre une cheminée, au péril de sa vie... « Et mes amis, il m'a mordu à un endroit!... J'ai dû me la tremper dans l'huile pendant deux jours! »

Peu à peu, la conversation s'élève au-dessus de la ceinture. Il en vient à parler de l'Ancien Testament, où le frappe l'importance du mensonge, d'autant plus qu'il n'est jamais puni. Puis il fait un retour sur lui-même et nous dit qu'il est fier de son existence, parce qu'il n'a pas « humilié ses amours » : « Il y a toujours une honnêteté à garder, dit-il, soudain grave. Je suis descendu dans les abîmes, mais je n'ai jamais cessé de m'élever depuis. Jusqu'à ma détermination présente, qui me place à la droite de l'Éternel... »

24 avril

Dans le bureau de Le Marchand, surgit Henri Massis. Un tout maigre vieillard aux chairs pendantes, comme si le temps l'avait vidé de sa substance. Dans ce visage creusé, où l'os affleure, des yeux sombres, perçants, un peu effarés. Retour d'Algérie, il frétille d'enthousiasme : « Notre belle armée... Tâche exaltante... Les Français de là-bas, enracinés à jamais... » Il disparaît soudain, aussi vite qu'il est venu : une comète d'un autre âge, à des années-lumière du réel. Son rêve passe...

La panique – oui, panique – dont je me sens saisi quand je pense au peu de regrets que je laisserais en mourant ce soir. Comme si la valeur d'une vie se mesurait au chagrin des autres. Peut-être en rapport avec mon cauchemar de la nuit dernière. J'habitais un appartement qui s'effondrait sur moi. Impossible de sortir, mais pas de panique, justement. Rien que la « certitude » de ne pas pouvoir m'en tirer. Et j'essayais tout de même...

25 avril

Vendu deux mille trois cent quarante et un exemplaires de *Vitamines*. Ridicule!

3 mai

Jouhandeau. Il est évident qu'il se prend pour Dieu. Il ne dit pas « Untel m'aime bien », mais « il a une adoration pour moi ».

1959

9 mai

Entendu à la foire des Invalides : « C'est pas pasque t'y cherches des poux dans la têt' qu'elle l'aura pas dans l'dos ! »

29 mai

Barthes. Retour de Turquie, encore tout consterné par la misère qu'il y a vue. Après le dîner au Petit Saint-Benoît, je le raccompagne un bout de chemin, et nous faisons vingt fois le tour de la place Saint-Sulpice, déserte à cette heure tardive, et glaciale. Il m' « enguirlande » parce que ma prose ne lui paraît pas « sérieuse » (il a raison), puis, dans son langage hérissé de termes pédants ou bizarres qu'il détache du bout des dents, comme des arêtes, il me propose de me donner une leçon particulière en son logis. Quand Trissotin vous fait du gringue, il n'est question que de « réciprocités dialectiques », d' « aliénations sentimentales », de « durée », de « devenir ». Mais j'ai trop d'estime et même d'admiration pour ce chatoyant cerveau, je ne vais pas « engager l'homme » dans une voie sans issue... En termes clairs, moi, je ne lui laisse aucune illusion, navré de le décevoir. Son visage tombe d'un coup, puis il me dit bonsoir d'un ton sec, comme un simple mortel, vexé d'avoir dépensé deux menus à prix fixe pour un petit truqueur !

9 juin

Aux *Saisons*, chez la comtesse d'A., chez Evelyn Best, chez les Fasquelle, etc., pluie de dîners en ville. Je meurs ou je m'attable.

14 juin

Porté au journal mon pastiche de Mauriac. J'y croise Démeron, dépité par un récent échec amoureux; il me demande avec une sincère angoisse : « Mais enfin, dites-moi, est-ce que je suis si laid que ça ? »

18 juin

Court voyage à Bruxelles avec Joxe, histoire de livrer une deux-chevaux chez M. de Carbonnel. La Grand-Place illuminée, curieux mélange du Palio de Sienne et d'un décor du Châtelet. Le matin, nous en profitons pour aller voir le *Jeune Homme inconnu* de Memling. Avant ce déjeuner avec l'ambassadeur, j'ai la malencontreuse idée de me faire raser par un coiffeur. Je sors de chez lui en sang, des touffes de coton plein les joues, ridicule comme un Père Noël dont on aurait mal arraché la barbe. Bien élevé, notre hôte feint de ne rien voir. Brillant, désabusé, il tient des propos pessimistes sur la marche du monde, et de l'OTAN en particulier, mais le décor factice de cette somptueuse villa de fonction dans les bois de la Cambre donne une étrange irréalité à ce qu'il dit. Ces menaces paraissent tellement lointaines, vues d'ici, qu'elles ne sont plus du tout redoutables. A ce point isolés du commun des mortels, comment les diplomates peuvent-ils juger des choses?

Juin

Visite à Chardonne, de bonne mine, toujours aussi extraordinairement heureux d'être au monde. Il me cite du Rostand, et nous bavardons plusieurs heures sur sa terrasse ensoleillée. Il m'explique comment la phrase courte doit être « nourrie », et vante la manière dont Paulhan sait mener ses auteurs. Exemple : 1re lettre : « Cher C., il me faudrait quelques pages sur... »; 2e lettre : « Ah! Cher C., je viens de lire vos quelques pages; elles sont admirables »; 3e lettre : « Mon très cher C., je viens de relire votre texte; j'en ai pleuré »; 4e lettre : « X. me disait, en lisant la revue : " C., c'est merveilleux. Quel grand écrivain! " »

23 juin

En remontant le Boul'Mich, je tombe sur Borgeaud, qui ne me remet pas tout de suite et me regarde avec égarement. Drôle de bonhomme, entre le paysan et le moine. La gueule fendue d'un perpétuel sourire et le regard candide, alors qu'il a la dent dure, tout en jouant de sa prétendue naïveté. Nous prenons un verre à la terrasse d'un café. Passe Obaldia, traînant par la main son petit garçon, qu'il nous présente cérémonieusement : « M. Blaise de Obaldia. » Grenadine, cigarettes. Obaldia, petit Méridional trapu à l'œil d'hidalgo, ironique et d'une courtoisie parfaite, mais il a toujours l'air de « n'en penser pas moins ». Mal en point, aujourd'hui : mauvaise mine, barbe de trois jours. Il semble qu'il ait des ennuis sentimentaux et financiers qui le minent.

Dès qu'il a tourné le coin de la rue, Borgeaud commente, avec un ravissement consterné : « Mais ce gosse a l'air maladif! Et ce pauvre René, complètement décollé!... » Pas méchant, Borgeaud.

1959

Non. Il aime souligner d'un trait noir, pour donner du relief. C'est un artiste.

Ce matin, Boris Vian est mort d'une crise cardiaque, en assistant à la projection d'un film tiré de *J'irai cracher sur vos tombes*. De ce brio rayonnant, subtil, timide, poétique, je me demande ce qu'il restera. Combien a-t-on vendu d'*Automne à Pékin*? Célèbre pour de fausses raisons (Saint-Germain, le jazz, la trompette et son bouquin à scandale), ses petits livres tendres et fous couleront à pic, oubliés. Dommage.

2 juillet

Chez la vieille marquise de Mun, exquise grand-mère grand genre qui a l'air de sortir tout droit du XIXe siècle, je tombe sur l'original d'un tableau qui était reproduit dans mon Mallet-Isaac : *le Thé chez la princesse de Conti*. Étrange impression, comme si je touchais du doigt l'histoire. Ce que je fais, du reste, furtivement.

La vedette de cette réunion revient à Sauguet, conteur intarissable. L'air d'un perroquet dodu, un peu sorcière, mais si drôle qu'on l'oublie. Il accompagne ses récits de gestes ronds, vifs et désordonnés; on dirait qu'il dirige un orchestre imaginaire. Une anecdote me ravit : pour remplacer au pied levé une vieille actrice malade, il a interprété plusieurs fois le rôle de Mme Pernelle en tournée, pendant la guerre. Il lui fallait un nom : il s'appelait Blanche de Rage.

5 juillet

Jouhandeau signe le livre que Cabanis vient de lui consacrer, dans « la Bibliothèque idéale ». « Je ne m'y reconnais pas du tout. Songez que j'y fais figure d'obsédé sexuel!... Mon Dieu, que c'est long, ces dédicaces, je n'en suis qu'à la troisième! il faut dire que je les soigne : chaque destinataire, je le caresse... »

8 juillet

Aux *Saisons,* avec les convives habituels – on a les dîners Magny qu'on peut –, suivi d'une récréation nocturne chez Anne de Bavière, très belle dans une robe blanche moulée sur son corps d'éphèbe. Sans doute excédés par le tapage et le va-et-vient, ses voisins avaient épinglé sur leur porte un petit carton rageur : « La princesse de Bavière, c'est en face! »

JOURNAL

Schneider, toujours en forme quand il y a de la couronne dans les environs, raconte qu'il vient de corriger les copies du bac; tous les candidats qui ont choisi le sujet sur Voltaire parlent de l'affaire « Callas ». Il a beau être un adorateur de la diva, ces deux « l » lui semblent annoncer une ère abominable d'inculture et de confusion...

12 juillet

Pierre Bergé, que je vois souvent ces temps-ci, m'emmène chez Gérard Bauër, près du Champ-de-Mars. Guermantes, l'esthète, bâfre seul dans son salon; entre chaque bouchée, il émet une sorte de sifflement de locomotive exténuée. Il y a de la momie dans ce très ancien jeune homme à la mèche barrésienne, qui paraît figé dans l'adolescence malgré les rides et les cheveux gris. De longues mains, regard bleu clair, un peu chaviré, lèvres minces closes sur un sourire sinueux, indulgent, indifférent. Il ne dit rien, il s'en fout, il mange, ce grand maigre.

6 août

Quinze jours à la campagne, qui ne m'ont rien valu. Trop de monde, pas d'idées. Content de rentrer. Ma chambrette me paraît presque luxueuse : elle est calme, solitaire.

De loin, comme si j'étais une silhouette dans un coin du cadre – ce que je suis, du reste –, j'observe les démêlés épiques de Pierre Bergé avec « B.B. ». Cette querelle s'étale maintenant dans les gazettes, publicité plutôt déplaisante. Pierre s'en moque, ou même s'en réjouit, faisant la part des sentiments et celle des affaires. C'est bon pour la cote, ce tapage. Il n'en est pas moins très monté contre celui qu'il a « lancé », de la mansarde de leurs dix-huit ans au château princier d'aujourd'hui. Mais si Pierre a gommé de sa vie l'ami des années rudes, les œuvres demeurent : l'appartement de la rue Saint-Louis-en-l'Ile est un véritable musée Buffet. La plupart des toiles, les plus belles, les premières, dures, misérabilistes, rageuses, accusatrices, lui sont nommément dédiées. C'est écrit derrière, de la main du peintre. Il y en a partout, contre les murs, dans les placards, les couloirs, l'entrée, omniprésence qui ne semble pas du tout gêner le maître de maison. Il aime ces tableaux pour eux-mêmes, et aussi parce qu'il les considère en partie comme son ouvrage. A croire qu'ils ne lui rappellent rien d'autre que ce qu'ils montrent : un hareng saur ou une fille efflanquée, à cheval sur un bidet.

Insensibilité de brute, ou magnanimité plus haute que toutes les

1959

brouilles? Difficile à dire. Pierre est une force, un torrent, un taureau. Rien ne lui résiste. Pas même la rancune, peut-être.

7 août

D'un bond de Jaguar – comme on s'habitue vite au luxe! –, Pierre me conduit chez les Jouhandeau, à la porte Maillot. Une ruelle de province, un petit immeuble (qu'on traverse), une cour, et au fond de la cour la demeure, toute étroite et biscornue, avec des avancées, des appentis, des excroissances. Marcel m'attend au repaire, aménagé sous le toit. La pièce est en longueur, avec des cloisons de bois qui ménagent à chaque bout des petites chapelles symétriques. Dans l'une, Marcel lit et se lave; un minuscule lavabo s'y cache au fond d'un placard. Dans l'autre, il travaille, ses photos de famille et ses manuscrits sous les yeux. Entre les deux, un haut lit sombre, sculpté, et une grande table rustique, sur laquelle est ouverte une superbe bible du XVIIe.

De cette voix douce, si faible qu'elle devient souffle, parfois, de quoi parle-t-il? Du dernier conte qu'il vient d'écrire, du bouquin de Cabanis, de son voyage en Allemagne (encore), de ce qu'il a noté dans la rue ce matin (un clochard qui n'avait plus de fond à sa culotte; un couple dans l'autobus qui tenait son bébé dans une sorte de berceau naturel : leurs genoux encastrés), et des footballeurs qui éclairent ses aubes de leur grâce dansante, quand il les observe de sa fenêtre, en se levant. Rien que du banal dans son bavardage, mais il a l'air si heureux d'être lui, et de vivre, qu'on ne résiste pas à tant de bonheur.

Céline fait irruption un instant : une boulotte coiffée à la Jeanne d'Arc, qui parle sans ménagements à son « pépé », sur le ton rogue de Cariathys. Celle-ci est dans l'escalier, maniant l'aspirateur avec fureur; elle en a contre un peintre malpropre, coupable d'avoir laissé quelques traces de son passage. Le nez long, les cheveux gras, c'est une rocailleuse mégère, aujourd'hui : on dirait un travesti mal embouché, dans un numéro de concierge. Merveilleux contraste avec les chuchotis de M. Godeau, légers comme une oraison. Un moment, il me fait asseoir derrière sa table, sa sainte table, comme il conviendrait un diacre à servir la messe.

Le 28

A la consigne de la gare de l'Est, coupé en morceaux dans une malle, on a découvert le cadavre putréfié d'une fille qui m'avait servi une bière, samedi dernier! Souvent j'avais remarqué ce visage triste, cet air de paysanne fraîchement débarquée, un peu perdue. Si insolite dans ce bar de garçons, moqueurs et délurés.

JOURNAL

Un soir, je l'avais même entendue vanter les annonces matrimoniales, avec les illusions d'une rosière. Elle s'appelait Gisèle, serveuse au Grigri... Dieu, quand il n'est pas en forme, est un romancier naturaliste de troisième ordre. Et moi je me sens coupable; j'aurais dû le prévoir, cet assassinat stupide pour un fond de caisse, rien qu'à la regarder, Gisèle, si godiche avec ses yeux de veau. L'abattoir n'était pas loin.

30

Pierre Bergé est un courant d'air charmeur et insaisissable. Il disparaît sans prévenir, chez Sagan ou autre, et reparaît sans explication ni gêne, plusieurs jours après m'avoir dit «A demain»; on s'habitue aux éclipses. Je ne suis qu'une parenthèse amusante dans son été mouvementé, mais l'estime nous lie mieux que ne l'eût fait une aventure.

1er septembre

Marion Delbo. Pas souvent revue depuis le temps lointain où elle était la pulpeuse épouse de Jeanson; j'avais quatre ans... Guérin m'emmène dîner chez elle, à Saint-Brice : plus aucun rapport avec la jolie dame de jadis. Le cheveu rouge dans l'œil, poitrine avachie sous son vieux tricot bleu, à même la peau, on dirait un loup de mer, type Gabin, le mégot dans le coin des lèvres, les poings au fond des poches de son falzar informe. A notre arrivée, tout est brûlé, mais elle s'en fout. Déjà loin dans son rêve éthylique, Marion n'a qu'une idée : nous raconter son prochain roman. Et plus précisément une scène salace qui doit en être le morceau de bravoure, si j'ose dire. Tel un Péguy, pochard, elle se répète huit, dix, vingt fois, rajoutant à chaque version un détail, de plus en plus obscène. A la fin du repas, la virilité de son héros atteint une taille monstrueuse, une sorte de dieu phallique orné de qualificatifs extravagants en guise de couronnes fleuries. Après quoi Marion s'effondre sur la table d'un coup, ivre morte.

Aujourd'hui, Le Marchand me propose de succéder à Jean d'Ormesson. Place aux jeunes! Je suis fou de joie, bien que mon prochain « appel sous les drapeaux » borne à deux mois cet avenir de critique littéraire...

1959

14 septembre

Une fusée dans la lune. Et le train-train terre à terre continue.

15 septembre

Bernard Frank, chez Pierre Bergé. Les milieux les plus divers se rencontrent, comme des ondes à la surface de l'eau. Dans ce monde à la mode, beaucoup moins littéraire que la coterie *Saisons,* voici un autre Frank, poli, urbain, arrondissant ses sarcasmes, faisant des grâces grognonnes. Quant à Pierre, il renonce à me pygmalionner, et la petite souris n'est plus hypnotisée par le terrible cobra dominateur. Je le préfère ainsi, complice et ami.

18 septembre

Jacques de Ricaumont porte une chevalière énorme. Avec armes et bagages.

19 septembre. Genève.

Déjeuné « en suisse » à Coppet, au bord du lac. Le château de Corinne est beau, un peu lourd, et superbe le parc à l'anglaise. Mais l'intérieur sent le renfermé, le défraîchi, surtout par ce tendre après-midi ensoleillé. Oubli ou tartuferie des descendants de Mme de Staël, Benjamin Constant est presque absent de Coppet. Un tout petit portrait, presque une miniature, dans un coin, et c'est dit...
Le soir, tenté de jouer au casino, après avoir fait l'amour toute la journée. Folie! J'ai perdu quatre-vingt-dix francs (suisses) : le salaire du péché.

2 octobre

Sagan signe son livre chez Mourgue, à la librairie Julliard du boulevard Saint-Germain. Elle est coiffée à la chien, comme les incroyables, indifférente à la foule qui se bouscule autour d'elle. Le regard vague, ennuyé. Brenner me présente à un grand monsieur à lunettes, très distingué, sans doute important. Il me sert un courtois petit baratin, et moi, naïf, au lieu de taire mon ignorance,

JOURNAL

je finis par lui dire : « Pardonnez-moi, monsieur, mais je n'ai pas très bien saisi votre nom.
– Je m'appelle Julliard, René Julliard. »

Un ragot, sans doute enjolivé, qui m'amuse.
En 1945, le beau-père de Blondin était délégué du gouvernement pour la récupération des œuvres d'art en Allemagne. Il les entreposait chez son gendre, qui s'empressait de les mettre au clou. Lorsque le brave homme venait passer le week-end en famille, il fallait trouver dare-dare le million nécessaire pour les retirer de chez ma tante. Dès le lundi, elles y retournaient...

3 octobre

Chez Démeron, avec Jean-René Huguenin et Renaud Matignon. On ne fait pas plus aimable que ces jeunes gens de droite, qui me tiennent pour un des leurs parce que j'écris dans *Arts*. (Il est vrai que je ne suis pas un rouge non plus... Mollement rien, tendance anti.) Matignon, carré, un peu lourd; avant-guerre, il aurait fait un superbe camelot du roi, maniant le gourdin sur le Boul'Mich aussi bien que la formule fleurie dans les salons. Aiguillonné par Démeron, expert en provocation, Jean-René, lui, se montre brillant, passionné, romantique. Du Nouveau Roman à l'Éternité, avec détour par la Mort, son monologue me rajeunit : toute la fraîcheur de l'adolescence. Mais il a le physique de l'emploi, ce grand poulain blond, aux pupilles dilatées, dont le regard vous sourit, vous accueille, vous enveloppe, délicieusement.

Cet après-midi, avant d'aller visiter le Salon de l'auto avec Zazie et son créateur, Nimier tient à me donner le « mode d'emploi » de Queneau. Je ne l'avais jamais vu : il a l'air d'un vicaire de campagne un peu madré, avec de lourdes épaules et l'œil globuleux. La voix est perchée, surprenante chez ce costaud. Beaucoup d'intelligence bien sûr, d'ironie, mais pas l'éblouissement que j'attendais.

5 octobre

Les cartes postales ont déformé le goût; on ne peut plus regarder un coucher de soleil sans voir le chromo. Mais la gangrène gagne, par le biais du cinéma. En descendant la rue Nationale déserte, si étrange la nuit, avec ses boutiques vieillottes, ses enseignes, ses réclames, tous ces signes d'une activité soudain sans objet, je me « voyais » dans un film policier, à l'écoute du son monotone et

1959

tragique de mes pas sur le pavé. Paris – certains de ses quartiers provinciaux comme celui-ci –, devient aussi mystérieux que Pompéi au clair de lune, à trois heures du matin. La poésie des choses surprises dans leur sommeil : on dirait qu'elles attendent le lendemain, suspendues dans le temps, secrètes, offertes, insondables. Comme quoi on n'a pas toujours tort d'aller courir au diable Vauvert le guilledou...

11 octobre

Becket, d'Anouilh, avec la Palatine et Mati. Anne est aussi agaçante que belle, aujourd'hui, et le chauffeur du taxi, ulcéré à ma place, par solidarité masculine sans doute, grommelle des insultes en sourdine. Moi ça m'amuse... La pièce a de la grandeur, surtout au dernier acte. En face d'Ivernel crispé sur son volant, toujours félin, une grande brute impressionnante qu'on ne connaissait pas : Bruno Cremer.

12 octobre

Voyage – c'en est un ! – à La Frette. Le numéro habituel, moins inspiré que d'autres fois ; Chardonne, cet après-midi, est long à démarrer. Mais il s'anime enfin à raconter ses mois de prison, et son séjour forcé au Butard, en 1945. « Voyez-vous, dit-il, ce qu'il y a de plus affreux, c'est l'impression que tout s'écroule, qu'il n'y a plus d'ordre. Tout plutôt que cela ! » Puis il s'emporte contre ses confrères académiciens, je ne sais plus pourquoi, les vouant au pire : « Ah, j'irai cracher sur leurs fauteuils ! » Merveilleux clown !

18 octobre

Somptueux déjeuner chez Josette Day, avec les Chardonne, qui ne jurent plus que par elle. Salle à manger de château en plein Paris, maître d'hôtel aux cheveux de neige, plus digne qu'un ambassadeur, et des vins de toutes les couleurs, auxquels le maître résiste mal. En sortant de table, il me retient dans l'immense vestibule qui résonne comme une cathédrale, pour m'entretenir à haute voix des mérites de l'hôtesse. Cela tourne vite aux cocasses confidences sur « cette bergère épousée par un prince » – son mari, le richissime Solvay, que nous n'avons pas vu –, le tout hurlé devant elle, qui sourit.

C'est ce qu'il y a de plus séduisant chez cette femme, le sourire, inscrit à merveille dans son visage. Et aussi les yeux violets,

JOURNAL

comme enjôleurs de nature, troublants. Moi qui ne la connaissais qu'à travers le film de Cocteau, je lui découvre un petit air démodé : on l'imagine bien en courtisane 1900, la taille sanglée, ronde, appétissante, faite pour le plaisir des grands-ducs. Un fond de populaire en elle, mais si bien enrobé Dior, parfumé Chanel, coiffé Antoine ou Alexandre, qu'il se réduit à ces petites cocardes de papier crépon qu'on s'épingle au revers pour le 14 Juillet.

27 octobre

Le même quatuor (les Chardonne, Brenner, Josette), augmenté de Nimier et Dominique Aury. De la douceur, de la simplicité, des yeux d'épagneul qui rient, on pourrait prendre celle-ci pour une dame de compagnie, dans quelque château de province. Elle est exquise et polie, presque effacée; mais il ne faut pas s'y tromper : l'armature est d'acier. Nimier a dû se coucher tard hier; il brille peu, ou la présence de Chardonne l'empêche d'être à son aise. Aucune insolence, pas mal de flagornerie, un rien de vantardise et c'est tout. Je n'ai pas de chance avec lui...

Le plus agréable moment se situera dans un bar, boulevard Malesherbes, où Chardonne prolonge notre déjeuner en attendant son train. Sujet du jour : Édouard Estaunié.

« C'était, dit-il, un petit bonhomme maigrelet, malingre, qui avait épousé une veuve aussi maigre que lui. Et on imaginait la nuit ces deux condamnés, cramponnés l'un à l'autre, et traversant ainsi, transis, terrorisés, les heures terribles où l'on dort, frôlant la mort à chaque minute. »

Mitterrand, qui fait beaucoup parler de lui ces temps-ci, Chardonne le connaît bien; c'est un Charentais, comme lui. Il y a quelques années, alors qu'il était au gouvernement, il le rencontre chez Lipp, s'approche, le salue et lui dit : « Ah, monsieur le ministre, quelle belle chose que la démocratie! On peut voir le garde des Sceaux seul à une table... (*Un temps, l'art des temps chez Chardonne!...*)... seul au milieu de tous ces couteaux! »

28 octobre

Reçu mon ordre d'appel. Le cachet de la poste s'accompagne d'un macabre slogan : « Donner son sang, une obligation? Non, un devoir. »

Marcel Schneider : « Tu seras marin? Alors, je vais te donner un moyen mnémotechnique infaillible pour distinguer bâbord de tribord. Je le tiens d'un officier de mes amis, réactionnaire comme il se doit : tout ce qui est bas est à gauche. »

1959

30 octobre

Souper chez la Palatine. Au milieu de ce beau monde qui jacasse, long aparté avec Dominique Fernandez, fils de Ramon. La mine un rien mâchée, mal dans sa peau, l'adolescent qu'il fut sans doute n'est pas mort chez cet homme-là, malgré ses trente ans. Il le dissimule sous une lourde mèche qui lui mange le front. On doit l'observer longtemps pour s'apercevoir qu'il a l'œil vif, quand il veut, et un sourire qui serait charmeur si on ne le sentait crispé, distant, avec un soupçon de mépris dans sa timidité. Esprit de finesse très pointu mais clos sur son malaise et fier de l'être.

Après, changement de décor : une chambre d'hôtel misérable, sous les toits, où loge un sombre seigneur de Casamance qui vaut toutes les princesses.

31 octobre

Bis repetita placent. Petite provision d'érotisme avant des mois de bromure.

1er novembre

Je pars demain matin. Un pan de vie s'écroule. Le meilleur?

2 novembre. Bordeaux

Dernière nuit « civile », à l'hôtel Montré, plein de vieux meubles et de chaises à porteur. Ma fenêtre ouvre sur la « place des Grands-Hommes », noyée (ou noyés?) dans la cotonneuse purée de pois girondine.

12 novembre. Hourtin

Lettre de Chardonne. – « Il me semble que mes prévisions hardies (pour vous incroyables) étaient justes. Cela méritait un compliment de votre part. Oui, le régiment, c'est le temps où l'on découvre la nature, la gentillesse des hommes, les richesses du loisir, les parfums... »
On pourrait croire qu'il se paie ma fiole à zéro, le cher vieux, mais il y a du vrai. A condition d'oublier les toilettes sans portes (six goguenots en batterie, face à face : on voit la crotte du voisin glisser de lui, toute fumante), l'aventure tient des vacances et du

camp scout. Mon grand âge – la chambrée a quatre ou cinq ans de moins que moi – me vaut une considération débonnaire : on fout la paix à l'ancêtre, intellectuel inoffensif. En tailleur, à même le sol puisqu'on range les hamacs dès les petites heures du « jus », je lis sans cesse. Plus qu'à Paris...

19 novembre

Lettre de Josette. – « La vie parisienne, vision binoculaire à l'usage d'un troufion qui fait ses classes.
« Cette semaine... nuit de débauche... Nous sommes descendus en enfer dans la marmite pleine d'hommes à lunettes du Crazy Horse Saloon. Là, j'ai eu peur de perdre Hélène Morand et Mme Simone. Ces vieilles personnes sont extraordinaires, elles trouvent toujours leur chemin. Enfin calées sur une minuscule banquette, alors que l'orchestre rebondissait au plafond et retombait en tintamarre dans les oreilles, ces dames, imperturbables, se confiaient des secrets de tasse de thé chez Rumpelmeyer. Chardonne, près d'elles, discourait dans le noir sur l'horreur du couple. Morand était radieux, Camille jouissait de l'heure... Après le " show ", les ancêtres rentrèrent se coucher pour lire, déçues par les nymphes jugées " peu moelleuses ", mais nous avons entraîné Chardonne au Carrousel. Mis au courant du sexe des papillons, il dit : " De mon temps, ils aimaient les débardeurs à grosses moustaches. Ces demoiselles qui imitent les femmes ne veulent plus rien dire. " »

Lettre de Chardonne. – « Nous sommes encore étouffés par la noire fournaise de cette cave horrible; ces femmes nues qui se tordent dans la douleur, au fond de la nuit; et l'assemblée, à peine assise, faite de brutes géantes des deux mondes, si bien agglomérées qu'elles ne sont même plus grouillantes. »
Du Carrousel, pas un mot. Ou il aura confondu.

28 novembre

Un mois bientôt que je joue les marins. Je déchante un peu, à présent; le froid, l'angine, la faim ont eu raison de mon optimisme. Mais il reste de bons moments, surtout le matin, pendant la corvée de balai. J'admire les levers de soleil sur le lac, du vert pâle, des roses transparents, et ces petites vagues crémeuses qui s'agitent au milieu de reflets...

1959

Décembre

Portrait de Diogène. – Nous sommes très spirituels dans cette chambrée : nous avons surnommé Diogène notre camarade Tonneau. Il faut dire que cet étonnant personnage prête le flanc aux amicales moqueries. Ce gorille de vingt ans porte un prénom inattendu : il s'appelle James. Il le prononce à la française, en ouvrant le « a » : « Jâme ». Cousin trapu de l'homme de Cro-Magnon, il donne à rêver sur les origines de l'humanité. C'est un personnage sorti tout droit de Rosny aîné. On ne serait point surpris de le voir allumer du feu avec deux silex, se vêtir de peaux de bêtes et pourchasser la femelle en écartant ses rivaux à coups de massue.

Son accoutrement marin ajoute une étrangeté de plus à son allure. Le « bachis », porté sur les sourcils, cache le peu de front que la nature lui a donné, et le col bleu fait disparaître son cou, si court que sa trogne simiesque paraît juste posée sur ses épaules. Son déshabillage est un spectacle, surtout lorsqu'il en arrive au maillot rayé (sa pudeur lui interdit d'en enlever davantage) : il ressemble alors à une danseuse de Java, 1925 en diable, et de cette robe-sac, qui lui descend au genou, sortent deux maigres mollets poilus.

Diogène parle volontiers, et ne dédaigne pas de briller en société. De ses cousins charentais, de ses frères ajusteurs tous les quatre, de son père conducteur de locomotive, il est fier à juste titre ; nous n'ignorons plus rien de la geste familiale ni de sa mère, « cette garce qui a foutu le camp avec un bicot ». Parfois, il a tant parlé qu'il est pris d'une terrible quinte de toux. Aussitôt, il s'en prend au sort et s'écrie : « Crève donc, nom de Dieu de salaud ! » Son sujet favori (il n'est en cela guère différent de nous tous), c'est le sexe. Longtemps, il nous a fait croire qu'il était « monté comme un Sénégalais » – jusqu'au jour où nous l'avons vu nu, à la douche... Le récit de ses exploits vaut par l'abondance des détails préliminaires, croustillants et divers ; seule la conclusion ne varie jamais : « Crac, crac, dans le bénouze. »

Il a son langage à lui, mystérieux. Jamais je n'ai pu obtenir qu'il me dise ce qu'il entend par les « mounmounes » : « Salut, les mounmounes ! Tout ça, c'est mounmounes et compagnie ! Et zut pour les mounmounes ! »... C'est son mot, à défaut d'autre propriété.

Nous l'avons si souvent poussé à parler qu'il en est devenu un tantinet cabotin. Le soir, quand nous nous reposons dans nos hamacs, mollement balancés au rythme de vagues imaginaires, il nous donne un récital ; et nous autres, les mounmounes, nous écoutons, ravis, ce génie à l'état pur qui invente de délirantes histoires de bordel pour maquiller sa virginité. Mais il faut appeler le planton pour le faire taire, à l'extinction des feux.

JOURNAL

Diogène est le meilleur garçon du monde, plein de prévenances pataudes et de vraie gentillesse. Au reste, c'est un savant. Il sait, par exemple, que « Berlioz » a traversé la Manche le premier en aéroplane, et qu'on appelle le matelot chargé de monter la garde un « fractionnaire », puisqu'il fait le quart.

J'éprouve à son endroit une particulière sympathie, car nous n'avons jamais réussi à marcher au pas, ni lui, ni moi, qui le suis. C'est une manière comme une autre de prouver que nous sommes des hommes libres...

17 décembre

Chardonne, toujours : « Le service militaire comporte quelques souffrances, sans quoi il ne marquerait pas dans la vie. Je suis resté près d'un an dans une caserne (au Havre) sans pouvoir en sortir : mon habillement n'était jamais assez convenable pour passer la grille. Ça, c'est des choses qu'on n'oublie pas, comme on chantait alors. »

29 décembre. Paris

Adieu la caserne! Dactylo « diplômé » (précieuse qualification dans la Royale : le pêcheur breton – 15 p. 100 d'analphabètes – n'est guère habile dans ce genre d'exercice), je serai désormais secrétaire à *la Revue maritime*.

Première balade en ville et en uniforme. Pas réussi à payer un verre de mes deniers! Rencontré Chazot et Sagan, dégustant de la tarte aux prunes dans un café de Saint-Germain. Elle veut absolument caresser mon pompon rouge : la plus célèbre midinette du siècle! Maintenant, la voilà tranquille sur son avenir...

1960

2 janvier

Premier déjeuner du samedi rue Albéric-Magnard. Il y en aura chaque semaine, si Dieu, Chardonne et Josette le veulent. Cette fois Gérald Messadié se joint à nous. Est-ce la salle à manger Grand Siècle qui l'intimide, lui aussi? Impossible de décadenasser cet Oriental dégingandé charmeur, « qui aurait voulu être Morand et Berenson ». Notre petite cour autour de l'ancêtre l'agace, le paralyse. Après son départ, Chardonne commente : « Il y a différentes façons d'être naturel; ainsi moi je suis simple, je suis une sole. Paulhan, au contraire, c'est un homard. »

De Paulhan nous glissons naturellement à la NRF, à la littérature, puis à la critique. Selon lui, les mœurs ont bien changé; on y emploie trop facilement les « adjectifs chers ». Têtes de Brenner et moi.

« Ah! je vois que vous ne me comprenez guère. C'est jeune et ça ne sait pas! Eh bien apprenez qu'autrefois certains auteurs faisaient passer dans *le Figaro* des articulets à leur gloire. Un jour, l'un d'eux reçoit une note plus salée que d'habitude. Il s'informe et on lui explique : " C'est que vous avez employé des *adjectifs chers* : admirable, passionnant, sublime... " »

3 janvier

Il me réveille, par un coup de téléphone : « Non, je n'écris plus de lettres. J'ai fait mes comptes, c'est un commerce déficitaire. Cela rapporte à peine du 20 p. 100. »

Farceur! Il se moque bien des réponses. S'il n'expédiait pas chaque matin ses dix lettres, il mourrait étouffé.

JOURNAL

9 janvier

Camus est mort le 4; les articles tombent. Je suis étonné par le manque de chaleur des commentaires : je le croyais aimé, il n'était qu'estimé, sans que le cœur y fût. Les vieilles gloires qui l'enterrent – Mauriac en tête – ne devaient guère apprécier la jeunesse excessive de ce Nobel... Un seul article m'a paru sincère, ému : celui de Sartre, malgré leur brouille. Il faut accepter, dit-il, « que cette œuvre tronquée soit une œuvre complète ». Un vrai regret, sous la banalité du constat.

10 janvier

Chez Gallimard pour chercher le nouveau Butor : porte close. La maison est fermée pour cause d'enterrement : celui de Michel Gallimard, le responsable de l'accident qui a tué Camus. Ces empires d'édition ressemblent aux cours de jadis; quand meurt un prince du sang, le palais tout entier prend le deuil.
    Sur le trottoir : Bory, qui s'est cogné le nez, lui aussi.
    « Ce pauvre cher Michel! gémit-il, d'un ton pénétré.
    – Tu le connaissais bien?
    – Non, je l'avais entrevu deux fois... »
C'est un tic : Jean-Louis tient à être intime, par principe, même au-delà des siècles. Quand il parle de Jean, ce peut être aussi bien Racine que Cocteau, et s'il évoque un Eugène, on ne sait jamais s'il s'agit de Ionesco, de Labiche ou du « cher Eugène » (Sue) auquel il va consacrer un essai.
    Je le suis rue de l'Université : il est en train de signer son dernier livre dans le vestibule rénové des Éditions Julliard, qui ressemble à une loge de concierge aux vitres dépolies. « Oui, c'est vrai », dit Bory. Et le voilà qui surgit de sa cage de verre, haut comme trois pommes, avec son visage mobile de séducteur, « déplacé » sur ce corps d'enfant. « M. Julliard? Troisième porte à gauche au fond du couloir! »

21 janvier

Après le vernissage de Francis Savel, son nouveau poulain, Pierre Bergé nous convie à la Coupole : une quinzaine de personnes, dont Cocteau et sa suite (Mme Weisweiler, Doudou et compagnie). Assis au bout de la table, je n'entends pas grand-chose, mais je vois les convives en enfilade, précieux poste d'observation. Cabotin consciencieux, Cocteau n'a qu'une idée : attirer l'attention d'un couple d'inconnus qui se trouvent dans la

1960

travée d'à côté; ils n'ont pas levé le nez de leur assiette à notre bruyante arrivée. Je le sens inquiet, vexé, furieux; cette indifférence est un crime de lèse-publicité. Pendant tout le dîner, c'est à eux seuls qu'il s'adresse, par-dessus les plantes vertes qui le séparent de lui. En quittant le restaurant, ils nous accordent enfin l'aumône d'un regard; mais je lis dans leurs yeux étonnés qu'ils ignorent tout de cet excité bizarre, avec ses cheveux bleus, ses longues mains baguées, ses volantes manchettes...

28 janvier

Les nouveaux «événements d'Alger» provoquent beaucoup moins d'émoi que ceux de 58. Aucune édition spéciale : les bonnes révolutions se font en été, ou au printemps. A Paris, l'atmosphère est «déphasée». Une certaine inquiétude flotte, mélangée d'allégresse : on va crever l'abcès! Les Algériens se sont déclarés et de Gaulle enfin dira bientôt ce qu'il pense. Mais on ne semble pas comprendre ici les enjeux de l'aventure. Pour la plupart des gens, ce n'est rien de plus qu'un beau match à suspense. Même mes camarades conscrits oublient que nous sommes de la partie; ils râlent d'être consignés le soir à la Pépinière, alors qu'il suffirait d'un rien pour qu'on nous envoie faire le coup de feu sur place...

31 janvier

Dîner chez Ghislain de Diesbach, avec Evelyn Best et un gros Anglais qui dirige le British Institute. Petit appartement précieux, aux murs clairs encombrés de portraits – d'ancêtres, bien entendu. Tout est briqué; l'acajou louis-philippard brille autant que l'argenterie. L'impression d'être égaré au XIXe siècle chez un dandy légitimiste; les anecdoctes d'avant la Révolution ruissellent de lui en un flot intarissable et capricant. Faute de le suivre sur ce terrain, je puise dans mon érudition toute neuve, tirée du *Journal des Goncourt*, que je déguste chaque soir ces temps-ci. J'y vais de mes historiettes; facile de briller avec les paillettes des autres...

Au retour, Evelyn, l'Anglais et moi sommes rentrés à pied par la rue de Rivoli déserte. Il faisait frisquet. Nous avions relevé nos cols et Evelyn, dans ses fourrures, trottinait entre nous deux. Il ne se passait rien, vraiment rien. Et soudain, près de l'Hôtel de Ville, j'ai senti la vanité infinie de l'existence. Allez savoir pourquoi, et faut-il noter de pareilles bêtises? Oui, peut-être...

JOURNAL

5 février

Aux *Saisons*, duo Dhôtel-Follain, qui font assaut d'érudition. Mais si on coupait le son, quel spectacle que ces deux édentés! Une paire de mimes à la Daumier : l'un avec un sourire éternel de vieil enfant ricaneur, l'œil d'épagneul derrière ses binocles, le cheveu long qui se tortille derrière l'oreille; l'autre avec un pois chiche de chair sur la lèvre inférieure, postillonnant prognathe, hirsute et myope. Sans doute deux des plus vrais, des plus délicats poètes d'aujourd'hui, pourtant...

7 février

Entre huit yeux, chez Josette. Chardonne en profite pour me « sonder », comme il dit. Cela consiste à me poser les questions les moins discrètes, avec une insistance qui ne souffre pas d'esquives. C'est mal me connaître, mais la situation est parfois si gênante que Josette, affolée, tente – vainement – quelques diversions. Déçu de me trouver si peu coopératif – comme si c'était un dû : il faut bien que les romanciers s'informent! –, il essaie de me tirer les vers du nez sur la vie intime de tous nos amis, y compris le fidèle Brenner, absent par exception. Je lui oppose naturellement une ignorance feinte ou véritable, dont je vois bien qu'elle lui paraît de la mauvaise volonté pure et simple.

Pour m'appâter, il n'hésite pas à prendre des exemples illustres : « Impossible de connaître les gens, sauf par hasard. Un jour, tenez, je suis allé voir Gide, bien que je n'eusse guère de sympathie pour ce faiseur prétentieux. Après la visite, il me raccompagne dans le vestibule. C'est alors qu'on sonne; Gide ouvre la porte, et apparaît un jeune garçon, un plombier, un livreur, que sais-je... Gide le fait entrer et le dirige vers une pièce de l'appartement, *sans même me le présenter*. Vous voyez, la pédérastie, ça mène aux bas-fonds! Il faut le savoir... »

Plus de prévenu à cuisiner : Chardonne s'en prend à son épouse, qu'il prétend ne pas connaître, elle non plus. « D'ailleurs, dit-il, j'ai mis dix ans à la dégeler »... Josette et moi regardons nos pieds, mais Camille ne se laisse pas démonter; l'habitude, sans doute. A mi-voix, puisqu'il est dur d'oreille, elle rétorque à l'époux indélicat qu'il ferait mieux de se taire, car il n'était pas si brillant qu'il veut bien le laisser croire... Poursuivant l'idée que nous sommes tous des inconnus les uns pour les autres, il prend l'exemple de son oncle Haviland, homme d'affaires fort habile et de bon jugement. « Eh bien, conclut Chardonne, désarmant, cet oncle, pour lequel j'avais une sorte de vénération, me considérait comme un parfait crétin! »

1960

Le Pommery aidant, l'après-déjeuner se prolonge, se prolonge. Chardonne fait un caprice et refuse absolument de rentrer à La Frette, malgré les objurgations de Camille. Je n'ai plus qu'à les traîner chez Evelyn, au sixième étage sans ascenseur, avec pause palpi à chaque palier. Vers huit heures et quart, je les lâche à la gare Saint-Lazare, plus épuisé qu'eux...

Je vais tout de même rejoindre Solange Fasquelle et Brenner au TNP, pour y voir *l'Heureux Stratagème*. Un Marivaux sec et rodé comme un moteur de Rolls. En guise de pistons, de merveilleux automates sentimentaux...

14 février

Rencontré mon " prédécesseur " à Combloux (mais je me garde bien de lui en parler) : François Nourissier. Un visage rose, un peu mou, le nez rond, et un front immense. Quelque chose d'une vierge flamande qui aurait oublié sa coiffe. De l'élégance, une grande douceur dans sa façon de ronronner les phrases, et beaucoup de grâces aux dames. Un fonds d'exigence là-dessous, bien gommé, bien poli. Il est très habile. Hussard, peut-être, mais d'état-major.

L'amour, hier soir, en face de la chapelle où j'ai fait ma première communion. Seize ans que je n'avais pas remis les pieds rue Blomet.

20 février

Édouard Lunds me raconte une belle histoire sur Dreyfus. A la fin de sa vie – après la guerre de 14 – il présidait une société d'entraide israélite qui eut un jour à examiner un cas douteux. S'ensuit une discussion, et certains se font les avocats de cet inconnu, peut-être calomnié. Pour clore le débat, on se tourne vers le vieux Dreyfus, suprême arbitre, et dans un silence atterré, on l'entend répondre : « Il n'y a pas de fumée sans feu... »

23 février

Dans leur appartement XVIIIe, rue de l'Université, avec d'admirables chinoiseries anciennes, le couple Julliard reçoit, très royal. De haute taille, énigmatique derrière ses lunettes d'écaille, Monsieur paraît un peu absent, à l'abri d'une irréprochable courtoisie. Madame fait plus d'efforts, sans jamais oublier ce qu'elle se doit : descendante de La Fayette, Gisèle d'Assailly cultive sa ressemblance avec l'ancêtre, le cheveu d'argent soigneusement peigné comme une perruque Louis XV. D'ailleurs, il y des portraits du héros partout, y compris dans l'escalier, où il pose en armure... La politesse de ce ménage tient à distance plutôt qu'elle ne vous met à l'aise. Quant à leur « dauphin », le charmant Christian Bourgois, on le sent heureux, tranchant, sympathique, mais difficile à cerner : est-ce un bûcheur passionné qui se donne des allures de fils à papa nonchalant, ou un vrai dandy paresseux qui fait semblant de travailler?

Beaucoup de monde, fort mêlé, à ce déjeuner, du frivole Chazot à la très sévère Halimi. Revel est mon voisin de table. Un visage assez jovial, qui se colore jusqu'au cramoisi dès qu'il s'anime. Intelligence brillante, précise, jamais verbeuse; et il sait rire franchement, presque gamin.

Ce qui m'amuse le plus à écouter cette assemblée, plutôt de gauche, c'est l'entrecroisement des papotages littéraires avec les conversations attristées des intellos politisés, que ce cadre luxueux ne semble pas gêner le moins du monde. Le peuple a bien de la chance; les salons s'occupent de lui.

13 mars

Chez Josette Day. L'invité d'honneur est Jean-Louis Curtis, qui reste sur son quant-à-soi.

« Alors, s'écrie Chardonne, en plein déjeuner, vous m'aviez annoncé un taureau!
– Moi?
– Oui, quelqu'un de pétulant si on le chauffe. Eh bien, nous le chauffons, nous le chauffons, mais il reste bien sage... »

Tête de Curtis, et la mienne.

Chardonne raconte qu'il a refusé d'aller voir la pièce de Sagan à cause d'une phrase d'*Un château en Suède* qui ne lui a pas plu : « Je voudrais aussi que les pauvres puissent rêver. » « Mais, dit Chardonne, il n'y a que les pauvres qui rêvent. Les autres n'en ont pas besoin... » Il se met à grommeler : « Tout ça c'est pour jouer à la femme affranchie, copier la Beauvoir et ses pareilles. Non, je ne marche pas. Rêver, les riches? Comme s'ils avaient le temps!... »

Ce qui n'empêche pas Chardonne, aujourd'hui, de se dire de gauche, prétexte à quelques ahurissants paradoxes sur le socialisme. Curtis n'entre pas dans le jeu, sans doute vexé de n'être pas le « taureau » espéré. Il contredit le maître, remet sur leurs pieds ses raisonnements abracadabrants. Attitude peu appréciée; une mauvaise note. Dès qu'il a tourné les talons, le verdict tombe : « Gentil, ce petit Curtis, mais des idées fausses... »

1960

18 mars

Le Poulain dans *Tartuffe*. Si peu bégueule que c'en est presque du guignol. La démesure caricaturale de son interprétation fait ressortir la brutalité du personnage. D'un coup, le brûlot de Molière se remet à flamber : avec une violence qui donne le frisson. Les cagots ne s'étaient pas émus pour rien !

Ensuite, de libidineux cafard Le Poulain se transforme en bigle travelo peinturluré pour jouer *la Comtesse d'Escarbagnas*, géante à fanfreluches coincée dans une chaise à porteurs trois fois trop petite, dont ses pieds dépassent comme d'un cheval-jupon. Formidable comique de ce véhicule étrange, qui trottine sur ses croquenots d'hirondelle en vadrouille. La salle croule de rire. Ça y va de plus belle quand le comédien, au début de sa tirade, ferme d'un coup sec la vitre de son habitacle, et mime toute la suite comme au cinéma muet...

Assis à côté de moi, Jouhandeau, je le vois bien, ne sait plus comment je m'appelle. Il lutte avec ses neurones, il creuse, il fouaille, pénible travail intérieur qui se devine aux rides de son front. Enfin, gêné lui-même par son silence, il me dit soudain : « C'est curieux, vous ne ressemblez pas au prénom que vous portez. » Jolie parade pour masquer un trou de mémoire : rien ne prouve qu'il s'en souvienne mais la remarque m'interdit d'en douter, sans qu'il ait à faire l'aveu de son oubli ou de sa méprise. Après tout, pour lui, j'ai peut-être une tête à m'appeler Maurice ou Anatole ; comment savoir ? En veine de remarques saugrenues, il ajoute : « Vous avez de belles paupières, comme Barrès. Mais un drôle de nez ! »

21 mars

Générale du *Garçon d'honneur*, morne adaptation d'une nouvelle de Wilde, commise par Blondin et Paul Guimard. Toute la coterie de copains est présente, qui ne suffit pas à donner l'illusion d'un succès. Les Chardonne sont exceptionnellement de la fête, bien qu'ils ne quittent guère leur banlieue la nuit, et notre petite troupe est augmentée ce soir de M. et Mme Pic. Celle-ci, ample matrone plutôt brave, est la mère de Josette. Après une vie aventureuse, elle s'est remariée sur le tard, et par amour, à ce Marseillais cacochyme, gringalet, quinteux et chauve, rongé de tics, à qui son nom convient idéalement ; on l'imagine, les ongles plantés dans un tronc d'arbre, creusant avec son bec pointu pour y dénicher sa pitance. Un ménage Dubout réconfortant ; preuve qu'on peut gigolailler à tout âge. D'ailleurs M. Pic me traite aussitôt en confrère. Dans la boîte de nuit bondée où sa « belle-

JOURNAL

fille » nous traite au champagne, après le spectacle, il a ce mot superbe (avé l'accent) : « Té ! Regardez-moi ça ! Et on dit qu'il n'y a plus d'argent chez nous !... »

22 mars

Avec ma sœur, ravie, et Démeron, déchaîné, nous manquons d'écraser toute l'équipe de *Tel quel*, qui traverse la rue de Rennes en rangs serrés. Ils nous invitent à les suivre, « pour discuter », à la Société de géographie, boulevard Saint-Germain. J'y vais en compagnie de Geneviève; Démeron préfère courir le guilledou. S'assied près de nous un élégant monsieur aux cheveux bouclés, une sorte de jeune premier à l'air intelligent. Bientôt, le beau voisin prend une part véhémente à la « discussion », et je constate que Jean-René Huguenin, Robbe-Grillet et les autres lui répondent avec une certaine considération.
Son numéro terminé, je finis par lui demander son nom.
« Oh, je suis un écrivain obscur. (Cela dit sur un ton plutôt agressif; il a dû me prendre pour un supporter " tel-quelien ").
– Donc vous avez publié des livres !
– Oui, un petit bouquin frivole...
– Allez, dites-moi le titre.
– *Le Grand Dadais.* »
La salle est pleine. Flanqué d'Edern Hallier, Sollers pontifie. Rond et douceureux, on dirait un raminagrobis de comédie, avec le regard complice d'un vieux politicard jésuite. Il doit y croire, pourtant, mais toutes ces disputes gratuites me laissent rêveur. A quoi bon des théories, des oukases, comme si l'écriture était matière à légiférer. Parfois, ils ont l'air si convaincus, ces jeunes gens, que je me surprends à les envier. Dommage que je ne parvienne pas à saisir leur génie. Sinon, quel plaisir, quel repos ce serait de les admirer ! Sincèrement. Hélas, *Tel quel* est un phénomène de mode comme le reste, qui spécule sur un certain snobisme intello-chic. Kanters a raison : « Une littérature de droite qui s'ignore. »

23 mars

A l'Opéra, pour un ballet de Sauguet, plutôt languissant. Mais les décors de Jacques Dupont sont admirables, et Chauviré palpitante comme un oiseau qu'on tiendrait dans le creux de la main. Au foyer, pendant l'entracte, l'auteur volette de l'un à l'autre et picore les compliments. Avec la mine réjouie d'un vieux perroquet farceur.
Josette, breitschwanz et vison blanc, me raconte ses débuts de

« petit rat » avec Odette Joyeux ; en verve de nostalgie, elle évoque « l'odeur de l'Opéra », subtil mélange de fond de teint gras, de sueur, de poussière et de parfum. « Pour moi, dit-elle, c'était l'encens ; j'en gardais sur moi les traces en rentrant chez ma grand-mère, qui m'attendait allongée sous son baldaquin. » Née sous le Second Empire, la vieille dame avait été richement entretenue jadis, et sa petite-fille évoque l'aïeule avec le respect qu'on doit au fondateur d'une dynastie : trois générations de « belles »...

28 mars

Journée académique. – Montherlant vient d'être élu. Chardonne en est secrètement agacé : déluge de sarcasmes.
« On m'a dit pourtant que Jean Rostand voulait présenter votre candidature.
– Jamais de la vie ! D'abord je ne peux pas m'offrir un costume d'un million ! Ni une épée... Ah, ça doit coûter cher à Gallimard, toute cette armurerie ! Et puis, soyons sérieux ! J'ai passé mon temps à éviter ces vieux crabes, je ne vais pas me condamner à les subir chaque jeudi »! Sur le coup de cinq heures et demie, je rends visite à M. de Bourbon-Busset, lui aussi guetté par ces messieurs du Quai Conti : « A cause du nom que je porte », précise-t-il humblement. Car il est persuadé d'être un écrivain « avancé », et son principal souci semble de se « situer » par rapport à la littérature moderne... « A cause du nom qu'il porte », je le vois mal dans le troupeau de Robbe-Grillet ; ces grands seigneurs ont des ambitions étranges. Celui-ci, du reste, est sans morgue, disert, aimable. A considérer son appartement cossu et vieillot, boulevard Saint-Germain, je craignais l'ennui de bon ton. Point du tout : le diplomate devenu gentleman-farmer sur ses terres de Ballancourt est ravi d'évoquer ses émotions d'aristo poète et paysan. Il est également le maire du village ; je le vois très bien, digne, ceint de son écharpe, portant beau avec ce long visage, qui évoque un peu celui de son lointain parent, le comte de Chambord, mais sous des cheveux d'étoupe empruntés à Cocteau. Et voilà qu'on revient à la littérature...

8 avril

Elle m'avait dit : « Passez me voir, j'aurai des amis. » Je sonne. La porte s'ouvre avec une violence d'orage : au lieu de la bonne que j'attendais, je me trouve en face d'un athlète hors de lui, qui vomit des imprécations. Du fond de l'appartement, une voix brisée glapit : « Tu ne comprends rien à l'amour »... Trente secondes après, le blond furieux a disparu dans l'escalier, qu'il dévale en jurant. La porte me claque au nez. Me voilà seul dans le vestibule, quand apparaît Lise Deharme elle-même, en chemise de nuit et en larmes, ruisselante de rimmel : du Tennessee Williams au naturel, plus mélo qu'à la scène. Il me faut la suivre dans sa chambre, où elle se recouche, vieille poupée peinte affalée sur son lit rococo. « Si vous saviez comme il me traite ! Il m'a cogné la tête contre le mur, il a failli me tuer ! »

Elle agite ses bras squelettiques, tout tintinnabulants de fins bracelets d'argent. Elle me demande son miroir – là, sur la coiffeuse –, recolle ses faux cils, répare, repoudre et rafistole en un tournemain : la poétesse est prête à tenir salon dans sa ruelle, comme si de rien n'était. L'incident est clos : une petite parenthèse, banale en somme.

Arrive enfin Abellio, avec ses yeux de têtard et son accent rocailleux; on parle Kabbale. Survient Guy Dupré, suivi de Marcel Schneider. La belle Arthénice a retrouvé un embryon de cour, et tout son fiel. Obaldia, puis Bosquet, en particulier, sont arrosés au vitriol par une Lison rassérénée.

Je rentre en compagnie de Marcel, qui me développe sa théorie sur « les amants de ces dames ». Selon lui, elles les choisissent exprès parmi ceux qui n'aiment pas les femmes. Ainsi leur âge n'est-il jamais humilié par les refus; elles peuvent se dire qu'un goût pervers est le seul responsable de ces dédains... Un amant leur sert pour le standing, et la commodité; la bagatelle, qui s'en soucie ?

« Du reste, constate Marcel, sentencieux, quand elles tombent sur un mâle, tu vois comment ça finit ! »

25 avril

Écrivains campagnards. – Beau visage de moine florentin, Jacques Brosse, à l'exposition Cremonini.
« Simone n'a pas pu venir ?
– Non, la chèvre accouche. »

Mai

Après une réception chez Émily, verre avec Kanters, tout rondouillard, et son voisin Henri Hell, profil grec taillé dans du caoutchouc mousse. Entre « confrères », nous parlons de la critique, « bien tombée », naturellement. Où sont les successeurs des Thibaudet et autres Jaloux d'avant-guerre ?

« Nous avons Claude Roy, dit Kanters, le vieil Henriot peut-

1960

être, Haedens à la rigueur, et puis Kanters, et puis rien, puis rien, puis rien, et puis Matthieu Galey. »

6 juin

Le portail franchi, on roule trois kilomètres dans les bois. Au parking – tout est minutieusement fléché, même les sens interdits – on descend un immense escalier qui mène au château, construit en contrebas, au bord de la Seine. Une belle demeure à deux corps, en pierre de taille très blanche, coiffée d'un toit d'ardoises mansardé. A droite, les communs, sans doute plus anciens que le château lui-même, qui fut au comte de Toulouse. A gauche, le long du fleuve, un immense tapis vert qui s'étend jusqu'à l'orée de la forêt de Fontainebleau. Et tout au fond, comme pour donner l'échelle, un petit pavillon XVIIIe. Le lieu se nomme *la Rivière*, campagne des Fabre-Luce.

Une vingtaine d'invités : petites tables sur la terrasse. La mienne est présidée par le maître de maison, flanqué d'une grande brune ravissante dont je n'ai pas compris le nom, et de la rousse Camille Dutourd, jolie, un peu minaudière, œil de chatte et dents longues.

Fabre-Luce, selon Chardonne, « ressemble à un scarabée ». Il y a de ça : petite taille, des lunettes aux verres grossissants, la tête chauve rentrée dans des épaules malingres. Scarabée ou criquet, je ne saurais dire, mais insecte, assurément. D'une courtoisie un peu grimaçante, il parle avec une voix de tête, souvent couverte par le passage des trains de marchandises, sur la rive d'en face. Censure ferroviaire, car il parle justement du Général sur lequel il vient d'écrire un livre : il évoque, hargneux sous un feint détachement amusé, son orgueil, ses petitesses, son habileté à faire disparaître des archives tout ce qui pourrait nuire à sa mémoire.

En homme méthodique, Fabre-Luce consacre trois minutes à chacun de ses invités, selon le principe des chaises musicales. A l'instant choisi, il vous demande, avec une ferme politesse, de lui céder votre place et d'aller occuper la sienne dans le groupe qu'il vient de quitter. Ainsi, de saut de puce en saut de puce, il réussit à faire le tour de l'assemblée en moins d'une heure. Au café, je me retrouve ainsi près de son épouse, dont le regard est d'un surprenant bleu pervenche. Belle encore, avec des traits durs, charpentés, c'est une blonde, grand genre, simple jusqu'à la plus coupante perfection. A ses côtés, Denise Bourdet : un cheval septuagénaire, sa longue figure droite éclairée de beaux yeux perçants; on dirait un gendarme aux cheveux bleus qui se serait fardé le visage et les paupières. Même la voix a parfois des rudesses viriles qui n'atténuent en rien le charme immédiat de cette femme. Hautaine de prime abord, mais on la devine solide, curieuse, ouverte, et entière dans ses opinions; l'habitude de « donner le ton » depuis quarante ans. Amie de Montherlant, elle se divertit des aveux inconscients qu'il laisse échapper, malgré ses précautions infinies pour cacher sa vraie vie. Elle s'amuse aussi de l'importance extrême qu'il attache aux moindres événements de sa vie. Exemple : l'histoire de son bidet déraciné dont il a fait part dans le détail à tous les journalistes, comme s'il s'agissait d'un événement de portée universelle.

Le moment est venu d'une promenade jusqu'au pavillon. Pas question de résister; c'est un rite, semble-t-il, programmé comme le reste. Nous marchons en ordre dispersé, et Fabre-Luce en profite pour butiner de l'un à l'autre. Un kilomètre aller, autant pour le retour, de l'autre côté de la pelouse, il aura eu le temps de récolter son miel. A moi il me demande, tout à trac : « Faites-moi votre biographie, en quelques phrases. » Et que ça saute. Pas de temps à perdre! M'étant exécuté, j'ai le loisir ensuite d'observer ces promeneurs élégants, sur fond de château; vu de loin, c'est une scène de *la Dolce Vita*, un rien proustienne.

Des boissons fraîches nous attendent devant la maison, côté parc. Mais un orage nous surprend, le verre de thé glacé à la main. Retraite précipitée au salon, où je cause avec Jean Dutourd. Pas plus de sympathie pour lui qu'il n'a d'intérêt pour moi, ou vice versa. Moins bête qu'on le dit, et de bon goût en littérature – intelligent, chaleureux soudain, il me vante une nouvelle de Balzac que je ne connaissais pas, *l'Adieu* –, il a néanmoins le ridicule de se prendre pour Stendhal et Voltaire réunis. « Je voudrais écrire tant de volumes, dit-il, qu'il y ait même du déchet dans mes œuvres. »

Je prends congé vers les cinq heures, en compagnie de la jolie dame dont je ne saurai jamais le nom. A la porte, deux perroquets saluent d'un double « Bonjour papa » qui saisit. Autre rituel singulier, semble-t-il. Puis Fabre-Luce nous raccompagne jusqu'aux premières marches du grand escalier, dernières trois minutes, en couplé...

Pourquoi m'avoir invité? Quelle opinion voulait-il vérifier par lui-même, quel terrain souhaitait-il préparer? A quoi puis-je lui servir? Simple curiosité professionnelle, méthodique elle aussi? Je ne sais. Derrière ce sourire de mandarin crispé, impossible de lire la trace d'une sympathie, l'ombre d'un jugement. Ni même l'indifférence.

7 juin

En fin de journée, Marcel Schneider m'appelle; il est seul, il a du vague à l'âme et un poulet froid : est-ce que je n'accepterais pas de partager sa maigre pitance? « Il fait si chaud, dit-il, comme pour trouver une excuse à cette récréation impromptue, qu'on n'a pas le courage de travailler. » En réalité, la tiédeur du soir me paraît à moi délicieuse, tandis que je traverse à pied le Marais pour me rendre chez lui. Il m'attend en manches de chemise – le comble du laisser-aller pour ce dandy gourmé! – et je l'aide à transporter une table toute dressée, de la cuisine dans son bureau.

Improvisé mais exquis, le dîner se prolonge tard : Marcel est en veine de confidence; lui aussi (comme Jouhandeau) prétend avoir renoncé à la chair – ou plus précisément à être désiré – « Ah! le passage fut pénible! soupire-t-il. Avant, ce n'était pas rose tous les jours, mais malgré les souffrances je ne regrette pas d'avoir connu la passion! » Maintenant qu'il en est réduit à la « solitude des maudits », le snobisme est son meilleur dérivatif : « Au moins le monde est amusant; on n'y a peur ni du qu'en-dira-t-on ni des fantaisies. Quand on est riche, on peut tout se permettre, ou le permettre aux autres. Et puis le luxe, avouons-le, sera toujours plus agréable que la médiocrité bourgeoise, si ennuyeuse. Pour des gens comme moi, le monde est la seule famille, le snobisme le seul recours, si l'on ne veut pas tomber dans la bassesse et la perdition. » (Aurait-il entendu Chardonne évoquant les « bas-fonds gidiens »?) Selon lui, la recherche du plaisir « mène à l'enfer », si elle n'est pas sanctifiée par un amour. Faute de passion, il ne lui reste plus qu'à « sortir » pour oublier : « On ne peut tout de même pas vivre qu'en tête à tête avec ça! » dit-il, montrant sa bibliothèque d'un geste tragique, lourd de désespoirs dominés. Le clerc a trahi ses livres pour Mme Verdurin...

10 juin

Entre cour et jardin, rue de Varenne, l'hôtel a grande allure : perron, marquise, bel escalier, Julien Green habite le troisième et dernier étage. Un appartement cossu, douillet, avec des cachemires vieillots, des meubles d'acajou, une dominante sombre, calme, et d'un autre siècle.

Il me reçoit dans son bureau, noir jusqu'au plafond de beaux livres reliés. Une table, trois fauteuils Louis-Philippe, peu de bibelots : on pourrait être chez un évêque. Du reste, il a un visage de prêtre, onctueux, grisonnant, où seuls les yeux, très noirs, vifs malgré lui, disent une sensualité encore en éveil. La voix est affectée, très douce, un rien perchée parfois. J'avais peur de son mutisme (on m'avait prévenu). Mais non, il parle!

De *Chaque homme dans sa nuit* il me dit qu'il l'avait d'abord écrit à la première personne. « Il m'a tout fallu transposer, car l'histoire se serait achevée par la mort imprévue du narrateur. » Il insiste sur le fait qu'il ne sait jamais, au départ, où le mèneront ses livres : « Sinon, cela ne m'amuserait pas. » Du reste, il est tout à fait indifférent à l'évolution de la littérature actuelle, si consciente et théorique. Pour lui, le problème ne se pose pas : il s'agit d'une « libération » et voilà tout.

A ma grande surprise, non content d'être loquace, j'ai même le sentiment qu'il jubile à s'expliquer, à se dévoiler à demi-mot, comme un homme qui étoufferait de silence. Il me parle de ce que lui a apporté le théâtre, de l'aventure que fut *Sud*. Puis nous évoquons *Minuit*, un de ses romans que je préfère : « Ah! *Minuit*, de la folie!... C'était quelques années avant la guerre, en pleine angoisse... Au début, je voyais ces deux femmes monter en calèche sur une colline; je les suivais. Et puis un train est passé en contrebas, et cette femme, mon héroïne, a tiré un couteau de sa poche et s'est tuée! Imaginez comme j'étais embarrassé, avec mon personnage en plan dès la dixième page! J'ai dû lui inventer une fille, et toute la suite... Une aventure absolument déconcertante. »

Pour *Chaque homme dans sa nuit*, c'est la scène du gant qui l'a incité à écrire. « Je voyais tout cela, mais j'ai recommencé dix fois mon début. Puis, un jour, c'est parti. Un livre qui m'a donné du mal; j'y travaille depuis sept ans. C'est un métier de chien! *Épaves*, tenez, quelle épreuve! Si c'était à refaire, je n'en aurais pas le courage... »

Chez les Green, on dîne à huit heures et il me laisse entendre que c'est une habitude sacro-sainte : « Ma sœur, vous comprenez, n'aime pas que... » Compris. Je lève le camp illico. Froideur polie, pas de contact immédiat, pas d'étincelle entre nous. Une visite neutre. O mes seize ans, qu'attendiez-vous donc de cette rencontre, si longtemps différée?

19 juin

Mme Mante, nièce de Proust, conserve jalousement ses « Carnets ». Mais elle a dû récemment les faire photocopier; ils tombaient en poussière comme des papyrus millénaires, attaqués par la poudre Legras dont Proust usait et abusait pour combattre son asthme.

20 juin

Déjeuner près de Notre-Dame, avec Jean-Pierre Millet, paternel, affectueux, alliant les qualités d'un aîné à la connivence d'un ami. Il évoque sa jeunesse dans les coulisses de la IIIe, quand il était attaché de cabinet chez Patenôtre, ministre satrape riche comme Crésus, voluptueux comme Sardanapale, et roi de Rambouillet, où le père de Jean-Pierre est toujours pharmacien. Il me

1960

raconte comment une campagne de presse déclenchée par Bunau-Varilla, qui détestait Patenôtre, fut « détournée » – à la suite d'un contre-chantage sur un malheureux nommé Hullin, qui finit par se tuer parce qu'il n'était pas de taille à lutter avec de tels requins. Aujourd'hui, ruses et chantages sont moins cabotins; on ne connaît plus l'extravagante arrogance de ces « tycoons »-condottieres.

Près de nous, avec une femme corsaire portant monocle, une antiquité à moustache, chapeautée d'une soupière noirâtre, fleurie de mauve, d'où sortent quelques tifs teints coupés à la Jeanne d'Arc. Profil de polichinelle, menton en galoche, plus de dents, mais une voix rauque et cassée, qui chevrote en anglais : Alice Toklas est de sortie.

Ferhat Abbas accepte de venir à Paris. Un espoir de paix?

21 juin

Le mari de Josette est mort, après des mois d'agonie. Je ne l'avais aperçu qu'une fois, fantôme dolent fugitivement descendu lors d'une réception. Jamais il n'assistait à nos déjeuners. On savait qu'il vivait là, au-dessus de nos têtes, divinité dans son sanctuaire, mais le premier étage nous était interdit.

Ce soir a eu lieu la levée du corps. Un immense catafalque est dressé dans le hall, au pied de l'escalier. Partout des orchidées, des roses. La veuve accueille les visiteurs devant ce monument, comme elle ferait les honneurs d'une pièce de collection un peu exceptionnelle. Sa peine est réelle, mais le métier reprend le dessus, dans ce rôle difficile; l'actrice compose un personnage de convention, comme si elle jouait (faux) la comédie de son chagrin : « J'ai fait cela contre sa volonté, mais Maurice aimait tant les fleurs! J'ai aussi demandé ces candélabres, pour la beauté. Cela ne signifie rien de plus. Que voulez-vous, on dîne bien aux chandelles... »

Devoirs rendus au défunt, on passe dans le petit salon voisin, où « la famille » boit du champagne (on ne connaît pas d'autre breuvage que le Pommery dans la maison). Je trouve là Mme Pic, coiffée d'un invraisemblable bibi de paille noire, une sœur de Josette dont je n'avais jamais entendu parler, et une jolie nièce.

Débarque Georges Auric, la mine de circonstance; on l'emmène faire un petit tour dans le vestibule. Au retour, il étale ses rondeurs de pachyderme sur un canapé, siffle coupe sur coupe, et se met à raconter de grivois souvenirs de voyage au Japon; on se croirait au cinéma, dans un film burlesque, un peu surréaliste. Surtout quand j'entends Josette qui lance au téléphone, très mondaine, une véritable réplique de boulevard : « Non, non, venez ce soir, je n'ai invité que les intimes... »

JOURNAL

26 juin

Voyage à La Frette, avec Jacques Brenner. Chardonne attaque, bille en tête : « Vous me gênez, parce que vous êtes en visite. » Des phrases comme ça, qui neutralisent net toute contradiction. Du reste, il est très en forme, et Camille en beauté. Vers cinq heures, malgré la pluie, nous descendons à travers le jardin jusqu'au village, au bord de la Seine. Une jolie petite église qu'on dirait bâtie sur les plans d'Utrillo. Tout près, un mail. La province à une demi-heure de Paris. Nous remontons chargés de victuailles pour leur dîner, et Brenner porte une bougie achetée chez l'épicier par Chardonne, charitable, car on lui a récemment coupé l'électricité.

« Vous travaillez beaucoup, en ce moment? dit Chardonne.
— Un peu, oui.
— Alors je vais vous acheter une bougie... »

Au retour, l'esprit fouetté par la marche, il est plus brillant que jamais. Il entreprend de nous raconter l'histoire des Fauconnier, famille étonnante où le frère fut Goncourt et la sœur Femina.

« Il y a bien des choses un peu scabreuses, mais je vais vous raconter cela rapidement; on peut tout dire quand on le dit vite. »

Puis, décrivant la « pauvreté déchirante » de ces malheureux : « Ils avaient une vieille voiture, des chevaux minables, un cocher en guenilles... »

Évidemment nous éclatons de rire, alors il précise : « Mais vous ne savez pas ce qu'était la pauvreté en ce temps-là... »

28 juin

Hier, rencontre de Patrick, en sortant du bureau. Un blondinet à sa fenêtre, deux sourires et tout était dit. Bref moment, pur comme le diamant.

9 juillet 1960

A peine le temps de griffonner ce qui m'arrive. Il faut dire que ma vie n'est pas simple. Au prix d'une véritable virtuosité frégolique – col bleu, veston, smoking –, je mène deux ou trois existences de front. Dactylo matin et soir, critique à midi (lectures et articles compris, pendant que je grignote un rosbif-beurre au Dôme de l'avenue Rapp), je me transforme dès la nuit tombée en salonnard, puis en chasseur, ou les deux ensemble.

Ainsi, l'autre jour, je n'ai pas noté que nous avions une heure de

retard en débarquant chez Chardonne : un carambolage sur l'avenue de Neuilly. Aussitôt, il m'a gentiment pris à part dans son bureau, pour me dire : « J'ai ici cinquante mille francs qui dorment. Je peux vous les prêter. Vous me les rendrez quand je serai vieux... Dans dix ans ! »
Je refuse, bien entendu, mais tout de même...

Les amours, multiples en ce moment, réservent des surprises. Ainsi cette lettre, reçue ce matin :

« Corfou, le 6 juillet.
« Monsieur,
« Patrick se plaint de m'avoir tout le temps sur le dos et pense à vous à chaque instant. Je ne veux pas vous priver de sa présence. Il rentre donc à Paris le 15. Il sera heureux de vous trouver à la gare de Lyon à dix heures vingt-sept.
« Ch. P. »

Le bonheur sous la menace... Que faire ?

1er août

Depuis deux semaines, maintenant, le petit nonchalant est installé dans mon réduit de la rue de Seine, sans vouloir travailler ni sortir, ni tenter quoi que ce soit. De plus, il est fort avide de caresses, et l'agacement aidant, je me lasse...

Bizarre idée que d'inviter les Chardonne, avec Démeron et Jean-Pierre Millet, dans un restaurant arabe de la rue de la Huchette ; je croyais marier l'exotisme et l'économie... Mais on nous installe dans une arrière-salle très sombre, entre la cuisine et les toilettes : pas brillant. Et le couscous au piment, arrosé de mascara, n'a rien de gastronomique. En revanche, dans ce décor de pacotille mauresque, la conversation littéraire du cher homme devient comique. Même quand il évoque ses souvenirs de Tunis, où on l'avait envoyé soigner ses poumons, comme Gide en Algérie. Au lieu de séduire les Éliacin locaux, lui avait tenté de monter une exploitation de tourteaux, qui se révéla bien entendu catastrophique...
Quelques flèches contre Frank – avec lequel il entretient une inimitié amoureuse étrange. Il lui reproche de « se gober » et déclare : « L'orgueil est une maladie, mais la vanité n'est qu'un défaut. Dites-le-lui de ma part si vous le rencontrez en ville... »
Avisant le patron, qui m'apporte l'addition, Chardonne fait de lui son interlocuteur politique : « Savez-vous qu'il a l'air très bien, votre petit pharmacien... votre... comment s'appelle-t-il déjà ?... votre Fer-à-battre... votre Fier-à-bras... » Heureusement, le dialo-

gue en reste là; le gargotier s'est esquivé en vitesse, convaincu d'avoir affaire à un provocateur ou un flic. Du reste, pour mettre un comble au malaise, commence à monter des goguenots voisins une puanteur si dense que je précipite le départ avant que cela ne devienne intenable... L'avarice est toujours punie.

2 août

Agréable expérience avec P. B., lourd et bel Aryen, le contraire du gracile Patrick. Le pauvre continue de lézarder dans ma petite chambre, indélogeable zombie dont je suis bien embarrassé.

14 août

Paris est vide, et notre commandant à la mer; les matelots prennent un peu leurs aises... J'en profite pour faire un saut à La Frette en train, chez mes grands-parents bis. Chardonne vient à ma rencontre sur la route, impatient comme un gosse qui attendrait un petit camarade. « De loin, je vous ai pris d'abord pour une vieille paysanne, puis pour un villageois chargé d'un lourd fardeau (*mon journal sous le bras*)... Enfin je vous retrouve! »

Il m'entretient sans discontinuer – de politique, de philosophie, d'histoire, de ses rapports avec Blum (tortionnaire de sa première femme : « une sorte de martyre, morte en disant : " Léon est si bon... " »), d'Arland... et de beaucoup d'autres. Au soir tombant, il me promène dans son jardin, si amoureusement composé; il « pense » les plates-bandes comme un texte et s'extasie devant les parterres fleuris avec la même satisfaction radieuse que je lui vois quand il lit une page de ses romans : « Admiraaable, n'est-ce pas? »

Nous descendons dîner dans le village, au Lapin Bleu. A son grand déplaisir, Chardonne n'y est point connu; cela ne saurait durer! « Savez-vous qui je suis? dit-il à la servante, une mignonne Bretonne aux beaux yeux de vache. Je suis quelqu'un de très important!... » Retraite stratégique de la soubrette. Bientôt survient le patron, en tablier du cuistot, l'air inquiet : on l'a prévenu qu'il y avait un fou dans la salle. Pour sauver la situation – car on continuer d'ignorer l'identité de cet « homme important » – Camille déclare, mutine : « Vous savez, il faut bien nous soigner; nous sommes envoyés par Mme Jarry! » La veuve d'Alfred? « Non, me répond Camille, c'est ma femme de ménage. » Fou rire. Le maître lui-même consent à trouver la chose plaisante.

Enfin, après les hors-d'œuvre, apparaît la patronne, qui a dû se livrer entre-temps à une fiévreuse enquête. Triomphale, elle se

1960

plante devant nous et demande, d'une voix forte : « J'espère que vous avez trouvé cela bon, monsieur Chardonne ! » L'honneur est sauf !

Au dessert, le propriétaire refait surface, son livre d'or à la main. « Nous verrons cela lundi, je reviendrai déjeuner », annonce majestueusement Chardonne, qui n'aime pas être pris de court. Écrire est un acte trop important pour l'improviser à la légère, même dans un troquet de banlieue...

Pendant tout le repas, il a enfilé les paradoxes, en un joli collier de cocasseries, sur les méfaits de l'éducation ou les vertus du nationalisme bien compris : « Pour moi, l'Europe est une erreur : chaque peuple ne sera préservé du communisme qu'en cultivant ses défauts. Notre indiscipline, par exemple, est un tel poison que les Russes reculeront horrifiés; ils auront peur de la contagion... »

Je l'aime, cet homme. Sur la route, heureux que je sois venu le voir, sans doute, il m'embrasse. Oui, un grand-père. Adorable, admirable et désarmant.

15 août

Jean-René Huguenin. Son rayonnement a la rareté de sa candeur vraie; même content de lui, il l'est sans infatuation. Sous cette assurance de surface, il reste incertain comme un gosse qui vient de passer son bachot, doutant de sa valeur, de ses amours, de ses désirs, de son avenir. Sur Proust, il me pose, en ingénu, des questions qui prouvent son peu de familiarité avec une œuvre essentielle. Pourtant il écrit ! comme dirait l'autre... Et bien.

18 août

Milorad vient me chercher au bureau, et m'accompagne à travers le Champ-de-Mars. La discussion tourne à l'aigre, quand il me reproche de ne jamais m'engager. Eh bien, oui ! Je n'ai pas plus d'ennemis à combattre que de causes à défendre. Je ne crois à rien, sinon à l'horreur du monde. Ils m'accusent tous d'être vieux, de réagir en vieux; la révolte pour la révolte me paraît puérile, voilà tout. Sauf exception, mes semblables ne valent pas cette peine. Si j'affecte de m'en tenir à l'aspect anecdotique, à la surface des êtres, c'est que l'intérieur grouille toujours d'intérêts et d'égoïsme. Les gestes, l'apparence suffisent à trahir ce que je pressens. Mais je ne m'intéresse pas davantage à mon petit moi, dont je sais mieux que personne les faiblesses. Il paraît que c'est un crime... Que les introvertis me pardonnent !

JOURNAL

28 août

Avec Brenner et Solange, pèlerinage annuel à Illiers, qui commence par un gag : Marie Dormoy, l'extravagante égérie de Léautaud, nous avait donné rendez-vous à Chartres, à midi, dans la cathédrale, sous la chaire. Impossible de se manquer! Elle n'avait oublié qu'un détail : la grand-messe du dimanche. Noyée dans la foule, nous avons eu quelque mal à la dénicher, bien qu'elle eût déguisé sa lourde personne en gitane, avec un fichu de couleur et une robe bariolée. Du reste, elle nous fait arrêter en route sous un arbre, et se transforme en présidente des Amis de Proust, capeline de paille d'Italie, châle noir, escarpins.

La cérémonie commence par un banquet de notaires ou de professeurs entre deux âges, mâles et femelles, aussi peu proustiens que possible, bien que le repas eût lieu au-dessus du Combray Bar. Puis nous avons droit aux traditionnels discours-conférences, sous un soleil à éclipses, au Pré-Catelan. M. et Mme Larcher, sosies du vieux couple de *Drôle de drame* (elle plus Françoise Rosay que la vraie, lui à mi-chemin de Grock et de Michel Simon), ont loué pour la circonstance quelques jeunes filles en fleurs ; tout cela très champêtre, charmant et ridicule. On cultive ici la mémoire de Proust comme on soignerait un précieux géranium en pot, un peu bizarre, exotique, et légèrement carnivore.

Le thème de l'année étant « Proust et la musique », la fête s'achève sur un petit concert grésillant : disques de Reynaldo Hahn, *Nous avons fait un beau voyage*, etc. Marie Dormoy s'empare alors du micro et raconte, intarissable. En particulier ceci, que j'ai retenu : un soir de 1916, soudain désireux d'entendre le quatuor de César Franck, Proust était allé réveiller Amable Massis, à minuit. Puis ses musiciens, les uns après les autres, à cinq dans le taxi d'Odilon! Au retour, il les avait écoutés les yeux clos, étendu sur son lit : quarante-cinq minutes de plaisir! Après quoi, leur glissant à chacun cent cinquante francs (-or), il avait obtenu des musiciens épuisés qu'ils reprennent cette œuvre austère avec un entrain inespéré. *In fine*, Céleste leur servit du champagne et des frites.

Sur sa lancée « musicale », Marie Dormoy y va d'une autre histoire, qu'elle tient de Doucet lui-même. A celui-ci, une actrice qu'il courtisait dit un soir : « Je ferais tout pour entendre *Tristan*. » Dès la semaine suivante, Doucet loue les services d'un orchestre de chambre, l'installe au fond de l'appartement, et fait entrer Célimène dans un salon bercé d'harmonies. Bientôt la dame – ô triomphe! – s'oublie dans ses bras et se plaint de la musique : « Quand est-ce qu'ils vont nous ficher la paix, ceux-là! » La fervente wagnérienne s'appelait Cécile Sorel...

1960

Septembre

L'absence d'esprit civique des Français, vue par Fraigneau, l'ancêtre des hussards : « Tenez, pendant la guerre, il est tombé une bombe rue de Sèvres, à deux pas de chez moi. C'était un samedi matin, les secours sont arrivés aussitôt et l'on a commencé à déblayer les ruines. En fin de journée, on avait atteint une cave où une vieille dame se trouvait prisonnière. Mais allez faire travailler les gens plus de huit heures, depuis le Front populaire! " Désolés, madame, crient les ouvriers par le soupirail, on reviendra lundi. " La pauvre femme est morte de rage », conclut Fraigneau, sérieux comme un notaire.

Antisémitisme. – D'après Philippe Jullian, le nain Pieral affirme ne plus trouver de rôles à la télévision, « parce que les Juifs ont pris toutes les places... ».

Mariage princier.
ANNE DE BAVIÈRE. – Margaret, Margaret, on dit toujours la princesse Margaret en France. Elle s'appelle Margaret Rose. Oui, Rose!
ISABELLE DE LA ROCHEFOUCAULD *(excédée, avec cet inimitable accent aristocratico-faubourien des femmes de la haute)*. – En tout cas, maintenant, elle a changé de couleur : elle s'appelle Armstrong-Jaune.

Chardonne : « On m'a demandé quel est le nombre idéal de convives pour un déjeuner. J'ai répondu : " Six, mais vous ne les trouverez pas! " »

14 octobre

Cette « affaire des 121 » tourne au guignol. Chacun veut en être ; c'est le *Mayflower* de la gauche. Hier, chez Molly de Balkany, Bory, signataire de la première heure, parlait des « 121 », et Frank, inscrit sur le tard, évoquait les « 160 »! Toutes ces âmes nobles qui s'agitent n'empêcheront pas les appelés de partir dans les djebels : du vent pour les hebdos. En ce qui me concerne, par exemple, point d'hésitation : ce serait le mitard immédiat et le conseil de guerre ensuite. Du reste, entre les femmes et les nombreux réformés que comptent les 121, quels sont ceux qui connaissent la sanction de ce qu'ils prêchent allégrement? L'irréalisme de cet « appel » le réduit à ce qu'il est : de la bonne conscience à peu de frais.

JOURNAL

Mardi dernier, le petit valet roux de la rue Albéric-Magnard s'est ouvert les veines par désespoir d'amour. C'est Josette qui a épongé le sang, ranimé le mourant, lavé les vomissures, tandis que son armée de domestiques tournait de l'œil dans les couloirs. L'aube encore nocturne, le silence de cet immense hôtel pétrifié, l'affolement, les cris : un début de film.

Senso de Visconti. J'en sors malade, tant c'est beau. Et pourtant je n'y ai jamais cru : je n'étais pas « dans la vie », j'étais à l'intérieur d'une œuvre d'art. Bien plus délectable.

Novembre

Le bel Aryen, toujours. Que penser? Notre aventure me séduit, me plaît, me contente; jamais elle ne me hante. C'est une passion petite. Ce qui ne l'empêchera peut-être pas de se révéler solide. Au contraire. Une tiédeur soutenue s'accommode mieux de la quotidienne grisaille. Je couve sous la cendre.

20 décembre

Eh bien, non, me voici éteint.

24 décembre

L'Allemagne, vue par Chardonne : « Une nation de laboureurs qui ne pensaient qu'à jouer de la mandoline. Arrive Mme de Staël, qui les révèle à eux-mêmes. Ils se lancent dans le commerce et la conquête pacifique du monde. L'Angleterre s'y oppose. Et c'est ainsi qu'ils sont devenus féroces... »
Le style, par le même : « Évitez les adjectifs précieux qui ont perdu Barrès; courez au plus simple. Mais prenez garde : nudité n'est pas maigreur. »
Les gens de plume : « Il y a deux races. Les personnages, comme Cocteau; cela compte. Et puis les purs écrivains : Dhôtel, moi. »
Reste à savoir si Chardonne a jamais lu une ligne de Dhôtel, l'homme du monde qui lui ressemble le moins : secret, obscur, modeste.

1961

7 janvier

Petit bilan, pour le souvenir : les aventures ne laissent point d'autres traces. Le mot est curieux. Qu'est-ce qu'un « aventurier » ? Un homme sans scrupules qui se jette dans l'inconnu ; pas loin du malfaiteur, en somme.
Donc trois « aventures », cette année.
D'abord le petit D., tendre mais bavard, bavard... et bas-bleu. Rompu, quand m'a lassé l'École du Louvre débitée en cours du soir.
Puis ce fut l'affaire Patrick. Un malentendu. Pris au charme d'un gosse au regard soumis, enjôleur, un rien pervers, je me disais chaque fois que c'était la dernière. Du reste les vacances étaient proches, qui nous sépareraient. Je n'avais pas prévu ce « retour à l'envoyeur » en juillet, par un jaloux excédé : deux mois de prolongation, décevants. Impossible d'intéresser ce lymphatique à quoi que ce soit. Des mensonges puérils, des vols minables ensuite : erreur sur toute la ligne. Et un peu de remords, néanmoins : il ne m'a rien apporté, je ne lui ai rien appris.
En même temps ou presque, l'Aryen, plus sérieux en apparence. La beauté, un rien de lourdeur, une camaraderie d'adultes : l'idéal. Hélas! le personnage s'est peu à peu révélé arriviste, un tantinet profiteur.
Pour moi, point de sentiment sans estime. Fraîcheur, grincements, suivis d'une cassure, il y a trois semaines...
Enfin, le soir du réveillon, un nouveau, L. : rien du coup de foudre, une sorte de vertige plutôt, qui dure depuis huit jours...

JOURNAL

15 janvier

Lettre de Chardonne. – « Dans " la société " (sens large), tout ce qui touche à " l'écrit " (" la chose écrite ", disait Grasset) est banni. Sauf, parfois, et seulement pour critiquer, une allusion à quelque gros succès. Écrivez n'importe quoi, jugé bon, et qui est bon en effet, jamais une allusion à ce texte. Ce sont des choses dont on ne parle pas. L'écrivain est dans un désert de glace.
 « Chacun éprouve cette espèce d'isolement, et qui est comme la mort. Assez vite, en effet, cette solitude tue.
 « Au moins entre eux qu'ils se soutiennent, qu'ils se défendent! Un compliment, justifié, sincère (il ne s'agit que de cela), peut avoir des effets considérables. L'écrivain reprend vie. Je sais parfaitement que j'ai rendu la vie à Morand (quand vous lirez son *Fouquet*, vous penserez que cela en valait la peine). Frank se contente des compliments qu'il s'adresse à lui-même. Cela ne suffit pas, en général.
 « Ce silence des écrivains entre eux m'étonne. Est-ce de la paresse d'esprit; sont-ils foncièrement inhumains?... »

19 janvier

Marie-Laure; elle sèche en chèvre, plus caprine que bourbonienne en vieillissant. A ce dîner, pourquoi est-elle si odieuse avec le jeune Lowery, qui vient de publier son premier roman, autobiographique, *la Cicatrice*? Elle l'agresse, elle le déchire, en bête fauve : « Curieux, ce titre! Ah! oui, " la cicatrice ", je comprends! Mais c'est un bec-de-lièvre!... » Lowery en reste muet de stupeur, ses grands yeux bleus écarquillés. Le froid est général. Sur ce, ayant réussi son effet, elle se lève et s'en va : « J'ai horreur de faire attendre le mécanicien », dit-elle, très « femme à l'Hispano ».

28 janvier

Lettre de Chardonne. – « Vous m'avez demandé : est-ce que vous rêvez? Bien sûr, comme tout le monde... Jamais de " cauchemar ". Si je rêve à telle personne d'autrefois, que j'ai connue mûre, elle sera jeune. Ce sont des rêves plus ou moins " sentimentaux ". Les petites filles de Barbezieux ont tenu longtemps une grande place. Plus tard, maintenant, plutôt femmes ambiguës, que je reconnais mal, mélange de la première épouse et de la seconde.
 « Il y a un cadre qui revient souvent, inexplicable : Paris, la nuit,

1961

très tard ; pas de voiture : impossible de rentrer chez moi ; ou bien je n'ai pas de clef. " Chez moi ", c'est chez mes parents, quand nous habitions Paris. Il n'y a rien dans la réalité de jadis qui explique cette atmosphère d'homme perdu, la nuit, dans Paris.

« Je vois par quoi mes rêves me ressemblent un peu ; sont faits de moi ; de mon jadis.

« Rien à en déduire qui ait quelques conséquences.

« Rien ne m'ennuie comme les rêves des autres... »

22 mars

Le travail intense de ces dernières semaines (une traduction, des articles, des radios et toutes mes heures bleu marine) me sert d'alibi pour ce silence de deux mois et plus. Je me suis persuadé que je n'avais pas de temps à perdre... En vérité, depuis le Jour de l'An, outre un week-end dans le Morvan et une semaine à Crans, j'ai vécu avec L. beaucoup, beaucoup de nuits blanches, d'aubes glacées, de fatigue, d'élans, de disputes, de silences, de bestialité soudaine, de nausée, de tendresse, et d'espoirs déçus... A présent qu'elle est finie, je me dis que pour une fois cette « aventure » ressemblait à une passion, avec ce qu'il y faut de romanesque et de déraisonnable. Mais je ne suis pas fâché d'en parler à l'imparfait.

Le 8, par une lettre – encore une lettre, du même Ch. P. –, j'ai appris le suicide de Patrick. Au gaz, dans l'appartement qu'on lui avait prêté ; il est mort à l'hôpital, après plusieurs jours de coma. Près de lui, on a trouvé un mot : « Si la vie consiste à travailler, ça ne vaut pas la peine de vivre », avec une liste de personnes à prévenir, dont moi. Patrick et sa frimousse de vingt ans. Patrick et ses ruses de môme, sa flemme, son charme, son vide... Ce geste nous accuse et m'atterre, mais je n'arrive pas à me sentir coupable.

3 avril

Très en forme, Chardonne revient de Marbella, où il a passé quelques jours avec Morand. Furieux parce qu'on lui avait donné une chambre au nord, et sans table, à lui, un écrivain ! Il dit que Morand est un monstre. Pourquoi ? Il faut le pousser dans ses retranchements pour qu'il avoue : parce qu'il n'a jamais lu un seul de ses livres. Il en est convaincu. Pas même le dernier, dont il parle à travers les critiques. Il prétend avoir reconnu des phrases entières.

Au fond, il préfère son Morand épistolaire et quotidien, qu'il n'a pas besoin de comparer à l'original. Il se contenterait volontiers de leur rencontre annuelle, lorsqu'il rapporte à Morand ses lettres. Celui-ci en prend copies, qu'il dépose à la bibliothèque de Lausanne, mais il se garde bien de les rendre au destinataire. Jolie escroquerie d'écrivain, que Chardonne souffre avec son habituel mépris des contingences.

Au restaurant (le Procope), la cérémonie rituelle du livre d'or (discrètement sollicité à l'arrivée par Jacques Brenner). Chardonne, qui trouve cela tout naturel, écrit modestement : « J'ai déjà tout dit. »

Petite promenade digestive par la cour de Rohan, puis chez Nourissier, rue Jacob, où Chardonne laisse à la concierge un incompréhensible message à lui transmettre. Elle suggère qu'il pourrait peut-être l'écrire. « Non, non, ce sera un exercice de mémoire... »

Dîner avec Brenner. A quarante ans bientôt, une vraie vie d'étudiant prolongé. Pas d'heures. Il travaille jusqu'à l'aube, se réveille quand il peut. Liberté totale. Une sorte de bonheur moral. Manque l'amour, je crois, mais la littérature aura tenu chez lui une telle place qu'elle comble tous les vides. Bizarre, son horreur des confidences, dès qu'elles prennent un tour intime, comme s'il craignait la réciproque. Étonnante aussi, sa conscience : pour le livre qu'il écrit en ce moment, il travaille d'après ses vieux carnets de rendez-vous. Tout est noté, à la minute près. « Mais ce sera un roman », précise-t-il.

4 avril

Lettre de Chardonne :

« Cher ami,

« Vous m'avez posé une question intéressante au déjeuner, à laquelle je n'ai pas répondu. Vous m'avez demandé, en somme : quelle différence, pour vous, entre Spetsai (Déon) et Malaga (Morand). Différence énorme et curieuse.

« Chez l'un et l'autre, on a fait le maximum pour me plaire. Chez Déon, c'était vivant et humain. Il habitait depuis six mois l'une des plus jolies villas de l'île (il payait dix mille francs par mois; à partir du 1ᵉʳ juin, c'est deux cent mille; alors il s'en va). Rapports agréables, à cause de la différence des conditions (le jeune colonel; le vieux maréchal). Rapports aisés. (L'égalité, ce n'est pas le dernier mot.) Déon (l'homme de droite) n'aime que " le peuple ". Tout de suite, l'ami de tout le monde. (Il déteste son semblable.) " Le peuple " n'est aimé que par les bourgeois. Goût du pittoresque. En réalité, la plupart des gens du " peuple " sont idiots; comme les autres.

1961

« Les Morand, c'est tout le contraire. Ils n'ont vraiment vécu, et toute leur vie, que dans la plus haute " aristocratie ", et ne connaissent rien d'autre; et ne peuvent rien connaître d'autre. Que ce soit au Portugal, à Lausanne, à Marbella, ils ne voient que des reines déchues, des princes, de grands personnages. Morand ne peut les supporter. Tout humain lui est étranger. En vérité ces gens-là (je pense à ceux que j'ai vus autour d'eux en Espagne) ne sont pas plus sots que d'autres; difficile de démêler à quels continents ils appartiennent. Ils parlaient bien le français, et ne s'occupaient que de jardins. Ils avaient même, tous, assez de sucs. Morand ne veut que faire plaisir; mais le cœur n'y est pas. Il ne peut pas vivre; toujours en fuite. Sa spécialité, c'est d'être cuisinier. Un parfait cuisinier, et sachant acheter. Mais ce qu'il mange, il ne le goûte pas. Tout de suite avalé.

« Il a le meilleur cognac qui soit; il vide son verre d'une seule gorgée. Hérésie, pour un Charentais. Le cognac se hume. Ne parlez pas à Morand de humer quoi que ce soit. Il avale tout, sans rien goûter. C'est un athlète gentil, habité par la mort. Le séjour chez Déon fut très riche. Chez les Morand, quelque chose de stérile.

« Votre J.C. »

12 avril.

Émily flotte dans le Tout-Paris comme une vieille méduse : au gré des courants. Elle fréquente l'Opéra parce que c'est nécessaire à son standing de protectrice des arts, mais elle ne s'y amuse pas toujours. Ainsi *Moïse et Aaron* fut une rude épreuve, dont elle ne savait que penser. Le lendemain, soulagée, elle téléphone à Marcel Schneider : « Ah! comme ton article m'a plu! Ce que tu écris est si clair! Maintenant je sais ce qu'il faut dire... »

Longtemps suivante éplorée de Marie-Laure, qui la traitait en rigolo toton, elle est maintenant devenue féale des La Rochefoucauld (« Elle dit merde aux Noailles », conclut Marcel). Et sachant que le clan ducal est beaucoup moins « libéral », elle vire à droite, droite, comme à la parade : « Je sais bien que de Gaulle n'a plus l'appui du peuple », me dit-elle, en hochant sa tête de crapaud fripé. Si la rue (Maspero) lâche le Général, où allons-nous?

Depuis un mois, je voyais de temps en temps un beau garçon, très convenable, marié, pas bête. J'avais fait sa connaissance à la sortie du *Masque et la Plume*; c'était une histoire sans histoire. Un coup de fil, et voilà. Soudain, plus de nouvelles, mais je le rencontre hier dans l'autobus, le crâne passé au papier de verre. D'un ton plus que gêné, il répond à mon pourquoi : « Comme ça, pour m'amuser. » Incroyable, évidemment. Vengeance de sa femme? Pari? Folie soudaine? Autopunition? De quoi rêver...

JOURNAL

15 avril

Mort d'Émile Henriot. Démeron annonce la nouvelle au déjeuner du samedi. Aussitôt, Chardonne s'écrie : « Mais c'est épouvantable! » avec un sourire d'une oreille à l'autre. Vieux contentieux, qui doit remonter à la Libération. Les plus belles bacchantes de la critique seraient tombées au champ d'honneur, façon Félix Faure. Naguère, il paraît qu'une poétesse du Midi, qui le recevait chez elle, l'avait vu paraître « vêtu de ses seules moustaches ». La pauvrette s'était jetée à ses pieds en suppliant : « Maître, épargnez-moi! »

30 avril

Le samedi, j'ai appris le coup de force d'Alger, par la radio, comme tout le monde, sans m'inquiéter vraiment. Le dimanche, dîner en ville, chez Messadié, avec le lutin à ressort Christine de Rivoyre, sa copine « beurdelaise » Nathalie Philippart, la langoureuse Madeleine Chapsal, et Jean-Pierre Grédy. Au retour, nous avons la surprise de tomber sur des chars aux Champs-Élysées. Pendant que nous papotions, Michel Debré avait lancé son appel affolé aux Parisiens. Nous serions aussi bien tombés en pleine bataille devant la grille du Coq, si les paras étaient venus enlever de Gaulle à domicile... Sur la rive gauche, calme plat, mais avant de passer le pont Alexandre-III, je vois des gens qui font la queue devant le Grand Palais. Compris le lendemain : on leur distribuait des armes, pour défendre la République en péril.

Mardi matin, tôt, appel de France Joxe, qui me demande de passer d'urgence quai de l'Horloge. J'y vais aussitôt, persuadé qu'on veut me confier des documents compromettants. Pas du tout. Il s'agit de m'enrôler dans une espèce de milice que Pierre et quelques autres veulent former avec des « amis sûrs ». Elle a pour mission de « surveiller les surveillants » des aérodromes, dont la loyauté n'est peut-être pas à toute épreuve! Et ce avec la bénédiction du chef de cabinet de Messmer, ministre des Armées! Entre le grand jeu scout et Ferragus, j'ai peine à prendre la chose au sérieux. Je me vois dans les fourrés d'Orly, guettant les guetteurs...

France me raconte en passant – c'est maintenant public – les détails de la rocambolesque équipée de son beau-père en Algérie, dans la journée de dimanche. Du western! « Il était ravi, me dit-elle, montrant un cran superbe. » Elle affirme aussi que les services secrets américains étaient dans le coup; Pinay aurait pris le pouvoir en cas de réussite.

Ensuite, de garde du mardi midi au mercredi matin, j'ai pu

1961

suivre heure par heure le retournement spectaculaire de la situation. Tant de soldats loyalistes, les gens n'en sont pas encore revenus! Depuis quelque temps, ils avaient perdu l'habitude de voir les gouvernements légaux l'emporter sur les rebelles. Du reste, malgré les foudres gaulliennes, il demeure au fond de l'air une brise de fronde, et les « activistes » ne se cachent pas de l'être, ni de l'avoir été, comme s'ils espéraient encore une revanche...

Interminable conversation téléphonique avec Josette, fort attendrissante, sur le thème : « Ah! si j'avais vingt ans de moins. » Je dois dire que l'autre soir, quand elle me décrivait ce qu'« aurait pu » être « notre vie » – même en faisant sa part à la comédienne, car il y a toujours du théâtre dans ses sincérités –, elle m'a ému au point que j'en avais les larmes aux yeux. Mais je sais, et elle sait bien aussi, que cela relève de la fiction : ah! si j'avais vingt ans de plus... Encore eût-il fallu que j'eusse vécu tout autrement jusque-là, sinon qui aurait cru à la sincérité de mes sentiments? Trop de milliards entre nous! Il y avait néanmoins dans sa voix quelque chose d'ironique et de désespéré qui m'a fait mal : l'angoisse d'une femme qui se noie. Avoir été « la belle » et craindre soudain qu'on vous aime pour votre magot, intolérable démission; j'aurais été son dernier sang frais gratuit. Ensuite : les gigolos, les riches vieillards; ou personne. Hinano, mignonne poupée des îles, suffira-t-elle à combler le vide?

3 mai

Instantanés. – Devant moi, boulevard du Montparnasse, au volant de sa voiture : Nourissier, avec une jeune fille alanguie sur son épaule.
Sous mes fenêtres, sur un banc du boulevard des Invalides, un couple de camarades frileusement assis. Sagan, la mélancolique, et Perdriel, divorcé tout neuf.

23 mai

A La Frette, avec Josette, qui étrenne nouvelle voiture et nouveau chauffeur. Sur sa terrasse au soleil, le vieux maître a des allures très socratiques. Le sujet du jour est la télévision : « Pour les écrivains, paraître est se prostituer. C'est dégradant. Et puis, ce sont des gens qui ont besoin d'être rassurés. Moi pas; je suis sûr de ma valeur. J'ai les suffrages du petit nombre qui compte. Si on a du talent, ceux qui comptent le savent toujours. Et ceux-là seuls valent qu'on écrive pour eux. » Si bien qu'à ses yeux, il n'existe pas de génies méconnus. Ils ont toujours eu le petit nombre :

« Tout le reste, c'est du commerce ! » En revanche, il n'apprécie pas la pudeur feinte des gens qui n'osent pas recevoir ni faire des compliments.
« Moi j'ose, et j'aime en faire. Et j'aime qu'on m'en fasse. J'y crois toujours.
– Et si on vous fait des reproches !
– Le cas ne s'est jamais présenté. »

Déjeuner avec Yves Berger : offres de service au nom de Grasset. Je ne le connaissais pas : un bel accent tartarinant, la faconde sympathique quoiqu'il abonde un peu trop dans votre sens pour qu'on y croie tout à fait. Mon contemporain, mais sans âge en vérité, il pourrait être aussi bien mon père, mon frère aîné ou mon cadet parfois, tant il met de vraies candeurs sous sa rouerie de passionné. Outre Paulhan, son maître, il avoue deux amours littéraires : Faulkner et John Cowper Powys. Pas ma paroisse, mais nous nous entendons sur beaucoup d'autres hommes et œuvres. M'effraie un peu son enthousiasme sans mesure, ce qu'il appelle sa « mystique d'éditeur », comme s'il était à la fois le propriétaire et le fondateur de la maison, pourtant créée vingt ans avant sa naissance. Le sceptique en moi ne saura jamais jouer ce jeu-là. Quant au pessimiste qui m'habite, il craint le retour de bâton ; les choses se présentent trop aisément pour ne pas m'en défier. Déjà venu, du reste, sous forme d'ennuis de santé, qui assombrissent mes jours, ces temps-ci. Je me suis même cru mort, un soir, je n'arrivais plus à « concevoir » l'avenir et mon esprit tournait à vide. En roue libre à travers le temps : désagréable !

24 mai

Chez d'Uckermann, dans sa belle maison Régence de la rue du Cherche-Midi, avec de somptueuses boiseries d'époque. Toute l'Académie, des ventres, des dames emplumées et beaucoup de rosettes sur canapé. Josette, tendre et belle, un peu émoustillée ; inattendue dans ce milieu. Jouhandeau est la vedette de cette réunion ; *Match* vient de publier huit pages en couleurs sur le couple : « Les jansénistes me le reprochent, les autres me l'envient », dit Marcel, ravi, qui lorgne Mauriac, en train de siroter un jus de fruits dans son dos. Et le père François, raclant ses cordes cassées : « N'ayez point de scrupules, cher ami ; moi aussi je m'y serais prêté... » En voix off, j'entendais notre Chardonne d'hier, vitupérant les écrivains qui se prostituent...
Le prétexte de cette gloire journalistique : *l'École des filles*, dont Céline et Carya sont les principaux personnages. Comme d'habitude – le scénario se répète à chaque fois –, ce livre a « jeté un froid » dans le ménage, et Carya prétend ne pas l'avoir ouvert.

1961

(Dès l'entrée, elle m'a pris à partie, hargneuse : « Vous l'avez lue, cette ordure? Moi pas! ») Jouhandeau commente la zizanie avec délectation : « Jean [Cocteau] vient de m'écrire une lettre qui se termine ainsi : « Élise est comme ces femmes qui ne veulent pas se regarder dans un miroir, de peur de s'y voir trop laides »... Bien entendu, le mot sera consigné dans le prochain bouquin de Marcel qu'Élise feindra d'ignorer; complice et conjugale jusque dans les imprécations, c'est la chaîne sans fin de leur comédie : un dialogue de sourds bavards.

Pas gêné le moins du monde par les deux cents personnes qui nous entourent, Jouhandeau, un peu poussé par Fraigneau, dont l'œil bleuâtre s'allume, commence à raconter des histoires salaces : elles figureront bientôt dans son *Musée secret*, à paraître sous le manteau. « Si le pauvre Gide pouvait lire ça, il en serait vert, ce parpaillot! Mais où est-il aujourd'hui, le malheureux? se demande Marcel, avec un clin d'œil. Au purgatoire... et pour longtemps! Que voulez-vous, il avait fait son paradis sur terre! Le succès, le Nobel et la Légion d'honneur, ça se paie cher! » Et de glisser un nouveau regard coquin autour de lui. Mais Mauriac a déjà disparu...

27 mai

Au téléphone. Chardonne prend de mes nouvelles. Rassuré, il conclut, pour lui-même : « Ah, Seigneur, toutes les souffrances morales que vous voudrez, je m'en charge, mais surtout pas de souffrance physique! »

31 mai

La petite maison des Privat, délicieuse, au fond d'un jardin, dans le 15e. Insoupçonnable après avoir traversé deux cours d'immeuble, c'est un décor pour *les Trois Sœurs*, en plein Vaugirard. Provincial aussi l'intérieur, avec de beaux vieux meubles rustiques, des tableaux rigolos, une absence d'apprêt, à l'image des habitants.

Les oreilles décollées, le crâne pelé, une truffe de ratier, point de menton, on pourrait soutenir que Bernard Privat n'est pas beau, mais qui diable y penserait? Tant de malice dans ses petits yeux mobiles, luisants de drôlerie, d'intelligence, d'attention. On n'a plus qu'à écouter ce conteur, qui sait voir le réel au carré; ses démêlés avec les propriétaires ou ses rencontres au bistrot deviennent des épopées, qu'il bredouille en camelot ravi, amoureux des êtres et de leurs bizarreries. Avec nous, Célia Bertin, grande cavale d'une myopie douce, Dominique Fernandez, qui n'a pas dit trois mots, et son « camarade d'Ecole » (normale) Robert Abirached, replet, agité, bégayant, noiraud, gentil.

Hier, le ballet de Leningrad à l'Opéra. Deux étoiles extraordinaires : Moïesseva, cygne mourant féerique, et Rudolf Noureïev, petit fauve inconnu, dont les bonds fabuleux, la grâce dans la force et la beauté font passer sur la salle un formidable frisson.

9 juin

Ramdam en l'honneur de Philippe Jullian. Le beau monde habituel, augmenté du trio Jouhandeau. Très empêtré de la pauvre Céline qui s'est prise pour moi d'une tendresse envahissante. Elle se suspend à ma main et me bécote en douce; il lui arrive même de me tutoyer, avec l'approbation attendrie des siens. Je ne sais plus où me fourrer...

Un joli moment : Isabelle de La Rochefoucauld passe près de Jean-François Devay, échotier de son état, qui vient de publier un article à l'acide sur sa mère. Prenant son grand air – elle est royale, dans ce cas-là –, elle le toise (sans peine, il est bref : Démeron l'appelle « le crapaud-mufle ») et dit sèchement : « Ah, c'est vous, l'horreur ? » Puis elle passe...

Nicole Védrès. Une grande araigne aux cheveux d'argent, avec un sourire de gosse espiègle qui aurait eu des malheurs. Séductrice, mais aussitôt maternelle et complice; je fonds. De ces écorchées qu'on voudrait câliner, consoler, si cette souffrance nécessaire ne faisait partie de leur être – et de leur charme. Une souffrance qu'on retrouve dans ce qu'elle appelle joliment le « brisé » de ses phrases.

10 juin

Lettre (cocasse) de Céline :
« Cher Matthieu,
« Hier dimanche, nous avons passé une partie de la journée chez Maurice Chevalier. Nous sommes revenus vers cinq heures. Papa est parti pour Paris poster son courrier. Maman et moi avons fait une grande promenade dans le bois et sommes allés (sic) près des étangs de Saint-Cucufa.
« Lundi : il est onze heures. Je viens de recopier des lettres de Voltaire. Je profite d'un moment de solitude pour vous écrire. Mes parents sont au prix des Critiques.
« Mardi matin : mes parents ont rencontré Kanters qui vient diné (sic) le 21 juin. Maman me charge de vous inviter à dîner ce

1961

jour-là, ce qui ne vous dispensera pas de venir à mon anniversaire le 16 juillet. Donc je vous attends le 21 juin à huit heures.
« Mercredi. Nous avons reçu à la maison pour le thé la Reine d'Italie et son Altesse la Princessse Pia, femme du prince Alexandre de Yougoslavie. Vous avez dû recevoir une lettre de Papa. Je vous redis mes sentiments les plus sympathiques. »

11 juin

Méridional comme Berger, Jacques Bens remarque, avec raison, que l'accent est de première importance pour un écrivain. Avalé ou pas, l' « e » muet change tout. Quand un sociétaire du Français disait *le Cimetière marin*, Valéry (de Sète) souffrait mille morts, paraît-il. Encore plus vrai pour la prose.

22 juin

Meulière et chichi, ce serait un typique pavillon de banlieue cossu s'il n'était installé dans le parc de la Malmaison, cadre princier où l'on a découpé des avenues et des jardins. Celui des Jouhandeau est exigu, taillé en pointe, avec un sentier dallé qui traverse un petit gazon bien propre. A l'intérieur, quelques beaux meubles, mais noyés dans du Jansen beige qui date, et plutôt tape-à-l'œil. « Ça y était, ça m'a pas coûté un sou ! » proclame Élise, qui fait visiter la maison à ses invités. Kanters, les Claude Mauriac, Suzanne Tézenas, Balmain, les enfants Supervielle, et moi. Vêtue d'une longue robe de velours écarlate qu'elle trousse allégrement sur ses mollets maigres, elle nous précède dans l'escalier, précisant la valeur de la moindre babiole comme s'il s'agissait de fourguer sa brocante au prix fort. Marcel ne participe pas à l'encan ; il tient surtout à me montrer son étage, sous le toit comme à Paris. Il a plus ou moins reconstitué le décor de la porte Maillot, la belle table sombre, la bible ouverte, le lit, mais un large chien-assis éclaire ici la pièce : belle vue calme sur la cime des arbres, et pas une bâtisse à l'horizon.
Traîné par Céline, il me faut ensuite explorer sa cabane, au fond du jardin : une réplique miniature de la maison, assez charmante. Les pièces sont exiguës et j'ai bien du mal à repousser sans rudesse les assauts de Cendrillon. C'est une enfant à l'état de nature, dépourvue de respect humain ; l'idée ne lui viendrait pas de refréner d'elle-même sa dévotion inexplicable.
Heureusement, pendant le dîner, j'ai la paix : Céline assure le service, tandis que Monsieur et Madame trônent à table. Au menu, les dernières poules (très dures) de la basse-cour, soudainement sacrifiées par l'impérieuse Élise, qui ne voulait plus de volaille sur son territoire.

Marcel, longtemps l'idole obscure des *happy few* de la NRF, est un peu enivré par sa notoriété croissante : on a parfois l'impression qu'il essaie de ressembler à son image de grand homme bouffon pour magazines à gros tirages. Et son épouse emboîte le pas, plus mégère qu'« altesse des hasards », malgré ses beaux atours.

Ce soir, Marcel développe de fumeuses théories sur les femmes, alliées du diable. Carya lui réplique avec aigreur, et le ton monte ! Elle oublie soudain son rôle de vedette en représentation, et leur dialogue tourne à la prise de bec des plus ordinaires, que nous écoutons dans un silence gêné. Jouhandeau le sent bien, qui redresse enfin la barre à la voltige : « Tu parles de vertu ! Sache que ce mot vient de *vir*, qui veut dire homme. La vertu est une qualité virile. Certes, tu as de la vertu, mais tu es moins masculine que tu ne le penses, et je suis moins féminin que tu ne l'imagines. »

Après le dîner, son boulot terminé, Céline revient se coller à moi, fagotée d'une vieille robe de sa mère qui lui tombe aux chevilles. Au moment de prendre congé – je suis le dernier à partir – elle s'accroche à moi, mi-amoureuse, mi-naufragée, et Jouhandeau contemple la scène, avec son habituelle sérénité. Il m'embrasse sur le front, très patriarche, puis le voilà soudain qui part d'un rire bizarre, presque démoniaque...

24 juin

Lettre de Jouhandeau :

« Mon cher enfant,
« Non, il n'y avait pas d'ironie, ou celle qui est inhérente à tout ce qui touche à l'humain. J'aimerais vous voir m'aider à sauver Céline d'elle-même, de la solitude, de l'isolement plutôt, auquel la condamne sa mère. Il faut que vous soyez ce que vous voudrez pour elle, mais que vous l'aimiez assez pour lui tenir compagnie dans son cœur. Elle a besoin de secours. Je vous crois bon. Peu à peu, faites-vous d'elle une amie, et soyez son ami. Quand Carya l'aura admis, vous pourrez de temps en temps la conduire au cinéma, s'il vous chante, ou vous viendrez partager nos agapes. Vous êtes maintenant dans ma vie. A vous de vous rendre de plus en plus cher à mon vieux cœur.

« P.-S. Elle vous aime, elle vous aimerait même défiguré, invalide. Je la connais. Son cœur est d'or. »

Et voilà comment on essaie de caser une naine à un naïf...

1961

1ᵉʳ juillet

Coiffée d'une espèce de casquette de paille noire, les yeux faits à la suie, ses épaules de moineau couvertes, malgré la canicule, d'une étole de renard bleu, c'est un cadavre ambulant, avec un sourire de Dracula qui glace les sangs : la baronne Blixen voyage, suivie de son imprésario et de sa secrétaire. Arrivé tôt, je me trouve assis quelques minutes entre le squelette gothique et la réfrigérante duchesse de La Rochefoucauld. L'une parle un rauque anglais, l'autre est d'une surdité murale. Situation de cauchemar.

9 juillet

Traîné deux heures à la foire des Invalides, hagard et affamé; pas fait l'amour depuis des semaines! Tout ce qui passe me paraît séduisant, mais inaccessible; je suis un Martien. Ou pis : invisible; les regards me traversent sans me voir.

Il faut travailler à outrance, se tuer de tâches et de divertissements pour ne plus penser à « ça ». Se griser d'alcool, et de dettes s'il le faut, s'enfermer soi-même dans une prison dorée, seul moyen d'échapper aux misérables tentations de la liberté.

Le *Luther* d'Osborne, avec le jeune Arthur Finney. Un peu trop beau pour le personnage, mais son talent réussit à le rendre presque laid. Un acte de trop – le dernier. Ailleurs, des scènes superbes, dans une langue qui m'a paru forte.

12 juillet

Chardonne : « Ce matin, je lisais votre article, sans penser précisément à Matthieu. Je pensais : ça, c'est le texte d'un homme de quarante ans. Malheureux, vous n'aurez pas eu de jeunesse... »

15 juillet

Chardonne, encore : « Quand on est chez soi, à Saint-Germain, et que l'on veut prendre un train à midi, gare Saint-Lazare, on sort de sa chambre à onze heures. On choisit entre l'autobus 95 (devant l'église) ou le métro (à côté; il faut changer quelque part; se renseigner). Le métro est plus rapide; à moins que le 95 soit en vue. Cela est plus commode, moins coûteux que d'acheter une voiture, qui sera on ne sait où, si elle n'a pas été volée, et où l'on s'expose à la mort, ou au crime, à chaque instant. Mais il faut sortir de sa chambre à onze heures; mieux encore : onze heures moins le quart... »

J'obéis aux ordres; j'ai pris le train. Voyage pittoresque, du reste, à côté de deux garçons qui parlaient « nanas ». Je le raconte à Chardonne, venu m'attendre à la gare, et il embraie aussitôt sur le Barbezieux d'autrefois, et la vertu 1900, moins farouche qu'on ne le prétend. « Je me vois encore dans le lit d'une jeune fille, à seize ou dix-sept ans, mais je ne sais plus du tout ce qu'on y faisait. Cela ne m'a laissé aucun souvenir. »

Descente jusqu'au village, par un petit sentier : nous déjeunons au bord de la Seine; une table nous a été réservée près de la fenêtre. Comme d'habitude, il interpelle la servante : « Vous êtes normande? Ah! vous êtes normande! Aaaah!... » Et ce « Aaaah! » qui se prolonge paraît sous-entendre un abîme de turpitudes...

La conversation démarre sur Mauriac (thème connu : Mauriac, c'est le Bordeaux des parvenus – aucun rapport avec les Chartrons –, un provincial qui a voulu conquérir Paris pour épater les familles où il n'était pas reçu). Jouhandeau reçoit aussi son paquet : « Un homme qui note n'est pas un écrivain. C'est pourquoi je l'aime bien quand il parle des bêtes et des choses, à son niveau. Mais il ne comprend rien à l'humain. »

Quant à lui-même, il a bien entendu renoncé à toutes les vanités auxquelles ces pauvres confrères s'attachent encore : « Je crois avoir été un grand égoïste, un vrai. C'est une qualité rare. Les autres ont un jardin, une femme, un château pour les montrer. Moi pas. Mes parterres, je suis le seul à en jouir, et c'est pour moi seul qu'ont fleuri les lilas du coteau. »

16 juillet

Aujourd'hui, c'est donc l'anniversaire de Céline, auquel je fus si cérémonieusement convié par lettre il y a plus d'un mois. Émily m'emmène à Rueil dans son Austin mini, qu'elle conduit à trente à l'heure. Avec nous « la comtesse », figure épisodique dans l'œuvre de Marcel : une gentille petite vieille racornie, un peu sale, et qui joue à la dame; mais elle parle de feu son époux en disant « Monsieur de M. », comme les provinciales de Balzac.

Arrive un peu plus tard M. Roth, le fils de « la duchesse », autre personnage de Jouhandeau (période « M. Godeau »), qui exerce l'honorable profession de croque-mort en chef. Il parle avec emphase de ses « clients » – même des Bourbons, excusez du peu! – et je mets longtemps à comprendre qu'il s'agit de macchabées...

Marcel arbore un chandail rouge à col roulé dont il n'est pas peu fier, et Carya porte pantalon et souliers hauts. Nettement plus

1961

aimable que d'ordinaire; on songe toujours à moi pour gendre! Du reste, le couple est des plus calmes, aujourd'hui; à croire que les autres fois, ils se forcent.

Inattendue pour l'anniversaire d'une jeune personne, et encore plus cocasse d'être racontée par cet entrepreneur de pompes funèbres – avec la gueule de l'emploi –, M. Roth se lance dans une extravagante histoire, certes royale, mais tout de même... Il s'agit d'un godemiché mécanique, en or massif, tout exprès fabriqué chez Vacheron-Constantin à l'intention de la reine Isabelle II, si grosse, paraît-il, qu'aucun amant, même généreusement constitué, ne pouvait atteindre son souverain pertuis. Céline écoute. Comprend-elle?

Pour élever le débat, peut-être, Marcel nous lit du Chateaubriand (la description d'un chouan en exil). Il détaille admirablement les périodes, sans élever la voix, comme un prêtre lirait l'Évangile du jour, avec respect, noblesse, douceur et sentiment...

Enfin une nuit agitée! Mais ce n'est plus de mon âge.

22 juillet

Lettre de Jouhandeau : « Cher Matthieu, il y a de l'eau dans le gaz. Madame m'ayant fait une scène, parce que je me proposais de fêter (moi aussi) mon anniversaire, alors qu'on a oublié de fêter le sien, j'ai décidé de ne rien faire à Rueil... »

La lune de miel avec Élise n'aura guère duré; voici la série des festivités brusquement interrompue... Marcel avait aussi invité Chardonne, mais il n'aura pas eu à le décommander.

Lettre de Chardonne, reçue la semaine dernière : « Je réponds à Jouhandeau : soixante-treize ans, c'est trop jeune. J'irai fêter vos quatre-vingts ans. Je lui dis aussi que par ses invités, j'ai de ses nouvelles. Le reste, il sait le dire lui-même. Il fait trop de fla-fla; il voit trop de gens; c'est honteux. »

25 juillet

Chez les Morand, avec Kléber Haedens et sa femme. Ils habitent le décor de *Citizen Kane*, une taille en dessous: un composé de Balmoral (les plafonds à caissons, les boiseries en faux Tudor), du temple anglican (une quantité de balcons, d'escaliers, de niches, où l'on s'attend à voir paraître le pasteur) et du capharnaüm dannunzien, teinté d'exotisme à la Marco Polo. Dans le salon de vingt mètres, qui ouvre sur le Champ-de-Mars par une baie palladienne, deux immenses armoires Ming font face à une cheminée de style Jacques Cœur...

La salle à manger serait plutôt Louis XIV, mais elle aussi

démesurée. A cinq là-dedans, nous sommes des petits poucets invités à la dînette chez un géant. Sans domestiques – les vacances ! –, Morand est obligé de cavaler autour de la table pour nous servir à boire ; elle est trop large pour qu'on puisse se passer la bouteille. Et le gigot arrive un peu tiède ; on l'a cuit le matin à Rambouillet...

Même transformé en maître d'hôtel par les circonstances, c'est à un vieux mandarin que Morand fait penser ; avec ses yeux bridés, on dirait le frère aîné de Miller. Même simplicité dans l'abord, même fond de timidité : un fuyant courtois. Du reste, il profite de la situation pour se transformer en courant d'air, sans cesse disparu à l'office, ou singeant le sommelier, son bordeaux à la main, sourire de bouddha et la jambe arquée...

La princesse préside comme si de rien n'était : un oiseau de proie déplumé, avec des guiches maigres et un toupet de frisettes fausses ; son curieux profil grec l'apparente au cacatoès. On voit néanmoins qu'elle a été belle, altière sans doute, avec de l'éclat, et elle se tient encore droite, raide, sans s'appuyer au dossier de la chaise. De sa glorieuse époque – quand Proust lui écrivait des lettres – elle a gardé l'autorité des femmes adulées, ce ton coupant, ironique, supérieurement amusé, pour parler de tout et de rien, en automate mondain.

A propos de Proust, elle raconte que ses amis élégants étaient fort embarrassés par ses missives délirantes. Le duc d'Albufera a brûlé toutes les lettres qu'il a reçues de lui, de peur qu'elles ne le compromettent, et le duc de Gramont a fait de même. D'après Hélène Morand, qui le tient d'André Germain, une des clés de Charlus serait Lyautey ! Peu probable, il aurait plutôt inspiré Saint-Loup, mais Proust lui-même prenait trop soin d'égarer les soupçons pour qu'on le sache ; il disait de Charlus, entre autres : « Non, ce n'est personne. J'ai pris pour modèle un vieux gentilhomme de province. »

Rouge comme un beefsteak, buvant sec, mangeant large, parlant avec une lenteur paysanne, Haedens s'impose par cette placidité, l'œil bleu, globuleux, pensif, rêveur. Il ne monte à Paris que de rares semaines par an, au Claridge. Le reste du temps, il réside dans sa propriété, aux environs de Toulouse, où sa pépiante Caroline lui mitonne de savants petits plats. Seule distraction : Haedens suit le tournoi des Cinq Nations. Le rugby le passionne autant que la littérature ; il invoque le précédent de son maître Maurras : « N'oubliez pas qu'il aimait beaucoup les sports, il a débuté comme reporter aux jeux Olympiques d'Athènes... »

27 juillet

Loin de Rueil, d'où m'a chassé la colère d'Élise, déjeuner « en cachette » à Paris, avec « la comtesse » et Marcel Jouhandeau. Sa

1961

joie enfantine à commander du champagne, comme s'il dilapidait une fortune de grand-duc. Tout cela très gai, gentil : trois gosses, dont le plus jeune a soixante-treize ans. D'Élise absente il dit : « Elle s'abattra comme un chêne, et moi je ploierai comme un saule, lentement, jusqu'à la rupture. »

30 juillet

Les Morand, toujours. A la campagne, cette fois, près de Gambais. Une maison dans un hameau, basse, à pans de bois, ouvrant sur une immense étendue de prés et de bois. L'intérieur contraste des meubles baroques, espagnols et portugais, riches, colorés; une élégance un peu *Maisons et Jardins*, sans rapport avec la cathédrale de l'avenue Charles-Floquet. Trois cents ans – divisés par quatre – prennent le café au salon : les Chardonne sont venus pour le week-end.

Ce cher vieux monde s'attend à un putsch imminent. Mme Morand, surtout, avec frénésie; on dirait qu'il s'agit d'une croisade antibolchevique, sur le point de rétablir je ne sais quel ancien régime chez les rouges... En survêtement de sport, qui le rajeunit de vingt ans, Morand bouffonne : « Dommage que ce bombardement en piqué n'ait pas eu lieu. Ils auraient raté l'Élysée. La bombe serait tombée sur l'ambassade d'Angleterre, qui nous aurait déclaré la guerre. Et de Gaulle serait retourné à Londres pour organiser la résistance... »

Chardonne – est-ce la digestion? – me semble un peu éteint; ce coup de force, il n'y croit guère, et il s'en fiche. Mais il s'anime soudain quand je lui dis que Jouhandeau regrette beaucoup de n'avoir pas publié ses carnets de voyage en Allemagne, le fameux voyage de 41 : « Ah! non, il ne me ferait pas ça! Je le lui ai déjà interdit une fois. Il salirait tout avec ses histoires de lit, je ne veux pas être obligé d'expliquer à nouveau le but de ce voyage, qui était de faire libérer les écrivains prisonniers. »

Puis il se lance dans un plaidoyer que je connais bien, après quoi il se tourne vers Morand : « N'étiez-vous pas invité, vous aussi?

– Si, mais je n'ai jamais voulu y aller, moi! »

7 août

Tandis que mon petit avenir se présente plutôt bien – quand la marine m'aura libéré –, celui du monde s'assombrit. J'ai l'impression d'être en août 1939 et de faire des projets... Curieux suspense, du reste; le sentiment de fin du monde ne va pas sans bizarres délices.

JOURNAL

11 août, Argenton

Vingt-sept ans avant-hier, et les discours incendiaires de M. K. ne présagent guère d'une vingt-huitième année pacifique. Je regardais tout à l'heure un coucher de soleil rose, ordinairement superbe. Tant de bonheur! Berlin, vu d'ici, paraît aussi loin que Sarajevo en juillet 14... Mais nous sommes si bien rodés à la catastrophe que nul ne veut y penser. Les gens, ma famille, tout le monde hoche gravement la tête et s'empresse de changer de sujet... Deux milliards d'individus se taisent, tandis que ce gros apoplectique tape sur la table, pour faire peur à un jeune prof rhumatisant.

20 août

Camille se plaint souvent des rudesses conjugales; on croit qu'elle exagère. Mais Chardonne la justifie aussitôt en nous donnant son art poétique : « Allez au plus simple. Quand on dispose de trois adjectifs, un seul convient. Évitez de dire : " il n'est pas laid ". " Il est beau " sera toujours mieux. Les choses vraies, senties, il faut les exprimer telles quelles. Ainsi, le moment venu, je vous écrirai : " Ma pauvre femme vient de mourir. " Cela suffit. »

Quelques instants plus tard, il regarde avec nous une très belle photographie de Camille à trente ans : « Oui, c'est un portrait magnifique! La photographie, quel mensonge! »

Évidemment difficile à supporter sans se plaindre, parfois.

Cocteau vient de communiquer aux journalistes sa décision : il se retire du monde. « Bah, constate Chardonne, il se retire... en claquant la porte! »

De Barrès, qu'il n'aime guère : « Gide lui avait cloué le bec avec des catalogues d'horticulteurs; les arbres transplantés y sont plus chers que les autres parce qu'ils sont les plus robustes. En vérité, Gide se trompait; ce ne sont pas les plus robustes, mais ils s'acclimatent mieux. Il n'empêche que *les Déracinés* n'est qu'invention et parti pris. »

23 août

Gérald Messadié me fait la leçon sur « mon manque d'enthousiasme ». Il ne veut pas comprendre mes réticences à m'engager les yeux fermés dans l'aventure des *Parisiens*. Il est gentil, amical, et même assez blessé, ce qui me touche; ce grand sec hautain cache un émotif. Mais comment abandonnerais-je *Arts* pour un

1961

journal encore à naître, et dont Nourissier, associé de Gérald, me parle avec une prudence à faire peur ?... Arrive Édouard Roditi, masque romain, accent qui roule. Bavard intarissable, grand connaisseur des petits maîtres impressionnistes et de tous les déliquescents préraphaélites. Étonnante culture « marginale » de ces garçons nés au carrefour de plusieurs civilisations : Égyptiens élevés à la française, nourris de littérature anglo-saxonne, pétris de goût allemand, et curieusement orientaux, néanmoins, dans leur comportement, leur sensibilité, leurs habitudes...

A trente ans, Gérald paraît sans âge. Pas beau, un rien « métèque » (dit-il lui-même), mais avec de la classe. Sa force, son charme, c'est qu'il « en veut ». « Je travaille depuis l'âge de quinze ans ; j'ai de l'expérience. La vie et la réussite ne sourient qu'à ceux qui " en veulent ". C'est " l'enthousiasme " qui me console de ma sale gueule, et de la sale gueule des autres. Moi aussi, souvent, je traverse des crises de doute. Chez toi, c'est ambiant. C'est typique de ta génération (il est mon aîné de trois ans !), cela m'inquiète et me déçoit. »

1ᵉʳ septembre

Bravant l'hostilité d'Élise – il paraît qu'elle m'appelle maintenant « le petit ami » et feint de croire que je suis le nouveau mignon de Marcel –, je vais tout de même à Rueil, curieux de connaître le frère et la sœur de Céline. C'est elle qui m'accueille, toujours fagotée, la pauvre : cette fois-ci des nippes jaunâtres la vieillissent de vingt ans ; on dirait la mère de sa jeune sœur, plutôt mignonne, et de son petit moujik de frère, un boutonneux candide, droit descendu de ses Vosges natales. Du reste, avec une autorité digne de Carya, elle mène ces enfants à la baguette, sous prétexte qu' « il faut s'aider les uns les autres »...

Jouhandeau vient me chercher à la nursery ; nous allons dans son pigeonnier. Colombier serait plus juste : une tourterelle blanche passe et repasse devant sa fenêtre, toute belle, frissonnant devant le mâle qui la suit. « Ah ! dit Marcel, que je voudrais être femelle pour trembler comme cela ! » Il semble pourtant qu'il ne se prive point de « frissons », ces temps-ci. A l'entendre, il mène plusieurs aventures de front : charnelles avec un Espagnol et un Belge, chastes et sentimentales avec un jeune écrivain. A l'Espagnol il met 18/20, au Belge 0, mais continue de le fréquenter parce qu'il lui fait des scènes de jalousie ; sa vanité y trouve son compte.

Un peu sceptique – il a tout de même soixante-treize ans ! – je lui demande comment il collectionne ces bonnes fortunes : « Mes livres, mon cher ! Ce sont mes lecteurs qui m'écrivent des lettres enflammées ! Tenez, ce Belge, c'était ma religieuse portugaise :

JOURNAL

nous correspondions passionnément sans nous être jamais vus. Hélas, quand il est venu, j'ai déchanté. Quelle bêtise en amour ! Quel manque d'imagination !... »

Quand nous redescendons, Madame exprime le désir de me voir ; elle veut me jouer aussi sa comédie. Au lit, de rose vêtue, mais revêche, les lunettes sur le bout du nez, elle daigne s'arracher un instant à ses pieuses lectures – saint Augustin paraît-il – pour me tendre deux doigts d'un air dégoûté. Il ne sera pas dit qu'elle a refusé de me recevoir, mais tout son être manifeste un dédain de grande dame pour le chétif que je suis.

L'audience n'a pas duré cinq minutes, et nous sortons, avec la marmaille. Après l'inévitable station au pavillon des guides – Marcel y a ses habitudes –, je dépose les enfants devant une usine de Nanterre où travaille leur père ; ils reviendront à pied. Au retour, Marcel veut s'arrêter en ville. A la poste, il fait des grâces aux guichetiers, qui lui parlent avec une déférence amusée. Ensuite, visite de l'église ; il y assiste à la messe de temps en temps : « J'ai toujours entretenu avec Dieu des rapports frondeurs. Je n'ai pas la foi, mais je crois à un ordre divin. » Dans la rue, beaucoup de sourires sur notre passage : « Vous savez, depuis cet article dans *Match*, je suis une célébrité du pays ! » Mais il faut aussi préciser qu'il porte un bonnet à la Louis XI, assez remarquable...

En chemin, il me parle d'Élise. Il se plaint d'être humilié publiquement : « Dehors, elle parle à ma place ; ce n'est pas supportable. Aucun égard pour moi. Et puis je deviens vieux. Ma tension croît. Je ne le dis à personne, mais... »

Arrivé devant la grille du jardin, il s'aperçoit qu'il a oublié sa clé et refuse de sonner, craignant les fureurs de Madame. Je dois le ramener sur la route, au-devant de Céline et sa famille. Nous les croisons enfin, près de Rueil. Il s'attendrit : « Toute cette jeunesse ! Comme ils sont gentils !... Enfin, c'est moi qui paie sinon Carya n'aurait jamais voulu. Mais je ne le regrette pas, vous savez. » Touchant. Un petit peu minable. Avec un vernis de sérénité vraie qui m'émeut.

Jouhandeau (suite)
Lettre du 13 septembre. – « Je suis sur une étrange galère. Je ne sais quel mauvais vent a soufflé qui vous interdit l'accès. Chaque fois que je prononce votre nom, Madame fait une moue hostile et quand j'ai parlé un matin de votre visite, elle a opposé son veto. Ne vous tourmentez pas. Nous nous verrons chez notre petite comtesse, ou plutôt je vous inviterai quelque part ensemble. Bientôt, d'ailleurs, je compte quitter Rueil pour Nanterre où je convoite une place, on dit un lit, à l'hôpital des vieux. Là, je pourrai vous recevoir à mon gré, à mon chevet. Plutôt l'asphalte qui est liberté, quand le brocart implique la servitude. »

1961

Lettre du 15. – « ... Croyez bien que vous serez vengé. Mes mesures sont déjà prises, et sans pitié. L'arme dont je dispose ? Le froid, un froid calculé, maintenu, que j'entretiendrai soigneusement. Toutes les réceptions de cette semaine et de la suivante en seront paralysées. »

19 septembre

Milorad vient de passer quelques jours à Senlis, chez Philippe Jullian. Une gentille petite maison de ville, dans l'état de poussiéreux abandon où il l'a trouvée ; Philippe n'est pas homme à se préoccuper de ces contingences. Ainsi, ayant invité Evelyn et Ghislain de Diesbach à déjeuner, il leur propose en apéritif un vieux Martini plein de mouches. Imperturbable, il apporte des petites cuillers – sales – pour les pêcher dans le verre. On passe à table, dressée dans la cour, malgré les nuages menaçants, car Philippe n'a pas encore de salle à manger. Quand il se met à pleuvoir, l'hôte revêt un capuchon, et distribue des parapluies troués à ses hôtes. « Ce ne sera qu'une ondée... », dit-il. Au reste, le repas est vite expédié ; sans les conserves et les fruits qu'Evelyn avait apportés, il n'y aurait eu que des sardines à l'huile avec un bout de gruyère. Spartiate et sympathique, en somme.

A Senlis, la grande attraction, ce sont les spahis, dans leur longue cape rouge. Jullian est sensible aux uniformes, et à l'exotisme. Mais une caserne n'est pas inépuisable, et l'on a vite fait d'en connaître les éléments complaisants. Sans doute celui que Philippe et Milorad rencontrèrent dans leur promenade avait-il cessé de plaire ; Philippe décide brusquement de rentrer. Mais le spahi les suit dans les petites rues ; pas fiers, ils forcent l'allure ; enfin les voici en vue de la maison : sauvés ! Qui pouvait prévoir que les voisins prenaient encore le frais sur le seuil des portes ? Il fallut se glisser honteusement au logis, sous les regards intrigués, tandis que le spahi, déçu, faisait les cent pas avec une insistance qui leur parut se prolonger un siècle.

8 octobre

Les Saisons se sont transportées à Sainte-Mesme, chez les parents de Molly de Balkany, qui nous a invités. Décor médiéval superbe, douves, pont-levis, salles de bains dans les tours et fringants chevaux à l'écurie, briquée comme une vitrine d'Hermès. En bout de table, juché sur une espèce de cathèdre colossale, j'ai l'impression de présider le banquet des *Visiteurs du soir*.

Après le déjeuner, balade en groupe, dans le parc, qui se prolonge par la forêt de Rambouillet, et brève station à l'église du village; on y accède par une petite porte, sans sortir du domaine. Je note une inscription curieuse : « A la mémoire de sage, scientifique et modeste personne, le chanoine X... » La moquerie gravée dans le marbre! Car la plaque est datée : 1910. On imagine la vengeance d'un érudit goguenard, ou celle d'un héritier, frustré au profit de quelque société savante...

Jacqueline Piatier. Elle était bibliothécaire au *Monde*. Un jour, Coiplet entre dans son bureau et débite quelques fadaises à propos de *la Mécanique de l'amour*, d'Isidore Isou, le « lettriste ». La petite Mme Piatier, œil frisé, nez pointu et chignon vieille France, hausse les épaules et dit que Valéry en savait bien plus long. Et de réciter le début du *Narcisse*. Épaté, Coiplet : « Vous connaissez tout Valéry par cœur? – Pas tout à fait, mais presque! – Eh bien, pourquoi n'allez-vous pas écouter la thèse de M. Bémol, qui la soutiendra demain en Sorbonne? Vous me ferez un petit compte rendu. » Voilà Jacqueline Piatier devenue spécialiste des thèses en Sorbonne.

Après quoi son activité s'étend à l'Académie; personne ne voulait plus se raser aux prix de vertu. Là-dessus, Coiplet prend sa retraite; il faut le remplacer. Plutôt par plaisanterie, Piatier dit à Chênebenoît : « Pourquoi pas moi? On me doit bien cela, après quinze ans de loyaux services obscurs! – Oui, dit l'autre, pourquoi pas vous?... »

La gentille bibliothécaire ne s'intéressait guère à la littérature contemporaine jusque-là. Elle s'en tire néanmoins à merveille. Un peu sourde alors mais pas bête. Faute de science, elle aborde les œuvres avec une fraîcheur inhabituelle, convaincante. Elle découvre le roman d'aujourd'hui en même temps que ses lecteurs, sans la pédanterie ordinaire de ses prédécesseurs. Ô miracle, un vent d'ingénuité souffle soudain sur les pages littéraires du *Monde*, grâce à Isidore Isou...

13 octobre

Dans une cohue, on me présente à un quinquagénaire aimable, l'œil bleu clair, et qui a dû être fort bel homme. René Hardy; son nom me rappelle quelque chose, que j'associe à la Libération, sans plus. Pour meubler, je lui demande ce qu'il faisait avant d'être écrivain.

« Eh bien, j'étais l'adjoint de Raoul Dautry, dans les chemins de fer, puis je suis entré à l'École militaire. Après, j'ai fait la guerre, " du mieux que j'ai pu ", et ensuite je me suis mis à écrire. Mais ces " malheureuses histoires " m'ont gêné au début... »

Pieyre de Mandiargues, ptôsique derrière ses lunettes. On dirait un hibou malade des yeux, qui hésite à les ouvrir, comme si la lumière le faisait souffrir. Un grand râtelier, des cheveux bleus, des petits gestes malhabiles. L'étrange animal!

Paul Guth, engagé dans une conversation très animée avec Jacqueline Piatier. Véhémente, elle se défend d'avoir « fait un numéro sur son dos ».

« Moi, répond Guth, cynique autant que naïf, moi aussi je suis critique, mais je ne parle que de mes amis! »

Je l'observe: c'est la fée Carabosse déguisée en Simplet. Les yeux le trahissent, des yeux mongols, des yeux cruels, ironiques, inquiétants. A part cela, une bonne bouille ronde sur un corps menu. Le poil blanc et l'air d'un retraité des postes ou de l'enregistrement. Je le regarde partir, avec son petit chapeau, son petit manteau, son petit parapluie, au bras de sa petite femme : un ménage de dessin animé. Ne pas s'y fier! Du reste, avant de partir, Petit Paul me lance : « Vous, vous ne m'aimez pas! Je ne vous envoie plus mes livres. »

Mais il sort son calepin pour noter mon adresse et mon numéro de téléphone: « Si, si, j'y tiens absolument...! »

21 octobre

Dimanche à Méréville, chez Bory. Le portail en bois ressemble, dit-il, « à une plaque de chocolat au lait Nestlé », mais la maison ne ressemble à rien : de brique et de broc, avec des parties rajoutées, sans style ni charme. On s'y sent bien pourtant, protégé par des murailles de livres, et le site est idyllique; une grande prairie au bord de la Juine, rivière joujou pour impressionnistes en mal de sujet. Les Thomas et fille, les Kern et enfants, Curtis, Brenner, Schneider, Solange, etc., toute la bande. Une partie de campagne politisée, sous le coup des événements de Charonne.

La table a vite fait de se cliver en camps adverses qui vocifèrent. La droite, surtout; elle se distingue par un tel délire anticommuniste qu'elle en regretterait presque l'hégémonie allemande, rempart contre les soviets et le progrès social, ruine des valeurs anciennes... Tollé de la gauche : « Et le génocide? – Ah oui, les juifs, évidemment... Mais ils n'auraient eu qu'à partir... »

Un autre « droitier » tire ses sentiments réactionnaires de la décolonisation; il n'accepte pas de vivre « dans un pays en décadence incapable de résister aux Arabes ». Et nous voilà revenus au métro Charonne, où la « résistance » des flics a montré ce qu'elle savait faire. Les opinions politiques des littérateurs sont toujours déraisonnables, plus esthétiques ou morales que fondées. Pour quel motif logique un écrivain gagne-petit se ferait-il le champion des possédants? Poésie pure...

Le seul qui soit réellement « engagé » parmi nous, c'est Jean-Louis. Il calme le débat en racontant ses démêlés avec la police,

après qu'il eut signé le manifeste des 121. Convoqué au Quai des Orfèvres, il s'y rend, tout tremblant, pour trouver un juge d'instruction d'une onctueuse politesse, flatteur, prévenant. Bory, stupéfait, avoue au magistrat sa divine surprise.
« Ah, fait l'autre, nous ne sommes pas des ogres. Et puis, vous savez, le régime d'aujourd'hui n'est pas forcément celui de demain... »

3 novembre

Lettre à Chardonne :
« Je vois que vous êtes bien informé. Vous savez déjà que j'aime *Détachements* et que je m'occupe de sa frappe. C'est assez drôle de voir la marine prêter ses machines et ses hommes pour amorcer ce brûlot. D'ici un peu plus de quinze jours, vous aurez quatre exemplaires du texte. On ne peut en obtenir davantage d'une seule frappe. A moins d'utiliser le stencil mais l'impression est alors déplorable. Cela ne coûtera pas trop cher. Environ seize mille francs.
« Ce système artisanal est le seul moyen de rester fidèle à vous-même, car ce livre n'est pas publiable tel quel. Et il est intéressant précisément parce qu'il demeure tel quel. Certaines de vos opinions font dresser les cheveux sur la tête. Encore aujourd'hui. D'autres se révèlent prophétiques. J'ai remarqué que, dans l'ensemble, vous vous trompez surtout dans les délais. Pessimiste, vous attendiez les catastrophes pour le lendemain. Elles ont simplement un peu tardé. Mais vous les aviez toutes prévues. Y compris la guerre civile larvée qui nous menace... »

12 novembre

Le petit D., perdu de vue depuis des mois, m'appelle pour me prévenir que « deux types prétentieux » se proposent de « me faire ma fête » lors d'un prochain cocktail. Pas de peine à identifier Jean-Edern et Sollers dont j'ai allégrement saccagé *le Parc* la semaine dernière. Les risques du métier !

14 novembre

Devant Bergé, Saint Laurent, Sagan et leurs amis chics – c'est l'anniversaire de Pierre –, Cocteau fait une sortie contre Lise Deharme, qui va publier son *Journal d'Occupation* : « Il faudrait les enfermer ensemble, Lise, Valentine et Marie-Laure ; elles se dévoreraient entre elles. On pourrait y ajouter Carya. Toutes, elles

1961

ont prétendu m'épouser, et j'ai été le témoin de leur mariage à toutes les quatre. »

Survient Marie-Laure. Bises et congratulations : « Mon Jean ! – Ma chérie ! »

Et celle-ci, aussitôt : « Tu as vu ? Lise publie son journal. Cette fois, la mesure est comble », etc.

16 novembre

Rencontré Jean Cau. Abord sympathique, accent du Midi chaleureux, des yeux noirs perçants. Quelque chose d'un chien, avec le nez au vent ; une physionomie à la fois ouverte et affamée, dévorante même. L'ambition se lit en lui ; son apparent équilibre n'a pas dû se faire tout seul. On le sent encore vibrer, tout au bord de lui-même. Un rien le ferait basculer.

25 novembre

Chez Molly de Balkany, le café bu. Chardonne se passe la main sur les lèvres, geste familier, et déclare tout de go : « Eh bien, chère madame, ce déjeuner fut délicieux. J'espère que cela deviendra une habitude. » Molly en reste bouche bée ; nous aussi. Après quoi il nous lit un bout de lettre de Morand, qu'il a recopié de sa main. « Pourquoi ? Parce que si je la perdais, quelle catastrophe. » Et pourquoi un fragment ? « Parce que le reste était fait de phrases qui n'auraient pas pu voyager... »

Nous prenons un dernier chocolat au Mahieu (Molly habite le Quartier latin) et je lui confie que Brenner a plus besoin de son appui que moi. Il a l'air très affecté par cette révélation : « Mais quoi ? Mais comment ? Mais je le croyais à son aise, moi, si calme avec sa bouffarde ! Je lui voyais la sérénité d'un homme installé. » On dirait que Brenner lui fait une méchante plaisanterie, pour le seul plaisir de le contredire. Je le laisse, éperdu, sur le boulevard Saint-Michel, au milieu des embouteillages et des cars de police. Il y a de la bagarre antifasciste à l'horizon. Mais je n'ai lu nulle part qu'on avait arrêté un vieil écrivain de droite parmi les manifestants...

26 novembre

Peyrefitte tient absolument à m'éclairer sur ses *Fils de la lumière.*

« Puisque je suis un homme dont on parle, dit le pontife, autant qu'on parle de moi justement. »

JOURNAL

Rendez-vous dans son rez-de-chaussée de l'avenue Hoche, au fond d'une cour lugubre : un ancien jardin d'hiver qui justifie son nom; en robe de chambre et charentaises fourrées, l'illustre écrivain n'a que deux minuscules radiateurs électriques pour tout chauffage. Autant dire qu'on caille dans cet ahurissant capharnaüm, où s'entasse un monceau d'objets d'art hétéroclites, du marbre antique aux gravures grivoises. On se croirait chez un receleur qui aurait entreposé le butin par strates, au hasard des arrivages. Des bronzes, des statuettes en argent, des vases grecs, des coupes et même un superbe cabinet italien émergent du désastre, noyés sous plusieurs tonnes de paperasses : « Ma documentation », dit le maître avec un pompeux ravissement.

Surréaliste à sa façon, il n'hésite pas à vanter l'« ordre subtil » du logis : le hamster fait les honneurs de sa cage. A moins qu'il n'appelle « ordre subtil » l'unique inspiration de ce ramassis : des éphèbes, des éphèbes, et encore des éphèbes...

A propos des francs-maçons, il reconnaît une certaine partialité : « Tous les grands maîtres que j'ai rencontrés m'ont paru des hommes remarquables. » Et la piétaille? « Oh! ceux-là, je les ai ignorés; ils m'auraient déçu. » Ce qui le séduit : « une sorte de morale laïque ».

L'éthique a son importance pour ce fauteur de scandales : « Savez-vous que *les Amitiés particulières* a sauvé du suicide des dizaines d'adolescents? » Aucun doute non plus sur son génie : Peyrefitte est si content d'être Peyrefitte qu'il ne voit pas mieux. Son œuvre l'intéresse avec une passion telle qu'il la sert en dévot, quitte à passer pour le Sganarelle de son propre personnage. La ruse, la flatterie, le charme, tout est bon. En récompense chaque instant de sa vie s'en trouve comblé. Entre les recherches préparatoires et la mise en forme, pas une minute perdue. Saint Roger est un homme heureux.

27 novembre

Précisions. – Mauriac, rencontré chez Denise Bourdet : « Amusant, votre article sur Barrès et moi, mais je tiens à préciser une inexactitude, car je suis tout de même la personne qui me connais le mieux. Le Barrès que j'aimais, c'était celui du *Culte du moi*, pas celui des honneurs et des rubans. Mais par fidélité – on me dit rancunier, je suis aussi, c'est une conséquence, fidèle – je ne pouvais pas renier le Barrès de ma jeunesse parce que le Barrès officiel ne lui ressemblait plus. D'où l'équivoque; il fallait la dissiper. »

Fabre-Luce, chez la même : « Je voulais vous dire que vous n'avez pas résumé *le Voyageur de la nuit* d'une façon tout à fait exacte. Vous avez écrit que mon héros se tournait vers la dévotion

1961

quand... enfin quand il ne pouvait plus faire l'amour. Eh bien, ce n'est pas tout à fait cela. C'est un choix. En vérité, cher ami, il peut encore, oui, il peut encore ! »

3 décembre

Lettre de Chardonne : « Reçu le centième Jouhandeau. Du pipi. »

5 décembre

Une vie. – Raymond X., mon voisin de table chez les L. ; nous faisons un bout de chemin ensemble au retour. Sa carrière en deux mots : Premier Prix du Concours général en 1923, il a végété par nonchalance. Rédige des notules sur les livres dans un périodique de l'édition (quatre-vingts bouquins par quinzaine !) et un grand article tous les trois mois dans le *Journal des poètes* ; son luxe. A dû être beau, mais s'est vite fané. A présent, une tête de vieille poupée cérémonieuse.

« Eh oui, monsieur, nul n'est entré dans mon lit depuis plusieurs années. J'ai d'abord commencé à me contenter seul depuis l'âge de treize ans. J'étais provincial, monsieur. Ensuite, entre vingt et quarante ans, j'ai assez plu. Puis je ne fus plus capable du couple que je formais avec mon partenaire. C'est ridicule, monsieur, mais à cinquante ans passés j'en suis revenu aux pratiques de mon adolescence. Et je n'y mets pas les mains ! C'est un grand bonheur, à mon âge, voyez-vous, de se suffire à soi-même ! Monsieur, je vous donne le bonsoir ! »

1962

24 janvier

Fume-cigarette et accroche-cœur, l'œil peint, la lèvre pourpre, le sein généreux, Henriette Gröll a toujours l'air d'entrer en scène pour chanter *Carmen*. Ça fait drôle dans les salons. Chez elle, elle jouerait plutôt les Récamier, allongée sur une méridienne, près de la cheminée, ses courtes jambes sous une robe d'hôtesse, entre le peignoir et la djellaba.

Elle se veut « parisienne », à tout crin, sans renoncer à ses origines grenobloises; à l'entendre elle cousine avec Stendhal, et les cimes savoyardes conviennent à son « art » : elle peint. Marrant mélange, plutôt sympathique, de snobisme naïf et de vraie gentillesse. Il se reflète dans la composition de ses dîners, où voisinent gens à la mode et amies de pension enivrées de se frotter au Tout-Paris. Lise et Marie-Laure se moquent d'elle, mais se déplacent pour la torturer à domicile, d'autant que la chère y est exquise : veau gendarme, rôtis fondants, pot-au-feu; la bonne cuisine bourgeoise de jadis!

Rue des Beaux-Arts, son atelier de rêve, qui donne sur des jardins insoupçonnables, fut celui de Corot. Je lui demande si ça ne la gêne pas. « Mais non, pourquoi? J'aime bien Corot! » Ce soir, la « vedette » est Abellio, accompagné d'une égérie suissesse au pimpant patronyme : Mme Verjoly. Abellio ressemble à une tortue sur le point de rentrer la tête sous sa carapace : pas de cou, et de grosses lunettes. On n'arrache à l'ésotériste que de rares sentences proférées avec l'accent de Vincent Auriol. Mme Gröll n'est pas contente. Dès qu'il a tourné les talons tombe le verdict : « Il ne rend pas, cet Abellio. »

JOURNAL

25 janvier

Permission libérable. Premier soir civil depuis vingt-sept mois.

26 janvier

Une histoire de Jacques Brenner. Un jour de 41 ou 42, Genet va voir Jouhandeau. Il lui apprend qu'il a écrit un livre et qu'il voudrait bien gagner désormais sa vie honnêtement, grâce à la littérature. Moue de Marcel : « Vous savez, la littérature ne nourrit pas son homme, il vaut mieux garder un second métier. »
Quelques mois plus tard, Jouhandeau reçoit une lettre de la Santé : « Monsieur, j'ai suivi votre conseil, et je me retrouve en prison pour vol. Pourriez-vous m'envoyer des colis...? »

Breitbach, toujours grand seigneur, avec un brin de nouveau riche, genre bourgeois gentilhomme, nous (Brenner et moi) emmène voir *l'Orchestre* et *La Foire d'empoigne*. La première pièce, surtout, est d'une férocité aux limites de l'odieux : ce qu'Anouilh réussit le mieux. L'autre, plus politique, transpose en 1815 la situation de 45. Meurisse interprète successivement les rôles de Napoléon et de Louis XVIII, comme il aurait pu jouer Pétain et de Gaulle. La salle, bourgeoise, applaudit les répliques aux résonances actuelles. Par exemple : « Vite qu'on se batte, qu'on y comprenne quelque chose ! » Ce pays renoncera-t-il jamais à la guerre civile ?
Je regarde Marcel Achard, qui trône dans une loge d'avant-scène. Papillon rouge et rosette, assortis au velours du théâtre. Dans la pénombre, on ne voit plus que les énormes lunettes, les cheveux blancs, et ces deux taches pourpres. De l'art de se vêtir...

27 janvier

Zizi Jeanmaire. Un spectacle mi-show, mi-ballet, avec d'admirables costumes de Saint Laurent. Tout est centré sur elle, sombre oiseau de paradis, clinquant et emplumé. Dans sa loge, c'est une autre ; il ne reste rien d'elle, à l'intérieur de ce peignoir d'éponge blanc qu'elle serre sur une poitrine absente, des hanches d'éphèbe. Deux yeux tout petits quand elle a retiré ses faux cils, mais cette noiraude a le sourire charmeur, la gouaille libre d'un gamin avec une simplicité vraie. Elle joue un peu la comédie et prétend se lamenter de son succès : « Si ça continue, je vais devenir aussi fonctionnaire qu'une demoiselle des postes. »

1962

Elle disparaît un instant derrière un paravent, et revient déguisée en mousquetaire du cardinal : bottes, pantalons, pull et foulard noirs. Puis elle se met à plier toutes ses petites affaires bien proprement. Rangée comme une fonctionnaire...

28 janvier

Michel de Grèce, neveu du roi, est un joli jeune homme sémillant qu'on s'arrache dans les salons. Si français de langue et d'apparence, malgré son titre, que je lui demande quelle est sa religion. Et lui, souverain : « Je suis orthodoxe, monsieur. Ma Constitution m'y oblige. »

29 janvier

Un samedi soir, le vieux Pierre de Lacretelle – il avait trente-neuf ans de moins à l'époque – dînait chez des amis. On attendait Reynaldo Hahn, qui tardait. Il arrive enfin, essoufflé : « Pardonnez-moi, c'est la faute de Marcel. Il m'a encore fait appeler d'urgence, pour me dire adieu. De la comédie, comme d'habitude... »
Trois heures après, Marcel Proust était mort.

13 février

P.L. Oui. Et alors?

21 février

Chez Molly, où Chardonne prend ses habitudes, il me demande soudain : « Avez-vous lu Einstein?
– Non.
– Eh bien, vous voyez, lui non plus, on ne le lit pas! »

22 février

Trois rêves. – 1. Mon rire me réveille : j'avais imaginé une scène de comédie où le code NATO (en anglais « basique ») était remplacé par le latin. Des professeurs très tatillons traduisaient les messages avec une irrésistible pédanterie, se chamaillant sur des points de grammaire et des nuances de style, devant des généraux éberlués.

JOURNAL

2. Rendormi, je rêve que je prends note de tout cela.
3. Ensuite, un rêve érotique, auquel était mêlé Belmondo. Un rêve avec pollution, sans aucun doute possible. Je me réveille à nouveau, embêté d'avoir souillé mes draps. Mais non, rien, alors que j'ai le souvenir d'avoir joui, très voluptueusement. Je me sens frustré, comme si la nature ne jouait plus le jeu.

23 février

Lettre de Chardonne. – « Elle me plaît bien ; la petite dame d'hier. C'est très bon chez elle ; les vins ; tout.
« Elle a mis son mari au couvent. Si elle ne se remarie pas elle sera très heureuse ; adorée de ses enfants, qui seront fiers d'avoir un père au couvent.
« Je l'ai dit avec une grande force. M'aura-t-elle entendu ?
« Ce qui complique les choses, c'est que je la crois passionnée. Elle fera une bêtise. »

24 février

Mlle S. est sincèrement désolée de me voir quitter la *Revue maritime*. En me serrant une dernière fois la main, elle me dit : « J'espère que nous vous reverrons en uniforme, qu'il y aura... je ne sais pas... une guerre... enfin, quelque chose... »

11 mars

Mon premier mouvement : toujours le second.

(Six mois de cahiers perdus : quelques repères.)

15 mars

Lettre à Chardonne (sur papier à en-tête « Éditions Bernard Grasset »). – « Voilà, j'y suis. On me paie peu, mais le travail me plaît. Il y a dans ce métier d'éditeur quelque chose de Sherlock Holmes. On traque le coupable, on le dépiste, on le saisit. Il arrive aussi qu'on le perde, si j'ai bien compris. Cette chasse à l'homme est amusante. D'autant qu'on ne semble pas trop exigeant sur la présence. La liberté d'abord. Du reste, pour moi, la liberté c'est le travail. Sous prétexte que je n'ai pas d'heures fixes, je travaille tout le temps... Nourissier, je le découvre. Pendant les " comités " de lecture, il est primesautier, juvénile, un peu nonchalant. Plein de

1962

charme. Non, ce n'est pas un renard, ce n'est pas un loup, mais il y a en lui quelque chose du chat qui dort. »

16 mars

Lettre de Jouhandeau. – « Céline nous a quittés. Elle est maintenant dans la nature, si l'on peut dire, abandonnée à elle-même. Elle semble heureuse. Voilà l'essentiel. Pour moi qui l'aimais, et dont elle égayait la vieillesse, je la cherche partout où nous ne la verrons plus jamais. Je l'aimais pour sa misère. Je ne l'abandonnerai jamais. A jamais mon pain sera le sien, sans espoir de recueillir de sa part beaucoup de gré. Là n'est pas la question... »

Lettre de Chardonne. – «... Si on veut échapper à la critique on ne doit s'appesantir sur rien ; jamais un long développement. Tout dire en deux mots, et en courant ; après longues réflexions. Sans quoi tout sera contesté ; car tout est contestable.

« Ainsi, j'en ai gros sur le cœur, après la période d'histoire de France 38-45. Je pourrais en écrire, des choses! Non. Mais je dirai, une fois, ce que je pense. Cela pourra tenir en trois lignes qui fileront comme un lézard sur un sol brûlant, et personne ne bougera, et ne sera même frôlé ; les voici :

« On déplore " Munich " ; 1939 fut bien pire ; " Yalta " n'a rien arrangé. Vous n'avez pas bronché, n'est-ce pas ? »

24 mars

Carte de Mati :

« Jérusalem, 24 mars 1962.
« Cher Ami,

« Me voilà au pays des *Mille et Une Nuits* et elles sont sages. Je mène une vie exemplaire sous un soleil de plomb. Pourtant ça me plaît tellement ici que je reste et ne continue pas pour les Indes. Je serai de retour en avril. Tu aimerais ça beaucoup ici, une mélange de très beau et de très laid tout à fait unique. Pour le reste il faut y être nationaliste, moi je ne suis pas. Maintenant que tout le monde s'en va au planète Mars on croit difficilement aux petites frontières. Mes amitiés à tes parents. A bientôt. »
Adresse : Monsieur
     Matthieu GALEY
     Bld des Invalides
     en face de la Rue
         de Babylone
    PARIS
       FRANCE

JOURNAL

18 avril

Carte de Marcel Schneider.

Cher Matthieu,

« J'ai achevé *les Colonnes du Temple* : ton pensum va commencer, sois sévère, sois franc. Tu sais que je fais partie de ceux qui peuvent tout entendre et que je tiendrai pour amicale sollicitude tout ce que tu me diras. (Cela n'est pas fleurs de rhétorique à la manière d'Oronte.)
« Joyeuses Pâques. A toi,

« M.S. »

10 mai. Roscoff

Lettre de Chardonne :
« ... Je suis arrivé un dimanche particulièrement religieux (communions) : une ville sainte. Roscoff en mai, ce n'est pas Roscoff en été. Pas une voiture ; le soir, une ville morte, comme Barbezieux en 1900. Enfin, un autre monde.
« Seule, l'animation du port ; une foule de beaux gars, sans femmes. C'est là où vous logerez, si vous venez fin août. En ce moment, c'est le carnaval des choux-fleurs ; des chars pleins de caisses, défilé, rassemblement ; on embarque cette marchandise le soir, pour Londres ou Rotterdam. Elle a passé par beaucoup de mains. J'ai vu cela de près. Magie du " capitalisme ". Il a construit (par l'anarchie) une mécanique bien subtile. Les communistes y mettront la raison, l'ordre, la pureté, l'égalité, et on ne verra plus de choux-fleurs.
« A Roscoff, en hiver-printemps, pas de journaux de Paris, pas d'*Arts,* pas de livres. On connaît pourtant quelques noms d'écrivains ; si ces malheureux savaient dans quel désert ils peinent, ils seraient modestes. Même Mauriac. Le docteur m'a dit que j'étais beaucoup plus solide que lui (assez délabré). J'ai dit : " C'est l'ambition qui le fatigue. " Et puis j'ai ajouté : " En somme, je le regretterai. " On me masse, on me douche ; je suis dans l'iode ; je respire dans l'air je ne sais quoi (cela a un nom connu ; se dégage des bombes atomiques, tue tout le monde à haute dose, mais convient à certains ; il y en a peu dans l'air de Paris ; beaucoup en Bretagne. Cela s'appelle, je crois, radio...).
« A Roscoff, on ne connaît pas le frigidaire ; tout a gardé sa saveur. Il faut aimer le beurre, les huîtres, les crabes, si délicats. Ici, j'ai même un peu d'appétit.

1962

« Je ne parle à personne. Les petites Bretonnes sont pieuses et sauvages. En première (le train) toutes les femmes sont laides; quelquefois, en seconde, une gentille frimousse. Il n'y a plus de troisième; jadis Pierre Loti et Gide voyageaient toujours en troisième. Des chasseurs. »

Paris, le 13 mai

Lettre à Chardonne:
« ... Je vois le premier, avec ses cheveux dans le dos, bras dessus, bras dessous avec le second, pommadé et bombant le torse, l'un et l'autre coiffés d'une casquette, et débusquant dans les compartiments des petits matelots ou des enfants de chœur effarouchés...

« Pendant votre absence, j'ai, moi, débauché Camille. Nous sommes allés déjeuner ensemble, seuls, au bord de l'eau, à Herblay. Un conte de Maupassant; les lilas étaient en fleur. Il pleuvait. Ce fut charmant. Gavez-vous d'algues et de crabes. J'ai toujours pensé que vous étiez plus solide que Mauriac; à tous points de vue. »

20 mai

Lettre de Bastide:

« Chez le coiffeur, cher Mateo Galeo, je vous écris en hâte, pour ne pas relire une quatorzième fois votre papier. Bien sûr, je vous rends grâces, mais je voudrais le dire mieux. Vous avez fait taire vos critiques pour laisser parler votre cœur. Voici le mien tout exalté. Je vous parlerai du tome deux pendant deux ans, maintenant. Voilà ce que c'est que de vous être senti chez vous dans cette salade. L'idée de la fugue, est-ce bête, je n'y avais pas pensé, et c'est tellement mieux que la symphonie! Enfin, j'arrête, sinon ma toison brouillera, défaite, ma lettre, et vais déposer ceci chez Grasset – je n'ai pas votre adresse. Et vous salue bien affectueusement.
« Votre *

« François-Régis.

* « Je pense aussi être « ami » – on essaie? »

JOURNAL

6 juillet

Lettre de Chardonne :

« ... En mai, la Méditerranée est merveilleuse; la mer a les nuances les plus exquises. Et puis elle se fige, l'été, dans un bleu uniforme, que je trouve assez monotone. C'est une mer qui manque d'arôme, pour moi; de vie. Des rochers morts. Mais cela ne se discute pas. On est un homme du Midi, un homme de la Méditerranée (Valéry); ou un fils de l'Océan.

« L'Océan, c'est une opale. Tout change à toute heure; rien n'est fixé; une perpétuelle invention de la lumière, à partir du gris. Et puis une eau un peu tumultueuse, riche en toute chose, depuis l'iode jusqu'au varech; et ses reculs où elle est perdue; et ses retours pleins d'entrain; jamais lasse de cette bêtise... »

7 juillet

« Monsieur Matthieu Galey
« aux bons soins de *Combat*
« Pardonnez ce *lapsus calami*
« Paris

Le 7 juillet 1962.

« Cher Monsieur,

« J'ai lu l'article de *Combat* du 5 juillet que vous avez consacré à mes *Souvenirs* à bâtons rompus. Il m'a fait un très grand plaisir. Le ton de sympathie avec lequel vous avez parlé des diverses activités (un peu trop nombreuses) de ma longue vie a remué en moi toutes sortes de sentiments, évoqué tant d'images, que je n'ai pu hier soir m'endormir. Mes soixante ans de combat pour le judaïsme ou pour le réveil de la fierté juive ont défilé devant moi avec une vitesse vertigineuse, toutes sortes de visages et de gestes m'apparaissaient dans des rêves hypnagogiques qui ne pouvaient se résoudre en sommeil. J'ai voulu vous le dire tout de suite, et n'ayant pu obtenir votre numéro de téléphone, vous le dire par écrit avec ma mauvaise écriture puisque je ne pouvais le faire oralement et mieux.

« Laissez-moi vous adresser toute ma reconnaissance et la cordiale poignée de main de votre très vieux confrère.

« André Spire. »

1962

7 août

Lettre de ma mère :

« Gaillon, le 7 août.

« Mon cher Petit,
« Je te souhaite un heureux (luxueux) anniversaire et ce malgré mes ampoules. J'étais prise hier soir de frénésie dans l'écurie. Munie du marteau du père M., j'ai attaqué le plâtre qui couvre les pierres séculaires; j'avais momentanément abandonné les travaux aquatiques, le ciel s'en chargeait. Heureusement, j'ai pu faire du feu dans la cuisine; j'ai trouvé des chenets à tête de femme dans la chambre de Mme. Il y a aussi une merveilleuse plaque de fonte représentant une locomotive 1880 avec la fumée.

« Tes hirondelles se portent bien; elles ont l'air adulte, maintenant. Le monticule sous leur nid augmente... je le respecte... que n'ai-je un nid !

« Bien que le délicieux maçon n'ait pas encore démoli l'énorme four à pain de la cuisine, seule pièce habitable, mon séjour se passe bien. Je vais au marché à Meulan; on y voit des estivants, vacanciers ou autochtones, qui prennent l'air dégagé du monsieur qui est maître de son temps et de son apparence, vêtu de la marinière bleu marine dans son neuf, et traînant des individus de quarante centimètres auxquels ils expliquent le principe du moteur à explosion. Les filles ont la bigoudaine en cheveux et le pantalon sur les hanches; les garçons, la chemise de vichy rose, et la coiffure vache à l'horizontale...

« Au pays, nous ne sommes pas comme ça. Les mâles ne dépassent pas quatorze ans, jouent à cache-cache premier vu avec des demoiselles du même âge en short extra-court sur cuisses importantes, le verbe haut et à longue portée, du genre : " Eh, Lulu, j'ai vu ton cul ! " Ici, l'horaire est le suivant : réveil entre six heures et demie et sept heures – la France au travail; vaches et hommes partent aux champs, les coqs aboient, les chiens aussi, Mme Genêt ouvre sa porte et j'entends sa Westminster tous les quarts d'heure; ensuite, calme jusqu'à neuf heures, mais je me lève bien avant : l'éclairage au gaz est si faible qu'on se couche tôt.

« J'ai rencontré le voisin P'tit Jules au café, naturellement, avec son quart de brie et sa casquette : il jouait aux dominos avec des êtres préhistoriques.

« Je t'embrasse. Roule lentement; l'accident d'auto, c'est trop c... »

JOURNAL

Mougins, le 8 août

Lettre à Chardonne :

– «... Une semaine déjà, mais le luxe dépayse. Nous nageons allégrement dans la Méditerranée et le champagne. Sous le nom de " mas " se cache un petit palais, prolongé d'un jardin botanique. Les salons sentent trop le décorateur, à mon goût (comment retrouver là-dessous la belle maison paysanne de jadis?), mais l'ensemble impressionne. Entre une nurse normande et un majordome bizarre, la petite Hinano doit s'ennuyer un peu, bien qu'elle soit la plus adulte de nous tous. Demain, en ma compagnie, Josette fêtera " nos " vingt-huit ans, nous ne les paraissons ni l'un ni l'autre. Je reviendrai bruni, ravi, mais heureux de me faire une vieillesse sans rhumatismes à Roscoff, par vous chaperonné, au bord d'une " vraie mer " (avec des marées).

« Avant de partir, rencontré Flamant, patron du Seuil. Un homme d'affaires, un chef, sérieux, actif. Le premier personnage sans failles (apparentes) que je rencontre dans l'édition. »

17 août

Lettre de mon père :

« Gaillon,
« les Trois Tinettes
le 17 août 1962.

« Réduit en esclavage par ta mère depuis mon arrivée, je profite d'une provisoire évasion pour te donner quelques brèves nouvelles. Ton living-room est occupé par cinq jeunes hirondelles qui m'engueulent lorsque je me permets d'y pénétrer sur la pointe des pieds. Il te faudra beaucoup de doigté pour négocier leur départ sans indemnité. Le maçon n'étant pas encore disponible et ta mère n'ayant pas encore arrêté son choix sur un système d'évacuation des matières organiques, la valse des seaux hygiéniques se poursuit à rythme accéléré, avec ses contingences terrassières et transportatives. On s'y fait. Toutefois, tous les deux ou trois jours, nous allons à Paris pour y passer la nuit et nous laver. Le nettoyage des pièces se poursuit : dépoussiérage, grattage, lavage, aération, et je pose des planches de récupération dans les armoires (sans garantie de solidité).

« Nous avons commencé les contacts de voisinage. Jusqu'ici, bonne impression. Mais nous attendons la suite. Pour l'heure, nous sommes sous surveillance collective, sans préjugé défavorable.

1962

« Je te souhaite une bonne fin de séjour princier. Je te conseille un stage de transition dans un climat de standing normal avant d'aborder le Moyen Age que nous vivons à Gaillon.

« Baisers de ta mère et de moi. »

Gaillon, le 15 septembre

Lettre à Chardonne :
« Je vous écris de la ferme que ma mère vient d'acheter près de Meulan. C'est encore plein de toiles d'araignée, mais il règne un calme de délice. Je découvre la campagne. De ma fenêtre, je ne vois que des arbres, des broussailles, un pommier, un bout de ciel gris. Et je dispose de chemins creux charmants pour les trois kilomètres de promenade quotidienne prescrits par le médecin de Roscoff ; je suis sauvé ! »

(?) septembre

Mort de Nimier.

(Reprise du journal.)

13 octobre

Chardonne me trouve trop pessimiste. Et pas de réplique !
« Vous dites : nous sommes tous des malheureux. Pas du tout. Beaucoup d'entre vous méritent une fessée, voilà tout. Je vois une jeunesse comblée (vous, en tout premier). Qu'est-ce qui vous tracasse, vous, l'un des favoris de l'époque ? L'idée de la bombe future ? Elle sera nécessaire pour balayer un peu le terrain. Trop de monde... »

15 octobre

Nouveau venu chez la vieille Émily : Bernard Frank. Très pâteux ces temps-ci, les cheveux noirs dans les yeux, épaissi, tenant en laisse un petit chien roux très mal élevé. Ce soir, il communie dans le whisky avec une Josette ravie de cette complicité ; elle a un faible pour les intellectuels. A moi, entre deux pesants silences, il me crache : « Vos critiques, ce n'est pas mal,

JOURNAL

mais vous visez trop bas... » Sans doute voulait-il dire : « Visez le gros gibier. » Impression tout de même désagréable.

17 octobre

Lettre de Chardonne. – « J'apprends que les derniers jours, sinon le dernier, sont là, pour mon fils. Je craignais un prolongement, et les terribles souffrances qui étaient en vue. Il n'aura pas vu la mort (plein de projets, hier encore). Il a eu cette fête pour son livre, organisée par Nimier (c'était cela, la bonté de Nimier); ce dernier sourire de la vie. Pour la vie, inutile de s'y attarder beaucoup; elle a vite tout donné; elle n'est pas bien riche... »

24 octobre

Comme souvent, j'ai l'impression d'être le seul à m'inquiéter; mon pessimisme qui « mérite une fessée ». Hier, en retard à déjeuner, chez Breitbach, pour avoir voulu écouter les informations d'une heure, je suis accueilli par un éclat de rire général, comme si c'était là un mensonge original. Du moment que tout le monde doit crever, nul ne s'en soucie. Et puis cette petite île, ce navire, c'est si loin...

28 octobre

Je n'avais jamais vu Vialatte : un visage rose, très glabre, des petits yeux noirs bridés, un long nez. Un peu socialiste d'avant-guerre, il porte une chemise bleu marine et un papillon noir. Petite voix de confidence, mélange d'humour et d'onction, qui rappelle parfois les chuchotis de Jouhandeau. Au reste, nous parlons de lui, et de Carya. Vialatte dit l'avoir une fois rencontrée, vêtue d'une robe noire immense : « Je l'ai prise pour un piano à queue. »
Privat, notre hôte, fourmille d'anecdotes sur son oncle, sous lequel il a souffert sept ou huit ans avec une sorte de tendresse et de fascination exaspérées. Une histoire typique : un jour, Grasset emmène son neveu à la campagne, chez des amis. Dix minutes après leur arrivée, sous prétexte de visiter le jardin, il file vers les communs. Abordant la cuisinière, il lui demande le menu du soir : truite saumonée sauce mousseline, homard Marengo, etc.
« Ouais, dit Grasset... Moi, je trouve qu'on juge une cuisinière sur la soupe poireaux pommes de terre...
– Oh, mais monsieur, je sais la faire comme personne!
– Eh bien, faites-nous donc ça. Et puis le homard, c'est du chichi. Qu'est-ce qu'on élève dans la région? Du mouton? Alors des côtelettes aux haricots verts, il n'y a rien de meilleur! »

1962

Tête des amis au dîner! Et Grasset, imperturbable : « Vous savez, les sauces, c'est tellement casse-gueule! »

Après le repas, Schneider et Fraigneau s'emparent de la tribune, si j'ose dire. Plus question d'en placer une. Ils jouent au tennis monstresses en experts.

De Mme Vacaresco, qui ne fut riche qu'un seul été – celui de 1938 –, s'étant réveillée pendant sa sieste « noire, gluante et fécondée » par une source de pétrole, jaillie au milieu de son salon en Roumanie, Fraigneau passe à Mme Catroux, épouse du vieux général, et gaffeuse notoire. Quand le ménage représentait la France à Moscou, le corps diplomatique les avait surnommés « le Fossile et la Marteau ». Tante de Cocteau, on avait naturellement invité Mme Catroux chez Mme Weisweiler, au cocktail qui suivit la cérémonie académique. Assise auprès d'un monsieur discret, elle attaque, bille en tête : « En tout cas s'il y en a un qu'on ne verra pas, c'est le mari. Sa femme s'est entichée de mon neveu, mais lui vit avec une actrice et ne met plus les pieds ici, vous pensez! » Bien entendu, le « monsieur discret » n'était autre que le maître de maison...

Marcel en prend le relais, croquant Valentine Hugo! A court d'argent, elle a eu l'idée de ressusciter sa mère pour emprunter aux amis les frais de l'enterrement. Dans la chambre mortuaire, il y avait bien une forme sous les draps – un polochon? – mais le haut était caché par un cornet de papier : « Ma pauvre maman! J'ai fait prendre son masque, et son beau visage est tout abîmé. Il a fallu le cacher... »

Parmi les antiquités increvables : Mme Simone, qui va sur ses quatre-vingt-six ans. « Elle est tout de même étonnante, constate Morand, elle descend de Villard-de-Lans à Vevey, et elle y remonte dans la journée! – Et alors, dit son épouse, contemporaine de Simone, qu'y a-t-il d'extraordinaire? Elle a une voiture! »

30 octobre

Autre plésiosaure d'avant 14, Marthe Bibesco, qui me reçoit quai d'Anjou. Des trois fenêtres du salon, la plus belle carte postale de Paris : Saint-Gervais, l'hôtel des Ursins, le chevet de Notre-Dame. Pièce nue, mais une multitude de flacons divers, sur une table basse avec une rose rose dans chacun.

La princesse cherche à caser au meilleur prix la correspondance de Valéry avec l'abbé Mugnier. *Arts* n'en a pas voulu, mais elle espère bien que Grasset sera preneur. L'air d'un client qui chipote, je feuillette le dossier. Je note, au vol, ce clin d'œil un tantinet odieux : « Ma mère est morte. Nous l'enterrons demain dans le cimetière que vous savez... » L'égocentrisme des génies!

JOURNAL

Pas le temps d'en lire davantage. L'œil dur (il a dû être beau), la dame n'a pas l'intention de perdre ses précieuses minutes avec un sous-fifre. Emmitouflée de couvertures, une écharpe blanche sur la tête, style Mme du Deffand, elle me dicte ses conditions financières, d'un ton ultra-snob, très autoritaire; le grand genre à l'ancienne.

Son excuse à la rapacité? « Les rouges m'ont tout pris en 1947. » Une bonne raison pour appliquer, dit-elle, « un tarif d'académicien, puisque je suis membre de l'Académie de Belgique ».

Sa suivante, pâlichonne jeune fille, me tend une petite présentation, des lettres élogieuses et non signées, mais on devine aisément l'auteur... Sage précaution d'une personne qui connaît l'ingratitude universelle. Ne compter que sur soi. Non sans efforts, du reste.

A peine ai-je refermé la porte que j'entends sa voix sèche, rappelant à l'ordre sa secrétaire ilote :

« Mademoiselle, au travail !

– Oui, princesse. »

En voilà une qui ne doit pas s'amuser tous les jours.

3 novembre

Gérard Boutelleau est mort avant-hier. Solange, Brenner et moi, nous allons faire une visite de condoléances à Chardonne. Nous le trouvons d'une sérénité tout de même surprenante.

Il entreprend un curieux plaidoyer, comme si nous venions lui demander des comptes. Il développe les raisons de sa brouille avec son fils et nous affirme qu'il s'est abstenu d'aller le voir avant sa mort, « afin de ne pas lui ouvrir les yeux sur la gravité de son état ». Mais il refuse aussi d'assister mardi à ses obsèques, attitude plus difficile à défendre. D'autant que Chardonne ajoute : « Je ne veux plus avoir à faire avec cette famille! » Sa famille, ses petits-enfants...

Mais qui sommes-nous pour juger?

5 novembre

Jacques Brenner me dit que Chardonne, après notre visite, a eu comme une crise de nerfs.

En un sens, je suis soulagé : le monstre est humain. Sans doute blessé comme n'importe quel père, mais emberlificoté dans un écheveau de rancunes que nous ne saurons jamais démêler.

1962

13 novembre

Pris à partie par Démeron, dans *Minute,* Yves Berger vient de vivre une sale semaine : très abattu, il découvre la méchanceté parisienne. Mais ce matin, il reprend du poil de la bête ; plusieurs dames du Femina se sont publiquement déclarées en sa faveur. Il passe l'après-midi à faire des additions, comme un candidat à l'oral du bac. Sa joie de gosse est le meilleur démenti aux accusations de ses ennemis : un Machiavel, cet enfant ? Allons donc !

Samedi, *le Masque et la Plume.* L'invité du jour : Marcel Schneider, qui arrive très intimidé. Bastide ne lui ménage pas les piques perfides, du genre : « Votre personnage de Simone n'a aucune réalité », etc. Un instant désarçonné, Marcel fait front, jouant les candides : « Tiens, pourquoi ? Moi je la trouve charmante ! » Puis il enchaîne sur la seule scène érotique des *Colonnes du Temple,* la qualifiant d'« horrible initiation ». A Bastide d'être surpris ; on lui a coupé l'herbe sous le pied...

Le public de vieilles dames ne pige rien des « secrets » auxquels Bastide fait sans cesse allusion, mais il comprend que c'est un match et devine de mystérieux coups bas. D'instinct, l'assemblée donne son cœur à Marcel, persécuté par ce sadique. De longs bravos saluent la vaillante victime, déclarée vainqueur par acclamation.

Jacqueline Piatier, si convenable... Comment croire qu'elle est née d'une bourgeoise de Pont-à-Mousson enlevée par un lieutenant de dragons ? « Les grandes manœuvres ! » dit-elle, dans un éclat de rire, espiègle et pimpante.

14 novembre

Les Chardonne et moi, chez Tiburce. Un peu moins frais que d'ordinaire : « Je porte une haire », dit-il. Traduction moins moliéresque : c'est un bandage herniaire. Mais le médecin lui a trouvé « un organisme de jeune homme ». De quoi le ragaillardir. Autour d'un bon perdreau, la conversation prend vite un tour intime ; avec ses gros sabots Chardonne m'amuse.

« Dites donc, savez-vous ce qu'on raconte dans Paris ? On dit que vous êtes... *(Il baisse la voix.)*... de mauvaises mœurs.
– Ah ? Tiens donc !... »

Il voudrait un aveu, qu'il n'aura pas ; l'arrivée de Brenner fait diversion. Il accompagne Marcel Arland, rose, épanoui, avec de grands yeux sombres et glauques derrière des loupes. Nerveux, se mordant les lèvres, il rougit comme une pensionnaire au moindre mot de Chardonne. Parfois, il sourit du coin de la bouche, et glisse d'une voix feutrée, de temps à autre, quelques observations ironiques, ou angoissées.

Chardonne lui déclare : « Arland, vous êtes Dostoïevski, comme Morand, c'est Kafka. » Ce qui ne l'empêche pas d'annoncer au Dostoïevski de la NRF qu'il est « fait pour le bonheur ». Celui-ci ricane furtivement, plus agacé qu'amusé.

Ces vedettes entre elles, ça ne « rend pas », comme dirait Mme Gröll.

19 novembre

Lasse des éternels littérateurs ou musiciens, Émily reçoit en l'honneur d'un toréador, olé ! Cette star hispanique, surnommée « El Cordobés », est paraît-il aussi célèbre là-bas que notre Brigitte Bardot. De près, c'est un joli petit dur, un jeune paysan avec du feu, qui jouit, sans morgue, de voir tout ce beau monde à ses pieds. Bizarre accouplement, il est chaperonné par Jean Cau, expert en tauromachie – dont les opinions politiques se situent aux antipodes des salonnards maison –, et le sémillant Ricaumont, qu'on n'a pas dû rencontrer souvent près des plazas. Parisiens mystères !

Drôle aussi, par exemple, la conversation de Christiane Rochefort (bas noirs, robe noire, boa noir, très « veuve joyeuse » des fortifs) avec... la princesse de Polignac ; d'autant qu'elles discutent, passionnément, les mérites comparés de Belleville et de Ménilmontant.

Sur ces entrefaites, Marie-Laure débarque, décidée à s'amuser. D'entrée de jeu, elle s'en prend à la malheureuse Émily, soupçonnée d'entretenir, malgré son âge, des relations ambiguës avec cet « étalon à peine majeur ». Après quoi, elle accepte un verre d'orangeade, d'un air dégoûté (les buffets de la rue Maspero ont mauvaise réputation), précisant qu'elle boira « malgré les risques encourus »...

Je lui présente Jean Cau, à qui elle tend une main des plus indifférentes ; il s'esquive, un peu vexé.

Je m'étonne : « Vous connaissiez déjà Jean Cau ?
– Moi ? Non. Il est là ? »

Je lui désigne un dos dans la foule. Elle se précipite, se trompe, et tape sur l'épaule d'Éric Ollivier : « Vous êtes Jean Cau ?
– Non, madame, répond l'autre, furieux, moi je suis d'extrême droite ! »

Contre toute attente, au treizième jour, Simonne Jacquemard l'a emporté sur Cabanis ; son *Veilleur de nuit* obtient le Renaudot. Je

1962

vais au Seuil. Hâtivement, on a transformé en salons les bureaux de cette maison puritaine. Un spectacle de désolation, comme si une horde de révolutionnaires venait de tout saccager dans l'immeuble : mégots par terre, gobelets renversés, ou posés à même les manuscrits, tables regroupées n'importe comment dans les coins, pour faire de la place. Simonne, épuisée, radieuse, cramoisie, et coiffée d'un de ces bonnets à poil tricotés dont elle a le secret, se tient toute raide sur le champ de bataille. Embrassades et consolations. On lui parle comme si une catastrophe venait de fondre sur elle : « Ma pauvre Simonne! Quelle fatigue! Que de paroles! Que de flashes! Que de questions! Et les chèvres, dans tout ça, qui s'en occupe? »

Non loin, vêtu de son petit costume de velours côtelé noir n° 1, Jacques Brosse répond à de jeunes journalistes femelles : « Oui, oui, c'est bien moi le mari... » Très prince consort, avec un rien de parent pauvre. Attendrissant.

27 novembre

Enfin, Berger a son Femina! Bonheur à la mesure du calvaire : la maladie de cœur évitée de justesse. Marcel lui aussi se retrouve sur le carreau. Pour un peu, il parlerait de lui-même à l'imparfait.

20 novembre

Au téléphone : « Demain, je déjeune avec A.B. et J.B.
– Ah, dit Chardonne, et de quoi diable parlerez-vous?
– De vous.
– Oh... au dessert seulement! »

5 décembre

Lettre d'Anna Langfus, Prix Goncourt 1962. – «... Peut-être avez-vous la sensibilité trop vive, au point que les seules idées de pauvreté, de souffrance ou de vieillesse vous sont insupportables. Je me souviens, en effet, du jugement que vous avez porté, il y a quelque temps, sur M. Gaulène, coupable d'écrire à un âge avancé. Vous aviez alors aimablement suggéré que ce monsieur manifestait quelque gâtisme. Ce n'était pas gentil, et c'était apparemment faux, s'il faut se fier à la vigoureuse réponse qu'on vous en fit.

« Non, Monsieur, rassurez-vous, on ne vous demande pas de consacrer vos faibles forces à la défense de la veuve, de l'orphelin et des opprimés. On vous demande seulement d'exercer votre métier de critique dans les limites raisonnables, c'est-à-dire de vous occuper plus sérieusement des livres dont vous êtes censé rendre compte, et un peu moins de la personne des auteurs, qui vous seront tellement reconnaissants de ne pas vous mêler de leurs problèmes quotidiens. Ce serait, j'ose vous le suggérer, une excellente façon de vous montrer charitable, puisque la charité vous intéresse. »

17 décembre

Ces histoires d'amours (au pluriel), rien de plus ridicule! Sans renoncer à P.L., avec lequel j'entretiens depuis des mois une relation intime et distendue, dont nos deux égoïsmes s'accommodent assez bien, je vois souvent un petit banquier qu'on m'a jeté dans les bras. Si j'évite de le calmer, il s'enhardit; je le rabroue, il se désespère. La sagesse serait de rompre net, mais je n'ai jamais su; comment éviter les scènes... et le remords? Et voilà que déjà je m'intéresse aux grands yeux verts, aux petites grimaces félines d'un certain Richard. Le plus cocasse : malade depuis une quinzaine de jours, je ne puis toucher ni à l'un ni aux autres...

21 décembre

Sale métier que le mien! Je surprends des regards inconnus qui me fusillent. Par deux fois, ces dernières semaines, j'ai vu des jeunes gens me montrer du doigt comme s'ils me désignaient au peloton d'exécution, avec l'air de dire : « Voyez-moi ce grotesque nabot satisfait! Au poteau! »

26 décembre

Rêve. – Je voyage en wagon-lit, la nuit, délicieusement bercé. Dans mon rêve lui-même, la raison de ce bien-être m'apparaît évidente : il s'agit du ventre maternel, où l'on est ainsi promené de par le monde, au cœur d'une douillette obscurité.

1963

2 janvier

Chardonne : « J'ai aujourd'hui soixante-dix-neuf ans ; je commence à mûrir. Le pire de la vie, c'est la vieillesse. Le " progrès " a prolongé cet âge maudit, où l'on voit tout se défaire (le " couple " d'abord ; chacun n'a plus que des défauts). »

4 janvier

William Burroughs. On l'aperçoit qui rase les murs aux environs de la rue Gît-le-Cœur, pardessus grisâtre et chapeau mou sur une longue figure : ce pourrait être un flic en civil. Ou un assassin ; l'œil mort trahit quelque chose d'un sadique glacé, jusqu'à l'âme s'il en a une. Il fut détective privé, par un temps ; voilà qui devait lui aller comme un gant. Aucune fantaisie extérieure chez ce visionnaire aussi blême et lugubre qu'est délirant son univers : le Buster Keaton des paradis artificiels.

Rien non plus de l'homme de lettres : « Il y a dix ans, mes amis m'ont persuadé d'écrire un premier livre. Ce n'était pas très bon : j'y racontais mes expériences de drogué. De la désintoxication intellectuelle. »

Il en parle avec le mépris d'un écrivain « arrivé ». Depuis le scandale du *Festin nu*, et la suite, il est solidement installé dans sa malédiction, gloire soufrée, reconnue en Amérique comme en Europe. Son esthétique : « faire éclater le langage ». La littérature n'est pas son problème, indifférent à tout ce qui n'entre pas dans son imaginaire : les fantasmes homosexuels, le soleil, la drogue. L'homme vit « en dedans », le regard glauque, tourné vers l'intérieur.

JOURNAL

14 janvier

Chardonne : « Je pense aux maladies; il y en a en quantité, et qui sont bien connues. Il y en a d'inexplicables, et terribles, celle d'Édouard Estaunié, par exemple... J'entends toujours ces mots tragiques : " Vous pouvez travailler ! " Songez-y, quand vous travaillez. C'est la félicité suprême, vous dit Estaunié... »

20 janvier

Chez les Morand, au cœur de leur cathédrale inchauffable : les Haedens, à nouveau, avec les Jouhandeau et Gaston Bonheur.
Peu éprouvé par l'échec de sa pièce *Léonora,* Marcel affecte la sérénité de qui ne lit pas les journaux. Néanmoins, il trouve qu'un article comme celui de Jean-Jacques Gautier « juge le critique... ». Allons, un peu de logique, farceur !
Très « en visite », impressionné par le décor, il reste assez petit garçon, la faconde en veilleuse. Mais c'est drôle de voir Carya, chapeautée, manteau de fourrure sur les épaules, harengère déguisée en dame, assise à la droite d'un ambassadeur, qui feint de s'extasier à ses moindres mots. L'ironie de Morand est parfois perceptible dans le sourire, mais à peine.
Haedens me raconte sa jeunesse à l'ombre de Daudet (Léon), et Jouhandeau évoque la tempête qu'il déchaîna chez Gallimard (Hirsch, Benda, Sachs) en publiant un article antisémite dans l'*Action française*. Il dit son étonnement, mais de remords, guère. C'était avant la guerre, mais est-ce une excuse ?
Morand, lui, évoque la guerre et ses effets bizarres. Ainsi, passant devant l'hôtel Meurice en compagnie de Giraudoux, l'hiver 40-41, celui-ci avise la croix gammée qui flotte au premier étage, et déclare : « Tu vois, ça ne me fait rien. Rien du tout. » Bravade ou vérité ?

22 janvier

Chardonne. – « ... J'ai deux paires de chaussures pour la neige; Brenner choisira. La première, que je conseille, m'a été donnée par Géraldi [sic] voilà bien quarante ans. Je ne l'ai jamais portée (ou presque). Superbes et lourdes chaussures, pour le sky [sic], mais parfaites pour la marche. On les laisse dans le vestibule, toujours (sans quoi le plancher croule, et les bonnes crient) et on met de légères chaussures d'appartement; je dois en avoir. Ce que j'ai sûrement ce sont d'épaisses, et hautes chaussettes blanches, tricotées, en laines épaisses; cela encore, ne se fait plus (le vrai " confort " c'était jadis)... »

1963

23 janvier

Le vieux Bourdel reçoit, dans les majestueux salons de la rue Garancière; le mieux logé des éditeurs. Plon attire surtout la clientèle académique. Mme Morand trône sur un profond sofa, raide, royale, un peu ridicule. Comme elle souffre des jambes, on les lui a étendues, à l'équerre; on dirait une de ces poupées 1925 dont les concierges ornent leur couche, au fond des loges. Du reste, elle sourit uniformément à tout le monde; est-ce une tête en cire? Non, elle parle! Moi, j'aime bien sa façon de m'appeler « Galey », avec une familiarité de souveraine parlant à un fidèle serviteur : Lafleur, Dubois, Picard, holà!

Dans un coin, Chastenet marmonne contre Paulhan, qui sera sans doute élu demain à l'Académie. Son œuvre est peut-être importante, mais nous ne pouvons pas nous laisser envahir par les... farfelus. Pas de « cols roulés » chez nous! Autrement dit, *l'Histoire d'O* leur reste sur le plastron, les pauvres.

Pas nouvelles, ces cabales d'arrière-garde. Déjà, me raconte Denise Bourdet, avec un sourire en coin sur sa chevaline figure, Henry Bordeaux avait essayé de torpiller la candidature de Kessel, en adressant à tous ses collègues une lettre qui dénonçait « les mœurs notoirement dissolues » du candidat. Mauriac s'approche de nous et commente : « Des mœurs dissolues, qu'est-ce que ça veut dire? Au moins, les siennes étaient " notoires "; on sait ce qu'il a fait. Tandis que nous... »

Le petit Richard aux yeux verts vient de partir, après quinze jours d'un commerce agréable et tendre. Je me suis plus attaché que je ne pensais.

27

Accompagné Brenner à La Frette, pour prendre livraison des godasses géraldyennes. Chardonne me dit : « Aujourd'hui, je vous ai mis dans mon livre, parmi ceux que j'aime. Je cite une phrase de vous avec ce commentaire : " Matthieu Galey, jeune critique qui a pris du poids en quelques années "... » Flatté! Mais me voilà obèse pour longtemps...

30 janvier

Déjeuner Florence Gould, au Meurice. Jean Denoël me pilote gentiment; je suis « un nouveau », comme à l'école. L'ascenseur, plus doré qu'un carrosse, vous monte à l'étage où Madame reçoit ses invités : une forte personne en tailleur noir, avec de grosses lunettes et les lèvres carminées. D'énormes perles sur ses doigts boudinés. Souriante, aimable, un rien égarée ; c'est une reine dont Jean Denoël est le grand chambellan. Une trentaine de personnes boivent du champagne et papotent. Vedette du jour : Paulhan, académicien tout frais, accompagné de Dominique Aury, familière des lieux elle aussi. Autres dames Femina : Mme Simone, Germaine Beaumont, Dominique Rollin. Les Jouhandeau, Gabriel Marcel, Caillois, Peyrefitte, Curtis, Nora Auric et Mme Walter, la collectionneuse, ainsi que Georges Wildenstein, suivi de ses féaux, Parinaud et Huysman. Enfin, la piétaille, dont nous sommes : Berger, Borgeaud, Philippon, Bénédick, quelques autres, et moi !

Au signal, donné par Denoël, tout ce beau monde descend en troupeau à la salle à manger, où les places sont prévues selon le protocole − si bien que Florence Gould est toujours flanquée d'académiciens ou d'ambassadeurs.

En chemin, je dis à Paulhan qu'il me paralyse toujours un peu. Et lui, de sa voix perchée : « Oui, les grands timides font peur ! »

Un moment drôle. Curtis veut présenter Berger à Germaine Beaumont, la pointue, ignorant, oubliant qu'elle était sa plus farouche adversaire du *Sud* : « Connaissez-vous le sympathique Yves Berger ? » Et elle, du tac au tac : « Sympathique ? Ce n'est pas mon avis. » Puis elle tourne le dos, sans réplique.

10 février. Crans-sur-Sierre

Lettre de Suisse. − « Altitude : dix-huit cents mètres, âge moyen : cinquante-cinq ans. Surtout des dames seules − et vraiment seules ; la compagnie d'un gigolo, par ici, serait mal vue. Elles sortent pour exhiber des toilettes, aux couleurs vives, sur fond blanc. On dirait des péones : fuseaux roses ou bleus, ponchos de laine ou courte cape, chapeaux melons coquins et lunettes noires.

« Certaines de ces dames sont suivies d'un chien, teckel ou basset de préférence ; d'autres, plus rares, traînent un mouflet emmitouflé. Le visage huilé, elles boivent du chocolat sur les terrasses ensoleillées. Le soir, on les aperçoit chez le coiffeur ; elles en sortent avec des perruques extravagantes, gonflées, crêpées, parées pour un bal de cour sous Marie-Antoinette. Mais elles n'iront pas plus loin que le salon de thé le plus proche.

« Les rares maris présents sont plus sportifs ; ils se défoulent sur les pentes. Mais il faut voir comment les petits paysans suisses, déguisés en moniteurs, maltraitent ces hommes d'affaires en vacances. Sous prétexte d'initier ces messieurs d'âge aux joies du dérapage contrôlé, ils les précipitent allégrement vers les abîmes.

1963

A terre, ils abreuvent leurs victimes de moqueries et les P-DG souffrent en silence, boiteux et ravis.

« Dès cinq heures, la nuit tombe, l'ennui point; cela fait partie de la cure. On lèche les vitrines : montres, coucous, chocolats, cigarettes, tout est hors de prix. On se réchauffe à la librairie, où s'empile une montagne de *Haute Cour*, le Fabre-Luce interdit qui se vend ici comme des petits-suisses. Naguère, au même étal, on offrait *la Gangrène*... On hésite entre l'achat d'un journal français vieux de deux jours et un quotidien local. Peut-être aujourd'hui *la Feuille d'avis du Valais*, dont les affichettes sont alléchantes : " Arrestation d'un satyre ". Plus proche de nous qu'un attentat contre le général de Gaulle; c'est si loin, le Petit-Clamart...

« Après dîner, on monte sagement se coucher, en serrant sur son cœur le petit transistor allemand acheté cent septante francs et qu'on espère bien rapporter en fraude. Au lit, rien de plus agréable que d'écouter la Suisse romande en sirotant de la williamine. Et selon que les prévisions météorologiques annoncent pour le lendemain " beau temps en montagne " ou " légèrement tendance à la bise ", les rêves sont enchantés ou moroses. On est tout de même là pour bronzer... »

12. Crans

Green est de l'autre côté du golf, avec Robert de Saint-Jean. Je vais les voir : hôtel très guindé, tout le monde en costume sombre et cravate.

Je profite de ce que nous disposons d'un chalet de luxe, et de trois donzelles stylées, pour les inviter à déjeuner. En leur honneur, Brenner et moi nous habillons; ils arrivent en pull-over... L'air plutôt déguisés que sportifs; on voit bien que le « col roulé » n'est pas dans les habitudes de ces sexagénaires si « comme il faut ».

Green, un peu grossi, d'une humilité apparente que la gloire n'atteint pas. Il ne sait pas quoi faire de ses mains, répond avec une brièveté sans espoir, et sourit comme s'il avait mal aux dents. Mais tout cela lui donne un charme étrange; on a presque envie de le rassurer...

Comme si c'était un gros péché, il m'avoue n'avoir pu achever la lecture de *l'Idiot,* pourtant maintes fois reprise. « Mais, précise-t-il, en tout romancier on trouve un peu de Dostoïevski. »

Nous reparlons de *Sud*: « Vaneck ne ressemble en rien au personnage tel que je l'avais imaginé; je voyais un grand Polonais, large d'épaules; pas du tout ce romantique un peu fluet. Néanmoins, de tous les comédiens que j'ai vus, il était incontestablement celui qui sentait le mieux son rôle. Je n'ai pas hésité. » Du reste, Green lui voit un grand avenir, à la Comédie-Française ou au TNP.

14 février

Lettre de Chardonne. – « Curieux Morand; je ne m'y habitue pas. Intelligent, presque de façon surhumaine; dans une certaine zone, naïf; stupide pour les trois quarts.
« Triste condition de l'homme : il est le seul à connaître son prochain. Le pinson chanteur, le lézard si preste, ou dormant, ne se doutent de rien. »

21 février

7 rue Monsieur, au fond d'une belle cour Directoire. Les portes-fenêtres du salon ouvrent sur un jardin mélancolique, en lierre, jusqu'au faîte des murs, somptueuse moquette de feuilles. C'est la demeure de Nancy Mitford, la plus distinguée des femmes. On ne l'imagine qu'ambassadrice d'Angleterre, et elle me ravit d'être ce qu'elle est avec un naturel déconcertant : le fruit, un peu sec, de cinq ou six siècles d'aristocratie. Sa sœur, duchesse comme il se doit, fait visiter son domaine tous les dimanches. Le soir, elle compte en harpagon les entrées. Bon an mal an, l'affaire rapporte dans les trente mille livres. D'un château l'autre, on se passe des photos de foules dominicales; c'est à qui a attiré le plus de monde. Aussi le beau-frère de Nancy examine-t-il à la loupe les documents de ses gentlemen concurrents : « Ils m'annoncent deux mille visiteurs, mais je vois beaucoup d'enfants; au moins cinq cents demi-tarifs. »

22 février

Chez Borgeaud. Pompeux et volubile à la fois, Peyrefitte s'empare aussitôt de la parole, comme s'il avait peur qu'on ne la lui rende plus. Je finis par comprendre la raison de ce bavardage ininterrompu quand il se tait, au bout d'une heure : il est asthmatique et respire tout en parlant. Dans le silence revenu, on l'entend ronronner lourdement, tandis que son visage, soudain, s'affaisse.
La vraie vedette, c'est tout de même le maître de maison. Avec son air godiche et son accent vaudois, il raconte à merveille des histoires lamentables dont il est le héros. Il faut l'imaginer, vingt ans, squelettique, hâve et cheveux gras, perdu dans une capote

1963

trois fois trop grande, coiffé d'une horrible « salade » vert-de-gris.
« Nom ? demande l'officier.
– Borgeaud, mon capitaine.
– Né le ?... Domicile ?... Nom de la mère ?... Nom du père ?
– ...
– Nom du père, nom de Dieu !
– ... »
Alors, devant le front des troupes, la géniale culotte de peau helvète regarde le troufion d'un air entendu et hurle, avec l'accent : « Ah, je vois ! Enfant de l'amour ! »

24 février

Chardonne dit : « La critique littéraire doit se faire en une seule phrase pensée. Je hais le développement. Ainsi : " Proust est un écrivain qui abuse, pour notre enchantement. " Cela suffit. Tout est dit. »
La grande affaire du jour, c'est la visite de Caracalla au guérisseur Alalouf. Il revient de Lyon miraculé, sans canne et gambadant. Il a présenté une photo de Chardonne au mage, lequel déclare : « Attention à la hernie. Il ne faudrait pas qu'elle s'étrangle. » Chardonne doit maintenant porter sur lui la photo fluidifiée, nuit et jour : « Voilà, dit-il, où Descartes nous a conduits. »
Plus tard, il parle de ses petits-enfants, dont il ignore noms et âges. « Pourquoi voulez-vous que je m'entende avec des gens que je n'ai pas choisis ? J'aime la jeunesse quand elle m'est étrangère. Avec vous autres, je suis naturel. Avec eux, ce ne serait pas possible ; je resterais toujours leur grand-père, respectable ou odieux ; je préfère les ignorer. » Logique toute chardonnienne, avec le grain de mauvaise foi qui fait son charme.

28 février

Denise Bourdet, toujours très grande dame néanmoins, cite son ami François Mauriac : « La comtesse de Noailles, c'est de la chiasse, mais il y a quelques éléments solides. »

4 mars

Ce soir, condamnation à mort des conjurés de Clamart. Et on crée une pièce qui s'intitule *les Assassins de la générale*.

JOURNAL

12 mars

Peyrefitte, encore, qui me réveille au téléphone. Un flot de paroles semé de citations latines : « Oh, je suis très sensible aux compliments, et je sais bien qu'il faut redouter ses plus intimes amis, *timeo Danaos et dona ferentes*, mais je me demandais cependant comment il était possible que vous eussiez changé l'or en vil plomb... Je ne me relâche jamais, je suis de nouveau en travail, je suis comme... ah, quel est donc ce vers d'Horace ?... *Semper... arcum tendit Apollo...* n'est-ce pas? Toujours Apollon bande son arc, hé! hé! Mais il ne faudrait pas le prendre au sens propre, bien sûr, hé! hé!... »

Incapable de résister à son vice de la grivoiserie, genre faux Louis XV...

13 mars

Aziz, rayonnant Tunisien, nous parle de sa sœur.
« Elle est merveilleusement belle. Ah, j'aimerais bien coucher avec elle, mais elle ne veut rien savoir.
– Eh oui, l'inceste... On a des principes.
– Oh non, pas du tout. Elle n'aime que les blonds. »

18 mars

Tristesse des liaisons : se déchirer, s'épier, se heurter, se meurtrir, se lasser.

Douceur des liaisons : savoir jusqu'où on peut se déchirer, s'épier, se heurter, etc.

20 mars

Les cheveux blancs, séparés par une raie sur le milieu, le regard mince et clair, le teint frais, il rappelle un peu Chaplin au naturel. Mais Gombrowicz ne sourit pas; juste, parfois, le petit clin d'œil de l'humour froid.

A l'en croire, sa biographie est un conte de fées absurde, qu'il me détaille en chaloupant sur les diphtongues : « Voui, voui, voui, mon cherrr, c'est une histouarrre de fou! »

Il était donc une fois, au début du siècle, un couple de hobereaux lituaniens qui vivait au fin fond de la Pologne. Il leur naquit une fille et trois fils, dont l'un fut baptisé Witold, en mémoire du vainqueur de Tannenberg.

1963

Éducation austère et société gourmée, auxquelles le jeune homme échappe, dès que possible, sous prétexte d'aller faire son droit à Varsovie, puis à Paris; il y mène bien entendu la vie de patachon, en pleines années folles.

Retour au pays pour écrire *Ferdydurke*, mais la provocation ne nourrit pas son auteur. Le voilà tout heureux d'inaugurer gratuitement un nouveau paquebot, reliant Dantzig à Buenos Aires, l'été 39. C'est ainsi qu'on passe vingt-quatre ans en Argentine, avec deux cents dollars dans sa poche... Semi-clochard, désinvolte secrétaire d'un banquier ou philosophe de café, style *Neveu de Rameau*, il faudra que la fondation Ford le déniche dans son gourbi et lui offre un pont d'or pour qu'il se décide enfin à regagner l'Europe.

Il faut dire qu'entre-temps, il était devenu célèbre en Pologne. Depuis 56, on l'avait découvert, publié, réédité : « Moi, mon cherrr, je suis une gloire nationale, je ne sais pas quoi, Victor Hugo, Jeanne d'Arc, la tour Eiffel, Goethe... On joue même ses pièces, on le traduit, et un Argentin, du nom de Lavelli, s'apprête à mettre en scène *le Mariage*, au Concours des jeunes compagnies.

« La gloirrrre ! Et pourtant je raconte toujours la même histoire : je cherche à définir les deux mécanismes qui mènent le monde : la forrrrme et l'immaturrrité. Comme l'abeille produit le miel, l'homme produit la forme. Mais une forme qui n'est jamais adaptée à sa nature ni à ses besoins. D'où le conflit entre l'être et la société. Ce problème, cette souffrance naît aussi de l'immaturité. Le rapport entre l'homme mûr et la jeunesse est une chose dramatique, ignorée par tout le monde. Difficile à comprendre pour vous autres, décadents. Parce que vous êtes trop civilisés, parce que vous n'avez plus de problème de forme justement : vous êtes devenus des mécaniques, des chiens de Pavlov. Trop bien dans votre peau pour savoir vous gratter, mon cherrrr, vouala ! Ah, si vos cuisiniers étaient vos écrivains, et vice versa ! Quand on applique des recettes, on n'est plus un artiste. Moua, je ne vais jamais au théâtre ; cela ne m'empêche pas d'écrire des pièces ; je ne sais rien de la littérature contemporaine et je m'en fiche. Je reprends tout à zéro. Je suis un passionné et c'est avec passion qu'il faut me lire. Et moi seul. D'ailleurs, vous savez, personne ne lit personne. Votre Robbe-Grillet, par exemple, on le traduit en Argentine parce qu'on croit qu'il est lu en France. Et ici, on s'imagine qu'il est lu en Argentine. Moi, je suis un écrivain solitaire. Je vois grand tout seul. »

24

Quelques jours en Lorraine, avec R., que je retrouve à Saint-Dizier. Il me fait découvrir le pays de son enfance. Surtout l'abbaye de Trois-Fontaines, d'une belle ordonnance Louis XVI, avec au fond d'un parc une chapelle gothique en ruine, envahie d'arbres, comme un Hubert Robert en vrai. Les bâtiments sont abandonnés, poignants de mélancolie sinistre : le décor rêvé pour jouer *l'Otage* et *le Pain dur*. Même le nom fait penser à Claudel. Est-ce un hasard ?

Ensuite, pèlerinage barrésien à Charmes – une bonne maison bourgeoise qui n'en a guère – et à Sion, qui reste impressionnant malgré son côté Sacré-Cœur lorrain, promontoire battu par les vents, colline plus sauvage qu'inspirée. D'avant les chrétiens.

26 mars

Chez Denise Bourdet ; dîner sans histoire, avec Denoël, re-Peyrefitte, et Mme Mante-Proust, nièce du grand Marcel, et son sosie, en femme. Sournoisement provoquée par Denise, que ce petit jeu semble amuser, elle se transforme en pasionaria antigaulliste. J'ai le malheur de dire que j'approuve l'exécution de Bastien-Thiry : la voilà qui frise la crise de nerfs. L'impression singulière d'être fusillé du regard par les yeux de son oncle, qu'on imagine toujours rieurs ou mélancoliques. Maintenant, j'ai la preuve que Proust pouvait aussi se mettre en colère...

27 mars

Lettre de Chardonne. – « ... Je ne lirai pas Green (il a du talent, certes) parce que c'est un auteur infantile (les trois quarts de la littérature). Les pieuses mères ont une grande responsabilité dans cet infantilisme ; elles détraquent l'enfant, qui va habiter la terre. D'abord, la terre. Chez moi, ce fut une rude éducation, mais pour la terre. Ma mère, très religieuse, a gardé pour elle toute sa religion.

« Votre mère m'a dit : " Matthieu n'a jamais été un enfant. " Un grand compliment... »

30 mars

Des années que je l'avais remarqué dans le quartier, ce vieux, avec sa brosse blanche ébouriffée ; son regard a quelque chose

1963

d'impérieusement fureteur. Je le prenais pour un général à la retraite. En réalité, Marcel Moré est un polytechnicien, devenu financier par hasard, et qui se passionne surtout pour « le cas Jules Vernes ». Pourquoi cette fascination?

« Ah! grince-t-il d'une voix sèche, aiguë, pas chevrotante du tout en dépit de ses soixante-seize ans, vous êtes bien le centième qui me pose la question! Pourquoi, pourquoi? Est-ce que je sais, moi, pourquoi! Disons que c'est l'exposition Jules Verne, en 55, qui m'en a donné l'idée. Une exposition très médiocre, du reste, dans cet affreux musée des Colonies, perdu là-bas dans le bois de Vincennes.

« A l'origine, je voulais simplement étudier les liens entre Verne et Bloy. Le capitaine Némo, Marchenoir, ce sont des cousins. Mais des Esseintes est aussi de la famille... Mon petit article de trente pages est devenu un livre...

« Ça vous étonne, mon jeune ami, un agent de change qui écrit, hein? Quarante-cinq ans que je fais ce métier; je ne me suis jamais ennuyé une seconde! Je vais même vous surprendre : je ne me sens bien que si la Bourse est bonne, et mieux elle va, mieux j'écris. Vous avez l'air de l'ignorer, mon jeune ami, mais j'ai toujours écrit, vous savez, sur les arts, la musique, le théâtre, les essais. D'abord dans *Esprit,* avant la guerre. Après, j'ai même fondé ma propre revue, avec Massignon : *Dieu vivant.* Elle a vécu dix ans, puis je l'ai sabordée; à cet âge-là, une revue n'a plus rien à dire. »

Jules est venu à point prendre le relais; homme de Bourse, comme lui, plusieurs années : « Un univers où les femmes ne sont point admises; ce n'est pas un hasard! Bien que marié, à une veuve qui n'avait rien d'affriolant, Verne était misogame. Il avait fondé la " Société des onze sans femmes "!... Et à bord du *Nautilus,* pas de matelote non plus! Relisez *l'Ile mystérieuse*, il y a bien des scènes troublantes! »

Aimable et astucieux délire au service d'une monomanie, mais ce grinçant personnage, à la Léautaud, vaut le détour. Je le reverrai.

5 mai

Lettre de Chardonne. – « Dans les babioles de Jouhandeau, il y a toujours quelques lignes intéressantes. Ainsi, quand il parle de boucherie et nous apprend (connaissant ces choses) que le meilleur morceau dans le bœuf, c'est la joue. Au moins, c'est vrai, je le suppose, et sans prétention. Le pire chez un écrivain, c'est la prétention, fléau de l'époque... »

JOURNAL

15 mai

Lettre à Chardonne. – « Hier, je suis allé voir les Brosse dans leur nouveau domaine, près du Mans. En pleine campagne, parmi les bois, une quinzaine d'hectares. Grande maison, entièrement refaite à neuf, immense cage pour les renards, bergerie avec eau courante pour les chèvres, volière pour la buse; enfin, le luxe. Mais l'intérieur est très janséniste, dépouillé; quelques beaux meubles, du carreau par terre, point de fauteuil douillet, ni de tableaux aux murs. Vous aimeriez ce décor, je crois. Mais la solitude m'y pèserait un peu. Dans ce calme sans distraction, celui d'une abbaye, on ne peut que sombrer dans le mysticisme ou le génie; l'un et l'autre admirables et dangereux. L'humour, l'ironie, je dirai même la simplicité n'ont pas de place dans ce genre d'ermitage. Narcisse se cache parmi ces forêts. L'extrême dépouillement rejoint l'affectation; l'un et l'autre sont voulus. Les Brosse, là-bas, semblent fort heureux. Moi je songe à leur vieillesse avec épouvante. Le silence de ces espaces clos m'étouffe... »

21 mai

Déjeuner avec Green, chez Robert de Saint-Jean. A trois, servis par la vieille bonne au franc-parler, qui participe à la conversation et vante ses vol-au-vent, ou son poulet truffé, comme si j'étais de la famille : « Allez, reprenez-en, c'est du bon ! »
Dans ce salon tout fleuri (les papiers muraux, les tableaux – qui représentent des bouquets romantiques –, le tapis genre Gobelins, la tapisserie des fauteuils, le lustre de Venise, le lierre qui court sur la glace) Green est assis, les genoux serrés, caressant un chat noir et blanc. Quand on lui parle, il a l'air de s'étonner de tout ce qu'on lui dit, comme s'il débarquait de sa campagne. Comment est-il possible que cet ecclésiastique en civil ait entrepris la plus curieuse des autobiographies ? Mais il hésite tout de même à faire le saut de vingt-deux à vingt-huit : « S'il fallait écrire l'histoire de ma vie à cette période, ce serait trop... » Trop « quoi » ? L'impasse, dangereuse prudence. Osera-t-il ?

27 mai

Arland chez lui, avec Brenner et Vrigny. Rue Saint-Romain, un vilain immeuble de brique, un petit appartement, mais de beaux tableaux (Chagall, Dufy, Rouault). Ses yeux, démesurément agrandis par les loupes de ses lunettes, ressemblent à deux sombres poissons qui nageraient dans un bocal trop petit.

1963

Juin

Deux Américaines. – Depuis 1910, Miss Barney habite au 27 rue Jacob, le pavillon d'Adrienne Lecouvreur : dès l'entrée, un autre monde, en plein Paris. Et le salon, prolongé d'une véranda, qui diffuse une lumière jaune pâle, ressemble à un aquarium ouvert sur un sous-bois. Jardin profond, sauvage, comme abandonné. Pièce en désordre : partout des papiers, des livres, peut-être oubliés depuis des lustres. Juste le temps de rêver un instant, devant le portrait sépia de Remy de Gourmont, et l'on vient me chercher : « Mademoiselle vous recevra dans sa chambre ; elle est un peu fatiguée. » A l'étage la chambre de l'octogénaire, l'Amazone, tous volets clos dans la touffeur de l'été, est un lieu si obscur qu'on y avance à tâtons. « Mademoiselle craint la lumière ; ça lui donne la migraine. » On me fait asseoir près d'une forme allongée que je distingue à peine. On me tend une main sèche, froide. Mais, sans bouger, diserte gisante, Miss Barney parle d'une voix nette, sans hésitation aucune : « Vous vous intéressez à Remy de Gourmont ? Je l'ai connu en... », etc. Quand elle a fini son petit cours, dit si doctement qu'on pourrait prendre des notes – mais il fait trop sombre –, elle ajoute : « Vous savez que nous avons ici un petit " temple de l'Amitié ". Vous demanderez à ma gouvernante de vous le montrer. Depuis presque un demi-siècle, nous célébrons tous les ans une cérémonie en souvenir de lui. Vous êtes des nôtres, à présent, j'espère que vous viendrez. » J'ai vu le temple ; on dirait un monument funéraire délabré : ici repose l'Amitié, veillée par une momie.

Autre Miss, d'au moins quinze ans plus jeune : Katherine Ann Porter. Une pomme d'api à cheveux bleus, mais aussi des yeux noirs de petite fille espiègle. Bien proprette, bien coiffée, Américaine typique. Mais derrière cette façade, une personne tout humble, presque ingénue, abasourdie par son destin miraculeux : à soixante-treize ans, après avoir publié des centaines de nouvelles ciselées, délices des *happy few*, son premier roman, *la Nef des fous*, s'est vendu à un million d'exemplaires. « Il me faudrait vivre cent quarante ans pour dépenser tout ce que j'ai gagné ! Cela dit, on a tort de croire que c'est mon premier roman. J'en avais écrit un autre à huit ans. Ma famille n'ayant pas apprécié cette œuvre, que je persiste à considérer comme remarquable, j'ai abandonné le genre. Du reste, j'avais si peur d'y revenir que mon éditeur a dû attendre trente ans... Mon ignorance m'a servie : j'ai fignolé chaque chapitre comme une nouvelle, sans me rendre compte que j'innovais. J'ai réussi par maladresse, voilà tout. Je ne suis qu'une petite bonne femme, vous savez ! »... D'une autre, on croirait à de la fausse modestie. D'elle, on n'y songe même pas. Si je n'en avais pas déjà deux, j'adopterais bien Katherine Ann comme grand-mère.

JOURNAL

Juin. La Colombe

Lettre à Chardonne. – « ... Mon grand-père aura quatre-vingt-quatre ans en décembre; ma grand-mère le suit de près. Quelques rhumatismes, quelques rides, mais rien de plus. De quoi vivre, modestement, jusqu'à la fin de leurs jours. Cette maison, où ils passent quatre mois par an; un appartement à Paris dont on ne peut pas les déloger à leur âge. L'été réunit ici une quinzaine de petits-enfants, et mon grand-père, fils unique, contemple cette multiplication avec étonnement et plaisir. Sage, honnête, il cultive son jardin, lit César et Tacite (en latin), peste contre de Gaulle, et s'intéresse à tout avec une curiosité modeste. Pharmacien et chimiste, il ne cesse de s'émerveiller des progrès de la science, et lit Rostand, qu'il révère comme un dieu... »

29 juin

Lettre de Green. – « ... Vous avez eu raison de m'écrire, car il y a des jours où l'écrivain se sent seul. Au fond, il aurait besoin d'être encouragé tous les matins, vers neuf heures quarante-cinq par exemple... »

30 juin

Lettre de Chardonne. – « ... Jean Rostand est parti pour Cambo inaugurer un musée Arnaga. Il revient dare-dare à Ville-d'Avray pour la fête dans une école qui va porter son nom. Une glorieuse famille !... »

Juillet. Saint-Paul-de-Vence

Lettre à Chardonne. – « Ici, c'est la douceur de vivre : luxe, silence, soleil; la chère exquise, la minutie dans les moindres détails du confort, l'harmonie. Eh bien nous sommes en plein drame; la ruine est proche. Je ne parle pas des clients plus ou moins malades, éclopés. Non, il s'agit des patrons. Dans ce cadre étudié pour le bonheur, un couple se déchire. Lui, la cinquantaine élégante, le poil argenté, beau encore. Elle, dans les mêmes eaux, un peu moins bien conservée, les traits durcis par l'amertume. Ils tenaient naguère un grand hôtel en Afrique noire; l'indépendance les a fait fuir. Ils ont transformé ce mas en paradis. En dépit des prix exorbitants, on refuse du monde. Mais cette réussite n'a rien empêché. Depuis six mois, Monsieur couche avec une avenante

1963

petite bonne; Madame l'a trompé de son côté avec un illustre client. Celui-ci est parti; la servante est toujours là, et ne couche sans doute plus avec le patron. Enfermé dans sa chambre, il boude. Les deux femmes se sourient. Peut-être même, à présent, sont-elles alliées contre l'ingrat. Elles font vaillamment marcher l'auberge toutes seules. Mais, au dîner, le sourire professionnel disparaît. La patronne pleure dans son potage et gémit, en compagnie d'une autre esseulée, qui fut elle aussi, paraît-il, la maîtresse de l'illustre client. Les jardins ravissants, l'argent, le succès, tout cela ne compte plus. Et comme ces gens ne pourront pas toujours sourire à contrecœur, la maison finira par couler sous les cris, les jérémiades ou les coups de revolver... »

11 juillet

Lettre de Chardonne. – « Comme j'ai parlé de vous, hier, toute la journée, je dois vous en dire un mot.

« L'origine de ce discours, qui a duré cinq heures (devant des auditeurs différents), c'est un mot de Paul Morand, à propos de son déjeuner. " Matthieu Galey, toujours gentil, était détendu. " J'ai répondu : " Matthieu détendu? N'en croyez rien; ce n'est pas possible. " En deux lignes je lui ai expliqué ces mots. C'est la source. J'ai déjeuné hier avec Jacques et Solange. D'abord j'ai fait compliment à Solange de sa personne; j'étais assis tout contre elle; une jolie fille... Et puis, j'ai abordé le sujet.

« J'ai dit : " Matthieu est dans une situation terrible, et il ne s'en doute pas; il porte sans le savoir une charge accablante (morale et matérielle) comme il porte le poids de la pression atmosphérique, avec l'insouciance... de sa jeunesse. C'est l'âge affreux de l'incertitude. Il faut penser à l'argent. Si on réussit vite, une certaine vie mondaine vous appelle, inévitable, utile, toujours épineuse.

« " Et puis il y a l'amour. C'est le pire, non pas en soi, mais l'idée qu'on s'en fait après tant de moralistes. Pourtant, l'essentiel a été dit par Colette, en peu de mots : L'amour n'est pas un sentiment honorable. "

« ... Notre déjeuner terminé, vers trois heures, je suis allé chez Grasset, rendre visite à Fasquelle; puis à Privat, charmant homme et charmante maison d'édition (la seule). Vous ne pouvez être mieux, et on vous y apprécie.

« Là, j'ai recommencé mon discours...

« ... Après cette journée, j'ai beaucoup dormi. Morand a de grands ennuis de domestiques avec ses trois maisons; des ennuis de riches. Les " riches ", à présent, c'est la classe malheureuse.

« P.-S. – Vu hier, devant Lipp, Clara Malraux. A peine soixante ans, méconnaissable. Elle a eu toujours pour mes livres de la tendresse, et l'a écrit. Nous avons été bons amis, toujours. Elle m'a

JOURNAL

dit : " Je n'y vois plus. " Je lui ai dit : " Aucune importance, vous n'avez jamais eu que des visions... " »

18 juillet. Hôtel du Palais, Biarritz

Lettre de Josette Day. – « ... A mon arrivée, Biarritz ressemblait à une baignoire vide dont la douche coulait. Aujourd'hui, il fait un temps à chandails, ce que j'aime. La plage grouille de joyeuses colonies de vacances et sent le pique-nique, mais nous, sous le bouc de l'Empereur, nous vivons dans le calme distingué et plutôt emm...

« Hinano est maigrelette, petit poisson fossilisé, mais très belle. Elle ne veut pas jouer sur la plage, adieu pelle et pâtés, et préfère le bleu Matisse de la piscine.

« Rencontré Charlie de Beistegui. La méchanceté sur deux cannes. A fuir. Demain, je me mets au boulot : bronzage et lectures + les bains. 21º. Dites à Jacques B. que les cures de sagesse sont payantes. Au dernier bulletin : foie de jeune fille.

« Matthieu, mon ami, je voudrais longuement vous écouter, vous découvrir au-delà d'une certaine armure... »

22 juillet

Lettre à Chardonne. – « Les Morand ont le génie des accouplements bizarres. Les Jouhandeau, les Brissac, et les Oliver... (c'est le cuisinier propriétaire du Grand Véfour).

« Le duc, ex-polytechnicien, avec beaucoup de faconde et une jovialité appuyée, a plu au cuisinier, vedette de la télévision, et qui se considère comme l'égal d'un duc dans sa partie. L'un et l'autre représentent la France dans les expositions internationales : le duc accompagne les locomotives de sa femme (née Schneider), et Oliver mitonne des plats et donne des recettes.

« Je ne suis pas certain que le cuisinier ait plu au duc. D'abord parce que, sous ses dehors démocrates, il aime bien qu'on respecte en lui l'Aristocratie (avec un " A "); mais aussi parce que le chef a multiplié les gaffes, en voulant jouer les Parisiens à la coule...

« Devant les ducs, Jouhandeau reste très province, et Élise, pour une fois, ne dit mot. Mais Jouhandeau a longuement parlé avec Oliver de l'abbé Mauriac, qu'ils ont tous les deux fort bien connu dans leur jeunesse. Ce devait être un curieux personnage dostoïevskien à vocation tardive, sinon forcée, qui a fini par se tirer une balle dans la tête en 1945, pour des raisons politico-sentimentales.

« Parmi ce " beau monde ", Mme Oliver, une petite brune bien en chair, très méridionale, et sans complexes, parlait de ses

1963

haricots verts, de ses filles, avec une simplicité touchante et saine, parfaitement incongrue dans ce milieu, presque scandaleuse.

« Morand, silencieux, semble compter les points et s'ennuyer. Seuls quelques apartés avec Mme de Brissac animaient parfois son visage de mandarin, triste, ce soir. Quant à Hélène, mécanique inusable, elle sourit, parle, déclare, tranche, palabre, règne. A-t-elle une âme?

« A propos de mécanique, au retour, je me suis trouvé avec une automobile sans phares. Impossible de raccompagner les Jouhandeau. Après un moment d'hésitation (Paul Morand nous avait aimablement offert l'hospitalité), Élise s'est incrustée dans ma voiture, refusant d'en descendre. Il a fallu appeler un taxi de Rambouillet. Retour enfin sans histoire jusqu'à Rueil. Somme astronomique à payer. Soulagé de tout mon avoir, j'ai dû coucher sur place, à deux heures du matin, dans une extraordinaire chambre chinoise à donner des cauchemars, entre le cabinet du docteur Caligari et la cellule de lupanar. A l'étage au-dessous, mis en joie par la bière des Hayes, Jouhandeau jouait de l'harmonium et chantait des cantiques. J'ai bien dormi, néanmoins. Le maître m'a réveillé au petit jour, et m'a servi une minuscule tasse de café, après avoir nourri le molosse qui garde la maison. Il était en pyjama, ravi de cet imprévu, gai comme un pinson. Vers dix heures, Madame a sonné! Marcel lui a porté son petit déjeuner au lit : une énorme tasse de café au lait, des biscottes, etc. Elle trônait, très défaite, dans des draps de nylon à pois noirs sur fond rouge sang. Stupéfiante vision.

« Quand Jouhandeau a eu terminé sa toilette, il a tenu à ce que je l'accompagne à Rueil, tout au long de son marché. Il aime la popularité, et la soigne en faisant le pitre chez les commerçants, à moitié dupe de leur amusement, qu'il feint de prendre pour de l'admiration.

« La tournée s'est achevée dans un bistrot. La servante qu'il connaît n'était pas là. Déconvenue. Il appelle le garçon. D'où ce dialogue : " La jeune fille qui sert d'habitude, où est-elle? – Elle ne vient qu'à midi, monsieur. Je la remplace, je suis son frère. – Ah bon? Eh bien, vous lui direz que *le monsieur de la télévision* est venu... " Pour Rueil, il est en effet *le monsieur de la télévision*, un vieil original auquel les cinéastes s'intéressent, parce qu'il écrit, dit-on, des livres scandaleux sur sa femme. Qui prétend qu'il existe encore des méconnus? Il suffit d'y mettre un peu du sien.

« Votre respectueux M. »

2 août. Gaillon

De moins en moins, dans ce journal (quand je le tiens), il est question de moi. Je ne m'intéresse pas beaucoup, et ma vie, faite

JOURNAL

de molles passions et d'amourettes furtives, me semble vide. Comment prendre du recul en face de soi-même ? Dans la comédie du monde, je me fais toujours l'effet d'un comparse.

Denise Bourdet, citant Peyrefitte et son goût des garçons très jeunes : « Au premier poil, c'est fini. »

3 août

Chardonne : « J'ai horreur des enfants et des papillons. C'est bestial. »
Dîner dans une ancienne guinguette transformée en épicerie, au bord de la Seine. La patronne a consenti pour nous à servir un repas convenable, et d'un prix dérisoire. Le maître fait de grandes théories sur la littérature française, née des conversations de salon après la Fronde. Ainsi aurait-elle pris ce ton mondain, devenu le classicisme, et dont nous sommes les héritiers. Il en découle que l'écrivain d'aujourd'hui s'adresse à un lecteur, où plutôt à un auditeur « de bonne compagnie ». Céline ayant rompu cette tradition, la « bonne compagnie » a disparu, et l'écrivain ne s'adresse plus à personne. *Clamans in deserto.*

6 août. Paris

Bien que j'aie résolu de ne pas parler de moi, je note tout de même que la nuit dernière fut la plus excitante de ma vie. Le matin, à l'aube, nous sommes allés aux Halles choisir des fruits et des légumes; il tient un épicerie. Parfois, les petites aventures réussies ont trop l'air d'une nouvelle pour qu'on ose les raconter.

9 août

En compagnie de Jacques Brosse, qui s'est lié d'amitié avec lui depuis la parution de son livre *Exhumation,* visite chez Cocteau, à Milly. Un joli manoir ancien, ouvrant sur un merveilleux jardin fleuri, traversé par un petit cours d'eau. Vaste salon, meublé d'une gigantesque armoire à glace allemande, style troubadour, d'une grande table ovale, d'un canapé Napoléon III doré. En face, des fauteuils montés sur des cornes croisées, et une multitude de bibelots, assiettes, tissus, etc. Sur tous les meubles, des piles de paperasses. Au mur, le portrait de Cocteau par Modigliani, et une vaste fresque de Bérard *(Œdipe et le Sphinx)* d'un redoutable rococo érotico-surréaliste. (Tout ce qui est mauvais chez Cocteau peintre se trouve là.)

1963

Il est entré, sans bruit. Toujours aussi vif, à soixante-quatorze ans, malgré l'infarctus dont il se relève. Gris des pieds à la tête : un pantalon prince-de-galles et une sorte de chasuble attachée par un petit ruban, avec des manches évasées. Là-dessous, un pull clair et une cravate à pois.

Assez pâle, le visage est devenu très émacié. Le nez busqué ressort davantage, le menton fuit, et la couronne de cheveux blancs, dressée d'ordinaire sur la tête, en diadème, semble rejetée en arrière comme une visière. Mais l'œil reste noir, le visage mobile, le sourire rapide, un rien mécanique.

A peine si une évidente lassitude glisse quelques temps morts dans le feu d'artifice. Beaucoup de « Hein ? », de « Quoi ? » ponctuent les phrases comme d'habitude, sans raison, histoire de garder la parole avant qu'on ait eu le temps de lui répondre. Que répondre, du reste ? C'est un monologue ; on s'en voudrait de l'interrompre. Il a beau, dit-il, « vivoter d'une piqûre à l'autre », il continue à faire de sa vie un conte qui cabriole : « Soulié m'a sauvé ; c'est un miracle. Bon. Mais pour lui. Quoi ? Maintenant, c'est fini. Il faudrait me guérir de ma convalescence. Est-ce que ça va durer jusqu'à la fin ? Je suis incapable de me fixer, de travailler. Hein ? Juste des petits dessins, comme ça... Mais la maladie n'est pas un mauvais révélateur. Quoi ? Dans la brume de la fatigue, j'ai lu des choses faciles, les Évangiles, et puis Pascal. Je les ai lus comme il faut lire, lentement, en revenant sur chaque mot. Eh bien ! Le Nouveau Testament, c'est une histoire juive pleine d'invraisemblances, comme cette affaire du mont des Oliviers. Hein ? Tout le monde dormait : comment a-t-on su ce que disait le Christ ? Et Pascal, c'est enfantin, mais on n'ose pas dire ces choses-là. Sujet tabou. Quoi ? Un esprit scientifique perdu dans les sables de la mystique. Alors que les mystères sont parmi nous... Hein ?... »

Mais il revient vite à des sujets plus familiers, en s'excusant du désordre où il se trouve : il est en train d'inventorier des caisses de documents qu'il croyait disparus. Quelques trésors échappés aux cambriolages de Maurice Sachs. « Je l'aimais bien, mais ça ne l'a pas empêché de vendre tout ce qu'il y avait dans l'appartement, rue d'Anjou. Quoi ? Une charmante petite frappe, comme tant d'autres. Je n'aurais jamais soupçonné sa noirceur. »

Cela dit sans méchanceté ni rancune. C'était tout de même le bon temps. D'une pile, sa longue main tire un exemplaire de *l'Excelsior* de 1915, le *Match* de l'époque. « Regardez-moi ça : un effroyable canard illustré, avec des poèmes d'Henri de Régnier et des dessins sur *le Rêve du soldat*... Pendant ce temps-là, nous faisions notre révolution, Picasso et moi, et Stravinski. On habitait un autre monde. Quoi ? Et quand Parson m'a donné " carte blanche ", dans *Paris-Midi*, j'ai naturellement parlé de mes amis; ils étaient tous inconnus. Hein? Ils ne le sont pas restés longtemps. » Et cela continue, dans la bouffonnerie : « Je viens de recevoir une lettre de Johnny Hallyday, qui me remercie d'avoir accepté la présidence du club des twisteurs de Milly-la-Forêt! On a fait de moi une telle caricature dans les journaux qu'il a pu le croire, ce pauvre garçon. Hein? »

Cocteau contemple cette montagne de paperasses. Toute une vie. Plus triste, soudain : « Autrefois, on vivait en groupe, et le groupe s'est maintenu jusqu'à la mort de Bourdet et de Giraudoux. Maintenant, il n'y a plus personne. Poulenc, lui aussi... »

Écrire, pour oublier cette solitude? Le courant ne passe plus. « Ah, si j'avais pu être un fonctionnaire du porte-plume, comme Claudel ou Mauriac! Gratter du papier tous les matins, régulièrement. François pense que je raconte des histoires pour me faire remarquer. Quoi? Mais c'est vrai : je suis un médium. Ça me traverse, là (il se frappe l'estomac), quand ça veut. Je n'y peux rien, je suis un appareil transcripteur. Et je n'ai plus la force de capter les ondes. Ou bien cela donne *le Requiem* ou *la Corrida*, qui étaient indéchiffrables... Je deviens bête, vous savez, si bête que c'en est décourageant... »

Sur ces entrefaites apparaît Jean Marais, venu de Paris en coup de vent. Cocteau exécute une drôle de petite courbette à l'orientale, en guise de salut, et sa verve revient vite, sur le pas de la porte. On parle cinéma, et, en particulier, du film qu'on doit tirer de *Thomas l'imposteur* : « J'ai prévenu Gallimard qu'on ne m'applique pas cette absurde loi qui veut que l'auteur partage ses droits avec l'éditeur. Quoi? Songez que l'affaire s'est traitée au chevet de Proust encore chaud. Gaston m'a dit : " Jean, donne-moi ton roman. " Moi je lui ai répondu : " Gaston, c'est entendu. " Et après cela, on voudrait que je lui donne la moitié de mes droits. Un peu de respect pour les morts! »

26 août. Roscoff

Tout, chez Chardonne, naît de la réflexion, qu'il formule quand sa phrase a prix sa forme définitive. Parfois, je l'observe, presque absent. Il rumine, l'œil vague : il pense, agite une idée en silence, la polit, la caresse, puis soudain l'exprime, sans s'occuper de la lier à ce que l'on vient de dire. Il pense aussi beaucoup la nuit. C'est pourquoi, quand je le vois le matin, il m'attaque tout de suite, sur un sujet qu'il a déjà médité. Sans introduction, il se lance dans le vif du sujet qu'il a choisi pour thème de son oraison. Dans la journée, quand il n'a pas le temps ou pas le goût de réfléchir, il exploite un filon, d'où il extrait anecdotes sur anecdotes jusqu'à épuisement de la veine. Il n'aime guère à être interrompu : cela brise le fil de ses histoires, qui s'enchaînent et naissent les unes des

1963

autres. Lorsqu'il est à sec, il laisse ses auditeurs parler, les écoutant d'une oreille. Il attend de découvrir dans leurs propos le prétexte, l'occasion d'explorer un nouveau sujet. Aussitôt, il vous coupe la parole si vous avez la prétention insensée de continuer à parler sur votre lancée. Interlocuteur malcommode. Pour lui proposer un thème de méditation, ou même lui raconter une histoire, il vaut mieux lui écrire. Sinon il ne vous entend pas, ou à peine. Ce qui ne l'empêche pas d'observer, et de vous faire à brûle-pourpoint des remarques précises sur un détail qui aurait échappé à d'autres. A croire qu'il enregistre tout, et qu'il se repasse ensuite la bobine à l'envers.

Hier, déjeuner rituel du dimanche. Deux thèmes à développer, auxquels Chardonne a songé durant la nuit (il prétend même n'avoir pas fermé l'œil pour y penser). Mais, après nous avoir prévenus, il nous les fait attendre pendant tout le repas, en meublant la conversation d'anecdotes nombreuses. Il pratique à merveille l'art de l'esquive, des temps morts, des fausses hésitations, des « Euh!... euh!... » prolongés démesurément afin de bien tenir ses interlocuteurs au bout de son hameçon, pour mieux les ferrer ensuite, d'un coup sec. Sa conversation ressemble un peu à l'amour, pratiqué par un expert : il retarde le plus possible le moment de la jouissance, tout en entretenant l'excitation. Donc, hier, deux idées. L'une lui est venue à la lecture du « Discours de Khrouchtchev » sur la culture et le réalisme socialiste, que je lui avais prêté la veille, espérant bien quelque commentaire intéressant. Voyant que Khrouchtchev est obligé de défendre ses thèses contre une jeunesse hostile au « communisme de papa », il a le sentiment que l'immense empire des soviets est voué à l'écroulement par son immensité même, et que tout s'effondrera sous la poussée de cette nouvelle génération. D'où, évidemment, une « révision déchirante », puisqu'il avait toujours pensé que l'Amérique et la Russie étaient deux colosses d'une solidité à toute épreuve. « Désormais, dit-il, l'avenir est aux petits pays organisés, comme Israël. » Prédiction évidemment importante, si elle est raisonnable. Mais pourquoi le serait-elle? Et pourquoi pas?

La seconde idée, d'ordre moral. La veille, nous lui avons dit qu'en somme il n'a jamais « travaillé », au sens où nous l'entendons, c'est-à-dire simplement pour gagner sa vie. (Quant au travail d'écrivain, Chardonne nie que ce soit un travail : « C'est du chant. Croyez-vous que l'oiseau travaille quand il chante? ») Il a donc réfléchi à cela dans la nuit, et sa sentence est celle-ci : « Ce n'est pas le travail qui compte pour réussir, ni la chance, ni l'intelligence excessive; il faut avoir du jugement. Mois j'avais du jugement. Je n'en ai manqué qu'une fois, quand j'ai publié *Chronique de l'an 40*, à un moment qui n'était pas opportun. »

Hier, promenade le long d'une plage ravissante que nous avons découverte par hasard. Arrivé au bout de la baie, je voudrais contourner le promontoire pour voir ce qu'il y a derrière. Il faudrait escalader un mur, et naturellement j'y renonce, pour ne pas abandonner mon compagnon.

Chardonne : « Pourquoi en voulez-vous davantage ? Cette crique est une merveille, on ne peut pas trouver mieux. Dans la vie, il faut savoir se contenter du meilleur. Le reste ne peut être que désillusion. C'est comme l'amour. Pas d'excès. Ne croyez pas que j'aie été un impuissant, comme la plupart des écrivains. Non, mais tant d'efforts pour un si bref soubresaut, cela me fatiguait. Je fus un piètre amant. Ce qui ne m'a pas empêché de succéder à une force de la nature dans le lit de L. V. Son amant, c'était quatorze ou quinze fois par nuit. Il est mort fou. »

Puis il se retourne vers le paysage, la mer qui brille au soleil. « Pour Apollinaire, la seule mer, c'était la Méditerranée. Pour moi, c'est celle-ci, changeante, contrastée. L'autre, bleue six mois de l'année, on l'oublie. Mais celle-ci, un rayon de soleil, et la voilà bleue, un instant, rien que pour soi ! »

En marchant, il me parle de son prochain livre, *Demi-Jour*, qui sera le dernier, prétend-il. Il ajoute : « J'ai tout eu, je suis un homme comblé. C'est pourquoi je suis plus malheureux que tant d'infortunés, qui ont connu toutes les épreuves. »

Cet après-midi, au thé, nous parlons des « mots de la fin », et il évoque celui d'Élémir Bourges, qu'il dit avoir recueilli lui-même de la bouche du mourant : « La vie... quelle comédie ! Il faut avoir vu ça. » Jacques Brenner s'en amuse et s'étonne de ne l'avoir jamais lu dans un livre de Chardonne. Le maître réplique aussitôt : « Ah, si, je l'ai écrit, bien sûr ! Quand un écrivain a la chance d'avoir entendu ça, il l'écrit... plutôt deux fois qu'une. »

27 août

Ce matin, devant une estivante abasourdie, Chardonne parle de l'impossibilité où il se trouve, à La Frette, d'exprimer sa pensée (car, précise-t-il, « je pense beaucoup plus que je n'écris ») et il déclare, comme dans un cri : « Je suis un homme étranglé. » Cet après-midi, il revient sur un sujet qui lui tient à cœur ces jours-ci : la sexualité. Il trouve que l'on donne à ce « court instant » trop d'importance, que la femme n'est jamais satisfaite, que le jeu n'en vaut pas la chandelle et que c'est juste bon une fois de temps en temps. Comme exemple, il raconte son idylle avec une admiratrice de *l'Épithalame*, professeur à Brest, qu'il avait rencontrée à Morlaix, après avoir longtemps échangé avec elle une correspondance. Dès l'arrivée, elle le conduit à son hôtel, se donne à lui, pan ! pan ! et il est reparti par le train du soir. « Eh bien, conclut Chardonne, de l'acte lui-même, je ne me souviens guère. Mais j'ai gardé le souvenir d'un excellent déjeuner avec une femme char-

1963

mante... Ensuite, ajoute-t-il, je l'ai revue, mais chastement, toujours. L'an dernier, elle a lu dans un journal que j'étais à Roscoff; elle m'a écrit, en me disant qu'elle n'avait pas trop enlaidi, après quarante ans. Je lui ai répondu de ne plus jamais m'écrire, et que je ne pouvais absolument pas me déplacer... »

Pour lui, l'exemple idéal des passions « littéraires », c'est Barrès, qui n'a couché qu'une seule fois avec la comtesse de Noailles. « Ils n'ont jamais recommencé, dit-il, mais cela ne les a pas empêchés de s'aimer toute leur vie. »

Après sa conférence sur la sexualité, il refuse d'aller déjeuner ailleurs qu'à son hôtel, surtout si nous l'invitons. « Vous êtes là pour écouter mes histoires, et moi pour payer les additions. » Pourtant c'est de bon cœur, souvent, qu'on paierait sa place!

29 août

Il a un art étonnant pour utiliser les trous de mémoire, vrais ou joués. Quand il ne trouve pas un nom propre, c'est tout une chanson : « Mais voyons, Camille, tu sais bien, celui qui louche, qui écrit si mal, le grand penseur, tu le connais, l'amant de celle qui a eu un prix, quelque chose, qui porte des turbans, qui fait de la philosophie... Ah! oui... Sabre, Soufre... Sartre, oui, Sartre. Eh bien, Sartre... », et il enchaîne. Il aime aussi jouer de sa maladresse ou de ses airs « dans la lune ». Pour sortir de ma voiture, pourtant vaste, il trouve moyen de s'embrouiller tellement les jambes qu'il reste coincé entre les sièges. Il finit pas s'asseoir sur le marchepied, dans une position incroyable. Devant notre fou rire, il ne peut s'empêcher de le partager. Et les formes, stupéfiantes, qu'il réussit à donner à son béret de feutre bleu...

De Morand : « Il n'est pas intelligent. Son drame, c'est qu'il le sait. Il m'a ainsi dédicacé son livre sur les Habsbourg : " Votre oie à deux têtes." Ses lettres, ce ne sont que des ragots, et de merveilleuses descriptions, car il sait voir. Ce n'est rien. Mais dans un siècle, quel témoignage! »

Gamin, ce matin. Alors que nous parlons du « général » (opposé au particulier) : « Eh bien, moi, je n'aime guère le général. » Puis il se retourne, met sa main devant sa bouche, geste familier, et ajoute : « N'ai-je pas dit là quelque chose d'imprudent? » Mais à d'autres moments il prétend que de Gaulle n'a que deux fermes soutiens : Mauriac et lui.

« Les mots! Je n'aime pas les mots; je n'aime que les phrases. »

JOURNAL

28 septembre. Paris

Dimanche à Auvers, chez Aziz. Deux douzaines de personnes improbables, dont Françoise d'Eaubonne, tout miel à présent, et Malek Haddad. Je raccompagne celui-ci à Paris, ce qui me donne l'occasion de le mieux connaître. Malgré son masque d'empereur romain de la décadence, il n'a que trente-sept ans. Lourdeur un peu flasque, et une cautèle à vomir. Plutôt que de me donner son opinion personnelle sur l'arabisation de l'enseignement dans l'Algérie nouvelle – sa pensée à lui, auteur français –, il me propose de me faire envoyer les brochures officielles, « qui expliquent tout ça très bien »... Quant à la politique de son gouvernement, il déclare « suivre les directives du président ». Les partis ? « Il n'y en a qu'un, le FLN. » Et le parti communiste clandestin ? « Il n'existe plus ; il a été dissous. » La mauvaise foi multipliée par la pétoche. On croirait entendre un stalinien de la belle époque.

Touchant néanmoins par certains côtés. Je lui demande s'il a le temps de travailler à ses livres : « On est poète à chaque instant, quoi qu'on fasse. » Il y a de la poésie, en effet, dans ses activités officielles, mal définies. Il est à Paris « en mission », et se gargarise de son importance. Il est « nouvel indépendant » comme il y avait des nouveaux riches. Ainsi, voyant la file interminable de voitures qui roulent – ou plutôt ne roulent pas – vers Paris, il me propose de doubler tout le monde ; je ne risque rien puisqu'il a un passeport diplomatique...

Sur la fin du voyage, il s'endort, cuvant la considérable quantité de vin qu'il a bue. Roublard, vantard, bavard, mais inexplicablement sympathique, comme un enfant mal élevé. L'image des nouvelles élites du tiers monde, peut-être.

29 septembre

Lettre de Chardonne. – « ... Au début de sa dernière chronique, Bernard Frank définit parfaitement sa position de critique : il parle des livres qui lui déplaisent. Les autres (la liste est bien faite ; ce sont des gens bien) qu'il a lus avec satisfaction, il n'en sera pas question, jamais. Critiquer un auteur (à moins d'y mettre cette savante sourdine où Kléber Haedens est expert) c'est facile. Le vocabulaire est riche.

« Louer, c'est très difficile. On a peu de mots à sa disposition ; il faut des idées ; on risque de se compromettre.

« Blâmer, on est sur le velours. De même en toutes choses. Gémir sur son époque c'est à la portée de tous ; les écrivains n'y ont jamais manqué depuis les temps les plus reculés.

« Une phrase de lui m'amuse : " Les ridicules de la société

1963

gaulliste ". Je ne les vois pas clairement. Les écrivains ont toujours blâmé la société de leur époque, quoiqu'ils forment de cette société le plus bas. Le niveau de la société littéraire des gens de quarante ans aujourd'hui, représentée par Blondin et Frank, me semble ce que l'on a vu de pire; en tout cas je n'en avais aucune idée, avant de l'avoir vu.

« Cela dit, avec toutes ses tares, Frank est un homme qui a le goût littéraire le plus fin. Par là, unique. Et il me fait comprendre le Christ, qui reconnaissait un ange dans une prostituée... »

5 octobre

Lettre de Chardonne. – «... J'ai reçu et lu tout de suite le livre de Clara Malraux. Je lui écrirai plus tard; c'est secondaire. Plus intéressant, ce que je vous en dis. Et je vous demanderai de le lui dire tout de suite; et de le faire savoir autour de vous chez Grasset. Précisons : autant je déteste le livre analogue de Simone de Beauvoir, autant celui de Clara me plaît.

« Pourquoi? Question délicate. Ceci, je crois : le livre de S. de B. est l'ouvrage d'un professeur, né professeur, professeur dans le germe. Sorte de mannequin que je déteste, à jeter par la fenêtre, comme fit M. Bergeret. Clara, c'est un être vivant. C'est dans chaque ligne. Tout bonnement, elle écrit bien... toute fraîche; un talent frais; quelque chose qui pourrait griser. »

Lettre de Camille Chardonne. – « Chardonne a d'étranges mouvements. Il vient de me lire la lettre qu'il vous écrit sur le livre de Clara Malraux, déjà assez aberrante, mais ce livre, il ne l'a pas lu. Il n'est pas coupé. Je viens de couper les vingt dernières pages. Je ne trouve là rien d'enivrant. Elle m'ennuie autant que Simone de Beauvoir. Je ne vois pas cette " simplicité " mais plutôt le contraire.

« Je lui ai dit : " Je dirai à Matthieu que tu ne l'as pas lu. – Ne fais pas cela, a-t-il dit, je te jette par la fenêtre. Je n'ai pas besoin de lire, je l'ai flairé. "

« Je me demande ce que cela donnerait si vous vous contentiez de flairer!... »

6 octobre

Pour inaugurer mon installation chez Aziz, qui me sous-loue une partie de la maison, invité les Jouhandeau, accompagnés du père Cognet, maître de chapelle à Saint-Eustache. Rose, replet, l'air si onctueux et raminagrobis qu'on le prendrait pour une caricature anticléricale. Au demeurant fort érudit, et tout à fait large d'esprit. Ainsi ne s'offusque-t-il pas des émois de Marcel, électrisé par la mâle présence du beau Tunisien. Avant de partir, il ne résiste pas à l'envie de le bécoter dans le cou, avec des petits gestes papillonnants de vieille maquerelle flattant un étalon. Grotesque et attendrissant. Aziz, royal, indifférent, se laisse faire, secrètement flatté. La bonne Marie, qui sert à table et garde son franc-parler, rigole au passage : « Ah ! il est marrant, ce vieux-là ! »

Chroniquette d'une passion

1re lettre de Jouhandeau (9 octobre, Rueil). – « Matou, je crois bien n'avoir jamais désiré quelqu'un avec autant de fureur que dimanche. Est-ce qu'on s'en est aperçu ? Est-ce que c'est sans espoir ? Je vous embrasse. M. J. »
2e lettre de Jouhandeau (10 octobre, Rueil). – « Matthieu, je suis un monstre. Hier, je vous ai écrit une lettre indigne que vous considérerez comme non avenue. J'avais tout et je souhaitais encore quelque chose. J'aime Quelqu'un et je désirais aussi celui-là. Je me punirai. Votre M. J. »
3e lettre de Jouhandeau (11 octobre, Rueil). – « ... Pour AZ. je sais bien comment je me punirai : en ne le revoyant de ma vie et en même temps je le punis. Ce garçon est un allumeur. Vous vous souvenez de cette façon de voix de matou, quand il m'appelait par mon prénom, comme si nous avions déjà couché ensemble. Je ne résiste pas aux voix. Une vraie Jeanne d'Arc. On sait où elles vous conduisent : au bûcher. Oh ! Je serais bien descendu au bûcher avec lui, dimanche. Et puis cet œil rieur et ce sourire comme une pluie d'étincelles en émanant, qui à chaque coup m'aveuglait, et cette chaleur de sa bouche qu'il promenait dans le voisinage de mon oreille dont à la dérobée il baisait le pavillon. Il ne m'en faut pas tant pour me faire perdre connaissance. Après l'éclair, on attend la foudre. Elle est tombée sur moi avant-hier d'un autre Ciel. »

16 octobre

Enterrement de Cocteau à Milly. J'y emmène Privat. Sous un ciel de printemps, un air de 14 Juillet : les anciens combattants avec drapeaux, la chorale locale, les pompiers, les enfants des écoles... et des académiciens. Il ne manquait plus que la clique municipale. Tout cela bon enfant, devant cinq mille badauds. Émouvant, néanmoins, comme une toile de naïf. Cocteau aurait été enchanté par ce départ en fanfare, gentiment bucolique. Tout Paris était là aussi, bien sûr, avec une multitude de « mignons », venus saluer un symbole.

1963

17 octobre

Avec P. L., discussion pénible. Prémices de la fin, sans doute, par ma faute : je suis trop exigeant, trop autoritaire, trop égoïste. Mais la fin de quoi? Depuis le début, ce fut un jeu – tendre – auquel nous nous prenions de temps en temps, voilà tout.

20 octobre

Chardonne à Camille : « Quand cesseras-tu de me contredire pour me répéter? »

CHARDONNE. – Pour être un grand écrivain, il faut cultiver ses vices.
MOI. – Auriez-vous donc des vices?
CHARDONNE. – Moi, c'est différent; j'ai des qualités actives...
MOI. – Votre vice, c'est la mauvaise foi, mais candide.

26 octobre. Auvers-sur-Oise

Depuis un mois, je passe trois ou quatre jours par semaine ici. La maison est ancienne, charmante, mais froide, inconfortable : tous les défauts du monde, qui me la rendent délicieuse. La première fois de ma vie que je passe l'automne à la campagne. L'impression d'être en vacances au-delà des vacances, plaisir presque coupable.

A mon bonheur contribuent Aziz et Françoise. Lui, exubérant, épanoui dans sa virilité de pacha content, que sert avec une fausse soumission sa compagne prête à tout – pour un temps. Sans illusions sur l'avenir de leur liaison, ils jouissent de l'instant, et cette joie est contagieuse.

Pas d'heures, ici. On déjeune à trois heures, on dîne à dix. Et cette nuit, vers deux heures – à mi-parcours d'un long article sur Beauvoir –, j'ai trouvé Aziz au salon, qui travaillait. Nous avons bavardé un long moment au coin du feu, puis je suis remonté à mon labeur. Une vie de roman que cette liberté sans souci, cette bohème sans misère, dont j'apprécie la rareté.

28 octobre. Auvers

Déjeuner drôle, avec Brenner et les Chardonne. Chardonne parle surtout d'Apollinaire, qu'il considérait du reste, à l'époque où il le connaissait, comme un « rigolo ». Toujours, quand il rencontre un inconnu, mon hôte déploie toutes ses grâces pour l'amuser, le séduire. Après le déjeuner, il poursuit Aziz dans les pièces en lui disant : « Elle est très bien, cette jeune femme (Françoise, qui a déjeuné avec nous). Vous ne trouverez pas mieux. Épousez-la tout de suite. » Et comme Aziz élude, disant qu'il tient à garder sa liberté, Chardonne s'écrie : « Ah, c'est le musulman qui ressort. »

Au retour, je me fais arrêter par les gendarmes, et je n'ai pas mes papiers. Ils hésitent à me laisser repartir. Alors Chardonne, costume gris, papillon, très « ambassadeur en retraite », s'adresse à sa femme, olympien : « Tu vois, Camille, je devrais porter plus souvent mon chose... là..., mon petit bouton rouge, tu sais bien... cet ordre qui a été fondé par Napoléon... oh, je ne me souviens jamais... ah oui, la Légion d'honneur. » Puis, à la cantonade : « C'est que je suis officier, vous savez ! On doit me présenter les armes. »

Le flic ne sait pas si c'est du lard ou du cochon. Dans le doute, il n'insiste pas. Un si beau vieillard avec un papillon, il faut se méfier...

29 octobre

Avec Breitbach, à une représentation de *La dame ne brûlera pas*, pièce très giralducienne, un peu confuse dans son bavardage, mais traversée de réelles beautés poétiques. Après le spectacle, souper à la Régence, avec les Philippe de Rothschild, leur fille, leur gendre Sereys et l'auteur.

Philippe de Rothschild, une espèce de rogue allure, avec de gros yeux à fleur de tête, du bagou, des connaissances et la désinvolture des gens riches ; invité, il demande des huîtres : « les meilleures », précise-t-il. Il donne parfois l'impression d'appartenir à une famille royale, et s'attend à ce qu'on lui rende les honneurs dus à son rang.

Sa femme, américaine, ressemble à un grand lapin poudré. Aimable, intelligente, mais les bonnes manières l'aseptisent : un vernis tenace qui interdit tout contact vrai. Sereys, astucieux, sensible, souriant tapir, dont la candeur apparente est un charme. Aussi réservé que Philippine est comédienne à chaque minute, surjouant la moindre phrase avec un généreux naturel.

Fry, enfin, plus anglais que nature : traits réguliers, cheveux de neige, nez droit, œil bleu, sans la prétention des écrivains français. L'ironie et l'éducation les arrêtent au bord du narcissisme cabotin.

1963

2 novembre. Auvers

A déjeuner, Clarisse Francillon et Celia Bertin. Celle-ci, longue, timide, promène son regard de myope sur le monde avec gentillesse. Parle peu, mais raconte une histoire drôle.

Quand Jeanson a publié son essai sur Sartre, on a bien entendu mis une photo de Jean-Paul sur la couverture. A l'arrivée des exemplaires, déjà brochés, un malaise : Sartre n'est pas reconnaissable, et pourtant c'est bien la photo choisie. Il aura fallu deux jours pour dépister la faute : un clicheur, croyant bien faire, avait « retouché » l'illustre strabisme divergent ; ce n'était plus Sartre, c'était n'importe qui. Coût de l'opération : trente mille couvertures à refaire...

Clarisse Francillon, vive petite Suissesse, aux traits mobiles et marqués. Elle a dû être jolie, et son œil pervenche conserve une vraie présence. Elle vous observe avec une sympathie critique, sans méchanceté, mais vigilante. Elle intrigue, comme si elle cachait un secret, une sérénité chèrement acquise.

9 novembre

Dans un restaurant, près de la Halle aux vins. Chardonne parle des journaux intimes, et des correspondances. Méprise les uns et admire quelques-unes des autres, dont la sienne, évidemment. Quand il écrit à Kléber Haedens, à Morand, à Brenner ou à moi, il est naturel, entier. Pour les étrangers, il « modifie ». Mais, dit-il, cette modification n'est pas une déformation, et de multiples nuances révèlent aussi bien, plutôt mieux, son caractère. Tandis que s'il tenait un journal, il ne serait pas aussi sûr de lui, parce que l'existence d'un destinataire incite à plus de rigueur et d'honnêteté. Une postérité vague est trop complaisante. Elle permet toutes les lâchetés, tous les maquillages. Un correspondant, sanction immédiate, les interdit. Et elle évite ces notations inutiles que les « diaristes » utilisent pour « faire vivant », genre « levé à huit heures, pris une aspirine », etc. Tout ce que l'on n'oserait pas écrire à quelqu'un ne vaut pas d'être écrit. Cependant, à certaines natures, ce style peut convenir. « Les natures artificielles », précise-t-il. D'où la valeur du *Journal* de Gide. *In cauda venenum.*

17 novembre

Week-end calme et studieux, grâce à la présence délectable de T., intelligent, naïf, assoiffé d'apprendre, ouvert à tous les souffles, et cependant si solide, sérieux, ordonné, organisé, attentif, ponc-

tuel... Une parfaite mécanique, douée d'une âme légèrement primitive, vulnérable et indestructible.
Cocktail Médicis, chez Denise Bourdet, avec la faune habituelle. On se serait cru dans un chapitre des *Fruits d'or*. Tout le monde parlait du Goncourt, chacun avait le tuyau. On m'a dit que... Je sais que... j'ai appris que... Je crois savoir que...
Le personnage le plus étonnant de cette réunion, Mme Robbe-Grillet. Une minuscule bonne femme qui a l'air d'avoir douze ans. (Elle joue dans *l'Immortelle* et je l'avais prise pour une gamine.) Elle est pourtant mariée depuis cinq ans, et elle a fait du théâtre avant son mariage, sous le nom de Cassandre. On lui donnerait une sucette. Avec cela mutine, rigolote, pas très au fait du nouveau roman, mais affectant à propos de son époux une nuance de moquerie, comme s'il s'agissait d'une vieille barbe, genre Victor Hugo. C'est à peine si elle ne dit pas « le maître » plutôt qu'Alain...

28 novembre

Chardonne arrive au déjeuner hebdomadaire en brandissant une feuille de journal.
« Je tiens ici mon arrêt de mort, dit-il sentencieusement. Je viens de lire une statistique. La longévité est une foutaise. Tous les calculs sont faussés par la disparition de la mortalité infantile. En réalité, on vit moins mieux qu'autrefois. Je vais avoir quatre-vingts ans dans un mois. Eh bien, dit-il avec un sincère étonnement, il paraît qu'à partir de maintenant mes jours sont comptés ! »

29 novembre

Au *Masque et la Plume* : Aragon. Il est venu réciter des passages de son prochain livre, *le Fou d'Elsa*. Beau, avec le profil net, les cheveux bien blancs ; le complet croisé bleu sombre : un P-DG. Il dit quelques mots : précieux, un tantinet poseur. Puis il s'installe et se met à déclamer – oui, déclamer ! – pire que Malraux (mais plus Comédie-Française), enflant la voix au rythme des vers, victorhuguesque, ridicule. Les vieilles dames un peu réticentes – un communiste ! – ne tardent pas à se pâmer, reconnaissant un des leurs : un poète du XIXe. Evtouchenko lui a tourné la tête... Kanters chuchote : « On se croirait chez Mme de Bargeton ! »
Seule dans une loge, Elsa, l'œil mi-clos, hume cet encens. Tandis que Bastide, bras croisés, tête basse, adopte l'attitude d'un croyant à l'élévation. Cabotin ou sincère ?

1963

30 novembre

> *Sous la grande verrière*
> *des Académiciens*
> *Tout homme a deux derrières*
> *Duhamel et le sien.*

Le quatrain est d'André de Richaud, étrange écrivain alcoolique qui achève de mourir dans un asile du Midi. Cité par Privat, qui avait invité Claire Sainte-Soline, présidente du Femina. Ridée comme une reinette, avec de jolis yeux d'enfant, elle s'intéresse à la plantation des cyprès en Touraine, lit beaucoup de romans, en écrit parfois de gentils, mais ses nouvelles sont de vraies petites merveilles. C'est drôle, cette grand-mère qui peut faire la fortune d'un écrivain chaque automne, petite fée d'un jour, insoupçonnable.

1er décembre

Chardonne : « Il n'y a eu que quatre grands, après la guerre : Proust, Valéry et Morand. »

Le soir de son Femina, il y a une semaine, Vrigny nous a tous emmenés au restaurant. Son dernier soir de pauvreté : il a payé avec un chèque en bois. Sa joie de gosse à contempler sa bobine dans *France-Soir*. Rouge d'excitation, il lance des gros mots, ravi, comme on jetterait des cailloux dans une mare, un soir de beuverie...

15 décembre

Une fois de plus – curieux, chez un diplomate – Morand a réuni des inconciliables : Denise Bourdet et Mme Vaudoyer, veuves d'administrateurs du Français qui se haïssent. Politesse glacée, côté Bourdet, qui n'a pas adressé la parole à la pauvre Mme Vaudoyer, charmante vieille dame pimpante – et attristée.

Increvable, Hélène Morand a le souvenir fertile des temps immémoriaux : « Pour amuser la princesse Marie, la future reine de Roumanie, dit-elle avec cet inimitable ton " gratin " d'avant 14, j'avais invité des demoiselles de café-concert, dont Mistinguett. Celle-ci, je me souviens, m'avait demandé si elle pouvait venir avec " son danseur ". C'était Maurice Chevalier. »

Vertigineuse également, cette remarque, au détour d'une phrase, comme si l'on faisait en cinq secondes une chute d'un demi-siècle :

JOURNAL

« Aujourd'hui, je trouve que l'accent parigot se perd. Vous savez, ce ton un peu traînant qu'avaient les laquais en vous tenant la portière : " Si mâdâme veut bien dèèèscendre... " »
Et à moi : « Vous habitez la campagne? Ah, comme c'est bien! Mais vous avez au moins une bonne cuisinière? »

16 décembre. Auvers

Week-end blanc, avec la calme présence de T.
Au téléphone : « La première neige, c'est beau comme les premières heures de l'amour. Et le lendemain, c'est de la boue. »
J'amène T. à La Frette. Naturellement, Chardonne entreprend de lui expliquer ce qu'est l'Allemagne, puisque T. est natif de Hesse.
Stupéfaction de T. quand il entend ceci : « Moi, je sais leur parler, aux Allemands. Il faut savoir leur parler sérieusement. Si on m'avait laissé leur parler, en 40, ils seraient tous repartis comme des moutons. Ce n'est pas avec des mitrailleuses qu'on est le plus éloquent. Du reste, on leur avait fait peur; ils nous ont croqués. Il ne faut jamais faire peur à ses ennemis. Surtout les Français. Leur armée n'est jamais si redoutable qu'après les guerres... »

17 décembre

Resté seul à Auvers. Musique. Chaleur. Vague mélancolie d'être ici sans personne, vague plaisir de n'être dérangé par personne. Plongé dans les *Mémoranda*. Petite promenade dans le froid sec. Bonheur, réserve de bonheur pour les souvenirs. Il est cinq heures et demie. La nuit tombe. Le ciel est rose pâle, tendre comme moi.

18 décembre

Les Poulenc. La sœur de Francis est aussi avare que son frère. A Sauguet, elle dit : « C'est un plaisir de vous avoir à dîner, vous ne mangez rien! » Quant à lui, il recevait une fois par an les autorités tourangelles (préfet, maire, conseiller, etc.) mais ne s'engageait pas trop; l'invitation était ainsi rédigée : « Monsieur F.P. serait heureux », etc., « pour boire un verre de vin ».
Bory m'emmène voir deux petites pièces américaines au Lutèce. Nous y rencontrons Breitbach, qui nous emmène souper au Balzar – toujours grand seigneur – en compagnie des comédiens : Laurent

1963

Terzieff et Pascale de Boysson. Lui, que je n'avais pas revu depuis des années : même charme de poulain aux yeux verts. L'intelligence + l'éclat du regard + un sourire triste + une sorte de gaucherie attendrissante + la pureté qui émane de tout son être = impossible de résister à la fascination. Possédé par son métier jusqu'à la passion, il est aussi capable d'imitations étonnantes, inattendues chez ce romantique. Maternelle et bon genre, Pascale veille sur lui avec une complicité singulière, comme au-delà des sentiments.

19 décembre

Petit mémorandum (façon Barbey). – Levé à 9 h 30. Déjeuner, avec les journaux. Lu cinquante pages des *Ombres* de Régnier. Lavé, rasé, et déjeuner avec les Brosse, et Pierre L., à 1 h, au restaurant chinois de la rue de la Harpe. Rentré à 3 h, après avoir été chercher mes livres rue de Seine. Lavé les mains, parlé avec ma mère, reparti pour la Maison de la Radio, où je suis arrivé à 3 h 30. Attendu un quart d'heure Kanters et les autres. Enregistré l'émission jusqu'à 4 h 10. Monté à la cafétéria prendre un verre avec Henry Magnan, Jacques Legris et Robert. Conduit Kanters à l'Académie, puis passé au bureau à 6 h 15. Resté une demi-heure. Visite au médecin à Montparnasse, puis retrouvé T. aux Invalides. Sommes allés ensemble chez Bruce Lowery, où se trouvaient Jullian, Ricaumont, Breitbach, Schneider, Sandier, Le Marchand, etc. Dîner au Vieux Casque vers 8 h 30. Ensuite au café de Flore jusqu'à 10 h 15. Raccompagné T. chez lui, et retour ici vers 11 h 15. Voici comment on perd son temps! Travaillé en tout et pour tout 20 mn + 30 mn + 30 mn = 1 h 20. Je me remets à la lecture de Régnier dans mon lit ; il est minuit.

21 décembre

Prête à tout supporter pour être leur intime, Henriette Gröll a invité ses deux tortionnaires adorées : Lise Deharme et Marie-Laure. Elles jouent au punching-ball pendant tout le dîner, la traitant tour à tour d'ignare, de « grosse baiseuse », de Bécassine... Henriette gobe tout avec une sorte de sérénité goulue. Le snobisme est une drogue insensibilisante, comme l'opium qu'on donnait jadis aux suppliciés chinois, pour que le spectacle dure un temps infini.

Lise, bonne conteuse, détaille la rencontre Aragon-Elsa. C'est elle qui l'avait vu, et le voulait. Elle l'eut, mais il était volage, passant avec Elsa une semaine pour disparaître bientôt avec Nancy Cunard ou une autre. Furieuse, elle change d'hôtel sans laisser d'adresse. A son retour de fugue, Aragon, très étonné, ne trouve plus la dame au logis. Il s'informe, s'inquiète, se désespère, suppliant une amie commune de lui révéler la cachette. L'autre avait ordre de tenir bon, tant que le coupable ne montrerait pas un repentir indubitable. Il aura fallu qu'Aragon aille jusqu'aux menaces de suicide... Depuis, Louis n'a plus jamais quitté Elsa.

24 décembre. Auvers

Déjeuner avec Marie, la femme de ménage – qui n'a rien de la « bonne cuisinière » rêvée par Hélène Morand... Sa vie conjugale fut bizarre et mouvementée. Trois hommes : le premier meurt au lendemain de la guerre, la grande, lui laissant une fille; elle se remarie, mais sa fille lui souffle son second époux dès qu'elle est nubile; divorce, avec trois gosses de plus sur les bras, dont un seul survivra... Libre vers la cinquantaine, elle finit par se mettre en ménage avec un cousin germain, de beaucoup son aîné. Il est mort au début de l'année, à quatre-vingt-huit ans, lui laissant une bicoque en bois au bord de l'Oise. Elle touche quarante-huit mille francs de retraite, par trimestre, plus les ménages.

26 décembre

Gaxotte a une bête noire; c'est Mauriac. Se basant sur ses écrits, il le dit « peu cultivé ». D'après lui, le XVIe lui est inconnu; au XVIIe, il n'a lu que Racine et Pascal; le XVIIIe, impasse totale. Ensuite, Benjamin Constant, Chateaubriand et les Guérin sont tout son XIXe... Rancune d'agrégé, mais il est vrai que lui, Gaxotte, sait par cœur toutes les tragédies de Racine! On peut lui proposer n'importe quel vers au hasard, il vous récitera le suivant... Autre anecdote anti-Mauriac : un jour, il annonce à Claudel qu'il va présider une réunion de poètes africains. « Voilà qui est bien », dit l'autre. Puis il ajoute, bonhomme : « Il ne faut pas oublier que le Noir est le meilleur ami de l'homme... »

Vue par ce « vieux réac » charmant, la guerre civile espagnole – à laquelle nous en arrivons, via Mauriac – ressemble à une guignolade. Du moins à ses débuts, menés par des généraux d'opérette qui massacraient surtout les civils. En sa qualité de collaborateur de *l'Action espagnole*, le journal de Calvo Sotello, réplique hispanique de *l'Action française*, il fut convié par les franquistes à la prise de Teruel, en 36. Gaxotte se rend donc au QG du général, installé sur une petite montagne. De cette éminence, à la lorgnette, on peut voir les « rouges », Malraux, tout le monde... La préparation d'artillerie se borne à quarante coups de canons, puis c'est l'assaut. Une vraie guerre de Napoléon. Ou même avant.

Gaxotte affirme du reste que le franquisme a failli ne jamais exister. A Séville, par exemple, il a fallu qu'un général-aventurier eût assez de prestige physique pour enfermer les gradés dans les waters de la caserne, sans coup férir, et qu'il aille ensuite à la radio faire des déclarations incendiaires, prétendant, contre toute la vérité, que les Maures marchaient sur la ville. Ce qui devint vrai lorsqu'il fut allé chercher Franco aux Canaries, pour le traîner de force à la tête des troupes rebelles.

A Cadix, dépourvue de radio, le révolté local haranguait la foule dans la rue. A Burgos, ce furent les Navarrais carlistes qui s'en mêlèrent... Mais partout ailleurs, Madrid, Tolède, Barcelone, etc., échec total : la majeure partie de l'armée était licenciée, ou en perpétuelle permission. Il ne restait dans les casernes que des sous-officiers communistes nommés par le Frente Popular, et fermes soutiens de la république.

Mais si la révolte franquiste avait échoué, conclut Gaxotte, le régime aurait basculé à l'extrême gauche, catastrophe pire que tout, aux yeux d'un ancien collaborateur de Maurras...

27 décembre

Lettre (stratégique) de Chardonne :

« Cher ami,

« Je suis avisé par Albin Michel que *Demi-Jour* paraîtra le 2 février. *Arts* doit le noter.

« Et j'aimerais bien que vous le disiez à Nourissier. Son livre est bon, cela va compter, important pour lui.

« Qu'il paraisse avant moi, ou après, à quelque distance. Fâcheux pour les deux, s'il y a rencontre.

« A vous.

« J.C. »

1964

1er janvier

Lettre de Chardonne. – « ... J'ai déjeuné, le 1er janvier, chez mon voisin, le tailleur, très riche. Bien sûr, parfait déjeuner. Servi dans une sorte de chaos. Toute cette société n'est plus au point. Je pensais au palais de Morand où la domestique est une brave servante du petit monde d'autrefois; ce palais qui l'écrase. Le tailleur dépense tout son argent à acheter, en tous domaines, les dernières productions de la science et de l'industrie.

« Il me fait asseoir dans un bon fauteuil et me dit : " Ainsi, vous avez quatre-vingts ans; qu'est-ce qui vous a le plus étonné dans votre vie ? " Réponse : " C'est d'avoir quatre-vingts ans.

« – Et qu'est-ce donc ?

« – Cela varie avec chacun... Pour moi, c'est un état de sensibilité extrême. Je ne peux plus supporter que quelques intimes. La " nature " a beaucoup pâli à mes yeux. Un beau jour en Grèce, cela ne me touche plus. Tout déplacement m'ennuie. Sensible encore au ciel dans mes fenêtres; surtout à tout ce qui est " dans la maison "; il n'y a pas que des roses. J'aime bien Roscoff. Tout âge que nous n'avons pas atteint est imprévisible. L'imagination, c'est zéro. On avance toujours dans l'inconnu, perpétuelle jeunesse. " »

7 janvier. Megève

Quatre jours à Knokke-le-Zoute. Festival expérimental improbable, mais j'ai vu fonctionner le gang Sollers. Une vraie partie de football bien réglée; la parole voltige de l'un à l'autre, sans jamais s'égarer dans le camp adverse. Impossible de placer un mot. Retour au volant de ma somptueuse De Soto. J'atteins Auvers par miracle; en ouvrant le capot, je constate que la batterie a fondu : un bloc de plomb informe et menaçant, telle une tumeur de métal. Le lendemain, je prends le train de nuit pour Megève, avec toute la bande des « Enfants terribles ». Des gosses en vacances, ce jury, y compris le séculaire Henry de Monfreid, diaphane et noueux. Obaldia, qui a partagé son wagon-lit, a eu la surprise de le voir se griller une petite pipe de came à cinq heures et demie du matin...

Ici, outre les Lilar mère et fille, je me promène surtout avec Claude Roy, qui a tant envie qu'on l'aime qu'on l'aime un peu moins qu'on ne voudrait l'aimer, par esprit de contradiction, et le délicieux René, gentil anarchiste, naviguant dans l'absurde avec sérénité (ce qui ne manque pas d'irriter parfois Claude, lequel examine tout fort sérieusement, comme Françoise, du reste). Nous nous promenons, faute de neige. Les sommets pelés sous un soleil de printemps ont des allures de savanes déportées.

Ce mot du Général, rapporté par Guimard. Apprenant la candidature de Defferre à la présidence de la République, il aurait dit : « C'est Marius qui veut succéder à César. »

Janvier. Rambouillet

Lettre de Nicole Védrès. – « Ah, Matthieu, que nous avons mal fait de nous dire, au téléphone, que nous allions nous écrire... Échanger des lettres, c'est un de ces petits luxes peu coûteux, et qui, si l'on y cède, vous donnent l'illusion que la vie est vivable. Or elle ne l'est pas. La carotte à l'âne, le petit sucre au chien. Ensuite on le battra, cet âne, s'il n'avance pas, et quant au chien, s'il dérange, on le laissera coucher dehors.

« Je m'entends bien avec vous, je n'ai pas envie de chercher jamais pourquoi. D'autant que cela date de notre première rencontre et que, par conséquent, les raisons préexistent à nos premières conversations. C'est d'ailleurs ainsi que les choses doivent être...

« Il faudrait que je vous voie, mais... mais " la Védrès " va encore nous empêcher de nous parler. C'est vrai, vous savez, elle m'interrompt, elle ouvre les vannes d'un cours de mots et d'idées qui ne sont pas tellement les miens, ou plutôt qui ne sont miens que vers le dehors. Et désormais vous appartenez plutôt à ce que je ne dis pas et garde, qu'à ce que je raconte et " exprime ", comme on dit...

« Que n'êtes-vous ici, vous, au lieu de ces ingénieurs en pétrole, représentants en insecticides agricoles, démarcheurs en postes de radio qui peuplent l'immeuble, se lèvent martialement à sept heures, mangent " à la cloche ", discourent avec feu sur la prospective...

1964

Ah, Matthieu ! (c'est ce que je disais en commençant... et peut-être est-ce cela qui compense bien des choses ; que l'on puisse, à un soupir d'exaspération, de découragement, ajouter un prénom qui le démente. Vous me direz qu'il n'y fallait pas cinq pages ! Je vous le dis aussi) et puis à bientôt quand même. Ce n'est pas tant, d'ailleurs (ô Pirandello, que l'on dit " dépassé "), quand nous nous verrons qui importe, mais qui nous serons, en nous revoyant. N. »

15 janvier

Anniversaire de Chardonne. Réception à la Casa du Portugal. Causerie du héros de la fête, Chardonne, qui a un mot pour chacun. D'abord, Dos Santos remet à Chardonne de vieilles bouteilles de porto, au millésime de ses grandes œuvres. A la fin de la distribution, Chardonne regrette « de n'avoir pas écrit davantage ». Puis il s'assied, un petit aide-mémoire à la main, et commence son discours. Le thème, bien sûr, en est la littérature et les écrivains. Il prend à partie les présents (Curtis en particulier) et les absents. Il assène ses rosseries avec un art sûr de diseur. Ainsi, parlant de la bonne littérature, qui demeure confidentielle, il dit : « Les livres vont de la cave de l'éditeur à celle du libraire. Puis de la cave du libraire à celle de l'éditeur. Il se perd quelques exemplaires en route et l'on dit à l'auteur qu'il a vendu à deux mille... » Un temps, puis : « Mais, à propos, M.S. ne devait-il pas venir ? » Pique à Solange Fasquelle, représentant la littérature de « divertissement », éloge des journalistes, etc. Enfin il en arrive, après trois quarts d'heure qui ont passé comme un soupir, à sa péroraison : « Je vous donne rendez-vous dans dix ans. Si jamais j'étais un peu en retard, ne m'attendez pas... »

« Le vieux s'estime » est sa formule favorite, ces temps-ci. « Mais, dit-il, c'est tout ce qui lui reste. » Le « vieux » semblait réellement ému, et nous l'étions aussi, Brenner, les Caracalla, Freustié...

Déjeuner Berger-Kanters. Berger, son « disciple », un peu défrisé, parle de Paulhan, et de son œuvre, dont il restera peu de chose : *le Guerrier appliqué, les Fleurs de Tarbes*. Il dit que l'on suit très bien son raisonnement jusqu'à un certain point. Puis, soudain, on perd pied. Il divague. Et Paulhan, qui le sent, conclut par une rituelle pirouette : « Mettons que je n'aie rien dit. »

16 janvier

Lettre de Chardonne. – « Je ne lirai pas le Sartre (accordant par avance que c'est très bien) parce que je trouve toutes ces histoires stupides ; ces histoires d'enfance et de famille. Sartre est né Sartre, et voilà tout ; comme Mauriac est né Mauriac. La " famille ", l'époque n'y sont pour rien. Le germe, c'est tout. Je pouvais tirer de mon enfance et de ma famille toutes sortes d'histoires de ce genre. Je ne l'ai pas fait. parce que je suis Chardonne, c'est-à-dire un être pour qui la famille, l'époque, cela n'existe pas ; un être sur qui rien n'a de prise. »

Carte de Morand. – « Je fus un pont entre Giraudoux et Proust. Si orgueilleux, Giraudoux, qu'il me fallut quatre ans pour l'amener rue Hamelin. Mais il fut enchanté de cette unique visite. Le *Journal* est un matériau brut ; j'espère qu'il servira à d'autres pour une " Éducation sentimentale en 1917 ". La conquête de Paris par un jeune daim, je veux dire un jeune malin. On ne peut être, à la fois, malin et intelligent ; il a fallu que je cesse d'être malin pour devenir moins bêta. Commencé patriotard, le *Journal* tourne au pacifiste, de gauche, anarchisant, dès 1917, quand apparaît la vraie Russie. Il prépare notre position prochaine, antipoincariste, anticlémenciste de la fin de la guerre, qui se traduit par la chute de Briand, de Berthelot, mon envoi à Rome en disgrâce, celui de Giraudoux aux USA (trop long à expliquer). A vous. P.M. »

29 janvier

Lettre à Chardonne (concernant la publication des bonnes feuilles de *Demi-Jour* dans *Arts*). – « Je n'osais pas vous écrire ; ni vous téléphoner. C'est navrant, cette salade, cet abus de confiance. Le pire, c'est qu'on ne sait quoi dire ; Parinaud ne comprendrait pas. Je suis sûr qu'il a fait cela en toute bonne foi, pensant vous honorer. Avoir la une, pour lui, c'est quelque chose ! Mais les tripatouillages lui sont bien indifférents. C'est de la copie, voilà tout. »

30 janvier

Lettre de Ginette Guitard-Auriste à Chardonne. – « *Arts* publie une bien belle photo... Mais voilà une page parfaitement faite pour épouvanter le lecteur. Est-ce encore du Chardonne ? »
Commentaire de Chardonne : « Ces dames n'ont pas le sens du relatif ; on ne pouvait pas reproduire le roman en une page... »

31 janvier

Lettre de Chardonne. – « Je remercie aujourd'hui Parinaud avec Chaleur. Et pourquoi pas ? La une, cela compte. Et ce gros roulement de tambour. Albin Michel en a le souffle coupé. Les gens ne voient rien d'autre. Guitard-Auviste pleure. Je la remercie de pleurer. Je remercie tout le monde... »

Lettre de Chardonne à Parinaud. – « Mon cher ami, Lamartine écrivait à Sainte-Beuve (à propos des *Girondins*) : " J'aurais besoin d'un coup de votre cloche d'argent. " C'est un carillon que vous m'offrez. Un gros travail pour vous, cette savante mixture... »

3 février

Tout, en ce moment, me paraît doux, agréable. Le bien-être bourgeois que me procure la présence hebdomadaire de T. y est pour pas mal. Et puis mon âge, celui du bonheur, de l'épanouissement, de la force. J'ai conscience de tous ces privilèges, et je les apprécie à leur valeur.

5 février

Lettre de Gaxotte. – « Vous avez grand tort de me refuser un emploi utile, qui convient à mes capacités. Je vais avoir fini Fréron : vingt-quatre volumes à parcourir et je serai au bout. Par votre faute, je vais être obligé de lire le *Mercure*, les *Éphémérides du citoyen* et la correspondance complète de Voltaire dans l'édition genevoise (soixante-quatre volumes parus; elle en est à 1767). En faisant des recherches pour vous sur Barbey, j'espérais me rajeunir d'un siècle. Pour vous attendrir, je vous dirais bien comme Goethe à Kestner, après l'épisode Charlotte : " Je marche à travers les déserts où il n'y a pas d'eau. Mes cheveux me donnent de l'ombre et mon sang est ma fontaine "; vous seriez capable de rire, comme Barbey qui m'a fait, autrefois, découvrir cette phrase mirobolante. Il avait l'art d'extraire le ridicule...

« Je vous envie de le lire assidûment. Avez-vous lu son article sur *la Création* de Quinet? Il en donne aussi des passages sublimes. Mais comme je n'ai plus ma mémoire d'agrégatif, je ne me rappelle qu'un début : " Lorsque je vois cette lente progression, depuis le trilobite, premier témoin effaré du monde naissant... " J'ai perdu la suite du trilobite effaré.

« Je vous embrasse, cher Matthieu, avec toute l'amitié possible. »

JOURNAL

18 février

Reprise, très classique, de *Cyrano* à la Comédie-Française. Kanters m'y emmène. Pendant l'entracte, alors que nous causons avec Denise Bourdet et Jean-Louis Curtis, un noble vieillard s'approche et prend Kanters à partie : « Alors, il est mort, l'alexandrin ! » Hors de lui, le bonhomme, la canne menaçante. Kanters ne s'émeut pas, et répond avec son sourire en coin : « Eh oui ! » Fureur du géronte : « Si je ne me retenais pas, je vous tuerais, je vous tuerais !... Rostand lui-même avait eu la délicatesse de lire mes drames, et de m'encourager, lui ! » Puis il s'éloigne, tout tremblant, et nous laisse abasourdis. Explication : le poète s'appelle Guillot de Saix. Il adresse inlassablement ses pièces en vers à la Comédie-Française, dont Robert est l'un des lecteurs. Kanters prétend qu'il fabrique aussi de faux inédits d'Oscar Wilde, dont il vivote, le pauvre, en attendant la gloire par les rimes...

19 février

Eugène le mystérieux, lamentable opérette d'Achard, inspirée par la vie d'Eugène Sue. Conformisme et niaiserie. Avec Marie-Laure et Marcel Schneider, nous émigrons à la brasserie qui flanque le Châtelet. La salle du premier étage est d'un horrible bleu refroidi par des néons impitoyables. Nos tartares y virent au vert, mais au moins nous sommes seuls et Marie-Laure, très en forme, parle, parle... En particulier de Crevel. Elle affirme qu'il était amoureux d'Aragon et lui avait écrit une lettre délirante peu avant sa mort. A Boucicaut, où elle s'était rendue après le suicide de Crevel, elle avait eu la surprise d'y croiser Aragon, blême, hors de lui. Est-ce une preuve? Que faisait-il à l'hôpital, à ce point bouleversé?

Marie-Laure projette une fête pour la semaine prochaine : « Invitez qui vous voudrez; je fournis le local et la cuisine. » Et puis, de cette voix du nez, comme asthmatique, traînante : « Vulé-vu... heu... veunir dîner... heu... mardi brochain... heu... havec Joseph... euh et Vilippine, et Maaarcel j'néder, euh... »

20 février

Immense, longue, très belle, Nicole Védrès porte un manteau très large, entre la robe de moine et le manteau du soir. « Oui, dit-elle, c'est un peu indéfinissable : c'est un clézio. »

A la fête annuelle chez les Morand, toute la droite littéraire, bien

1964

sûr, mais aussi la gauche convenable, de Christiane Rochefort à Sagan, Bory, Bastide, Freustié, moi.
Un aparté touchant. Pendant cinq minutes, comme s'ils étaient sur une île déserte, Paul parle à Hélène, plus déférent qu'un fils, attentif, affectueux. Un bon siècle et demi à eux deux.

Au Lutétia, avec Camille et Jacques Brenner. De Jouhandeau Chardonne dit : « Peut-être est-ce le seul écrivain français qui restera en régime communiste; on leur montrera ses livres, et on leur dira : Vous voyez à quoi vous avez échappé... »
Fabre-Luce, paraît-il, voulait assister à l'un de nos déjeuners. Chardonne l'en a dissuadé, car, lui a-t-il écrit, « vous ne trouveriez que vous-même ». « En effet, nous explique-t-il, s'il venait je ne parlerais qu'à lui; il ne saurait rien de nos conversations, qui ne peuvent exister qu'entre nous. » Rien de plus clair, mais exprimée avec l'habituelle concision chardonnienne, la réponse a dû laisser le quémandeur perplexe, se voyant seul à table, et nous autres envolés...
Suzanne Bing, qui fut de la première équipe de Copeau – elle avait épousé par la suite Jacques Catelain, ex-idole du muet –, vient de mourir d'un cancer, après trois semaines de maladie. Charmante femme, modeste et généreuse. Elle a travaillé vingt ans à la radio, où je l'ai connue, mais elle n'a pas eu droit à la moindre fleur de la direction : les couronnes sont réservées aux chefs de service.

21 février

Épée de Paulhan. Mauriac fait un discours : « Je considère cette élection comme un miracle. L'Académie se renouvelle comme l'Église. Mais maintenant que nous élisons des gens bien, nous ne trouverons plus de candidats. »
Paulhan, redingote bleu nuit, très à l'aise. Mais l'ensemble ressemble davantage à une joyeuse réunion funéraire qu'à une réception académique. Arland, dans un coin, très modeste. Il a l'air de se demander si Paulhan votera pour lui le mois prochain.

9 mars

Donc, Marie-Laure reçoit. Deux douzaines de personnes, bizarrement choisies. A notre petite bande de copains (« Amenez qui vous voudrez ») s'agrègent (mal) des dames d'une autre génération, dont Mme Mante, Lucie Germain et même la duchesse, venue d'un palais à l'autre, en traversant la place des États-Unis.

JOURNAL

(Dîner très formel, par petites tables, devant un immense portrait en pied de Louis XV, par Van Loo. Mais loin d'être à la française, les jeunes extra ont les ongles noirs de cambouis; le majordome, paraît-il, les récolte dans un garage...

On passe ensuite au salon, le célèbre salon tapissé de parchemin. Des tableaux partout, de Rembrandt à Picasso. Meubles 1925; recouverts de housses blanches, et derrière le canapé, sur une table couverte de bibelots précieux, un dauphin de porcelaine blanche, très baroque; pure merveille.

Dans un coin, un piano à queue, devant lequel s'installe Raymond Alexandre. Il se met à jouer des airs de sous-préfecture, et la soirée tourne au folklorique. Bory danse la java avec Sandier. Marcel, toujours si digne, se mêle à la sarabande, et Marie-Laure elle-même, en robe longue, et malgré son fibrome, se joint un moment à la farandole.

De temps en temps, les uns ou les autres quittent la pièce pour se promener dans l'hôtel illuminé. L'immense salle de bal rococo, dont les boiseries viennent d'un palais sicilien, a l'air un peu désolée : devant quelques fauteuils disparates trône un poste de télévision. Le plus somptueux des cinémas de quartier. Mais l'escalier monumental, avec ses trois Goya, et toutes les pièces du rez-de-chaussée, où l'on ne compte plus, au touche-touche, les Géricault, un Watteau, un Chardin, et tous les modernes qui ont fait le siècle, cet amoncellement de merveilles paraît anachronique. Nous avons tous le sentiment de vivre par effraction un inexplicable sursis des luxes passés.

Du reste, très avant dans la nuit, quand Marie-Laure nous raccompagne au bas du royal escalier et qu'elle dit « On ferme! On ferme! » en tapant dans ses mains, comment ne pas avoir le sentiment qu'on quitte un musée, promis à une disparition prochaine.

16 mars

Chez Grasset, je recopie sur l'exemplaire des *Liens de ronces* qu'elle lui destine la dédicace d'Élise à Marcel :

> *Garde-toi mon époux de ceux*
> *qui voient bassement notre*
> *amour et qui s'acharnent à*
> *le déclasser!*
> *Que du ciel l'invisible jette*
> *un voile sur la haine*
> *de l'humain.*
> *Si notre lien de ronces a de*
> *solides racines lentement*
> *ses épines se fanent.*
> 8 mars 1888
> Anniversaire de nos 75 ans.

1964

A mon retour, téléphone d'Élise, justement. Je suis rentré en grâce. Elle me détaille les articles qu'on lui consacre. « Ah, Kléber Haedens, ça c'est un critique! Une page entière du journal! » Au poids, en somme. Kanters? « Il y a bien du fiel sur la fin, mais c'est un bel article aussi. Je me demande seulement pourquoi il m'appelle charbonnière, moi qui suis toujours impeccable. Hein, pourquoi charbonnière?
— Je crois qu'il a dit " charbonneuse ". Il n'aime pas le rimmel.
— Et alors? Dans le spectacle, ça se fait! Ah! là! là! ces bourgeois, j'vous jure! C'est comme la Piatier! Du moment qu'on est la femme de Jouhandeau, on n'a pas le droit d'écrire. Où alors il faudrait que je le singe. Ma grandeur, à moi, c'est d'être sincère. Humaine, quoi! Marcel a fait de moi un portrait à sa façon; moi, je remets les choses à leur place. Je suis sûre, en restant vraie, que je sers la connaissance de Marcel autant que la mienne. Mais ça, ils ne peuvent pas comprendre! Il leur faut toujours des *Chroniques maritales*. Moi, vous savez, je finirai par voter communiste, tant je les déteste, ces bourgeois tocards. Et retors, en plus! Les nièces de Marcel, qui me font des mamours parce que je suis la tante à héritage, elles ont été les premières à lui apporter *le Monde*, les garces! Je voulais leur laisser mes bijoux; elles n'auront que le toc, ça leur apprendra! »

Sur les Champs-Élysées : Christiane Rochefort, avec un petit foulard rose autour du cou. Un petit garçon mutin, joufflu, qui fait l'école buissonnière. Ces traits fatigués étonnent toujours sur ce corps de gosse, vêtu comme un enfant des écoles; il ne lui manque plus que le béret bleu. Conversation frivole de cinq minutes. Jamais pu pénétrer très avant chez Christiane Rochefort. Je sens une réticence, une hargne rentrée, peut-être un mépris. Pas d'abandon ni de confiance.

17 mars

J'aime assez cette remarque de Chardonne : « Sauf la souffrance physique, tout est imaginaire. »

Lettre de Jacques Chardonne de ce matin :

« Cher ami,

« André de Fels, chez qui dînait Morand, l'a chargé d'une commission pour moi, dans des termes touchants. Je vais écrire à Marthe de Fels; je lui dis que lorsque mon livre sur l'édition et la société littéraire sera terminé (dans deux ans je suppose), je le réserve à la *Revue de Paris*, qui choisira les pages qui lui conviennent. Occasion de préciser que ce n'est plus de la " littérature ", mais un genre tout familier et libre.

« Vous avez été à l'origine de tout cela. Voulez-vous dire à Mme de La Baume que j'écris à Mme de Fels dans un sens qui répond à sa lettre et à son aimable insistance, où elle invoquait, pour me convaincre, vous et Brenner.

« Grève mercredi. Cela est donc remis au mercredi suivant.

« Dimanche sont venus à La Frette les Freustié et Jacques Brenner. On sent la menace de la mort sur le couple Freustié.

« Ne vous mariez pas avant trente ans au plus tôt. Vous êtes très heureux. Sachez-le.

« Votre J.C. »

18 mars

Lettre à Chardonne. – « La semaine dernière, vous accusiez " le cosmos " d'avoir caché vos pantoufles, et maintenant c'est la grève qui nous prive de vous. Mais vous ne perdez guère. On ne voit à Paris que des " bergères " soufflées par l'alcool, des comtesses couperosées, et des critiques à qui le champagne ne vaut rien.

« Des critiques, on n'en trouve plus qu'en Angleterre, nation conservatrice. Déjeuné avec Raymond Mortimer, du *Sunday Times*. Voici un homme d'une soixantaine d'années qui n'écrit qu'une fois par semaine, sur des essais ou des livres d'histoire. " Car, dit-il, on ne peut plus juger sainement les ouvrages de fiction produits par des gens qui ont trente ans de moins que soi ; la sensibilité change. A mon âge, il ne me reste plus que l'érudition ; ce sont mes dernières cartouches. " Il ajoute : " L'intelligence vieillit à partir de vingt-cinq ans. L'expérience croît. Le point de rencontre heureux se situe vers quarante ans. Après... "

« Très considéré en Angleterre, Mortimer n'a jamais rien publié, à part un roman parodique en collaboration, et un vague recueil d'articles. Sa culture, il la disperse en viager, sans remords. Cheveux blancs, costume à petits carreaux élégamment avachi, pochette, lunettes sur le bout du nez : l'air d'un vieil étudiant de bonne famille. A Londres, il habite une petite maison avec un jardin. Souvent il part pour la campagne. Chacun de ses articles lui prend quatre jours, comme Sainte-Beuve. Le reste du temps, cet ami de Matisse et de Cocteau fréquente les galeries de tableaux. Tous les deux ou trois ans, le gentleman embarque pour le bout du monde, Cambodge, Siam ou Japon ; il a du goût pour les Asiatiques. »

1964

19 mars

Rencontré cet après-midi Jouhandeau dans le hall de Gallimard, avec son feutre à la Louis XI. Il se plaint de Céline et surtout du mari. Ah quel malheur d'avoir un gendre! Avec l'argent du ménage, il a acheté un chien qui tient à peine dans leur minuscule appartement! Ils en sont aux menaces et aux paroles définitives (genre Plutarque, naturellement, puisqu'elles sont traduites par le maître).

Il me parle de sa femme : « Mme de la Seiglière... »

En sortant de chez Gallimard, une personne que j'avais vue dans le hall semble m'attendre. Je monte dans ma voiture. La personne monte dans la sienne et me suit. Après des tours et détours, cette poursuite nous mène jusqu'à la Concorde. Soudain, je ne sais pourquoi, je me lasse, et tourne brusquement dans une autre direction. Ensuite, je me suis bêtement senti atrocement frustré pendant tout l'après-midi.

22 mars. Auvers

Hier, avec T., visite aux Jouhandeau. Marcel, qui doit dîner en ville avec des gens qui le traitent souvent le samedi (un ancien élève genre bourgeois que sa femme pousse à ces séances pour avoir quelque chose à raconter à ses amies. Je l'ai vue ce soir-là : elle avait vraiment l'air d'assister à une séance de guignol et couvait *son* Marcel comme une vraie Mme Verdurin au petit pied), Marcel, donc, s'était composé une tenue hybride. De bas en haut : escarpins vernis, costume de velours noir, et col roulé gris anthracite. Aussitôt, dans son bureau perché, il raconte ses dernières amours (avec un Martiniquais sculptural dont il nous montre la photo), et sans aucune gêne devant T., qu'il n'a jamais vu. Il parle également d'un admirateur allemand, Kastor, de Bonn, qui lui envoie « des jardins » et des lettres quotidiennes. Mais il refuse de nous montrer sa photo (sans doute le garçon n'est-il pas très beau!). Il ajoute : « Mais il me plaît. Vous savez, comme je suis maigre, je les aime opulents... »

Après cela, je descends faire ma cour à Madame. Elle sort de son bain, toute pommadée, luisante, vêtue d'un déshabillé à fanfreluches et le chef dans une sorte de bonnet de laine vert amande. Elle s'allonge, en se casant avec peine sur son lit, et nous parlons... de son livre, naturellement. Elle me fait lire des lettres qu'elle a reçues, puis elle propose de lire elle-même deux pages de son prochain ouvrage, écrit sur un cahier d'écolier. Elle chausse ses lunettes et déclare, avec une majestueuse lenteur, comme si elle récitait un sermon de Bossuet. « Hein! dit-elle, en refermant le cahier, ça a de la tenue! »

Puis, elle bave sur le « bonhomme du dessus » et ses amours, qu'elle a successivement baptisés « la Carotte » et « la Clarinette ». La Clarinette, je la connais, c'est le P. du Pur Amour. Elle prétend que c'est à elle, d'abord, qu'il faisait de l'œil...

De nouveau, Vénus me joue des tours. Et j'y vois le signe du destin, car je n'ai « péché » qu'une fois en cinq ou six mois. Déveine, mais peut-être salutaire. La seule chose qui m'ennuie, c'est d'être obligé de l'avouer à T., à qui cela fera de la peine. Mais je tâcherai de lui faire comprendre que cela m'attache davantage, ce qui est vrai. Jamais été si paisiblement heureux – à part ça... Attendrai encore deux jours pour savoir à quoi m'en tenir. Ce me sera l'occasion de revoir (le médecin), un garçon charmant que je n'ai pas rencontré depuis un certain soir, il y a douze ans. Drôle !
Dans le métro, tout à l'heure, un petit garçon, de vingt ans peut-être. Pas très joli, mais solitaire, et gentil. Rien, entre nous, rien que ce dernier petit coup d'œil quand je descends du wagon, alors qu'il poursuit son voyage. Ce regard, tragique, comme un appel au secours. Mais la rame l'emporte, la vie, la mort au bout du compte.

Bière avec Jacques Brosse et le ravissant petit Pascal Pontremoli. Des yeux de renard, vifs, charmants.
Curieusement, rien à leur dire. J'aime beaucoup Brosse, mais il me rend frivole, comme malgré moi. Sans doute parce qu'il m'intimide un peu.

1ᵉʳ avril

Dîner chez Jacques Brenner, avec Marcel Schneider, Curtis, le petit Serge Chauvel et T. Jacques, plein d'attention et de gentillesse, m'avait même acheté spécialement des truites fumées. Conversation à bâtons rompus, menée par Marcel qui joue toujours un peu la comédie. Curtis, pous faire rebondir la conversation, ou pour manifester son intérêt, s'écrie régulièrement, après un bon mot, une anecdote rapportés, d'un ton à la fois ironique et stupéfait : « Il a dit ça ! » Tout le monde s'extasie sur les photos de Picasso jeune, le magnétisme de son regard.
Sur le coup de minuit et demi, comme nous partons, arrive un petit jeune homme genre prolo, blondinet, avec un rien de méchant. Jacques, bizarrement, ne nous le présente pas, et tout le monde s'en va, gêné.
Déjeuner Chardonne, avec le même Brenner.
Le maître en a contre Simon qui est coupable de ne l'avoir pas compris : il lui a écrit une lettre sans doute insultante où il dit

1964

notamment : « A mon âge, je ne supporte plus d'être jugé. » Plus tard, il y revient : être « tripoté » par ce type !

Comme je lui reproche, amicalement, de se refuser à toute publicité, je lui demande pourquoi, autrefois, il a consenti à paraître à la TV et pourquoi, à présent, il ne veut plus en entendre parler : « Ah oui, dit-il, j'y suis allé, il y a cinq ou six ans. C'est qu'à ce moment-là, j'étais jeune et impudent. Maintenant, j'ai de l'orgueil. »

16 avril

Dans *le Figaro littéraire*, ce matin, une longue tartine de Mauriac consacrée à Jean-René Huguenin. Toujours curieux de voir des gens que l'on a bien connus passer à la légende. Pour soi, ils n'ont pas changé, pas grandi, et cette brutale élévation se ressent comme une injustice. Oui, une injustice (et le mot n'est pas flatteur pour celui qui l'écrit : il suppose une sorte d'horrible jalousie, en tout cas un certain agacement qui veut dire : « Et moi, alors ? »).

J'aimais bien Huguenin, je lui supposais une brillante carrière – mais à venir – et cette réussite posthume basée sur une simple mort tragique me paraît un abus de confiance. On serait presque tenté – à le voir ainsi soutenu, porté par Mauriac – de dire qu'il a toutes les chances... Pauvre garçon, mort dans une superbe voiture, vivant sans difficultés financières apparentes, s'offrant le luxe d'être « écrivain », tenant un journal régulièrement, sortant, se montrant, vivant... alors que d'autres triment, rongent leur temps à faire le pitre au bureau, à lire des romans idiots, et à qui le moindre travail « pour soi » demande un véritable héroïsme... C'est très vilain, la jalousie, mais il y a des jours où l'on a des excuses. Ai-je le temps, moi, de réfléchir à l'amour, au désir, à la mort, plume en main, dans la douce quiétude de ma chambre? Est-ce qu'il n'y a pas toujours un article à terminer, un livre abandonné en train, etc.? Ces lignes, je les écris à une heure et demie du matin, après avoir lu. Et encore, parce que ce soir, exceptionnellement, je ne suis pas sorti – professionnellement – histoire de gagner trois cents francs de plus par mois. Destin dérisoire et navrant que le mien, quand j'y réfléchis. Accumuler des connaissances, apprendre, apprendre... pour mourir, bientôt, sans avoir pu transmettre tout ce savoir vainement accumulé. Mes articles s'en iront au vent. Personne ne se souviendra même de mon nom, deux ou trois ans après ma disparition – ou même mon silence, tout simplement. Et je ne trouve pas le temps de sauver les heures nécessaires pour composer un ouvrage digne de me survivre. Tout cela pour gagner honnêtement une vie. Mais a-t-on jamais assez d'argent? Ne vaudrait-il pas mieux en gagner la moitié, et sauver deux fois plus de temps ? Il faut que j'y songe, car je ne pourrai pas mener longtemps ce train-là – si je veux tout de même créer, laisser une trace autre que ces bouts de papier qui ne servent plus, le lendemain de leur parution, qu'à envelopper les salades.

Commencé à lire Proust à haute voix, pour le révéler à T. Émerveillement partagé. Plus grand peut-être encore chez moi qui savoure ces retrouvailles. Très vite, on adopte *sa* logique. Dans la rue, je me surprends à vivre des réminiscences proustiennes. On y devient plus sensible en le lisant. Des petits faits qui m'auraient échappé « en temps normal » brusquement me frappent, m'éblouissent de leur évidence et de leur richesse. Contagion qui ressemble à un état de grâce. Ou plutôt le contraire. En tout cas, la « religion proustienne », ce n'est pas une blague. On pourrait s'y blottir au chaud, s'y endormir jusqu'à la fin de ses jours, comme dans la foi.

20 avril. Auvers

Chardonne est un peu fatigué, ces temps-ci. Ses quatre-vingts ans lui pèsent et il broie du noir. Pour le distraire, je l'invite à déjeuner, avec les Freustié. Avec des absences – et malgré une surdité pénible qui nous oblige tous à hurler – il demeure un convive très brillant, dès qu'on le met sur les rails droits. Ainsi, de Frank, il dit joliment : « Il est si méchant qu'il finit par se tromper dans ses jugements. » De Dieu : « Il a tout raté : il est vrai que moi, je n'ai pas à me plaindre, il m'a assez réussi. Mais il a tout à fait négligé Mauriac. » De Mauriac encore : « Je vais mourir bientôt, je suis fatigué. Avant Mauriac ? » Et aussitôt, avec l'accent d'une évidente sincérité : « Oh non, bien sûr ! » Comme si cela allait de soi. Combien d'écrivains (en tout cas Chardonne et Gaxotte et Jouhandeau) se soutiendront, se prolongeront ici-bas pour survivre à Mauriac et l'ensevelir sous des fleurs empoisonnées !

Continué la lecture de Proust. Les cent premières pages qui contiennent la madeleine, bien sûr, sont une galerie d'exposition. Tous les personnages y sont déjà : Swann, Bloch, Bergotte, Le Grandin, Gilberte, Odette, la grand-mère, Françoise. Tout cela, on le devine, incompréhensible pour ceux qui ne connaissaient pas l'existence de la suite. Impression de décousu, de désordre inexplicable, comme un détail de fresque grossi à la loupe et qui, encadré, serait un tableau abstrait, alors qu'il s'agit en réalité du fragment d'une tunique ou d'une section d'un mur de fond. Mais si on ignore le monumental et très classique chef-d'œuvre dont

1964

cette portion est extraite, comment juger sainement de ce petit bout? Il faudrait être paléontologue et visionnaire, ce que ne pouvaient être les critiques du temps, ni Gide refusant le livre à cause des vertèbres du front de la tante Léonie. Si Proust avait été plus pauvre, incapable de payer son compte d'auteur chez Grasset, peut-être n'aurait-il jamais poursuivi son œuvre, découragé. Et jamais personne n'aurait soupçonné l'extraordinaire grandeur de l'ensemble projeté.

Hier, promenade dans la boue et la pluie, avec la petite (grande) Lebert, Aziz et T. qui gambadait dans les flaques comme un jeune chien. Sentiment fugitif de bonheur, de santé que je note pour ne pas l'oublier. Tendance, chez moi (et chez d'autres), à ne me souvenir que des instants pénibles.

27 avril. Auvers

Idée d'écriture : par exemple : « Elle s'approche, le fixe du regard. *Pauvre idiot*! Se gratte, *je vous déteste*, lui tourne le dos *pour toujours* et s'en va. » Truc facile, évite tous les « dit-il », etc., aisément compréhensible au lecteur le plus borné.

Après un somme au soleil, j'ouvre les yeux sur un souvenir. Tout est pâle, fané, comme sur une vieille photographie. Impression de me trouver dans le passé, dans la mémoire, ma propre mémoire. Impression fugitive, bien sûr, quelques secondes, le temps que la vue s'accommode à l'éblouissante lumière de cet après-midi d'avril.

Hier soir, mélodrame. A la fin d'une soirée fortement arrosée, Aziz frappe Françoise. Elle se plaint de ne plus entendre d'une oreille, hurle, ameute toute la maison, menace de rentrer à Paris sur-le-champ. Freustié, ivre, essaie en vain de l'ausculter. Discussions, pleurs, grincements de dents, fuite dans la nuit. Tout le monde va se coucher, tandis qu'Aziz rattrape sa belle, la ramène de force et la viole au retour sur le canapé, histoire de se faire pardonner – sans dommages pour sa vanité de mâle. Ce matin elle boude un peu, tandis que Freustié raconte d'une voix pâteuse ce qu'il a entendu, car il était couché dans la pièce au-dessus. Aziz, toujours odieux, la traite encore plus mal que d'ordinaire. Elle supporte, le boit des yeux ; il est superbe et resplendissant, il faut le reconnaître, et elle l'a dans la peau. On finit par se demander si les femmes n'aiment pas être battues.

Curieuse atmosphère créée par ce petit incident, électrique. Malaise presque agréable. Je fais l'amour avec X., sans préméditation car il est tard et nous sommes vannés. Mais comme si ce climat de violence l'exigeait, dans la logique des événements. Influence du milieu, dirait Taine. Et quel milieu !...

15 mai

Déjeuner chez les Mohrt, rue du Cherche-Midi. Un professeur français (de Yale) et sa femme, et Dominique Aury, avec sa douceur terrible. Mohrt, né à Morlaix, études à Rennes (de droit), avocat à Morlaix, puis à Marseille, pendant l'Occupation, où il rencontre Laffont. Puis Gallimard. Entre-temps, après la Libération, séjours en Amérique, nombreux. Où a-t-il pêché cette allure britannique? Intérieur très bourgeois. Madame, ex-femme de mon professeur de géographie à Rome, charmante, avec un regard qui en dit long.

2 juin

Dîner des *Saisons*. Peu de monde, mais une vedette : Marie-Laure, dans une forme éblouissante. La présence d'Henriette Gröll excite sa verve. Elle a besoin d'une tête de Turc. Elle fait un véritable numéro sur un film idiot, *la Chute de l'Empire romain*, dont elle fait une invraisemblable épopée. Elle jongle avec les empereurs Marc Aurèle et Commode, raconte comment c'est l'apogée, puis, après l'entracte, la chute vertigineuse, et ne tarit pas d'éloges écrasants pour ce navet. Par exemple, parlant des Romains, elle dit : « Ce que j'admire chez ce peuple, c'est qu'après quinze heures de marche, ils s'arrêtent dans une forêt, et en quelques minutes, ils construisent un village suisse !... »
Tout à l'avenant, farfelu et surprenant, parfois même profond. Description également emphatique et folle de l'atmosphère de chez Alexandre, le coiffeur, où les dames viennent à l'heure du déjeuner pour aller « manger à la cantine, chez la duchesse de Windsor ». Toujours le même système : grossir n'importe quoi, de plus anodin, à l'état de montagne, puis crever la baudruche. Mais la technique est prodigieusement au point. Elle nous tient tous en haleine pendant deux heures, irrésistible de drôlerie... Elle prétend être une « autodidacte », mais elle a tout lu et sait tout. Impossible de faire comprendre cet étrange prestige de grande dame, sensible à tous, et jusqu'aux servantes qui restent bouche bée dans la pièce à écouter.
Déjeuner Saint-Jean. A propos de Mauriac, Schneider dit qu'il a failli mourir en lisant le pamphlet de Peyrefitte. Un peu d'exagération, là... Curtis : « Ce que je ne comprends pas, c'est que Claude ne soit pas allé tuer Peyrefitte. » Schneider : « Il y a pensé mais son avocat le lui a déconseillé... »

1964

Chardonne, plus sourd que jamais. Fatigué. Du rez-de-chaussée – il ne sait pas encore que je suis arrivé – je l'entends qui hurle : « Où sont mes bretelles ? » Dès que je le quitte, je me retourne : déjà, son visage s'est refermé, affaissé, avachi. Un idiot. Mais dès qu'il y a du monde, il revit.

Marie-Laure, visitant le palais du Luxembourg, exceptionnellement ouvert au public. Elle s'extasie sur tout, ouvre toutes les portes, s'émerveille. Enfin, elle débouche sur les toilettes, une grande pièce carrelée de faïence bleue. Alors, emportée par l'enthousiasme, elle s'écrie : « Oh ! un Vermeer ! »...

11 juin

Dîner chez Henriette Gröll. Le mari, Bernard George, Lili Leroux, Ghislaine Dhers, Lagrolet et Schneider.
Lagrolet, un homme qui s'achemine vers la mort avec une lenteur précise. Malade du cœur, il boit du café, de l'alcool, se couche tard, etc. Triste destin d'un homme doué, qui n'a pas eu le besoin de gagner sa vie. Autrement il aurait écrit, pour vivre, des livres excellents. La paresse puis la maladie l'ont gagné. Aujourd'hui, il s'amuse à prendre le contre-pied de tout, avec une fantaisie qui pèse et gêne. On y sent trop un profond refus de la vie, une volonté de choquer qui est du désenchantement. On dirait qu'ainsi, sans tapage, il boude l'existence et sourit, fait des clins d'yeux à la mort.
Dans un coin, j'entends plus que je n'écoute une conversation entre George et Schneider. Celui-ci lui peint en termes sinistres sa solitude : « Être mondain, sortir, dîner en ville ? Mais c'est ma seule récréation, le sourire indispensable de ma journée. »
Curieux comme Marcel prend tout cela à cœur, avec une passion que l'on prend pour une plaisante vivacité ; alors que rien n'est joué, ni ses indignations, ni ses enthousiasmes. Il ressent très fort. Il doit donc, plus qu'un autre, souffrir de sa solitude.

L'affaire Peyrefitte-Mauriac, qui occupe Paris depuis un mois, rebondit une fois de plus. C'est l'affaire Dreyfus en petit. La politique s'en mêle. La droite est pour Peyrefitte contre ce vilain Mauriac progressiste et gaulliste. Chez les bourgeois cultivés, que seul le point de vue moral touche, les partisans de Mauriac sont pour lui comme l'étaient ceux de l'armée au temps de Dreyfus : injustes par principe ; on *ne doit pas* attenter à l'honneur d'un grand écrivain français académicien, même si les faits reprochés sont vrais. Les autres, comme les dreyfusards, sont pour la vérité. Plus pour embêter Mauriac que pour l'amour de la justice. Et

d'autant plus que les arguments de Peyrefitte ne reflètent pas une belle âme.
Ce matin, téléphone avec ledit Peyrefitte. Il parle, lui aussi, de l'affaire et dit : « C'est pour moi la grande lessive de mes amis et de mes ennemis. Maintenant je fais le tri. » Mais tout le monde est si lâche et si double que Peyrefitte risque encore de se leurrer sur ses amis véritables...

12 juin

Aux Buttes-Chaumont. Décor pour Louis II de Bavière, revu et corrigé par le baron Haussmann. Tout est « en toc », volontairement. Et peut-être parce que le carton-pâte y est si évident – disons le béton-pâte –, on finit par s'y plaire. Surréalisme de ce lac, de cette montagne surmontée d'un temple, de ce parc construit sur un canal et un chemin de fer. Et puis, les arbres sont vrais et la douceur de cette soirée proche de l'été. Et mon bonheur avec T. n'est pas feint non plus. Harmonie parfaite et fugitive d'un moment de bonheur.

15 juin. Auvers

Ce soir, il y a un ciel d'opéra. Une sorte de vélum transparent, bleuâtre, lumineux, sur lequel s'avance un nuage compact, gris, léger qui ressemble aux fumées qu'on répand dans les salles, pour les grands spectacles. La lune elle-même, joli croissant, a l'air artificiel. On s'attend à ce que tout cela s'éteigne subitement, sous les bravos.
Hier, première scène, heureusement sans lendemain, avec T. A propos d'une personne inconnue dont les yeux verts m'ont fait un instant rêver. Est-ce l'âge? Renoncer ne me coûte pas tant. L'idée que les choses auraient pu se faire – c'est-à-dire le petit succès de vanité –, l'échange de regards complices me suffisent. Tout le reste, je l'imagine. Mieux : je n'en aurai pas la déception. Ah! petit T., peut-être fais-tu un mauvais calcul, car ainsi, je ne peux avoir, avec ces « passagers » idéals, que de bons souvenirs...
Aurais dû noter, depuis plus d'une semaine, le récit de mon dîner au restaurant l'Œnothèque, rue de Lille, avec les Aragon et les Nourissier, aux frais d'Edmonde Charles-Roux, miracle d'éducation mais mécanique si parfaite qu'on ne songerait point à lui chercher une âme.
Aragon, grand bourgeois, correct dans son costume bleu sombre, un superbe vieillard avec des cheveux de neige, un visage régulier à peine abîmé, et une bouche belle, mais un peu veule, et

1964

un regard malicieux qui pourrait être traître. Elsa, tassée, rhumatisante. Ce ne sont plus, en elle, les yeux qui frappent mais les dents, la mâchoire supérieure pointue qui découvre un sourire en étrave, un peu carnassier, et qui garde quelque chose de juvénile dans son imperfection.

Dès l'arrivée de Totote (Aragon, chaque fois qu'Edmonde se lève, bondit en petit garçon bien élevé), Aragon se précipite sur la main de l'arrivante et la baise. Ma surprise de bourgeois à préjugés qui croit encore aux révolutionnaires, le couteau entre les dents... Dès que François Nourissier arrive, il se plaint d'une dent malade, d'une insomnie, que sais-je? Et Aragon, gouailleur mais sec: « Écoute, François (car ils se tutoient, malgré la différence d'âge, et François se délecte et se gargarise, en répétant, à tout bout de champ et hors de propos : " Louis, Louis "...), écoute François, dit Aragon, *le Petit Bourgeois,* c'est écrit, c'est publié : maintenant, c'est fini. »

Mais, à ma grande surprise – non feinte (et j'en avais eu une autre en recevant le matin – A. ne pouvait pas savoir qu'il dînerait avec moi – une dédicace ainsi conçue : « A. M.G. dont l'avis ne m'est pas indifférent » –, sublime à la fois de coquetterie, de condescendance et d'adresse), à ma grande surprise, Aragon, pendant tout le dîner, néglige complètement Nourissier, lui tourne le dos pour me faire exclusivement un grand numéro de charme.

Comme on a dû lui dire ou comme il pense – l'un et l'autre étant faux du reste – que je suis un homme de droite, le thème est : oui, je suis un communiste, mais un communiste intelligent qui a toujours combattu pour la liberté de l'intelligence, qui a défendu Picasso contre Fougeron, qui maintiendrait les métiers de luxe (la couture, l'artisanat, les antiquaires) dans un régime socialiste, et qui publie des textes d'auteurs soviétiques mal vus par le régime, même et surtout si le gouvernement soviétique ne souhaite pas leur traduction en français. En somme, une manière de résistant de l'intérieur, comme on devait pouvoir en rencontrer au gouvernement, sous Vichy, et qui vous susurraient qu'ils faisaient du sabotage à la barbe des Allemands, tout en restant dans l'entourage du Maréchal...

Tout cela si bien fait que je reste ébaubi, enchanté, enfin, sous le charme.

Il raconte de nombreuses histoires, sur ses fameux duels avec M. Lévy, des *Écoutes,* avec Lévinson, dont il jetait les meubles par la fenêtre, avec Maurice Martin du Gard. Il raconte aussi le scandale de la Closerie des Lilas qui fut, trois ans avant de le connaître, l'occasion pour Elsa de le voir, à la fenêtre, criant : « Vive Abd el-Krim! » Après quoi, prétend-il, cinq mille policiers vinrent troubler la manifestation. Cinq mille, c'est peut-être un peu beaucoup... Comme je proteste : « Mais ils croyaient tous que le grand soir était venu ! Et moi, gandin comme toujours, je portais un superbe smoking... merveilleuse tenue pour accueillir la révolution. »

Tout cela est venu de l'affaire Mauriac-Peyrefitte. Aragon, qui a peut-être des faiblesses à se reprocher (Crevel), est violemment opposé à Peyrefitte. « Autrefois, dit-il, Mme Mauriac serait allée tuer Parinaud, comme Mme Caillaux a tué Calmette. »

Pendant le dîner, il exige, comme Balzac, des vins doux avec la viande rouge, en disant que c'est là la bonne tradition. « De plus, ajoute-t-il, pour me rassurer, sans doute, je suis snob. Tout le monde sait cela. » (Et Marie-Laure prétend que c'est l'homme de France qui connaît le mieux l'histoire de la famille de Noailles).

On a aussi beaucoup parlé (Elsa) de Chlovski (sans enthousiasme de sa part, bien qu'elle soit l'héroïne de *Zoo*), de la pointure de Maïakovski (46) et du général Pechkoff, extraordinaire aventurier qui fut vers 1905 le fils adoptif et spirituel de Gorki, avant de devenir un général français baroudeur, ambassadeur pendant la guerre auprès de Tchang Kaï-chek.

Retour à pied, rue de Lille, en léchant les vitrines des antiquaires. Remarquable érudition d'Aragon, imbattable sur les styles, etc. Puis, je les regarde partir, couple illustre, très seigneurial, dans le somptueux coupé grand sport de Nourissier.

Déjeuner seul avec Bastide, partagé entre ses femmes diverses, ses maisons de campagne successives, sa paresse et son intense activité, ses dons, ses inquiétudes, ses roueries, ses charges... Au fond, assez faux jeton mais sympathique, sans méchanceté, avec quelque chose d'adolescent qui rajeunit même son interlocuteur...

Le 23 juin

Une semaine de critique « mondain ».

Le 16, mardi : déjeuner à l'hôtel Meurice, chez Mme Gould. Trente personnes.

Le soir, dîner aux chandelles chez Philippe Jullian, à Senlis, dans sa grange transformée en salon d'apparat. Une trentaine de personnes, surtout des altesses et des petits jeunes gens titrés.

Le 18 : dîner chez Gaxotte, avec Bory et Marcel Schneider. Le soir, après le dîner, souper avec Philippe Tesson, rédacteur en chef de *Combat*.

Le 19 : déjeuner avec Jouhandeau chez Lipp.

1964

Le soir, dîner chez Bernard Privat, avec les Nourissier, Emmanuel Berl, Mme René Mayer, les Guéhenno, la princesse Bibesco, Piatier.

Le 20 : déjeuner chez moi, à Auvers, avec Marion Delbo, Kanters, Schneider et Curtis. Visite à Chardonne à La Frette, pour l'apéritif...

Ce matin, 23 : déjeuner avec Dominique de Roux.

Fabuleux! Et ça m'amuse...
Chez la Gould, toujours entre trente-six vins, n'ai parlé vraiment qu'avec Morand un moment – sur Retz, chef de gang, et avec Huisman, qui me raconte l'histoire de l'hebdomadaire *Arts* depuis l'origine.
Chez Philippe Jullian, simples papotages avec des jeunes personnes du monde. Un peu perdu. Curieuse sensation de me trouver à Coblence, dans une ferme habitée par des émigrés joyeux.
Chez Gaxotte, comme toujours, d'extravagantes histoires de tantes. (Gaxotte a ce mot, à ce propos : « Moi, dit-il, je suis patriote », ce qui dans son esprit signifie : Je favorise par principe mes congénères.) Touchant spectacle de l'amour de ces deux vieillards. Stupeur d'entendre parler de Sauguet, de Dior, etc., comme de petits gigolos avec lesquels, autrefois, on a couché...
Tesson, fiévreux, mine grise, œil brillant, plein de charme, un charme de petit crevé énergique. Parlé longuement de l'étrange bonhomme qu'est Smadja, le propriétaire du journal.
Le déjeuner Jouhandeau : un vieillard libidineux qui prétend – à soixante-dix-sept ans! – avoir été violé dans son cabinet de travail, il y a quinze jours, sur la tête de sa femme qui couche à l'étage en dessous. Est-ce croyable? « Et, ajoute-t-il, mon sperme a jailli si fort que j'ai taché le tapis. » En tout cas, il me montre une lettre d'amour – oui, d'amour – reçue le matin même d'un Allemand appelé Kastor qui lui écrit tous les jours depuis le mois de janvier...
Après le déjeuner, chez Gallimard où je le reconduis, il tente de m'embrasser sur la bouche! Et puis, comme un enfant, il se plaint : « J'ai envie de pleurer. » Tout cela pour qu'on le cajole et qu'il ait l'occasion de vous peloter. Navrant spectacle. Mais comment lui en vouloir? Sinon parce que je persiste à me faire une haute idée du grand écrivain qu'il est.

Des Guéhenno, que je ne connaissais pas, rien à dire.
Du déjeuner chez moi, souvenir d'un moment de folle gaieté, sans problème ni intérêt particulier. Le bonheur entre amis.
Quant à Dominique de Roux, brave mais naïf, quelques

anecdotes surprenantes sur les méthodes de terreur qui règnent dans le groupe de Sollers. Cassage de gueule, menaces téléphoniques, etc. Risible.

Il me raconte aussi, l'ayant su tout de suite, que le jour même de la mort de Céline, toute la maison a été cambriolée par des inconnus, qui s'étaient présentés sous prétexte de désinfecter. Ils ont tout emporté – manuscrits, éditions rares, lettres de Sartre, etc. On en retrouve peu à peu quelques-unes chez les libraires marchands d'originales. Affreuse scène que ce fric-frac près d'un cadavre encore tiède, tandis que la veuve, pleurant dans sa chambre, ne s'aperçoit de rien.

24 juin

Dîner chez Nourissier, place François-Ier, avec Edmonde, Alba de Cespedes, les Morand, André Beaurepaire, puis, plus tard, Abirached, Borgeaud et Jullian. Mme Morand raconte des histoires sur Montesquiou, qui se promenait habillé en bonne sœur dans le Champs-de-Mars, entre chien et loup. On en aurait eu la preuve, ayant trouvé deux habits de religieuse complets dans sa garde-robe, après sa mort. Elle évoque ensuite le duel avec Henri de Régnier, à propos de la célèbre canne qui lui aurait servi à assommer des femmes pour échapper aux flammes, pendant l'incendie du Bazar de la Charité. Et elle ajoute, avec cette innocence admirable de dame du monde d'un autre temps : « Tout de même, si c'est vrai, ce n'est guère glorieux. Assommer des femmes à coups de canne !... » Un temps, puis : « ... Surtout des dames qu'on connaît !... »

Morand, très reposé, extraordinairement jeune, pour ses soixante-seize ans, s'intéressant à tout, curieux des écrivains qu'il ne connaît pas – ou plutôt que sa femme, encore plus extraordinaire que lui, a envie de connaître. Pendant le dîner, elle me raconte *sa* guerre de 14. Accompagnée de la duchesse de X., de Mme d'Humières, de Mme de Noailles, etc., elle visitait les hôpitaux et pourvoyait en membres artificiels les amputés. Peine perdue du reste, car les bras et les jambes étant trop lourds – en chêne massif –, les malades sont vite revenus à leurs pilons et à leurs crochets. Mme la princesse Souzo dans les hôpitaux ! Tutoyant les blessés...

Autre histoire de Montesquiou, celle du faux petit Musset déposé au Père-Lachaise, qui s'est vengé en faisant paraître dans le journal que la soirée de M. de Montesquiou était remise pour deuil...

Tous ceux qui fument : Denise Bourdet, Pierre de Lacretelle, etc. Une liaison inattendue dont parle Jullian : Fromentin et Gustave Moreau !

1964

31 août. Roscoff

Littérairement, je vis au XIXᵉ siècle. Cela commence avec la comtesse de Ségur, se poursuit par Flaubert, Stendhal, Balzac, etc. Même Proust décrit un monde du XIXᵉ siècle. Ces lectures qui ont impressionné mon adolescence se sont transformées en souvenirs propres. Et *je me souviens* de Waterloo, du Paris de Balzac, de la Normandie de Mme Bovary, du monde des Guermantes au moment de l'Affaire... Du XXᵉ siècle que sais-je ? Il ne fait pas partie de ma culture.

Pour Barbey d'Aurevilly, c'est la même chose. C'est, par sa grand-mère, un homme du XVIIIᵉ siècle finissant. Il l'a bien montré ensuite en situant ses romans les meilleurs à cette époque-là, qui était, malgré l'état civil, la sienne.

Chardonne, triste spectacle, et d'autant plus pénible que je l'admire et l'aime. On ne correspond plus avec lui que par petits papiers. Mais même ainsi, on ne parvient plus à le « relancer ». Poussivement, il repart deux minutes, puis se tait ou revient à ses sujets favoris, maintes fois ressassés. Incapable d'assimiler des idées nouvelles, de s'adapter à des situations non prévues. C'est la sclérose totale. En vieillissant, il devient complètement indifférent à l'expérience, à l'évidence, quand elles infirment ses préjugés. Ainsi, aujourd'hui, il a nié complètement l'origine sexuelle des complexes. « Freud, dit-il, c'est une mode, comme les universaux. Cela passera. » Il a peut-être raison, du reste, mais refuse d'admettre que cela ait pu apporter des lumières à la psychologie. Comment discuter ?

Autre forme de sa fatigue : des moindres indices, imparfaitement connus, il tire des lois générales caricaturalement farfelues. On ne peut qu'opiner en souriant, car il ne supporte pas non plus la contradiction. Ainsi, en ce moment, son dada, c'est la Chine. Il a décidé que cette civilisation « admiraaaable » était la seule bonne, et que les Chinois *avaient toujours été des pacifiques*. Un coup d'œil sur le *Petit Larousse* suffirait pour se convaincre du contraire, mais il n'en veut pas démordre. Il fonde sa certitude sur le livre d'un ex-consul, paru il y a cinquante ans, et qui professait pour la société chinoise une admiration aveugle et inconditionnelle. Il ne veut pas entendre parler d'autres ouvrages et n'en démordra pas.

Gérald Messadié ayant essayé de lui faire comprendre que les Chinois, ce que nul n'ignore, ont été de tout temps des guerriers, le voici rayé du nombre de ses relations, considéré comme un farceur et un esprit léger qui parle de ce qu'il ne connaît pas (ce qui est le comble !), et même aimablement traité de « métèque » par-dessus le marché.

JOURNAL

Des éclairs encore, pourtant, mais rares. De Mauriac : « S'il ne voulait pas paraître si bon dans ses écrits, il ne serait pas si méchant quand il parle. »

Il me dit : « Vous êtes entré dans la littérature par une porte de service, la critique. Aussitôt, comme par effraction, vous avez été chargé de lourdes responsabilités. Vous avez joué votre tête chaque semaine. Vous n'avez pas eu le temps d'être jeune. Je ne vous ai connu frais que six mois, avant que vous rentriez à *Arts*. Depuis, vous êtes un vieillard. Jacques, lui, est entré tranquillement. Pas par la porte d'honneur, mais par le jardin, en musardant. »

23 septembre

Passé aux *Nouvelles littéraires*. Mme Arnoux, qui est dans la maison depuis vingt-cinq ou trente ans, me raconte que Maurice Martin du Gard prenait des notes aussitôt après la sortie de ses visiteurs. Le ou les suivants attendaient parfois une heure qu'il ait fini de transcrire la conversation précédente. Un magnétophone bien installé lui aurait épargné cette peine et ces attentes. Et sur la « matière première », il aurait pu tout aussi bien choisir le meilleur et ajouter ses descriptions et remarques.

Déjeuner Mille, Saint-Jean et Bonheur chez Joseph. Toujours étonné du peu de chose que savent ces grands manitous. Sur Pompidou, sur de Gaulle, ils ont l'opinion de M. Tout-le-Monde. C'est peut-être pour cela qu'ils mènent bien des journaux destinés aux masses. La bonhomie et l'accent aimablement méridional de Bonheur, une jovialité qui fait froid dans le dos. Je crois que je préfère encore le vrai faux jeton, bien franc, à cette sorte de braves gens qui jouent avec un cynisme voyant la candeur et la sympathie. Cette politesse est exagérée et cette servilité vis-à-vis du patron Mille fait songer au chien de la fable, « gros et gras ». Mielleux avec le maître, et capable de mordre sans pitié tout autre, et le maître lui-même si quelqu'un de plus fort le remplace. Il ne paraît sincère que s'il parle de ses vignes, de la date de ses vendanges, etc. Et encore, là, il ne peut se défendre d'un rien de snobisme ! Bien qu'il récolte du vin des Corbières, il se règle sur Philippe de Rothschild, celui de Mouton, pour fixer le moment de vendanger.

15 octobre. Saint-Brice

Pièces de Obaldia : *l'Azote* et *le Général inconnu*. Il est manifeste que ce petit homme brun est le seul que l'on puisse comparer à Audiberti : jongleries de mots, inventions, « coquecigrues »,

1964

délire verbal, et malheureusement même décousu dans la construction. Ce génie des mots – c'en est un – nécessite peut-être cette maladresse, ou plutôt cet excès de richesse. Quand on a tant de talent, de trouvailles, terrible et troublant travail de tailler dans ce tout scintillant.

Ma mère ayant une passion pour Obaldia, je lui demande de m'accompagner. Jolie, ce soir, faisant des efforts pour m'être agréable. Mais avec moi, elle a toujours l'air « en visite » dès qu'elle est à l'extérieur. Elle refuse de quitter son siège à l'entracte, comme l'aurait fait Mamé, intimidée à l'idée de rencontrer des gens célèbres. Ou peut-être est-elle ulcérée d'être ma mère, c'est-à-dire, croit-elle, une vieille dame. Et moi, de mon côté, me voici gagné par cette gêne, furieux de rencontrer tant de gens qui me font des signes, comme si j'avais honte d'avoir tant d'amis (Dieu sait pourquoi?) et comme si ma mère était une personne pas présentable, alors que je serais ravi de la montrer et de la mettre en valeur. Bizarre pudeur réciproque, doublée chez elle d'une vieille timidité. Et en me remerciant de cette soirée « très agréable », elle prend le ton – malgré elle – d'une étrangère un peu froide, très polie, et que l'on ne reprendra plus à se laisser entraîner dans un pareil guêpier... Barrières que je n'ai jamais réussi à écarter tout à fait entre elle et moi : éducation, respect de ma liberté, ou bien obscure réprobation, inconscient recul? Elle ne saura jamais combien j'en aurai souffert. Ce doute, toujours, me poursuit d'un reproche inavoué, d'une espèce de répulsion surmontée, alors, peut-être, qu'il ne s'agit que d'une discrétion. L'amour va sans ces délicatesses, doit aller sans elles.

16 octobre

Déjeuner Gould, coincé entre le colonel muet, ami de Florence, et Mme Ève Delacroix, une belle plante brune sur le retour qui patronne un prix littéraire portant son nom. L'œil noir, les traits réguliers, une sorte de bonnet phrygien sur la tête et qui la coiffe jusqu'aux sourcils. Pour essayer de ne pas trop m'ennuyer, je la fais parler, sans trop de délicatesse. Elle ne se fait pas prier, se laissant bousculer avec un certain plaisir, car elle a vanité à étaler son bonheur. Elle m'apprend qu'elle est la femme d'un riche colon.

« ... Enfin, riche !... *(Soupir.)*... Les Algériens viennent de nous réquisitionner ce qui nous restait ! Mais mon mari possède encore des affaires au Maroc – une compagnie de transports maritimes, puisque vous voulez tout savoir – et nous avons également, à Cavaillon, quarante hectares de pêches et de pommes. Ah ! la campagne ! Je suis campagnarde dans l'âme. Je n'aime que la solitude, la nature. Du reste, en bordure de la Durance, je me suis réservé cent mètres de forêt vierge, bien à moi. Je ne me plais nulle part ailleurs. J'aime le soleil, d'abord. Je suis une fleur de la Méditerranée.

« Mon mari et moi, nous ne nous quittons jamais, je l'aime et il m'aime, au-delà de la passion. Il n'y a pas de mot pour dire ce sentiment ineffable (*sic*). Notre seule différence : je suis une fervente de la littérature. Lui n'aime pas lire, enfin si, mais ses affaires ne lui en laissent pas le temps. Moi je lis tout le temps, pendant les huit mois par an que nous passons à voyager. Nous voyageons beaucoup, pour ses affaires... (*Sourire entendu, lourd de milliards remués, puis yeux modestement baissés, avec un voile de tristesse.*) J'aime la littérature. C'est pourquoi j'ai fondé ce prix en souvenir de mon frère, un être exquis, mort en pleine jeunesse, presque un fils pour moi, puisque je n'ai pas eu le bonheur d'en avoir. C'était la joie de vivre et la droiture mêmes. C'est pourquoi nous couronnons des œuvres qui respirent l'enthousiasme et la foi en la vie : Lartéguy, Leprince-Ringuet, Guéhenno...

– Mais pourquoi ce prix en mémoire de votre frère porte-t-il votre nom ?

– Parce que mon nom de jeune fille est trop connu dans le monde de l'industrie. Mon mari a préféré cette solution. Oui, monsieur, je défends les valeurs humaines, l'idéal de noblesse et de grandeur. Il faut s'entraider, sur terre. (*Regard lointain qui passe entre l'épaule de Denise Bourdet et celle de son voisin et s'enfuit dans les couloirs du Meurice.*) Il faut être sain, sinon saint. (*Sourire.*) Tenez, je mène, moi, une vie très réglée. Le matin, du thé, le soir, du champagne, mais Heidsieck, millésimé, uniquement. Tous les jours, vingt minutes de gymnastique suédoise, depuis l'âge de trois ans, et huit kilomètres par jour à pied : je fais du cinq à l'heure. Je donne rendez-vous au chauffeur à un endroit fixe, afin d'être sûre de faire mon parcours. Et à Paris, il m'arrive d'aller de l'avenue Foch – nous habitons l'avenue Foch depuis sept ans ; autrefois, nous étions au Plaza quand nous venions à Paris –, eh bien, je vais de l'avenue Foch à la rue de Seine à pied, et retour.

– Rue de Seine ?

– Oui, j'aime la peinture. Nous avons une collection importante d'impressionnistes. Et même des modernes, des Braque. Mais, moi, je l'avoue franchement, l'abstrait ne m'émeut pas. Et je ne peux pas acheter des tableaux qui ne me vont pas droit au cœur. Je suis comme ça : franche, impulsive, entière. J'aime ou je n'aime pas.

« Tenez, en ce moment, je suis en train de lire Simone de Beauvoir. Eh bien, je ne l'aime pas. Mais je sais admirer le grand écrivain qu'elle est. Mais je ne l'aime pas. Songez que lorsqu'elle a reçu le prix Goncourt, elle s'est aussitôt acheté un appartement ! Est-ce une chose à faire quand on a ses idées ? Pas un don, pas une

1964

charité, pas un cadeau. Rien. Camus, lui, quand il a eu le Nobel, il a offert des foulards à toutes les dames de chez Gallimard. Un petit geste, mais charmant. Elle, rien. Une bourgeoise! Ah! on n'oublie jamais qu'on s'appelle *de* Beauvoir. *(En voilà une que l'on ne doit pas appeler assez souvent Ève de Lavallière... on sent comme une envie.)* Elle ne sait pas ce qu'est l'amour. Elle sépare le physique du moral. Moi pas, cher monsieur. Le vrai amour est un. Oh! je me dis souvent, pendant mes insomnies – je dors deux ou trois heures par nuit –, que j'ai beaucoup de bonheur. Je ne broie pas des idées noires, je songe à ma vie, à mes histoires, et je fais de l'introspection. *(Minaudant:)* Comme tout le monde.

– Pourquoi ne pas prendre des somnifères?

– Jamais je n'ai pris un médicament de ma vie! Je crois que si j'avalais de la pénicilline, je mourrais. Et je ne prends jamais d'aspirine. Jamais. C'est une affaire d'éducation. Mes parents nous ont élevés comme cela, dans la haine des médicaments...

« Mais pour en revenir à cette Beauvoir, je suis étonnée de sa sécheresse de cœur. Moi je peux me vanter – la modestie, c'est la morgue des saints –, je suis donc fière de venir en aide aux malheureux. Vieille habitude (comme la gymnastique), acquise de famille. Il faut mériter son bonheur, et, tenez, quand je me passe une fantaisie, un petit achat, une petite robe, cent mille francs, quoi, rien, eh bien, je donne toujours un petit quelque chose à une œuvre, un ou deux mille francs. C'est un principe, c'est plus fort que moi. Et dans mon petit secteur – nous avons vingt-quatre employés dans notre exploitation de Cavaillon, et mon mari a deux cent cinquante personnes qui dépendent de lui, environ –, eh bien, je suis sûre qu'il n'y en a pas un de malheureux, j'y veille moi-même. Ah, monsieur, si tout le monde faisait comme moi, il n'y aurait pas de lutte de classes. Et nous aurions encore l'Algérie, monsieur, croyez-en une vieille Méditerranéenne... » Soupirs, yeux au ciel, sourire las. Elle ramasse le menu – pour se souvenir d'un moment heureux – et me tourne le dos, pour faire la cour à un académicien. Ce soir, elle ira entendre de la musique chez les Genevoix. Elle est aux anges, la misanthrope, aux anges. Demain matin, dans son demi-sommeil – qui se prolonge tout de même souvent jusqu'à dix heures, elle l'avoue –, elle rêvera en mesure à son bonheur tandis que les employés de son époux, debout depuis l'aube, travailleront en chantant, « puisqu'ils sont tous heureux », elle en est sûre...

17 octobre

Au Lapin Bleu, avec les Chardonne. Un Chardonne rose et détendu, et une Camille crispée, gémissante et échevelée, se plaignant d'être tuée à petit feu par ce tortionnaire. « Les crises de nerfs commencent dès sept heures quand je l'habille. C'est infernal. Il me fera mourir. Et quand je serai morte, ajoute-t-elle, avec un certain illogisme dans le pessimisme, qu'est-ce qu'il fera ? »

Pendant le déjeuner, il me parle de ma « carrière ». Il pense qu'à présent je piétine et que mon métier est nuisible pour mon avenir. Il imagine une position consolidée chez Grasset, deux ou trois livres, et ensuite, on verra. Mais lire toutes ces inepties chaque semaine, perte de temps et danger... Je ne suis pas loin de le rejoindre là. Mais ce n'est pas si simple. Et puis, le goût de se voir imprimé ressemble à l'intoxication des morphinomanes. Une semaine sans article, et me voilà frustré comme un drogué. Enfin, nous verrons.

Pour Brenner, qui doit hésiter et choisir entre son poste sûr aux *Écoutes* et celui que Perdriel, nouveau propriétaire, lui offre au *Nouvel Observateur*, inutile de préciser que Chardonne est pour le statu quo. Il ne tient guère en estime « la bande de Frank ». « Cette Sagan finira par chanter dans les cours, et Frank tiendra la sébile ! » Mais le divertissement de la journée est une nouvelle approche de l'histoire.

« Savez-vous la date de la bataille de Poitiers ?
– 732.
– Il le sait ! Quel savoir ! Eh bien, c'est encore un bluff à la française !... Comme la " victoire" de 1945... J'ai lu dans le dernier livre de Robichon une allusion à " l'immense armée des maquisards", alors que chacun sait qu'elle n'était qu'un amas de pauvres hères abandonnés, affamés, sans armes. Sur la bataille de Poitiers, j'ai mon idée. Je suis sûr que le sultan qui commandait les Maures a reçu de mauvaises nouvelles de sa famille, une fugue de sa fille, quelque chose comme ça, ou un complot. Et il a décidé de rentrer dare-dare. Immédiatement, les Francs (ou Français) en ont fait une victoire d'un dénommé Charles Martel. Charles, déjà. Ah ! la méthode gaulliste n'est pas neuve !... Et les champs Catalauniques, c'est la même chose... » Etc., etc.

18 octobre

Le côté guignol des conversations avec les Chardonne. Tandis que Chardonne expose une de ses théories farfelues, gravement, Camille (qui ne se gêne plus depuis que son illustre époux est devenu sourd) vitupère, fulmine ou gémit à haute voix. Cela donne par exemple :

CHARDONNE. – L'amour, c'est une longue habitude. Ainsi, voyez Camille, ma femme, qui m'aime, etc.

CAMILLE. – Comment ? Je ne peux plus le supporter. C'est un tortionnaire, un monstre. Je ne peux plus vivre avec lui...

1964

C'est une sorte de chant canon contradictoire, difficile à suivre car l'un et l'autre veulent capter l'attention de leur hôte.

Longue promenade sur les coteaux, parmi les vergers, du côté de Piscop. Au loin, quelques immeubles en sentinelle, pour vous rappeler que c'est un paysage, une douceur campagnarde condamnés. Mais rien n'a dû changer, par là, depuis Jean-Jacques Rousseau, précédent locataire de ma maison. Un soleil encore chaud fait resplendir les feuilles rouges et jaunes; les arbres sont alourdis de pommes, de poires énormes. L'impression, en marchant, de vivre deux siècles en arrière, de me promener sur la carte Michelin du XVIIIe siècle que Gaxotte m'a montrée l'autre soir. Au réveil, ces vergers vont sûrement disparaître et se couvrir de pavillons hideux. A seize kilomètres de Notre-Dame! Certains miracles existent. Il suffit de savoir les surprendre. Parfait bonheur d'un instant, tandis que Khrouchtchev disparaît, que les Chinois font exploser leur première bombe atomique.. Aux yeux de Dieu, de l'absolu, je suis sûr que c'est cette joie passagère qui compte. Tout le reste est une pantalonnade. On ne m'enlèvera jamais cela, ce rien, qui est essentiel. De Gaulle, Kossyguine, etc., ils passeront tous; on ne comprendra plus rien à leurs mobiles absurdes. Mais un instant de bonheur, on saura toujours ce que c'est. Même après le grand coup de torchon inévitable. Cette vanité de croire que l'on vit un présent exceptionnel. Je ne sais plus qui me disait l'autre jour que neuf siècles après un conflit atomique (on a fait l'expérience sur des souris, dont les générations sont très brèves), l'humanité serait parfaitement rétablie, sans séquelle, et que tout recommencerait comme devant. Neuf siècles, qu'est-ce que c'est que cela? L'an mille, c'était hier.

20 octobre

Enfin découvert la Châtaigneraie de Jean-Jacques Rousseau, près de Montmorency. Dans ces vergers, aux alentours, une immense réunion d'oiseaux qui faisaient un bruit de foule un jour d'émeute. Un peu effrayant. J'ai pensé à Hitchcock.
En rentrant, j'entends les deux femmes de ménage qui discutent. Emily dit à Ginette : « Peuh! Je vais chez Mme Unetelle deux fois par semaine. Deux heures! Je le fais par amitié pour Mme Jeanson. Vous pensez, deux heures, deux fois par semaine! » Et de partir dans de grands éclats de rire méprisants à l'égard de cette pauvresse qui ne peut s'offrir une femme de ménage que deux fois par semaine, pendant deux heures, deux dérisoires heures. Curieuse mentalité « bourgeoise » du prolétariat, qui a tout ce que l'on voudra, sauf la conscience de sa classe, n'en déplaise au grand Karl.

JOURNAL

Dans cette maison habita Marmontel *(cf. Mémoires d'un père).* Cet honorable académicien raconte qu'il travaillait pendant « huit ou dix heures de la matinée », ce qui l'obligeait, évidemment, à « se lever avec le soleil ». Si l'Académie est à ce prix, j'y renonce dès maintenant.

22 octobre

Déjeuner chez les Gr.
L'appartement le plus laid qu'on puisse imaginer : un bric-à-brac de meubles en faux Louis XV, truffé de « pièces » authentiques, dont un berceau Empire, avec tissu brodé d'abeilles, naturellement, qui trône au milieu du salon, comme si cette famille de croquants descendait du roi de Rome! On veut faire « grand genre » : un domestique mâle sert à table. Mais, hélas! il est vêtu d'une veste à brandebourgs de valet de cirque, et porte un blue-jean et des souliers marron avachis. Et j'oubliais, par-dessus la veste à col officier, des rabats jaunes... Le ton supérieur et satisfait du maître de maison me crispe. Et la façon condescendante dont il traite l'un de ses invités, le vieil historien Burgat, charmant anar un peu décati qui ressemble, à soixante-dix-huit ans, à Marguerite Moreno. Il a bien connu Piaf, en 1935, et en parle avec de touchants trémolos. Il m'apprend un détail curieux, propre à faire rêver : Shakespeare et Cervantès sont morts le même jour, le 23 avril 1616...

25 octobre

Marie-Laure s'invite à dîner ici, avec J.C. Jany, Alexandre. Elle apporte des victuailles mais pas de champagne pour ne pas inciter Marion à la tentation... Aussi le repas est-il un peu morne. Néanmoins, elle présente un assez joli numéro sur Madeleine Renaud, qui vient de jouer la dernière pièce de Billetdoux. Elle exalte son courage et son abnégation, et la décrit, « dans sa petite chemise de nuit violine de Saint Laurent, balayant, balayant, et s'effondrant sur les praticables de balsa ». Elle ajoute : « Quand la fin du monde sera proche, on verra, dans un Odéon tout petit, une Madeleine Renaud minuscule qui balaiera. »
Elle visite la maison, hume les livres, me parle de ceux qu'elle a lus cette semaine : Simone de Beauvoir, Cabanis, Violette Leduc. Un bon choix. Une des rares femmes du monde qui lisent vraiment, avec intelligence. Rare.
Elle raconte aussi ses souvenirs, à propos de la vieille Mme Delbo (quatre-vingt-onze ans), accrochée comme d'ordinaire à sa télévision. « Moi, dit-elle, j'ai vu l'impératrice Eugénie. Elle avait toujours ses yeux bleu clair, très près d'un long nez très joli.

1964

Elle n'a parlé que de la crise du charbon... C'était en 1920. J'ai vu aussi chez ma mère Mistral et Anatole France. Maman ne l'aimait pas : elle était scandalisée parce qu'il couchait avec sa bonne. »
Marion, voulant être aimable, dit : « Ah! bien sûr, tu as dû en voir des gens, avec ta grand-mère, la princesse de Chévigné.
– Princesse! » M.-L. la rabroue vivement. « Elle était comtesse, la pauvre. Et elle tirait le diable par la queue. »
Curieuse réflexion d'une femme milliardaire.. quelque chose d'un peu condescendant. Et pourtant, on dit que la comtesse fut l'un des modèles d'Oriane de Guermantes.

Cette visite est vraiment celle d'un personnage de la comtesse de Ségur chez une ancienne bonne nécessiteuse. Mais j'admire le tact de Marie-Laure, qui n'en laisse rien paraître, et prolonge très décemment une soirée sans éclat.

Il est vrai que Marion, inconsciente, passe une bonne heure devant la télé, avec sa mère, tandis que nous tenons le crachoir à Marie-Laure dans le salon...

Il y a aussi, chez Marie-Laure, une façon de nous parler comme à des enfants un peu demeurés. Cette affectation de trouver n'importe quoi merveilleux, charmant, mignon comme tout. Cela relève de ce même sentiment de demi-culpabilité, de cette volonté de se mettre à notre niveau social. Par assimilation, elle transpose : elle devient une adulte qui parle à des gosses et s'efforce de leur tenir un langage à leur portée. D'une autre, ce serait odieux.

26 octobre

Ce matin, la voisine vient proposer à Marion d'engager un domestique marocain. Marion, tentée, hésite, et demande, du ton le plus naturel : « Oui, mais tout de même, cela doit coûter cher. Avec quoi le nourris-tu? »

Échoué, malgré moi, dans la chambre la plus petite et la plus laide que j'aie jamais vue. Un vrai miracle d'horreur. Un tapis verdâtre, un couvre-lit de coton bleuâtre, deux murs mauves et un plafond violine qui jure affreusement, un lavabo jaune, une espèce de console servant de coiffeuse – avec un miroir « fantaisie » –, une armoire 1900 genre bonnetière, et un lit, ou plutôt un divan, dans le sens de la longueur, la tête appuyée au lavabo, car on ne peut pas le mettre dans l'autre sens... Mais il y a la radio, me dit le patron, avec fierté... Il y a aussi – j'oubliais – une porte d'un vert glauque, laiteux, un mur blanchâtre et des rideaux d'une couleur indéfinissable, entre le jaune pisseux, le gris et les épinards à la crème.

9 novembre

Mal dormi. Maux de gorge persistants depuis mon voyage en Angleterre. Pensé à la mort, au peu que je laisserai. Et cet après-midi, T. me téléphone, affolé, qu'il sera obligé de suivre tous les cours de la Sorbonne, ce qui lui interdira de travailler ailleurs pour gagner sa vie. Lourde charge, que je puis néanmoins porter sans trop d'efforts, je crois. Un peu de gêne ne serait pas mauvaise. Et, puis, n'exagérons rien. Dans cette superbe maison, chauffée, peut-on sérieusement parler de gêne?

Cet après-midi, pour réfléchir à tout cela et dissiper mes angoisses – je verrai un médecin dans trois jours, et ce répit qu'il m'impose ne me contrarie pas trop; je prolonge une inquiétude qui a aussi son charme –, je me suis promené dans la forêt. Encore splendide pour quelques jours. On dirait, à cette saison, que les arbres osent enfin être eux-mêmes. Fini, l'uniforme vert. C'est l'extravagance des dorés, des pourpres, des jaunes canari, et une diversité inimaginable les distingue tous les uns des autres, comme les chats ou les chiens, qui n'ont pas forcément le même pelage quoique de même race. Mais, comme toutes les extravagances, cette exposition, ce camp du Drap d'or dure à peine quinze jours. Parmi les feuilles qui matelassent déjà les chemins, un homme, aujourd'hui, cherchait des châtaignes,

Hier, Chardonne, avec T. et Josselin.
A propos de Mauriac et de son *De Gaulle* (une misère!), naturellement. Chaque fois qu'un écrivain éprouve une admiration profonde pour un grand homme, cela donne une catastrophe; Chardonne dit qu'il lui a écrit une lettre qui commence par « Mon pauvre ami »... Il ne s'étonne pas de n'avoir pas reçu de réponse. Pour l'instant, Chardonne se lèche les babines à l'idée de lire le pamphlet de Jacques Laurent, écrit en un mois pour fustiger Mauriac et son Dieu. « Ah, dit Chardonne, de Mauriac il ne restera plus rien. Il le réduit en poudre... »

Il prend le temps – toujours comédien –, puis ajoute : « Oh! moi, je l'aime bien, Mauriac, surtout après avoir lu cette exécution. Du Mauriac en poudre, cela peut se supporter. »

24 novembre

Les Nourissier, Edmonde, le général Pechkhoff, les Aragon, Cartier-Bresson.

1964

Un Aragon détendu, qui venait de recevoir les premiers exemplaires des *Œuvres croisées*. Pour l'occasion, il était allé chez le coiffeur. Tondu ras, il ressemblait à un militaire en retraite. Beaucoup de trucs chez lui que je découvre petit à petit. Ainsi, quand il raconte quelque chose d'anodin, de temps en temps, il prend un regard vague, lointain, et termine ses phrases par un long grondement menaçant, lourd de secrets informulés, ce qui teinte de mystère n'importe quoi. Il crée consciemment le malaise, il aime que l'air, autour de lui, soit électrique. Mais c'est lui-même qui branche le courant.

Cardiaque, il ne peut plus prendre l'avion. Avec Elsa, ils partiront en Russie par le train : deux jours et demi. « C'est délicieux. C'est le vrai luxe », dit-il, avec une sincérité désarmante, dépourvue du moindre complexe vis-à-vis des camarades déshérités.

A Totote, qu'il aime bien – son ricanement quand Nourissier raconte que sa femme a conservé des photographies qui la représentent, elle, le visage tourné vers un ou des personnages qu'elle a soigneusement découpés et qu'il est intrigué par ces inconnus : « Tiens ! il est jaloux, il est jaloux. » Aragon, semble ravi, sardonique, comme s'il prenait sur d'autres une revanche –, à Totote, donc, il lit le menu du restaurant, menu rédigé en vers. Et il lit de ce ton emphatique très particulier, très Mounet-Sully. Effet comique d'entendre ce tragédien lire : « Essayez nos glaces à la framboise – dégustez la troublante myrtille », etc. N'importe quoi, avec le ton, devient de l'Aragon.

Mis en verve, il nous cite un vers, superbe :
« " Le passé, c'est un second cœur qui bat en nous. " Savez-vous de qui c'est? Ces jeunes gens ne connaissent rien. Sollers non plus n'avait jamais entendu parler de Bataille. Car c'est de Bataille, un grand poète. »

Tiens, tiens ! On parle de Déroulède, de Hugo. Et Aragon, c'est du Bataille simplifié, où l'on aurait gommé les virgules et les points de suspension. Mais, en effet, *le Beau Voyage*, c'est excellent, parfois.

6 décembre

A table, dans un silence, Marie-Laure déclare, sentencieusement : « Moi, je plais aux enfants. Dans le métro, les bébés s'accrochent à mon doigt. »

Dans le métro ? La tablée entière sursaute : stupéfaction. Marie-Laure dans le métro, spectacle inimaginable. Quelqu'un se risque à demander des précisions : « Quand donc prenez-vous le métro ? »

Et Marie-Laure, avec un sérieux qui n'était pas feint, une dignité de martyre modeste: « Je ne le prends plus, mais pendant l'Occupation, j'ai fait quatre ans de métro. »

Clémenti, nouveau protégé prodige de la même Marie-Laure. Un tsigane diaphane et gracile, très chat, avec des yeux noirs, durs et doux, de personnage de Dostoïevski. Assez fascinant dans sa désinvolture, son débraillé, cette espèce d'indifférence animale, méprisante. Marie-Laure le couve comme une grand-mère abusive, enroulant à son index ses longues mèches de jais. Il se laisse adorer, royalement avachi sur le canapé, exposant la majesté cruelle de sa jeunesse. Quelque chose du Jean-Louis Barrault de dix-huit ans, celui de *Drôle de drame*. Mais en plus, en beaucoup plus « faiseur ». Si on avait le temps, ou l'occasion de lui parler plus longuement, on découvrirait sans doute une enfance horrible, une timidité de gosse, une hargne profonde et vraie, et un tendre. Et même un pur. Car il n'a pu maquiller ce regard qui saisit.

7 décembre

Espèce de désespoir à ne pouvoir tout faire, tout voir. Et le temps – ce temps! – qui file.

9 décembre. Londres

Déjeuner hier, avant de partir, chez le président, avec Jean-Louis Curtis, Denoël, Brenner et Jouhandeau. Celui-ci, frais comme l'œil et comme d'habitude, a tout de même un malaise qui nous a inquiétés, en plein milieu du repas. Il a fallu le mettre en vitesse dans un taxi, direction Rueil. Mais c'était une simple colique. Nous avions craint une nouvelle attaque, d'autant qu'il avait appelé Jacques, quelques instants avant, Gide... Quant à moi, il fut suffisamment lucide pour me dire que j'avais l'air d'une courtisane fatiguée. Définition assez juste. D'autant plus désagréable!

25 décembre. Saint-Brice

Traditionnel réveillon, chez les Izard, avec mes parents et toute la famille, augmentée d'un nouveau mari de M.C. Messe dans la chapelle glaciale où le père Daniélou, la buée lui sortant de la bouche, a parlé de la chaleur de cette réunion chrétienne... Papa, d'un doigt incertain, tenait l'harmonium; le nouveau gendre entonnait très bravement les divers cantiques, et le docteur de Mirlot, hélas! a joué son inévitable morceau de violoncelle, plus

1964

faux que jamais : les chevilles, paraît-il, étaient gelées... Pendant le sermon, le père a parlé du solstice d'hiver, de fêtes païennes dont Noël est issu... Il est vrai qu'il rentre de Rome où il est père conciliaire. Nous voici en plein œcuménisme.

Ce souriant clochard ecclésiastique, grand esprit, est curieusement hors du siècle dont il est pourtant chargé d'éclairer les voies futures. Il nage sans la moindre difficulté parmi les pères, Eusèbe, les gnostiques, etc. Il m'apprend que la plupart des documents (homélies, codices, etc.) conservés au Vatican ne sont pas encore identifiés, et qu'on ne cessera de faire des découvertes. Mais les seuls critères sont littéraires, ce qui demande des savants linguistes – et théologiens de surcroît –, ce qui ne se trouve pas sous les pas d'un cheval. Si l'on compte aussi les très nombreuses découvertes proprement archéologiques, l'avenir de cette science du passé semble infini. Le père, au reste, n'est pas du tout étroit d'esprit (il est vrai qu'il est jésuite). Il n'est pas opposé, par exemple, à l'euthanasie, à condition que l'on prévienne les moribonds, « car on ne peut pas frustrer un homme de sa mort qui peut être le moment essentiel de sa vie ».

« Au dîner, il mange pour quatre. Pour l'année. Puis, à minuit moins cinq, il se recueille, avant de célébrer, à une vitesse record, les saints mystères. Mais cette messe annuelle continue de m'émouvoir, je ne sais pourquoi. Peut-être parce que cette famille d'adoption, cossue et bourgeoise, me plaît et surtout me ramène à une civilisation disparue du siècle dernier, un monde de petites filles modèles, de brus pauvres, de châtelains paternalistes et sans mauvaise conscience.

Donné à Mme X. une ravissante petite coupe persane du XIIe, aussitôt transformée en cendrier. Je me réveille furieux, mais cela m'apprendra. Je suis toujours trop modeste; j'aurais dû vanter la valeur de mon cadeau qui finira sa carrière de sept cents ans dans une poubelle, brisé par une femme de chambre maladroite qui l'aura plongé sans ménagements dans l'eau de vaisselle et n'en dira mot, bien sûr. Nul ne s'en apercevra. On peut être fortuné, avoir même du goût, mais aucune connaissance en matière d'art. Le XIXe siècle l'a amplement prouvé. Que d'objets de ce genre ont dû ainsi disparaître dans les châteaux de province, faute d'une élémentaire culture...

Déjeuner de famille chez Mona. A Paris, il neige : boue, saleté. Ici, tout est merveilleusement blanc. Une neige épaisse recouvre la campagne – je vais marcher sur la crête, jusqu'à Montmorency dans les sentiers vierges, presque lumineux dans la nuit claire, à peine assombrie de longs nuages au lavis. On parle toujours des Noëls blancs d'antan. En voici un, à ranger parmi mes souvenirs attendris de l'an 2000. Cette promenade dans les taillis, à travers

JOURNAL

lesquels on aperçoit, toutes proches déjà, les lumières de la ville, me plonge toujours dans le passé. J'ai l'impression de me promener sur les collines de Montmartre, vers 1864, quand Paris n'avait pas encore attaqué la Butte, parsemée de sentiers comme celui-ci de petites maisons modestes, avec leurs jardinets, leur barrière de bois. C'est un sentiment étrange, car rien, surtout la nuit, n'indique que nous sommes au XXe siècle. C'est exactement cela qu'ont pu voir les contemporains de Verlaine, de Flaubert, des Goncourt vieillissants, de Barbey, né en 1808! C'est ma promenade miracle, ma vie antérieure à la Baudelaire. Mais le cancer, aujourd'hui, gagnera en cinq ou dix ans ce qu'il a rongé en un siècle du côté du Sacré-Cœur.

Sous mes semelles, la neige crissait, à l'aller, voluptueusement. Déjà, au retour, le charme était sur le point de disparaître. Mes pas avaient fait fondre la neige par endroits sur le chemin, laissant de petites flaques noires, souillées. Les bonheurs doivent se saisir de suite; une question de minutes.

Au mien, ce soir, il ne manquait que la présence de T. Et je ne l'écris pas pour lui faire plaisir. Ce bonheur-là résiste au temps. Miracle dont je devrais, dont je dois m'émerveiller à chaque seconde.

1965

11 septembre

Quelques jours chez Denise Freyria, avec Lattès, à Guerrevieille. Luxe, soleil, salles de bains de rêve. Une vie de cinéma. Dîner avec les Privat dans un petit restaurant de Ramatuelle. Il ne me reste rien de ces jours qu'un bronzage déjà pâli, et le souvenir d'une soirée au Saint-Hilaire, ennuyeuse, tandis que Jean-Claude et Denise dansaient dans une lumière glauque d'aquarium.

Ici, retrouvé le train-train des autres années, sans Brenner, avec un Chardonne plus vieilli, avec des absences pénibles. Tout à l'heure, passant devant l'hôtel d'Angleterre, je l'ai vu, dans une pose à la fois romantique et accablée, l'œil vide, la bouche entrouverte, comme mort. Dès qu'on lui parle, ou plutôt qu'il peut parler, il s'anime, revit. Mais ces chutes de tension, ce relâchement dès qu'il ne se croit pas observé m'effraient.

Il a néanmoins de bons jours, de bons moments, plus exactement. Ainsi l'autre matin, il proclame, devant vingt curistes effarés : « J'ai eu cette nuit un cauchemar affreux, j'ai rêvé que j'étais Jules Romains... » Il joue de sa corne avec maestria, continuant de l'utiliser à contresens, quand il parle et non quand il écoute. Après avoir parlé, il la pose et déclare à Camille T. et moi : « Maintenant, je vous laisse entre vous. » Naturellement, cela n'a pas duré plus d'une minute !

Hier, dans la soirée, il a lu en entier, prétend-il, le roman de Sagan. Le premier roman qu'il ait lu depuis fort longtemps. « Vous voyez, dit-il, un homme accablé. Quand je pense qu'il vous faut parler de ça !... »

Plus que jamais, il utilise la troisième personne en parlant de lui : « Chardonne a dit, Chardonne pense », etc. « Je ne suis pas un prétentieux, ajoute-t-il, car moi, je sais quand je parle de moi.

JOURNAL

D'autres parlent d'eux tout le temps, sans le savoir. C'est bien pire ! »
Refuse obstinément de paraître dans le Livre de Poche : « Je suis très difficile sur la qualité de mes lecteurs ! Je ne veux pas être lu par n'importe qui. »
Déjeuner, quasi quotidien. (« Vous êtes ma récréation. ») Il hurle des commentaires désagréables sur une dame de Lille qu'il a vexée hier, et qui déjeune juste derrière nous... Au café, Jeanine Delpech vient à notre table. Une interlocutrice fraîche le ranime aussitôt, il devient intarissable, sur Julliard, sur les Gillon, sur Mme Simone. Plus tard, il nous fait monter dans sa chambre et nous lit une phrase qu'il veut rajouter à *Propos comme ça*. « Soyez francs. Je suis vieux. On me ment le plus souvent. Je suis sûr de moi. Mais parfois, j'ai des doutes... » Plus tard : « Il paraît que j'écris des maximes. J'ai horreur des maximes. C'est d'autant plus admirable. Il n'y a que La Rochefoucauld et moi. »

12 septembre

A la poste. Je l'y traîne, presque de force, pour signer quelque chose. Il est furieux, joue les égarés, fait toute une comédie, et, après cinq minutes de roulements d'yeux et de vagissements, signe enfin « Boutelleau » un quelconque registre, d'une immense écriture tremblée qui couvre toute la page alors qu'un modeste carré lui était prescrit. Le fin mot de sa mauvaise humeur : « Ah ! dit-il, avec une grimace, signer de ce nom plébéien. »
A l'église, où je le fais pénétrer par surprise – pendant un office. Aussitôt entré, il glapit : « Cela ne signifie rien mais c'est très beau », si haut que nous sommes obligés de l'évacuer avant le scandale...
Il lui écrit tous les jours, il l'admire, mais affecte de mépriser Morand, trop « gobeur » à son gré, et qui lui raconte tout ce qu'il pêche à droite et à gauche : « C'est un ramasseur de mégots. »

15 septembre. Saint-Brice

Mme D. ressent de plus en plus les infirmités de son grand âge : « Je serais mieux en terre qu'en pré ! »
Cette maison, tout en longueur, une péniche amarrée dans un jardin. Impression d'autant plus frappante que le rez-de-chaussée, côté cour, est légèrement au-dessous du niveau du sol. Les fenêtres s'ouvrent au ras de l'horizon, comme des hublots. L'humidité, hélas, confirme aussi cette illusion, et comme cette merveilleuse bâtisse mal entretenue fait eau de toute part...
Je rêve d'acheter cette maison, car je la trouve belle, à ma taille,

1965

humaine, un peu dépenaillée comme je les aime. Mais je rêve également de vivre comme un étudiant, dans une chambre d'hôtel, sans attaches, sans rien que des livres, de recommencer une vie comme si j'avais vingt ans, avec un peu plus d'argent, et beaucoup d'avarice. J'aimerais « mettre à gauche » de l'argent, en cas de besoin, et je suis de ceux qui meurent misérables avec des millions dans leur paillasse. Du moins, je me vois comme cela. Mais il suffit qu'un voyage, qu'une voiture me tentent, et voici mes économies, mes projets, mes rêves envolés. Au reste, cette peur de manquer, en achetant la maison, je la conjure en quelque sorte : c'est un capital. Mon vieux sang d'usurier ressort...

21 septembre

Chardonne : « La vie est courte ; c'est ce qu'elle avait de mieux à faire. »

Rencontré Aragon – et Elsa, bien entendu. Un quart d'heure de conversation dans le noir (avec Kanters) pendant une panne d'électricité, au théâtre de Paris. Aragon dit que *le Paysan de Paris* va paraître en édition de poche.

Moi. – C'est un livre assez difficile, un peu surprenant pour le grand public. Y aura-t-il une préface ?

ARAGON. – Non, pourquoi ? Mon opinion sur *le Paysan* n'a pas varié !

Moi. – Je voulais dire une préface de quelqu'un d'autre, pour expliquer le...

ARAGON. – Une préface ! Ai-je une tête à supporter une préface ! Vous ne m'avez pas regardé !

Jours sublimes. Un soleil fatigué, émouvant comme un visage de femme mûre, doux, délicieux, inespéré.

13 octobre

Chez l'extravagante Mme V., déjeuner avec René-Victor Pilhes, le jeune dont on parle cette saison. Il est natif de l'Ariège, élevé à Seix ! Physiquement, il a quelque chose d'un pied-noir, l'œil charbonneux, le poil noir et lustré, la peau grasse, et le nez qu'il qualifie lui-même de bourbonien. Comme tous les vaniteux, sa simplicité me ravit. Une immense naïveté doublée de roublardise (on la devinerait au seul sourire en coin). Il joue les paysans du Danube, du Salat plutôt, mais toutes les petites combines lui sont connues. Cependant, il les rapporte toutes à lui. A l'entendre, la littérature est un concours.

Il déclare : « J'ai eu les plus beaux articles. » Un peu gêné, il ajoute gentiment : « Ce n'est pas de ma faute si j'ai écrit un bon livre. » Conserve pour la « critique » l'admiration – disons plutôt le respect – qu'on doit encore nourrir en province; je m'évertue à l'en débarrasser. Pour vivre, il est « concepteur » à Publicis. Malgré ce « job » à l'américaine, il a l'air, il est un petit employé modeste, avec un costume miteux, un gilet de laine tricoté et boutonné sous sa veste, une cravate à hurler...

Les déguisements du talent sont stupéfiants parfois. Quant à Mme V., avec ses yeux sur les tempes et ses dents de loup, elle promène une espèce d'inconscience ahurissante, qui peut être du génie (dans les affaires) ou de la bêtise. Avec un cynisme tranquille, elle nous explique comment elle « achète » les critiques, comment elle « casse » les prix, comment elle engloutit joyeusement trois cents millions dans l'édition parce que Gallimard lui a refusé son manuscrit. « M'as-tu-vu » sans pareille, plutôt drôle. « Avec les cocos, moi, je suis bien, car j'ai pas honte de mon fric, moi, pas du tout ! »

Une bonne stylée, genre « bonne maison » d'avant-guerre, sert cette virago avec une impassibilité méprisante, à moins que ce ne soit de l'admiration muette, qui sait ?

5 novembre

Réveillé à huit heures trente. Vaseux. Lu très rapidement la fin de *Voix* puis le début du médiocre *Assassin*. Téléphone. Toilette. Parti à midi environ. Traversée difficile. Déjeuner chez Bernard Privat, avec Chapelan et trois types de la télévision. Bernard, très drôle, raconte des histoires sur Georges Lecomte et Fernand Gregh; Chapelan, une autre sur Guitton, le très catholique et très puritain Guitton, lui disant, en montrant sa chambre à coucher : « C'est là que ça se passe. » Bavardé jusqu'à quatre heures. Rentré chez ma mère. Terminé *Assassin* et écrit l'article pour *Arts*, dans un semi-coma. Vers neuf heures seulement, rejoint T. chez Marcel Schneider, où je trouve Dino et Marie-Laure en train de dévorer un maigre poulet tiède. Naturellement la conversation roule sur les élections présidentielles (discours d'hier), et Marcel déclare qu'il votera pour Lecanuet, parce que c'est un de ses anciens élèves.

6 novembre

Traîné jusqu'à midi avec des journaux. Horreur des réveils. Petit voyage à Montmorency, très beau, tout doré dans la fraîcheur de cette matinée. Cueilli toutes les pommes avec T.,

1965

avant les gelées prochaines, puis passé une heure ou deux à une vente aux enchères chère et médiocre, à Enghien. Rentré pour achever un texte sur *Don Garcia de Navarre*, promis (gratis) à la Communauté théâtrale, qui jouera ce four de Molière à Vincennes, pour la première fois depuis trois siècles. On comprend pourquoi. Néanmoins, je trouve une explication astucieusement biographique à cette pièce ratée.

Toilette, puis, à Paris, *Love*, de Schisgal, pour voir un Terzieff fort mal employé dans une grosse farce à prétentions intellectuelles. Rencontré Hullot, devenu directeur du théâtre Montparnasse. Oui, directeur. On m'aurait dit cela il y a quinze ans! Il me fait les honneurs de son bureau, très cocotte, avec des sièges ahurissants en bois dorés. Impossible de parler calmement avec Terzieff, dans ces cafés néonisés, sinistres. Je les abandonne. Tournée de bars, guère plus gais que les tristes couloirs des coulisses. Retour, à deux heures trente, avec un poids de solitude, une envie d'arrêter les gens, de leur demander un sourire, un recours, une parole, même un regard. Les aventures de T. sont-elles pour quelque chose dans mon actuelle déréliction? Il le craint, je ne le crois pas. En tout cas, c'est l'accident qui fait déborder le vase. Le mal est plus profond.

Dimanche 7

Levé dix heures trente. Trié avec T. une grande malle de lettres envoyées à Jeanson alors qu'il était en prison, en 1939-1940. Plusieurs d'Achard, de Desnos, de Carné et de nombreux inconnus – de moi. Longue conversation téléphonique avec Terzieff sur sa pièce et sa façon de jouer, afin de nourrir un petit article que je rédige après le déjeuner, avant de le dicter à une sténographe. Vers cinq heures, visite farce chez les Garras, où j'exerce froidement le chantage pour les obliger à vendre une bande de terrain qui servira de chemin pour accéder au terrain que nous voulons vendre – enfin, que Marion veut vendre. Mais l'idée même de discuter d'affaires lui donne la migraine et c'est moi qui dois faire le maître-Jacques. N'étant que très indirectement intéressé, je joue mon rôle à la perfection. Ce doit être le secret des financiers : ils ne sont pas directement intéressés – ou s'en moquent. Jugement à huitaine, après réflexion des Garras.

Lu une partie d'un manuscrit, que j'ai repris avant de m'endormir, après avoir regardé à la TV un vieux film de Becker, mon adolescence, *Rendez-vous de juillet*. Comme tout cela paraît gris, lointain, vétuste, pouilleux. Parce que le cinéma a fait d'énormes progrès dans les éclairages et dans la technique, les filtres, la pellicule, etc., nos enfants s'imagineront que nous avons habité un monde sinistre, noir et blanc, enfumé, brumeux comme celui de Carné et de quelques autres... Couché à une heure.

JOURNAL

Cet automne continue d'être sublime, presque artificiel tant il est beau... Toujours le cinéma, mais en couleurs, cette fois.

Lundi 8

Avant de partir, achevé le manuscrit de Chapuis, excellent par endroits. Déjeuner, avec Marion, chez Hervé Mille, dans son nouvel appartement, trop petit pour tant de merveilles chantournées qui demanderaient de l'espace, de grands murs nus, des galeries... Convives : Olivier Beard, Dubois et Carmen Tessier. Dubois, un peu plus militaire que jadis, avec pourtant quelque chose de mou dans les traits. Protecteur et suffisant, et en même temps dans une fausse position vis-à-vis de sa femme, plus puissante que lui. Carmen, petit visage aigu, intelligent, à peu près conservé, rigolo, sur un corps décharné et flasque – oui, c'est possible – de petite vieille.

Hervé, ce matin, a suivi les obsèques d'Olivier Larronde. Récit circonstancié de ses rapports avec les Lacloche, et des Lacloche avec les Philippart, Babilée, etc. L' « opération Rimbaud » se prépare pour Larronde. Je donne dix ans pour qu'il soit édité en livre de poche, avec légende maudite à l'appui : misère, drogue, alcoolisme et la morgue pour point d'orgue. Son lit, paraît-il, n'était qu'un amoncellement de manteaux. Barbu, hirsute, il ne se déshabillait plus. Il sera enterré à Valvins, près de Mallarmé.

Mme Tessier, espèce de police secrète, avec un réseau d'informateurs, de concierges, d'espions. Elle en parle avec le cynisme d'un préfet de police, comme si elle était une institution nationale et que sa haute mission justifiât tout! Étonné de la voir s'intéresser surtout – influence de Dubois? – à la politique. Elle a manigancé une rencontre Mitterrand, Pinay, Mendès chez elle, il y a quelques semaines.

Elle raconte sur le Général une jolie anecdote. Jeune journaliste, en 1946, elle suivait une tournée dans les provinces dévastées. Du côté d'Épinal, désespérée de ne jamais approcher d'assez près comme elle l'aurait voulu le Général, elle se met une robe noire et se glisse dans le « carré des veuves » que de Gaulle ne manquait jamais de passer en revue pour, déjà, serrer des mains. Quand vient son tour, il la regarde et lui dit : « Veuve? Depuis quand? »

Travaillé pour Françoise ici, puis dîné chez Philippon, avec Tavernier, Solange et Merle. Foie gras, vin rouge, alcools divers. Lendemains qui ne chantent pas.

1965

Jeudi 11

Hier, dîner « historique » au Ritz, en l'honneur des quatre-vingts ans de Mauriac. Deux cents personnes choisies, du beau monde, des ambassadeurs, des académiciens en pagaille, des dames du Femina, des hommes de lettres, des critiques, sans oublier Pompidou. Un Mauriac épanoui, rose de joie, vivant l'un des plus beaux jours de sa vie. A la fin du banquet, de sa voix sans timbre, il fait un discours éblouissant. Répondant à Pompidou, emprunté, bafouillant, il déclare qu'il n'a aucun mérite d'avoir atteint cet âge, et qu'il comprend pourquoi tant de gens sont venus le fêter : pour contempler un mammouth, un aurochs, un rhinocéros, dirait Ionesco. Puis il y en a pour tout le monde, avec gentillesse quand il s'agit de Graham Greene, avec rosserie... quand il s'agit des autres. Ainsi : « J'ai entendu jadis René Crevel, qui avait l'insolence de la jeunesse, déclarer à Anna de Noailles consternée : " Aujourd'hui, on ne fait plus de vers, madame ! " Eh bien, quand, il y a douze ans, j'ai rencontré pour la première fois Robbe-Grillet et qu'il m'a dit " Colette n'a pas de talent ", j'ai cru entendre : " Aujourd'hui, on n'écrit plus de roman, monsieur. "

« Nous ne nous préoccupions pas de technique. Nous étions plus simples. Paul Bourget chaque année suffisait à nous montrer ce qu'il ne fallait pas faire. Ce n'est pas que nous fussions plus bêtes que d'autres. Nous avons su par cœur, les premiers, *A la recherche du temps perdu* et nous avons découvert Joyce. Non, je mens, je ne l'ai jamais lu jusqu'au bout. » Etc. Sur ce ton. Mais il reprend son auditoire en main pour la péroraison, avec la note grave qu'il faut : « Toute la journée, au cours de la cérémonie de Bordeaux, j'ai dû lutter avec les larmes qui auraient voulu jaillir de mes yeux. Il en est de même ce soir. Oui, quatre-vingts ans est un grand âge, mais je dois avouer que je n'ai jamais autant aimé la vie, cette vie qui ne finit pas. »

Tout cela improvisé, bien sûr, et peut-être pas enregistré, malheureusement.

Ensuite, longue conversation avec Jean Cau et Curtis sur Olivier Larronde – le futur Rimbaud – et sur Genet.

Aujourd'hui, déjeuné avec Trassard et sa femme, assez mignonne. Ce visage sec, taillé dans du bois, ce corps osseux, j'imagine, et une certaine maladresse timide, charmante.

Jours difficiles, assez pénibles.

Le 2 décembre

A table, chez Jeanine Delpech, Mme Couve de Murville, retour de Russie. Elle a passé la journée avec Mme Kossyguine et

Mme Gromyko, dans la piscine présidentielle, en Crimée. Au thé, de quoi ces dames ont-elles parlé? De religion, car Mme Couve de Murville avait demandé à visiter des églises. Mme K. parle français comme Popesco. Après la conférence, elle embrasse son mari, fatigué, et déclare : « C'est la première fois que je baise mon mari depuis un mois. »

Mme Simone, toute couturée, rebâtie, ravalée, mais extraordinaire pour son âge (quatre-vingt-quatorze ans). Sa mémoire d'éléphant intacte, et une espèce de charme qui agit encore. Elle vient de voter pour Pinget, et avoue qu'elle n'a pas encore ouvert *Quelqu'un...* Parle de Proust. Se souvient de l'avoir vu dans les jupes de Mme Strauss, en 99! Puis en 1902, et pour la dernière fois, avec son plastron gonflé de coton iodé, en 1918. La conversation prend alors un tour curieux, sous l'impulsion de Philip Kolb, le spécialiste proustien qui a publié sa correspondance, sur le point de savoir si Proust a eu ou non des expériences sexuelles avec les femmes. Louise de Mornand s'en vante, parce qu'il a écrit des vers sur son ciel de lit et y a passé une nuit. Mme Nordlinger prétendait également qu'Albertine à bicyclette, c'était elle. Mais Mme Simone est formelle : Proust n'a jamais touché une femme. « Ce sont des choses qui se sentent », dit-elle. De là on passe à Reynaldo Hahn, mort persuadé que tout le monde ignorait ses mœurs, à Francis de Croisset, à Agostinelli et à Jocien, qui fut également onze ans le chauffeur de Simone (mais elle l'ignorait).

16 décembre

Jouhandeau, rue du Regard, aperçoit la silhouette d'un curé en soutane : « Mon Dieu que c'est laid, un prêtre! »

Au déjeuner, il nous déclare : « Je n'ai pas baisé ma femme depuis... depuis 1938. » (Quand elle a voulu tuer Stettiner avec un couteau de cuisine.) Il est frais, il est allègre, il est propret, mais il lui arrive soudain de puer comme un égout, inexplicablement. Le démon, sans doute.

Chez Genevoix (épuisé après être resté debout trois heures – avec « quatre vertèbres brisées », précise-t-il) Jouhandeau entraîne sa femme : « C'est indécent de rester ici aussi tard. » Et elle, croyant être aimable à mon égard : « Pour une fois que je pouvais parler à un journaliste. »

Si Mme de Sévigné ou Louis XIV revenaient sur terre, ce ne seraient pas le métro, les autos, les avions ou les gratte-ciel qui les étonneraient, mais la peinture abstraite, la musique concrète et le surréalisme.

1965

Vu Green au bord du trottoir, coiffé d'un feutre noir : un pasteur majestueux.

Ballet de Roland Petit. Rien, sauf Bonnefous et Motte et Atanassoff.

1966

Une gredingote.

Impression de remonter le temps en vieillissant. Les jeunes gens sont vêtus, aujourd'hui, coiffés, comme j'imaginais naguère les romantiques.

Gaxotte dîne chez l'ambassadeur des Soviets Zorine, « l'homme qui a déjà enterré Benes et jeté Masaryk par la fenêtre ». A la fin du repas – c'était vendredi dernier, deux jours avant l'élection – il porte un toast... à la victoire du général de Gaulle. « C'est rigolo », conclut Gaxotte.

26 janvier

Chez Henriette Gröll. Elle raconte l'histoire de je ne sais quel curé savoyard (celui qui a possédé un moment les fameuses « lettres d'amour » de Mauriac à Cocteau) qui dit un jour à la comtesse de Noailles : « Pourquoi gâcher votre existence pour une heure de plaisir. – Une heure! s'écrie la comtesse. Ah! mon père, dites-moi qui peut donner une heure de plaisir et j'y cours! »

Denoël, très en forme, dit des insolences drôles :
« Dans la vie, il faut avoir des règles. » Puis il regarde Henriette et ajoute : « Oh! pardon. »

Clémenti : « Oh! je le connais bien, de A jusqu'à... »

Henriette se plaint de n'avoir jamais « accroché » avec Marie Laurencin. « Oui, dit Jean, elle était très difficile. »

Déjeuner Brenner, Schneider, Curtis, Bory, pour discuter d'un projet concernant la télévision. Une réunion stupéfiante pour qui

JOURNAL

ne serait pas prévenu... Je dessine sur la nappe une caricature de Marcel, lui mettant des maxillaires très larges.

« Oh! dit-il, le vilain. Regardez-le : il me gâche l'ovale. »

Sa façon de citer *le Con d'Irène*, le petit doigt en l'air, du ton le plus naturel, comme s'il parlait du *Spectre de la rose* ou du Chef des odeurs suaves.

27 janvier

Bory : « Parfois, il m'arrive encore de rêver à Kanters. On ne sait pas ce que j'ai souffert au moment du suicide de Robert. Avant de se jeter à l'eau, il avait écrit à Mauriac (Claude), à X. et à Y. en me désignant comme son assassin. Quelques jours plus tôt, dans son appartement de la rue de Grenelle, je le revois encore, nu devant un lavabo plein de bouteilles de whisky vides. Il voulait se pendre au tuyau du chauffage central avec sa ceinture... »

Renaud de Jouvenel, raté, aigri. Avec pourtant des aspects sympathiques, un snobisme solidement ancré depuis l'enfance, une vanité enfantine, et de brusques poussées de colère comme en ont les velléitaires. « Ah! je leur en fais voir, moi... »

Le général Pechkhoff, menu dans son kimono, après son opération de la cataracte. « Je peux vous le dire à vous; quand j'ai ouvert les yeux et que j'ai vu la lumière, j'ai été " ému ". » Pour ce vieux militaire, c'est comme l'aveu d'une formidable faiblesse, charmante pudeur. « J'ai toujours été hanté par l'idée d'être aveugle. Déjà, dans les tranchées, c'est aux yeux que je pensais. » Et il fait le signe de croix, à l'envers. « Grâce à Dieu, je les ai toujours. » (Mais il y a tout de même laissé un bras.)

Drôle, de voir le fils de Gorki se signer – même à la russe.

Les papiers de Cocteau sont entre les mains de son homme d'affaires (Worms), frère de Mme Weisweiler. Je croyais que c'était un service rendu. Or Cocteau gagnait dans les vingt millions par an les dernières années, si bien qu'on se demande qui profitait de l'autre. Pour Denoël, en tout cas, il n'y a pas de doute.

Cet après-midi paraît un article de Jacques B. construit sur une phrase de moi concernant *la Littérature* de Clouard. Une phrase qui n'est pas très élogieuse, détachée de son contexte. Chardonne, qui a pour Clouard une vraie passion, ne décolère pas, paraît-il – alors que mon article l'a laissé froid. Il me traite, me dit Camille, de sacripant et de galapiat. Dès que je l'entends – il hurle dans les bureaux de Grasset –, je fuis et joue à cache-cache.

1966

28 janvier

A Vincennes, acheté pour huit francs cinquante un joli prie-Dieu en merisier et un escabeau pliant formant chaise. Passé la soirée à tapisser un petit coffret que j'offrirai demain à Denise Freyria. Journée mobilière; avec lui le temps l'emportera.

29 janvier

En vieillissant, Chardonne devient de plus en plus autoritaire. Même si l'on est plusieurs, il ne supporte pas les « conversations particulières », il faut qu'on l'écoute, lui seul. Camille me glisse : « Il faut que je vous parle; cachez-moi pour qu'il ne voie pas mes lèvres remuer, sinon il va se mettre en colère. »

Ce petit jeu de scène pour me raconter qu'un commissaire de police a sonné ce matin, demandant à voir M. Boutelleau rapport à une enquête. Inquiète, elle répond qu'il n'est pas visible et interroge. En fait, Chardonne est proposé pour le grade de commandeur, et l'enquête est une procédure légale habituelle. Camille a l'air furieux : « Il est officier depuis trente ans. Maintenant c'est trop tard. Quand on publie un livre qui se termine par : " Je refuse tout, je peux me permettre tout ", on n'accepte pas cette aumône, et tardive encore. C'est bien simple, je n'ai pas encore osé le lui dire. Ils doivent revenir lundi. Il va les mettre à la porte. J'en tremble déjà. »

A Mme Fr. qu'il trouve ravissante, il tourne des galanteries très XVIIIe : « Comment faites-vous pour conserver cette allure de demoiselle? » Un temps : « Madame? » Ou bien : « Est-il possible d'avoir deux filles aussi grandes et de paraître l'une d'elles? »

A l'arrivée. « Tiens, qui est cette dame? Ce n'est pas votre genre, les dames, d'habitude. » Charmant!

« Tu sais, Camille, les seins de Mme J. Eh bien, ce ne sont pas les siens. Malgré ses quatre enfants, c'est un petit garçon. »

A la radio. Il faudra remettre le métier sur l'ouvrage.

30 janvier

Mme Delbo, parfois, a des éclairs de lucidité. Elle passe des heures assise devant sa télévision; on croit qu'elle ne comprend rien, ne voit guère. Et soudain elle émet une réflexion qui stupéfie. Ainsi, ce soir, on donne un vieux film de Gance, sur Beethoven (il est interprété par Harry Baur, qui ressemble assez, en Beethoven, à Mme Delbo). De temps en temps apparaissent des dates sur

JOURNAL

l'écran, les grandes dates de la vie du musicien. La dernière, 1827. « 1827... 1827, dit à mi-voix Mme Delbo, avec une espèce de satisfaction. Eh bien, je n'étais pas encore née!»

31 janvier

Au Trianon Palace. De la musique classique, des salons immensément vides, un air de tristesse, profond, profond. Mais les domestiques ont l'air de s'amuser comme des petits fous; ils me gênent et je ne peux travailler comme je l'aurais voulu. Je m'en vais.

Versailles : sa patine plus morte que dorée : une ville qui a la jaunisse depuis 89.

2 février

Chardonne moins difficile que sa femme : il accepte, ravi, son canapé. La malheureuse téléphone dans tous les azimuts pour qu'on ne colporte pas ses dires imprudents.

Conversation avec Mme Chabrier, a propos de son livre sur l'Amérique, *Mémoires du proche avenir.*
« C'est un véritable réquisitoire.
– Pourtant je n'ai pas tout dit. Tenez, la semaine de mon arrivée, ce fait divers : une bande de voyous dans un bar de la banlieue new-yorkaise, dont certains sont armés. Ils forcent un policier (qui n'avait pas d'arme, lui) à se déshabiller et à prendre des poses obscènes, au grand amusement des filles. Le patron du bar réussit à s'échapper et va chercher un autre policier. Même jeu. Ils les obligent à s'embrasser dans cette tenue, puis les descendent, quand la séance ne les amuse plus. »

Trassard, l'air d'un bâton de paysan, noueux, sec, dur. En réalité charmant et timide, et plus au fait du petit monde littéraire que son allure éthérée ne le laisserait croire.

3 février

Ce con d'Edern Hallier, toujours délicat.
LUI. – Je trouve que vous ne parlez pas suffisamment des jeunes gens que je publie. Ils sont pourtant jolis garçons en général! *(Énorme clin d'œil de verre.)*
MOI. – Et vous, vous ne lisez que les ivrognes?

1966

Quel monde! On doit être moins grossier chez les charretiers. En tout cas, d'une autre élégance morale.

7 février

Dans une pharmacie du boulevard de Belleville où je m'arrête en passant : « Mais je vous connais. Vous êtes M. G. »
Chatouillis de vanités... Mais aussitôt l'envie de me justifier, de dire que je ne suis là que par hasard, que mon véritable métier, c'est la critique littéraire et non le bavardage sur quelques films... Espèce de rage, aussi, et de déception. Ce n'est que cela, la gloire, après laquelle ils courent tous.
La gloire, toujours blette (comme si je le savais!).

9 février

Au Flore. X., les yeux fiévreux, un regard noyé dans un petit visage à peine veule.
« Bonjour Matthieu.
– Bonjour. Comment vas-tu?
– Mal. J'habitais chez un type. Il est rentré soûl cette nuit; il m'a déchiré mon carnet d'adresses. Je lui ai cassé la figure. Il a un œil au beurre noir. Du coup, ce matin, il m'a fichu à la porte. Je ne sais pas où je coucherai ce soir. »
Soupir.
« Ah, c'est pas drôle, la vie à deux. »
Silence.
« Il faut des concessions... »
Et il part dîner avec des copains. Il se soûlera, lui aussi. Il verra bien comment la soirée se présentera. On trouve toujours un lit, à vingt ans.
« Et demain, on se rabibochera peut-être. »
Désinvolte, je-m'en-foutiste. Mais tout de même au bord des larmes.

Chez la concierge, je déballe mes livres.
« Tout ça, ce sont des romans? demande une dame qui se trouve là.
– Pas tous.
– Et y a-t-il des romans d'amour?
– Tous les romans parlent d'amour, madame.
– Ah! non, monsieur. Pas les romans pour intellectuels! »

JOURNAL

10 février

Mon père. Je le rencontre presque tous les jours au Flore. Nous nous saluons très cérémonieusement. Au fond, nos véritables rapports sont plus justes, ici.

Journal. Général parce qu'intime.
Désolante ressemblance de tous.

Au bord du suicide, l'amour n'est rien. Les sens, si, pour un moment qui peut être le bon.

Bilan. – Trente-deux ans bientôt. Une petite notoriété factice. Une jeunesse d'aventures assez bien remplie (pas de regrets de ce côté-là). Deux amours. Un petit livre qui ne vaut guère. Même pas d'économies. Une intelligence analytique, déjà fatiguée. Pas de foi ni de convictions profondes. Pas de parti politique. Peu de convictions littéraires. Une vraie paresse, mais beaucoup de besognes. La peur d'oser, l'indécision. Manque d'enthousiasme dans mon métier de critique. Pas d'ordre. Peut-être même pas d'ambition. Point de règles. Hantise d'un avenir misérable. Aucune assurance (à tous les sens du mot). Une mauvaise santé : capable de donner des coups de collier, mais pas de volonté. Pusillanime et sec.

13 février

L'appartement idéal des *Choses*, on le trouve chez Bourgois, l'éditeur de Perec... Des sièges chromés 1925, tendus de cuir, des divans bas, des toiles abstraites (dont une que j'avais prise pour le tableau noir mal essuyé des enfants), du tissu sur les murs, du liège dans la cuisine, de beaux tapis, et une quantité de bibelots ultra-modernes, qui sont aussi bizarres qu'ils doivent être chers. Tout cela follement « à la page ».

Elsa Martinelli faisait bien dans ce décor, fille sculpturale, assez naturelle, belle, mais pas jolie, et sans mièvrerie aucune. Un soupçon de moustache. Pendant tout le déjeuner (cassoulet et salle à manger Knoll) elle parle du divorce en Italie, et de la clause d'*impotenza conjugi*. Ce qui ne l'empêche pas d'avoir un enfant en Suisse...

Autour de cette belle bête, Kanters, Castillo, Brenner et moi. Nous sommes groupés, ainsi que Brisville et Curtis, comme des paysans éberlués devant une estivante venue d'Hollywood... Curtis, surtout, fasciné, l'écoutant parler, ravi de la vie princière, très bourgeoise, de Fellini, domestiqué par sa femme, et de

1966

Mastroianni, qui ne sort de chez lui que pour aller au cinéma de son quartier. Me retiens toujours de ne pas dire qu'un acteur n'a pas besoin d'être intelligent. D'autant plus que cette fille l'est.
Dehors, Curtis : « Tu vois, cette fille, elle doit plaire. » Dans sa phrase, une gourmandise, avec un clin d'œil mêlé d'envie et de mépris, comme un qui parlerait d'un vice assez honteux, qu'il ignore et qui l'intrigue tout de même un peu.

15 février

Dans *Terre lointaine*, qui tourne autour de la pédérastie, cette coquille : « tantasmagories ».

Deux filles assez beatniks m'abordent boulevard Saint-Germain :
« Vous ne pouvez pas nous dépanner d'un franc ? »
Puis l'une d'elles ajoute : « On a des problèmes. »
La mendicité Marie-Chantal, nouvelle variété.

16 février

Déjeuner Gould. M'amuse à dessiner des caricatures sur mon menu. En regardant les gens qui sont en face de moi, ai brusquement l'impression qu'ils ont déjà tous des têtes de caricatures...

Chez Henriette Gröll. Excellent dîner. En particulier un « veau gendarme » sublime. A la fin du dîner, Marie-Laure lève son verre : « A la santé d'Henriette et de son veau ! »

17 février

Laurent Terzieff, ce végétarien à la mâchoire de carnivore. Se gargarise de mots en « isme », pense, pense, mais avec la candeur d'un gosse de vingt ans, ce qui lui donne un charme de plus. Au fond, ne dédaigne pas les potins. D'une exquise timidité mais sec, volontaire, et indécis...
Au café, la patronne le salue : « Bonjour monsieur Terzieff. » Je me dis déjà : « Ah ! la célébrité, tout de même... » Puis elle ajoute : « Et votre maman, ça va ? »
Au restaurant, deux gitanes veulent absolument lui lire les lignes de la main. Il refuse.
Elle : « Mais je vois dans vos yeux que vous allez réussir bientôt... »

JOURNAL

Alors la gloire, c'est quoi?
Très relatif en tout cas. Inconnu chez les manouches, mon beau Laurent...

28 février

Générale de *la Soif et la Faim*. Ionesco, un nom comme Bataille dans cinquante ans? Le troisième acte, avec une représentation sur la scène comme dans *Hamlet*, est assez beau. Mais quel verbiage pour en arriver là. Hirsch, grimaçant, ne convainc pas tout à fait.

Scène avec T. Nous nous disons quelques vérités acides, sans passion pourtant. J'aime assez la lucidité de nos rapports. Il craint toujours le pire. Il ne sait pas mon horreur de la quête, qui sera plus forte que tous les désagréments. Ne faudrait-il pas corriger Chardonne – l'amour, c'est beaucoup moins que l'amour?

20 mars

Dîner Aragon. Pechkhoff. Edmonde. Nourissier. Très primesautier, le maître. On parle du dernier livre de Le Clézio (très beau).
ARAGON. – On ne peut pas avoir du génie et cette beauté.
NOURISSIER. – Et toi?

Jouhandeau : la vérole au deuxième degré, à soixante-dix-huit ans. Joli record.

Chardonne : « Ce qu'il y a de bien chez vous, c'est que vous n'avez jamais rien fait de merveilleux. »

22 mars

Émilia, ce matin, imbue de son importance comme un prêtre ou une sibylle. « Je suis la seule qui sait », dit-elle. La seule, en effet, qui sache où se trouve le puisard de la fosse d'aisances, que les vidangeurs viennent vider tout à l'heure.

28 mars

Ionesco. On risque de ne pas le comprendre très bien si l'on ignore la terreur – mi-jouée, mi-réelle – que lui inspire sa femme. Il boit du « jus de fruits » qui pétille bizarrement, serein devant son épouse.

1966

Il n'écrit rien sur la politique « parce que Sartre et sa femme le lui interdisent ». Sartre, « ce n'est pas grave », mais « il ne veut pas qu'on lui fasse la gueule pendant plusieurs jours ».

Pendant la guerre, réfugié à Nice ou à Cannes – remarques désagréables sur les FFI, très réactionnaires les remarques –, il trouve du vin corse dans sa cave, s'enivre et marche sur le toit, armé d'un fusil. Le lendemain, il est saisi de vertige en considérant le lieu de ses exploits. Nouvelle cuite, nouvelle témérité. Nouveau vertige. Le troisième jour, il achève la caisse de vin corse, mais « on » avait fermé la fenêtre.

Bal Frias. Superbe et raté.

Amour agréable avec un certain Phil, vingt ans, aperçu à Megève, retrouvé ici, bête, sans problème, charmant.

Le petit Frank, très fier d'être un habitué de chez Régine.
MOI. – Tout le monde peut y aller. Il n'y a plus de cercle très fermé, sinon le Jockey.
FRANK. – Le Jockey? Ce n'est même pas un club, c'est une boîte de strip-tease où on entre comme dans un moulin...
Et il interprète Félix de Vendenesse dans les *Illusions perdues*...

2 avril

Mon âge. Position médiane. Je vois mon grand-père, vieillard, et mon père, qui vieillit. Il y a peu de temps, j'entendais mon père dire de son père qu'il vieillissait... Peur d'une vieillesse médiocre (qui me rendrait horriblement malheureux), celle à laquelle mon père, mon père que j'admirais, naturellement, se prépare, dans une (apparente) insouciance qui me sidère.

Pas peur de la mort, accident. Peur de la vieillesse, dégoût de la décrépitude. Un toit et une présence, paravents, armures, futilités auxquelles on s'accroche.

4 avril

Mariage de ma sœur. Quand la secrétaire de la mairie lit l'acte, et clame que le marié est le fils de M. Guéguen Arthur, etc., « chauffeur-livreur », et de Mme née Quintin, « caissière », je sens un déglutissement gêné, parmi les membres de la famille – de la mienne, naturellement.

A la réception, maman, étourdiment, avec la politesse cliché qu'on emploie pour les étrangers qu'on ne souhaite pas voir revenir, dit à la mère du marié : « C'est gentil d'être venue... »

Peter Weiss, pipe, regard et apparence solides, inspire confiance. Dans ses réponses aux assistants plus ou moins communisants, grande prudence. A la prétention – il sourit mais pas tant que cela – d'écrire peu à peu avec ses pièces une vaste fresque comme la *Divine Comédie* de notre temps. Jolie femme blonde décontractée.

1er mai

Sauguet, après avoir vu la pièce de Genet, qui scandalise par sa scatologie le Tout-Paris (même des dames peu bégueules comme Marie-Laure et Louise de Vilmorin) ainsi que les anciens d'Indochine et d'Algérie, Sauguet dit donc en sortant : « Ce ne sont pas les *Paravents*; plutôt les parapets. »

La bonne de D. laisse traîner une lettre qui commence par cette phrase : « Ce matin, j'ai fait une merde si bleue que cela m'a donné envie de t'écrire. »

Rencontré à la Maison de la Radio la seconde femme de Fouchet, qui est speakerine. (Elle parle de son métier comme d'un art, aujourd'hui compromis par la vulgarité des « présentateurs ».) Volubile, un peu ridicule, mais touchante, elle vante avec enthousiasme les qualités d'écrivain et de poète de son époux qui n'a pas le temps d'écrire ses œuvres.

(Du reste, on nous demande toujours à nous autres : « Avez-vous le temps de travailler pour vous ? » Cela prouve bien que ces « travaux », dans l'esprit des amis, sont voués à l'obscurité...)

Cette Mme Fouchet raconte que Max-Pol avait senti la mort de sa première femme, disparue lors du naufrage du *Lamoricière*. Il avait lu : « La mort ici erre. »

Pour la première fois, ai payé les « services spéciaux » d'un garçon. Ce Michael, superbe Allemand, brun aux yeux bleus, je l'avais déjà rencontré, fort tard, ou plutôt fort tôt, dans un bar. C'est lui qui m'avait abordé, et même embrassé. Mais n'ayant pas de chambre, j'avais dû le laisser, malgré mon désir.

L'ayant donc retrouvé par hasard je lui souris, tout naturellement. Il vient bientôt me retrouver, charmant, un peu bizarre pourtant, sans que je puisse définir sa gêne, sa réserve, doublées d'avances très évidentes. Nous partons. Dans la voiture, il me demande : *« You know what I am ? »* Je comprends enfin, cache ma surprise (plutôt que ma déception, en vérité). *« How much ? »* 100 francs. Fichtre ! J'hésite un instant, et puis... j'en avais envie.

1966

Ce fut délicieux. Peut-être parce que je me sentais des *droits*, plus de liberté de ma part, et aucune de ces inhibitions qui troublent parfois les premières fois. Quant à M., tendre, charmant, affectueux, comme s'il était là pour le plaisir. Plaisir qu'il prend, du reste, sans le cacher. Ensuite, nous prenons un verre, et je le questionne un peu. Aucun sens moral. Il fait cela comme il ferait autre chose. Au début, le moment où il devait annoncer son prix le gênait; plus maintenant. Du reste, il n'a pas de complexes. Assurance de sa splendeur physique. Quand il a envie d'un garçon, il le lui dit. (C'est alors gratuit. Et je sens bien que je le reverrai, en ami, jusqu'à ce qu'il couche avec moi pour rien. Petite victoire, plutôt : revanche.) Les femmes? Il ne les fréquente guère. Néanmoins il a quitté l'Allemagne parce qu'il avait enceintré une femme. Là encore, pas le moindre scrupule à l'abandonner. Il vit à présent avec E., un Hollandais que j'ai bien connu jadis, et qui doit pratiquer lui aussi ce métier, quand il ne confectionne pas des pantalons.

Il regarde sa montre. « *Excuse me, I have an appointment with my girl. Just a friend, you know. She is working for me.* » Maquereau, par-dessus le marché, toujours avec ce naturel stupéfiant. Il part, après m'avoir remercié bien poliment, comme d'une glace ou d'une gaufre. En un sens, c'est beau.

Le matin où je l'avais rencontré, il était soûl, d'où son attitude « désintéressée ». Lui ne se rappelait rien, ni mon nom, ni m'avoir embrassé, ni mon adresse. Vaguement mon visage, dans un brouillard.

Journée sublime. Bonheur calme au soleil. N'y manquait que la présence paisible de T.

Le R. P. Bruckberger envoie le manuscrit d'un roman et précise :
« Je désirerais beaucoup qu'il paraisse en juin prochain. C'est un bon moment parce que c'est un moment creux. *La Peste* de Camus a paru en juin. » Sans rire.
Je serais curieux de savoir à quel mois parurent *l'Iliade*, *l'Énéide*, ou le Nouveau Testament, mon père.
Et par-dessus le marché, *la Peste*, ce n'est pas un très bon roman. C'est justice de ramener son succès au niveau de la petite cuisine d'édition. *Vanitas vanitatum*... Mais ni l'Ecclésiaste ni Bossuet n'étaient dominicains, sans doute.

2 mai

A vingt kilomètres de Paris, Émilia a entendu chanter ce matin « l'oiseau de la pluie ». Parlez-moi de progrès.

JOURNAL

9 mai

Jean-Claude Fasquelle me fait lire, ainsi qu'à Françoise Verny et Jean d'Ormesson, un document extraordinaire qu'il a retrouvé dans les papiers de son père : le premier rapport de lecture sur le roman de Proust, que ce dernier avait soumis chez le grand-père Fasquelle en 1912.

Extraordinaire parce que ce résumé très soigneux (et pas bête) fait allusion à « un certain M. Swann », une femme de mauvaise mœurs nommée Odette, etc., avec une ignorance qui nous est, aujourd'hui, à peine imaginable. Le fait d'écrire : « le héros trempe un gâteau dans du thé », au lieu d'une madeleine, rend sensible le passage de la réalité à la légende.

Et le ton, bourgeoisement scandalisé, du lecteur annonçant que les héros principaux des volumes suivants, d'après une lettre de Proust, seraient « un concierge et un pianiste »...

Au déjeuner, avec Boulanger, je lui raconte cela. Il évoque à son tour une anecdote. A Warlimont, chez les Bérard, séjournait Renoir, vers 1912. Celui-ci, quand il entrait dans le salon, reniflait. « Ah, ça pue, ici. Il est encore là, celui-là ! »

« Celui-là », c'était Proust et ses fumigations.

Réception chez la duchesse de La Rochefoucauld. Dans un décor somptueusement impersonnel, en faux Louis XV, une foule de vieillards et de dames d'œuvres, sortie d'une sacristie de province. Atmosphère à ce point compassée que les hommes n'osent même pas fumer, comme à l'église... ou au théâtre.

Week-end chez les Brosse, dans leur ermitage (au cœur d'un vallon boisé, c'est tout à fait l'emplacement d'un monastère), avec T. et Milorad. Je suis constamment odieux sans pouvoir me contenir. Ces saints laïcs m'énervent. D'autant plus que cette sainteté arrogante, humblement orgueilleuse et satisfaite, se double de quelque chose de trouble comme une partouze larvée qui toujours menacerait. Sans oublier leur snobisme naïf caché sous le faux détachement paysan (du moins pour Jacques) : il n'est question que de Jean-Marie (Le Clézio), qu'il n'avait jamais vu il y a deux mois, de Léonor (Fini), etc.

Grand-mère Delbo, qui a le génie de la mauvaise humeur : « Tiens, du boudin ! J'en avais justement envie... *(Un temps.)*... hier. »

1966

11 mai

Jaloux. Non, un peu envieux de ne pouvoir plus exciter la jalousie ainsi, comme T., par mes seules conquêtes, et sans que j'y sois pour rien.

Tout de même un peu surpris de la déception énorme qui marque son visage quand il apprend que j'ai dû repousser mon voyage (il avait invité quelqu'un). L'usage de la liberté s'apprend. Il y faut un certain détachement. Au moins le feindre. T. est tout entier infidèle, sans pudeur, avec un égoïsme triomphal, comme il était naguère entièrement fidèle, avec un égoïsme tout aussi exclusif. Drôle. Victime de mon propre jeu. Mais je pense qu'il en apprendra les règles – discrétion, sens des limites, savoir jusqu'où il ne faut pas aller trop loin – à l'usage. Petits heurts passagers, que je m'efforce de cacher.

Ce qui me chagrine le plus : les cachotteries. Être cocu, d'accord, mais le savoir vous venge.

A présent, ayant balayé ses principes, il se permet des licences que je ne me serais pas permises, moi qui n'en ai point, de principes.

19 mai

Soirée superbe chez les Aillaud. Le jardin est tendu de toile admirablement drapée, et beaucoup de beau monde tortille des jerks là-dessous. Long aparté avec Jean Négroni, astucieux et passionné. Bastide, avec sa jeune maîtresse, qu'il regarde danser dans les bras du beau César – ex-barman que j'ai connu naguère, etc. – d'un air attendri et excédé. Sagan, vilaine mais gentille, et qui me demande pourquoi je n'écris pas... Comme si c'était un sort enviable!

Sorti à l'aube dans cette rue du Dragon déserte. Impression d'être de dix ans plus jeune, perdu dans cette légèreté cotonneuse de l'extrême fatigue trompée d'un peu d'alcool.

Vu le film de Resnais, *La guerre est finie*. Un peu d'ennui, mais une des plus belles scènes d'amour du cinéma. Et Godard, à côté, a l'air d'un petit garçon farceur qui a chipé en douce la caméra de son papa.

21 mai

Déjeunant chez elle, trouvé Mamé en larmes. Bon-papa est en clinique depuis hier matin. Des douleurs intestinales qui ont fait craindre pour sa prostate, etc. Finalement, il n'a peut-être rien de bien grave. Nous sommes allés le voir à la porte de Choisy. Gaillard mais tout de même pas fier. Et Mamé, pour le consoler, lui décrivait son désarroi, seule dans l'appartement depuis... Pour la première fois... J'avais l'impression bizarre, horrible aussi, d'entendre une veuve parler à son époux.

30 mai. Pesaro

Une petite semaine à Londres. Plaisir de la solitude, d'une espèce d'anonymat, délicieux pour deux ou trois jours. Repos de soi : fuite dans le vague, assez doux, d'un ailleurs, un numéro dans une foule qui ne se préoccupe pas de vous, qui ne vous voit pas. Espèce d'invisibilité.

Le dernier soir, aventure parfaite : rencontre facile, immédiate, intelligence réciproque, tendresse sans problème, plaisir partagé, légère tristesse, point d'illusions ni d'amertume, souvenir joli et rond comme une petite perle, sans défaut.

Dans la même journée, retour à Paris en avion, passage à Saint-Brice, où je trouve T. avec un Belge, gêné, amoureux, charmant, puis train pour l'Italie.

A Lausanne, monte Michel Mohrt, plus britannique, bien plus, que les Londoniens d'aujourd'hui. Aussitôt il tempête, parce que son wagon-lit n'est pas prêt. (Un taureau.)

Ici, le lendemain, il ne décolère pas. « *Il signore è arrabiato* », me dit le portier de l'hôtel, absolument terrorisé.

Sous cette véhémence, le meilleur des hommes, timide, orgueilleux avec une ingénuité de gosse, une sincérité qui me touche. Aucun écrivain ne trouve grâce à ses yeux, et il voudrait toujours que je définisse mes jugements par rapport à ses œuvres...

Comme deux bidasses, nous errons dans cette espèce de station balnéaire bulgare, au bout du monde, les bras ballants, lorgnant les rares filles.

Quant à la patronne de l'hôtel, elle nous prend pour un couple, et voulait absolument nous donner une chambre « matrimoniale »...

1er juin

Toujours, avec Michel Mohrt, cette entente de vieux camarades de régiment en goguette. Des anciens combattants qui se seraient retrouvés à un congrès.

Le jeu nous amuse tous les deux, et je n'ai pas trop de peine à me sentir le contemporain de cet aîné de vingt ans. Lui, de son côté, me rejoint – et au-delà – dans les plaisanteries stupides et les scies. Nous nous « marrons » bien. Mais ce genre de complicité ne survit pas plus que le hâle.

Surpris de le trouver si confiant, si désarmé devant un cadet, me demandant ce qu'il doit écrire avec une ingénuité touchante.

Au festival, Godard divinisé de son vivant, entouré d'un respect dû aux ancêtres, et dont les paroles sont bues comme celles de l'Évangile.

Visite d'Urbino, sous un crachin breton. Superbe tout de même, surtout le Piero della Francesca, le visage de Christ admirable, et puis tous ces palais où, si l'on en croit les plaques, ont vécu d'illustres personnages. Un petit Tolède campagnard.

14 juin

Marie-Laure essaie de persuader la pauvre Émily de donner une réception le 30 juin. Naturellement, celle-ci refuse ; il n'y aura plus personne à Paris. Elle propose le 15 septembre. Et Marie-Laure ronchonne :
« En septembre, en septembre. Mais Émily sera démodée en septembre. »
On fait ici une lecture du livre de ladite Marie-Laure (son visage, ravi, pouffant et en même temps timide, modeste au fond). Le petit C., ne sachant pas de quoi il s'agit, demande ingénument : « Qui a pondu ça ? »...
Catastrophe évitée de justesse.

Vénus accouche de sept petits, que j'occis à l'éther. Aussitôt, elle s'empare du chaton de Hello, âgé d'un mois, sur lequel elle reporte son affection. Un véritable rapt d'enfant. Et Hello assiste, sans protester, couchant sur le tapis tandis que Vénus se prélasse dans la caisse avec le petit. Dans le jardin, dans la maison, elles le suivent ensemble. Elles dorment même dans les pattes l'une de l'autre, le petit au milieu d'elles.
Transposée en roman, chez les hommes, cette histoire touchante deviendrait scabreuse...

18 juin

Journées un peu troublées par les sentiments. Petits accès de jalousie chez T. qui me peinent, m'inquiètent et me rassurent à la fois. Pour l'instant, je crains parfois des attachements trop encombrants, mais jamais – de sa part comme de la mienne – une rupture. Je n'y pense même pas. Plutôt qu'une réelle souffrance (car il m'arrive aussi de ressentir des humeurs jalouses, disons envieuses), c'est l'agacement qui domine.

Tout ce que je voulais ne pas faire, je le fais : petit message, publicité à cette union illégitime, sorties de conserve dans « le monde », etc. Pourtant, je le sais, c'est ainsi que je suis heureux, et parfois même amoureux comme aux premiers jours.

Cela ne m'empêche pas de « courir ». Pendant l'absence de T., le petit J.P.C., vient déjeuner. Un joli visage tendre et triste, étonnamment jeune pour ses vingt-neuf ans. Son regard me boit, m'attire, et sa timidité, qui le paralyse, m'intimide. Je sens bien qu'il suffirait de le prendre dans mes bras. Tous les frôlements, les conversations où nous nous efforçons de parler *d'autre chose* m'y invitent. Mais, peut-être parce que c'est trop évident, je n'ose pas. Ma frustration, quand il repart, vers cinq heures, est telle que je dois... Je suis retenu aussi par le simple fait qu'il me considère un peu comme un ancêtre arrivé. J'ai le désagréable sentiment de profiter de la situation. Je me déplais.

Pour me défouler, je vais à Paris, après le dîner – ici – avec Denise, J.C.L., et les Privat. Rencontré H.V., celui qu'il me fallait pour me calmer sexuellement – donc aussi les nerfs et l'esprit. J'écris ceci à huit heures après une nuit de « débauche ». Le soleil brille. Je me sens tout lumineux, léger, comme transparent de fatigue béate.

6 juillet 1966. La Colombe

Partout, Mamé déclare que bon-papa (quinze jours de clinique, etc.) a été un peu « fatigué » ce printemps. Pudeur bizarre devant la maladie. Euphémisme pour ne pas évoquer, attirer la camarde, ou hypocrisie pour cacher une tare familiale, la maladie apparaissant comme une sorte de honte?

« André Breton, dit Mamé, avisant l'*Anthologie de l'humour noir* sur la table, André Breton, un loufoque! » Trente ans après le surréalisme!

Le curé d'Argenton n'aime pas les efforts inutiles. Plutôt que de monter à la Bonne Dame en procession, il la fait descendre en 2 CV et l'offre en ville à l'adoration des bigotes sidérées.

Rencontré dans la campagne un jeune homme de seize ans, tout timide et gentil. La dernière fois que je l'ai vu, c'était le jour de son baptême. Ses parents, paysans des environs, étaient venus en procession nous le présenter à La Colombe. J'ai tout juste le

1966

double de son âge et je le regarde comme s'il était une gentille mais mauvaise plaisanterie. Lui, naturellement, me considère avec la déférence due aux vieillards arrivés...

La grand-mère Margat, économe, annonçait à sa famille, au moment de servir des mets de luxe : « Il ne s'en prend guère. »

15 juillet

Huit jours à Sainte-Maxime, dont je préfère ne pas parler. Tout continue de se dérouler à l'inverse de mes plans – ou plutôt de mes suppositions. Mais justifie aussi un pessimisme auquel, au fond de moi, je ne voulais pas croire.

L'autre jour, après que mon grand-père fut revenu chez lui, Mamé a murmuré : « C'est fini... enfin pour cette fois. » Pour « cette fois », aussi, tout semble s'arranger vaille que vaille. Huit jours de vacances de moi rafraîchiront peut-être T. Je lui semblerai plus neuf ?...

Mais ce départ brusque, dans mon esprit, était surtout une épreuve, un sondage. Je voulais savoir s'il me laisserait partir seul. Il n'a pas fallu insister beaucoup...

Sommes-nous encore assez souples pour nous permettre ces brouilles suivies de réconciliations ? J'ai, à présent, la hantise de voir tout casser, net. Et nous en serons l'un et l'autre atrocement, absurdement déchirés.

Impossible de continuer à construire en dur si l'écroulement est inévitable. Je suis sûr de moi, et de plus en plus, et de lui, hélas! de moins en moins.

Si ce n'était pas si pénible, quelle belle invention que le mensonge : mais ce petit coup, chaque fois que j'apprends un écart de T. par hasard, me fait encore plus mal que l'aveu immédiat, maquillé de désinvolture.

Hier, Paris morne. Benny. Et puis toujours cet œil malade qui me tourmente, durement.

S'il se nettoie c'est donc son frère.

18 juillet

T. téléphone. Il repousse son retour de deux jours. « Cela ne t'ennuie pas trop ? ». Non. Simplement un intense cafard, qui passe. Comment ne sent-il pas qu'en ce moment, cela me fait mal comme une blessure ? Un rien, un détail, une égratignure, mais je saigne, bêtement. Serais-je un sentimental ? Ce doit être la maladie qui m'incite à m'apitoyer ainsi sur mon sort. Je me fais pitié, je me sens ridicule, et en même temps je souffre exactement comme si la rupture était consommée. Au moins, je saurai ce que c'est quand cela viendra. Et puis non, puisque au travers de mon désespoir, il y a la certitude de le retrouver, de tout effacer... comme si on effaçait quelque chose.

27 juillet

Retour de T., beau, bronzé, calmé. Charmant. Ce n'aura été qu'une alerte.

Chez Jullian, dont le bric-à-brac me remplit toujours d'étonnement, Chalon, Lagrolet et Cazalis. Cette personne, qui faisait la mode il y a vingt ans, sylphide, est devenue une espèce d'otarie bégayante, nageant dans une robe-sac, prononçant des phrases sans suite, et mélangeant à plaisir les noms, les gens, les faits. Snob, avec une sorte de maladresse touchante, monumentale, comme elle. Elle nous entraîne dans une sorte de foire de Far West, en compagnie de son neveu, grand adolescent dégingandé, et d'un superbe garçon qui sort de prison : il était le lieutenant de Degueldre et a trempé dans plusieurs assassinats OAS. De beaux yeux bleu pâle d'une innocence insondable. Ravie, Cazalis le promène fièrement et parle de lui en disant : « mon tueur ».

L'insolence de Jullian est assez drôle. Cazalis raconte son voyage en URSS, voyage dit du Tout-Paris, organisé en l'honneur de je ne sais quel chanteur par Cravenne. Elle est très fière d'y avoir été conviée, et cite les autres. A chaque nom, Jullian s'esclaffe : « Quelle horreur ! Des gens infréquentables ! Mais c'était décidément très " à côté "... Ma pauvre amie, comme je vous plains... »

1er août

Déjeuner ici. Curtis, Brenner, Schneider, Messadié, Ray Purkey et Lindé. Très sérieusement, Curtis et Schneider parlent – ou plutôt laissent parler – de leur élection à l'Académie, avec un évident plaisir derrière une façade de modestie.

Marcel, comme d'ordinaire, « fait son numéro » de réactionnaire préhistorique, accumulant les paradoxes outranciers sur l'animalité des Noirs, qu'il considère à peine comme des êtres humains, etc. Puis il cueille des fleurs des champs dans le jardin, en poussant des « tout ce que nous aimons » ravis... Quand je suis passé le chercher, il attendait devant chez lui, sur le trottoir, petit costume serré, feutre à bord étroit, déhanché, dans une pose si

1966

« gravure de mode », d'une désinvolture (naturelle) appliquée, que nous éclatâmes de rire.

Chambon, au courant de tout, lisant tout, passionné. A l'écouter, je me dis qu'il ferait mon métier bien mieux que moi, et avec tellement plus de plaisir (mais ce n'est pas sûr tout de même, heureusement!).

Revu hier à Enghien *le Diable au corps*. Gérard Philipe, visage de faon, frémissant, juvénile pour l'éternité, merveilleux. Micheline Presle, plus décevante. Le film m'a paru un peu longuet. Le personnage de Marthe, tellement idiot qu'on ne comprend plus cette passion. Les héroïnes de Radiguet en général, si stupides (littérature d'hommes.) L'amour, à les voir, inexplicable. Plus ou moins jolie, c'est toujours bobonne en puissance que les héros recherchent, adorent, portent au pinacle. Ce qu'ils aiment en elles c'est leur confort bourgeois, heureusement contrarié, d'où les romans.

Réaction d'écrivains : Curtis, à qui je dis que je compose en ce moment le livre de Kanters, en choisissant et raboutant ses articles : « Ne m'oublie pas! »

Séjour d'une semaine à Argenton (du 3 au 10) pendant que la mère de T. couche dans mon lit.

14 août 1966. Morainville

André Bernheim, dit le Renard Argenté : visage de Chinois à cheveux blancs, hâlé, sportif (se baignant par tous les temps). Rolls, aisance « financière », urbanité. Irrémédiablement démodé dans ses goûts et ses jugements. Directeur de théâtre, il ne monte que du Sacha Guitry ou du Noël Coward, c'est-à-dire sa génération. Nettement d'avant-guerre.

Du reste, son élégance date elle aussi, d'une époque où Deauville était le centre du monde. De ce monde, il y en a encore beaucoup au Royal ce soir (Élie de Rothschild, etc.), mais un peu bizarre. Comme une assemblée d'exilés qui seraient partis avec leur magot, qui vivent fastueusement, comme avant, dans un monde figé! Un peu la même impression dans la bohème de Montparnasse.

Ed. et ses superlatifs. Tout est divin, grandiose. Le moindre bibelot est un rêve, une splendeur. Et des « vous me sauvez la vie », « sans vous, jamais je ne serais parvenue au bout, c'est génial », etc. On s'y fait. C'est un peu fatigant tout de même. Quelques problèmes à me trouver seul avec elle ici pendant trois jours. Mme Putiphar pas morte. Joseph non plus.

JOURNAL

Cet après-midi, visite à Cabourg pour voir le Grand Hôtel. La fameuse salle à manger n'a rien perdu de sa splendeur. Mme de Villeparisis et l' « horizontale » pourraient y revenir sans trop de dépaysement, mais cette foule du 15 août aurait effrayé la grand-mère. Une station sur la place : un dénommé Bertrand. De Proust, point.

18 août

Oh! c'est un ménage fragile; n'y touchez pas, il est brisé.

La vie de Proust, sans intérêt, sans aventures ni voyages, on s'en passionne pourtant : elle devient un roman, à cause du sien.

Bon-papa : on dirait qu'il sort de la cuisse de Jupiter et de Napoléon Ier.

19 août

Trente-deux ans de ma vie : des nuages et pas même un reste de fraîcheur.

Une heure et demie du matin. T. n'est pas rentré, ne rentrera plus, cette nuit. Petites morsures à le savoir dans le lit d'un inconnu. Pas une véritable souffrance, puisque je sais que les sentiments n'ont rien à voir dans ces contacts, c'est à la peau que j'ai mal, un agacement, comme un frisson persistant. La sensation d'être oublié, nié. Une sorte de sursaut m'anime, un élan rageur qui ressemble à l'instinct de survie.
Seul le talion est l'antidote qui permet d'oublier qu'on est oublié. Mais on n'a pas l'occasion, ni l'envie, de faire l'amour sur commande.

20 août

Fichez-moi la guerre et n'en parlons plus.

23 août

La musique moderne se sera imposée beaucoup plus facilement que celle, autrement révolutionnaire, il est vrai, de Debussy ou

1966

d'Alban Berg. On se sera familiarisé avec elle grâce au cinéma. On l'aura entendue avant de l'avoir écoutée. Dans un documentaire les assonances les plus osées ne nous étonnent plus. Passer de l'écran au concert, ce n'est plus qu'un pas léger.

24 août

La solitude, quand elle devient insupportable, est une soif, la pire. Et puis on a soif de solitude.

Toujours à propos de Kanters, dont je compose l'ouvrage. X. me demande s'il y est. Je suis évasif, il n'a publié qu'un livre, et je ne sais pas si... Puis, aussitôt, il veut savoir si Sollers y est. L'œuvre, il s'en moque; c'est l'âge. Il y a quelque chose du tableau d'avancement des fonctionnaires chez les littérateurs.

Mon « ménage » n'est jamais évoqué dans ma famille. Mais si ma mère me donne du maïs, elle m'offre deux épis. Reconnaissance *de facto*, aussi subtile dans son expression qu'une manœuvre de diplomatie.

25 août

La plupart des auteurs écrivent au-dessus de leurs moyens; l'oubli bon enfant réglera leurs dettes.

27 août

En rêve, ce leitmotiv : tous les fléaux sont rouges; le feu, le sang, la Chine.

La Jalousie du barbouillé. Jamais pensé à la vérité de ce titre de farce. Pourtant c'est exactement mon sentiment; je suis « barbouillé » de jalousie, espèce de nausée latente qui empoisonne mes moments, analogue à quelque mal d'entrailles. Tristes histoires de tripes.

Leiris, entreprise passionnante et dérisoire, qui ne pourrait se justifier que par le style. Hélas! il écrit – à présent – avec une lourdeur navrante. Ah! *l'Age d'homme*, où il était écrivain sans le savoir...

JOURNAL

5 septembre

L'âge dort.

Enfin une chronique dramatique, par le plus grand des hasards. Toujours de la chance. N'en suis pas heureux comme je devrais l'être. Pourquoi? A trente-deux ans, ce n'est pas trop tard.

Mes tourments conjugaux un peu apaisés ces jours-ci, après un coup d'arrêt de ma part, involontaire mais sincère. Ce soir, cependant, il est une heure, et T. n'est toujours pas rentré de Calais où il s'est rendu pour ses affaires. Il a pris tant de soin ce matin pour me prévenir qu'il ne pouvait pas prévoir quel train il prendrait pour revenir que je commence – enfin – à avoir des doutes.

J'en aurais de toute façon. S'il rentrait pourtant, je crois que je serais soulagé. L'abandon de la nuit, c'est comme une gifle. Je vais reprendre *De l'amour* pour le lire « en condition ». Homme de lettres pas mort, même jaloux!

10 septembre

Des hommes, il en faut pour tous les dégoûts!

14 septembre

Kanters, revenu très enthousiasmé par New York. Néanmoins, il me raconte que les quartiers noirs sont, pratiquement, interdits aux Blancs. Un de ses étudiants lui ayant demandé si le racisme était virulent en France, il lui a répondu : « Non, en France, les Blancs sont en liberté. »

25 septembre

Le petit garçon de Trassard, dix ans, revient du Cambodge. Il a vu là-bas, prétend-il, Mao Tsé-toung (il doit le confondre avec Chou En-lai, mais peu importe).
« Et tu sais qui est Mao?
– Oui, c'est l'empereur de Chine. »

Déjeuner avec Edmonde, dans l'appartement de sa mère, au rez-de-chaussée. Un vieux domestique, des biftecks au rabais dans une argenterie superbe, du Nicolas dans des carafes de cristal, et

1966

tous les meubles recouverts de housses (parce que la maîtresse de maison est encore en vacances.) Climat très tchekhovien, un peu mis en scène par Edmonde, et le sentiment étrange de vivre une scène de roman d'avant 1914.

X. est tellement laide que je la regarde sur la pointe des yeux.

26 septembre

Seul, ce soir, et je sais, ou je devine ce que T. peut faire en ce moment. Je m'en moque éperdument. Il y a un mois, je me serais tordu dans les tourments de la jalousie.
Bizarre, la passion. Dépend de moi, de moi seul. « L'autre » n'a aucune importance.

14 octobre

Promenade dans les environs, après avoir écrit un bon article – pour une fois – sur Daniel Boulanger. Découvert deux propriétés abandonnées, en plein cœur de Montmorency, immenses, ravissantes, et un fond de vallée, insoupçonnable de la route. Un après-midi doux comme je devrais les vivre toujours, au lieu de perdre mon temps à Paris.
A Londres, trois jours. Une nuit curieuse (croupier) et une autre très ambiguë, avec un gentleman tel qu'on les imagine.
A présent, un orage violent, superbe. A l'intérieur, on se sent comme « vêtu » par la maison chaude. C'est délicieux.
Au cours de cette promenade, passé mon temps à imaginer ma vie dans ces diverses maisons. Toute ma puissance créatrice, si j'en ai, fuit dans ces rêveries.

15 octobre

Corollaire : catégorie de maladies infectieuses qui se communiquent, en particulier par la flore intestinale. Ex : la typhoïde est le corollaire de la pollution des eaux.

24 octobre

Chez Florence Gould, assis en face de Jouhandeau, resplendissant, rose, superbe. « Quel malheur, dit-il, d'avoir quatre-vingts ans, quand la vie est si belle. »

JOURNAL

Très fier d'être le président honoraire de la coopérative amoureuse de Rueil, dont il prétend être le seul survivant, précisément parce qu'il était honoraire et ne payait pas de sa personne.
On parle, bien sûr, de la lettre ouverte de Peyrefitte à Montherlant. Florence, émergeant de son ivresse chronique assez pâteuse, rappelle qu'un jour, avenue de Malakoff, elle avait réuni Gide, Montherlant et Jouhandeau. Et elle ajoute, en bonne maîtresse de maison : « Cela ne donnait pas bien. »
A ce déjeuner, Mme Simone, quatre-vingt-dix ans l'an prochain. Parfaitement vivante et consciente. Remontée, recousue, elle a l'air d'une femme empaillée, animée par un petit moteur électrique très lent qui lui permet de faire des gestes, très précis mais comme décomposés. Un peu gêné, parfois, de constater que les yeux ne sont pas en face des trous, tout à fait.

Jouhandeau, à nouveau, chez Guirche. Ce joli lapsus : à l'annonce (fausse) de la mort de Gaston Gallimard (avec lequel il est actuellement en litige), il déclare qu'il a envoyé des « épigrammes » à sa famille...

29 octobre

Dîner chez Denise Bourdet. Curieux, sa façon de dire avec révérence, en parlant de son mari : « Édouard Bourdet »...
Gloses avec Marcel Schneider pour savoir si Proust haïssait ou non son frère. Sur l'incompréhension des familles, Denise Bourdet fait état d'une lettre de Robert Proust à Gaston Gallimard, suppliant qu'on ne publie pas *Sodome et Gomorrhe* pour ne pas déshonorer la famille...

2 novembre

Marion regarde avec nous *la Cerisaie* à la télévision. Apparaît André Brunot, qui joue le vieux domestique. Et Marion : « Ah! ce cher André. C'est lui qui m'a dépucelée. Il avait une queue toute petite! »
Après cette pièce, une émission sur la musique par Claude Rostand, son dernier amant.
Ce raccourci télévisé de sa vie sentimentale l'a fort bouleversée. Elle passe la journée du lendemain au lit...

1966

4 novembre

Un début de roman : « Il m'est arrivé de vivre... »

Dîner russe Démeron, T. et moi. Grâce à la vodka, appris encore une miette du passé, échappée à T.
Pour le jaloux, le passé de l'autre est un mur décrépi qui s'écaille lentement. Un jour, enfin, il s'écroule. Un autre paysage apparaît (ou un autre mur). On franchit allégrement les décombres. C'est fini.
Le Val-de-Grâce, éclairé, sous la première neige de l'année, féerique. Impression d'être très loin, très loin.

8 novembre

Pas envie d'écrire ni de publier à présent. Me garder un peu de jeunesse pour plus tard.

Les arbres du Jardin des Plantes, qui portent respectueusement leur carte de visite à la boutonnière, comme des congressistes novices un peu gênés, un peu fiers aussi.

La littérature encagée.

21 novembre

Goncourt d'Edmonde : surprise pour tout le monde, y compris nous (Grasset).
Mille, à la réception, pleurait...
Baiser historique Edmonde-Maurice sous l'œil de Bazin.
Un grouillement de gens dans les bureaux et un air général de joie, assez charmant.
Fait un tour chez Gallimard, plutôt désert, pour complimenter, consoler Cabanis. Mais c'est un écrivain au-dessus de tout cela, je crois.

24 novembre

Cherché dans mon journal de l'an dernier une trace de la mort de Nicole Védrès, dont l'anniversaire, me semblait-il, tombait ces jours-ci. Rien. Pas une ligne sur une blessure qui ne se referme pas. Pudeur, inconscience ? Je ne m'explique pas mon silence. J'ai

JOURNAL

dû fouiller dans mes articles pour retrouver la date exacte, déjà passée : c'était le 20 novembre.
Et ce 21 je fêtais le prix Goncourt d'Edmonde, joyeusement, et le lendemain la trois-centième de Obaldia. Et personne ne m'a parlé d'elle, personne n'y a pensé, pas même moi. J'ai honte, et j'ai peur. Cet oubli, si rapide, c'est pire que la mort, c'est comme si nous étions tous déjà morts. Il suffit de penser qu'on sera oublié... C'est plus pénible à imaginer que le simple passage de vie à néant.

26 novembre

Depuis une quinzaine de jours, T. couche deux fois par semaine « en ville ». Bientôt il ne viendra plus qu'en week-end. Il se plaint gentiment d'avoir « mauvaise conscience ». Il n'y a pas de quoi. Cela s'appelle sans doute la fin d'un amour. S'il y a quelqu'un qui devrait avoir mauvaise conscience, c'est moi, qui ai la lâcheté de le regarder mourir jusqu'au dernier soubresaut, en croyant à l'impossible – sans y croire.
Curieusement, il y a chez T. comme une passivité qui l'empêche de résister, le paralyse devant le désir d'autrui. C'est une souris hypnotisée qui se laisse manger sous mes yeux, navrée. Ses amours doivent en être empoisonnés, comme les miens. Mais ma vaine générosité, je le conçois, doit lui sembler insupportable. Ce qui ne l'empêche pas d'y recourir. Curieux mélange d'orgueil et de faiblesse, d'égoïsme et d'attentions. Insoluble.
Et une fois de plus je gamberge. Acheter la maison ou pas? Vivre comme un étudiant? Partir?
Tout de même je n'aurais pas cru que je connaîtrais si tôt les misères de la « vieille maîtresse ». Sale expérience.
Après T. il faudra que je me résigne à faire comme les autres : ne m'intéresser qu'à moi-même. Je deviendrai un écrivain.

7 décembre.

Les cartes de visite que l'on distribue, appels au secours de civilisés.

Dîner chez les Mohrt, avec Edmonde, fatiguée, jouant les reines en visite.

10 décembre

Opéra *(Don Carlos)*, avec Hervé Mille et Mlle Chanel. Extraordinaire charme de cette très vieille dame, presque encore désirable sous ses fards. Son regard reste vif, son sourire ironique et engageant. A un peu l'air d'un chef indien sous sa perruque noire, mais une allure étonnante, souveraine.

Elle raconte : « Un jour, une amie débarque chez moi, à neuf heures du matin, et me dit : " Nous allons voir Sarah Bernhardt."
– Comment, à cette heure-ci?
– Mais elle est morte cette nuit ". »

Et Coco ajoute : « Je l'ai vue dans son cercueil. Elle avait l'air d'être tout en bois, comme si sa jambe avait gagné le corps entier. »

Elle s'endort au troisième acte. Soudain, les épaules rentrées, la tête penchée sur sa poitrine creuse, elle n'est plus qu'un cadavre assis, une momie qui respire à peine. Horrible spectacle. On se demande toujours si ces vieilles personnes vont se réveiller.

Déjeuner France-Canada. Simon très brave, Chamson intarissable.

Dîner à l'Élysée Matignon, avec Denise. A côté de nous, les Pasteur Valléry-Radot, les René Clair et Druon. A une table voisine, seul avec sa femme, les dévorant des yeux, Michel Droit...

Dans l'après-midi, Marcel, pour parler de son recueil à paraître. Me montre son journal intime, où les rêves sont écrits en rouge, et le reste en bleu. On reste professeur jusqu'à la mort! Il garde aussi, dans une chemise, des tas de papiers qui lui rappellent des moments : cartes postales, billets de chemin de fer, notes d'hôtel. Dans cent ans, cela pourrait être amusant à feuilleter. Mais quel admirable égocentrisme! Et tout cela bien collé sur des cartons, mis en page et commenté. Douceur du gargarisme satisfait, charme, aussi, de cette ingénuité.

13 décembre

Réception chez les Morand. Madame me prend à part, pour me parler des Chardonne, à qui elle a proposé d'habiter leur cathédrale pendant deux mois, pour qu'ils soient à Paris.

« Et qu'ont-ils répondu? (Comme si ce déménagement à quatre-vingt-trois ans était imaginable).
– Ils ont refusé, avec enthousiasme. »

Chez Emily, la foire habituelle, augmentée de quelques recrues nouvelles, dont les Brosse et quelques autres. Retrouvé Josette Day, peu changée, ne buvant plus, et courant après son chauf-

JOURNAL

feur, qui l'attendait toujours à la porte des Morand. Dialogue burlesque (au téléphone) entre Josette et Hélène Morand : « Voulez-vous dire à votre maître d'hôtel de dire à mon chauffeur...? »

Après-midi romantico-étrange avec C.L. Quelque chose de tendrement équivoque avec des accidents bizarres, etc.

1967

17 février

Madeleine Renaud, petite pomme chinoise, me reçoit dans sa loge pour parler d'Albee. Charme, vivacité, sans détours inutiles. Spontanément, s'amuse d'une impertinence, vous prend à témoin, vous confie quelques vacheries gratuites sur les uns et les autres, histoire de vous mettre à l'aise, dans le coup; goût du secret, des apartés. Jeu de scène énorme, devant l'huissier, pour me confier son numéro de téléphone, comme si ce podagre allait l'appeler, ou vendre à des messieurs ce trésor...

Tout de même, après Terzieff, être joué par Madeleine Renaud, et Feuillère, c'est plus que de la chance, et un peu immérité, puisque ces pièces ne sont pas de moi.

Nouvelles sociales : le mauvais traitement des tortionnaires va être relevé de deux pour sang.

27 février

Macabres. – L'ambassadeur Chauvel qui offre des concessions à perpétuité à ses enfants comme cadeau d'anniversaire. Ghislain de Diesbach qui met de l'argent de côté pour son propre « monument »... funéraire.

Deux heures du matin. Pleine lune. Un vacarme effrayant d'oiseaux de nuit et de chats en chaleur. Mais quel silence! Comme cela me navre de quitter cela, faute de quelques millions!

JOURNAL

3 mars

Dîner chez Edmonde, avec Nourissier et Peignot. Celui-ci apporte, encore humide, le premier exemplaire de son essai sur la typographie. Charmant de naïveté; son côté savant Cosinus toujours ahuri, comme sortant d'un songe. Sa myopie y est évidemment pour un peu. Mais le malheureux est menacé de cataracte. Le veinard!...

Faire-part : « Nous avons le plaisir d'annoncer la mort de M. X., rappelé au diable le... »

5 mars

Anniversaire de T. Par hasard, j'y pense, et lui achète des babioles. Joie enfantine, charmante, de T. Puis, au hasard de la conversation, un détail me prouve qu'il m'a trompé aujourd'hui même. Peu d'importance, mais mon désir disparaît aussitôt. Un mot, une réflexion. Et ce silence (raisonnable) de T. sur ses fredaines m'énerve plus que si j'en savais davantage. J'essaie de reconstituer son emploi du temps, de combler des trous, d'imaginer. Mauvais pour la santé morale. Et si vain.

Dîner chez d'Uckermann, avec les Gaxotte, Démeron et Peyrefitte. Une assistance choisie : interminable monologue de notre hôte sur la façon dont il a « fait » l'élection de Jules Romains. Une histoire, pourtant, est drôle.
Au moment de l'élection de Mondor, il a hébergé Farrère, fort malade. Le candidat Mondor, qui était également médecin des hôpitaux, lui administrait chaque jour de la pénicilline, médicament encore fort rare à l'époque, et le dorlotait comme un dieu. Le jour de l'élection, on dope Farrère. Mondor le fait chercher dans sa voiture et il va voter. Mondor est élu.
Sur le coup de six heures, un huissier téléphone à d'Uckermann : « Il y a ici un vieux monsieur qui attend depuis deux heures qu'on vienne le prendre en voiture. »
Le lendemain, plus de pénicilline – pourquoi la gaspiller? – et la fièvre remonte. Mondor vient et déclare avec conviction : « Il faudrait appeler un médecin. » Lequel, de quartier, a décelé une colibacillose dont il l'a guéri.

6 mars

La vieille Mme Delbo s'étonne de voir la télévision fonctionner si tard.

1967

« Qu'est-ce qu'il y a donc ce soir ?
– Le résultat des élections.
– Des élections ? Et ça mène à quoi ? »

14 mars

Conversation entre Ronsard et du Bellay, par exemple à la veille du voyage à Rome : une scène de comédie : ils sont sourds comme des pots tous les deux.

16 mars. Rome

Rome, plus belle encore que dans mon souvenir. Promenade autour du Forum, du Colisée, et retour par le Capitole, admirablement éclairé. Transporté de joie, au point d'en avoir les larmes aux yeux.
Déjeuner avec Elsa Morante, à Veio, capitale sinistre et superbe des Étrusques. A seize kilomètres de Rome, c'est la pleine campagne déjà. Finalement, la ville a moins changé que je ne le craignais, en dix-huit ans. Les noms des rues, des églises me sont étrangement familiers, comme si je retrouvais la mémoire d'une vie antérieure, lointaine, lointaine.

28 mars

Séjour chez Edmonde en Normandie, avec T. Visite à Jeanson à Honfleur, et à Colin à Caen, ville superbe la nuit, avec ses églises illuminées. Edmonde, « superlativement » charmante quand on s'est fait à son vocabulaire démesuré. (Tout est sublime, divin, etc.)

Paulhan. Poisson frit déguisé en huissier triste.

12 avril. Londres

A déjeuner, hier, chez Maxim's, Aragon raconte pourquoi il a commencé des études de médecine : « Comme mon père n'avait pas épousé ma mère, j'étais en quelque sorte la honte de la famille. On voulait que j'aie au moins une carrière honorable... »
Alexandre Arnoux, a, paraît-il, téléphoné chez Grasset le matin, pour demander où avait lieu le déjeuner : « Il y a un Maxim's à la République, un autre à la porte de la Villette, un autre rue de la Paix, et votre invitation n'a pas d'adresse... »

JOURNAL

Ici, dîner chez Nadine. Sa mère, juive russe élevée en Égypte et ayant vécu en Afrique noire, avant de venir finir ses jours à Londres. Pétulante personne, d'un pittoresque merveilleux. Elle parle le yiddish, le russe, l'arabe, le swahili (langue du Kenya), l'italien, le français, et l'anglais bien sûr... A chaque locution un peu typique glissée dans la conversation, elle dit, en clignant de l'œil, « comme dit l'autre ». Effet comique irrésistible. Cet « autre » devient une personne envahissante, une espèce de créature mythique à la Ionesco.

Me raconte comment son mari, maltais, résultat du croisement italo-anglais, s'est fait circoncire à trente ans pour l'épouser! « J'avais des principes, dit-elle. Du reste, ce n'était rien d'autre, car je ne suis pas croyante et ne l'ai jamais été. »

Son côté « vieux colonial », avec des histoires de « boys » idiots, battus, dévoués, et innombrables.

« *Ah! we had fun, at that time.* »

4 mai

Soirée à l'Odéon, suivie d'un souper, Madeleine Renaud vient à notre table, et me parle naturellement d'Albee. Elle me dit les réactions d'Edwige à la lecture du rôle à elle destiné.
« Vous comprenez, elle est choquée. Il paraît qu'elle ne peut pas dire : " Pose tes couilles sur le parquet "! (La citation, approximative, dite du ton le plus naturel.) Je lui ai répondu : " Ma petite, si tu n'en veux pas, moi je le dirai. Je suis sûre de mon effet. " »

En vérité, le texte dit : « Ta maman s'est fait plus d'une fois titiller le clitoris au fond du jardin. »

Denise, parlant de Camille : Oh, je n'aime pas ce genre de femme. Elle a l'air d'avoir des yeux sur le plat. »

22 mai

Retour d'une semaine à Sainte-Maxime avec Denise F. Grattez la femme du monde, charmante, jolie, usez-la en huit jours, et il ne reste plus qu'une petite-bourgeoise gâtée par l'argent. Dommage. Et même pas de vrai soleil.

Le sourire frais, les fossettes de P.L. : un secret, avoir vingt ans.

1967

7 juin. Saint-Brice

Il est six heures. Le monde est en feu, là-bas, en Orient. Le mien, d'Orient, brûle aussi, superbement. L'oiseau qui chante « Lotte Lenya, où es-tu ? » siffle son leitmotiv. L'air est d'une douceur de paradis, et le jardin vaut celui d'Éden. Malgré une nuit blanche, reposé comme ceux qui se lèvent « frais et dispos » dès l'aurore... dans les romans. C'est le terme d'une petite aventure, elle aussi d'un romanesque trop bien trouvé pour être cru.

L'an dernier, le 6 juin exactement, je rencontre, fort tard, un Indonésien charmant, que je ramène ici, par exception. A l'aube, par un matin aussi resplendissant que celui-ci, je le reconduis à Paris. Nous nous séparons fort contents l'un de l'autre; échange d'adresses. Promesses de téléphone. « Mais, dit le garçon, ne m'appelez pas au bureau; mon ami et associé est très jaloux. Les couturiers sont comme ça... » Et cette nuit, fort tard, je rencontre, un an après jour pour jour, un couturier que je ramène ici par exception, etc. Échange d'adresses. Et il me recommande de faire attention, car son *alter ego* prendrait très mal ses écarts de conduite, s'il les soupçonnait... C'est l'ami. L'espèce de jubilation qui vous saisit dans des cas semblables, comme si l'on s'était amusé un instant à être Dieu.

Dîner d'amoureux avec T. Sous l'empire de l'alcool, il me raconte ses fredaines, et j'écoute son récit sans la moindre jalousie. Ce qui devrait être, toujours. Mais s'aimerait-on encore, si l'on se connaissait si bien ? Dilemme : savoir et souffrir, ou souffrir de ne pas savoir. Mais il faut aussi savoir souffrir, et souffrir de savoir...

18 juin

Journée électriquement érotique parce que Gérald est venu, accompagné d'une somptueuse putain à laquelle le plus vertueux ne saurait être insensible. L'air détaché de chacun, le manque de naturel sont à eux seuls un spectacle. Et j'étais naturellement l'un de ceux-là, voyeur et vu.

21 juin

Sur la terrasse de Saint-Brice, huit heures du soir. Sur le moment, la décision de quitter ce paradis m'a peu coûté : délivrance d'un poids, plus de dettes énormes à payer pendant vingt ans, spectre des réparations écarté... Mais ce soir, en arrosant, j'ai comme un coup de cafard, en regardant les choux qui ne seront mûrs qu'après mon départ. Envie de pleurer, impression d'être coupable en ne préservant pas ce petit paradis de la vulgaire patte des « promoteurs », qui vont s'empresser d'abattre la maison du meunier pour la remplacer par des HLM. Ceux de ma génération auront vu la population doubler en l'espace d'une vie, et même d'une courte vie, car ce sera fait en l'an 2000, à moins d'accidents de parcours. Une telle rapidité dans le changement est difficilement supportable pour un esprit lucide. C'est à peu près comme si un homme né au Moyen Age terminait son existence sous Louis-Philippe, à l'accéléré. Il y a de quoi s'essouffler. Du reste, on n'a même pas le temps de pleurer. Ah! si j'étais un homme d'affaires, je l'aurais faite, celle-ci, coûte que coûte. Mais ç'aurait été pour revendre ensuite.

23 juin

Première lecture de la pièce, dans la loge de Barrault, avec Feuillère, Dauphin, Renaud, Guisol, Valère, et, dans un coin, Desailly. Ces messieurs-dames ânonnent, sauf Feuillère, qui joue déjà, prenant ses temps comme si le public était là. Le plus drôle c'est le jeu que joue Madeleine pour laisser croire à Edwige que celle-ci interprète le rôle qu'elle aurait aimé prendre, alors que je sais pertinemment qu'elle n'y a jamais songé, tandis que l'autre parle de son « petit rôle secondaire », bien décidée pourtant à tirer la couverture à elle.

3 juillet

Dîner ici, avec Hullot et sa bande, qui se sont imposés sans vergogne. Difficile de contenir ma mauvaise humeur, mêlée de rancune, et compliquée de reconnaissance...

Juillet

La superbe de Marcel Schneider. Au restaurant, on lui apporte une assiette bien garnie, et il s'écrie : « *Nous* sommes gâtés! »

29 juillet

Pour mémoire, comme disent les dames du monde. Début du mois, voyage à Rome, trois jours. Merveille de cette ville sous le soleil (le Pincio surtout, cette fois-ci) et visite à Vadim dans

1967

l'extravagante hacienda qu'il habite sur la Via Appia. Rencontre de Michael. Le départ d'un émigrant à l'aéroport, avec toute la famille en larmes. Retour ici. Dîner chez Denise avec Marcel et les Bauër – ce dernier faisant un terrifiant sifflement de bouilloire, pénible. Venue de M., charmant, sentimental... et malade comme moi pendant deux jours. Location d'un appartement rue de La Rochefoucauld... qu'il va falloir meubler, et retour de T. beau et bronzé, tandis que le petit Pierre respire l'air des cimes dans les Alpes. Ces temps-ci, « j'ai deux amours » ne me suffit plus, mais c'est à distance, grâce à Dieu.

Et puis Saint-Brice, toujours, juqu'à la fin août. Un amour de plus, déçu, celui-là...

30 juillet

T. et moi. On s'aime sur la pointe des pieds.

4 août

Avec Berger, à l'Œnothèque. Il a trente-quatre ans; j'en ai trente-trois (presque). Tous deux, nous convenons que nos vies (sentimentales) sont terminées. Il peut encore se produire des accidents, des catastrophes, mais plus d'aventures vraies. Alors, est-ce un choix si dur, la littérature? Je me demande si, maintenant, ce ne sera pas pour moi un besoin, une soupape, une délivrance. Les vraies joies, ce sont les œuvres qui me les donnent à présent, comme ce *Blow-up* que j'ai vu ce soir. Je traînais mon cafard sur les Boulevards, et me voici à présent tout exalté, lessivé, net comme un sou neuf. T., T., compagnon, présence; bientôt meuble? C'est horrible. Et moi-même, aussi, à ses yeux, j'ai l'impression de me « pierrifier ». Pygmalion à l'envers. On appelle ça un couple : deux potiches, deux chiens de faïence qui ne se regardent même plus...

10 août

Travail à Chambourcy avec les Renaud-Barrault, qui me jouent leur comédie du bonheur. Parce qu'ils sont un des symboles du couple exemplaire, ils sont forcés d'entretenir eux-mêmes la légende.

JOURNAL

20 août

Après plusieurs mois, déjeuner en compagnie des Chardonne, en excellente forme. Nous allons chez Cazeaudehore, dans la forêt de Saint-Germain. Déjeuner charmant, ensoleillé, avec un Chardonne pas trop sourd. Il raconte que cette nuit, n'ayant rien pour écrire, il a essayé de noter une pensée avec son sang. En vain. (De son côté, faisant le contrepoint comme à son ordinaire, Camille commente : « Il a essayé d'écrire avec du dentifrice sur la couverture de la NRF. Son sang! ») Puis Chardonne, qui ignore – qui n'entend pas cette rectification –, poursuit : « C'est terrible, de laisser échapper une pensée. On ne sait pas où elle ira. Elle est formée, vivante; elle se posera forcément quelque part. Je ne veux pas que n'importe qui s'approprie une pensée de Chardonne. » Jolie, cette idée d'une pensée qui s'envole, comme un papillon.

Dîner chez les Morand, aux Hayes, avec les Nora. Hélène Morand, quasiment sourde et presque aveugle, réussit à jouer le jeu de la femme normale avec une maîtrise extraordinaire. Si on ne le savait pas, on pourrait croire qu'elle vous voit et vous entend comme une jeune personne. Comment se débrouille-t-elle pour avoir l'air d'avoir tout lu? Morand doit lui faire la lecture. De temps en temps, si la conversation baisse un peu, il lui fait des petits résumés des propos tenus, d'une voix de stentor. Et il l'interroge souvent, comme une autorité, toujours plein de tact, d'attention. Encore un couple – mais moins comédien – comme Aragon-Elsa ou Madeleine-Jean-Louis. Toute la soirée, Nora parle des *Antimémoires* dont il vient de lire les épreuves, avec une certaine déception. Trouve que Malraux n'a pas évolué depuis vingt ans, et parle de ce qu'il ne connaît pas avec une autorité déplacée. Il plane sur les hauteurs, mais cela sonne creux là-haut. Du reste, tous les grands de ce monde qu'il a vus ne disent rien. C'est toujours lui qui parle, et un peu dupe de ses tournées de commis voyageur de la France qu'il prend au sérieux.

Morand dit qu'il ne peut pas s'asseoir à une table. Il note sur des bouts de papier, au marché de Bourdomé, en promenade, à cheval, au hasard.

Il nous reconduit au portail. Puis je le vois s'éloigner dans la nuit, les jambes arquées, voûté, et pourtant solide sur ses jambes, lourd comme un cavalier de plomb qui a perdu son cheval.

Pierre Nora raconte que l'avocat de Landru aurait utilisé une feinte astucieuse : « Messieurs, Landru est innocent. La preuve? Une de ces femmes qu'on l'accuse d'avoir brûlées est bien vivante. Elle est là, derrière cette porte, elle va entrer. » Et toute la salle avait tourné la tête, montrant par là qu'elle avait cru un instant à

1967

l'innocence possible du prévenu. Mais Landru, lui, n'avait pas tourné la tête. C'est ainsi qu'il la perdit.

27 août

Le rêve : *Nulla dies sine idea.*

« Quelle est la différence entre une poule et une cocotte? demande T.
— Une poule, c'est une cocotte-minute. »

29 août

Le travail difficile avec Delouche. L'impression de jouer au ping-pong avec un édredon.
Daniel Boulanger à dîner, avec Françoise Lebert. Il ne parle pas, il évoque. Ses phrases ne finissent pas; elles s'achèvent en gestes, en onomatopées, en grimaces. Excellent acteur, un peu gros. Il a l'air de beaucoup s'amuser lui-même, ce qui doit lui rendre la vie heureuse.

30 août. Saint-Brice

Passé une heure dans la bibliothèque, débarrassée de mes affaires. Impression de me retrouver trois ans plus tôt, alors que je m'installais avec l'illusion de ne plus jamais repartir. Cafard intense à feuilleter tous ces livres que je n'ai pas eu le temps de lire, à quitter ce calme, ce merveilleux silence de la maison, la nuit. Pas le temps! Seule richesse.

21 septembre

Pendant la répétition, Edwige Feuillère s'embrouille, bafouille, et s'excuse en minaudant : « Que voulez-vous, quand on engage une débutante! »
Madeleine Renaud, de son coin, réplique : « C'est par économie! »
Et Jean-Louis Barrault, pour arranger les choses : « Ce n'est pas le cas, ma belle. On ne peut pas être et avoir été. »

Cette femme inconnue, qui a écrit à Barrault, après *les Paravents* : « Vivement la bombe, qui tuera tous les antimilitaristes!... »

JOURNAL

Enterrement de Gérard Bauër. Tout le *Figaro* à Charonne. Et *Ce n'est qu'un au revoir, mes frères* à la sortie. Près de la sienne, la tombe de Brasillach.
Dans un coin, une couronne : « RESTAURANT DROUANT ».

24 septembre

Première du film d'Albicocco. Aucun des acteurs ne me satisfait pleinement. Chacun a son Grand Meaulnes, et ce grand nazi aux yeux bleus n'est pas le mien. Seul Frantz correspond à peu près à ce que j'imaginais. Albicocco a fait de cette merveilleuse histoire poétique un film mi-musée Grévin, à grand renfort de vaseline sur les lentilles, mi-morbide, en insistant lourdement sur la mort d'Yvonne et le mélo. Dans un coin trône Isabelle Rivière, en robe longue noire, très impératrice Eugénie sur sa fin.

Denise Bourdet à la clinique. Elle est elle-même jusqu'à la taille, avec fard, bijoux, colliers, soies, châles. Et puis il y a ce lit, ces draps, la mort qui l'a déjà prise aux pieds, et ne la lâchera plus. Horrible.

Kanters, odieux, et Curtis qui fait des mots : « Cau ? Il fait jouer " Qui a peur de Marie Bell ? " »

26 septembre

Dîner à deux dans un petit restaurant à tonnelle, par une chaleur estivale. Doux et charmant. On s'aperçoit qu'on se connaît depuis quatre ans. « Je n'aurais pas cru que je rencontrerais le grand amour si tôt », dit T. avec un certain sourire, un peu triste, un peu ému.

5 octobre

Albee de retour. A la répétition, les acteurs tremblent comme des feuilles. Une espèce de haine les unit contre lui, jouant les sphinx dans son fauteuil. Ils se trompent, bafouillent, oublient leurs places, s'énervent. Finalement, Albee semble assez content, quoique chiche de compliments. Barrault, limande à ses pieds, limace, rampe. Étrange, cette panique de ces vieux monstres devant ce jeune homme.

Nous faisons réflexion sur les difficultés de rapport avec les auteurs.

« Nous avons surtout travaillé avec les morts », dit Madeleine Renaud.

1967

L'œil frisé d'Albee, son sourire de Reims, un rien Fouquier-Tinville.

10 octobre

Avec ce charme, ce sens admirable du théâtre, cette intelligence, Madeleine Renaud dit un texte dont elle ne comprend pas un traître mot. A une question qu'elle pose, je m'aperçois qu'elle parle sans savoir ce qu'elle dit. Jean-Louis Barrault perçoit ma surprise, et s'écrie : « Vous savez, Madeleine a joué cent fois *les Fausses Confidences*. Elle ne sait toujours pas de quoi il s'agit. »
« Ce soir, nous passons la douane, dit Barrault. C'est la générale. »
Cette espèce de haine, profonde, des acteurs pour les critiques. Ils en parlent comme tout un chacun parle des flics.

11 octobre

Avec Madeleine, aussi bouleversée que moi, visite à Denise Bourdet, agonisante. Dans la matinée de dimanche – alors qu'elle allait beaucoup mieux, parlait de ressortir, etc., une hémiplégie (comme Nicole Védrès, c'est le cœur qui lâche quand la métastase gagne). Inconsciente, ou presque, son corps lutte, son corps seul, estropié. Jeudi, elle était encore peinte, fardée, avec ses bagues, sa chaîne d'or au bras, sa coquetterie, son sourire. A présent c'est une autre, une vieille cavale avec le visage tout déformé, grisâtre, qui halète, râle. Horrible. On dirait une machine qui fonctionne de sa vie propre, qui n'a rien d'humain. Dans un coin, alors que Mme de Ravenel et Nicole Champain la veillent, lui tiennent la main, une infirmière lit un roman. Dans le salon, Sauguet parle à l'imparfait, aimable, pas du tout l'homme de ces circonstances.
Dans l'ascenseur, je me mets à pleurer comme un idiot dans les bras de Madeleine. Ce qui me révolte, c'est cette laideur, soudain. Et puis cette lutte, inutile, fragile et tenace, une espèce de refus de mourir comme un défi, un reproche, jusqu'à la dernière seconde, comme si nous étions tous coupables – de vivre.

14 octobre

Enterrement de Denise au Gros-Caillou. Je craignais le raout mondain déplacé, alors que l'assistance est au contraire très recueillie.
Le moment affreux, c'est le trou, au cimetière de Passy. On voit,

JOURNAL

au fond, la dalle sous laquelle repose Édouard Bourdet. Un viol bizarre, affreux.

Avant-hier, j'étais allé voir le corps. Entourée de fleurs, le visage serein, de nouveau très belle. Sur la figure une gaze, comme un voile de mariée. Dans le salon, seule, inébranlable, plutôt excitée par tout cela, Hélène Morand, quatre-vingt-dix ans, s'apprêtant, sans la moindre crainte, à passer sur le billard pour se faire ouvrir le ventre. « Une opération de rien du tout », dit-elle.

A la répétition, puisque la vie continue. Barrault explique une scène, évoque la nuit, le travail de nuit dans le théâtre, cette sérénité, cette excitation, quand toute la ville dort, quand les critiques dorment, etc. « On a l'impression d'avoir trois mètres cinquante au lieu d'un mètre soixante-dix. » Or, avec ses talonnettes dans ses souliers, il est plus petit que moi, qui mesure un mètre soixante-sept...

19 octobre

Hygiène. – L'employé du syndic vient me visiter. Il me montre le compteur d'eau. Je m'étonne que chaque locataire ait le sien. Ne serait-il pas plus simple de répartir les charges?

« Mais, dit l'homme, *supposez* que vous preniez des bains tous les jours... »

Logique. – L'antiquaire de la rue Fontaine expose un joli petit « rafraîchissoir ». J'entre et demande le prix.

« Ah! monsieur, c'est un très joli petit meuble d'époque, il est Directoire. Il en existe aussi des Louis XVI. Mais celui-ci vaut deux mille cinq cents francs. Vous comprenez, c'est plus rare. Forcément. Le Directoire, ça n'a duré que quatre ans! »

21 octobre

Dans la vie, il faut savoir se taire; c'est le *motus vivendi*.

Saint Laurent, une araignée souriante, entouré de sa cour chevelue. Assez aimable, derrière ses lunettes.

24 octobre

Une bonne partie de ma journée se passe à lire le dernier volume du *Journal* de Green : *Vers l'invisible*. Un homme vivant dans un autre monde, dans un autre siècle, et dans une autre foi. L'intérêt, c'est qu'il en est conscient, et cela donne à la moindre de ses pensées cette fragilité frémissante, obstinée, comme têtue. Un peu enfantin quand il s'amuse, il est toujours touchant parce qu'il met dans chacune de ses paroles une intense naïveté, une espèce de candeur admirable. De là le moindre paragraphe prend sa valeur : c'est l'histoire d'une âme beaucoup plus que celle d'un homme. Et c'est aussi un romancier, beaucoup plus qu'un témoin. Deux exemples. Une nuit, il entend passer des camions sous ses fenêtres; or il habite entre cour et jardin (et je crois bien que la fenêtre de sa chambre donne sur le jardin). En visite chez Chardonne – dont je connais bien la maison –, il parle d'un jardin qui la sépare de la rue – alors que ce jardin se trouve derrière la maison, qui, elle, ne donne même pas sur la rue (enfin, pas l'appartement qu'occupe Chardonne). Détails infimes, prouvant seulement qu'il est ailleurs, au-delà.

26 octobre

Générale de *Délicate Balance*. C'est après, comme pour les accidents, que mon cœur bat. Tout-Paris, que j'observe en me cachant. Beaucoup de compliments, dont certains sont sincères, je crois (Dabadie, Périer, Joxe, Auric, Labisse, Kahn, Arnaud). Cohue dans les coulisses. Inquiétude quant aux critiques, mais bonnes réactions du public. Furieuse envie d'écrire moi-même une pièce, qui serait de moi. Le couloir d'Edwige, rempli de fleurs; quelque chose de mortuaire là-dedans. La loge de Madeleine, elle, ressemble à un reposoir. Joie, frémissements, excitations, et un curieux goût de tristesse, de solitude. Ici, T. improvise un petit souper, qui me console de tout.

28 octobre

Madeleine Renaud recevant Mme Simone, quatre-vingt-onze ans : « Ah! quel plaisir de vous rencontrer! Il faut que l'on se voie, que vous me fassiez rire encore une fois! »
L'autre n'y pige point malice, et demande où se trouve la loge de Feuillère.
« Ah! dit Madeleine, c'est qu'elle se trouve à l'étage au-dessus.
– Oui, et alors? » dit Mme Simone, qui grimpe aussitôt l'escalier, avec une légèreté d'oiseau.

Le matin, Madeleine, encore : « Je ne peux plus parler. Je n'ai pas la voix cassée, mais je n'ai pas toutes mes notes. »

Déjeuner Chardonne-Morand chez Josette Day. Quatre-vingt-quatre et quatre-vingts ans. Considérable différence. Mais Morand quitte sa femme, qui vient d'être opérée pendant trois heures d'une tumeur. Elle a quatre-vingt-dix ans, et rentrera chez elle la semaine prochaine. Il en paraît lui-même stupéfait, et tout rajeuni. Il lui avait proposé, avant d'entrer en clinique, les services d'un prêtre orthodoxe. Elle les a refusés, surprise. « C'est une Méditerranéenne à l'antique, dit-il. Elle entrera dans la mort les yeux ouverts, sans la moindre inquiétude métaphysique. »

Josette, retrouvée, mais amaigrie, enlaidie, et buvant à nouveau.

Critiques effroyables de la pièce, en partie justifiées. Pas mécontent de voir Albee quelque peu mouché sur des points qu'il a refusé de modifier. Quant à moi, qui craignais de payer les pots cassés, je tire mon épingle du jeu.

1ᵉʳ novembre

Passé la journée au lit, à pondre péniblement un article sur Malraux – comment brocarder cet « air des cimes », alors qu'il est ministre; et puis ce n'est tout de même pas mal! – et à lire un manuscrit de fou. Un garçon de vingt et un ans, seul atrocement, qui incarne le personnage de l'autodidacte dans *la Nausée*. Il nourrit sa fringale, sa folie de mots avec le *Littré* et compose avec ses fiches des textes étonnants, souvent grotesques, mais déchirants aussi. Il est là, à l'état pur, avec les divers complexes qui s'ajoutent à sa névrose, car il est en plus pédéraste, myope, pauvre et se croit un écrivain. S'il peignait avec ce talent-là, ce serait le Douanier Rousseau. Mais les écrivains naïfs, malheureusement, n'ont pas leur place. La littérature manque d'innocence.

5 novembre

Entendu chez le fleuriste : « Oui, elle est très jolie, Mme Darmstetter, mais elle est naine. »

8 novembre

Auric. Une tête humaine, et puis, en dessous, un sac d'oreillers. On est sidéré de le voir tenir debout. Il me raconte, à la faveur de plusieurs verres, une histoire sur R. (l'homme au crâne passé au cirage), qui avait réussi à « faire croire à une dame qu'il était son amant ». Me raconte aussi qu'étant à Londres, chez un ami, il eut l'occasion de rencontrer Vyvyan Holland, le fils de Wilde (« fort laid, comme son père », ajoute-t-il...). Celui-ci lui tient un discours

moralisateur (c'était vers 1920) sur la pédérastie et ses méfaits. Puis l'ami en question revient, et Auric s'occupe à autre chose. Quand il revient dans le salon, il trouve ledit Holland (mort il y a un mois) en train de faire un pompier à son hôte...
Malraux ne le soutient plus à l'Opéra; il va partir. « Malraux! je l'ai connu en 1920, avant son départ pour l'Orient. » C'est Radiguet qui lui avait dit, à lui, Auric, qu'il avait dîné avec un garçon très brillant, qu'il devait absolument connaître. Auric semble assez amer – surtout contre l'entourage de Malraux. Il lui a dit, la semaine dernière, qu'il avait lui aussi l'intention d'écrire ses Mémoires, et qu'il les intitulerait « Antipathies ».
Nora boitille, et se promène avec un oreiller. Charlotte en cotte de mailles d'or et Sagan, jaunâtre et gentille.

17 novembre

Kitty Lilas, après dix ans ou presque. Elle a changé d'appartement mais pas de visage, beau, dur, et seulement un peu durci. (Quant à moi, elle me dit que je me suis « amenuisé ».) Le nouveau logis est gothique, au sommet d'un immeuble de l'île Saint-Louis. Fabuleux et inhabitable. Qu'en fera-t-on plus tard? Un cinéma peut-être... Du balcon, une vue réellement unique sur Notre-dame *et* la Sainte-Chapelle, le tout encadré dans une fenêtre ogivale. « Cela fait très *Christmas card* », n'est-ce pas? dit Kitty désinvolte... Tristesse de voir tout cela disparaître, mais aussi le sentiment que c'est inévitable, presque urgent. Le luxe à ce point tourne à la décadence, et le bric-à-brac n'est pas très loin du pire mauvais goût. C'est la somptuosité du tout qui le sauve, et en fait un décor inoubliable.

Capitaine Bada. Très « verbieux », comme dit T., mais encore solide sur ses jambes de paroles. Cette dérision de toute écriture conserve quelque chose de grand, pas trop mode. Le brillant, la poésie sont partout. Je me demande tout de même si l'on pourra écouter cela d'ici dix ou vingt ans. Les symboles se rident plus vite, comme les femmes trop fardées.

Aventures : néant. Pas le moindre nouveau depuis juillet. Pas envie non plus. Je me regarde vieillir, sécher; cela m'occupe bien assez.

4 décembre

Ouais... Eh bien, tout change. Me voici embarrassé, ému, moins « desséché » grâce à G. Mais je n'ai plus le cœur assez élastique

JOURNAL

pour les grandes passions. A suivre, en attendant les inévitables catastrophes.

7 décembre

Conversation pénible avec T. Désinvolte, sans éclats; pire que tout. On se promène sans avoir l'air de rien sur un abîme, en niant que nous ayons l'un et l'autre le vertige. Arriverons-nous à l'autre rivage?

12 décembre

De nos jours, Drouais, le postillon de Sainte-Menehould, aurait terminé sa vie comme physionomiste au casino de Varenne. T. va chez X. le voir dans une émission de TV. Il rentre ensuite ici pour m'écouter à la radio... Cela me fait rire, un peu.

13 décembre

L'autre jour, le 7, je crois, je suis allé à la réception qu'offrait Maurice Druon au Meurice (pour son élection à l'Académie française). Seul dans l'antichambre, dans son bel habit, il serrait les mains des invités, qui lui tapaient dans le dos et lui disaient quelques bonnes paroles. On avait l'impression qu'il recevait des condoléances après la mort de sa femme... laquelle se promenait, en noir, dans les salons. Étrangeté de tout cela.

Dépression, profonde. Je me réveille chaque matin – péniblement – comme un condamné à vivre.

14 décembre

Scène de Feydeau classique, et navrante. Je quitte le théâtre où j'étais avec G.B. à l'entracte, car la pièce est idiote et nous venons prendre un verre ici. T., qui était à l'Odéon, rentre à dix heures et demie, s'étant trompé de jour. Conjonction grotesque. Tout cela serait simple si je n'aimais plus T. et si j'aimais G. comme il m'aime, ce qui n'est pas le cas. Je rends d'un coup deux personnes malheureuses, et moi-même, plus bas que jamais.

1968

1ᵉʳ janvier

G. m'aime; j'aime T. et T. aime...? Je n'aurais jamais cru que ces situations andromaqueuses seraient aussi mon lot. Je croyais comme un gosse que l'intelligence pouvait dominer la jalousie. Et puis la voici qui empoisonne chaque instant de nos existences, avec ses falbalas de mensonges, de piques, de grincements et de petitesses. Se voir se déchirer, trouver cela stupide, inutile, sans raison valable et ne pas pouvoir s'en empêcher. Aussi bête que les relations internationales! Et soudain, à cause de ça, tout le reste se décolore.

8 janvier

Ce réveillon. Le petit Jean-Yves, costumé, mi-gandin, mi-hippy, mi-femme de ménage, fait le pitre, avec souvent de l'esprit. Puis il boit. Il boit, et finit par fondre dans un gros chagrin. A une certaine heure, il pleure ou il fait l'amour – sinistre, et touchant. Et tous ces vieillards mondains, s'amusant du gosse désaxé, ignobles.
Tout à l'heure, je vais chez Françoise Mallet-Joris afin de lui rapporter son manuscrit corrigé. Elle doit passer cinq heures par jour sur le ventre, et manifeste quelque impatience (légitime). Son visage, qui perd toute expression quand elle souffre ou se lasse.
Retour de T. à deux heures du matin, tout rose. De quoi?
Être sans cœur et sans reproche.

L'autre jour, cette scène avec G. (« Il faut que je te parle une demi-heure », etc.) Au bout de deux heures, j'explose tout d'un coup. Je m'écoute, étonné, lui décrire un nihilisme que je ne croyais pas aussi noir. Pourtant, il est vrai que je ne crois à rien, ni à moi (et je l'écris avec une sorte de délectation morose).

13 janvier

Dîner chez les Aragon pour fêter le nouvel an (orthodoxe) avec Edmonde Charles-Roux, Guy Béart (et un mannequin de porcelaine nommée Véronique), les Marabini qui reviennent de Sibérie, et une dame russe veuve d'un SR et guitariste de salon.
Dans cet appartement de grand luxe, après un repas somptueux (caviar envoyé par Lilli, vodkas diverses offertes par l'ambassade [soviétique], vins blancs bulgares, et sublimes bordeaux provenant de chez les Philippe de Rothschild), impression de figurer sur une gravure du XIXe siècle : « soirée chez Pouchkine », ou « concert à Iasnaïa Poliana ». Le décor, les gens, les chansons, le clair-obscur (parce que Elsa ne supporte ni la fumée ni la lumière), tout cela extraordinairement anachronique, chez le maître de la gauche extrême. Marrant. Et merveilleux. Et ce soir même, à Moscou, on a condamné à cinq et sept ans de prison des écrivains coupables d'avoir dit ce qu'ils pensaient. Mais nous n'avons pas parlé de ça! Ni du limogeage de Novotny, chez qui les Aragon, l'an dernier, ont passé leurs vacances, dans un château mis à leur disposition par le gouvernement tchèque. Marrant aussi. Et un peu sinistre tout de même.

19 janvier

Dans un café avenue de l'Opéra où je mange un sandwich, sur le coup de minuit, une femme très peinte, au visage curieusement impassible d'idole, avec des cheveux sales, gras, un invraisemblable chapeau; environ cinquante ans.
« Voyez-vous, monsieur, chez moi je m'ennuie. Mon mari a quarante ans de plus que moi. J'ai trois vieillards sur les bras; ils font deux cent quarante ans à eux trois. Alors je descends au café quand ils dorment. Auguste, avec la clémence qui te caractérise, donne-moi une roteuse... »
Un moment se passe, et elle ajoute : « Vous savez, je fais la putain, c'est entendu, mais ça m'amuse et je m'en fiche. Je serai toujours Mme Richard de l'Octroi. Mais excusez-moi. J'abuse de votre temps et de votre patience... »
Cérémonieuse clocharde, troublante.

1968

24 janvier

Meurice. Stupéfaction devant la jeunesse de Mme Simone, parlant du dernier livre de Druon, qu'elle a survolé assez bien pour en dire quelques mots intelligents, racontant une histoire de chauffeur qui s'est passée hier, etc. Marie-Laure, à côté, a l'air d'une vieille peau gâteuse. Elle s'était d'ailleurs tatoué je ne sais quel « I LIKE BONNIE AND CLYDE » sur le bras; il fallait justement tendre la peau pour le lire.

6 février

Week-end à Morainville chez Edmonde. Deux Normandie en deux jours. Le dimanche, une steppe enneigée où les vaches pisseuses ont un air déplacé. Le lundi, tout a fondu. Le vert, sous les pommiers nus, et des petites fleurs qui apparaissent frileusement chiffonnées. Merveilleuses promenades, longues et fraîches, voluptueusement exténuantes.

Edmonde, je l'écoute – quand on se rencontre, car c'est très studieux, ces jours campagnards – comme un bottin mondain vivant, que je feuillette, qui m'amuse, m'instruit.

23 février. Crans-sur-Sierre

Voyage sans histoire, avec T., J.-C. D. et un de ses amis. Beauté de Dijon – surtout le collège Saint-François, enfilade d'hôtels Louis XVI de toute beauté, préservés de l'affreux décrassage à la Malraux qui tue la patine. Dole, dont les orgues sont superbes, et surtout les salines d'Arc-et-Senans, entre Piranèse et Paestum, avec aussi quelque chose d'une caserne. Déjà l'inhumanité des établissements « fonctionnels » (avec des espaces trop vastes) et la douceur des toits mansardés, des fenêtres à petits carreaux, survivance d'une époque élégante, habitable.

Ici, la neige, sans le soleil attendu (si, il y a eu les Henry's Dutsch Sisters à Lausanne, orchestre de femmes rondouillardes, menées par une sorte de Solidor sèche, jouant du flonflon dans des accoutrements ahurissants, laissant voir des cuisses mailloliennes et des tétons laitiers).

T., d'une susceptibilité maladive, que sa nervosité amène à me dire des choses si désagréables, parfois, que le plaisir d'être ici, avec lui, en est gâché. L'amour – enfin la collaboration, faite d'envie, d'une vague admiration qui s'estompe, de beaucoup d'habitude et de haine, dirait-on.

JOURNAL

24 février

Lettre à T. pour lui expliquer mes bizarreries :
« Il fait, contre toute attente, un temps splendide, et tu me téléphones de te rejoindre. Entre ce coup de téléphone et le moment où j'arrive aux Mélèzes, je me fais mon cinéma : par ce temps idéal, nous allons monter tous les deux sur les sommets, puis redescendre ensemble. Ce sera l'image que je me fais du bonheur partagé, sans nuages, etc.

« Tu refuses de quitter les Mélèzes où tu te trouves mieux. Tu ne vois pas l'importance que cela peut avoir d'aller là-haut aujourd'hui ou demain et tu préfères respecter ton petit programme. Mon désappointement te paraît un caprice et disproportionné à l'objet de la discussion. Du reste, à tes yeux, rien ne m'empêche d'y monter seul, là-haut, si j'en ai envie.

« Mais précisément, quand tu refuses cette promenade – qui n'a pas d'importance en soi, bien sûr –, tu refuses du même coup tout le cinéma que je me suis fait. Tu refuses le bonheur dont c'était pour moi une image, et tu refuses également le partage en me disant d'y aller seul. Et tu mets involontairement le comble à ma tristesse en murmurant que tu n'aurais jamais dû venir en vacances avec moi (ce qui laisse supposer que tu comprends tout de même inconsciemment l'origine de mes sautes d'humeur, inexplicables apparemment).

« Même schéma pour les leçons de ski, qui suppriment la cérémonie du petit déjeuner tranquille, autre image du bonheur que je m'étais faite avant de partir, et qui anéantissent également les randonnées à ski ensemble que j'imaginais.

« Il n'y a donc pas de jalousie là-dedans. Il me faut simplement un peu de temps pour " digérer " la ruine de mes clichés de bonheur, le temps de m'en former d'autres...

« Ce goût de la compétition qui est dans ton caractère – qui est plus le goût de briller que celui du travail bien fait en soi, et aussi la manière que tu as trouvée de compenser des complexes d'infériorité – je le ressens aussi, un peu, comme une attaque. Tout ce qui, de près ou de loin, te rend ou inférieur à moi ou tributaire de moi t'est odieux. Or, précisément, mon plaisir est de te donner, de t'offrir, ce qui est une façon tangible (mais hélas! illusoire) de t'attacher. Plus je t'offre, plus tu refuses. Or te donner, pour moi – des choses, des idées, n'importe quoi – c'est une façon, encore, de partager. Tu es un peu, à mes yeux, comme un enfant qui grandit et s'éloigne de ses parents – parfois en les haïssant. Cette fragilité de nos rapports me rend d'autant plus attentif à te garder que je sens ce bonheur menacé, à mesure que je perds peu à peu mon prestige à tes yeux. Mais cela accroît du même coup ma susceptibilité, et la tienne. Par excès de crainte, je provoque des

1968

scènes, qui me confirment ce détachement que je redoute. Et je trouve une espèce de plaisir masochiste dans cette confirmation. Il suffirait, dans ces cas-là, d'un geste tendre pour me remplir de joie, et comme nous nous butons tous les deux, je n'arrive qu'à te rendre malheureux de mon propre malheur – probablement imaginaire puisque toute cette comédie naît de mes propres fantasmes, et des tableaux idylliques que je me peins moi-même en secret. Comment t'en vouloir de ne pas y ressembler ou les réaliser, puisque tu les ignores?
« Bon Dieu, que c'est compliqué, un homme! Excuse-moi. »

7 mars. Paris

J'offre un petit quelque chose à T. pour son anniversaire.
« Tiens, tu y as pensé? J'espérais que tu l'aurais oublié afin de pouvoir te le reprocher. »

Roger, balaise et râblé, vingt-huit ans, natif d'Issy-les-Moulineaux, loufiat dans un drugstore des Champs-Élysées. Le poil noir, l'œil sombre et encore naïf.
« Moi, c'est à vingt-quatre ans qu'on m'a " mis la main ". Avant j'y pensais pas. D'ailleurs c'est rare, mais les filles aussi m'emmerdent. Tiens, en ce moment, j'ai une fille. Elle m'embête à débarquer tous les samedis de Sète parce qu'elle m'a dans la peau. Si elle avait pas été si con, elle m'aurait eu. Il aurait suffi qu'elle me trouve du travail dans son coin, et je passais devant le maire. Le gniard était en route et tout. Mais elle a été con. Ça s'est pas fait. Maintenant, merde, j'ai plus envie. Oh! con, elle l'est pas. Elle étudie pour être avocate. Elle a vingt ans. Mais ce que je veux dire, c'est qu'elle fait des conneries, quoi. »
Il se défoule : « Des fois, je reste vingt-quatre heures sans parler. Même à la concierge. Je m'assieds devant le téléphone et j'attends qu'y sonne. Mais y sonne pas. »

21 mars

Cimetière Montmartre, onze heures. Enterrement de tante Yvonne K. La famille proche, quelques amis, tous descendants d'Abraham. Cette petite troupe se dirige à pas menus vers le quartier juif. Toutes les tombes ont des noms caractéristiques. Derrière moi, j'entends des gens dire : « Tiens, les Halphen sont là? Et les Cohen, c'est là-haut, tu vois, et les Kahn en bas. » Une promenade... Donc, tous ces gens, normaux, cossus, bourgeois. Arrive le corbillard. Soudain, toutes les têtes masculines se couvrent de melons et édens – que je n'avais pas remarqués à la main des propriétaires : autant de rabbins devant le mur des Lamentations, comme par miracle, remplacent les braves Français d'un instant plus tôt.

Plus tard, on fait la queue pour aller jeter une pelletée de terre dans la fosse (horrible, plutôt une fleur au moins). Devant moi, Georgette Gradis, chef branlant, chenue, vieille, vieille, pénètre dans le caveau – chapelle des Deutsch. Impression extraordinaire, comme si elle entrait vivante dans sa mort, elle allait s'allonger là, disparaître sous terre pour toujours.

24 mars

On veut refaire le monde; c'est lui qui vous refait.

X. parlant de divorce, parce que le mariage, à ses yeux, est une association : « Je veux bien être sa moitié, mais pas son huitième. »

5 avril

Mme Bapt, femme de ménage : « C'est une consolation d'avoir des enfants. J'ai trois filles et un fils. En vacances, je vais chez eux. Ils sont aux petits soins pour moi. C'est bien simple, quand je suis là-bas, je suis la reine des heureuses. »

6 avril

Chardonne à l'hôpital – très changé, la parole embarrassée, pâle. Mais faisant des efforts déchirants pour être lui-même, toujours abrupt dans ses conversations, plongeant d'emblée dans un sujet : « Le malheur chez les écrivains, c'est que... » Puis, soudain, sa pensée se perd dans les sables. Impossible de la rattraper. On souffre pour lui. L'autre jour, avec Jacques Brenner, c'était plus sensible. Il racontait ses rêves et ses délires, sans les dissocier de la réalité. (Histoire de son dédoublement : il assistait à l'enterrement de son meilleur ami. Signe classique de la mort dans les contes.)

Ce soir, plus lucide. Quand il perd le fil, il ajoute à mi-voix : « C'est dommage. J'étais un joli cerveau... » Puis monologue, très solide celui-ci, sur la mort : « Vivez sans vous en soucier. On ne peut pas savoir ce que c'est. Sans doute quelque chose de grandiose, mais imprévisible. Il faut se comporter comme si elle n'existait pas. » Superbe sérénité de vieillard, tout juste un peu triste de n'être plus tout à fait lui-même, et il s'en rend compte.

1968

Mais il dit avoir découvert l'amour de sa femme à quatre-vingt-cinq ans. « L'amour, c'est autre chose, je n'y ai pas cru, mais j'y ai glissé. Trente ans après, je m'aperçois que ce bonheur calme, c'était peut-être ce que les autres appelaient l'amour. »

En partant, il me serre la main. Puis, trop fatigué pour se lever et m'embrasser, il me baise la main. Geste étrange, inquiétant, qui me fait mal et m'émeut aux larmes. Et très beau, après tout.

7 avril

Pensé à la mort, selon Chardonne et en général. Un passage? Un examen de passage, plutôt. On meurt bien, mal; on pourrait mettre des notes. Mais il n'y a malheureusement (?) pas de recalés. Dommage qu'on ne puisse pas le passer en cours de vie. Un peu comme une vaccination. « La mort? Ah! moi, c'est déjà fait, je l'ai passée! » Une espèce de formalité désagréable. Ensuite, on pourrait vivre tranquille un bout de temps.

12 avril

Morand me réveille, comme d'habitude, à neuf heures tapantes, me raconte ce petit dialogue avec Chardonne :
« Vous devriez lire la correspondance Gide-Martin du Gard.
– Deux couillons, dit Chardonne à moitié endormi.
– On dira la même chose de nous plus tard.
– Oui, mais nous, nous sommes deux couillons sans prétention. »
Pour un mourant, salut!

Joli lapsus de T. : « Il ne faut pas quitter la poire pour l'ombre. »

23 avril

Chardonne, toujours. Revenu chez lui, où on le soigne plus énergiquement, malgré lui, puisqu'il ne demande rien d'autre qu'une paix définitive. Je le trouve allongé, à la nuit tombante, dans cette chambre où l'on ne voit que le ciel, tout animé et heureux de me voir. Il manifeste l'intention de se soulager. On le fait asseoir, on lui passe une robe de chambre. Il se met debout, chancelle, et doit s'asseoir sur le lit de Camille. Puis je l'installe sur un fauteuil. Il me parle, posément, pendant un quart d'heure ou même plus. Il se recouche ensuite, comme une masse, et se met à souffler, à râler vilainement. « Laissez-moi, dit-il, je peux mourir d'un instant à l'autre. » Il retrouve lentement ses esprits et son souffle. Entendant sa femme parler – sans comprendre ce qu'elle dit –, il trouve moyen de faire un mot : « Que dit-elle ? »

Un temps. « Décidément, il est temps que je m'en aille. Je commence à m'intéresser à ce que dit ma femme ! »

Les Morand – tels quels, comme je n'aurais pas cru les revoir. Sur sa chaise roulante, Hélène est toujours aussi droite, à peine plus sourde, prenant part à la conversation, ayant lu (avec une loupe !) le dernier livre à la mode, vu la dernière émission de télévision, etc. C'est lui qui boitille ce matin : il s'est foulé le genou en jouant au volley-ball, à quatre-vingts ans !

Il me parle, à propos de Chardonne, de la tristesse qu'il y a à mourir seul. Pensait sûrement à lui-même, sans doute ; Hélène est de beaucoup son aînée.

Déjeuner burlesque chez Béart du Désert, dans un « appartement de fonction » dépendant de l'hôtel Beaujon, où se trouvent certains services de la police. Davray, Peyrefitte, Orengo et un quatrième larron, servis par un CRS en veste blanche qui apporte des plats graisseux – et un infect frichti de caserne. On aurait dit, par son caractère un peu particulier, une réunion de conspirateurs chez un dignitaire moscovite à l'époque stalinienne. Beaucoup de petites méchancetés sur tout le monde, en particulier sur Davray avant qu'il n'arrive, lequel, paraît-il, va « vagabonder » en Rolls, avec son chauffeur.

8 juillet. Gaillon

Le père M. garde ses moutons devant mes fenêtres. Sentencieux et un tantinet pédant, il dit à sa chienne, pour le seul plaisir de faire des phrases : « Mademoiselle Coquette, intervenez. »

10 juillet

Déjeuner Gould, comme si la Révolution n'avait pas eu lieu. Morand, très frais, facétieux. Comme la conversation roule sur les enfants, il déclare : « Ne pas en avoir est une joie de tous les instants. » Modiano, longue liane surmontée d'un joli visage timide, d'une candeur toute proche de l'insolence.

14 juillet

Soirées mouvementées. Regain de jeunesse inattendu. Tout est facile soudain, inexplicablement. Il suffit d'un équilibre soudain,

1968

d'un vêtement seyant, d'un cheveu un peu long. D'abord une erreur. Puis Pierre. Puis deux remakes : Hans et Christian, surtout, odieux, mal élevé, prétentieux, mythomane, mais un délice tout de même, et le merveilleux pouvoir de la jeunesse. L'agrément, à présent que je prends de l'âge, c'est que je ne prends plus rien de tout cela au sérieux. Impression que cela m'est donné en prime; d'autant plus agréable : seul le superflu a du prix puisqu'il ne coûte pas. Quelque chose comme un vol sans risque, avec un petit frisson artificiel.

20 juillet. Apt

Une petite maison perdue dans la haute Provence. Des pierres sèches, une pelouse de paille, des cigales et de la lavande. Et puis des montagnes pelées, rocailleuses, des gorges et des villages à demi ruinés. Envie de s'installer là pour la vie, avec du fromage, du vin et quelques loques, complètement à l'écart de l'histoire, en marge du livre que j'écrirais; peut-être.
L'aube sur le vieux port de Marseille, très aquarelle.
Simiane. Mon hameau ruiné. Mon ermitage de la Cornerette. Autant de rêves de maisons...

20 décembre

Chez Saint-Jean. Green descend au café. Il dit sa peine à « composer » un ouvrage. Son étude sur le père Surin lui a donné un mal de chien.
« Pourtant, lui dis-je, vous avez aussi " composé " votre *Lettre aux catholiques*.
– Oh! dit Green, cela ne m'a coûté aucune peine. Je l'ai écrite à la diable! »

Agathe Rouart, assez prétentieuse, exploitant les œuvres de papa avec une âpreté caractéristique (cette manie des posthumes : le livre de poche). Elle raconte que Valéry, après son mariage, a découvert que le beau-frère de la bonne (refilée à la famille Rouart par Mallarmé) s'appelait M. Teste (alors qu'il avait écrit les *Soirées* deux ou trois ans avant d'épouser sa femme). Quant à M. Teste, il repose au cimetière de Valvins, à côté de Mallarmé!

Regards sur le monde actuel. Nés de la lecture quotidienne des journaux pour le vieux monsieur auquel Valéry servait d'homme à tout faire.

JOURNAL

Où Green trouve-t-il ces souliers de curé campagnards, lourds, presque raides, comme les semelles de plomb d'un scaphandrier?

30 décembre

L'effort de réfléchir, pesant, physique.

1969

6 janvier

Les Morand ont le génie des assemblages catastrophiques. J'ai déjà vu avenue Charles-Floquet un déjeuner Bory-Kanters, presque en tête à tête. Cette fois-ci, c'est mon tour. On m'avait annoncé Mme Simone, et je trouve en plus les Achard, alors que la plaie d'une critique assez féroce de *Gugusse* doit être à peine refermée... Bonne figure pendant un petit quart d'heure, puis Juliette susurre de sa voix acide et traînante que son cher Marcel « ne lit jamais ce que l'on écrit de désagréable sur son compte ». Le mari, sans doute gêné par la transparence de l'allusion, précise : « Si tu veux dire par là que j'ignore tout, tu exagères. Je sais bien tout de même que l'article de Galey était mauvais. » Mais, après le froid, on passe... Petites joies parisiennes.

Retenue par une grippe, Hélène n'assiste pas au déjeuner. Il y a Lifar, tout guilleret de réintégrer l'Opéra et d'entrer à l'Institut : « Un danseurrr... pour la premièrrre fois! » Le prince de Faucigny-Lucinge, sans intérêt, et Jean-Albert qui représente sa grand-mère (et Louis XVIII, de plus en plus). Morand, toujours urbain, mais légèrement dépassé par les événements, sans sa femme. La conversation s'en ressent.

On passe au salon pour le café. Le valet de chambre, étrangement familier, regarde partir Mme Simone, quatre-vingt-douze ans, au bras des princes : « Tout de même, dit-il, elle se défend. » Où sont les muets laquais d'antan?...

Le salon. Sept mètres de plafond, avec une cheminée de château haute de quatre mètres cinquante, et des armoires chinoises incrustées de cuivre du même gabarit. Noté, au passage, que les chandeliers d'argent sont ternes et qu'une épaisse couche de poussière couvre les parties non fréquentées de cette grange de

luxe; Madame ne doit plus descendre souvent, à présent qu'elle est en petite voiture.
Elle est là, pourtant, qui nous attend, derrière une tenture (à la doublure éraillée, « brûlée », dirait Mamé). Même tête royale, d'oiseau, avec ce regard gris des vieillards aveugles, bonne mine tout de même.
Me questionne sur Gaxotte, son âge, soixante-treize ans, je crois.
« Un vieux », dit-elle. Puis elle réfléchit, et rajoute : « Enfin, pas tant que cela ! Mais je ne m'y fais jamais. Vous n'avez pas cette impression, vous, Simon ? »
Etrange conversation de nonagénaires, fraîches encore, stupéfiantes.
L'insolence de Jean-Albert, assez « dreyfusarde », qui aurait amusé Proust. Mme Simone le questionne sur la généalogie de ce Faucigny.
« C'est le fils de la princesse Amédée, qui est née X... (un nom très gratin que j'ai oublié).
– Connais pas, dit Simone.
– Mais si, voyons, sa mère à elle était née Ephrassi. Ça vous dit quelque chose, ça, tout de même ! »
Simone, créatrice de la poule faisane, en 1910, raconte que Capus, à la première de *Chantecler*, avait dit : « C'est un four qui sera joué deux cents fois. » Chiffre énorme pour l'époque. Et les places se vendaient un louis; cela ne s'était jamais vu.

Réunion pour protester contre l'interdiction de la pièce de Gatti sur Franco. Aucun rapport avec ce qui précède... La bonne confusion de Mai retrouvée, avec l'éternel Daniel Guérin, qui est de toutes les protestations, comme d'autres sont de toutes les générales. Autre snobisme, à peine moins déguisé. Copferman dit que certaines gens lui ont téléphoné, furieux, parce qu'on avait mal orthographié leur nom dans la liste des signataires. La drôlerie là-dedans, c'est que tout le monde, en son particulier, s'accorde à penser que les pièces de Gatti ne valent pas tripette.
Merveilleux aussi de penser que les ministres n'ayant pu s'entendre sur cette interdiction (on comprend les réticences de Malraux, auteur de *l'Espoir*), c'est le Général lui-même qui a lu la pièce dans son lit, le soir, et a pris la décision. Il a peut-être meilleur jugement qu'on ne le dit.

7 janvier

Oui, Malraux interdit une pièce antifranquiste et Debré, petit-fils de rabbin, met l'embargo sur les armes destinées à Israël. La fidélité gaulliste doit-elle conduire à se trahir soi-même ?

1969

9 janvier

« Les bijoux, dit Mme Bapt (femme de ménage), cela ne m'intéresse pas. J'aime mieux les propriétés. D'ailleurs, il faut des mains propres pour porter des brillants. Oh, pourtant, j'en ai vu, des bagues, quand j'habitais Deauville! Tous les matins, je m'arrêtais devant la vitrine de chez Van Clip. C'est vous dire! »

10 janvier

A la Méditerranée, meilleur que le Véfour heureusement, le caravansérail hétéroclite du prix des Enfants terribles, augmenté cette fois-ci de divers journalistes. La table en fer à cheval ressemble à celle de la Cène, où Piatier, avec une espèce d'auréole de fourrure blanche, représenterait le Christ. Elle raconte qu'elle a interrogé le général de Gaulle en 1957, à la sortie de ses Mémoires. Comme elle lui avait demandé s'il songeait à l'Académie française, il lui aurait répondu, le plus naturellement du monde : « Je suis la France. La France n'entre pas à l'Académie. Voyez Louis XIV. »

12 janvier

Arles, serrée sur elle-même, se tenant chaud dans le mistral d'hiver. Les pas, le bruit des pas la nuit dans les rues, plaisir oublié.

Tous ces mas déserts, entrevus par la fenêtre du train. Envie – fugitive – de vivre là, dans la retraite féconde.
Ce petit voyage de deux jours – trois repas au wagon-restaurant – nous donne l'impression de traverser la Sibérie. La compagnie de Poirot-Delpech, agréable, bien que crispé. Tout chez lui est dans le regard bleu. Dès qu'il baisse les paupières, il n'a plus de visage, ni de beauté; des rides et des traits qui tombent.

13 janvier

« Tes pieds s'endormaient dans mes mains fraternelles. »
A-t-on jamais écrit vers plus stupide dans son expression?

JOURNAL

21 janvier

Fasil, qui va sur ses soixante-cinq ans, a dépensé cette année dix-sept mille francs en gigolos. Il en est ravi. Fier, même.

Au *Figaro*, dans l'immense salon vide, interview d'André Billy, bon vieillard avec une mâchoire flambant neuve, des yeux qui se croisent les bras, et une surdité solide. A quatre-vingt-cinq ans, il a écrit soixante volumes et reste sans illusions sur leur sort : « Pour la modestie, je ne crains personne. »
Écrit encore : un *Joubert*.
« Vous comprenez, là-bas, à Fontainebleau, je m'ennuie. Alors, je travaille. Mais je ne suis pas un professeur, vous savez. Rien qu'un pauvre bougre de journaliste. »

24 janvier

Petite aventure inattendue et inespérée, ce soir où T. goûte aux plaisirs de la Venise du Nord. R.P., vingt-deux ans, avec la prétention d'un adolescent trop gâté par une mère divorcée, et, semble-t-il, à l'aise si j'en juge par le luxe de cet hôtel particulier de Neuilly. Il est très joli, un peu boutonneux toutefois, avec la merveilleuse sveltesse de la fraîcheur. Baptisé « Poulain Ébouriffé » quand il était scout, ce totem lui va encore bien. Néophyte. Son initiation, dit-il, date de septembre et fut le fait d'un travesti. Il a encore la fougue d'un gosse qui découvre le plaisir, l'ingénuité, et une certaine maladresse délicieuse. Impression, comme souvent dans ces cas-là, que je suis l'autre, et que je ressens à sa place cette découverte. Sentiment aussi, lorsque tout a été facile, ainsi que ce l'était jadis quand j'étais plus jeune, que je suis un imposteur, qu'on m'a pris pour un autre, de dix ans de moins.
Sur la fin d'une nuit assez éprouvante, du reste, la vérité se manifeste, peu à mon honneur. Déjà de ces défaillances ; je suis donc plus vieux que je ne le pense. Mais enfin, ce fut un épisode, bizarre comme le temps retrouvé, voluptueux jusqu'au malaise.

Déjeuné avec Ouologuem et Bastide. Le premier, étrange force de la nature, bavard et agité, une espèce d'enfant couvert de diplômes, et pas tout à fait civilisé à notre façon. Il veut absolument que nous mangions cinq ou six plats, pour manifester le faste de sa réception, avec une insistance drôle, naïve. Raconte sur le personnel dirigeant du Mali des histoires ahurissantes, et me confie que le héros de son livre, en fait, c'est Senghor.
Plus tard, me confie qu'il a renvoyé sa femme à son Afrique natale. Vexée de n'avoir pas paru à la télévision avec lui, elle avait

1969

exprimé son dépit en mettant à rôtir dans le four de la cuisinière un million et demi de billets qu'il lui avait confiés pour son voyage!... Extraordinaire interprétation personnelle du cannibalisme.

Dans les poèmes que me montre le jeune R.P., cette invocation saugrenue : « Ô Elsa, ô Lamartine, ô Druon. »

26 janvier

Visite éclair à Gaillon, avec Françoise. Vu à travers ses yeux : un campement de romanichels.

Retour de T. Intense cafard, comme si, de le voir, près de moi, sage, je souffrais plus que lorsqu'il est au loin, sans moi, avec un autre. Ce doit être un manque d'imagination, profond, une grâce d'état.

27 janvier

J'aurais dû y demeurer.
Ouologuem me poursuit au téléphone à cause de ses démêlés avec le Seuil. Avant de le quitter, sa femme avait aimablement écrit sur la porte, au rouge à lèvres : « Nègre mal blanchi qui s'enrichit des malheurs de l'Afrique. »

1er février

Malade depuis trois jours, à crever. Mon estomac soubresaute, et je sais pourquoi. Si je suis « ulcéré », les coquillages n'y sont pour rien. Avec T., nous avons des conversations « franches et constructives », comme on dit dans les communiqués diplomatiques lorsque le torchon brûle. Plutôt, entre nous, il se consume doucement tandis que l'inévitable troisième homme attise le feu, de loin. Au fond, c'est T. que je plains le plus : l'horrible choix pour lui qui a toujours laissé la vie choisir à sa place. Il voudrait, intimement, que je rompe, même s'il n'est pas sûr qu'il préfère réellement Enrico, pour n'avoir plus à trancher lui-même. Je m'en garderai bien, avec une sournoiserie mêlée d'un vague espoir de l'emporter. Mais y arriverai-je? Sa faiblesse peut prolonger des mois cette situation, qui sera de plus en plus pénible. Et pourquoi préserver quelque chose qui se ternit? L'amour, c'est comme la faïence : ébréché, cela ne vaut plus rien.

JOURNAL

10 février

Quatrième week-end solitaire. Peut-être le dernier, si les intentions de T. résistent à sa faiblesse de caractère. Il vient de rentrer. Nous faisons l'un et l'autre « comme si de rien n'était ». Légère hostilité de sa part, toutefois, que je peux interpréter comme un signe favorable : il aurait rompu. Mais je ne le saurai pas tout de suite. Espèce de tristesse lasse d'après la victoire – s'il y a eu combat, et victoire...

Journée des aïeuls. Chez Mamé d'abord à déjeuner, avec des nuées de cousins. Infatigables vieillards! Elle a fricoté un repas de six personnes, sans peine... Nous évoquons l'exode, et le voyage Paris-Argenton de bon-papa, à bicyclette. Trois cents kilomètres à soixante ans, ce n'était pas mal.

« Oh! dit Mamé, il ne l'a pas fait d'une traite! »

Mimi, elle, toute racornie, mais vaillante, touchante, assise près de sa fenêtre. Elle me dit : « Vois-tu, ce petit bout de vie qui me reste, ce sont des vacances prolongées. Il y a dix ans que cela devrait être fini. Mais je ne peux pas me plaindre, j'ai eu de la chance, et je m'en rends compte. A présent, je perds un peu la mémoire, mais je suis contente car j'ai toute ma tête. »

Elle m'avait confectionné de délicieux gâteaux. « Et tu sais, c'est par pur altruisme, puisque je n'ai plus de papilles. »

J'aime cette espèce d'élégance elliptique pour parler des catastrophes avec une désinvolture humoristique. Ainsi, de Geneviève qui reçoit des rayons, elle dit : « Elle est très active mais elle est aussi radio. Elle ne descendrait me voir que si j'avais des murs de plomb. »

11 février

Curieuse conversation à double fond avec T. L'arrestation du petit L.G. qui s'est fait pincer dans un bain de vapeur me donne l'occasion de parler des dangers que présentent ces établissements. Vive réaction de T., comme piqué au vif car j'affecte de dire qu'il savait ce qu'il risquait. Il me traite de bourgeois, conspue mon pharisianisme – mot de sociologie apparu récemment dans son vocabulaire. Il ne sait pas que je sais où il a rencontré X. et que ses déclarations ne m'étonnent guère (en réalité, mon but est de lui faire peur car je ne voudrais pas qu'il se mette bêtement dans un mauvais cas). Mais notre discussion va plus loin et débouche sur la volupté de l'honneur. Il est vrai qu'il y a chez moi un puritanisme de l'amour, que la partouze me dégoûte ainsi que les ébats publics. Peut-être y a-t-il une fascination inconsciente, mais

1969

il est de fait que je ne sais dissocier tout à fait le sexe du sentiment, et que pour moi, presque toujours, un regard compte plus qu'une bite, au départ. Il me faut l'illusion sentimentale, bien que je ne sois pas dupe. A cet égard T. est plus libre que moi.

Mais j'en viens à ma bataille. Elle me paraît incertaine en son issue. Je croyais qu'il était allé rompre; il se contentera d'entrer dans la clandestinité. Il fait appel à présent à ma confiance, mais exige que je n'entrave pas outre mesure sa « liberté ». Il désire ne plus évoquer X. et qu'il n'en soit plus question entre nous, pour que je « dédramatise » cette affaire (je reconnais là les conseils d'un esprit plus mûr que le sien, et un vocabulaire qui n'est pas le sien). Ce qu'il ne comprend pas assez, c'est que je supporterais beaucoup plus mal une autre influence intellectuelle sur lui, alors que je pense à la rigueur m'accommoder des passades épidermiques, non sans mal. Curieux de constater que les crises de cet ordre font ressortir aussi clairement les dominantes astrologiques des caractères élémentaires. C'est en moi le Lion possessif qui n'accepte pas la fuite perpétuelle du Poisson, son besoin de n'être pas lié, de ne pas s'engager.

Combien de temps vivrai-je dans l'incertitude, sans savoir ce que cet autre lui dit, lui apprend, lui infuse dans le cerveau? Se verront-ils encore, alors que j'espérais une rupture, naïvement? Dans quelles assurances pourrai-je avoir confiance? Jamais, autrefois, il ne parlait d'amour entre nous. A présent, si. Sans doute a-t-il « dé-dramatisé » le mot. Maintenant qu'il est vidé de son sens, pourquoi l'éviter, en effet! Je suis désemparé, noyé, détruit. J'ai complètement perdu l'initiative. Et s'il faut jouer la comédie de l'indifférence et de la frivolité pour la reprendre, je ne sais si j'en aurai encore le courage, ni le goût. Il est persuadé de mon « masochisme » profond (résultat de l'analyse psychologique de l'autre, probablement). Mais le masochiste souffre avec plaisir. Cela commence à me peser. Au point où nous en sommes, l'illusion d'un accord peut se maintenir, ainsi qu'une trajectoire dans l'espace, indéfiniment. Mais il suffira d'un rien, d'un tout petit écueil imprévisible, et le cours de ma vie, soudain, peut prendre une tout autre direction. On ne peut pas jouer sur les deux tableaux sans perdre un jour. Je crains bien que ce ne soit moi le perdant. Éternel masochiste! Et je dois bien l'être en vérité, car je ne sais plus si j'ai tellement envie de gagner. Par orgueil, par égard pour moi-même, je voudrais être généreux jusqu'au bout et ne pas rompre, triste revanche solitaire de la conscience pour soi, piètre consolation de ne pas avoir le mauvais rôle. Mais le même orgueil, si je ne le domine, provoquera peut-être un sursaut fatal, voire salutaire. Savoir être égoïste, secret, ignoble secret du bonheur. Mais le bonheur ne consiste-t-il pas à ne pas croire au bonheur?

JOURNAL

Rêve ayant suivi cette réflexion nocturne : j'essaie en vain de baiser ma femme qui est androgyne, et ne *peut* plus arriver à l'orgasme avec moi, si bien que moi aussi, malheureusement, je ne suis guère brillant. Pourtant, elle-il y met beaucoup de bonne volonté...

14 février

La réalité est heureusement plus gaie, inexplicablement, quoique rare.

Songé au sacrifice, un peu comique, de la mère de Régis Debray. Avant que son fils ne s'illustre dans l'ombre de Guevara, c'était une mondaine que l'on voyait partout. A présent, naturellement, elle ne sort plus dans les lieux publics, et sans doute devra-t-elle renoncer à son siège au conseil municipal, car ses électeurs ultra-réactionnaires ne donneront plus leur voix à la mère de ce rouge. Destin étrange auquel le généreux Régis n'a probablement pas songé en « s'engageant ». Le courage n'est pas toujours là où l'on croit. Et qui pensera, plus tard, à admirer cette pauvre femme martyre ?

Crans. – Séjour inoubliable, comme dit T. Tristement vrai !

19 mars

Entre nous, la marmite bout... Le petit postier et Julian valent-ils qu'on se souvienne d'eux ?
Mieux vaut s'adresser au Bon Dieu qui a ses med'saints.

Réception de Morand. Impression de passer de l'autre côté du temps, à voir la princesse, vêtue de blanc, recevant allongée sur un canapé de satin broché, également blanc. Chacun de ses invités se penchait sur elle comme pour baiser une relique.

30 mars

Tandis que T. gauchise à la Cité universitaire avec son étudiant attardé, déjeuner à Voisins, chez les Fels. Mille hectares, vingt-cinq mille faisans, un parc royal et un château immense, bâti sur les plans de Gabriel... en 1880. Folie des grandeurs de nouveaux riches se prenant pour des fermiers généraux ; besoin de se construire un décor ancien, à défaut d'ancêtres. Sentiment très XIXe siècle, que l'argent peut tout, et même vous faire « naître ».

1969

Illusion qu'on peut acheter jusqu'à des souvenirs et une tradition. Tout cela un tout petit peu trop somptueux pour être vrai...

Beaucoup de tableaux de famille, remontant à deux générations antérieures; et une toute petite modeste miniature dans un bureau écarté : « Celui-ci, c'est le grand-père de mon mari. » L'ancêtre inavouable, caché dans un coin, porte étroite qui empêche de remonter au XVIIIe siècle imaginaire que tout reflète dans ces salons immenses « d'avant la Révolution », et que seules les révolutions, la politique et l'industrie (le sucre Lebaudy) ont permis de créer. Ce style « Pompeudour » de toutes les demeures de millionnaires de cette époque, genre Cognacq-Jay.

Dans un autre coin, un raffinement d'hypocrisie : une gravure représentant les ruines du château de Fels, manoir d'une famille luxembourgeoise sans doute éteinte depuis des siècles. Enfants d'Israël, voici de bien curieux déguisements pour qui descend d'Abraham, autrement plus ancien!

En tout cas, ces appartements fastueux et glacés expliquent la froideur de la duchesse, élevée ici en dessous de zéro degré.

Pendant le déjeuner, on parle du premier mari de Mme Morand, ce prince Souzo dont personne ne parle jamais. Dominique Aury émet la supposition qu'il était mort très jeune, et ajoute avec vivacité : « Il y a des maris qui ont du tact. » Puis cette grise supérieure de couvent à la douceur inflexible pique un fard, se souvenant sans doute qu'un certain M. Aury l'a laissée veuve très jeune...

4 avril. Saint-Brice

Pour la dernière fois sans doute, me voici installé dans *ma* chambre, dont j'ai reconstitué tant bien que mal le décor. Cafard intense. Espèce de jalousie qui me prend en voyant cet architecte, futur propriétaire de la maison. Un homme qui s'enrichit en construisant des HLM et s'offre ce bijou. Il est vrai qu'il veut le garder en l'état, ce qui vaut mieux que les ignobles promoteurs, ces charognards. Jamais plus je n'aurai sous les yeux un jardin aussi beau; jamais plus, non plus, je n'imaginerai – comme j'ai eu la naïveté de le faire – que je pourrais prolonger toute ma vie ce bonheur de vivre à deux dans une maison qu'on aime. En réalité, T. n'aimait pas la maison, ni moi, peut-être. Ou plutôt si, mais autrement, sans cette absurde sentimentalité bourgeoise que je cache sous l'ironie.

Marion, qui a vécu trente ans ici, semble moins émue que moi à l'idée de décamper. Elle enterre un passé malheureux; moi un avenir d'illusions.

JOURNAL

23 mai

Rencontre fortuite au théâtre avec Robbe-Grillet. Après la séance de massacre télévisé, elle est savoureuse. Il commence par piquer un fard en m'apercevant, puis, voyant que je ne fais pas semblant de l'ignorer, il attaque bille en tête : « Alors, on m'avait dit que vous étiez fâché ? » Et l'un et l'autre de se plaindre de réalisateurs, de malentendus, etc. Un joli concours de lâcheté partagée, je nous faisais honte. Si j'avais une once d'amour-propre, je me serais brouillé. Mais je suis étonné de constater combien je m'en fous. Ah ! où sont les duels d'antan ! Noté tout de même qu'il avait disparu à l'entracte. Il est vrai que la pièce était fort ennuyeuse.

3 juin

Une sortie. Sommes-nous donc des assiégés pour nous en faire une joie ?

Émission à la mémoire de Chardonne. Jouhandeau, naïvement, exprime son admiration pour un être exceptionnel qui planait dans le sublime. Et d'ajouter sans vergogne, avec ingénuité : « Nous étions de plain-pied tous les deux. »

Mme Bapt : « Bah, tout ça, c'est trafiquants de grogs et compagnie ! »

6 juin

Marion opérée ce matin. Cancer généralisé. Elle est partie sur le billard avec un courage superbe, ou une inconscience totale, comme elle a vécu. Au réveil, ce n'est plus qu'une vieillarde qui souffre. Le médecin lui donne quelques mois à vivre, au plus. Il essaiera une chimiothérapie, à laquelle il n'a guère l'air de croire. A la première alerte, sans doute une inévitable occlusion intestinale, il l'endormira. Enfin un médecin intelligent. Horrible décision à prendre, mais dans ce cas, je souhaiterais moi aussi qu'un vrai ami prît cette décision pour moi. Dieu vous préserve d'une famille trop pieusement respectueuse ! Trois semaines de vie de plus, si l'on n'est pas Einstein ou Goethe, qu'importe ? Et trois semaines de souffrances inutiles, c'est criminel ; plus encore : absurde, comme la vie, et la mort.

1969

17 juillet

Obsèques de Marion.

19 août

Soirée annuelle avec Laurent Terzieff. Impression d'avoir quinze ans de moins, quand je discutais de l'existence de Dieu avec Joxe. Il faudrait peu pour faire basculer cet agnostique vers la foi la plus rétrograde. L'honnêteté de sa passion pour le théâtre, source de message et de vérité. Et pourtant, la tentation d'user de sa célébrité, consciemment, plus qu'autrefois. Demeure toutefois intacte son ingénuité profonde, vraie. Avec ses cheveux longs, romantiques, il a l'air d'un nihiliste égaré au XXe siècle.

Papillon, le Montherlant des monte-en-l'air.

3 septembre

Dans la préface à *Tendres Stocks*, Proust parle des flux et des reflux, du tangage multiple de la passion. Le tangage de la passion. Superbe.

30 septembre

Chez Guirche, multimillionnaire. Jouhandeau – assez fatigué du reste – casse un verre. Avec un petit sourire, et cet air humble qu'il sait si bien garder, il dit : « Vous me direz ce que je vous dois. »
Ce jour-là, Jouhandeau a convoqué chez Guirche tout un tas de gens qu'il doit voir. On les parque dans le jardin, tandis que nous déjeunons : Jouhandeau, Guirche, Olivier, le petit garçon de Céline qui fait la navette entre le jardin et la salle à manger, le comte de R., moi, et un chauffeur athlète dont Guirche fait ses dimanches. Au dessert, tandis que les quémandeurs entourent Jouhandeau dehors, Guirche nous offre son Apollon comme une gâterie : « X., enlève ta chemise. Montre tes muscles à ces messieurs. » Il les fait bouger, indépendamment les uns des autres avec une habileté surprenante. On dirait qu'il fait de l'œil avec chacun de ses pectoraux.
Jouhandeau revient, contemple, caresse même d'une main légère et soupire : « A mon âge, le spectacle suffit. »

JOURNAL

Souper avec Terzieff, Pascale et Gascq. Terzieff raconte ses démêlés avec les différentes sections trotskistes auxquelles il a adhéré. Il a encore les yeux – si verts – cernés de khôl, les cheveux ébouriffés. Une merveille. Parlé de bonheur, ou de son absence, très calmement, curieusement détaché. En fait, assez sûr de moi, ne craignant pas l'avenir immédiat. Je suis pourtant le même homme qu'il y a neuf mois seulement. Il est vrai, pour me rassurer, que T. est toujours là, et que l'Italien a disparu (remplacé par un petit plus inoffensif). Serait-ce donc là l'expérience ? Quelque chose comme le mépris de soi-même, et des autres.

8 octobre

Chez les Nourissier, dîner Aragon, Edmonde – et moi, élément neutre idéal. Situation un peu électrique, parce que François Nourissier n'a pas vu les Aragon depuis le mois d'avril, ce qu'ils lui reprochent avec une aigreur non dissimulée. Ces éternels persécutés sont très sensibles à ce genre d'abandon, ils ont l'habitude. Entre-temps, de plus, Elsa a été malade du cœur, et elle joue là-dessus férocement. Le moment des retrouvailles est aussi particulier parce que Aragon vient de publier la veille un éditorial vengeur sur la délation en Tchécoslovaquie, texte complaisamment reproduit par toute la presse (bourgeoise). Il assure qu'il a écrit cela sans en référer au parti et que la seule fois que le fait s'est produit, c'est pour Siniavski-Daniel, protestation écrite sur la demande de Valdeck, et très légèrement censurée par lui. Mais nous avons peine à le croire car le texte a des allures très politiques, destiné manifestement à calmer les réticences des socialistes, refroidis par les événements tchèques. De même, c'est avec des accents de sincérité trop indignés pour être vrais qu'il nie toutes relations avec Kouznetsov, qui le met directement en cause dans ses révélations. Curieuse, cette existence vouée à la fidélité, la patrie, Elsa... et qui l'oblige à ces tortueuses reptations perpétuelles où la vérité devient un fait abstrait qui n'a plus que de lointains rapports avec la réalité. Il en va de même avec Elsa qui parle maintenant de l'Union soviétique comme ne le ferait plus une Russe blanche.

Je les surprends en flagrant délit de roman. A propos de *l'Ange Bleu*, Aragon dit qu'il a assisté à la première à Berlin. « Moi aussi, dit Elsa ! – Alors, nous aurions dû nous rencontrer... », etc. Or, la première de *l'Ange Bleu* est certainement postérieure à leur fameuse rencontre qui date de novembre 1928 – « comme chacun sait », dit Aragon, royal, parlant déjà de leur couple avec le détachement des grands – gâtisme ou poésie ?

Longue conversation sur les amours de Maïakovski avec Mme Libermann. D'elle à sa belle-mère, l'extravagante Mme Pascar, on fait le tour de l'Europe et de l'Amérique entre deux guerres, car elle habitait un appartement voisin de celui de Colette Jeramec, femme de Drieu La Rochelle, etc. Aragon s'émerveille du cycle romanesque formé par tout cela, ajoutant que Mme Libermann fut la maîtresse de Wormser dont le fils, ambassadeur en URSS, entre en relation avec Lili Brik, sœur d'Elsa, maîtresse elle aussi de Maïakovski, etc.

Elsa, elle, raconte qu'elle aurait dû s'appeler Marguerite. Il me semble que tout son destin en aurait été changé.

Déjeuner Gould. Longues bavarderies sur le pas de la porte, avec Kanters, Brenner, Élise et Modiano. Kanters essaie de convaincre Élise qu'elle a vécu avec Jouhandeau un grand amour. Elle part à demi convaincue. Ces couples illustres sont bien étranges.

20 octobre

Journée de bonheur à Gaillon. Seul, je m'y sens à l'aise, chez moi pour la première fois. Comme si la vie pouvait couler dans le calme de l'automne, éternellement, à écrire.

Le soir, à Montansier, pour assister à une représentation de *Délicate Balance* qui doit partir en tournée. Le pauvre Dauphin a changé de famille. Contrairement à celle de *Zoo*, que j'avais souvent souhaité modifier, en l'écoutant l'autre jour je trouve l'adaptation assez bonne, sauf le début, que personne ne peut dire ainsi étiré sinueusement; seule Madeleine pouvait... Évidemment, j'ai l'impression d'écouter des doublures, à l'exception d'Annie Ducaux, bien sûr, qui ne « vit » pas comme Feuillère son personnage mais le sert avec une sensibilité et un métier indéniables. Étrange gymnastique de l'acteur, passant d'Athalie à cette soûlarde américaine.

Public navrant de froideur et d'incompréhension. La seule chose qui touche ces bourgeois versaillais, c'est la visite des amis, leur intrusion et leur installation. Là, soudain, ils comprennent la situation, ils se mettent dans la peau d'Agnès, et ils rient. Ce n'est pas à eux qu'une pareille chose arriverait, braves Français si peu hospitaliers, et scandalisés, ravis par ce sans-gêne.

17 novembre. Lyon

Quand on songe que Florence a été dévastée deux fois en vingt-cinq ans, on regretterait presque de voir intacte cette ville-ci.

JOURNAL

Si je n'aime pas Lyon, une sorte d'antipathie déraisonnable, instinctive, cela vient sans doute d'un mauvais souvenir. J'ai vécu ici environ six mois, de 1940 à 1941. Je me souviens de l'adresse comme si cela datait d'hier : place Edgar-Quinet (je n'aime pas non plus ce pauvre homme, l'englobant dans mon antipathie lyonnaise). Nous habitions une chambre chez une vieille dame, une seule chambre à trois. Le soir, quand mes parents rentraient, ils me transportaient du lit placé dans une alcôve sur un canapé louis-philippard étroit, où j'étais mal. Chaque transbordement, dans le demi-sommeil, était un supplice comme si on m'avait arraché tous les soirs à la douce chaleur utérale pour m'abandonner, seul, dans le monde hostile.

Autre souvenir désagréable : l'école communale. Arrivé en cours d'année – sans doute en novembre ? –, les gosses m'avaient accueilli avec cette férocité moqueuse dont les enfants ont le secret. De plus, je ne lisais pas comme eux; ayant appris la méthode globale avec ma mère, je n'avais pas l'affreux accent lyonnais; bref, j'étais l'étranger haïssable. Et le livre inepte où l'on apprenait le français s'appelait *Patachou*. Je me demande si je n'en veux pas aussi à la chanteuse de porter ce nom...

Ce qui me blessait à Lyon, c'était la modestie de notre appartement, alors qu'à Vichy nous étions logés dans une jolie maison avec un jardin (où je pratiquais le « croque-moquet » : tu me donnes un sou, je l'enterre, si tu le trouves, je te le rends, sinon il est pour moi. Le vieux sang de l'usurier, sans doute).

Une chambre, le froid. Mon père avait tout juste mon âge, et il fallait tout recommencer à zéro. Dans l'enthousiasme, comme toujours. Il n'empêche que je l'admire, rétrospectivement.

Oui, le décor a une importance qu'on ne soupçonne pas, chez les enfants. Mamé dirait que c'est un héritage de son père : « Il avait le goût du grandiose. » Reposante foi dans les constantes de l'hérédité. Mais lui, le pauvre homme, fils d'un peintre sur porcelaine, petit-fils de laboureur ou de journalier, d'où tenait-il son « goût du grandiose » ?

Reste cependant que tous ces architectes qui m'ont fait – père, grand-père, grand-père de mon grand-père – me laissent une sensibilité particulière aux bâtiments. Dans le train, je « vois », comme les voyantes, ce qu'étaient jadis les villages, ce qu'ils vont devenir, et je souffre, presque physiquement. Incapable de jouir d'un beau paysage sans imaginer la bâtisse moderne qui le détruira bientôt. Sensation d'étouffement, de panique. Cette cohue invisible, je m'étonne d'être toujours seul à la voir. Il n'y faut pourtant pas beaucoup d'imagination. Superbe optimisme crétin de mes contemporains. Ou pis, pessimisme nonchalant; laisser faire, avec un sourire désarmé, jusqu'à la catastrophe.

Et moi, du reste, qu'est-ce que je fais ?

1969

2 décembre

Rêve. – Promenade en voiture je ne sais où. En contrebas, on s'arrête devant une vieille maison qui est un composé de Saint-Brice et de la maison de Natalie Barney, rue Jacob. Bref, une bicoque centenaire où j'ai vécu (dans mon rêve). La propriétaire, très âgée (il doit donc s'agir de Natalie Barney), est partie pour l'hôpital, et il sort de toutes les portes des processions de gens, comme des fourmis, pillards emportant tout tandis qu'on dresse déjà l'échafaudage pour la démolition... Je me réveille désespéré. Je crois que je ressens pour les monuments des mouvements de passion soudains, comme je n'en ressens guère pour les humains.

Ces songes, au lendemain de la vente avortée du Bateau Lavoir, dont la petite maison de gauche m'a fait rêver pendant une semaine (rêver au sens figuré cette fois). J'ai poussé l'enchère jusqu'à quarante mille francs. Si l'affaire eût été saine, sans doute serais-je allé plus loin, mais je sentais le coup fourré. Et en effet, la Ville de Paris, par sa campagne de démoralisation, a bêtement travaillé pour un tiers adroit, à moins qu'elle ne l'ait fait sciemment...
A cette vente, au Palais, je suis abordé par un monsieur propret, très correct dans sa mise sombre, entre le clergyman et le retraité, ou le militaire en civil, avec dans le regard quelque chose d'un peu inquiétant, ainsi que dans le sourire orné de deux dents dorées :
« Monsieur, il ne semble que nous nous connaissons.
– Peut-être bien, je ne vois pas...
– Vous êtes bien critique littéraire à Sarcelles (sic)?
– Enfin, oui, si l'on veut.
– Je suis le valet de chambre de M. Paul Morand. Vous êtes déjà venu déjeuner " à la maison " plusieurs fois.
– En effet. Je me souviens, monsieur. (C'est vrai, j'ai même noté une de ses réflexions qui m'avait sidéré.)
– Et vous venez acheter un appartement.
– Oui, monsieur. (Pour être aimable) : J'espère que nous n'allons pas être en concurrence?
– Ah, monsieur, les affaires sont les affaires. Même si c'était M. Morand qui était à votre place, je n'écouterais que mon intérêt. Avant d'être chez Monsieur, j'étais placé chez un industriel. Eh bien, un jour, nous nous sommes trouvés tous les deux sur la même usine : c'est moi qui l'ai eue... »
La vente se passe. Le valet de chambre, avec une ruse de professionnel, monte prudemment, comme on ferre un poisson, et emporte son lot à sept millions.
« Ne vous inquiétez pas, disait-il à l'avoué un peu étonné, j'ai

JOURNAL

l'habitude. » Et à moi : « J'ai fait une bonne affaire. Ça en vaut vingt. »

Avant de partir, dans l'ivresse du triomphe, il me dit au revoir : « Permettez-moi de vous serrer la main, monsieur, je sais bien que pour un domestique, ça ne se fait pas, mais ici, vous n'êtes pas invité, n'est-ce pas ? »

Sorti droit de Balzac ou de Zola, ce monsieur. Dans un roman, on n'y croirait pas.

11 décembre

Daniel, homme de marbre.

Chez Florence, les Dali. Lui, de plus en plus Barbey d'Aurevilly, avec sa crinière teinte, ses chemises tuyautées et une veste de velours vert avec des manches bouffantes. Sans oublier la loupe face-à-main, la canne qu'il garde même à table, et les paradoxes... Mais ma surprise, c'est Gala, tête de mort costumée en marchande à la toilette. On ne lui donnerait pas deux sous avec cette étoupe informe sur le crâne, ce dentier de Prisunic. Seul reste le regard gris-bleu, déjà pâli ; l'inspiratrice, la grande inspiratrice, avec Elsa, de nos deux plus grands poètes. Misère !

20 décembre

Coup de téléphone d'Elsa, après l'article sur Aragon, pour savoir hypocritement si c'est là tout ce que je dirai d'elle. J'avais heureusement la réponse toute prête : « J'attends votre roman », etc.

Elle doit transformer ses acidités en miel, ce qui donne des choses assez savoureuses, et pour justifier ce coup de fil, elle se prétend chargée par Aragon de me remercier pour ce papier qu'elle trouve... très prenant (?).

Rêve de malade. – Je passe devant un petit hôtel Napoléon III dont l'ornement principal est, devant le perron, une espèce d'arbuste produisant d'énormes sphères cotonneuses roses. Machinalement, je caresse les tiges, et les fleurs me restent dans la main. Très embarrassé, j'entre, essaie de m'excuser. Les gens de l'intérieur, courroucés – et moi, très, très gêné –, me disent qu'ils vont appeler le directeur. Au bout d'un moment, il apparaît : c'est mon père.

1970

7 janvier

Conversation avec Modiano :
« Comment allez-vous ?
– Je, oui, je...
– Vous travaillez ?
– Oui, je, je...
– Ce livre, ça marche ?
– Je, je, oui... »
Au bout d'un quart d'heure, il prononce des verbes. Au bout d'une demi-heure, des compléments. Ainsi, sans doute, devient-on écrivain.

Tenté par le théâtre, il cherche un « monstre sacré » pour l'inspirer (fils d'actrice, influence de l'enfance, etc.). Imagination entièrement tournée vers le passé.

Beau visage fiévreux tout en haut d'un corps inexistant. Quelque chose comme la tour Eiffel avec un regard intelligent et des cheveux longs.

Francis, galette de roi.
Jean-Louis, brave fonctionnaire.
Serge, clown et dompteur, embarrassé de ses dix-neuf ans précoces.

14 janvier

Déjeuner avec Jean Denoël.
Étonnant comme cet homme, intime des plus grands (Max Jacob, Gide, Cocteau, Montherlant, Giono, Mauriac, Jouhandeau, Léautaud, etc.), a peu d'histoires à raconter. Peut-être n'a-t-il pas

de mémoire, tout simplement, pour « les mots ». Moi non plus. Mais j'admire qu'il soit toujours à la naissance de tous les petits prodiges, de Clémenti à Modiano, voire Banier. Il les déniche comme des truffes, un sixième sens.

Bonheur étale, serein, surprenant.

18 janvier. Lyon

Vu le jeune Ariel Denis, vingt-quatre ans. Il est agrégé, sérieux, réservé. Intelligemment enfermé dans sa littérature, mélange de timidité et de certitude. De foi plutôt.

20 janvier. Paris

Journée déprimante.
Au Flore, près de moi, un couple (quarante-cinq ans, environ) se livre à un exercice qui paraît très au point. La scène de ménage. Elle, hargneuse, lui reprochant sa vie médiocre, son égoïsme, etc. Lui, sur la défensive, pratiquant le chantage à la rupture et jouant les victimes. « Bon, j'ai compris. Je suis un imbécile. Cherches-en un autre », etc. Mais chacun de ces échanges d'aménités se termine par un « chéri »... Puis, soudain, l'homme se lève et dit : « Tu viens dîner, chérie ? » Et ils sont partis, comme si de rien n'était. Drôles d'animaux, les hommes.
Ensuite, au théâtre, *les Guss*, autre « tranche de vie » conjugale sinistre, l'histoire de deux êtres qui se détruisent, et débouchent sur le désespoir et la folie.
Enfin, dans le métro, en rentrant ici : un couple, encore, assis, se tenant la main. Lui, petit, barbu, coiffé d'une casquette fantaisie. Elle, vêtue d'un manteau de lapin, les cheveux longs à la noyée, des boutons sur un côté de la figure, mais des yeux sublimes, bleuâtres, immenses. Elle le regarde, il la regarde, il appuie sa tête sur son épaule, elle l'accueille, maternelle. Mais son regard souvent erre ailleurs, d'une tristesse déchirante, accablée. Est-ce donc ça, l'amour ? Si voisin du désespoir.

1er février. Lisbonne

Enfin terminé ces trois conférences dont la seule perspective m'avait fait perdre la voix. Comme toujours quand je me lance dans ce genre d'exercice, j'ai l'impression de m'oublier complètement, parlant pour un autre, interprète fidèle d'un inconnu qui pense à ma place. Je nage sous l'eau. Je perds conscience, je

1970

m'exprime comme un noyé, faisant machinalement les gestes qui sauvent. Le résultat m'étonne moi-même. Et ce soir, en particulier, j'ai répondu avec assez d'esprit (mais oui) du tac au tac aux questions posées par l'honorable assistance, électrisé par la présence d'un public. Marrant, tout cela, ce côté comédien qu'on ignore en soi, et cette ivresse douce d'être une vedette pour un soir (avec mon nom dans le canard local grand comme celui de Salazar, la TV, etc.).

A Porto, devant cet autel dressé dans la salle, j'avais l'impression de dire la messe. Failli commencer par : « Mes biens chers frères »...

A Coimbra, plus familial et patronage, avec deux grosses bonnes sœurs.

Et puis ici, dans ce club victorien avec tout ce fla-fla d'ambassadeurs et de présidents divers qui ont écouté ce blanc-bec comme s'il était une grande personne. C'est cela qui m'étonne le plus.

Porto, c'est Morlaix : granit et pluie. Avec une petite casbah en plus, et des camélias.

Coimbra, un déluge, mais la plus belle bibliothèque du monde.

Lisbonne, une ville. Un port.

Alfama, quelque chose comme un Montmartre médiéval peuplé d'Arabes.

Et partout, le sentiment d'avoir fait un voyage de cent ou cent cinquante ans en arrière.

Vu un jeune intellectuel. D'après lui, impossible de devenir professeur sans l'assentiment du régime. Censure de tous ses articles. Obligé de travailler chez IBM pour vivre. Structuraliste, avec la foi charbonnière des provinciaux qui exagèrent toutes les modes.

Une dame, belge, mariée à un poète portugais de l'opposition. Lui a été quatre mois en prison pour délit d'opinion. Elle a été suspendue en 1947. Elle est réintégrée seulement cette année, et repasse des examens!

C., le consul de Porto, vieux garçon gentiment cancanier, attendant sagement la retraite.

Magnien, instit, nanti d'une brave bobonne. Le ménage uni, popote et travail. Très sympathiques.

Labasse, instit aussi, sans doute, mais aigri, bêta, avec une madame sosie d'Odette Joyeux faisant des grâces de roman-photo, rongeant son frein de n'être pas reçue... mais elle est insortable, irrémédiablement croquant. Curieux petit monde, avec le pantin désarticulé Silvestre, qui se met d'ailleurs en quatre pour me rendre service, et le pauvre Perrond – cocu – couleur de gelée de coing, oui, curieux monde terriblement province, promenant autour du monde ses habitudes de Limoges, de Bordeaux, de Nancy, et rêvant sous les Tropiques à la villa Samsuffi où il prendra sa retraite.

L'université des lettres est en grève. Pas un mot dans les journaux. Le ministre de la Culture a été conspué à Coimbra. Pas un mot. Seul le téléphone arabe enseigne dans ce pays muet, tout en façade.

4 février. Paris

Ai-je parlé de l'ambassade à Lisbonne, presque aussi belle que le palais Farnèse ? Tiné, l'ambassadeur, ressemble à n'importe quel ambassadeur.
Le musée Gulbenkian. N'inspire pas très confiance, sauf les superbes faïences turques.
Du Chayla, chez Tiné, ouistiti de bonne maison.
Départ burlesque à l'aéroport, sous l'œil de la télévision, trop heureuse de filmer ce conférencier chargé d'une guitare et de bizarres paniers d'osier achetés la veille au « marché des voleurs » de Santa Clara.

Hier, Limoges, pour voir le brave Desbœuf dans *Savonarole*. Gentille troupe, avec Claude M., d'une beauté si pure, si régulière dans les traits de son profil qu'il en a l'air dessiné.
Le comique du rôle de vedette que joue Desbœuf... à Limoges, soupant aux huîtres dans la seule gargote ouverte, se faisant monter du champagne dans sa chambre, exigeant une chaise longue dans sa loge, etc. Il claque ses cachets dont il aurait pu vivre six mois, pour son rêve. Le réveil sera peut-être moins rude. Et plus tard, il parlera de son triomphe au Grand Théâtre de Limoges, comme tous les vieux cabots. Ce sera devenu vrai.
Nuit très, très étrange, à demi rêvée, elle aussi. Mais à deux. Inédit pour moi.

9 février

Reprise des *Beaux Jours* au Récamier, avec un Barrault vieilli, qui n'aurait plus besoin de se grimer pour être le mari de Winnie dont les bras en pendentif demeurent toujours aussi effrayants. Mais c'est tout de même une belle pièce, grave, pure, simple, terrible. Et Madeleine n'est jamais si bonne que dans ces œuvres difficiles où elle ne comprend pas tout.
Petite réception dans les coulisses ensuite, avec beaucoup de monde. Madeleine, dans un affreux peignoir rouge, mal fermé, est très affectueuse. Jean-Louis Barrault, ému, raconte des histoires et parle déjà de « remonter » le Récamier, comme il a remonté le Marigny où Raimu, paraît-il, ne voulait pas jouer parce qu'il craignait de se perdre au milieu des forêts. Impression curieuse

d'une réunion d'exilés, rêvant des « beaux jours » de l'Odéon, et affectant la pauvreté des opprimés. Vrai ou faux, c'est un peu triste à cet âge où les recommencements sont difficiles.

25 février

Le temps n'existe pas; c'est une invention des professeurs et des miroirs.

16 mars

A Thoiry, par un après-midi froid. Dans ce parc labouré comme un champ de bataille, quelques animaux sauvages, lunaires, oubliés; de vieux condors, des lions mités, désabusés, avachis – et terrifiants –, et des éléphants crottés dans leur pantalon trop large. Extraordinaire impression de dépaysement, non pas dans la brousse mais dans un cauchemar.

Un stoppeur : « Aux Mureaux, il y a une boîte, le Pousse-Pousse. C'est la vraie défonce jusqu'à quatre heures du mat. »

Au Mans, une pièce de Kopit jouée par Terzieff, avec un excès poignant. Depuis quelques années, il choisit toujours des rôles de suicidaires, et l'on dirait qu'il y trouve une justification morose. Il mène une vie de comédien raté, s'habille en clochard, avec un goût morbide de se détruire, de s'enlaidir, de se ronger par l'intérieur, personnage de Dostoïevski égaré, éperdu. Quelle déception, quel manque cherche-t-il ainsi à tuer en lui? Parfois, j'ai peur qu'il n'aille jusqu'au bout, un matin, sans rien dire à personne, comme sa sœur.

Pour la première fois, en partant, il m'a embrassé. Geste inhabituel chez lui, si fermé. Une angoisse le mine et qui fait mal.

Vincent W. : la beauté sur la terre. De ces cadeaux que la vie vous offre, quand on n'en a pas tellement envie, la garce! Mais l'appétit vient en savourant pareille friandise.

Robbe-Grillet. Sa chevelure a poussé, drue, crépue. Il ressemble à une George Sand moustachue. (Octobre : à présent, c'est une femme à barbe.)

23 mars

Déjeuner chez Jeannine Delpech. Mme Sainteny belle, dans la fatigue quinquagénaire qui l'a comme figée et sculptée. Marcelle

JOURNAL

Auclair, vieille dame qui porte son âge avec l'arrogance du désespoir, maquillée de sérénité. Et tout de même d'une bonne couche de fard. M. et Mme Delacroix, tels qu'en eux-mêmes, les patrons d'antan survivent.

Dîner chez Solange de La Baume, avec Béatrix Beck, ronde Bécassine sans coiffe, avec le charme de son étrangeté qu'on retrouve parfaitement dans ses romans, et Mme Sabatier, noire mauresque.

10 avril

Mimi, au terme d'une visite avant mon départ pour les USA : « Au revoir et à bientôt... ou à plus tard. »
Chantage de vieillards dont on ne sait plus s'ils en souffrent ou s'y plaisent.

17 avril. New York

Après une nuit mouvementée –, retour vers six heures trente par Central Park. Le soleil est déjà sur Park Avenue. Je ne connais rien de plus beau que ce mariage contre nature des arbres et des gratte-ciel, les uns donnant l'échelle aux autres. Au bois de Boulogne, à la même heure, on aurait l'impression délicieuse d'être à la campagne. Ici, la beauté naît du contraste, comme dans un rêve surréaliste. Des monstres statufiés jaillis d'une forêt, une tempête minérale.

20 avril. New York

D. on a bright sunny sunday.

21 avril. New York

Visite aux îles de la Trinité avec M. Béranger, qui ne m'emmerde pas du tout.
Conférence devant un public clairsemé, légèrement scandalisé parce que je décris un futur théâtral apocalyptique. Sauvage s'élève violemment contre mes vues tandis qu'un jeune auteur essaie de m'embarrasser avec Shepard – que j'avais vu la veille. Inutilité totale de ce genre de causeries. Mais pourquoi se déranger pour écouter un critique parler du théâtre américain ? Le plus difficile, et le plus satisfaisant (impression de tenir les gens à bout de bras, jusqu'à ce qu'ils cèdent enfin), c'est de les faire rire. Ce murmure est plus tendre qu'un applaudissement.

1970

Souper chez un professeur de l'université de New York, si conforme à l'image traditionnelle (pipe, calvitie naissante, chemise ouverte et le tout sur fond de bibliothèque ornée de dessins abstraits et d'un Germaine Richier) qu'on s'attend à le voir jouer Virginia Woolf avec sa femme. Deux dames juives, plus juives que nature, un autre professeur assez réactionnaire, de Rigault et Vallier, ainsi que les Obaldia qui sont de toutes les fêtes, décidément.

22 avril. New York

Orrin m'épargne une ennuyeuse étape à Los Angeles, mais sa performance ne mérite pas d'*applauses*. Le *cast* vaut mieux que la pièce.

David me réconcilie avec l'existence et les illusions de ma jeunesse retrouvée.

23 avril. Tallahassee

Mme Richardson, inattendue, avec un pied de plus que moi, m'apprend les dessous de la société floridienne, encore raciste et extraordinairement provinciale.

Clay me révèle d'autres points de vue inattendus, après une conférence de Stephen Spender, et les propos âcres de Richard B., l'ange noir gidien d'Albee.

24 avril. Atlanta

Oui, extraordinaire journée. Le *Leper* et la stupéfiante réception qui l'a suivi. Impression d'avoir émigré au temps de *Gone With the Wind*, en plein XIXe siècle. Une population blanche raffinée, snob et un Noir, ce qui provoque cependant un incident, l'un des invités lui ayant tendu son verre comme s'il s'agissait d'un domestique. Pelouse onctueuse, champagne du cru, richesse et provincialisme, Bourbon aussi, dont il me semble avoir abusé, si j'en juge par mon écriture hier soir. Grâce à cette ivresse (sentiment oublié depuis longtemps), les choses ont été faciles avec mon *room-mate*, judicieusement choisi par le dirigeant Rizzo.

L'après-midi, aujourd'hui, se passe dans la plantation de Cowles, belle comme un rêve, immense, avec les plus superbes chevaux du monde, un vrai cow-boy, une église, un pavillon Louis XVI, le luxe le plus formidable, et les gens les plus charmants. Après les deux petits opéras de Gian Carlo, fort gentiment représentés, dîner avec Frank, Zimbalist, les Cowles, Gian Carlo, Daydé, etc. *Friendly*, chaleureux même, et d'une étonnante gaieté sans protocole. Deux jours entre parenthèses dans un autre monde.

26 avril

En ciel, entre San Francisco et Chicago, à peu près au-dessus de Reno. Donc, trois jours dans cette ville à collines, comme Rome et Lisbonne, ville folle, merveilleuse, essayant en vain d'appliquer son quadrillage américain sur des montagnes russes. Vu d'avion, on dirait que les pitons (*turnpikes*, etc.) ont percé le tissu des maisons. Celles-ci sont divines, informes, démentes, piquées en équilibre instable sur des pentes vertigineuses ou singeant le cottage anglais dans un décor de *scenic-railway*. Sans parler, bien sûr, de la ville chinoise, peut-être un peu conventionnelle pour mon goût. Et le Golden Gate Park, avec des rhododendrons fabuleux, des essences par milliers, des lapins, des oiseaux, des fleurs, et cet extraordinaire *conservatory* qu'on dirait construit pour un château genre Voisins.

Se promener, ici, c'est un vrai sport. Sous un beau soleil, c'est la tempête perpétuelle. L'air du Pacifique vous pénètre, vous emplit les poumons, vous glace aussi. Seuls les habitants, gelés, persistent à croire qu'ils sont sous les Tropiques, grelottant dans leurs T-shirts.

La population, horrible mélange de Jaunes, de Noirs, d'Hawaiiens, de Blancs, de Philippins, etc. Le résultat est un peu décevant, d'autant que la mode étant au hippie ou au pionnier (barbe et moustache), les êtres informes qu'on croise s'enlaidissent à plaisir, fiers de leur saleté, signe de liberté.

Du reste, tout est à l'envers, ici, dans son excès. Par exemple, cette campagne contre la pollution qui renie toute l'Amérique de papa : « Utilisez des bouteilles, refusez les boîtes de conserve, marchez à pied », etc. Pour le sexe, c'est la même chose. La liberté violemment conquise débouche sur une sorte d'impuissance collective, ou d'obnubilation maniaque, répugnante, inhumaine et malsaine. De même, les hippies, apôtres de paix, font peur la nuit. Et mendient le jour, sinistrement. Plus hébétés que méditatifs. Et ils vous disent boujour, cependant, avec la plus complète indifférence, les doigts en V.

Dans une rue, un bonhomme pacifiste, une sorte de facteur Cheval, a peuplé son jardinet de pancartes coloriées (très jolies) dénonçant le capitalisme, la guerre, le profit, etc.

Exploitation de la réputation « chaude » de la ville; un Pigalle gigantesque.

1970

Mais la vue de la baie, c'est peut-être ce que j'ai admiré de plus extraordinaire. Il faudra revenir, avec des adresses.

28 avril. Chicago

De ma fenêtre, vue splendide sur la ville (la nuit, car le jour les gratte-nuages se perdent dans la brume). Mais entre le centre et moi, un *no man's land* qui rappelle Berlin in 1945. Touffeur estivale déjà, lourde, pesante, humide. Pollution partout.

Réclame : des perruques pour cacher les cheveux longs en semaine.

30 avril. New York

Arrivée sur New York au soleil couchant. Une mer rouge, Manhattan fondu dans la brume du soir, des ombres immenses dessinent leurs diagrammes sur le port. Un prodigieux tableau de Monet. David retrouvé, jamais perdu, et même peut-être un peu trop attachant. Que faire? Mais l'Atlantique est un vaste fossé pour une passion, assez large pour s'y noyer.

Des nouvelles catastrophiques, la guerre qui s'étend au Cambodge. Le tout noyé dans les réclames de poudres à laver et de crispies.

2 mai

Les jours heureux n'ont pas d'histoire. Mais D. est parti ce soir.

5 mai

Des théâtres, plus ou moins dévêtus comme c'est la mode ici. Et un certain dégoût du BMC où je vis ici. Incompréhensible psychologie sexuelle de ces Américains pour qui voir est agir. Lamentable soirée avec petite Madeleine. Un mauvais *musical*, une brochette chez Sardi, et une petite promenade dans les bas-fonds déserts. Le courage de cette petite grande bonne femme, vivant toujours, frétillant toujours à l'idée de la pièce qu'elle *va* jouer – à soixante-dix ans. Et cet amour profond pour Barrault. Et ces douces vacheries pour les copines. Le charme de cette septuagénaire d'une féminité d'une autre époque, indestructible. Et cette petite soirée ratée me coûte tout de même quarante-cinq dollars.

JOURNAL

Ce soir, par hasard, dans le hall, rencontré Michael Walsh, souvenir agréable de l'an dernier, qui le redevient de cette année et clôt ce séjour sur le point de tourner au maussade.

Pays un peu effrayant, brut, violent. Dans la rue, des étudiants jouant le drame d'hier (quatre étudiants tués dans l'Ohio). Une dizaine de cadavres couverts de sang, entourés de soldats, mitraillette au poing. C'est peut-être ça le théâtre. En tout cas, cela fait paraître un peu mièvres les pièces « psychologiques ».

17 mai. Gaillon

D. ici, quatre semaines après l'avoir rencontré. Une petite allure de roman chic à bon marché, sautant d'un continent à l'autre.

T., très bien, supporte cela sans apparente impatience et avec beaucoup de gentillesse. Seule politique intelligente – et donnant des fruits.

Jules Roy, tendre sous le froid de son œil bleu-vert, et dont on comprend que tant de gens l'aiment. La faille, comme chez tous les auteurs, c'est l'écriture. Un regard lucide sur chacun, sauf sur soi, et la valeur de ce qu'on fait. Très abusé, lui aussi, sur l'Algérie d'aujourd'hui où il prétend qu'on fait le désert devant lui, avec une courtoisie paralysante.

18 juin

Dîner Jules Roy au Louis XIV, avec trois tablées de gens hétéroclites allant de Pierre-Henri Simon à Juliette Gréco (plâtreuse avec de beaux seins), en passant par les Privat, Boisdeffre, Moinot, Sigaux, les Nourissier, Jean-Claude Fasquelle, le général Buis, Monique Mayaud, Charpier, etc.

Julius est tout de noir vêtu, avec une chemise col mao blanche en dentelle genre surplis. Ressemble à un prélat avec un rien de vieille grande dame très comme il faut.

Gréco doit être assise à côté de Pierre-Henri Simon. Julius lui dit : « Tu sais qui c'est ? » Elle : « Non, qu'est-ce qu'y fabrique, çui-là ?

Boisdeffre, avec une canne, gras, porcin. Il mange son poids, réclame de l'alcool, s'amuse comme un gosse mal élevé à demander un dessert compliqué qu'on ne lui offre pas. A la fois gamin (ce qui va mal avec son physique) et odieux (ce qui correspond mieux à cette dégaine d'« officiel » répugnant).

1970

Juin

Mort d'Elsa que j'apprends par un coup de téléphone de la radio pendant une réception chez Privat. Sur le moment, incapable de retrouver un titre, une idée. Ne me souvenais que de cet œil froid, de cette mâchoire serrée. De ce sourire aussi.

Pas été aux obsèques à *l'Humanité*, mais au cimetière de Saint-Arnould. Après une longue attente sous le soleil, le cortège arrive enfin. Rien n'est prêt pour recevoir le corps (il s'agit d'un catafalque provisoire puisqu'elle sera inhumée dans le jardin du moulin). Pendant qu'on dresse quelque chose en hâte, interminable station de la DS dans laquelle je retrouve Aragon et Lili. On vient lui faire des condoléances à la fenêtre, lui serrer la main. Totale irréalité de cette situation, comme si une bureaucratie mystérieuse hésitait à recevoir ce corps et ceux qui l'accompagnent. Aragon, le visage ravagé, avec ses taches rouges soulignées par la fatigue et la sueur, me dit cette phrase curieuse : « Jusqu'à présent, j'ai fait le malin, mais maintenant, je suis à bout. »

Plus tard, quand on défile, la famille se compose strictement de Lili, caricature d'Elsa en guenon, avec des tresses rouges et un petit ruban noir au bout, et de B. qui doit toujours avoir l'air d'un croque-mort au naturel.

Le Parti défile au complet (le comité directeur, s'entend), par ordre hiérarchique, Marchais en tête. Aragon est sur une marche. Quand Duclos veut lui donner l'accolade, il a l'air d'un enfant accroché au cou d'une grande personne.

A moi – qu'il prend pour Pierre Bergé, il dit : « Merci d'être là, les vieux comme moi, ça se souvient. »

Edmonde me raconte que depuis la mort d'Elsa il boit, regarde passer les femmes et parle d'aller faire un voyage en Italie (qu'elle haïssait). Mais il ne ferme pas l'œil de la nuit. Pierre, lui, me dit que pendant la veillée il a fait d'atroces plaisanteries sur les télégrammes de condoléances. Attitude et gêne des présents. Et à toutes les fenêtres, des malabars communistes, pour l'empêcher de faire une bêtise.

Mais il n'a pas du tout perdu la tête. Il sera peut-être un veuf très inattendu, pas du tout geignard.

(Juin 72 : en effet.)

Déjeuner chez Jules Roy, en Bourgogne. Sublime maison, menacée d'être abîmée par la proximité d'une mine de fluor. Mais somptueuse et habitable, ce qui est rare. Lui, seigneur odieux avec sa femme et jouant les pythies quand il raconte ses futurs livres, comme animé par l'Esprit saint. Pas mal de comédie, et beaucoup de sincérité derrière ces trucs de mauvais théâtre.

JOURNAL

Intermède italien avec T. Pénible expérience qui me chavire un peu (je croyais naïvement que nous en étions arrivés à la paix définitive).

Autre intermède, avec Victor le Hollandais, belle fleur que je rudoie un peu trop et qui se brise en mes mains (c'est ma faute, mais je n'en suis pas autrement fâché, trop vieux, trop égoïste pour supporter la vanité – même charmante – des autres).

Séjour à Avignon avec Foune et David. Sans histoire.

16 juillet

Au retour, ramassé un stoppeur de dix-huit ans. Échappé de chez ses parents. Parti vivre sa vie. D'abord à Saint-Tropez. Puis en Avignon. Va vers Amsterdam. Entièrement intégré à la communauté hippie. Il en sait les codes, les rendez-vous à travers le monde. Ne se fait aucun souci pour le lendemain (avec dix francs en poche). Je le laisse sur les marches du Sacré-Cœur où des chevelus chantent dans la nuit. Seul, le cœur un peu serré pour lui. Mais je le vois frétiller, à l'idée de connaître de nouveaux frères. Pour lui, l'aventure, ce sont les visages qui ressemblent au sien. Petite face chiffonnée sous des boucles blondes. Admirable inconscience. Le début d'un film, genre *Midnight Cowboy*. Mais dans la pureté totale. J'aimerais bien revoir ce petit plombier libéré dans deux ou trois ans. Peut-être heureux. Et pas bête, tout à fait conscient d'être un luxe vivant de la société de consommation.

Pendant ce temps-là, T. écume les mauvais lieux d'Amsterdam et de Londres, frénésie pour s'oublier (m'oublier?) et me retournant mes arguments sur la rose qu'il faut cueillir...

17 juillet

Avant-hier, en Avignon, fait du pied avec mes doigts...

Cette soirée à Lyon avec un David un peu déboussolé. Toujours curieux de regarder les autres en train de faire la cour. Sa timidité me ravit. Elle compense la mienne...

Rien de plus triste que ce bar presque vide avec les laissés-pour-compte des vacances, décolorés et ridicules.

Lu le *Journal* de Green. Quand on connaît un peu les clés, les noms des gens, on s'aperçoit que c'est tout simplement une petite société de tantes distinguées, et rien de plus. (Même Gide, Cocteau, Breitbach, Bérard, Tchelitchev, etc., tous « en sont ».)

1970

1er août. Gaillon

Retour en Avignon. Plus pour Jack G. que pour la pièce de Schwartz. Trois jours bizarres, tendus, où j'ai l'impression de me tenir à bout de bras. Défaillances, dues à la fatigue, et aussi à l'offrande de quelqu'un qui attend tout de vous. Trop.

Fruit d'une discussion avec T. qui s'inquiète de nos rapports distendus (mes écarts sont évidemment parallèles aux siens) : existe-t-il d'autres rapports humains que sexuels ? Si l'on ne sait pas goûter ensemble un certain silence, qu'est-ce qu'une vie à deux ? T. est dans le salon, il lit Lawrence. Je suis dans ma chambre, j'écris ces lignes. C'est ainsi que se défait un bonheur. Cela peut durer jusqu'à la mort, cette longue écharpe que l'on détricote. Mais il arrive aussi, soudain, que le fil casse, mangé aux mites. Triste, triste, triste.

Toutes les difficultés entre T. et moi naissent de nous-mêmes, et non de nos volontés. Par désir de partager le plus possible avec lui ce qui nous est commun, afin de fortifier ainsi notre unité, j'empiète sur ce qu'il considère comme son domaine, inaliénable, et qu'il défend farouchement. Aussitôt il se rebelle, et je suis blessé. Il suffit *qu'il* se défende, et je *nous* vois trahis, lui incapable de comprendre que mon étouffant intérêt est de l'amour, et moi ne sachant pas distinguer son suspicieux orgueil (de faible) de l'humeur ou de l'ingratitude.

9 août. Avignon

Séjour « en famille » avec maman et Geneviève, puis T. Épisode curieux de la visite de la synagogue de Carpentras. Le bedeau nous demande si nous sommes juifs. Silence pesant, vieux réflexe. Puis maman, comme une mère caille qui se sacrifie pour ses enfants, répond : « Moi, oui. »

Cette famille Phèdre entrevue à Gordes. Tout un roman. Le mari, tout petit, avec des talons, noiraud, encore beau de visage, quarante-cinq ans. Deux enfants du premier lit : une fille godiche de dix-sept ans. Un garçon superbe, blond, frisé, haineux, sans doute adultérin. Hippolyte. Une seconde femme et deux petits garçons adorables. Et puis, trois chiens.

Vie vide, intense cafard.

JOURNAL

12 août. Paris

Retour d'Avignon avec Geneviève, d'une remarquable égalité d'humeur. Et un stoppeur écossais à l'accent formidable. Dernière nuit avignonnaise avec Jack. Bizarre frénésie tendre, la jeunesse me drogue, et pourtant je n'aime ni la jeunesse ni la drogue.

Ici, froideur. Envie de mourir ou de recommencer une nouvelle vie, ce qui revient au même. Dîné seul dans un restaurant (à Pigalle), ce qui est le fond de la désolation. Pas désagréable à franchement parler; le fond, au moins, c'est du solide.

24 août. Argenton

La grand-mère Mazaud disait : « Régalez-moi d'un plat de votre absence. »
Chroniques : les maisons de campagne; Albert Simon; les hippies (Montmartre).

26 août. Paris

Mes grands-parents fêtaient hier leur soixante-huitième anniversaire de mariage! Sauf pendant les guerres, jamais plus de quinze jours séparés. Bon-papa, superbe vieillard quand il est éveillé, rond, rose, l'œil vif, un beau sourire (quatre-vingt-onze ans). Dès qu'il dort, il pâlit, les lèvres disparaissent, le nez se pince : un masque pour tombeau. Mamé s'est tassée, voûtée, un peu. Mais son activité reste stupéfiante. Et sa dureté pour bon-papa, qui est la forme ultime de son amour, pour le garder ingambe. « Non, non, laisse-le donc aller à la cave, porter le bois, ça lui fait du bien. Il ne faut pas qu'il s'écoute. Sinon, il se laisserait aller... »

Revu Le Bouchet. Tout visité à l'intérieur, aussi merveilleusement délabré que l'extérieur. Mon horoscope parlait d'un amour en septembre. Ce sera cette maison.

2 septembre

Resté seul à la maison. Refusé de sortir dîner avec Clay, Richard, Mary, etc. Au lit toute la journée à lire le roman de Bourniquel, un peu fabriqué, d'un baroque appliqué *(Selinante)*. Peu de chose à côté des illuminations nervaliennes de Tournier *(le Roi des aulnes).*

1970

Verre avec Paupert. Petit fonctionnaire à papillon, très démodé d'aspect (comme son livre). Essaie de me faire dire mes auteurs préférés, pour me sonder, et s'empresse de me citer les siens, dont Rabelais, pour lequel il professe l'enthousiasme. Cela se voit, malheureusement. Occasion pour moi de réfléchir là-dessus. Pas de ligne si nette dans mes admirations, et c'est grave. Serait temps de choisir. Pourtant, on m'estime, à un prix élevé. Soirée de chantage entre *France-Soir* et *l'Express* qui me permet d'obtenir un contrat de mille francs de plus. Il est vrai, c'est un fait qu'il y a peu de gens capables d'accomplir ce boulot bêta convenablement. Ou du moins ils n'ont pas encore fait leurs preuves. D'où les hésitations des directeurs de journaux (c'est ma chance).

Mort de Mauriac, impatiemment attendue depuis huit jours par toutes les salles de rédaction. La veille (lundi) on me montre la maquette des *Nouvelles littéraires*. En première page, une tartine sur les trésors de l'Égypte. On soulève : sa dernière interview par Pierre Lhoste : drôle d'impression, comme si on avait basculé la dalle d'un tombeau, déjà.

Mœurs : *Lui* me téléphone pour me demander si je suis pour ou contre *Calcutta*. Et *Elle* voudrait que je commente la phrase de Delphine Seyrig : « Les critiques sont des cons. » Cela peint une génération.

17 septembre

Revu Breitbach, après des mois. La maladie ne l'a pas trop changé. Et comme d'ordinaire, il systématise, avec une rigueur toute germanique. Comme il maigrit, puis regrossit, ses costumes sont en trois séries, pour quatre-vingts, quatre-vingt-cinq et quatre-vingt-huit kg. Le matin, avant de s'habiller, il se pèse.

Green – d'après lui : méfiance, mais l'histoire est jolie – va voir les vaches dans une étable à la campagne, et revient, stupéfait. « Sais-tu, dit-il à sa sœur Anne, que ces bêtes sont si polies ? Elles se sont levées quand je suis entré. »
Idée. – Une voix impersonnelle d'hôtesse de l'air, disant : « Embarquement immédiat pour Cythère. »

Chez Claude Mauriac, cette formule horrible : « l'écoulement des jours ». Répugnant comme une maladie.

JOURNAL

22 septembre

Tapin : de l'ombre sortent des mâles aux croupes lentes, animaux sous la ceinture.

Un professeur d'Aix qui fait une thèse sur Nimier. Me cite un texte des *Saisons* que j'avais complètement oublié. Importance insoupçonnable (et réconfortante) de ce qu'on publie. Cet homme, peut-être, va se fonder sur une description de moi pour tracer le portrait de Nimier, que j'ai pourtant très peu connu. J'aurais pu aussi bien tout inventer. Mais c'est écrit. Donc vrai. Malgré moi...

Hier, à la première d'une mauvaise pièce de Françoise Dorin. Salle extraordinaire du point de vue mondain (Callas, Moreau, ministres, etc.). Terrible pour cette pauvre petite comédie ratée. Près de moi Barillet, chafouin rongeur, faisait plaisir à voir. Chaque réplique bête, chaque mot tombant à plat le transportait de joie. Aux saluts, je n'ai jamais vu personne applaudir avec un pareil enthousiasme.

(27 janvier : cela marche toujours, à pleine salle.)

Les Barrault, chez Weingarten. Je parle de *Haute Surveillance*, monté chez eux par un petit metteur en scène inexpérimenté que j'ai éreinté.
« Qu'est-ce que tu veux, dit Madeleine, si on tente de leur donner des conseils, ils ne font même pas semblant de nous écouter. C'est nous qui payons le déficit, mais... »

3 octobre

Une semaine à Sidi-Bou-Saïd, de soleil, de bonheur. Les lauriers-roses, les bougainvillées, la mer, une ville blanc et bleu ciel, les petits Arabes gidiens (plus vrais que littérature), et puis... Oh! j'avais oublié tout cela. Mais j'ai trente-six ans et X. vingt-deux. Pas d'illusions, allons, allons! Recommence-t-on ce qui n'a point de fin?

7 octobre

Retour de T. Scène atroce.

1970

13 octobre

Les bêtises qu'on peut dire.
Yvette Bessis me raconte qu'on vient d'opérer sa vieille mère de la vésicule. Moi : « Oh, il ne faut pas vous faire de bile. »

Robbe-Grillet rencontré deux fois dans la journée. Barbe assyrienne luisante, poil brillant et si content d'être Robbe-Grillet.
Il me parle des Éditions de Minuit, du « boom » que fut le nouveau roman : « Vous savez, quand ils ont eu tout d'un coup des auteurs célèbres, Simon, Butor, Robbe-Grillet... »
En toute simplicité.
D'après lui, Lindon n'envoie pas les premiers romans de ses auteurs. Il craint que de trop bonnes critiques ne les gâtent. Et au deuxième livre, ils fichent le camp chez un concurrent...
Et voilà que je prends un verre avec cet animal ! Je lui offre même son quart Ricqlès.
« Dites donc (toujours ce ton un peu complice, entre gens qui connaissent la musique), j'espère que vous allez me faire un bel éreintement bien long.
– Pensez-vous ! Des dithyrambes effrénés ou le silence. Il n'y a que cela qui vous desserve. »

15 octobre

Suivi Aragon, rue des Saints-Pères, puis boulevard Saint-Germain, pendant un quart d'heure. Il s'arrête longuement, l'air penché comme toujours, avec ce sourire accroché sur le visage qu'il a quand il s'oublie, devant toutes les vitrines, aussi bien l'antiquaire, le papetier, le tailleur. La seule boutique sautée, c'est une librairie. Manifestement, il est dans une espèce d'ailleurs, ne voyant rien de ce qu'il regarde, comme un homme perdu, ou amnésique. Puis il finit par entrer aux Laines Écossaises.

Le froid commence à s'insinuer partout entre nous, mais la solitude autant que la vie à deux aussi me font peur. Et le délicieux Jack ne sera jamais qu'une étoile filante. Moi qui croyais naïvement n'avoir plus à « recommencer ». Au moins, à présent, la chair me turlupine-t-elle avec plus de discrétion.

29 octobre

Sorti, deux soirs de suite, avec Laurent Terzieff.
Impossible de le faire coucher après le spectacle. Il me traîne

dans des cafés improbables et dans un beuglant de Barbès où chante une fausse Piaf – au reste très bonne, émouvante. Impression de jouer dans *les Bas-Fonds*, avec Pitoëff.

Et comme j'essaie de lui faire avaler quelque chose, il soupire : « On ne sait pas quel calvaire je souffre. Chaque fois que je rencontre quelqu'un, que je décroche le téléphone, on me demande si je mange... »

Un surnom pour X., avec son air de dictateur, son prognathisme altier et sa petite taille : Museaumini.

30 octobre

Jouhandeau, mal rasé, sans sa femme qui est à l'hôpital et qui lui manque, naturellement, en dépit des sarcasmes des *Chroniques maritales*. Il m'annonce triomphalement qu'il a renoncé à la chair, que le jeu n'en vaut plus la chandelle, que c'est toujours pareil. Puis, cinq minutes plus tard : « Tu as vu le petit serveur ? Ah, je lui mettrais bien la main au panier ! »

A ce déjeuner, il y a les Izard; Isard faisait sa campagne académique. « Nouveau » chez Florence Gould, il me prend par l'épaule, à la fois protecteur et protégé, en clamant : « C'est mon filleul, vous savez; je suis son parrain... » Les autres regardent avec une espèce de surprise indifférente. Quel est ce bizarre ?

Quant à Catherine, dès qu'on l'a présentée, elle ajoute, entendue : « Je suis la sœur du cardinal Daniélou. »

Guth, à qui je dis, pour meubler la conversation : « Cela sera bientôt votre tour, cette Académie.

– Oh ! dit-il, non, je suis trop humble, trop misérable. Vous y serez avant moi ! »

Un temps, puis, comble de miel, au conditionnel : « Et si vous y étiez, je sais que vous voteriez pour moi. »

Chez Gala Barbizan, pour la réception du prix Médicis. Beaucoup de monde, dont l'aristocratie du nouveau roman. Toujours l'impression d'une imposture, à les voir si prospères, buvant le champagne impur du capitalisme.

11 novembre

La mort de de Gaulle, le 9. Suivant les oraisons funèbres, il est le mari (la France est veuve, selon Pompidou), le père, le parent, sans parler du plus glorieux fils de la patrie, etc. Une vraie famille à lui tout seul.

Sur le délai bizarre entre l'heure réelle de sa mort (sept heures

1970

trente du soir) et l'annonce officielle le lendemain matin (Pompidou, lui, ayant été paraît-il prévenu à quatre heures du matin), Gaxotte me dit que cela a dû permettre à MM. Tricot et Foccard de rafler tous les papiers compromettants pour les mettre en lieu sûr.

24 novembre

Agréable retournement de situation avec J.
Plusieurs témoignages d'estime au critique théâtral, qui lui font évidemment plaisir.

Novembre

Cent morts dans un dancing. La une des journaux pendant cinq jours; un mort à Colombey. La presse de l'univers pendant une semaine : un ou deux millions de morts au Pakistan : un titre, un soir ou deux.
Le titre génial de *Hara-Kiri* qui lui a valu d'être interdit : « Bal tragique à Colombey. Un mort. »

1er décembre

Je me promène au Champ-de-Mars. Une petite fille s'approche, me regarde et vire comme une soucoupe volante, me prenant manifestement pour un satyre. Bon.
Si je marche pieds nus, on me regardera bizarrement. On ne me dira rien. Si je montre mon nez, symbole phallique bien connu, nul ne s'en formalisera. Si je sors ma queue, on me colle au bloc. Pourquoi? Qu'aurais-je fait de mal? De plus? C'est si facile de basculer dans la délinquance. Un bouton de braguette à ouvrir. Pas d'acte. Nous vivons dans une société d'intentions, de signes. Le geste magique suffit.
Cet homme qui a menacé le pape d'un couteau, voulait-il le tuer? Un geste, et le voici à l'ombre pour des années. Pas plus coupable que moi si je me déboutonnais, sans le moindre désir de violer une gosse au Champ-de-Mars.
Il y a encore fort à faire pour la « libération » de l'homme!

8 décembre

L'enfer de l'écrivain : « Nul Hadès *sine linea.* »
Depuis quelques jours, parce que j'ai fait un portrait, pourtant

aimable, de lui (où je parlais de son « teint hâlé de Viking », d'où les sarcasmes dont il est paraît-il victime au *Monde,* car on y salue son entrée, me dit sa femme, en s'écriant : « Tiens, voilà le beau Viking hâlé », etc. ; c'est toujours un peu triste, le manque d'humour). Depuis quelques jours, donc, Poirot me fait la tête : il se cache derrière sa figure.

Veuf, non pas joyeux mais égaré, Aragon, dit Edmonde, vient de passer la nuit chez Castel !

10 décembre

Déjeuner chez Mimi, avec Geneviève, I et II, Dominique, tante Yvonne. Étonnante vitalité de cette vieille dame, maigre, maigre, avec les pommettes roses.
Nous parlons beaucoup du passé, de son père, qui avait des demi-frères allemands, de son grand-père, né sous Napoléon, de sa propriétaire, qui avait été la maîtresse de Delacroix. Hier au soir, disant bonsoir à Geneviève, elle lui avait dit : « Si je disparais, cette nuit, mangez tout de même le gigot. » Du reste, à chaque visite, c'est le chantage habituel. La dernière fois, elle m'avait dit : « Tu sais, je m'attends à tout. »
Dîner « mondain » ici, avec Edmonde, les Nourissier, les Privat, Christine de Rivoyre, Françoise Mallet-Joris + Delfau, Kanters et Banier. Surenchère de compliments joués sur mon appartement. Edmonde s'exclamant, je dis à Nourissier : « C'est la plus mauvaise actrice de sa génération.
– Oui, elle exagère. » Puis, se rendant compte qu'il a fait la même chose cinq minutes plus tôt : « Moi aussi je joue, mais mieux. »

15 décembre

Rencontre de papa au Flore. Curieuse gêne comme toujours. Sa timidité à mon égard, mon sentiment de culpabilité envers lui. Plus étranger qu'un inconnu. Triste. Impossibilité néanmoins de prendre sur moi, ou sur lui ! Des paralysés sentimentaux.

La tortue, caillou automobile.

Dans les romans, on « fourrage » toujours dans les braguettes. Drôle de moisson.

1970

20 décembre

Mimi est morte, ce matin vers midi. Maman, les larmes aux yeux, me l'annonce. Un instant, nous hésitons à nous étreindre, et puis... non. Trop conventionnel. Bizarre déjeuner où je m'efforce de meubler le silence. Pas une véritable émotion. Une peine, et le sentiment de l'inévitable, à quatre-vingt-dix ans. Le bonheur de l'avoir vue si longtemps vendredi dernier.

Sur son lit, blanche, la tête bandée. Ressemble à une momie très ancienne, d'Égypte ou d'Assyrie. Bandée, il ne lui reste plus soudain qu'une figure minuscule d'enfant, un nez, des yeux fermés, une bouche. Pensé au gisant de je ne sais plus quelle reine – Isabeau de Bavière, je crois – dont le visage est ainsi « réduit » à un petit triangle.

Près du lit, les soucis que je lui ai apportés il y a deux jours. Elle a laissé des dispositions. Désire que l'on ne dise pas son âge dans le faire-part ! Exige aussi qu'on lui fasse une piqûre d'éther pour s'assurer qu'elle est bien morte.

Toute la famille prend le thé, et mange des tuiles faites par elle, hier. Drôle de machine humaine, capable de fonctionner si longtemps, si bien. Sa coquetterie de vieillarde : « Au moins, j'ai toute ma tête. » Où ces restrictions s'arrêtent-elles ? « Au moins, j'ai mes yeux, mes mains, mes ongles. »

Pour moi, désormais, pour la vie, les soucis, symbole de la mort.

M. Durand, le maire de Gaillon, vient ce matin me faire signer un papier. Jeune (enfin, mon âge...), sympathique, encore très paysan. La dernière génération qui aura fréquenté les bals locaux, et vécu en bandes villageoises comme au Moyen Age. Me dit que dans le pays de sa femme (à quelques dizaines de kilomètres), on dit : « Amont le mur. »

21 décembre

Déjeuner chez Jean d'Ormesson à Neuilly, avec la duchesse de Montesquiou, Jean Thomas, un journaliste du *Figaro* (Rouart) et Jean-François Revel. Celui-ci, rouge cerise, fait un numéro antifrançais, à la gloire de la liberté américaine, prenant comme tête de Turc le malheureux figaresque qu'il traite de sous-développé, d'Iranien, de Portugais... Monologue inspiré, bégayant (de fureur jouée). Ni Marx, ni Jésus. La pythie. Tout cela gentiment gratuit. Tout de même, jeu d'intellectuel – de gauche – chez un représentant infiniment civilisé de la vieille droite... Personne ne s'inquiète des visions apocalyptiques décrites par Revel, et la duchesse, petite mante séchée, opine en disant d'un ton grave : « Oui, oui, bien sûr, l'Europe est foutue », avec cette indéfinissable mélodie 16e sur les diphtongues – hui, hui, bien s'hur, l'Heurope est futue...

Jean, feu follet ridé avec un gros nez en zigzag, pièce rapportée des Croisades ou de quelque parlementaire Louis XIII, et plaquée sur ce visage mobile d'ancien jeune homme.

Comme nous sommes bien élevés, tous autant que nous sommes! Sa mère vient de se casser le col du fémur ce matin, et il dit : « Mais non, restez, restez, nous avons bien le temps. D'ailleurs, je ne peux pas obtenir la communication. C'est la preuve que ça va bien. » Et moi, dont la grand-mère est morte hier, et qui n'en dis rien...

Il y a quatre-vingt-dix ans, du reste, elle est née là, à cent mètres, rue de Longchamp.

Rigolo de parler aussi de la révolution parmi ces meubles superbes, ces tableaux, avec une duchesse et un marquis.

26 décembre

Oraison de Mimi par son arrière-petite-fille : « C'est dommage, elle était extra. »

29 décembre

Paris tout agité par l'affaire Delon qui vient d'acheter à Bernheim le manuscrit de l'appel du 18 Juin. Dans *Match,* un article stupéfiant de Jean Cau, atteignant les sommets du ridicule déroulédien, où il stigmatise ce Judas qui voulait brader à l'étranger le patrimoine national, alors que le grand cadavre était encore chaud...

Banier, obsédé par l'ombre de Cocteau, désireux à la fois de lui ressembler et ne pas être lui. Il est surtout un dessin de Cocteau, qui n'était pas beau lui-même mais créait la beauté. Banier se contente d'être pour l'instant un personnage de Cocteau, quelque chose comme François l'imposteur. Il n'empêche qu'il réussit à publier un conte de Noël farfelu dans *le Monde,* si triste et si convenable. Il faut le faire! Sa phénoménale assurance et la mini-carrière qu'il se taille me ravissent, merveilleusement anachroniques dans une société sans fantaisie.

31 décembre

Déjeuné hier avec Jules Roy dans un petit restaurant près de chez lui, rue du Mail. Pull-over, vieille veste grise, et ses beaux cheveux blancs. Quand il parle, il penche la tête du côté droit,

1970

ferme presque ses beaux yeux verts, juste un filet de regard pour chercher au loin sa pensée. Elle est un peu difficile à naître, sa pensée, bien simple, bien propre, un rien naïve. Mais une belle âme, chez cet ancien séminariste devenu soldat et qui a quitté le métier des armes parce que c'est un assassinat organisé. Il m'avoue, toutefois, que lorsqu'il appuyait sur le bouton du bombardier, il se sentait surtout soulagé, pensait au thé et au porridge du retour. Pas l'ombre d'un remords.

Il est excité par la parution (à la télévision) du feuilleton tiré de Galsworthy. Il y voit la revanche des romanciers qui racontent des histoires.

« Tenez, pour voir ça, Mme Guillemot s'est déplacée, elle est venue chez nous, passionnée. Et pourtant, elle ne lit rien, Mme Guillemot. Rien que *Nous Deux*, depuis trente ans. »

Oui, mais précisément, est-ce un compliment pour Galsworthy?

De là, nous passons à la postérité, dont il se demande évidemment ce que cela signifie pour un écrivain aujourd'hui. Plus personne n'y croit, sauf Malraux. Il l'a vu il y a quelques jours, s'apprêtant à décrire sa journée à Colombey et louchant vers Chateaubriand. « Imaginez, lui a-t-il dit, que Chateaubriand fût allé à Sainte-Hélène. »

Été voir la merveilleuse parade historique d'Ariane Mnouchkine (*1789*), à la Cartoucherie de Vincennes, sous la neige. Enthousiasmante, cette fête glacée dans un rêve blanc, avec un public tout jeune, ravi.

Roy: « C'est à la campagne qu'il faut écrire.
– Pourquoi?
– Parce que l'on s'ennuie. »

1971

8 janvier

Un visage d'enfant, un œil bleu, une bizarre frénésie, comme si l'on pouvait faire avec lui tout ce qui est interdit avec les petits gosses que l'on caresse innocemment.

Montesquieu. Tant de volumes pour laisser une phrase un peu bête : « Comment peut-on être persan ? »
Et peut-être aussi cette jolie formule : « Je suis amoureux de l'amitié. »

13 janvier

Affreuse nuit, couché par terre, près du lit de T. qui parle de se tuer, dans de véritables crises de nerfs. A l'origine, plus que les petits faits de la vie (conjugale) courante, l'influence morbide du suicide de son ami allemand, il y a un mois.
L'espèce de plaisir rageur qu'il a à me dire : « Tu ne comprends pas ! Tu ne comprends rien ! »
Comme si l'irrationnel pouvait se comprendre. Mais il faudrait en effet que je sente, que je ressente tout cela. Horrible.

Déjeuner chez les Gallimard. Claude, heureusement, n'est pas là. Dominique Aury, Matignon, Delatte (le libraire), et Madame. Celle-ci parlant d'un auteur comme d'un objet, ou d'un chien : « J'ai dit à Claude : X. ne se sent pas bien chez toi. Tu me le donnes ? »
Jouve, vieillard odieux, paraît-il, faisait des scènes capitales pour une majuscule ou un point, se brouillant deux fois par an avec ses amis, amoureux de cette comédie. Ainsi, comme il

s'identifie à la France, il a reproché vivement à Matignon de ne pas lui avoir immédiatement téléphoné après la mort de De Gaulle, pour lui présenter ses condoléances : « Après ce que j'ai souffert! »

Nous cherchons des écrivains pour qui nous avons une admiration sans bornes, parmi les vivants. Nous en trouvons deux : Aragon et Gracq.

L'ancêtre Gallimard, arrivé, paraît-il, en sabots. Allumeur de réverbères. Ce qui ne l'a pas empêché d'acheter la moitié du quartier Saint-Lazare.

17 janvier

Après ces jours affreux – chantage au suicide, etc. –, longue promenade dans les bois avec T. et maman, comme si de rien n'était, et retour devant un feu de bois, avec du thé, du calme, de la chaleur. C'est cela le bonheur. Celui dont une image vous reste, on ne sait pourquoi : celle de ma mère, petite, un peu rondelette à présent, pataugeant dans la boue d'un chemin, les pieds à l'horizontale, à la façon de Charlot.

La veille, journée à Rouen, dont le vieux quartier est beaucoup mieux préservé (des bombes, pas du temps) que je ne le pensais. Avec de superbes hôtels au fond des cours, et cet extraordinaire aître des pestiférés, aussi beau que l'hospice de Beaune.

En route, soudain, je fonds en larmes. Bêtement. A songer, sans doute, à d'autres voyages que nous faisions, quand nous étions heureux.

Soirée bacchanale chez les Privat, avec la bande à Françoise, déguisée bizarrement, et deux duchesses, dont une blanche (Montesquiou) et une rouge (Medonia-Sidonia), noiraude sèche, ardente, qu'aurait pu peindre Goya.

21 janvier

Soirée Edgar Faure. Toujours étonné de tartiner du caviar chez un représentant du peuple. Celui-ci, comme souvent les vedettes (genre Aragon ou Chardonne), me fait un numéro de charme d'une bonne demi-heure, me disant qu'avec Kanters, je suis le seul critique littéraire, etc. Et qu'il me lit régulièrement dans *le Monde* (... où j'écris six fois par an). Vieille habitude des flatteries électorales, sans doute. Ne dédaignerait pas être président de la République. Belle voix méridionale, avec un rien de zozotement, agilité d'esprit phénoménale. Impression de parler à un computer politique.

Sont présents : Ormesson, Mauriac, Curtis, Bourgois, Nacht,

1971

Mme Privat, Monique, etc. Banier, naturellement, puisqu'il n'y a pas de fête sans lui. Après, je le retrouve au Flore, et il veut aller à Orly. Curieux, le décor à deux heures du matin. Un désert qui sent l'encaustique, silencieux, encore éclairé *a giorno*. Deux clochards, quelques femmes de ménage, un pauvre bar ouvert, et un photomaton automatique où Banier s'amuse comme un petit fou, après avoir réclamé de la monnaie à tout le monde, nullement gêné par sa voix nasillarde et son manteau de fourrure, incongrus parmi les porteurs avachis et les quelques employés de garde.

Dans la voiture, il me parle de son livre comme de *Guerre et Paix*. Il a quatre-vingt-dix pages, additions comprises... Mais une telle assurance, et une telle candeur sous la rouerie, presque de la pureté, qu'on n'y résiste pas longtemps.

26 janvier

Chez les Privat. En famille, avec les Jouhandeau. (Qui veulent augmenter cette famille d'une unité, en lui confiant le petit Marc après leur mort; Élise, récemment, a eu une chaude alerte qui l'a fait songer à prendre ses dispositions. Je l'écoute. Parlant à Jeannette : elle le fait avec une sorte d'allégresse qui m'étonne. Mais on sent qu'elle a plaisir à faire ainsi publiquement le compte de ses richesses, sous le bon prétexte de les léguer à son petit-fils adoptif.)

En famille, oui, avec ces bons grands-parents excentriques. Lui avec un chandail rouge cerise sous son costume de velours noir, espèce de curé habité par les couleurs de l'enfer, et elle, rajeunie depuis sa maladie, très élégante, avec une toque de renard, des bijoux et très fardée. Elle ressemble un peu à Chanel sur sa fin, presque belle, avec des poches plaquées sous les yeux.

Dans aucune maison je ne me sens si bien que dans celle-ci, charmante sans être trop apprêtée, où l'on sent qu'on vit, dans l'intérêt des choses simples et essentielles, se moquant de tout le reste. Un peu comme j'imagine un intérieur russe chez des intellectuels avant la révolution. La maison de Tchekhov, par exemple. On entre, on sort, des garçons apparaissent, d'autres s'en vont. Pas de protocole ni d'affectation d'aucune sorte. Le naturel à l'état frais. Avec, au bout de la table, le beau visage pur de Béatrice, sortie, en rêvant, d'un roman des sœurs Brontë ou d'une nouvelle de Tourgueniev.

Furtivement, sous le regard de Borgeaud, qui m'observe en oblique, j'essaie de noter sur une pochette d'allumettes, en écrivant sous la table, des points de repère. Mais j'ai du mal à les comprendre à présent. Bernard dit : « L'autre jour, on a beaucoup parlé de vous, en bien, naturellement, chez les X. »

Jouhandeau (gourmand) : « Ce que j'aurais voulu être là. » Il commence une histoire : « Schwartz, un jour, c'était la nuit... *(S'interrompant soudain :)* J'en dis des bêtises. Si j'étais sensé, je ne parlerais pas. »

Le naturel avec lequel il déclare : « Mon crémier de Rueil, qui est un de mes meilleurs amis... » Toute une tirade, très belle, sur le sang, car il a été élevé dans le sang, dit-il, fils de boucher. Très fier, car le grand-père d'Hugues Capet, paraît-il, était boucher à Paris. Pour un peu, il s'apparenterait aux Bourbons.

Toujours le même cirque, très au point, mais en même temps à chaque fois improvisé. Dès que Jouhandeau ouvre la bouche pour raconter une histoire, Carya commence : « Quand j'étais avec Dullin... »

Au départ, il s'en va drapé dans une cape à col d'astrakan, un petit chapeau Louis XI sur le crâne, souliers vernis. Entre Méphisto et un académicien. Je lui fais remarquer cette ressemblance avec ces messieurs du Quai Conti. Lui : « Mais il m'insulte, ce petit. »

Tout léger, tout guilleret, quatre-vingt-trois ans. Quelle belle vie !

Dans *la Guerre de Troie*, resté très beau malgré sa morale radical-socialiste, cette phrase terrible d'Hélène ou d'Andromaque : « Quand l'homme adulte touche à ses quarante ans, on lui substitue un vieillard. » J'y touche presque. Il ne restera RIEN de moi, ni de mon passage. Est-il encore temps ?

3 février

Week-end d'enfer, une fois de plus un peu fou. Aller et retour de T., qui revient repentant, honteux de faire des scènes de possession – plutôt que de jalousie – pour si peu de chose, ce qui le révolte – et le convainc aussi. C'est ma « bonne conscience ».

Le fait est que je manque d'attentions, de délicatesse. Mais je ne pèche jamais consciemment, puisque cela n'a pour moi aucune importance.

A ce propos, le petit J. me reparle du costume qu'il souhaite, mieux, qu'il a décidé de se faire acheter par moi. Ce n'est pas tant le procédé, un peu brutal, ni le prix élevé (quoique l'avarice soit mon faible et que je n'achèterais jamais un costume de ce prix-là pour moi), c'est le fait d'être traité, si naturellement, comme un papa gâteau ou une maman d'enfant gâté. Pour J., cela va de soi, alors qu'il ne me demanderait évidemment rien si j'avais son âge. Et pourtant, j'en suis à peu près persuadé, ce n'est pas par intérêt qu'il m'aime. Mais quel miroir, pour me surprendre ainsi déjà rangé dans la génération des parents, avec lesquels on peut encore coucher le cas échéant.

1971

Chez Gould – où Denoël me paraît bien frappé par sa récente maladie – Auric me parle de Peyrefitte : « C'est le marché aux prépuces », dit-il. Caillois, avec des mines de marcassin gourmand, me raconte deux histoires sans grand intérêt. (Il est très contre les voyages sur la lune, qui coûtent les yeux du monde, alors qu'il tombe ou est tombé des tonnes de météorites sur la terre.) En pouffant, il ajoute, ce qui me met toujours en fureur (intérieure) : « Je ne devrais pas dire ça à un journaliste. » Je n'aime pas qu'on me prenne pour ce que je suis.

A table, près de moi, une fois de plus, Élise... D'elle, cette phrase superbe : « Moi, tous les hommes qui m'ont eue, c'étaient des as. » Ce qui ne l'empêche pas de « détester » le dernier...

Lecture de Jules Roy, chez Bernard Privat, en présence de Monique, Françoise Verny et sa femme. Il lit très bien, ménageant la musique, les temps, jouant les scènes, contrefaisant les accents ; un cabot consommé. Deux heures et demie, c'est pénible, même si le lecteur est un artiste... A la fin, nous sommes tous soulagés. D'en avoir fini, et que ce soit assez bon, et même réussi, car ce n'était pas si facile de passer du petit fait divers à la méditation sur la vie, le progrès, la maison de ville et des champs, les menaces de l'avenir, la liberté, etc. Françoise Verny, qu'un seul whisky suffit à faire déménager, s'écrie lourdement : « Ah, ce qu'on est soulagés. Comme on se sent mieux, n'est-ce pas Bernard ? » Donnant l'impression que tout le monde s'attendait à une catastrophe.

Le plus drôle, c'est Jules Roy qui se laisse embrasser comme une vedette après un spectacle et joue – pas tellement, du reste – celui qui n'a pas dormi de la nuit et craignait de n'être pas reçu à son certificat d'éditeur...

Cabotin, mais avec juste assez de sincérité pour qu'on ne puisse pas lui en vouloir.

13 février

Hier, réception chez Izard, élu à l'Académie avec seize voix et onze bulletins blancs. Il s'en est fallu de peu qu'il ne franchisse pas la barrière.

Le soulagement de la famille est assez comique. « S'il avait été battu, dit Christophe, il prenait dix ans d'un coup. » Peu de monde dans cet immense appartement, peu de bruit. Des murmures mondains, un enterrement.

Dîner avec François-Marie Banier, Jack et Jacques. Le premier fait un cirque infernal pour scandaliser sa voisine, inconnue qui s'en fiche complètement. Ensuite, visite au Pied de la Butte où l'apparition de Banier, vêtu d'un manteau tricoté luxuriant, aurait dû stupéfier. Mais il a tant de naturel dans son extravagance que cela paraît tout simple.

Madeleine Renaud, qui joue *l'Amante anglaise*. Extraordinaire de sensibilité, de violence, d'intensité, avec presque rien. Et la présence, derrière elle, magnétique, quasiment silencieuse, de Lonsdale.

Soixante et onze ans. Elle va partir, guillerette, pour l'Amérique. Et ce soir, bottée, avec un petit manteau de fourrure et un turban, elle fonce dans la nuit, d'un pied de jeune fille, vaillante, indestructible. Quel beau métier!

17 février

Travaillé, deux ou trois heures, avec Pascal Jardin, brouillé avec Nourissier pour de sombres raisons d'articles non écrits sur Delon. Un œil de moineau dans une figure d'adolescent espiègle, un peu soufflée. Il rit lui-même de ses « pensées » et si on le laissait faire, il rayerait tout. En revanche, il a écrit sur sa mère une page atroce, à laquelle il tient beaucoup.

« Serais-je méchant? demande-t-il avec une désarmante innocence, je l'aime vous savez! Mais j'aime aussi les drames, c'est vrai. »

Coup de fil de Banier : « Je viens de voir Aragon. Il trouve mon roman épatant. Il m'a dit : " Petit, c'est bien. " »

Coup de fil d'Edmonde : « Aragon a lu mes quatre premiers chapitres. Des éloges inouïs. C'est cent coudées au-dessus d'*Oublier Palerme*.

– Tiens, il lit beaucoup en ce moment. Il vient aussi de lire Banier.

– Oui, je sais. Mais si vous saviez comme il le traite. Il dit à la bonne : " Pour M. Banier, je suis parti pendant six jours. "

– Mais il lui a dit qu'il aimait aussi son bouquin.

– Il faut le comprendre. Dans son état, il a besoin de compagnie. »

Indulgence compréhensible.

Selon le même procédé, on meurt du cancer sans le savoir. Le narcissisme et l'illusion, mamelles du bonheur.

« Qui trop embrase mal éteint. » Proverbe idiot pour Obaldia.

1er mars

Burlesque réunion chez Hachette dans les beaux appartements directoriaux construits par Garnier, et qui donnent sur les jardins

1971

de Cluny. Au cours de ce déjeuner – un micro est dissimulé dans une soupière (superbe) – nous devons discuter de la biographie et de la façon dont on peut incorporer à la technique beuvienne les méthodes plus récentes de la thématique, du structuralisme et de la psychanalyse. En un mot, doit-on continuer le ronron de Maurois ou innover?

Mais toutes les nullités réunies ici sont confondantes. Boisdeffre, qui a pillé Delay pour son *Gide,* Toesca, qui croit qu'il suffit de trouver une idée maîtresse pour écrire un livre juste, Claudine Jardin, incapable de faire la différence entre un schizophrène et un paranoïaque, etc. Rapidement, la conversation tourne aux confidences d'alcôve sur les exploits de George Sand et de Gide. Écœurant. La biographie, en effet, qu'est-ce que cela peut devenir, à présent? Peut-on encore « écrire » une biographie faite de détails « présentés » avec les apparences de la vie? Et qui peut prétendre avoir une connaissance assez vaste de toutes les sciences (histoire, philo, psycho, socio, etc.) pour en faire la synthèse? Quel rapport entre un Soriano, qui passe quinze ans de sa vie à étudier Perrault et quinze autres à pister La Fontaine, et les « faiseurs » de livres comme nous, qui écrivons à la va-vite des bouquins plaisants et pas sérieux?

Altièrement abruti, l'œil mi-clos, le duc de Castries préside à ces sottises. Il prépare un « Beaumarchais » dont il nie, naturellement, les sentiments révolutionnaires. Il n'aspirait qu'à la noblesse, précise cet aristocrate. Comme nos ancêtres, il prenait seulement plaisir à secouer le cocotier, et le plafond lui est tombé sur la tête. (Mais lui a su sauver la sienne. Pas les « ancêtres » de ce faux duc qui a l'air de regretter amèrement ces imprudences anciennes. Sans ces écervelés – sa pensée se lit sans peine – « nous » régnerions encore sur nos paysans dans nos châteaux, se dit-il. En 1971! Qui ose parler d'évolution?)

2 mars

Femme éventrée n'a pas d'orteils.

Je colle, travail fastidieux mais agréablement mécanique, des articles d'il y a dix ans. Je relis au passage, avec honte, un papier sur Artaud, l'éreintement d'un vieillard dont la réponse pitoyable à présent m'émeut, et la lettre ouverte assez drôle que j'avais écrite à l'intention de la mère de Sollers.

A vingt-cinq ans, on aime surtout prendre le contre-pied des idées acceptées, et l'on craint surtout d'être dupe. Ainsi, pour Artaud, dont je parlais sans bien connaître son œuvre, je ne voulais voir que l'aspect fou et refusais d'admettre l'évidente importance de cet illuminé. De plus, il me plaisait surtout d'étonner en disant le contraire de tout le monde. Résultat : une attitude réactionnaire idiote.

Cela dit, je n'avais peut-être pas tout à fait tort. Ceux qui se servent aujourd'hui du « théâtre de la cruauté », le réinventent à leur usage, selon leurs propres principes, assez éloignés le plus souvent des visions du Mage...

Lettre de Madeleine Renaud, me suppliant de venir revoir *l'Amante anglaise* car il n'y a personne. Elle me tutoie. Aujourd'hui, un mot de remerciement. Elle me vouvoie.

3 mars

Déjeuner avec Kanters, boursouflé, un peu hagard. Je veux absolument l'obliger à rassembler ses chroniques. Mais cela même ne l'intéresse plus guère, semble-t-il. Il dit qu'il va vendre demain ses livres de la saison – ceux que nous ne lisons jamais, les rebuts de services de presse. « J'y ajouterai pas mal d'autres ouvrages que je ne lirai sûrement jamais plus; le temps qui me reste à vivre. » Une réflexion qui serre le cœur de la part d'un homme de lettres, en train de perdre la vue.

Il en a particulièrement contre les oiseaux. « Des bêtes méchantes, idiotes, horribles, pires que des hommes. Seul le poil, la fourrure me plaît. » Mais il est de plus en plus dur avec tout le monde. Ainsi, les pauvres attachées de presse : « Elles sont bêtes ou incapables. La nôtre cumule. » Billetdoux : « De la soupe de mots, où surnagent quelques croûtons. Mais chacun sait que Billetdoux, Obaldia, tout ça, c'est rien... »

Je regrettais hier mon incompréhension de nouveau-né. L'intolérance de la maturité n'est pas plus heureuse. Mais moins belle à voir, et sans excuse. Avant, on ne sait pas encore comprendre. Après, on ne fait plus l'effort de suivre le neuf, son temps. L'intolérance, c'est une démission déguisée devant ce qu'on ne comprend pas – ou plus.

4 mars

Edmonde, chez elle, très imposante dans une espèce de combinaison bleue. Mais le visage garde son pointu, le sourire son charme de virgule. Longue conversation sur Banier, menaçant de se déshabiller dans les restaurants, etc. Elle croit qu'il peut « faire quelque chose ».

Aragon, dont elle dit qu'il se tue consciemment en ne se couchant plus, en dormant trois heures seulement, etc. Hier, il est tombé dans la rue; le cœur. Tout le visage tuméfié. « Un revolver,

1971

dit-il, tout le monde peut en acheter, qu'est-ce que vous croyez? Je veux mourir gaiement. »

11 mars

Visite d'un Polonais, éditeur de Proust et grand admirateur de Gombrowicz, que m'envoie Levantal. Né en 1939, ce garçon est resté très « Ancien Régime ». Il me parle de sa « bonne française », qui l'a élevé, de son frère qui vit dans un manoir, de divers membres de l'ancienne aristocratie auxquels il donne leurs titres. Bizarre snobisme d'après un cataclysme, et que je n'aurais pas cru possible après vingt-cinq ans de communisme.

D'après lui, il y a encore beaucoup de hobereaux qui vivent de leurs terres (cinquante hectares au maximum – toutes les propriétés supérieures ont été collectivisées), et les gens qui gagnent de l'argent, outre les dignitaires du régime, ce sont les petits commerçants. Curieux de constater que les régimes socialistes finissent par enrichir les petits bourgeois types, ceux, précisément, que ruine ici le grand capital...

Il décrit aussi la vie là-bas comme un perpétuel « surréalisme » où l'absurde est la loi. Ainsi, par exemple, en va-t-il de Gombrowicz, sur qui, depuis sa mort, paraissent de nombreux articles, le célébrant comme le grand prosateur contemporain, le génie de la Pologne, etc. Mais ses œuvres sont interdites!

Timide, quoique légèrement infatué, ce garçon me raconte un peu sa vie. « J'ai été professeur de français pendant un an, dit-il. Malheureusement, dans un collège de jeunes filles. » Puis il devient tout rouge. Ensuite, il revient sur ce thème, en me prévenant que son « hommage à Gombrowicz » est « un peu ambigu ». La conversation, sans être explicite, devient plus libre. Il assure que l'homosexualité est très répandue dans les pays de l'Est. Forme de révolte, plus sociale que sexuelle. Braver la morale, c'est braver l'État qui étouffe la liberté individuelle.

Avec Françoise Mallet-Joris, qui joue à cache-cache avec Pillement. Celui-ci lui a fait remettre un manuscrit de roman par Dorgelès, lequel insiste beaucoup pour qu'il soit publié chez Grasset. Que faire? Il est décidé de temporiser, de durer, dans l'espoir que d'ici là, Dorgelès, quatre-vingt-huit ans, aura passé l'arme à gauche... Drôle de cuisine, l'édition...

Françoise, après tout ce tam-tam autour de *la Maison de papier*, le Goncourt, etc., n'est plus incognito où que ce soit. Sauf le matin dès l'aube, quand elle travaille aux Deux Magots ou au Mabillon. Elle s'est remise à la tâche. Dans le noir encore. Pour l'instant, elle « essaie » des histoires sur ses amis, ses enfants. Quand elle sent l'intérêt, elle fonce. Le brouillon par la parole, méthode inédite.

JOURNAL

Nouveau comité de rédaction des *Nouvelles littéraires*, sous la présidence de M. Minguet, le mécène qui succède à Gillon. Dans le beau bureau d'Émile de Girardin, crasseux, abîmé par une hideuse suspension au néon, il a l'air d'un roi récemment parvenu sur le trône, un souverain d'une branche très collatérale qui réunit avec timidité le conseil de son prédécesseur. Il ressemble aussi à un Nixon mou.

Chacun fait des propositions (toujours les mêmes : des concours, des « dossiers », des enquêtes, des mises en page révolutionnaires, etc.), et à chaque fois Charensol, qui est dans la maison depuis sa fondation, dit d'une voix sépulcrale : « On l'a déjà fait en 1932. On l'a essayé en 1948... » Et bien sûr, cela se soldait toujours par une catastrophe. Dans tous les ministères ainsi il doit y avoir des Cassandre, un secrétaire d'État à la « Prévoyance ».

T. parti en voyage. Surmenage sexuel.

17 mars

Élise est morte cette nuit, après une semaine de coma.

Hier encore, chez Florence Gould, son illustre époux déjeunait tout tranquillement, avant de s'esquiver au dessert, très discret, comme un petit employé qui va au bureau. Elle disait souvent qu'il était un monstre. Mais on est tenté de la croire, à présent, à en juger par son indifférence. On lui demande comment il va. Il répond, avec un large sourire : « Très bien. » Puis, se souvenant : « Mais Élise va mal, très mal. On n'attend plus que le glas... » Il me raconte qu'on la couche nue dans ses draps : « Elle a des chemises superbes, tu comprends, mais elle se souille. Le corps se vide... »

Puis cette réflexion, inconsciemment atroce de la part de l'auteur des *Chroniques maritales* : « C'est affreux, elle ne souffre même plus ! »

Oraison funèbre d'un mari tortionnaire.

Aujourd'hui, déjeuner Millet (avec Le Marchand, Bory, Curtis, Jullian, Bonal, Brenner, Denoël). A *Match,* Bory écrit un article où se trouve cette phrase : « Le curé [ou l'évêque] bénissait les tanks. » La secrétaire lit mal, et croit qu'il a écrit : « les tantes ». De la part de Bory, cela ne l'étonne nullement. Mais au marbre on est choqué par la crudité du terme. Aussi, à la parution, cela donne : « L'évêque bénissait les homosexuels. »

Ionesco, rond comme une barrique, me prend à partie à propos d'un article où j'ai dit je ne sais plus quoi sur les critiques. Sa femme nabote le tire par la manche. Il se met ensuite à évoquer

1971

Paulhan, dont il est encore tout plein (*because* discours). Elle le houspille. Et lui, d'une voix suraiguë : « Mais lui, au moins, on le laissait parler! »

25 mars

L'appartement de Bergé, pur 1930, déjà devenu du style.

8 avril

Éclosion printanière. Retour inattendu du Hollandais volant. Aventure express avec le noir Léon, un peu comme un rêve érotique. Le chauffeur de taxi qu'on suit en voiture – qui s'arrête et vous emmène faire un tour au septième ciel. Évidemment, la minute est tarifée au compteur, mais le taximètre d'un gigolo est beaucoup plus cher, même au tarif de nuit.

9 avril

Pâques. – Halo, halo, la Lune?

20 avril

Snobisme. – « Que fais-tu donc dans la vie?
– Je suis gens de maison. »

18 mai

L'amour au compteur.
Que d'appartements visités, en vain.
Le général Dupleix, célèbre pour avoir habité deux étages.

30 mai

Le plus triste, c'est ceux qui restent. Après Vilar, Wilson, et Puaux.

1er juin

Pour cette Pentecôte, série espagnole. Un petit brun, trapu, promis à la calvitie et dont j'ai déjà oublié le nom et la profession, et un grand baraqué superbe et narcisse, nommé Manuel, peintre (d'appartement) de son état.

Banier, pour qui les critiques sont excellentes. Sans doute ceux qui parlent de lui redoutaient-ils le pire : on dirait à chaque fois qu'il s'agit d'un miraculé revenu d'une catastrophe.

2 juin

Un article d'Aragon sur Banier. Ou les égarements de la passion. Mais la belle courbe de cette vie, qui a commencé dans les insolences dadaïstes et s'achève dans cette extravagance juvénilo-sénile! Après la longue pénitence communiste et cet amour légendaire pour Elsa.
Un déjeuner Banier-Aragon chez Maxim's. Dans quel autre pays au monde une telle incongruité est-elle possible?

Déjeuner chez Gould. Un monsieur en costume de cosmonaute, toile blanche et blouson blanc sur un pull-over noir, prend l'ascenseur avec moi. Très bronzé, les yeux bleus, les cheveux assortis à son costume, sa beauté parfaite de Nordique sportif me frappe et m'émerveille. Il va lui aussi à l'appartement 202, et Denoël, inquiet, ne paraît pas le reconnaître. Il s'enquiert auprès de Florence qui s'écrie : « Mais c'est Ernst Jünger, voyons! »
Et il a soixante-seize ans! Je crois n'avoir jamais vu un homme aussi beau, si ce ne sont Herbart et Max Ernst.

Banier a laissé un message aux abonnés absents : « M. F.-M. Banier, le grand écrivain catholique. Priez pour lui et rappelez-le. »

10 juin

Taxi.
Déjeuner Jünger.
Aragon chez Cardin.

La soirée Aillaud annuelle avec Zizi imitée par un travesti et une société de gauche en pleine décadence mondaine.

L'émission Proust ratée, avec les trois vieillards fragiles, dont Gaigneron, drôle, pétri de tous les préjugés d'il y a cinquante ans : « Oui, il était snob. D'ailleurs, il a noirci les gens du monde parce qu'il n'avait pas été élu à je ne sais pas quel club. » Quant à Gauthier Vignal, très altesse, il insiste sur sa bonté avec des mines de saint. Cattani, pâle comme Lazare, et Martin-Chauffier, borgne et tremblotant... Le temps ressuscité !

Pour *le Canard enchaîné*, le nom d'une villa en Provence : *Mon Bout d'If.*

7 juillet

Dans la comtesse de Boigne, cette fille de Louis-Philippe ravie à l'idée de mener une « vie locomotive » parce qu'elle va beaucoup voyager.

29 juillet

Ramassé au bord de la route, à Lyon, un petit Eurasien de dix-neuf ans, joli comme une statuette. Effroyable enfance dans les pensionnats d'un orphelin, fils (présumé) d'un soldat français et d'une Indochinoise. Solide optimisme pourtant, un rien de coquetterie consciente et beaucoup d'innocence vraie. Chez lui, chose rare, le fond de l'âme est frais.

2 août

Composer les « Pensées » de Pompidou (d'après ses discours) selon le plan du livre de Pascal, en remplaçant Dieu ou Notre Seigneur Jésus-Christ par de Gaulle. Pompidou, du reste, a pratiqué la politique du pari, sans avoir une foi très assurée. Elle lui a bien réussi.

Rééditer les œuvres de Dashiell Hammett.

Tout ce qu'un cartooniste type Siné pourrait tirer des transformations anticléricales d'un confessionnal : photomatons, pissotières, etc.

18 août

La carrière des mots : il y a vingt ans, on n'aurait pas prononcé sans rougir le mot pollution dans une conversation. Il est vrai qu'à présent, elles ne sont pas seulement nocturnes.

Depuis quelques semaines, Gérard Blain me persécute de son amitié. Je finis par oublier que cela tient surtout à ce que je suis membre de la Commission des avances sur recettes. De même, hier, le dîner avec C. Chapier et sa nana. Les gens seraient-ils donc si simples, si lisibles? On dirait de mauvais personnages de romans.

Beaucoup d'Antilles ces temps-ci. Coup sur coup, si j'ose dire.

Pendant mon second séjour en Avignon, visite à Nourissier, dans son château d'Arpaillargues. (Ah! le bottin, avec simplement : « François Nourissier, le château... ») Somptueusement impersonnel, rangé comme un musée. On a envie de lui demander après la visite de ces appartements d'apparat : « Mais enfin, où vivez-vous? »

23 août

Quelques jours à Argenton, avec T., sous la pluie.
Mamé : « Il lui ferait baptiser des tuiles. »
Bon-papa, parlant de son locataire avare : « C'est un chie-menu. »

5 septembre

Malade, rhumatisme infectieux. Du jour au lendemain, un vieillard podagre, malhabile, traînant sa carcasse sur des chevilles enflées. Ce qui m'inquiète un peu, c'est la sollicitude des autres. Est-ce si grave que cela? Pour les douleurs et les inconvénients, je m'en accommode bien. L'habitude d'être vieux depuis longtemps.

10 septembre

Il y a deux jours, dîner chez Kanters, retour de Persépolis. C'est un zombie qui nous ouvre la porte, échevelé, hagard, se plaignant d'une vague douleur au ventre. J'appelle le médecin qui ne se prononce pas, et propose un examen de sang dans deux jours si cela ne va pas mieux. Le lendemain, un Kanters fatigué, morne.
Ce matin, cela ne va plus du tout. De nouveau le médecin, examen, puis la clinique immédiatement. On l'opère, on trouve une tumeur qu'on croit cancéreuse. On m'appelle, etc. Entre-temps, le médecin ouvre tout de même; c'est une appendicite perforée, avec un appendice énorme. Sauvé in extremis.
Mais va-t-il supporter les complications éventuelles, étant dia-

bétique au dernier degré? Et dans quel état sera sa vue dans quelques semaines?

Il suffit de six mois pour décoller brusquement, sans espoir d'atterrissage. Le corps, soit. Mais c'est révoltant de voir mourir une intelligence, une culture pareilles, à cause d'un défaut de tubulure.

Hier, Michel Mohrt l'a vu dans la rue (il était descendu s'acheter quelque chose, tout de même, avec cette phénoménale résistance des faibles). Errant, presque à tâtons : « Le roi Lear », dit-il.

13 septembre

Aragon me refuse de collaborer à une émission sur Breton : « Chaque fois que je parle du surréalisme, on m'accuse de faire de l'exhibitionnisme. Alors, je ferme ma braguette. »

14 septembre

Les merveilles du téléphone. Je décroche le mien, et je surprends cette phrase ahurissante : « Allô, monsieur Breton? Ici, c'est Eluard, de Paris. »
Je jure que c'est vrai!

Octobre

Épisode Yourcenar. Huit jours à Mountdesert (Maine).

29 novembre

Communiste sans le savoir, Mamé déclare : « Quand je vois une belle maison, je me dis : c'est à la France. »

L'autre soir, à la répétition de *Turandot,* ce pauvre Wilson, empereur de Chine dépassé par les événements, et roi condamné du TNP.

10 décembre

Simone raconte que ma mère l'a appelée – ou plutôt Georges, médecin – en plein déjeuner pour régler un point important toutes affaires cessantes : « Je prétends que j'ai une douzaine d'ovules, et Louis dit que j'en ai une " chiée ". Qui a raison? »

JOURNAL

11 décembre

Continuant mes explorations d'outre-mer : la Réunion.

13 décembre

L'ironie de la vie : Feydeau est mort de neurasthénie.

Horace, pièce révoltante, à la gloire d'un héros assassin, qui a vaincu grâce à son astucieuse lâcheté, et supprime sa sœur allégrement. Moralité : quand on est indispensable à l'État, on peut tout faire. Pas joli, tout cela. Et des professions de foi méprisantes à l'égard du peuple. Horace des seigneurs.

1972

9 février

Au Meurice, où Natalie Barney vient de passer la plume à gauche à quatre-vingt-seize ans, Mme Simone, même âge, vient déjeuner, fraîchement levée après un col du fémur cassé. Je lui donne le bras pour descendre à table. Trois cents mètres de couloirs. Elle les parcourt avec un courage incroyable. Je sens la vigueur avec laquelle elle s'appuie sur sa canne, une volonté de tenir, coûte que coûte. Sa force est dans la lutte. Et, bien sûr, toute sa tête. Elle est allée voir *Godspell* hier, ajoutant : « Je n'étais pas retournée à la Porte-Saint-Martin depuis *Chantecler*. »

Jouhandeau s'approche et dit, avec son ingénuité habituelle : « Comme je suis content de vous retrouver, madame Simone ! Je voulais vous dire au revoir. » Tête, impassible, de Mme Simone. Et Marcel, se rendant compte de l'énormité de ses paroles, ajoute, pour arranger : « Mais moi aussi, je suis très vieux. »

Un moment curieux pendant le déjeuner. Les académiciens qui flanquent Florence Gould de part et d'autre sont carrément tournés vers leurs voisines. Elle est seule, comme une parente pauvre, buvant de l'eau minérale, s'ennuyant. Pour se donner une contenance, elle sort son poudrier. Geste incongru entre la poire et le fromage, pendant que trente personnes se gobergent à ses frais.

Dans la rue de Richelieu (une exposition Elsa demain), je rencontre Aragon, superbe, avec une chemise à pois, et une sveltesse de jeune homme dans son costume cintré. Je lui dis : « Vous êtes très beau. De plus en plus beau.

– C'est parce que je vieillis. Quand on vieillit, on fait fructifier sa légende. Les gens me disent toujours que j'étais beau dans ma jeunesse. Eh bien, j'étais très laid. La légende, hein ? »

Puis un sourire, un hennissement plein de sous-entendus, et la fuite.

Plus de soixante-quinze ans, et la beauté du diable, pourtant.

10 février

Banier, sans cinéma, essaie sincèrement « d'être un écrivain ». Découvre Eluard (ce qui le gêne, fréquentant si souvent Aragon). Lit Chateaubriand. Vit une existence dorée, avec peu de bureau, et un bel appartement dont il a quasiment chassé le locataire, tout juste admis à partager son lit, parfois, quand il est « gentil ». Le reste du temps, le pauvre Jacques couche sur le divan du salon. Ce qui n'empêche pas Banier d'être parti quinze jours à Rome, « pour apprendre l'anglais » avec un jeune Américain. Il lui écrit des lettres qu'il ne lui envoie pas – littérateur! – parce qu'il ne pourrait pas les apprécier à leur prix. Ne peut s'empêcher de faire un petit esclandre au restaurant, pour rien, pour le plaisir. Et comme toujours, j'observe que les serveurs supportent son insolence avec une indulgence amusée. Les gens sont maso.

12 février

Déjeuner avec Bernard Privat et Mme Edgar Faure, si élégante, si joliment fripée, avec une voix modulée si parfaitement. Cette façon de dire, sous les lambris du Plaza : « Je suis allée l'autre jour dans les banlieues perdues signer mon livre. Ah, mon Dieu, comment cela s'appelait-il? Ah oui, à Choisy. Des gens très aimables. Une expérience très intéressante. » Elle parle de ce petit voyage périphérique comme d'une expérience ethnologique. Du même ton, elle raconte son récent séjour au Zaïre, chez le colonel Mobutu : « Une expérience très intéressante. »

22 février

Ici, Saint-Jean, Tesson, Schmitt, Guy Michel et Ehni, lequel arrive très en retard, venu (à pied naturellement) de chez « S. de B. ». Grand, taillé en force, avec des lunettes cerclées d'instituteur sorti d'Erckmann-Chatrian, et une espèce de vitalité merveilleuse. Il a le don de tout transformer en aventure, à mi-chemin de la caricature et de la chanson de geste. Racontées par lui, ces dames de gauche (Seyrig, etc.) vendant « la Cause perdue du peuple » deviennent des fées que ces journaux populaires parent de manchons.

Il a aussi de l'épopée de Roland sa version à lui, démente, qu'il

1972

aurait voulu voir interprétée par des rugbymen, et une façon goguenarde et naïve de relater ses menues escroqueries pour soutirer de l'argent aux éditeurs. La contradiction de son théâtre, de ses romans, se retrouve dans son personnage : un physique dur de prolo de gauche, et un esprit précieux moqueur louchant vers l'anarchisme de droite. Poète et politique à la fois. Ménage impossible. Sauf chez les visionnaires. Il est heureusement né trente ans trop tard, sinon il serait devenu fasciste par la gauche, comme Doriot.

5 mars. Genève

L'hypocrisie du vieux singe. A gauche de l'entrée, à Ferney, une chapelle avec un fronton gravé : *« Deo erexit Voltaire 1761. »* Une chapelle plutôt modeste, comparée à la somptuosité de la demeure, quelque chose comme le pavillon du jardinier – ou du concierge. L'orgueilleuse ostentation de ce camouflet de pierre, Voltaire et Dieu sur la même ligne, de grand homme à grand homme, d'égal à égal. Et l'ironie du tout, Voltaire ne croyant pas.

10 mars

Homosexualité. – Dans une émission consacrée à une bonne espagnole, on lui demande qui sont, pour elle, les meilleurs patrons. Sans hésiter, elle répond : « Les homosexuels. Ils sont gentils et ils sont propres. »
A Hiroshima, vingt-cinq ans après, il y a deux bars de tantes. Était-ce bien la peine de tuer tant de monde?
Première expérience de sadisme. Étonnant comme le rituel est semblable à ce que racontent les livres.
Dîner chez Pierre Moinot, avec Julius et Tania. La gentillesse naïve de Moinot, montrant ses rabots, ses collections, ses objets avec un enthousiasme d'enfant. Charmante aussi cette hésitation devant les voies à prendre. Faible devant les tentations, et le sachant. Et se leurrant. A le sentiment de « collaborer » avec le pouvoir. Se demande s'il vaut mieux essayer de le réformer de l'intérieur ou de le combattre de l'extérieur.
Julius vient de publier un livre contre Massu. Il nous en lit quelques pages. On l'assure que les services de police vont s'intéresser à lui, ainsi que peut-être des amis du Général. Il feint de s'en étonner, joue la peur. Mais joue-t-il? Une certaine angoisse, soudaine, semble le saisir.

JOURNAL

Mars

Dialogue entendu au hasard des caprices téléphoniques :
– « J'ai envie de toi.
– Tu n'es pas la seule. »

8 avril

Chez Breitbach, seuls avec Julien Green et Wolfgang. Un Green très détendu, rond, fleuri, l'air d'un moine gras. Il va même jusqu'à risquer des plaisanteries grivoises et laisse traîner un regard concupiscent sur les nudités masculines dont l'appartement est rempli. Beaucoup moins atteint que je ne l'aurais cru à l'idée de quitter son merveilleux appartement de la rue de Varenne où il vit avec sa sœur depuis vingt-cinq ans. Il s'amuse du papier qu'il a reçu de l'huissier : une « sommation de déguerpir ». L'archaïsme le ravit.
Nous parlons de création. Il développe l'antienne classique : on ne sait pas où l'on va, les personnages vous mènent (au contraire de l'autobiographie : « Comme du gâteau »). Puis, très bien élevé, il se tourne vers son hôte : « N'est-ce pas, Joseph, pour toi aussi, c'est comme cela ? »
Et Joseph, toujours royalement égocentrique, parle de *sa* création, devant Green, sans complexes...
Green raconte qu'il a vu récemment Maritain. Quatre-vingt-sept ans. Très présent aux choses de l'esprit. Mais il a complètement oublié la période de Meudon. Et comme Green lui parle de son *Histoire de la philosophie*, Maritain l'interrompt :
« Moi, j'ai écrit une histoire de la philosophie ?
– Oui, en plusieurs volumes.
– Tiens, j'avais oublié. »
Cette façon de Green, tout timide, les mains serrées entre ses genoux, ou sagement posées sur les cuisses. Et ses gros souliers noirs qui le retiennent au sol. Sinon, on l'imaginerait bien s'envolant au ciel, assis, comme dans un tableau de Magritte.

L'honnête homme : il marche au droit et à l'œil.

L'automobiliste a son permis. Mais combien mériteraient celui de *se* conduire ?

Dîner chez Geneviève, avec des gens de politique. Imbert, Mammy, Marchetti, Baudoin, Chinaud. Je suis surpris par l'importance disproportionnée de la presse à leurs yeux. Pompidou lit le Viansson comme une diva dévore le papier de Clarendon ou une étoile du Français son Gautier habituel. Tout est calculé par rapport aux journalistes. Les hommes d'État ne seraient-ils que des histrions? D'après eux, il y a deux têtes en France, aujourd'hui, et qui s'entendent : Pompidou et Giscard. Hors d'eux, qui décident de tout, l'un parce qu'il est président et l'autre parce qu'il est « spécialiste », il n'y a rien.

14 mai

Drame domestique. Le hasard s'est amusé à me jouer un tour à la Feydeau. Quand on n'est pas spectateur, rien n'est plus déplaisant.
1º Maman n'est pas venue à la campagne.
2º T., furieux de se retrouver seul, rentre à minuit.
3º Je rencontre quelqu'un très tard, cinq heures. Sachant que T. est parti, je consomme exceptionnellement à la maison et j'y reste, me disant qu'il serait un peu ridicule de débarquer à neuf heures à Gaillon.
4º T. me cueille au saut du lit, hagard, et il y a quelqu'un *dans* le sien (parce que seule pièce avec rideaux).
Scène, dans le silence, de la dignité mortifiée. Lèvres pincées. Tout cela serait sans importance s'il y avait une réconciliation possible sur l'oreiller. Fausseté de notre faux couple où la jalousie est le seul vestige d'une passion disparue. Me voici, à trente-huit ans, devant un rideau de fer définitivement baissé. Ce qui me navre, c'est notre incapacité à surmonter ces situations en adultes – et en réalistes. Peut-on maintenir la fiction de l'amour toute la vie? Et pourtant, c'est aussi de l'amour, rien que de vouloir faire semblant. Mais l'idée qu'il me faut renoncer à un bonheur assez normal, quelque chose comme une condamnation à la mort sentimentale. T. ne veut pas en voir l'horrible. (Le plus curieux, c'est qu'il ne semble pas en souffrir pour lui-même. Faute d'en avoir conscience, peut-être. Ou plus sage que moi.) Et pourtant, il suffirait d'un geste, une main sur l'épaule, un baiser. Dès que j'approche – mais je n'approche plus –, il se contracte comme s'il me craignait. S'il n'y a plus même de contact, à quoi bon être à deux? D'ailleurs, il faudrait n'être qu'un.
Pour tout dire, sans tricher, il faudrait n'écrire que des posthumes. Pour faire carrière, on doit savoir où s'arrêter dans l'audace ou l'aveu. L'écrivain n'a de choix qu'entre la couardise et la vanité. Composer chaque jour un monument appelé par exemple « Mémoires d'après », ou « Histoire d'un lâche ». A publier plus tard. Être un Saint-Simon qui parlerait aussi de soi, sans truquer comme Chateaubriand dans les *Mémoires d'outre-tombe*, pour servir la légende de son personnage. Je ne serais pas un personnage, seule façon de l'être sincèrement.

JOURNAL

15 mai

A déjeuner, chez moi, Curtis, Brenner, les Privat, et Schneider. Celui-ci raconte comment Pauline de Rothschild a fait la conquête de son mari qui a des prétentions littéraires. Assise à côté de lui, à une réception en Amérique, elle lit son carton et dit, méditative : « Rothschild, Rothschild... le poète ? »

Laudenbach, que je connaissais seulement de vue. Bien sûr, la conversation tourne autour des hussards. De Blondin, en particulier, qui vient d'entrer à l'hôpital de Limoges avec une fracture du crâne. Il est tombé sur la tête au cours d'une ivresse plus violente que les autres. A moins que sa femme ne lui ait tapé dessus. Ce ne serait pas la première fois, l'un et l'autre étant bagarreurs (et Antoine ayant la spécialité de s'en prendre à plus fort que lui dès qu'il a perdu la raison). Un couple inventé par Strindberg, dit Laudenbach. Sa vie se sera toujours passée entre deux essais de sobriété. Ainsi, un jour, il décida d'aller à Mayenne, dans un hôtel près de l'imprimerie où il achève in extremis ses romans, d'ordinaire. Cette fois-là, il cherchait un sujet. Cela ne venait pas. Désespéré, il a passé son temps au bar, avec le patron, qui ne buvait plus. En trois jours, il réussit sans trop de peine à le soûler. Deux mois après il était mort, d'une cirrhose. Mais Blondin avait trouvé le sujet d'*Un singe en hiver*.

A présent, il écrit un roman – s'il se remet – dont le héros est l'un des frères Boniface.

Nous parlons aussi de Laurent et de l'impression un peu écrasante que faisait, à l'arrivée, l'énorme manuscrit des *Bêtises*, masse sans forme qui avait de quoi effrayer un éditeur. Un soir, Laudenbach et Privat se rencontrent, un peu accablés, Bernard, perplexe, étant prêt à tout abandonner. C'est alors que Laudenbach a l'idée géniale de dire : « C'est un roman picaresque. »

Le monstre nommé était soudain rangé, catalogué, sauvé. Bernard a répété plusieurs fois la formule ensuite, ravi. Et le roman a eu ensuite le Goncourt, et un tirage étonnant. Pour un mot, peut-être.

Hervé Mille qui veut écrire – par moi interposé – un « Journal d'un bourgeois de Paris ». Sans signer. Un bourgeois qui ne verrait que le gratin. Mais comme il ne voudra se brouiller avec personne parmi les vivants, ce sera du gratin ranci... Enfin, pour tenter l'expérience, pourquoi pas ?

Drôle de dîner où il me fait son numéro pour moi tout seul, enchaînant les uns aux autres les anecdotes, les mots, les portraits.

1972

Mémoire prodigieuse, et belle mécanique tournant à vide, pour produire du vent.

Curieuse attitude sexuelle aussi : « Dès qu'un garçon a le moindre soupçon d'homosexualité, il ne m'intéresse plus. Ce sont les insoupçonnables que j'aime posséder. » Quadrature du cercle, qui n'a pas dû rendre commode sa vie privée, tandis que son frère, au contraire, s'amourachait à chaque fois du nouveau venu.

Jouhandeau parle de sa mère. Je lui fais remarquer qu'il a un peu de culot à publier les lettres de sa mère sous sa propre signature à lui, le destinataire. (Questions de gros sous, en vérité, et puis, il a dû les retoucher un bon brin.)

« Mais, répond Marcel, elle n'aurait pas supporté d'être un écrivain ! »

Comme une marque d'infamie.

Raout Gallimard sous le bleu-gris tourterelle d'un ciel d'orage. *Tout* le monde, de Jouhandeau à Pierre-Jean Rémy, en passant par Aragon, chevelu comme Einstein, Etiemble, Ionesco, et le vieux maître de maison, quatre-vingt-douze ans, qu'on rentre en fin de soirée, comme un précieux bibelot, une enseigne, ou plutôt une de ces vieilles statues de saints rustiques, et qu'on ne sort qu'aux fêtes.

Longue conversationnette avec Nathalie Sarraute sur son dernier livre. Pour elle, c'est un chant d'absolu. Il suffit d'un instant après l'amour, une inattention, et tout s'écroule... Son personnage, il explose d'amour et voudrait transmettre toute sa culture à ses enfants. Tous s'aiment et ne savent comment se le dire. En effet, ce n'est pas de la férocité, c'est de la lucidité, ce constat d'impossibilité à se comprendre, à se transmettre ses richesses. Mais ce qui est féroce, c'est nous mettre en face de cette évidence. Belle d'intensité vibrante, elle me parle de tout près, presque nez à nez, et ses yeux noirs plongent dans les miens, comme pour illustrer son discours. Elle est tout entière dans son regard, pour me persuader. Elle est un personnage de son livre. C'est comme un instant d'amour parfait entre elle et moi. Fugitif. Puis nous nous serrons les mains, très fort, geste d'adieu presque mélodramatique...

Plusieurs fois ensuite, je la croise dans la foule. Elle n'a même pas l'air de me reconnaître. Deux étrangers, à nouveau...

A Parmain, pendant la guerre, Nathalie Sarraute partageait une maison avec Beckett. Celui-ci répugnait à utiliser les lieux d'aisances situés au fond du jardin. Mais chaque jour, à midi et demi, il descendait y vider son pot de chambre, en le portant sur sa tête comme une précieuse amphore.

JOURNAL

21 mai. Nice

Drôle de foire où les gens du livre se regardent, s'observent, avec des airs de vacances. Curieux de retrouver tout ce petit monde à la fête à neu-neu, au soleil, avec des dossiers sous leur serviette-éponge.

Au dîner, Piatier-Lucie Faure. La première raconte son enquête sur les péripatéticiennes. L'autre, d'une voix stridente (sans doute parce qu'on lui a dit que Piatier était un peu sourde), déclare qu'elle est passionnée par ces femmes et leur métier, mais n'ose pas aller s'enquérir aux sources.
Moi : « Pourtant, vous, il vous suffit de descendre sur votre trottoir. »
Froid stupéfait. La femme du président faisant la retape.
Devant l'effet, j'ajoute aussitôt : « Parce que l'avenue Foch, c'est devenu le grand centre de la prostitution à Paris. »
L'affolement n'a duré que trente secondes. Mais délicieux.
Pendant tout le dîner, recherche désespérée de sujets de conversation communs pour « brancher » Piatier sur Lucie. Je finis par me raccrocher sur la fidélité en ménage, après avoir essayé les enfants, la psychiatrie, la jeunesse, etc. Et à chaque fois, l'extraordinaire maladresse de Lucie ressortant ses bas bleus. L'impression, tout le dîner, de nager contre le courant.
Piatier, parlant de Sartre qu'elle a interviewé une fois (pour *les Mots*) : « J'avais constaté qu'il décrivait exactement mon caractère. Je vérifie : il est Gémeaux, comme moi. A la fin, après avoir longtemps hésité, j'ose lui parler de son signe. Et lui, à ma stupéfaction, lève les bras au ciel et dit : " Bien sûr que je suis Gémeaux! " Comme si c'était l'explication de son être, le résumé de tous ses problèmes. »
Kant connaissait-il son signe? Et Hegel? Ou Bergson? L'irrationnel, soudain, foi dernière d'un philosophe matérialiste...

Lucie, toujours : « Ce qu'on va faire aux Halles ne me plaît pas du tout. Si Edgar avait été ministre, cela ne se serait pas passé comme ça! »

Réception à Cannes chez Florence Gould. La première fois que je visite un musée sans payer. Accablé par le nombre de tableaux dont certains (Lautrec, Corot, Lépine, Bonnard) sont des splendeurs.

1972

7 juin

Après avoir écrit une lettre humiliante – mais digne – à Fauvet (quelque chose comme une missive de Racine à Louis XIV pour briguer une place d'historiographe), je reçois aujourd'hui une réponse qui ne me laisse pratiquement aucun espoir. Ce matin, j'étais un peu abattu. Mais j'ai passé la journée à peindre et à tapisser la chambre de bonne (pour l'échanger), et je me suis senti peu à peu étudiant. Ce soir, je suis soulagé, plein d'allant, comme si ce refus me repoussait vers la jeunesse, malgré moi. Me voilà tout ragaillardi, plein de projets, d'espoirs vagues... Les catastrophes ont toujours cet effet tonique sur moi. Drôle d'âme.

19 juin

Rêve. Oui, rêvé cette définition : « La vie (pour un capitaliste) : conjuguer le verbe être avec le verbe avoir. »

Acheté les *Portraits d'écrivains* de Jules Lemaître chez une vieille libraire russe de la rue de Fleurus. On y trouve un portrait de Guillaume II (en 1898), vu comme le grand pacificateur de l'Europe qui rendra l'Alsace-Lorraine par pure générosité, et une description stupéfiante du Théâtre annamite, venu sans doute donner une représentation à Paris. A ce degré d'incompréhension hautainement satisfaite dans son racisme stupide (ou paternaliste, car il oppose les Jaunes aux « bons nègres »), c'est à peine croyable, même il y a soixante-dix ans. Et pourtant, la renommée de Lemaître critique demeure, puisque je l'achète, en 1972. Enfin, il est vrai que Gautier vient d'être élu à l'Académie française avec la voix d'Ionesco qu'il a méconnu résolument pendant vingt ans! Comme si Mallarmé, académicien – ce qui n'a heureusement pas plu à Dieu –, avait voté pour Lemaître.

Cela dit, sa « traduction » du *Tombeau d'Edgar Poe* n'est pas si malhabile. Mais il préférait le pompier, par nature...

L'autre soir, à la fête chez les Edgar Faure (belle maison blanche, beau, très beau jardin, et mauvais goût à l'intérieur), le président, parlant de Duhamel, le pauvre malade, contraint de marcher avec une canne : « C'est bien tout ce qui reste de droit en lui. »

Retrouvailles de Benny tel qu'en lui-même, comme dirait l'autre.

Bizarres journées – et nuits – déboussolées pendant que T. est parti. Impossible de me coucher. La chasse comme une drogue qui n'enivre même pas.

JOURNAL

proposais... Puis-je en augurer que J.-J. S.-S. et les siens participeront à une formule élargie de l'actuelle majorité, à condition qu'Edgar en soit la caution ?

9 juillet

Green, après des mines et des coquetteries sans nombre, finit par m'avouer son gros secret : « Oui, je parle anglais avec ma sœur. »

10 juillet

Au soir d'un week-end, J.-C. D. conclut, dans cet ordre : « En somme, vous avez de la chance. Une jolie maison de campagne, une mère charmante, et un ami délicieux. »

Gurgand vient apporter son manuscrit (façon de parler, évidemment). « La fin, vous verrez, est d'un autre ton, bien meilleur je crois. J'avais acheté une nouvelle machine à écrire. » Gide aussi, dans son *Journal,* note que s'il avait une bonne plume, ce jour-là, il serait capable de pondre des merveilles.

8 août. Dans le train, entre Avignon et Lyon

Curieux moment de notre histoire sentimentale. Après avoir longtemps ruminé la chose – et à la suite de quelques journées tendues à rompre – je me décide enfin à éclairer T. : nous ne pouvons plus maintenir la fiction d'un couple dans la mesure où son désintérêt sexuel (depuis environ trois ans) le rend bancal et m'oblige par force à séparer cœur et cul, alors que la seule solution du bonheur est leur mariage. (Lui semble très bien s'accommoder du divorce, moi pas.) Je n'ai plus beaucoup d'illusions, à mon âge, sur la possibilité de rencontrer l'âme sœur dans un corps frère. Mais, pour vivre, j'ai au moins besoin de le croire possible, alors que jusque-là, je me sentais condamné à cette perpétuelle séparation définitive. Le reconnaître – que nous ne sommes plus que des amis associés – ne changera pas grand-chose à notre vie quotidienne, mais moralement, cela me paraît très important. C'est l'indépendance dans l'interdépendance. Plus de ces sanctuaires sacrés (l'appartement, la campagne). Ils ont perdu leur raison d'être dès lors qu'on n'y célèbre plus de messe de chair. Nous étions devenus des athées qui maintenaient la fiction de la foi, sans toutefois pratiquer la religion ! Désormais, plus de jalousie autorisée (même si elle grince encore en dedans de nous), plus de sentiment obscur de culpabilité, etc.

Immédiatement, du reste, le climat se détend. Une certaine joie de vivre – un rien artificielle encore – reparaît. Une meilleure entente, une complicité retrouvée. D'ici qu'on retombe amoureux l'un de l'autre... En tout cas, il me semble que nous sommes tous les deux soulagés, sans drame. Et qui sait si cette association ne durera pas autant que nous? Enfin adultes?

19 août

Aujourd'hui, 19 août, mes grands-parents célèbrent leurs soixante-dix ans de mariage (Mamé refuse toute solennité, par superstition; elle craint qu'un banquet ressemble par trop à un repas d'enterrement anticipé). Ils me racontent comment la journée s'est déroulée, ce 19 août 1902. Bon-papa est allé coucher chez les voisins, par décence, et pour faire de la place aux invités, venus de Paris et de Saint-Girons. Le matin, mariage civil au Pêchereau, puis mariage religieux à Argenton (après de longues tractations avec le curé du Pêchereau qui ne voulait pas perdre des clients). Ensuite, banquet au Cheval Noir (quarante couverts, mille cinq cents francs-or payés à parts égales par le beau-père et le marié). L'après-midi, en landau de louage (on les avait pour la journée), promenade avec les invités à Gargilesse, puis dîner chez les Nadalet, à La Croix-de-Laumay. Le soir, enfin, ils sont allés coucher à Châteauroux, à l'hôtel de... et le lendemain à Nohant-Vicq.

Aujourd'hui ils partent se balader sous ce ciel incertain, elle en pantalon, avec une veste jaune, un chapeau de paille, toute petite, pimpante et bossue, lui, voûté, lent et massif, avec son béret ramené en pointe sur le devant et son bâton. Attendrissantes silhouettes fragiles, d'une vigueur qui chaque fois me stupéfie. Avant de partir, bon-papa: « Deux siècles vont se promener. » Et les voilà qui s'éloignent sur le chemin en se tordant de rire.

20 août

Nous sommes seuls tous les deux. Mamé s'est trottée en ville, gaillardement. Longue, émouvante conversation avec bon-papa. C'est le soir, vers six heures. Il fait un soleil de printemps, et il rêve tout haut à sa jeunesse tandis que je le relance en douceur. Il évoque la mort de son grand-père, sa peine à cette époque-là (il a même un instant des larmes aux yeux), la maison qu'il habitait, sa solitude d'adolescent délaissé par sa mère, sa liberté aussi, et le tendre vertige des choses qui ne sont plus, si lointaines, même pour lui. Nous avons tous les deux le sentiment d'un moment d'exception, de ces confidences soudaines, profondes, de ces accords qui naissent d'une génération à l'autre, quand la mort sereine est toute proche, plus attentive que menaçante. Le plus bel héritage qui soit, peut-être : souvenir précieux comme un secret et qui ne mourra plus qu'avec moi.

Septembre

Mes petites aventures littéraires avec Simone de Beauvoir qui trafique un texte pour faire de moi un mufle. Avant, elle ajoute des considérations sur des goûts qui ne sont pas les miens. Un peu tard pour lui prouver que je ne déteste pas les femmes. Furieux tout de même qu'une personne de cette valeur descende à ce genre d'argument. MLF, mais femme de lettres, comme une précieuse du XVIIe. Le plus difficile, c'est la libération de soi.

Mon degré d'abrutissement. Au cours d'un débat sur *Peer Gynt* d'Ibsen, je blablate avec Hermon et A.M. Bondouès, et soudain, j'embraye tranquillement sur *le Songe*. Le visage stupéfait des autres, a posteriori, vaut son pesant de rigolade. Mais sur le moment, horrible confusion.

20 septembre

Scandales, scandales... Le mandat des députés est de quatre ans. C'est le seul chiffre dont on soit sûr.

22 septembre

J'aurai été un des premiers à apprendre la mort de Montherlant. Hier, vers sept heures, *l'Express* l'ayant su par le ministère de l'Intérieur, où il doit avoir un informateur, j'attends, pour me mettre au travail, que la radio confirme la nouvelle du suicide. Neuf heures : rien. Dix heures : rien. J'appelle *Combat* où l'on tombe des nues quand j'en parle. Tesson appelle *l'Aurore* et *le Figaro* qui ne savent rien non plus... Finalement, faute de confirmation, les journaux du matin n'en parleront pas, malgré mes efforts... Il est vrai qu'il aurait dû partager la vedette avec Pompidou, puisque les journaux étaient pleins de sa conférence de presse. La nouvelle n'a été annoncée que ce matin à dix heures! Pourquoi ce délai? Une dernière astuce du maître. Qu'avait-il à cacher pendant douze heures?

1972

Cela rappelle à Bernard Privat une scène qu'il a vue au *Figaro,* paraît-il, au moment de la mort de Gide. Mauriac avait fait son fameux éloge funèbre au vitriol qui commençait, il me semble, par : « Nous ne maquillerons pas cette dépouille... » Il l'avait fait d'avance, naturellement, et Gide ne mourait toujours pas. Alors Mauriac, furieux, arpentait les couloirs du *Figaro* en maugréant de sa voix blessée : « Vous verrez qu'il mourra pour les journaux du soir! »

Travail chevalin sur la pièce de Gray, le film de Green et le reste... Pas commode de jongler avec tout cela sans s'écrouler. Mais, aussi, je dois dire que ça m'excite assez.

2 octobre

Dans cinquante ans, si par hasard quelqu'un lit cela, il rêvera. Dans la même journée, sur le même trottoir de la rue de Varenne, je passe une matinée avec Julien Green et une partie de l'après-midi avec Aragon... Comme si j'avais rencontré en 1920 Barrès et France, ou Flaubert et Barbey, Hugo et Thomas Hardy, il y a cent ans.

Rendez-vous avec toute l'équipe vers dix heures dans la maison hémiplégique : une moitié comme bombardée (Julien Green a fait arrêter la démolition), et l'autre intacte. Décor fou. Pendant la première demi-heure, je cause avec le maître dans sa chambre, où tout est rouge sombre et acajou. Pas le moindre soupçon de confort, et le lit, dissimulé dans l'alcôve par un rideau, évoque irrésistiblement le curé. Le père Daniélou, aux *Études,* avait aussi un lit dans sa pièce. A le bien regarder, Green a un gros nez puissant, bourbonien, une allure replète, le teint fleuri. Il donne l'impression de la solidité tranquille. Je suis chez un cardinal anglican. Il me parle de la façon dont il écrit son journal, sans horaire précis. Il me montre les petits carnets qu'il est allé s'acheter chez Galignani (un nombre respectable pour ce qui lui reste de jours). Puis, on tourne. Il parle plus facilement que je n'aurais pensé, sans trop faire d'histoires. Très gentil.

Après le déjeuner, l'équipe comptait filmer la maison. Survient le propriétaire appelé par le concierge. Un gentilhomme normand, les pieds posés sur la terre, le cul en assiette. Pas intellectuel pour deux sous et d'une distinction toute relative. Une heure plus tard, il revient, radouci, et nous explique son affaire.

« Vous comprenez, M. Green, c'est un écrivain de valeur. Et je reconnais que pour un Américain, il écrit le français d'une façon remarquable, mais justement, je ne comprends pas qu'il perde son temps à des histoires qui volent si bas. Qu'est-ce que vous voulez, il y a un moment où il faut tourner la page.

JOURNAL

— Surtout quand on est écrivain.
— Pardon? D'ailleurs, j'ai été correct, j'ai prévenu tout le monde depuis 68. Même dans son dernier livre, M. Green en parle dès 67. Alors, vous voyez. Je lui ai proposé de le reloger. Il aurait un ascenseur, des commodités. Une maison en pierre de taille, monsieur. Même gabarit. Que voulez-vous, j'aime le passé comme un autre, mais j'ai aussi sept enfants à élever et qu'on ne vienne pas me raconter que cette bâtisse est historique. Ce sont mes deux grand-tantes qui l'ont construite, vers 1860, pour le rapport, monsieur. Il y en avait même une, la nuit, qui déplaçait les bornes du jardin. C'est pour ça qu'il y a un redan avec l'ambassade d'URSS, maintenant... »

A ce moment, survient Aragon qui sort de chez lui, deux maisons plus loin, et revient Green. Celui-ci ne me parle pas, me voyant avec son ennemi, et avec Aragon en plus...

On se débarrasse du propriétaire qui me donne du « maître » long comme le bras. Ah, ces aristos... On va au café. Aragon, avec des cheveux blanc-jaune qui lui tombent sur les épaules, la démarche alourdie, hésitante (il vient d'être malade), le visage mâché, creusé, quadrillé comme celui de certaines vieilles femmes qui se sont trop fardées, et toujours l'œil bleu, tout jeune, d'un autre siècle dans ce masque ravagé, et la denture de lapin, découverte sur un sourire serré, et légèrement de travers, ce qui lui donne toujours un air complice, coquin et entendu. Pas dupe. Il est d'ailleurs toujours revenu de tout.

« Vous voyez un homme qui s'est guéri seul. Je ne vais acheter des médicaments qu'après. » (Nous entrons dans une pharmacie; il donne les papiers au préparateur: « Vous me ferez mes écritures, n'est-ce pas, comme d'habitude. »)

« J'ai décidé de ne plus tousser. Je ne tousse plus. Et ce médecin m'a dit que je n'avais rien. Il n'empêche que j'étais au lit pendant quinze jours. »

Nous allons au café. Il prend un Schweppes. Devant moi, j'ai une sorte de vieux savant, pas très loin du clochard, malgré son élégant costume beige.

« Savez-vous (ce sera un long monologue) que je vais avoir soixante-quinze ans demain? On voulait me faire un jubilé, on avait déjà loué la Mutualité, le Palais des Sports. J'ai tout refusé. Écouter des imbéciles dire des idioties et remercier poliment. Vous ne m'avez pas regardé. Presque aussi ennuyeux que les thèses qu'on vous envoie. J'en reçois trois par semaine. Il y a parfois des gens qui viennent d'Amérique exprès pour me voir. Je ne les reçois pas. Et quand je me suis laissé aller à recevoir une jeune fille parce qu'elle était jolie, ou un garçon parce qu'il était agréable à regarder, quand je leur ai montré des documents ou des inédits, toujours des catastrophes. Pour la postérité, je compte sur mon traité avec Gallimard qui est mon héritier à condition que les

1972

œuvres d'Elsa et les miennes (cent volumes) soient constamment disponibles pendant cinquante ans. Ensuite, je suis tranquille. On aura échappé au trou. La Pléiade, soyez tranquille, dès que j'aurai tourné le dos, hein?... J'ai refusé parce qu'on n'a pas voulu m'y mettre au début sous prétexte que mon œuvre n'était pas achevée. Ensuite, on a pris Montherlant. Il faut croire que mes ouvrages ne valent pas ceux de M. de Montherlant... Ils attendront. D'ailleurs, ce serait perdre son temps que de corriger tout cela. Car les fautes deviennent définitives dans ces bibles. Il faut corriger tout avec minutie.

« Pour l'instant, j'ai un roman commencé en 1967, des nouvelles, des poèmes que j'essaie de retrouver et je vais rassembler toutes mes poésies. Mais qu'est-ce que c'est que la poésie? C'est quand on va à la ligne, quoi? Tout cela se mélange, chez moi.

« Les chansons. Je ne suis pas capable de les reconnaître quand on les chante. Je me dis : " Tiens, c'est pas mal ", mais je ne sais jamais que c'est de moi. J'envie les musiciens. Rue de la Sourdière, les ouvriers sifflent le *Boléro* de Ravel. Cette nuit, je me suis réveillé, j'ai mis la radio. Je suis jaloux du type qui a composé *Pop corn*.

« Cet appartement où je suis? Oui, j'y reste. Le gouvernement me protège. Le prochain?... Ce n'est pas si sûr... En tout cas, du coup je protège aussi les deux autres vieilles dames qui habitent la maison. Je suis le Bon Dieu de la rue de Varenne. Je me suis installé là en 60, pour écrire *l'Histoire parallèle* avec Maurois, ainsi nommée puisqu'on ne se rencontre jamais, comme il se doit. On a d'ailleurs réédité ma partie, récemment. Pas la sienne... Les professeurs ne doivent pas s'intéresser à lui. Mais ils réhabilitent n'importe quoi. La platitude de l'œuvre n'a pas d'importance. Il suffit d'une mode. J'ai vu des choses incroyables dans ma vie. Par exemple, en ce moment, on croirait que le Grand Jeu a eu quelque importance. C'est à peine si le surréalisme n'en descend pas! Ce n'était rien du tout. Des plaisanteries d'écolier de province. Nul... »

Et puis il m'annonce la mort prochaine, dans deux semaines, des *Lettres françaises*. Il est manifestement très triste de cela, mais il a préféré payer trois collaborateurs (avec un dédit important) plutôt que de prolonger artificiellement la vie du journal.

Devant chez lui, nous contemplons l'affreuse maison construite par Walter en 1924. La défiguration du quartier n'a pas attendu le gentilhomme percheron... « Duchamp me disait : " N'importe quoi devient beau après cinquante ans "... sauf les hommes. Adieu. »

Hugo, *Choses vues*, 17 juillet 1870 : « Dans cent ans, il n'y aura plus de guerre, il n'y aura plus de pape et le chêne (planté trois jours plus tôt à Guernesey) sera grand. » Planter un arbre en juillet! C'est bien d'un poète. Il n'a pas dû vivre deux saisons. Les autres – pape et guerres – se portent bien, merci.

18 octobre

En vol, entre Baltimore et New York (après avoir changé d'avion à Washington, à mon arrivée de Savannah via Charleston, ça c'est du voyage!).

Pas grand-chose à dire de Washington, ville froide, avec d'immenses monuments de saindoux, comme pourrait en imaginer un charcutier épris de culture grecque. Seule la Maison-Blanche est curieuse, dans ce décor grandiloquent, plein de colonnes, de dômes, d'obélisques et de temples. On dirait le palais de quelque petit roi balkanique de l'entre-deux-guerres, si peu effrayant avec ses canons de 75 en bronze datant de la guerre civile. Une capitale de province, élue par le destin et par hasard.

Lu tout de même quelques affiches drôles. Celle-ci, au ministère de l'Intérieur : « *FBI tours daily, from 10 am to 6 pm.* » Cette autre, dans une vitrine fermée : « *Beware, we have an invisible dog.* »

Dans un bar très éloigné, près des docks, une foule énorme autour d'un ring de danse dans un entrepôt. Pour rentrer (sans voiture), j'entre en relation avec des types de Richmond, en virée pour la soirée. Un blond moustachu, une folle grande et belle, un Noir. Nous errons sinistrement dans Georgetown, puis nous finissons dans un snack à la limite du ghetto, devant des hamburgers dégueulasses.

Voilà leur soirée. Je comprends qu'ils ne viennent pas souvent.

A Charlottesville, cité ravissante (presque trop, comme certaines universités anglaises), les faubourgs sont plus instructifs sur un certain état d'esprit dépourvu de complexes. Ainsi : « *Massage by exclusive female cast. 1rst hour 22 dollars. With ejaculation 38 dollars.* » Mystère de cette différence et des critères qui ont permis de l'établir. Ailleurs, une *faith clinic*. Drôles de maladies.

Savannah.

L'arrivée, au soir, est un des chocs de ma vie. La beauté de ces places-forêts, où se balancent aux branches des dentelles grises, et somptuosité ruinée de ces demeures comme désertées depuis cent ans. Un autre monde, vraiment. Une chaleur de Tropiques. Un décor plus rêvé que réel, mêlant la misère au luxe, dans un silence d'oubli. Wormsloe où Green a situé *Sud*. Une allée de *live oaks*

1972

longue d'au moins deux kilomètres et, tout au bout, une immense demeure blanche posée près d'un lac, parmi les magnolias et les orchidées. En Amérique, lorsque le temps s'arrête, il semble y mettre plus d'affectation qu'ailleurs.

Mark, d'après le cousin, s'appelait Owen. Il habite à présent la Californie. Il a lu *Terre lointaine*. Que peut-il bien en penser ? Vu aussi une photo de Tec, le marin. Un jeune homme très américain, sain et gentil. Rien de plus. Et puis, le petit Narcisse de bronze, qui est là, chez les Hartridge, comme un orphelin recueilli par charité, avec une même nuance de gêne.

22 octobre

T. me dit qu'il a rencontré Modiano dans mon escalier l'autre jour. Il était allé porter une lettre pour moi rue de La Rochefoucauld. On l'avait renvoyé ici, rue Madame. Il a fait tout le trajet à pied.

« Pourquoi n'avoir pas mis cette lettre à la poste ? lui demande T.

– Oh, dit Modiano, avec son air de grand animal traqué, la poste, je n'ai pas confiance... »

Il vit dans son obsession de l'Occupation. Il doit se prendre pour un résistant qui vient déposer un papier compromettant, pour un juif recherché par la Gestapo. Et moi, qui puis-je être dans cette mythologie ?

Recopié à Savannah ces inscriptions discrètes sur une voiture de jeunes mariés, tout enrubannée de voiles :

When he is up, she'll be down.
Going to Florida to get a little son.
She got him today, but he'll get her tonight.
No TV tonight.

Et la jeune épousée porte le tendre prénom de Phillis, comme au temps des pastorales. Les siècles changent.

28 octobre

Déjeuner d'ascenseur chez les Rheims. Quand on voit les convives, on a l'impression que chacun paiera de son écho... Bel appartement rue du Faubourg-Saint-Honoré (celui de Michel-de-Saint-Pierre jadis), donnant sur les jardins d'ambassade. Superbe. Sans recherche excessive. Des tableaux, bien sûr, des marbres de musée, des objets, des Gustave Moreau, un coffret offert par Balzac à Mme Hanska, etc. Pour chacun – le métier reste tenace –

le maître de maison cite les prix d'achat, toujours « pour rien ». Pas tant la valeur qui lui importe que la bonne affaire. Pendant le dîner, ce charmeur glorieux déclare très calmement : « La France entière se demande pourquoi j'ai abandonné ma charge... » Puis, de plus en plus modeste : « Les gens ne comprennent pas qu'on quitte une profession où l'on a bien réussi. » Cette affectation, aussi, d'être votre ami intime, avec d'énormes moyens, comme si nous étions des paysans du Cantal (lesquels, du reste, se méfieraient). Et nous faisons semblant de marcher. Semblant. Mais cela revient au même. R. parviendra à ses fins sans que personne soit dupe. Sauf lui, peut-être.

29 octobre

Ma mère. Sur la grille de la maison, le panneau de l'entrepreneur qui refait la façade. Il a fait suivre ses noms, qualités et qualifications d'une ligne d'étoiles dorées. Maman, avec un bouchon de plastique, une boule de papier d'argent et un bout de carton rouge, a confectionné une Légion d'honneur qu'elle a collé, à la suite des étoiles. Comme ça, pour son seul plaisir. Humour juif ? J'aime bien cette forme ironique de la contestation sociale, à soixante-quatre ans.

6 novembre

Green nous accueille comme des dentistes qui se rendraient à domicile. Poli, pour qu'on ne lui fasse pas trop mal, mais avec un instinctif hérissement. Il guette le moment où le magnétophone ne tourne plus. « C'est bien arrêté ? » demande-t-il, inquiet, et il me dit en chuchotant, comme il confierait une bombe prête à exploser : « Vous savez, cet habit vert, eh bien, il est noir. »
Quelque chose d'un enfant, ou d'une vieille jeune fille qui aurait vécu en province, avec de soudaines gaietés de séminariste. Mystère de ce génie de l'écriture, car il en est un, à sa façon...
L'absurde de ces entreprises : le seul qui puisse donner des renseignements (sur lui-même), et le seul que cela n'intéresse pas, c'est l'auteur. Bien plus – et sans affectation –, on a le sentiment qu'il « s'ignore », qu'il n'existe pas, à ses yeux. Et comme je lui parle des séquelles de l'Académie – décorations, présidences, etc. –, il s'étonne : « Vous croyez ? Mais pourquoi ? » En réalité, il dit presque : « Mais pour qui ? »
Quant au film, il admet, mais il ne comprend pas la raison de l'intérêt qu'on porte à sa personne. Et il refuse obstinément

qu'on tourne en détail l'appartement bien qu'il soit le reflet de sa vie, de son goût, de sa famille, surtout.

« Vous comprenez, c'est comme si j'ouvrais ma maison à des milliers de visiteurs. Ensuite, je n'y serais plus chez moi. »

12 décembre

Un ivrogne vitupère dans un café le gouvernement (encore) en place : « Cette bande de voleurs qui ont fait fortune à l'ombre d'un grand homme. Le Général les aurait fait fusiller haut et court. »

20 décembre. Cortina d'Ampezzo

L'isba est agréable et Gala Barbizan joue son rôle de vedette locale avec la gentillesse autoritaire qui la caractérise. Le chauffeur lui donne du « Contessa ». Et lui apporte en voiture son *Unità* que lui donne au lit sa femme de chambre. Laquelle, il est vrai, l'embrasse. Moi, pour justifier sans doute mes privilèges sociaux vis-à-vis de la domesticité, elle m'a baptisé « Dottore »... Et quand quelqu'un est vraiment trop déplaisant, hargneux et agressivement revendicateur, il est rangé avec mépris dans le « lumpenproletariat » – lumpen : l'autre, c'est sans doute le bon peuple, comme aurait dit Louis XIV.

Quant à sa collection de verres, elle l'a interrompue quand elle s'est aperçue que certaines de ses pièces valaient cent mille francs. C'était vraiment antisocial! De même, elle en veut à Edern Hallier, parce qu'il lui doit soixante mille francs (anciens) depuis des années.

« Mais voyons, Gala, vous n'êtes pas à soixante mille francs près.

– Si, c'est deux fois le SMIG... Avec cet argent-là, on nourrit un ouvrier. »

Son mari, sans doute?

23 décembre

Au bar de la Poste, l'endroit sélect du lieu, Gala trône à midi, avec l'aura de la Parisienne, doublement exotique puisqu'elle est russe. Scène curieuse, entre le café du Commerce et le salon de Mme de Bargeton. Sachant les « opinions » de Gala, sa cour abonde dans son sens. Ce ne sont que lamentations sur la bêtise de Nixon, etc., alors que tous les bourgeois sont évidemment des gens de droite. Et tous s'enquièrent du prix Médicis comme s'il s'agissait du Nobel, décerné par la seule Gala. D'ailleurs, ici même, une autre dame donne un prix d'un million de lires. Elle la hait, bien entendu.

Slave, de gauche, peut-être, mais pas bohème, notre hôtesse. J'arrive un quart d'heure en retard à l'apéritif, on me sermonne. Le déjeuner se sert à une heure pile, le dîner à vingt heures quinze. Et au lit à dix heures, au plus tard. Si je voulais sortir, il me faudrait m'enfuir par la fenêtre; le porte d'entrée est fermée à clé. « Vous serez libre, vous verrez, vous ferez ce que vous voudrez. » Liberté soviétique? J'écume de rage, quand je *dois* rentrer pour le déjeuner alors qu'un superbe soleil m'appelle dehors. Dans ces moments-là, je m'aperçois combien je suis « asocial », comme dirait Gala. Et les blablablas de cocktails à six heures m'éprouvent presque autant.

Curieuse attitude qui consiste à vivre des stupidités bourgeoises en prétendant les vomir. J'en viens à tout détester ici, même la langue italienne qu'elle écorche affreusement, autant que le français, tout en affirmant qu'elle a l'oreille absolue, d'où son extraordinaire don des langues... Gala, ou le triomphe de l'illusion. Elle mourra satisfaite, persuadée d'avoir vécu en parfait accord avec ses principes, modèle de bonne conscience. Ainsi devait-on rencontrer des dames « philosophes », avant 89.

25 décembre

Aux Tondi, à deux mille cinq cents mètres. Une cabane, un pic sous le soleil. Tout autour, la colère blanche des Dolomites. Et le luxe exaltant d'un silence de vie où résonne la neige fondue qui goutte, mesure du temps hors du temps.

Mme Falk-Devuoto, belle-mère de Jean-Edern Hallier. Haute dame bizarre, longue et lourde, avec beaucoup de branche dans son naturel, et l'insolence de la grande fortune assise. Elle raconte qu'elle est allée voir Mgr Montini, un matin, quand il était cardinal de Milan. Elle lui a fait un rapport détaillé sur les bonnes œuvres, puis il lui a demandé pourquoi elle faisait cela (dans son esprit à elle, par devoir social, etc.). Il l'a écoutée, s'est tourné vers les fenêtres, regardant la ville, et a dit pensivement : « Je ne comprends rien aux hommes. » La suite l'a prouvé.

Aux femmes non plus, du reste.

Pendant la guerre, ou plutôt juste après, ici à Cortina, une amie lui demande d'aller voir dans quel état se trouve sa maison, occupée par les Américains. Elle s'y rend, avec une amie, et trouve des soldats assez peu civilisés qui se montrent plutôt entreprenants. L'un d'eux, prenant sa compagne par les épaules, agite sous son nez une capote anglaise en disant :

1972

« Vous voyez, vous n'avez rien à craindre. » Et l'autre, innocente, ne comprenant pas. Jugeant la situation de plus en plus scabreuse, Mme Devuoto demande un verre d'eau. L'un des hommes sort pour le chercher, et les dames, qui s'étaient entendues en italien, prennent leurs jambes à leur cou. Du seuil de la porte, l'Américain, tenace, lui crie : « Je vous donnerai mille lires ! » Et elles, rassurées par la distance, de répliquer : « *Non bastano !* » Si l'on songe que Mme Devuoto est à la tête de la seconde fortune d'Italie...

28 décembre. Venise, au Florian

Long – à cause des camions – voyage à travers la Vénétie. Toutes ces « villas », superbes, vétustes, parmi les usines, les garages. La civilisation (?) moderne s'est glissée ici, agressivement, parmi les restes du passé. Impossibilité de coexister. L'une tuera l'autre. L'a déjà tuée. De même, l'autre jour, à Cortina, cette procession d'enterrement, avec les villageois mal fagotés, les gens qui suivaient, le clergé au complet, sous l'œil des touristes, tout près de trouver inconvenant ce rappel des choses essentielles, anciennes et vraies. On ne meurt pas aux sports d'hiver, lieux de plaisir.

Ici, pour la première fois depuis vingt ans. Intense cafard, peut-être parce que rien n'a changé et que le temps ne semble pas exister dans cette ville où l'on vient pour mourir. L'église San Marco, vaste grotte sans dieu. Et dans la cour du palais des Doges, une voix d'enfant qui crie : « *Matteo !* »... Sinistre. Comme un appel d'outre-tombe.

1973

10 janvier

Alexandre Arnoux, vieux monsieur pâle, déjà tout effacé. Il aura lu jusqu'au bout. Son neveu lui demande : « Tu viens te coucher ? » Il répond : « Un instant, je finis ma page. » Quand le neveu revient dans la pièce, il était mort.

Sur ses genoux, les œuvres complètes de Saint-John Perse. Quel poème l'aura tué ?

12 janvier. Dans le train, vers Lyon

Voyages – voyous – voyeurs.

Forêts et perspectives sciées en deux, fermes rejointes dans leur prudente solitude, bourgs surpris avec leurs cours miteuses, leurs jardinets, toutes ces vies privées qu'on découvre. Un rien complaisantes, elles feignent d'ignorer nos regards d'un instant alors qu'elles se défendent si bien des routes et des chemins où l'on pourrait s'arrêter sur leurs secrets. Après cent ans, le coup de couteau dans le cadastre est encore visible, balafre de paysage. Et les villes violées laissent toujours voir leurs derrières sales de passantes qu'on culbute.

20 janvier

Au marché d'Arras, sur la place des Héros, on vend des volailles prisonnières d'une sorte d'entonnoir où elles sont plongées la tête en bas, les pattes liées. La carotide ouverte, elles saignent dans un seau, agitées parfois d'un soubresaut. Robespierre avait-il contemplé ce spectacle ?

JOURNAL

Au musée, un gisant taillé dans la lave noire de Tournai, luisante comme du bronze. C'est le monument d'un médecin qui a fait représenter sa charogne, curieusement couchée sur le côté, dans une position alanguie, désinvolte; de gros vers lui parcourent le corps, funèbres chatouillis auxquels il semble s'offrir, avec un rictus, tout au plaisir de braver la mort et le néant. Pas l'ombre d'une foi dans cette provocation de pierre qui dit non à Dieu.

Mercredi. Barokas à déjeuner avec Dominique. Improvisé (je l'avais invité à la réception de Christine, où je n'étais d'ailleurs pas invité moi-même). Je voulais lui faire rencontrer Bruno Lagrange, qui s'est décommandé au dernier moment. D'où la présence de Dominique, pour meubler.

On décide d'aller pour le week-end à la campagne – avec Christine.

Ils viennent le dimanche à Gaillon. T. et son ami belge repartent pour Paris le soir. Dominique et Christine se couchent. Barokas et moi, nous partons en randonnée dans les environs. Attirance à laquelle on sait résister.

28 janvier

Larbaud, hémiplégique, ne pouvait plus dire qu'une seule phrase : « Bonsoir les choses d'ici-bas. » Quel titre pour une fin.

29 janvier

Très troublé par une discussion, à la radio, avec Dandrel, que je ne connaissais pas. L'immédiate sympathie que j'éprouve pour ceux qui me sont hostiles. Mais surtout, c'est la sincérité avec laquelle il défend sa conception de la critique, tout à fait opposée à la mienne, qui me touche et m'ébranle. Peut-être faut-il en effet tout revoir. Depuis longtemps, j'y pense. Mais sa solution – être en fait le vulgarisateur des intentions du créateur, sans jugement ou presque – est-elle la bonne? Et si c'est la direction que va prendre ce métier, dois-je continuer? Avoir une fonction sociale et culturelle, soit. Mais si l'on doit y effacer complètement sa propre personnalité, quel intérêt cela présente-t-il? Tentation très forte de tout laisser tomber.

27 février

L'attention du Créateur qui permet de ne pas se voir, au réveil. S'il nous avait mis les yeux sur les mains?

1973

Chez Green, pour choisir des photographies qu'il me livre parcimonieusement, et lui donner un chèque destiné à payer l'électricité que les projecteurs ont usée. (Il nous avait obligeamment donné la note.) Avec des airs de raminagrobis, il susurre : « Ah ! comme ma sœur va être contente. » Puis, conscient de l'énormité de l'effet, il ajoute : « Et moi aussi, bien entendu. »

Déjeuner avec Guilloux que je monte prendre chez lui, rue du Dragon. Deux petites pièces poussiéreuses, surchauffées. Miteux, attendrissant. Lui, un vieil oiseau tout chenu, avec l'œil rond d'un aigle aveugle. L'impression d'un enfant désarmé inexplicablement centenaire, rose, mais édenté par je ne sais quel mauvais sort. Il affecte d'être de connivence avec moi alors que nous ne nous connaissons pas du tout. Je lui arrache des souvenirs, entre d'interminables bouchées de bourguignon. Le voyage en URSS, surtout, avec Gide et Dabit. Pour lui ce fut d'abord un mois et demi de vacances. Il se rappelle les belles Américaines nues, sur le bateau. Et Gide, qui disparaissait à dix heures du matin et semait ses gardes du corps pour courir les petits garçons. Il pense que ce périple, c'était un moyen de se donner une « image de marque » afin de dire des choses qu'il pensait avant de partir.

« Un écrivain, dit Gide, c'est une courtisane doublée d'un exhibitionniste.

Dans la rue, Guilloux s'efface en clown devant toutes les filles qui passent, même les plus vilaines. Ensuite, il échange des clins d'œil avec moi, gros comme des maisons. Touchant effort pour être à la fois complice et compère. Mais sa cataracte l'empêche de rien voir, c'est un geste, rien qu'un geste. D'enfant toujours. Et puis, il remonte faire sa sieste, hibou gentil, fragile, menu, qui trottine, à tâtons.

« Vous avez bonne mine.
– Oui, mais le porte-mine ! »

28 février

Déjeuner ci-devant chez Florence Gould, avec le duc de Castries, Mme de Fels, les Chambrun et quelques autres, dont Fernand Didier Gregh. En 1944, il s'est produit un changement de régime ou plutôt de personnel politique et avec le bref intermède communiste, on pouvait imaginer que l'état social se modifierait. Mais aujourd'hui, près de trente ans plus tard, le haut fonctionnaire juif discute politique avec la fille de Laval chez une dame américaine : l'argent, lui, n'a pas changé de mains. La révolution reste à faire. Et je m'étonne toujours qu'elle ait pu tarder si longtemps. Mais en dix ans, vingt ans au plus, sans violence, il ne restera rien de cette aristocratie bourgeoise. Les impôts feront plus, sinon autant, que les réformes et les élections. Il ne faut pas compter sur les mutations brutales auxquelles les nantis rêvent toujours avec un délicieux frisson d'angoisse, et une minuscule déception : quelle jeune fille, au fond, ne rêve pas d'être violée par un beau prolétaire? Ruinée, la bourgeoisie serait déchargée de sa mauvaise conscience, libre enfin. Femme, après avoir été si longtemps une vieille fille aux genoux serrés. Peut-on imaginer qu'elle se donne seule, qu'elle s'offre? Il faudra qu'on la force, pas tout à fait malgré elle. Ce serait plus gai que de rancir parmi ses bribes de richesses. Chaque jour amenuisées. Après un certain degré de décrépitude, on ne vous viole même plus. On n'en a plus envie. Et c'est triste de n'être plus désirée.

21 mars

J'abonde un peu trop dans mes sens. C'est le printemps.

X. – j'ai déjà oublié son nom –, force de la nature aux gestes précieux, empêtré d'un accent du Nord formidable et qui s'efforce, malgré les bagues et l'allure, à passer de l'étage infirmier à l'étage médecin. Incidemment, il me dit que le garçon avec lequel il vivait depuis des années s'est tué en voiture l'an dernier. Puis je lui demande s'il a de la famille. « Oui, un frère, une sœur, et des parents, bien sûr. » Les voit-il souvent? « Oh, non, ils sont morts. » Tous? « Oui, l'an dernier, dans un accident. Allez après cela nier l'influence des astres. » Mais le plus sidérant, c'est la placidité de ce bon grand devant cette avalanche de catastrophes. L'idée antique du fatum a superbement résisté. Pas un grain de révolte. C'est comme ça.

Mars

Bon-papa a été « un peu fatigué » ces jours-ci. C'est l'expression classique de Mamé quand l'ombre de la mort se profile. Elle se recroqueville, refuse de la regarder. Fait l'autruche mais une fois encore, ce n'est que l'alerte. Il se rétablit, malgré ses quatre-vingt-treize ans passés. Pâlot tout de même, il parle de sa femme avec un curieux détachement goguenard, où se cache beaucoup de tendresse : « La pauvre, elle a peur de s'aveuser. »
Le même est allé voir il y a quelques années une incinération au Père-Lachaise, pour « se faire une idée ». Il en est revenu écœuré : « On fourre des morceaux de tibias à demi calcinés dans une poubelle. Il y en a encore de quoi faire un pot-au-feu. »

1973

Avril

Marthe de Fels me réveille à huit heures du matin pour m'inviter à la campagne, en précisant qu'elle y sera seule. Terrorisé à l'idée d'être perdu avec elle dans cet immense château, je saute sur le premier prétexte qui me passe par la tête : « Impossible dimanche, je dois faire de la menuiserie chez moi. »
Elle, surprise : « De la menuiserie ? Comme Louis XVI ? »

Mes moustaches font parler les dames. Ainsi, Suzy Mante-Proust : « Ah! comme ça, vous ressemblez à l'oncle Marcel. »

Autre dame dans la joie : Lucie Faure, présidente toute neuve faisant remarquer avec modestie qu'elle a plaqué le président du Zaïre pour venir dîner avec nous, « en copains ». Elle installe son palais où il n'y a guère de meuble pour écrire. Mais elle sonne, elle demande un bureau, et une heure après, on lui apporte un Riesner sublime.
Il y a quelque chose d'un conte de fées pour gosses dans ces à-côtés du pouvoir. Mais, simple, elle me précise que pour son premier grand dîner officiel – le bureau de l'Assemblée – elle a commandé un pot-au-feu à son chef vietnamien...
« Pour les week-ends, nous avons un appartement à Versailles. Mais nous n'irons pas », précise-t-elle, royale.
Elle a mieux.

Maurice Druon ministre. Georges Izard académicien. Le père Jean Daniélou cardinal. La vie est un roman éperdument conventionnel.

15 avril. Gaillon

Toujours très occupé de Bernard Barokas. Comme si le hasard me prêtait un enfant idéal et tentateur, pour m'en frustrer aussitôt. Mais j'ai si profondément le sentiment de l'impossible que je n'en suis pas malheureux.

Entendu au téléphone (les lignes se mêlent) : « Il a eu un grave accident, mais il en est sorti sans rien, absolument idem. »
La logique merveilleuse de ce cuir. On en sort comme on y était entré, c'est l'évidence.

JOURNAL

24 avril

Visite ici du cousin Jean-Marie avec sa petite amie juive pratiquante quoique gauchiste contestataire. Je n'arrive pas à lui démontrer la contradiction évidente entre le pain azyme dont elle se nourrit et les idées qu'elle défend. Pour elle, la superstition est synonyme de catholique, et la religion juive n'est pas une religion. Moyennant quoi, elle en applique les préceptes les plus archaïques et les moins rationnels sans rien contester. Il est vrai qu'elle a dix-huit ans.

Green, dans sa maison de la rue de Varenne, pour la dernière fois. Déjà les livres de sa bibliothèque sont emballés dans les cartons Bedel. Un air d'abandon. Mais il est tout heureux d'emménager ailleurs, au fond. Nous parlons de relecture. J'évoque Proust, qu'il prétend n'avoir jamais pu lire en entier. Mais il s'est replongé dans *les Frères Karamazov*, y découvre tout un autre livre inconnu dont il s'étonne qu'il ne lui soit pas apparu la première fois. Et puis un bouquin d'évêque sur le curé d'Ars, pour lequel il professe une admiration aussi fervente. Sans rire.

5 mai

Encore une soirée bizarre avec Bernard Barokas, son copain Jean-Louis et David. Tout raté superbement. Le dîner, d'abord prévu à la campagne, a finalement lieu à Paris. Nous errons comme des idiots d'un restaurant à l'autre, pour aboutir à la Coupole. Puis nouvelle errance dans les bars. On sème David au 7, puis Jean-Louis à la Grande Eugène. Enfin, je ramène Bernard à Jean-Louis, ne sachant que faire. Le blocage reste serré de sa part, inexplicablement. Lui-même, incapable de se l'expliquer, malheureux, presque désespéré. Et moi, attendri, agacé, incapable. Sans doute faudrait-il la manière forte, pour tout casser ou tout sauver. Je ne suis pas l'homme pour ces situations-là. Un type simple, au fond. Ou simplement un vieux con qui intimide un jeune idiot charmant. Malgré lui, malgré moi, malgré nous deux.

Les extrêmes se touchent, les salauds.

10 mai

Avant de partir pour Cannes – sale soirée hier avec un T. complètement déprimé, et content de l'être, au tréfonds –, j'emmène Barokas chez Gallimard, rendre visite à Jouhandeau qui

1973

signe les services de son énième *Journalier*. Il parle comme un livre, citant Plutarque et Platon, mais ne dédaigne pas non plus le concret, de ses amours en particulier. Un joli lapsus lui échappe, à propos des parents de son « pur amour » : « Ils étaient riches, à force d'économiser. A la fin, ils sont morts de leurs rentes. » Superbe raccourci. Que de milliardaires n'y ont pas survécu, en effet !

11 mai. Marseille (dans le train)

Une grosse dame encorsetée, la bouche dure, lit les pages littéraires du *Monde*. Pour l'instant, elle est plongée dans l'article consacré à Gascar. Lira-t-elle mon papier ? Non, la voilà qui dort déjà. Ah ! tiens, elle se réveille. Non, une ligne encore, et elle s'est rendormie. Il faudra que je regarde le nom de l'auteur.

13 mai. Cannes

Qui n'est pas fait pour le luxe ? Vu du sixième étage d'un palace, avec terrasse, le monde paraît idéalement paisible. De l'Élysée, on doit avoir une vision aussi truquée...
Je note cette fin de soirée, ma fenêtre ouverte sur le port, le château, tandis que le soleil se couche, histoire de me rappeler un moment heureux. Tout à l'heure, le beau Jean-Louis (un autre) va venir me chercher, on fera l'amour avant de partir, on dînera dans un petit restaurant. Voici vingt ans, somme toute, que je traverse un destin délicieux. De quoi puis-je me plaindre ? D'autant que je suis encore... possible pour quelque temps. Le passé acquis, seule richesse. Dès maintenant, je peux crever sans avoir tout à fait perdu ma vie.

14 mai

Non, le 15 déjà, vers quatre heures.
La colline brille de ses petites ampoules. Crête lumineuse dans le lointain. Le château, toujours éclairé. Douce lassitude d'après l'amour, comme dans les romans.
Tout ici est artificiel : les hôtels, le personnel, les estivants, les garçons (tous à vendre, ou presque). Et derrière cette façade, une bourgade assoupie, loin de ce luxe, provinciale autant qu'une autre, avec l'accent.
L'aube. Seule vérité, la mer, le ciel bleu-jaune. Quelques mouettes pour donner l'échelle du silence.

JOURNAL

21 mai

Retrouvé T. toujours aussi *down*. Me demande si Bernard Barokas est une affaire sérieuse dans ma vie parce qu'il lui faut « prendre une décision ». Une fois de plus, le vieux rêve d'une autre vie surgit en lui, d'un ailleurs différent, d'un possible. Sursaut somme toute sain devant la médiocrité du quotidien, quand il n'est plus transfiguré par l'amour. Que répondre? Je sais bien que la passion est un mot que nous ne comprenons plus. Comment lui donner un conseil? Pour moi, je suis, j'étais résigné, à « avoir vécu », mais ce n'est pas un exemple à offrir, même si cela doit mener à la solitude que j'avais crue effacée pour jamais.

23 mai

Toujours mes petites histoires domestiques; navrant et dérisoire.

Druon, à l'Assemblée. Moins ridicule que je ne le craignais pour lui. Mais ses idées, dont il n'amende rien, demeurent consternantes dès qu'il s'agit d'imaginer le futur. Rendre vie au Palais-Royal, voilà ce qu'il a trouvé! Va-t-on à nouveau y rencontrer des putains comme au XIXe siècle? C'était un îlot de calme et de soleil, où je m'arrêtais quelquefois, et que rien ne semblait menacer... En tout cas, s'il se relève de cette aventure, le bon Maurice reviendra de loin!

Juin

Sur la plage, l'autre jour, cet Anglais triste, déplorant une récente peine d'amour. Je lui demande combien de temps a duré cette aventure. « Quarante millions », dit l'autre, lugubre. C'est pourtant une belle réponse de comédie.

11 juin

Pentecôte familiale à Gaillon, avec les Olive. Visite à l'improviste de Danielle Girard, pour aller prendre le café chez les Bouchaud (date historique : première relation de campagne depuis que nous sommes à Gaillon; dix ans!).

1973

20 juin

Visite à Green dans son nouvel appartement de la rue Vaneau, qui fut celui de René Mayer. Beaucoup plus cossu que le précédent, avec des lambris dorés. Du coup, le « mobilier Green » prend une allure différente, plus guindée. Le maître, égal à lui-même, réservant des demi-jour avec les volets intérieurs. Il m'offre un verre de porto (il n'en prend pas) sur un guéridon, avec napperon et sous-tasse.

Nous parlons de l'Académie, de Lévi-Strauss en particulier, dont la personnalité l'a frappé, bien qu'il n'eût pas lu le livre *le Cru et le Cuit* de bout en bout. Les croix qui ont un peu entaché son élection, il affecte de ne pas en connaître l'origine, ni les auteurs. Antisémitisme, réaction de la droite, il ne sait. Une histoire bizarre. Parmi les candidates qui s'étaient présentées pour le rôle qu'a jouée Anouk Aimée dans *Sud* s'était présentée une adolescente nommée Brigitte Bardot.

23 juin

Ici pour le déjeuner, Lucie Faure, Piatier, Wolfromm, Barokas et Monique. Tout le monde un brin intimidé par les nouvelles fonctions de la « présidente ». Il y a quelque chose de sacré dans ces emplois publics qui reste profond dans l'inconscient, comme si Lucie était venue avec une couronne sur la tête. Elle-même, du reste, parle de son palais avec un émerveillement de « nouveau noble ». Égale à elle-même – mais elle aussi subit ce prestige du titre –, Piatier multiplie les gaffes. Monique lui suggérant de citer Barokas dans les romanciers à lire en vacances, elle dit : « Non, Barokas, ce n'est pas bon, je n'en veux pas. » (Au café! Elle n'avait pas entendu son nom aux présentations.) Et ensuite, parlant des attachées de presse, elle précise : « D'habitude, je m'adresse plus haut. » Tête de Monique!

L'autre jour, à la réception de l'Assemblée, Zitrone s'approche de Lucie et j'entends : « De plus en plus ravissante! »
Elle minaude : « Qui ça? » Et lui : « La robe, voyons! »

Degas, regardant un tableau de Carrière, comme celui de mon entrée, dit un jour (Wolfromm dixit) : « Pas mal. C'est dommage que le modèle ait bougé... »

JOURNAL

27 juin

Cassé, brisé, écroulé. A mon retour de Nogent où j'avais reconduit Nino, je trouve T. éveillé, hors de lui. Il nous avait vus par la fenêtre du salon nous embrasser. Rien d'extraordinaire, mais le symbole, et le fait qui ruine je ne sais quelle construction idéale en lui, puisqu'il n'ignore rien de ma vie. Il a décidé de s'en aller.

Sale nuit. La bêtise de tout cela, de cette fin sans intelligence. « J'en sors les mains vides », dit-il. Dix ans d'intimité, est-ce rien ? La seule richesse : des souvenirs heureux. Mais le sont-ils ? J'ai relu cette aube ce qui nous concernait dans ce carnet depuis 69 : c'est accablant. La rupture s'est accomplie par miettes, inéluctablement. Je l'attends depuis quatre ans. Ceci n'est qu'une formalité. Je ne peux pas dire que je souffre. Profonde indifférence dégoûtée. Mais après ? Et lui, comment s'en sortira-t-il ?

Et moi, plus jamais on ne m'aimera pour moi-même, si on m'aime. Je serai pour toujours le micheton. Il n'y a plus qu'à tirer le rideau sur ma jeunesse. Et le bonheur. Bonjour solitude. Est-ce tristesse ?

1er juillet

A Rome avec Foune. L'hôtel est laid, genre chichi de luxe, avec des harmonies de vert à hurler, des flots de musiquette sur la piscine, etc. Mais de ma fenêtre, la vue est admirable sur une mer de pins parasols d'où émerge, îlot insolite, la coupole de Saint-Pierre.

Après de longues errances, nous avons retrouvé la villa Zingone miraculeusement semblable à ce qu'elle était il y a vingt-cinq ans ; avec ses buis taillés, les fleurs, les statues et cet air d'abandon. Long grand navire échoué avec son campanile.

Dans le garage, j'aperçois une cartouche dorée que je voulais monter dans ma chambre, elle y était déjà en 1949. Le paysage vu de la maison reste encore bucolique. Seule la rue est maintenant bordée d'immeubles, mais l'allée préserve la villa. Du jardin, on ne voit rien. Une sorte de Quasimodo nous ouvre, soupçonneux. Il ne nous laisse pas entrer dans la maison, mais je n'en ai guère envie. Ai-je de très bons souvenirs ici ? Je travaillais dans une vaste pièce pleine de tableaux immondes, du genre religieux, et que meublaient seules une table et une cage à oiseaux grande comme une volière. J'en ai gardé une sensation de fraîcheur, et de tension intellectuelle. Je bûchais dur. Mais la chambre, aimerais-je la revoir ? C'est là que j'ai découvert les maléfices de la sexualité, dans ce qu'elle a de moins romantique. Si c'était à refaire... Mais il

1973

y avait des couchers de soleil et des clairs de lune dont je conserve l'image. Vive comme des cartes postales. Et puis, ces orangers, où l'on pouvait cueillir des fruits dès l'aube, étonnant prodige pour un petit barbare venu du Nord.

Rome, ville mienne plus que Paris, presque. Du fond de la mémoire, des noms de rues, de places me reviennent. Certains ont même changé de nom, comme la Piazza *Esedra* devenue Piazza della Repubblica. Je n'ai séjourné là que dix-huit mois. De loin, c'est une vie. J'avais l'âge où tout s'imprime dans le plâtre frais. C'est Rome qui m'a fait qui je suis. Depuis, j'ai séché. Le temps m'érode. Bientôt, je ressemblerai à ces calcographies qu'on a oubliées dans un jardin, ravinées, mâchées. Belles comme des antiques. Un jour on me cassera. Poussière et gravats. Corps perdu. Nom : néant.

Sur un mur de brique, à Spolète, en lettres énormes peintes en blanc : « DIO C'E ».

Petit mémento, a posteriori. – Revu Tivoli, au paysage terriblement abîmé par les constructions nouvelles qui couvrent la colline. La villa, vétuste, humide, rongée, et puis les jardins, sublime décor inhabitable. Le cardinal, les voyait-il jamais? L'absurde de ces perspectives invisibles de la terrasse. Entièrement construits pour la galerie et la frime. Bien italien!

Spolète, toujours aussi délicieux. En particulier le lac de Piediluco avec le beau village de Labro devenu une colonie belge. La villa, cette année, ne désemplit pas d'Américains de passage, dans toutes les chambres, dans la salle à manger, où ils dorment sur la table, partout. Je couche sur un matelas, dans la « chambre de Pirandello », qui n'aurait pas reconnu son ermitage... Mary, dans la pièce voisine, est accolée d'un gigolo déjà sur le retour, l'extravagant Corrado, peintre raté, variqueux, avec *« un bel busto »* et probablement des attributs appréciés. Pauvre Mary qui doit supporter beaucoup d'avanies de ce mâle méditerranéen, peu enclin aux délicatesses. Oh! le regard de Gina, la charmante servante, quand elle observe ce rufian qu'elle doit servir et qu'elle méprise d'autant plus qu'il habite Spolète et qu'elle le connaît sans doute bien...

Ensuite, une nuit à Gubbio. Un peu décor par la régularité des rues en voûte, le côté un peu trop « monumental » du lieu. Un endroit délicieux : le cloître de la cathédrale, vétuste, comme une cour de ferme médiévale. Décor pour rêver. Un fond de décor pour Fra Angelico.

Retour le lendemain à Rome par la Tuscia. Les monstres de Bomarzo, esseulés dans leur jardin-fouillis. Lieu habité, sûrement, inquiétant. Poétique. La naïve prétention des inscriptions, vantant chaque monument comme des merveilles du monde. Ça aussi, très italien. Ingénument vain.

JOURNAL

La villa Leute, le contraire de Tivoli. Jardin d'eau fait pour la promenade, le plaisir des yeux, la fraîcheur, mais prétentieux, moins fou, mais humain. Rome à nouveau. Piazza Navona. La plage l'après-midi. Frustration permanente qui me rend odieux avec Foune, et conscient de l'être...

7 juillet

Retour, appartement vide. A minuit, un bruit. Je me lève : porte close. Finir si bêtement, en bonnes vexées.

21 juillet. Paris

Une semaine avignonnaise, après la réconciliation avec T. Peut-être une erreur. Pour nous deux. Peut-être aussi notre chance une fois de plus.

Idées de nouvelles. – Jésus amoureux de Judas pendant le tournage d'un film biblique.
Deux jumeaux dans une boîte, dont l'un n'a pas de succès.
L'auto-stoppeur à qui l'on raconte sa vie.
La petite Anglaise de quatorze ans qui me mangeait des yeux – beaux yeux bleus – à l'hôtel, entre son père, sa mère et sa grand-mère.

23 juillet

Beaucoup baisé. Trop. Je suis pour l'abrogation de la petite mort. Car l'exercice de ce sport ne calme rien, au contraire. Ainsi s'explique Casanova. Seule issue, seul remède, heureusement généralisé : le travail.

28 juillet

Trouvé dans mon courrier un petit mot d'adieu. Il est parti ce matin sans oser me réveiller. Tout chose.

29 juillet

Journée au soleil avec ébats paniques et soirée ici et au théâtre, dans un tendre accord. C'est agréable, une tête qu'on regarde comme un bel objet.

1973

Visite de la maison de Sauveterre. L'inconfort total, avec du charme. Mais je ne l'ai vue qu'à la lumière d'une lampe électrique, et je suis acquis d'avance. Merveille, cette impression, au jardin, d'entrer dans le décor de *la Joueuse de flûte*. Pour un peu, j'entendrais sa musique.

31 juillet

Promenade à Sauveterre, avec J.-C. A. et son petit baryton. Déjeuner bucolique aux glycines.

La gentillesse des gens d'ici : un ouvrier – il me raconte qu'il est éboueur dans le civil – travaille à un mur, devant moi qui me dore près de la piscine. Ailleurs, il ne dirait rien, juste un regard haineux ou méprisant. Celui-ci : « On est bien au soleil, hé ? » Fier de son soleil, comme d'un cadeau. Le tout avec un grand sourire brèche-dent.

Des touristes belges sablant au vouvray quelque fête. Ce toast curieusement réflectif : « A vos souhaits!
– Et à la réalisation des vôtres! »
Autrement dit, les uns sont abstraits, les autres point!

4 août

Second week-end improvisé dans le mazet de J.M., à Nîmes. En partie seul, l'après-midi, parmi les fenouils géants, les cigales, l'herbe rêche, sous un soleil de four.

Bizarre accord sensuel avec ce garçon de vingt-six ans, pas tout à fait adulte malgré sa taille. Ne le serais-je pas non plus?

Rêvé, à des vies rurales, loin de tout, dans la chaleur du Midi.

Retour par le *Mistral,* vide. Je vais dîner au wagon-restaurant. Quelques quinquagénaires seuls et bien conservés. Impression de calme, de luxe. Je vis le meilleur de ma vie, en ce moment. Devenu beau sur le tard, avec assez d'argent pour ne pas m'en préoccuper, une santé supportable, peu de vrais soucis, à l'essentiel près... Quelle catastrophe m'attend, avant la mort qui n'en est peut-être pas une?

13 août. Paris

Pompidou a une ligne secrète, pour ses très proches. Un jour, une dame appelle : « Allô! Ici les établissements Untel?
– Non, répond le président, c'est une erreur.

JOURNAL

– Comment, dit la dame, furieuse, ce n'est pas les établissements Untel? Mais alors, qui êtes-vous?
– Oh! madame, si je vous le disais, vous ne me croiriez pas. »

16 août

Bouddha signifie : « l'Éveillé ». Chez nous, un nom de valet dans les comédies. Voilà qui juge une civilisation.

18 août

Mœurs : – Mme Weisweiler a un visagiste de chez Alexandre à son service personnel. A demeure. Il a quitté une place qui lui rapportait un million par mois. Combien paie-t-elle? Tout ça pour finir au Père-Lachaise dans peu de temps. Ce ne sont pas les révolutions qui m'étonnent; plutôt les luxes de ce genre, qui révèlent soudain les formidables inégalités sociales qui subsistent, ignorées.
De nos jours, les privilèges sont secrets, c'est leur force : nul ne les soupçonne. Du moins tant qu'on n'ira pas mettre le nez dans les comptes en banque.

22 août

Chez Jouhandeau, avec Hermant, pour préparer le film. Nous passons trois heures chez lui. Il parle sans désemparer, avec une volubilité stupéfiante. Seule, de temps en temps, la mécanique le lâche; il perd le fil de ses raisonnements, égaré dans les incidents. Mais il suffit de le remettre sur les rails. Il fonctionne encore superbement pour ses quatre-vingt-cinq ans, avec la coquetterie de se vieillir d'un an pour qu'on lui dise qu'il est jeune.
Ses personnages sont très présents dans sa conversation, mais il leur donne le nom qu'il a inventé, toujours. Il nous sort ses albums où ils figurent tous en photographies. Quel autre écrivain peut ainsi montrer sa ménagerie?
Le salon du bas est désormais fermé à clé. C'est le musée d'Élise. Ailleurs, dit-il, Marc a effacé sa présence. Ici, elle est là. C'est très beau, trop riche pour moi, cette pièce. Cependant, il parle d'elle avec acrimonie, comme autrefois. « Depuis qu'elle est morte, dit-il drôlement, nos rapports ont beaucoup changé. » Ils se sont même améliorés au point qu'il accepte d'être enterré à ses côtés, au cimetière Montmartre. Il a renoncé à la tombe familiale de Guéret qu'il avait relevée à ses propres frais. « Ma sœur, dit-il, me l'avait

1973

laissée. C'était très exigu; pour elle et ses trente descendants, elle a fait construire une HLM à côté. »

Il est un tout petit peu bouffi, mais les yeux gardent cette vivacité chinoise sous les paupières lourdes.

Il nous emmène au Celtic où il aime à boire sa Guinness et saluer des dames improbables qui viennent lui faire la cour. A l'une d'elles : « Vous écrivez toujours?

– Ah, je n'ai pas le temps, mais j'ai beaucoup pensé à vous. »

Dès qu'elle a tourné le dos : « Si vous saviez ce qu'elle écrit ! »

Il nous montre, avant de nous asseoir, l'intérieur de l'église où se trouve le tableau de Joséphine. L'inscription est curieuse, royale si l'on veut, dans sa simplicité, ou ridicule, comme le libellé d'une carte postale :

A JOSÉPHINE
EUGÈNE ET HORTENSE

L'art des chutes, chez Jouhandeau, est merveilleux. Il nous raconte l'histoire de ce jeune homme impuissant qu'il aurait rendu fou. Sans doute en éveillant son désir, puisqu'il est toujours persuadé d'être irrésistible. Le garçon, après des mois, vient lui demander trois cent mille francs (« que je destinais au percepteur », ajoute-t-il), sinon il se suicidera. A ce moment, la tête de mort qu'il a près de son lit tombe par terre et la mâchoire se brise. Il y voit un signe et fait le chèque. Bon. L'anecdote est terminée. Mais lui prend un temps et ajoute : « Après, j'ai tout de même ramassé mon crâne. Je l'ai donné à ressemeler. »

28 août

Guéret. Je croyais que la ville n'était qu'une grande place laide, mais le vieux quartier se cache derrière, avec des rues étroites et de solides maisons grises, de granit. Mme Lardy, solide, elle aussi, boulotte, me fait suivre le « circuit Jouhandeau », de la maison natale à l'église, en passant par la boutique de Prudence Hautechaume, le galetas de Kraguelin, la boucherie paternelle, etc. Chaminadour et ses soixante volumes se résument à un petit marché coupé de trois rues. Mais partout, au coin des trottoirs, on croise des vieilles soupçonneuses, droit sorties des livres de Marcel. Après un demi-siècle, la haine et la rancune affleurent encore, inquiétantes. Seul il rit de ce permanent scandale, avec la témérité folle des héros ou des enfants.

Argenton, quelques jours. Le miracle éternisé de mes grands-parents « oubliés par le Bon Dieu », de la maison intacte...

JOURNAL

Septembre

Les temps m'étonnent. L'autre soir, des ombres furtives se promènent sous les arbres, la nuit tombée. Soudain, des garçons lancent des pétards, histoire de s'amuser en chassant les ombres. Mais celles-ci, après un moment d'égarement, se rassemblent et marchent, menaçantes, vers les quatre voyous qui ne demandent pas leur reste, surtout quand ils s'entendent traiter de « refoulés » par des malabars qui leur intiment l'ordre de « faire la paix ». L'avenir réservera de ces réjouissantes surprises. Quand je songe à nos fuites honteuses en pareil cas, jadis. Le Dr Freud n'a pas fini de révolutionner le monde, bande de refoulés!

Au Père-Lachaise, ce militaire impérial inconnu – un dénommé Martin – ainsi accompagné dans la mort : « noble débris de la Grande Armée ».

12 septembre

La mort d'Allende, navrante, même si l'expérience n'était pas viable. Son suicide, constat d'échec, prend valeur d'exemple, même pour nous. Il peut retarder la venue du socialisme de vingt ans et davantage, comme l'aventure éphémère de Béla Kun a déconsidéré le bolchevisme en Europe avant-guerre. Il n'est donc pas étonnant que *l'Huma* titre ce matin : « ALLENDE ASSASSINÉ ». Un martyr volontaire est un individu libre. Un homme tué passe pour une victime sociale. A venger. Mais ce mensonge ne suffira pas à travestir la réalité.

15 septembre

Guéret. Hier, rencontré Marcel Schneider à *la Traviata* (de Béjart, mal accueillie à cause des faiblesses de la chanteuse, mais neuve avec bonheur, dans son dédoublement qui permet à un danseur – nu au quatrième acte – d'exprimer les états d'âme du héros).

A Marcel je raconte une histoire qui pourrait être inventée par lui. Cet été, seul dans la maison de J.M., j'avise une lettre dont l'écriture m'évoque immédiatement celle de Marcel Schneider. Est-il possible que J.M. connaisse Schneider, et ne m'en ait pas parlé? Après avoir résisté un bon moment à la tentation de ma curiosité, je cède et regarde la signature. Il s'agit d'un certain Maurice S. Mêmes initiales (déjà curieux), mais enfin, ce n'est pas lui. Je parcours ensuite la lettre, banale. Puis je tombe sur trois lignes recommandant à J.M. d'acheter en livre de poche un bouquin que le correspondant trouve merveilleux : *le Chasseur vert* de Marcel Schneider !

Marcel est ravi de l'histoire. Et aussitôt : « J'espère que tu l'as notée dans ton journal ? » Pour lui faire plaisir, je mens. A présent, ce n'est plus un mensonge.

16 septembre

Guéret. – Visite à Mme Jeanrot, la sœur de Jouhandeau, dans sa belle maison, cossue, vieillotte, havre bourgeois du XVIIIe siècle, avec des meubles louis-philippards et un beau jardin à buis, charmilles et potager. La dame des lieux ressemble à une grand-mère de Faizant, fraîche et rose comme son frère malgré ses quatre-vingt-trois ans. Énergique, elle refuse de parler devant les caméras, avec une rancœur à peine cachée, bien que toute la famille évoque Tonti comme s'il s'agissait d'un aimable farceur. Du moins celui qu'il fut jusqu'à son mariage. Ensuite, il semble que les Jeanrot disparaissaient quand les Jouhandeau venaient à Guéret. Mme Jeanrot avait pris le parti de son père contre Marcel, allié et préféré de sa mère. Elle lui reproche de n'avoir pas été juste envers eux, envers lui. Pour l'enfance, elle prétend qu'elle ne l'a jamais partagée avec lui, de trois ans son aîné. De la grand-mère elle se souvient à peine, et encore moins de tante Alexandrine. Elle affecte de ne voir en Marcel et en leur famille qu'un petit garçon et une petite famille ordinaires. Quant à l'œuvre, elle s'en est tenue (dit-elle) à lire les vingt et une premières pages de *la Jeunesse de Théophile* : « Je ne voulais pas gâcher mes souvenirs. »

Après quoi elle me fait visiter toutes les pièces en détail, la chambre à trois fenêtres où Marcel travaillait, l'ancienne cuisine de la mère, la chambre des parents, et le jardin, sans parler du rez-de-chaussée, longtemps loué aux Tite-le-Long, et des autres chambres du haut où elle a relégué le lit de son frère.

En bas, tout de même, elle me dit : « Chaminadour... c'était le nom d'une de nos camarades, une grande, à l'institution où j'étais élevée. Marcel, qui l'admirait, m'a demandé son nom. »

Autant dire qu'elle est coauteur de l'œuvre... Avec la dent aussi dure.

« Je vous admire de revenir sur cette vieille histoire. C'est épuisé, réglé. On a tout dit et trop inventé. Il n'y a plus rien à ajouter. C'est comme si vous vouliez faire un plat avec des restes, monsieur ! »

Cette campagne vallonnée, déserte, avec des ruisseaux à truites, de l'herbe, verte, malgré les chaleurs extraordinaires d'un été qui n'en finit pas. Petites routes, hameaux misérables où l'argent se cache sous les ruines.

Et la rencontre, en pleine campagne, du bizarre Éric, taulard de vingt-sept ans, ancien pensionnaire de l'île de Ré, des Baumettes et autres hauts lieux. Sur la main droite, les trois points qui signifient « Mort aux vaches ». On a essayé de les lui effacer à la pointe de feu. Il n'en fait pas un drame. Si c'était un « politique », on parlerait déjà de torture indigne...

Aubusson. – Nouvelle visite à Mme J., avec toute l'équipe. Mais cette fois-ci, j'avais mon bloc à la main, ce qui m'a permis de prendre des notes, ou plutôt des repères – plus ou moins subrepticement –, la dame en vaut la peine. Ailleurs, dans une autre vie, dans une capitale, elle aurait pu devenir « quelqu'un », une Marie-Laure bourgeoise. Une présence, une liberté, un don de Dieu étonnant. Par quel miracle le fils et la fille de ces bouchers de Guéret ont-ils hérité cette personnalité d'exception? Et cette solidité d'octogénaires en granit? Lui dit souvent: « Je suis increvable. » Elle: « Mes trente petits-enfants ne me fatiguent pas. Je suis un produit qui a besoin d'être agité. »

D'abord au premier étage, tandis que les techniciens errent dans les pièces, constatant qu'on ne peut rien faire avec le peu de lumière du dehors, elle commence à parler de Marcel, de leur mère, qui se tenaient souvent dans cette cuisine, leur domaine. Des étrangers, en somme.

« Mais, demande Michel Hermant, un peu énervé, vous l'aimez, votre frère.

– Oui, je l'aime. Bien sûr. C'est mon frère. Mais j'ai des mots avec lui. Nos lettres ne sont pas de tout repos. Tenez, ce matin même, il m'en a écrit une, tout à fait stupide.

– Au moins vous le trouvez drôle?

– Drôle, mon frère? Mon frère n'est jamais drôle. La famille, ce n'est pas une galerie. Lui, il a toujours besoin d'auditeurs. Alors, parfois nous lui servions d'auditeurs. Rien de plus. Oh! oui, je l'aime (elle y revient), mais comme un frère. L'écrivain, je ne le connais pas.

– Tout de même, il devait vous raconter des histoires.

– Bien sûr, les histoires c'est son métier. Il n'y en a que trop raconté. Et même délayé, vous ne trouvez pas? Croyez-vous que ce soit agréable de recevoir des gens qui viennent avec un livre à la main, annoté dans les marges, pour savoir s'ils ont trouvé la bonne clé pour la bonne serrure? Dans ce cas-là, il vaut mieux ignorer. Enfin, maintenant, ça s'est calmé, heureusement. La guerre est finie. »

A ce moment, pour nous prouver sa bonne volonté, elle décide de nous offrir quelque chose à boire. On descend dans la grande salle à manger du bas, où la générale nous sert le thé. Là, assise, présidant la table, elle trône. Elle non plus ne dédaigne pas les auditoires. On comprend vite qu'Élise a été la femme de discorde, la pièce rapportée que la famille n'a jamais pu encaisser. (Sans parler de la fidèle servante Eugénie, dont le jugement s'est manifesté par cette phrase lapidaire : « Mme Jouhandeau n'avait pas besoin de " ça ". »)

« Avant, dit Mme Jeanrot, entre mon mariage et le sien, ce fut notre bonne période. Nous nous retrouvions ici aux vacances. Les enfants adoraient Tonti, et moi il m'a appris tout ce que je sais. Il me lisait Héraclite et Saint-Simon pendant que je repassais. Il apprenait la généalogie des rois de France aux petits.

« Seulement, il y avait déjà le drame de ses livres. Quand il venait, il fallait l'envoyer chercher en taxi, de nuit, à La Souterraine. Et il ne sortait pas d'ici; on l'aurait lapidé. Quelquefois, par la petite porte du jardin – même mes parents se calfeutraient –, on envoyait la bonne. Enfin, on s'habituait.

« Et puis il s'est marié, en 28, 29, je ne sais plus. Ah! si, je sais, car cela correspond avec la naissance d'Amarie (?).

« J'étais enceinte quand j'ai vu Carya pour la première fois. Je l'ai tout de suite épinglée... Vous savez comme on est sensible dans cet état. Elle s'est crue obligée de m'embrasser. Moi aussi. Et j'ai trouvé qu'elle sentait le pourri. Ça m'a écœurée. J'ai dû vomir. Ce devait être le fard.

« Elle avait des falbalas insensés, des malles de fourrures. Elle occupait la salle de bains des heures, il fallait prendre des numéros. Ah! ça, on la remarquait en ville! Une autruche!

– Mais belle, dit à ce moment la générale qui s'était tue. Un jour où elle se faisait masser, j'ai vu son postérieur. Superbe. Magnifiquement conservé pour son âge.

– Toujours ce qu'il ne faut pas voir...

« En tout cas, elle avait de curieuses habitudes. Je me souviens qu'elle broyait les os de poulet, comme un loup. D'ailleurs, un jour, tu te rappelles, Poule, tu lui en as fait la remarque. Tu lui as dit : " Mais vous allez vous faire du mal! "

« Alors Marcel a répondu : " Ne vous inquiétez pas, mes enfants, votre tante a un gésier. " Naturellement les enfants se sont écriés : " Mais il n'y a pas que les poules qui aient un gésier. " Jugez de l'effet! Ah! le silence qui a suivi!...

« L'autre jour, il m'a écrit qu'il voulait être enterré près d'elle au cimetière Montmartre, en gage de fidélité... Ah j'ai ri! Mais j'ai ri!...

« Dieu les accueillera peut-être. D'ailleurs, c'était sa grande période mystique, à cette époque-là. Elle allait à l'église avec un livre de messe comme un annuaire, et une bible en plusieurs volumes. L'humilité chrétienne.

– Et votre frère, vous ne l'avez jamais lu?

– Jusqu'à la trente et unième page de *la Jeunesse de Théophile*.

Je suis tombée sur quelque chose qui ne me plaisait pas, une contrevérité. J'ai refermé le livre pour toujours. Voilà mon caractère. D'ailleurs, je m'intéresse beaucoup plus à lui parce que je ne l'ai pas lu. Ses livres? Oui, il me les a envoyés. Avec des dédicaces où il disait : " Encore un livre que tu ne liras pas. " Qu'est-ce que vous voulez, nous ne sommes pas très *frères*. »

Superbe exemplaire unique, cette romaine Limousine. Dommage qu'elle n'écrive pas! Et quel malheur que Marcel n'ait pas vécu avec elle comme Green a vécu avec sa sœur! Il en aurait fait, son propre génie aidant, un personnage prodigieux. Pire qu'Élise. Avec la classe, la race. L'élégance XVIIIe d'un grand monde oublié, quand on naissait avec du style. Madame – en Parisienne – devait ressembler à ce vieux silex de province. Elle coupe encore bien à quatre-vingt-trois ans!

17 septembre

Drôle de ville! Sur le mur de Clodomir l'assassin, la trace de sa main sanglante est encore visible un demi-siècle après le crime.

Et hier soir, à dîner à l'hôtel Saint-François – où se trouve le bar Chaminadour –, nous assistons à une scène stupéfiante, comme je n'en aurais pas inventé. Une mégère en furie qui venait chercher son mari au Grand Café voisin. Rien que de normal, somme toute. Mais ce dernier était en compagnie de son ami très intime qui n'est rien de moins que l'un des curés-vicaires de Guéret, l'autre étant pompiste au garage Renault! Et ledit curé, qui se nomme comme par hasard l'abbé Ducoup, a battu cette femme devant nous; une gifle formidable. Après quoi, une heure plus tard, il est reparti, tout rasséréné... en compagnie du mari dévoyé, un maigriot falot, peu prédestiné à être l'enjeu des passions, fussent-elles interdites.

Détail incroyable : quand le curé a giflé la femme, la foudre est tombée sur la ville, toutes les lampes se sont éteintes. Puis, une trombe d'eau a noyé cette nouvelle Sodome.

18 septembre

Mme Jeanrot fait la modeste : « Oh, moi, je parle. D'ailleurs, certaines personnes m'ont dit que je m'exprimais comme écrit mon frère. Mais je ne suis pas douée pour la plume.
– Comment, s'écrie la générale, et tes lettres? Elles sont aussi intéressantes que celles de grand-mère (publiées par Jouhandeau). Moi, je les garde, tes lettres!
– Vous les publierez peut-être? »
Sourire de la générale qui ne dit pas non. Et la vieille dame, péremptoire : « Il faudrait que vous ayez besoin de pain! »

1973

19 septembre

Argenton, une fois encore. Avec mes deux aïeux, une fois encore. Peut-être la dernière. Bon-papa raconte qu'en sa jeunesse les gandins de Toulouse admiraient beaucoup les basses d'opéra. Une nuit, l'un d'eux rencontre un ami, qui se mouillait sous la pluie, sur le pont de la Garonne.
« Qu'est-ce que tu fais là ? »
Et l'autre (en patois) :
« Je m'enrhume pour avoir une voix de basse. »
Leurs fous rires, à quatre-vingt-dix ans passés, c'est ce qui m'émerveille le plus. D'ailleurs, bon-papa m'assure qu'il ne pense pas à la mort, que cela ne l'inquiète pas.

20 septembre

A la reprise du *Voyageur sans bagage*, les Ionesco à côté de moi. Il parle tout le temps, couvrant presque la voix des comédiens. A l'entracte, nous bavardons de l'Académie.
« Je n'y vais que pour voter contre (sauf pour Lévi-Strauss). »
Il m'assure que les « candidats » s'y prennent en moyenne deux ans à l'avance. « Ça en fait des livres », soupire-t-il.
Le sien, il a l'air de déplorer que ce ne soit pas un best-seller. Un roman sur la mort ! Il en a changé le dernier mot des épreuves à l'édition, puis de l'édition courante à l'édition club. La « promesse » qui pourrait laisser croire que son héros entrevoyait la lumière de la grâce est devenue un leurre. Dans la pièce qu'il en tire, ce sera, dit-il, la leçon du zen, la vision de l'imposture du monde : une blague.

21 septembre

Izard sur son lit de mort. Ses mains exsangues, comme du caoutchouc gris. Pas humaines. Le visage, avec une barbe bleue. Catherine déplace un bouquet, familière. L'étrangeté de ce cadavre alors que le lit voisin, jumeau, est le sien. Fait. Elle n'a plus qu'à se coucher. Et quelle barbarie que ces visites, dans une pièce aux volets ouverts ! On entre, on sort, on vient voir un moment, on repart. On parle, quoique bas. L'être est devenu chose. Autre chose.

JOURNAL

24 septembre

Enterrement à Morsang. Très recueilli, émouvant, dans la cour de la maison. Le cercueil est au milieu. Devant la porte, une table qui sert d'autel. Tout au long de la façade, les fleurs comme un somptueux parterre. Et tout autour, en demi-cercle, les amis. quelque chose comme une dernière garden-party très triste. Pas trop triste, avec le soleil qui perce les nuages gris.
Beaucoup de « beau monde » : un ministre, des académiciens, etc., sans oublier le cardinal qui dit la messe.
Au cimetière, où tout le monde se retrouve après une longue marche, on entend, derrière nous, le bourdonnement des carrosses officiels qui suivent au pas. Un assassin, même malhabile, aurait pu supprimer d'un même coup de carabine trois possibles présidents de la République : Edgar Faure, Chaban-Delmas et Mitterrand. Il ne manquait que Giscard.
Druon fait un discours où il évoque – à propos de Catherine – « le regard dur des Bretonnes qui voient partir en mer les marins, au risque de les perdre »... Ou bien, très cocorico : « Georges était le fils d'un instituteur. Il est devenu illustre, un des premiers de son pays. C'est ça, la France...! »
On devrait toujours écrire son éloge funèbre soi-même. Il faudrait y penser quand on rédige sont testament. Laisser une petite leçon de vie après la mort, et si possible à votre semblance. En tout cas, rien ne peut être plus faux que ces images pieuses; elles transforment toujours les disparus en saintetés sulpiciennes.
« J'ai un faible pour », formule absurde. J'ai un faible pour Flers et Caillavet. J'ai un fort pour Racine.

Septembre

Émigration. – Un juif géorgien quitte l'URSS pour Israël. Dans ses bagages, les douaniers soviétiques trouvent un portrait de Staline. Étonnement. Lui : « Eh quoi, ne suis-je pas géorgien? J'ai bien le droit d'emporter un portrait de mon grand compatriote. » Le douanier hausse les épaules, referme la valise.
A l'arrivée à Tel-Aviv, même scène et même étonnement du douanier israélien. « Qu'est-ce qu'il y a de surprenant, dit l'émigré, vous ne voyez pas que le cadre est en or massif? »

Rumeur. – « On » dit que Pompidou serait le fils du baron Édouard, chez lequel sa mère aurait été cuisinière. D'où cette brillante carrière d'un fondé de pouvoir non juif, cas exceptionnel.

1973

Encore une scène. A propos de rien cette fois. Mais je ne laisse pas pourrir l'abcès. Cela se termine, main dans la main, quoique tristement, avec des larmes. En sortant de sa chambre, je laisse la porte ouverte; symbole. Mais sans oreiller, comment se réconcilier tout à fait?

Visite de Bernard Barokas accompagné de Trevor. En la présence de ce dernier, Bernard est un autre, très petit garçon silencieux. Trevor, immense Anglais avec des yeux bleu vitrail. Visage d'un charme merveilleux, ouvert, offert, volontaire aussi. Un homme tel qu'on l'imagine dans les romans pour jeunes filles. Cher Bernard, tu as de la chance.

Gala Barbizan : « Avec d'autres, je me sens père, sœur, grand-mère. Avec vous, j'ai l'impression d'avoir été votre maîtresse dans une autre vie. Il nous en reste une vieille complicité. »

Les Noces de Figaro. Tout ce qui fait le mérite de Beaumarchais a disparu. Il ne reste plus – c'est ça le miracle – qu'une musique sublime sur fond de boulevard. Mais qui penserait, aujourd'hui, à écrire un opéra dont le librettiste serait Feydeau ou Barillet-Grédy? La profondeur se veut tragique : *Moïse et Aaron, Wozzeck, Lulu,* à la rigueur, et encore! Ou alors on tombe dans le Christiné ou la guimauve à l'américaine. Un peuple qui ne sourit plus au théâtre, à l'opéra, signe de la fin prochaine : il ne se sent plus assez fort pour s'amuser d'un rien. Déjà le vertige de la mort l'a comme assombri. S'il s'en écarte un instant, il se sent coupable. D'où l'attitude méprisante de mes confrères, parlant d'une comédie, d'un divertissement. Ils ont honte de rire, d'avoir ri. Sincèrement. Viscéralement. Ça pue le cadavre, tout ça.

7 octobre

Vers 1850, la Société des inventeurs de New York a décidé de se dissoudre. Elle ne voulait pas perpétuer une institution désormais inutile...

11 octobre

A la commission, Jean d'Ormesson, Curtis parlent sans s'intéresser au petit fonctionnaire avec qui je suis en conversation : c'est Gracq. Pour lui – contrairement à la plupart des écrivains – c'est le sujet qui pose un problème. « Mais, dit-il, je le traque longtemps.

Une fois que ça prend, je le sais tout de suite. Je peux y aller. »

Un après-midi au Luxembourg, le dernier de cet été phénoménal. Des hommes torse nu, les femmes en robe légère. A même la pelouse, tondue, les pigeons sont posés, à plat ventre, très immobiles, comme des canards sur un étang.

Albin, nouvelle petite, très petite expérience sado-maso, renouvelée.

Irréelle apparition de Marlène Dietrich, devant un public – très jeune – électrisé. Une excitation comme au cirque ou comme au guignol. Quand elle entre en scène, c'est un choc atroce. Dans l'éternel costume, paillettes et vison blanc, un vieux crapaud. La bouche, dessinée sur une fissure, le menton, découpé sur un fanon ridé, le corps avachi fourré dans un carcan rose chair qui ne peut pas dissimuler l'embonpoint, la taille disparue. Et quand elle marche, à petits pas précautionneux, c'est une vieille Américaine rhumatisante et voûtée. Pitoyable.
Et, puis, elle chante; la voix, intacte, le charme qui agit encore. De l'ordre de la fascination collective.
A la fin, comme c'est le dernier soir, elle donne un bis non répété : une catastrophe. Mais la salle, dans l'enthousiasme, hurle de joie. Elle revient trente-six fois; à l'avant-scène, les gens lui caressent les pieds, lui baisent les mains. On lui porte des enfants à embrasser. Pour un peu, elle guérirait les écrouelles. C'est une sainte, une image divine, un mirage qu'on peut toucher. Aux yeux de ces jeunes, fous de cinéma, c'est la miraculeuse réalité d'une « image ». Ils ne la voient pas comme elle est. A moins qu'elle ne réunisse les qualités inconciliables de la bonne grand-mère et de l'aspect érotique, les deux pôles de la vie, l'éternité. En tout cas, cela tient du surnaturel et c'est inoubliable. Comme un cauchemar.

Dans le livre de Noli, ce mot de Figus, le secrétaire d'Édith Piaf, excédé par la soudaine passion de la chanteuse pour Teilhard de Chardin. Elle infligeait à sa cour d'interminables lectures ânonnées. Un jour, elle dit : « Qu'est-ce qu'on fait? On lit? » Figus : « Il est cinq heures. Si on prenait le Teilhard dans le Chardin? »

Octobre

L'Orient. Il n'a jamais été aussi proche. Golda a fort à faire pour défendre ses conquêtes. Enverrai-je de l'argent si on m'en demande? Peut-on aider une guerre? Peut-on abandonner des frères? Questions de morale. Où est la politique là dedans?

Curieuse réaction israélienne. Au bout du troisième jour, on faisait déjà le bilan des pertes. Pas en hommes, en dollars!

La sagesse selon Saint-Evremond. Vieux, il a de la peine à souffrir l'économie, croyant que la nécessité est peu à craindre, quand on a peu de temps à pouvoir être misérable.

16 octobre

De nouveau assis à côté de l'inénarrable Mme Delacroix. A quelques années de distance, la même ingénuité dans le contentement de soi. Du reste, rien d'étonnant : « Les années passent sur moi sans laisser de traces. Voyez-vous, monsieur, chaque année nouvelle, je trouve la vie encore meilleure.
– C'est que vous avez une bonne santé.
– Ah oui! Je suis une fille des hauts plateaux. Je suis née... (*Sourire mutin*)... à Sidi-Bel-Abbès. Une enfant de légionnaire! C'est pour cela que j'aime la nature, cher monsieur. Je ne me plais qu'à la campagne. D'ailleurs, je viens de passer trois mois dans ma villa d'Antibes. Heureuse! Mais il faut dire qu'un rien me suffit. Tenez, nous avons aussi une immense propriété à Cavaillon, et un grand appartement à Paris. Je voyage beaucoup avec mon mari que je ne quitte jamais. Toujours dans les meilleurs hôtels. Eh bien, vous allez vous moquer de moi, mais je m'émerveille de choses très simples. Ainsi, je n'avais pas d'armoire à chaussures. Eh bien, je me suis enfin décidée à en acheter une, que j'ai fait installer dans le dressing-room. Cela fait trois jours que je vais la voir. J'en suis folle. Vous voyez, il me faut peu de chose. »
– Elle regarde Guillevic, en face de nous, qui dévore un perdreau, broyant les os, la barbe graisseuse.
« Qui est-ce?
– C'est un poète. De gauche.
– Ah, de gauche! C'est pour ça. Moi qui croyais que les poètes ne mangeaient pas? Vous l'avez vu? On dirait Henry VIII. Un poète communiste! Chez les russes, le knout a changé de mains, voilà tout. Moi, monsieur, j'ai des domestiques chleuhs depuis seize ans, et j'ai vingt familles de Marocains dans mon exploitation du Midi. Ils ne sont pas repartis. Au contraire. En ce moment, du reste, c'est très difficile, car ils font le ramadan. Si je veux le chauffeur, je ne peux sortir que la nuit. Nous, monsieur, nous ne sommes peut-être pas de gauche mais tout de même, nous savons aimer les hommes. »

JOURNAL

Borgeaud. – Ayant vendu son portrait par Germaine Richier au musée (on vend même des cartes postales ainsi libellées : « Buste de l'écrivain G.B. » Il n'en revient pas. Comme si le mot « écrivain » imprimé sous une photographie l'assurait de sa propre existence), et promis de léguer ses papiers à la bibliothèque de Sion, il a été fait citoyen d'honneur du canton et invité pour quinze jours par l'État du Valais. A l'hôtel où on le conduit, personne n'a été prévenu.

« Mais je suis citoyen d'honneur invité par le canton.
– Bof! Première nouvelle! »

Au restaurant voisin, même scénario. Et le patron : « Écoutez, on ne m'a rien dit, mais puisque vous êtes citoyen d'honneur, allez, je vous offre le plat du jour... »

19 octobre

Jean d'Ormesson, quarante-huit ans, élu à l'Académie française. Je lui écris : « Je vous souhaite 52 × 52 = 2 704 jeudis. » Mais cela va lui faire aussi un demi-siècle d'enterrements. Il faut aimer.

20 octobre

La perspective des Champs-Élysées, vue du Carrousel : à présent, l'Arc de Triomphe prolongé de buildings ressemble à un trou de souris dans un fromage. Un régime conservateur qui n'est pas fichu de sauver un paysage! Je ne voterai pas Pompidou. A cause de la Défense.

26 octobre

La Dispute, de Marivaux, vue par Chéreau : lente, iconoclaste, raccrocheuse, mais géniale. C'est *la Règle du jeu* dans un décor d'Hubert Robert, avec des costumes de Dior et Chardin. Assez prodigieux. Gautier, ulcéré – peut-être par les scènes lestes –, part avant la fin.

Le pessimisme de Marivaux, d'un noir animal. Comment Rousseau, avec son « état de nature et son bon sauvage », a-t-il pu tant plaire? Sans doute parce qu'on n'a guère écouté ni entendu Marivaux. Le vrai réformateur, c'était lui. Si on l'avait compris en haut lieu, on faisait l'économie d'une révolution.

1973

28 octobre

Nuit agitée avec Bernard X., ses yeux bleus, à fleur de tête, comme posés sur les tempes. Très archaïque. Sa perversité naïve, et mon frisson quand il me demande de me déshabiller, lui ne l'étant point.

Son côté pratique aussi. Avant mon réveil, dans cet appartement inconnu, il s'était déjà fait son café au lait... Il est vrai qu'il avait aussi rencontré T. tout agité d'amour pour son inconnu, naturellement américain, et comme désespéré d'être atteint une fois de plus par le microbe... Touchant, mais cette fois-ci aucune, mais alors aucune jalousie de ma part. Est-ce le signe que c'est réellement *fini*? Fin heureuse, en somme. Qui peut nous mener jusqu'au terme sans trop de heurts.

Dans mon petit journal à rêver, *le Moniteur des ventes*, il y a une rubrique « Petits Décès ». On imagine un faire-part : « Mme X. a la petite douleur d'annoncer... »

Guers me raconte que Montherlant, présent à toutes les répétitions de *la Ville*, ne disait rien. Sauf parfois un détail, précis : « Les cheveux des garçons sont trop propres. » « Il manque un bouton à votre soutane. » Mais sa présence muette comptait plus que les paroles.

Feuillère, quant à elle, a refusé de travailler pour Chéreau, en 68, dans *le Prix de la révolte*, où elle aurait été la méchante reine, naturellement. « Vous comprenez, me dit-elle, si j'avais joué le rôle, tout le monde aurait été pour moi. »

31 octobre

Mamé, prise de cafard le jour de ses quatre-vingt-dix ans, déclare qu'elle ne peut plus sortir, mais elle trouve le moyen de vendre à sa fille les tickets de métro qui lui restent.

Edmonde s'est mariée hier, avec Defferre, à l'église!

Dans un ouvrage intitulé *Des singularités de la nature*, chapitre « Des monstres », Voltaire écrit : « La race des nègres n'est-elle pas absolument différente de la nôtre? »
Le beau philosophe qui vient au secours du trafiquant de bois d'ébène.

JOURNAL

1er novembre. Toussaint

Aujourd'hui, les chrétiens prient au dépourvu.

2 novembre

Depuis la mort d'Elsa, outre la transformation surprenante de ses tenues (nœuds papillons de couleur, chemises bariolées, blousons de daim, manteaux de cuir, cheveux longs, etc.), Aragon a gagné dix centimètres. Jadis, il était toujours penché sur sa petite femme, comme un protecteur, un arbre ployé. Le voici libéré, affrontant la vieillesse de toute sa taille, raide. Il attend sa fin debout, avec un air d'arrogance qui lui fera peut-être peur.

6 novembre

A Gaillon, les chasseurs ont abandonné les tenues classiques, feuilles mortes et vieux chapeaux. Ils s'habillent aux surplus américains, en vert-de-gris, coiffés de casquettes de toile à grande visière. De loin, sur le plateau, les battues ressemblent beaucoup plus à une opération militaire contre des résistants invisibles, dissimulés derrière les fourrés. Malheureusement, ils ne réussissent jamais à descendre un chasseur...

Répétition « dramatique » ce soir. Après un filage particulièrement décourageant, Fresson, égaré dans sa pesanteur, ânonne pour ses bottes. Lartigau, le doux Lartigau, éclate soudain : « C'est impossible de travailler comme ça. Je te le dis, Fresson, tu n'es pas digne de faire ce métier... (etc.) Je refuse de continuer à répéter dans ces conditions. Je m'en vais. » Et il claque la porte, très théâtral.

Fresson, penaud, accablé, dit avec une mimique presque touchante : « Je le comprends, Gérard. » Et de pleurer sur ce métier impossible, inhumain.

Pour l'auteur, c'est une chose étrange. Comme si l'on jouait sur un violon de ciment ou un piano de caoutchouc mousse, sans espoir.

Et demain, peut-être, c'est un Stradivarius, un Steinway. Sans transition. Ni explication. Mais je doute que le miracle ait lieu cette fois-ci. Je ne le « sens » pas, diraient mes cabots.

Blain et son fils de treize ans. Il le palpe, le câline, le frôle, le prend par le cou, le serre, l'étouffe, éperdu d'amour : de la pédérastie légale.

1973

Violente discussion avec Lagrange sur le thème du désir. Il nourrit encore des préjugés chrétiens et des interdits, tout en jouant les fiers-à-bras à la manière d'un gosse puceau qui se vanterait d'aventures. Et comme il m'aime bien, cela prend un tour curieux, frémissant. On n'est pas loin de se foutre sur la gueule, au nom de la liberté sexuelle.

11 novembre

A Versailles, pour voir des tableaux et les feuilles. Retour par Sèvres, dévasté, avec de rares vestiges qui serrent le cœur : ils donnent une idée du charme d'autrefois. Mieux vaudrait qu'ils n'existent plus du tout. Le progrès, pire que la guerre : il est hypocrite.

A Neuilly, l'autre jour, cette immense pancarte devant une église : « *La Bible, radar du futur.* » Un seul prêtre ordonné dans le diocèse de Paris, cette année. Bientôt, il n'y aura plus que des évêques, comme aux temps héroïques, mais seuls dans les immenses palais. Il y a de belles carrières ouvertes, dans l'Église, pour les ambitieux stendhaliens qui voudraient réussir sans peine. Comment se fait-il que des aigrefins n'y aient pas encore songé ?

T., toujours amoureux de X, et perpétuellement absent. C'est prodigieux comme je m'en fous.

12 novembre

Lucie Faure, m'invitant à l'hôtel de Lassay : « Venez déjeuner dans mon truc. »

17 novembre. Strasbourg

Longue promenade dans la ville, cet après-midi. La cathédrale, vieux rose bonbon, me déçoit un peu. Lourdeur, froideur de cette façade flamboyante, hérissée de stalactites. Et l'intérieur, sombre, pesant. Un hall de gare vertigineux. La pierre d'ici convient beaucoup mieux au baroque majestueux du palais Rohan. J'aime aussi les petites places closes, avec des platanes immenses, et soudain une colossale faute de goût : une pissotière démesurée, en plein centre. On est en train aussi de défoncer la place Kléber – qui fiche tout par terre.
Au musée, vaste et riche, la vedette est à la folklorique Alsacienne de Largillière, tableau médiocre. La collection d'ita-

liens – comment sont-ils arrivés là ? – est beaucoup plus intéressante, avec le beau Sébastien de Cima da Conegliano. Aussi, perdu parmi des natures mortes et des vanités, un curieux tableau surréaliste du XVIIe, des oiseaux de toutes les couleurs peints pour le cabinet d'histoire naturelle de Paris. Frappé aussi par les bizarreries de certaines toiles mineures. Par exemple, un *Lavements de pieds* de Daniele da Volterra, où l'on voit des athlètes musculeux qui se déshabillent frénétiquement dans une sensuelle ambiance de vestiaire après le match de rugby, aussi peu religieux que possible. Comment justifier ce dépouillement total pour un lavement de pieds ? A part cela, aucune originalité dans la facture, très traditionnelle. Bien plus curieux, une toile de Michel Sweerte (Flamand du XVIIe siècle), peinte à la façon de Manet, avec de grands aplats contrastés captant la lumière. Il s'agit du reste d'une sorte de *Déjeuner sur l'herbe* uniquement masculin, quelque chose comme une partouze sous Louis XIV : devant un personnage drapé dans une cape grise (le voyeur ?), quatre ou cinq jeunes hommes se dévêtent (l'un est en train de retirer sa chemise, son voisin commence à délasser son bras). Les autres, déjà nus, posent, alanguis, offerts. Que va-t-il se passer ensuite ?

Enfin vu *Cris et Chuchotements*. C'est plutôt « Râles et Glapissements » à mon goût. Mais un poème rouge et blanc sur la mort, tourné dans un musée. La fin sublime d'un certain cinéma de chevalet.

18 novembre

Nouvelle visite à Strasbourg, dans la fureur cette fois. J'avais raté mon train par la faute d'un porteur d'hôtel obtus, incapable de convoquer un taxi à l'heure dite. Mais le beau temps sec, et la splendeur de la ville me calment peu à peu. Admiré la Petite France (X. m'a dit hier qu'il ne fallait pas voir là une allusion patriotique : c'était le quartier ou l'on soignait les victimes du mal français...), le tombeau du maréchal de Saxe à Saint-Nicolas, bizarre allégorie où un large perron descend dans un sarcophage. Le plus curieux : cet aigle qui offre son ventre à caresser, comme un chat. Impressionné surtout par l'hôpital, avec ses toits de quatre étages, ses proportions superbes. Un bel endroit pour mourir, dirait le duc de Brissac...
Lu, à la craie, sur un rideau de fer : « LA VIE EST UN IMMENSE YOGOURT ».

Retour à Paris. Appartement vide, avec les cahiers et les papiers de « l'autre » sur la table. Fait connaissance, par photomaton interposé. Le cancer soudain me reprend, la bile, et tout. Il y a une semaine, cela m'était égal. Qu'est-ce qui provoque le déclic? Peut-être l'intrusion d'un étranger dans le décor, mon, notre décor. Dehors, ailleurs, je ne les vois pas. J'oublie. Cette présence qui soudain me repousse, m'annihile, me dit : « Ote-toi de là que je m'y mette. » Plutôt que de la jalousie, l'instinct de conservation, ou le sens du territoire, comme chez les oiseaux.

Au regard de Dieu, ce qui me paraît bien plus inconcevable que l'infini, c'est la souffrance.

21 novembre

Ce matin, très tôt, brusquement réveillé par la *présence* de Nicole Védrès, comme si elle était là. Ma peine de l'avoir perdue, aussi neuve qu'il y a sept ans. Et puis, cet après-midi, je repense à ce rêve si net, singulier. Et je constate que nous sommes le jour anniversaire de sa mort; je retrouve, en cherchant dans mes cahiers, la date qui se situe dans ces eaux, 20 ou 21. L'au-delà, de temps en temps, veut-il nous turlupiner?

Hervé Mille. Machine à raconter. Des anecdotes, inlassable, incassable. Parfois des redites, exactement semblables à ce que j'ai déjà entendu. Sa mémoire est prodigieuse, sauf pour ce qu'il dit lui-même. Il prétend, citant Violette Trefusis, dont la mère fut la maîtresse d'Édouard VII, que les Windsor ont du sang juif, le prince Albert étant le fils adultérin d'un petit banquier juif allemand amant de la princesse de Saxe-Cobourg...

Comme toujours, il y a l'éternel Mario – très attentif quand on raconte comment on peut capter un héritage en évitant de payer 80 p. 100 de droits – et un jeune gigolo prétendu acteur.

« Monsieur, dit Mille, n'aime que les demoiselles. Moi, je lui trouve un air féminin. Il a raté sa vocation... » (Tout cela devant lui, plutôt gêné. Il avale la couleuvre avec le déjeuner.)

Dès qu'il a tourné les talons : « Vous l'avez vu? C'est une tante, évidemment! Complètement efféminé. Il ne vaut rien pour moi. Pas mon type du tout. »

Mais il l'invite par masochisme, ou parce qu'il nourrit tout de même un secret espoir de croquer ce raisin trop vert.

A Trieste, cet été, Hervé Mille a vu le tombeau des Chrissoveloni où la place des Morand est prête. Une plaque : « Hélène Morand. 1877-   », avec une inscription l'assurant qu'elle est l'ange gardien de son époux, et celle de Paul, « 1888-   », ambassadeur de France, membre de l'Académie française. »

JOURNAL

27 novembre

Générale de *Butley*, très chaleureuse, même pour moi. Comment dire aux gens que si j'ai assez bien compris le personnage, c'est qu'il me ressemble. Odieux, aigri, destructeur, pervers, déplaisant. Et pitoyable. Ce n'est plus une adaptation, plutôt une reconnaissance.

Breuer. Ses yeux très bleus dans une tête de chien fatigué, attendrissant. Le charme d'une certaine sérénité virile avec de brusques bouffées de jeunesse qui font craqueler le masque de la quarantaine. Il porte ses aventures autour du monde, avec une élégance vraie, comme une auréole discrète, à peine visible. Une aura plutôt, si diffuse qu'on la prend pour un reflet, alors qu'elle naît de lui. Mais on devine qu'une soudaine cruauté brutale pourrait surgir de lui, sans prévenir.

7 décembre

Jacques Guérin, propriétaire des parfums d'Orsay, est un grand bibliophile. Il aime tellement ses livres rares qu'il souhaite les brûler avant de mourir, à moins qu'il ne les fasse ensevelir avec lui. Après tout, ce moyen est peut-être le plus sûr pour les préserver de la destruction, en ces troubles temps.
Le colonel Sickles, lui, ne collectionne que les romantiques. (Guérin a l'exemplaire des *Fleurs du Mal* dédicacé à Mme Sabatier, lui, celui que Baudelaire destinait à Mme Aupick.) X. lui dit qu'il a pensé à lui, récemment, car on a vendu une originale des *Pensées* de Pascal. Mais le colonel, catégorique : « Je ne fais pas le XVIIe ! »

20 décembre

Jean-Loup Champion, venu déjeuner pour la première fois. C'est le portrait vivant de Swann jeune, avec des mains longues, longues, un beau visage étroit, délicat, des cheveux blonds, bouclés, un peu rares déjà, et dans toute sa personne une maladresse racée, raide, une réserve propre aux poulains de bonne famille.
Face à Barokas qui l'accompagne, on dirait deux êtres n'appartenant pas au même règne.
Ehni, mal rasé, endetté, comme d'habitude, est à la recherche d'un peu de marie-jeanne car on lui a refilé du « petit gris » la dernière fois. Toujours aussi excité, avec un brin de mélancolie.

La perspective d'une crise le réjouit : cela sauverait l'Alsace de l'industrialisation galopante.

Son idée du moment : « Nous (les Alsaciens) sommes les derniers Allemands, détenteurs de la tradition germanique, romantique, etc. Les autres, les vrais, ont été détruits par les Ruhr et les autoroutes. »

Cher Ehni, qui finira en original ruralisé, membre de l'Académie d'Alsace, et gloire locale – incomprise, naturellement.

25 décembre

Edgar Faure, en petit comité, chez Dominique Fabre. Remonté comme une pendulette, le tic-tac est régulier. C'est un homme qui fonctionne tout seul ; sa mécanique détaille le raisonnement, l'anecdote, le souvenir, avec une imperturbable facilité, sans trop se préoccuper de l'interlocuteur, simple raquette à renvoyer la parole. Au reste, de temps en temps, son regard semble se renverser à l'intérieur de la tête, comme s'il ne dominait pas tout à fait ses muscles oculaires.

Il boit, mange avec voracité, se cure les dents et le nez avec les doigts, prestement. Le parfait gentleman qui ne veut pas être embêté par un bout de viande ou une crotte de morve. L'air des gens qui s'en foutent. Le russe, le parle-t-il vraiment ? Gala Barbizan dit que oui. Lui aussi... Mais pas le langage populaire : « Je ne sais pas dire carotte. Un jour, un ministre m'a fait remarquer : " Edgar Ivanovitch, vous parlez comme un émigré." C'est peut-être pour cela qu'ils m'aiment bien, les Soviétiques... »

Ce soir, il insiste curieusement sur son caractère « réactionnaire ». Mais pour se faire un mérite de son libéralisme. Pour lui, l'affaire Lip était insoluble avec Piaget, idéaliste brouillon qui lui disait toujours : « Monsieur le ministre, nous, on est des petits, on paie pour les gros. Que voulez-vous ? Nous, on sait pas, on est des petits. C'est à vous de voir. »

Mais il fallait que rien ne change et que tout s'arrange, par miracle, alors que l'affaire était en faillite.

Sur l'enseignement, qui reste sa grande période, il semble garder une certaine amertume, surtout vis-à-vis des médecins, qui ont eu sa peau. Mais il se défend mal sur le chapitre du numerus clausus, auquel il était opposé : « Moi je voulais que tous puissent être médecins s'ils le désiraient.

– Mais s'ils n'avaient pas pu exercer ensuite ?

– Eh bien ils seraient devenus garagistes. »

« En politique, il faut avoir l'autorité et le pouvoir. Pompidou a le second, sans la première. J'ai la première, sans l'autre... pour l'instant. L'intéressant, c'est l'importance qu'il attache au bon

JOURNAL

homme politique, à l'opinion locale, dans sa circonscription. Une bonne partie de ses actes – nationaux – n'ont d'autre raison que d'impressionner les électeurs de Pontarlier. Mais, dit-il, la tare des démocraties, c'est d'avoir besoin d'un homme comme moi pour obtenir des routes et des hôpitaux. Un député moyen n'obtient rien. Faute d'autorité. »

Louise, toujours glapissante, raconte qu'elle avait l'autre jour un dîner, avec une table que présidait un ministre. Celui-ci se décommande au dernier moment. « Ne t'inquiète pas, dit Edgar, je descends et je vais t'en trouver un autre. » Ce qui fut fait. La pêche au ministre dans les couloirs de l'Assemblée. Drôle de vivier!

Discussion assez coquinette sur le prix de l'habit (de président), qu'elle a dû payer quatre mille francs, avec réduction, chez Gardin. Lucie est scandalisée qu'on ne lui ait pas remboursé ce costume de fonction. « Maintenant, je ne veux plus contribuer à l'argent du ménage. »

Moi : « Il ne vous restait pas le frac de votre mariage ? »

Lui : « Non, je me suis marié en veston et Lucie en tailleur bleu acier. Nous étions pauvres et révolutionnaires. »

*Cet ouvrage a été réalisé sur
Système Cameron
par la SOCIÉTÉ NOUVELLE FIRMIN-DIDOT
Mesnil-sur-l'Estrée
pour le compte des Éditions Grasset
le 6 novembre 1987*

Imprimé en France
N° d'édition : 7445 – N° d'impression : 7665
Dépôt légal : novembre 1987
ISBN : 2-246-40091-0